Jörn Ipsen

MACHT VERSUS RECHT

Der Hannoversche Verfassungskonflikt 1837–1840

Jörn Ipsen

MACHT VERSUS RECHT

Der Hannoversche Verfassungskonflikt 1837–1840

C.H.BECK

www.beck.de

ISBN 978 3 406 71276-0

© 2017 Verlag C.H. Beck oHG
Wilhelmstraße 9, 80801 München

Satz: Fotosatz Buck, Zweikirchener Str. 7, 84036 Kumhausen
Umschlag: Bureau Parapluie, Petershausen
Umschlagbilder: Sammlung der Gesetze, Verordnungen und Anschreibungen
für das Königreich Hannover, Jahrgang 1837
Druck: Kösel GmbH & Co. KG
Am Buchweg 1, 87452 Altusried-Krugzell

Gedruckt auf säurefreiem, alterungsbeständigem Papier
(hergestellt aus chlorfrei gebleichtem Zellstoff)

*Dem Andenken der Göttinger Sieben gewidmet,
die als Einzelne frühzeitig dem Staatsstreich widerstanden.*

„Er war nach Hann. gekommen, mit der unbeschränkten Herrscher Idee, sein Wille allein gelte, gleichviel auf welchem Wege man es anfange. Er glaubte die St. von 1833. anhören und fortschicken zu können, so wie, Provincialstände, uStände von 1819. selbst, und allein die Entscheidung zu haben. Von einer Einwirkung des Bundes hatte er gar keinen Begriff."

Vermerk Scheles, Anfang September 1837.

„Wir haben demnach in Folge reifer Erwägung keinen Anstand nehmen dürfen, die nach Unserer gewissenhaften Ueberzeugung unerläßliche Maßregel vermöge Eigener Allerhöchster Machtvollkommenheit zu ergreifen."

Proklamation betreffend die Verfassungs-Angelegenheit des Königreiches vom 15. Februar 1839 (Hann. GS, S. 31).

VORWORT

Der Plan zu einer Darstellung des Hannoverschen Verfassungskonflikts geht auf meine Abschiedsvorlesung zurück, die ich am 6. Juli 2012 unter dem Titel »Hannoverscher Staatsstreich und Osnabrücker Verfassungsbeschwerde« an der Universität Osnabrück gehalten habe. Die mir im Anschluss zugeordnete Niedersachsenprofessur ermöglichte es, die Vorgeschichte des Staatsstreichs, den Ablauf des Verfassungskonflikts und seine Rezeption anhand zum großen Teil unveröffentlichter Dokumente zu untersuchen. Unersetzliche Hilfe ist mir hierbei von meiner Assistentin Dr. Georgia Marfels zuteil geworden, die in den Staatsarchiven Hannover und Osnabrück geforscht und die Mühe auf sich genommen hat, die Vielzahl der für den Staatsstreich bedeutsamen Dokumente zu transkribieren. Dank schulde ich auch Petra Vogels-Brandt, die die in französischer Sprache abgefassten Briefe aus dem Nachlass Scheles ins Deutsche übersetzt hat. Die Transkription des Leist'schen Gutachtens hat Ann-Katrin Zimmermann gefertigt, der ich ebenfalls für ihre Unterstützung danke. Besonderer Dank gebührt Gabriele Proske, die von Beginn an die stetig wachsenden Teile der Untersuchung geschrieben und mit viel Geduld die zahlreichen Fassungen in eine druckreife Form gebracht hat. Zu danken habe ich schließlich Dr. Johannes Wasmuth für seine bewährte verlegerische Betreuung.

Sämtliche im Text zitierten Archivalien sind in voller Länge unter der Internetadresse www.macht-versus-recht.de abrufbar.

Als Student, Doktorand und Habilitand der *Georgia Augusta* widme ich dieses Buch dem Andenken der Göttinger Sieben.

Osnabrück, im März 2017 *Jörn Ipsen*

INHALT

VORWORT VII

INHALT... IX

EINLEITUNG... 1

ERSTES KAPITEL: VORGESCHICHTE........................... 7
   I. Beginn der Personalunion.............................. 7
  II. Die (provisorische) Allgemeine Ständeversammlung des Königreichs Hannover (1814–1819)........................... 8
 III. Das Patent vom 7. Dezember 1819..................... 10
 IV. Das »Edict, die Bildung der künftigen Staats-Verwaltung in dem Königreich Hannover betreffend« vom 12. Oktober 1822........... 16
  V. Ereignisse am Vorabend der Verfassungsberatungen............. 16

ZWEITES KAPITEL: Die Entstehung des Staatsgrundgesetzes......... 21
   I. Denkschriften und Stellungnahmen......................... 21
  II. Der Entwurf Dahlmanns................................... 26
 III. Der Entwurf des Kabinetts-Ministeriums 29
 IV. Die Ständische Kommission 34
  V. Die Debatte in der Ständeversammlung 35

DRITTES KAPTEL: Das Staatsgrundgesetz vom 26. September 1833..... 41
   I. Das Patent, die Publication des Grundgesetzes des Königreichs betreffend 41
  II. Das Staatsgrundgesetz als »oktroyierte Verfassung« 46
 III. Grundzüge des Staatsgrundgesetzes vom 26. September 1833... 48

VIERTES KAPITEL: Die Vorbereitung des Staatsstreichs............ 59
   I. Erste Begegnung des Herzogs von Cumberland mit Schele – das »Pro Memoria« 59
  II. Vermerke Scheles zur Regierungsbildung nach Eintritt der Thronfolge 61
 III. Scheles Briefwechsel mit dem Herzog von Cumberland 1836/1837... 65
 IV. Scheles Staatsstreichpläne 72
    1. Der Entwurf vom 24. November 1836 72
    2. Scheles Schreiben vom 4. Januar 1837 75
    3. Der Staatsstreichplan vom 17. März 1837 79

V. Vorbereitung des Staatsstreichs als hochverräterisches
   Unternehmen.. 84

FÜNFTES KAPITEL: Der erste Akt des Staatsstreichs – Vertagung der
Ständeversammlung und Antrittspatent............................ 91
  I.   »Le Roi est mort, vive le Roi« – Der Regierungsantritt Ernst Augusts   91
  II. Die Vertagung der Kammern.................................. 93
  III. Die Problematik der Eidesverweigerung...................... 96
       1. Die Eidesverweigerung Ernst Augusts.................... 96
       2. Scheles Verfassungsbruch............................... 99
  IV. Das Regierungsantrittspatent vom 5. Juli 1837.............. 100

SECHSTES KAPITEL: Gutachten zur Verfassungsfrage................ 107
  I.   Das Kabinettsgutachten vom 14. Juli 1837................... 107
  II. Das Finanzgutachten.. 113
  III. Das Kommissionsgutachten................................... 114

SIEBTES KAPITEL: Publizistische Stellungnahmen aus dem Jahr 1837... 117
  I.   Anonymus, »Staatsrechtliche Bedenken«...................... 117
  II. Eduard Albrechts Rezension zu Maurenbrechers
       Staatsrechtslehrbuch....................................... 131
  III. Die »publicistische Skizze« Christian Friedrich Wurms...... 134

ACHTES KAPITEL: Das Leist'sche Gutachten........................ 137
  I.   Leists wissenschaftliche und politische Laufbahn........... 137
  II. Der Gutachtenauftrag....................................... 138
  III. Grundzüge des Gutachtens................................... 139
       1. Abschnitt I:
          »Von der Entstehung des Staats Grundgesetzes vom 26ten
          September 1833. und vom Verfahren bei Errichtung desselben«.. 139
       2. Abschnitt II:
          »Von der Verbindlichkeit des Staats-Grundgesetzes vom 26ten
          September 1833. für Se. Majestät den König im Allgemeinen«.... 140
       3. Abschnitt III:
          »Prüfung derjenigen Bestimmungen des Staats-Grundgesetzes
          vom 26ten September 1833, welche für Se. Königl. Majestät Ernst
          August an sich keine rechtsverbindliche Kraft haben.«......... 145
       4. Abschnitt IV:
          »Von den im Staats-Grundgesetze von 1833. zu machenden Änderungen«... 147
       5. Abschnitt V:
          »Von dem, von Sr. Majestät dem Könige in Rücksicht der mit dem
          Staatsgrundgesetz vorzunehmenden Abänderungen zu beobachtenden Verfahren.«... 153
  IV. Zum wissenschaftlichen Anspruch des Leist'schen Gutachtens..... 157

NEUNTES KAPITEL: Die außenpolitische Absicherung des Staatsstreichs 163
I. Die Bemühungen um Unterstützung Österreichs 163
II. Die Haltung Preußens 171

ZEHNTES KAPITEL: Die Vollendung des Staatsstreichs. 173
I. Der Bericht Scheles vom 6. September 1837. 173
II. Entlassung und Wiederbestellung der Kabinettsminister 176
III. Das Aufhebungspatent vom 1. November 1837. 179
IV. Die Reorganisation der Regierung. 186

ELFTES KAPITEL: Protestation und Entlassung der Göttinger Sieben. . . 189
I. Die Protestationsschrift vom 18. November 1837 189
II. Zur rechtlichen Beurteilung des Protestationsschreibens 193
III. Protestationsschreiben und öffentliche Meinung 194
    1. Die Schrift Georg Werners 195
    2. Die Gegenposition Gustav Zimmermanns 196
IV. Die Gehaltsklage der Göttinger Sieben 199

ZWÖLFTES KAPITEL: Die Verfassungsbeschwerde der Stadt Osnabrück 201
I. Die Frage der Huldigungsreverse 201
II. Die Eingabe an den Deutschen Bund. 205
III. Das Verfahren der Bundesversammlung 208
IV. Das Badische Gutachten. 211

DREIZEHNTES KAPITEL: Die Rechtsgutachten der Juristen-Fakultäten Heidelberg, Jena und Tübingen 215
I. Der Gutachtenauftrag. 215
II. Das Rechtsgutachten der Juristenfakultät in Heidelberg 216
III. Das Rechtsgutachten der Juristenfakultät Jena 221
IV. Das Tübinger Gutachten 222
V. Reaktionen auf das Tübinger Gutachten. 231

VIERZEHNTES KAPITEL: Verfassungslose Zeit und Verfassungskampf 237
I. Eine verfassungsrechtliche Aporie. 237
II. Einberufung und Zusammensetzung der Stände 239
III. Das Königliche Schreiben vom 18. Februar 1838 240
IV. Der Entwurf der Verfassungs-Urkunde für das Königreich Hannover vom 18. Februar 1838. 242
V. Die Ablehnung des Verfassungsentwurfs durch die Zweite Kammer 245
VI. Die »Proclamation, betreffend die Verfassungs-Angelegenheit des Königreiches« vom 15. Februar 1839 249
VII. »Wahlquälereien« und Repressalien der Regierung 250
VIII. Obstruktion der Zweiten Kammer und Gegenmaßnahmen der Regierung. 252
IX. Der zweite Entwurf eines Landesverfassungsgesetzes 257

FÜNFZEHNTES KAPITEL: Der Widerstand des Magistrats der Residenzstadt Hannover ... 259

I. Das Dilemma der Wahlkorporationen ... 259
II. Die Eingabe der Residenzstadt Hannover vom 15. Juni 1839 ... 259
III. Die Eingabe des Magistrats vom 11. Juli 1839 ... 263
IV. Die Hessenberg-Episode ... 267
V. Der Fall Rumann ... 270
VI. Die »Königliche Erklärung, die unmangelhafte Befolgung der Gesetze und Verordnungen betreffend« vom 17. Januar 1840 ... 274
VII. Die Verteidigungsschrift Stüves ... 275
VIII. Das Urteil der Justizkanzlei Hannover vom 21. August 1841 ... 279
IX. Das Berufungsurteil des Oberappellationsgerichts vom 4. Mai 1843 ... 281
X. Nachspiel für Stüve ... 283

SECHZEHNTES KAPITEL: Das Verfahren der süddeutschen Staaten vor der Bundesversammlung ... 285

I. Die Mitteilung der hannoverschen Regierung an die Bundesgesandtschaften ... 285
II. Die Anträge Bayerns und Badens ... 286
III. Die Erklärung der Regierung Hannovers vom 27. Juni 1839 ... 287
IV. Das Gutachten der Reklamationskommission zu den Eingaben der hannoverschen Deputierten ... 289
V. Beratung und Beschluss der Bundesversammlung ... 290
VI. Die »Proclamation, die hiesige Verfassungs-Angelegenheit betreffend« vom 10. September 1839 ... 291
VII. Macht versus Recht in der Bundesversammlung ... 292

SIEBZEHNTES KAPITEL: Die Hannoversche Verfassung von 1840 ... 295

I. Das monarchische Prinzip ... 295
II. Von den Rechten und Pflichten der Untertanen ... 297
III. Die Ständeversammlung ... 298
IV. Von den Finanzen ... 300
V. Von der »Königlichen Dienerschaft« ... 301
VI. Der Verfassungskampf und seine Ergebnisse ... 302

ACHTZEHNTES KAPITEL: Jahre der Obstruktion und Repression ... 305

I. Die Obstruktion der Zweiten Kammer unter der neuen Verfassung ... 305
II. Repressionsmaßnahmen der hannoverschen Regierung ... 307
III. Zeichen der Versöhnung – Scheles Tod ... 308
IV. Scheles Vermächtnis ... 309

NEUNZEHNTES KAPITEL: Hannover in den Wirren der Revolution ... 313

I. Die Proklamation vom 14. März 1848 ... 313

II.	Die Regierung als Garant der Ordnung	315
III.	Das »März-Ministerium«	316
IV.	Das Staatsgrundgesetz redivivus	318
V.	Epilog	321

ZWANZIGSTES KAPITEL: Die Rezeption des Verfassungskonflikts in der Geschichtswissenschaft ... 325

- I. Historische Darstellungen des Verfassungskonflikts im 19. Jahrhundert ... 325
  1. Heinrich Albert Oppermann ... 326
  2. Heinrich von Treitschke ... 327
  3. Otto von Heinemann ... 328
  4. Wilhelm von Hassell ... 329
- II. Darstellungen der Gegenwart ... 330
  1. Rudolf Smend ... 330
  2. Ernst Rudolf Huber ... 331
  3. Ernst Schubert ... 332
- III. Die Rezeption der Protestationsschrift der Göttinger Sieben ... 333
  1. Die Dilcher/Link-Kontroverse ... 334
  2. Wolfgang Sellert ... 339
  3. Klaus von See ... 341
  4. Friedrich E. Schnapp ... 343

ZUSAMMENFASSUNG UND SCHLUSSBETRACHTUNG ... 347

- I. Der Staatsstreich und seine Folgen ... 347
- II. Recht als Tarnung der Macht – Widersprüche ... 352
- III. Nichtigkeit als Fragestellung der Rechtstheorie ... 354
- IV. Das Königreich Hannover – eine Despotie? ... 356

DRAMATIS PERSONAE ... 361

- I. Ernst August, König von Hannover (1771 bis 1851) ... 361
- II. Georg Freiherr von Schele (1771 bis 1844) ... 365
- III. Johann Carl Bertram Stüve (1798 bis 1872) ... 370

QUELLEN- UND LITERATURVERZEICHNIS ... 373

Gedruckte Quellen ... 373
Archivquellen ... 374
Literatur ... 374
Personenverzeichnis ... 382

EINLEITUNG

Eine Untersuchung zu einem 180 Jahre zurückliegenden Vorgang vorzulegen, bedarf der Rechtfertigung. Sie rührt zum einen daher, dass der »Hannoversche Staatsstreich« vom 1. November 1837 – so die sich alsbald durchsetzende Bezeichnung für die Auflösung der Ständeversammlung und die Aufhebung des Staatsgrundgesetzes – kein Ereignis war, das sich in seinen Auswirkungen auf das Königreich beschränkt hätte. Die Vorgänge in Hannover hatten von vornherein eine Dimension, die weit über das Königreich hinausreichte, den Deutschen Bund über Monate beschäftigten und im europäischen Ausland lebhaften Anteil fanden. Der Verfassungskonflikt war Gegenstand mehrerer Rechtsgutachten und regte eine Vielzahl rechtswissenschaftlicher Publikationen an. Insofern stellt er auch ein Stück Wissenschaftsgeschichte dar, in der sich altständische Vorstellungen und konstitutionelles Rechtsdenken begegneten. Allen juristischen Konstruktionen und Begründungen zum Trotz stellte sich 1837 die Frage, ob es ein Zurück zu einer altständischen Verfassung mit ihren Adelsprivilegien und einer autokratischen Herrschaft des Monarchen geben konnte. Dass sich in diesem Konflikt die Macht gegen das Recht durchsetzte, ist für die Verfassungsgeschichte Deutschlands ein Ereignis von paradigmatischer Bedeutung.

Im Vordergrund der historischen Darstellungen hat bislang die Aufhebung des Staatsgrundgesetzes, die Protestation der Göttinger Sieben und deren Entlassung gestanden. Weniger Beachtung hat der Umstand gefunden, dass der Staatsstreich eine von langer Hand vorbereitete Aktion war, die durch – im Übrigen ständig wechselnde – rechtliche Begründungen bemäntelt wurde. Ein Anliegen und zugleich eine weitere Rechtfertigung dieser Untersuchung ist es, die bis in das Jahr 1835 zurückreichende Vorgeschichte darzustellen. Der Staatsstreich ist von dem Bruder des hannoverschen Königs *Wilhelm IV.* und Thronfolger *Ernst August*, Herzog von Cumberland, und dem Führer der Adelspartei in der Ersten Kammer der hannoverschen Ständeversammlung *Georg von Schele* nahezu zwei Jahre geplant und vorbereitet worden. Beide Akteure waren durch politische Grundanschauungen verbunden, die als »hochkonservativ« zu bezeichnen sind. Der Herzog von Cumberland war im britischen Oberhaus Führer der Hochtories gewesen; *Schele* hatte die entsprechende Position in der Ersten Kammer der Ständeversammlung des Königreichs Hannover inne. Er war von vornherein die treibende Kraft des Staatsstreichs, bestärkte den Thronfolger in seiner zunächst nur gefühlsmäßigen Ablehnung des Staatsgrundgesetzes und lieferte ihm die entsprechenden Stichworte. Ohne *Scheles* Rat und unbeugsamen Willen hätte *Ernst August* den Staatsstreich niemals wagen können; umgekehrt bedurften die Staatsstreichpläne *Scheles* der Entschlossenheit des Königs. Ohne dass es hier weiterer Charakterisierungen der beiden Akteure bedarf, kann festgehalten werden, dass der Hannoversche Verfassungskonflikt ohne das Zusammentreffen und die konspirative Zusammenarbeit dieser beiden Persönlichkeiten nicht denkbar gewesen wäre.

Weder dem König noch *Schele* ging es um die Beantwortung einer *Rechtsfrage*, ob nämlich das Staatsgrundgesetz verfassungsmäßig zustande gekommen sei. Der Erörterung und unterschiedlichen Beantwortung von Rechtsfragen ging vielmehr die *Machtfrage* voraus, ob und wie das Staatsgrundgesetz würde »beseitigt« werden können. Schon als Thronfolger stimmte *Ernst August* mit *Schele* in dem Entschluss überein, *dass* das Grundgesetz beseitigt werden müsse; unterschiedliche Auffassungen gab es allein in der Frage, auf welche Weise dies zu geschehen habe. *Schele* drang darauf, den Staatsstreich bereits beim Regierungsantritt des Königs auszuführen, während *Ernst August* sich in seinem Antrittspatent vom 5. Juli 1837 noch einige Monate der »sorgfältigsten Prüfung« ausbedingte.

Die vom König in Auftrag gegebenen Rechtsgutachten erfüllten ihren Zweck zunächst nicht. Ein Kabinettsgutachten bestätigte Mitte Juli 1837 die Rechtsgültigkeit des Staatsgrundgesetzes. Auch das Gutachten einer eigens hierfür eingesetzten Kommission gelangte zu keinem anderen Ergebnis. Erst *Justus Christoph Leist*, seinerzeit Justizkanzleidirektor in Stade, gab sich her, ein den Erwartungen des Königs entsprechendes Rechtsgutachten zu verfassen und sah sich hierbei den Vorgaben und Interventionen *Scheles* ausgesetzt. Die beiden rechtlichen Begründungen, die in wechselnder Reihenfolge und mit unterschiedlichem Nachdruck für die Ungültigkeit des Staatsgrundgesetzes ins Feld geführt wurden, waren die fehlende Zustimmung der Ständeversammlung zu den von König *Wilhelm IV.* vorgenommenen Änderungen bzw. Ergänzungen des Verfassungsentwurfs und die fehlende Zustimmung des Agnaten zu der Einschränkung bzw. der Aufhebung agnatischer Rechte. Beide Begründungen beruhten auf rechtlichen Prämissen und lassen sich hinsichtlich ihrer Vertretbarkeit auch im Nachhinein beurteilen.

Die Begründung, das Staatsgrundgesetz sei ohne die erforderliche Zustimmung der Ständeversammlung zustande gekommen, ist offensichtlich *unhaltbar*. Wie im Einzelnen dargelegt werden wird, beruhte der Akt der Verfassungsgebung auf dem uneingeschränkten Gesetzgebungsrecht des Monarchen, wie es im sechsten Abschnitt des Patents vom 7. Dezember 1819 bestätigt worden war. Die allgemeine Ständeversammlung hatte hiernach bei der Gesetzgebung mit Ausnahme der Steuerbewilligung nur ein »Recht auf Zuratheziehung«. Diese Position hat König *Wilhelm IV.* stets vertreten und ist von ihr bis zum Publikationspatent vom 26. September 1833 nicht abgewichen. Es gibt insofern für ein Zustimmungsrecht der Ständeversammlung zu den Änderungen oder Ergänzungen des Verfassungsentwurfs keine rechtliche Grundlage. Dass diese Rechtslage auch von den Kammern anerkannt worden ist, erweist sich aufs Deutlichste durch den Umstand, dass ein irgendwie gearteter Protest, für den allein die Zweite Kammer in Betracht gekommen wäre, gegen die Verkündung des Staatsgrundgesetzes in der vom König geänderten Fassung ausgeblieben ist. Überdies haben sich die Kammern für den Erlass der Verfassung in einer an den König gerichteten Adresse ausdrücklich bedankt. Das Staatsgrundgesetz ist deshalb unzweifelhaft auf verfassungsmäßigem Wege zustande gekommen; die hinsichtlich der formellen Gültigkeit erhobenen Einwände sind im Nachhinein konstruiert worden und dienten allein dem Vorwand für einen machtpolitischen *Coup d'état*.

Die zweite Begründung beruhte auf älteren Rechtsvorstellungen, nach denen auch Herrschaftsrechte »wohlerworbene Rechte« waren, die vom Monarchen ohne Zustimmung der Thronfolger nicht hätten preisgegeben werden dürfen. Der Fürst war jedoch als Inhaber der gesamten Staatsgewalt in der Lage, eine Verfassung zu *geben* und damit seine eigenen Befugnisse einzuschränken. Der mit dem Konstitutionalismus verbundene epochale Wandel würde grundlegend verkannt, betrachtete man die Verfassung als eine Art Vertrag zwischen dem Fürsten und den Ständen, der nur für die Lebenszeit des Monarchen gültig war. Sämtliche Verfassungen des Konstitutionalismus beanspruchten eine dauerhafte Gültigkeit und sahen als Schutz gegenüber allen Änderungen – so die Schlussbestimmung des Staatsgrundgesetzes von 1833 – erhöhte Quoren und andere Hürden für ihre Abänderung vor. Mit der Reklamation eines Zustimmungsrechts wurde dieser grundlegende Wandel geleugnet, weshalb *Leist* auf vorgebliche Grundsätze des Reichsstaatsrechts zurückgreifen musste.

Die umstrittene Frage, ob der Herzog von Cumberland gegen das Staatsgrundgesetz protestiert hatte bzw. welche Rechtsfolgen ein solcher Protest hätte haben können, bedarf im Grunde keiner definitiven Antwort. Der König war aufgrund des Patents von 1819 berechtigt, seine eigenen Machtbefugnisse einzuschränken *und* eine Vereinigung der Kassen auch ohne Zustimmung der Agnaten vorzuschreiben. Wenn in einzelnen Bundesstaaten bei Erlass der Verfassung die Zustimmung von Agnaten eingeholt worden ist, lag hierin ein konsensuales Verfahren, das für das Königreich Hannover verfassungsrechtlich nicht vorgesehen war. Bezeichnend ist, dass *Ernst August* 1840 keine Bedenken hatte, das Landes-Verfassungsgesetz zu erlassen, obwohl die Herzöge von Cambridge und Sussex – seine jüngeren Brüder und damit in der Thronfolge an zweiter und dritter Stelle stehend – dem Gesetz ihre Zustimmung versagt hatten.

Die Ungültigkeit oder Nichtigkeit eines Rechtsaktes bedeutet – und bedeutete –, dass er keinerlei Rechtswirkungen erzeugt, mit anderen Worten als nicht vorhanden anzusehen ist. Die Frage ist, wie die Nichtigkeit eines Rechtsaktes geltend gemacht werden kann. Typischerweise geschieht dies in einem gerichtlichen Verfahren, in dem eine Partei behauptet, der Anspruch einer anderen sei nicht begründet, weil die entsprechende Rechtsgrundlage nichtig sei. Die Entscheidung obliegt in diesen Fällen dem Gericht, sodass eine Partei die Nichtigkeit eines Rechtsakts nur *behaupten* kann, diese aber mit verbindlicher Wirkung nur durch eine gerichtliche Entscheidung feststellbar ist. Insofern steht am Beginn eines solchen Verfahrens stets eine Rechtsbehauptung, der eine andere entgegengesetzt ist und über die eine neutrale Instanz – nämlich der Richter – entscheidet.

Überträgt man die für die Geltendmachung der Nichtigkeit von Rechtsakten typische Konstellation auf die Situation im Königreich Hannover nach dem Tod *Wilhelms IV.*, so hat der Thronfolger geltend gemacht, das Staatsgrundgesetz sei ungültig und könne ihn deshalb nicht binden. Die angeforderten Gutachten gingen demgegenüber von der Gültigkeit des Staatsgrundgesetzes aus und empfahlen dem König lediglich, dessen Änderung anzustreben und entsprechend in Verhandlungen mit den Ständen einzutreten. Auch das von *Leist* erstellte Gutachten kam keineswegs unverrückbar zum Ergebnis, das Staatsgrundgesetz sei von vornherein ungültig gewesen. Vielmehr wurde nach einem Weg gesucht, den der König zur Erreichung seines Zieles mit dem geringsten Risiko beschreiten könnte. Mehrfach ist die Rede davon, der König könne das Grundgesetz »anfechten«. Schließlich findet sich bei *Leist* eine Art Abwägung der Vor- und Nachteile, die die jeweils eingenommene Rechtsposition nach sich ziehen würde. *Schele* erwog überdies, gegen das Grundgesetz die Bundesversammlung anzurufen und damit eine »objektive« Entscheidung herbeizuführen. Dies würde der eingangs skizzierten prozessualen Situation entsprochen haben, in der ein Kläger eine neutrale Instanz anruft, um diese über die von ihm behauptete Ungültigkeit eines Rechtsakts entscheiden zu lassen. *Schele* sah ein solches Verfahren aber als zu riskant an, weil der König sich durch einen Antrag an die Bundesversammlung deren Entscheidung unterwerfen würde. Mehr noch als einen möglichen Widerstand der Stände oder der Untertanen fürchteten *Ernst August* und *Schele* ungünstige Reaktionen des Deutschen Bundes, insbesondere der konstitutionellen Staaten Süddeutschlands. Während der auf das Antrittspatent folgenden Monate suchten beide deshalb auf diplomatischem Wege die Unterstützung der beiden Hegemonialstaaten des Deutschen Bundes, Preußen und Österreich.

Aus dem *Leist*´schen Gutachten und den Interventionen *Scheles* geht zweifelsfrei hervor, dass es beiden keineswegs um die Beantwortung einer Rechtsfrage ging, ob nämlich das Grundgesetz gewissermaßen »objektiv« an einem Mangel gelitten habe, der seine Ungültigkeit hätte zur Folge haben können. Beiden kam es darauf an, einen Weg aufzuspüren, wie das Grundgesetz – so *Schele* mehrfach wörtlich – »beseithigt« werden könne. Man würde die Vorgänge des Jahres 1837 gröblich verkennen, wertete man die Aufhebung des Staatsgrundgesetzes am 1. November als Ergebnis einer Art von Rechtsfindung. Die Entscheidung des Königs, sich an das Staatsgrundgesetz nicht gebunden zu sehen, war – wie die Vorgeschichte des Staatsstreichs zeigt – viel früher gefallen. Die folgenden Aktionen verfolgten allein das Ziel, einen – auch der Bundesversammlung vermittelbaren – Weg zu finden, sich von der lästigen Bindung an die Verfassung zu befreien. Entsprechend war die Argumentation *Leists* nur im ersten Teil des Gutachtens juridisch, im zweiten unverhohlen machtpolitisch. *Scheles* Ausführungen waren ausschließlich machtpolitischer Natur und benutzten juristische Argumente lediglich als Fassade.

Erlangt die vorliegende Untersuchung ihre Rechtfertigung bereits durch die weithin unbeachtet gebliebene Vorgeschichte des Staatsstreichs, so tragen die Verfahren der hannoverschen Städte und einiger Bundesstaaten vor dem Deutschen Bund hierzu zusätzlich bei. Die in diesem Verfahren erstellten Schriftsätze lassen in ihrer Leidenschaft für die Verfassung und ihrem juristischen Niveau bereits Ansätze einer Entwicklung erkennen, die in der deutschen Verfassungsgeschichte erst mit dem Grundgesetz von 1949 verwirklicht werden sollten.

Angesichts der Vielzahl der unveröffentlichten oder jedenfalls nicht leicht zugänglichen Quellen nimmt die Dokumentation einen nicht unwesentlichen Raum der vorliegenden Untersuchung ein. Nur die wörtliche – auszugsweise – Wiedergabe der grundlegenden Dokumente, insbesondere der Gutachten und Schriftsätze, vermittelt dem heutigen Leser die enormen gedanklichen Anstrengungen, die zum Schutze des Staatsgrundgesetzes unternommen worden sind. In gleicher Weise verdienen die Abhandlungen Beachtung, die – häufig anonym – in den Jahren 1837 und 1838 erschienen sind. Wenn schließlich das Recht und die Rechtswissenschaft sich nicht haben durchsetzen können und der sich immer deutlicher entlarvenden autokratischen Macht weichen mussten, so sind diese Anstrengungen doch vorbildhaft und – wie sich zeigen wird – keineswegs auf die »Göttinger Sieben« beschränkt gewesen. So hat die Stadt Osnabrück mit ihrer – von *Carl Bertram Stüve* verfassten – Eingabe an die Bundesversammlung ein bedeutendes Beispiel dafür abgegeben, dass sich Kommunen nicht ohne Gegenwehr dem Gewaltakt fügen wollten. Auch der Widerstand des Magistrats der Residenzstadt Hannover unter Vorsitz *Wilhelm Rumanns* verdient ehrenvolle Erwähnung, die ihm bislang nicht zuteil geworden ist.

Bemerkenswert ist indes, dass der Monarch, ohne auf breiteren Widerstand im Volk zu stoßen, eine Verfassung, die ja »Rechte der Unterthanen« enthielt, mit einem Federstrich auslöschen konnte. Der Hannoversche Staatsstreich setzte den Untertanengeist voraus, beförderte ihn aber zugleich, weil er – jedenfalls kurzfristig – erfolgreich war. Insofern stellt er ein einprägsames Beispiel dafür dar, dass ein Monarch sich gegen die in Stadt und Land erwachenden politischen Kräften durchsetzen konnte.

Neben der Vorgeschichte des Staatsstreichs soll der Blick auch auf die folgenden Jahre des »Verfassungskampfes« gerichtet werden, die in der Literatur der Gegenwart ebenfalls unzureichend erörtert worden sind. Die Methoden, mit denen schließlich eine knapp beschlussfähige Zweite Kammer installiert worden ist, unterscheiden sich in ihrer Unrechtmäßigkeit nicht von jenen, mit denen das Staatsgrundgesetz aufgehoben worden war. Das schließlich in Kraft gesetzte »Landes-Verfassungsgesetz« bedeutete hinsichtlich der ständischen Teilhabe an den staatlichen Angelegenheiten einen erheblichen Rückschritt und stellte letztlich nur eine konstitutionelle Fassade vor einem autokratischen Regime dar.

Verfassungsgeschichte betrifft nicht nur Vergangenes, sondern wirkt in die Gegenwart hinein. Sichtbares Zeichen hierfür ist der Umstand, dass der Hannoversche Staatsstreich die Wissenschaft bis heute nicht hat ruhen lassen und es auch in jüngerer Zeit nicht an Versuchen gefehlt hat, die Aufhebung des Staatsgrundgesetzes und dessen Ungültigkeit zu begründen. Hierin nun liegt eine letzte Rechtfertigung der vorliegenden Untersuchung; sie sieht sich dem Ziel verpflichtet, anhand aller verfügbaren Quellen die Frage nach Recht und Macht im Hannoverschen Verfassungskonflikt zu beantworten.

ERSTES KAPITEL
VORGESCHICHTE

I. Beginn der Personalunion

Die Geschichte Hannovers und Großbritanniens ist seit dem Jahr 1714 aufs Engste verknüpft. Durch den *Act of Settlement*, den das englische Parlament 1701 erlassen hatte, sollte nach dem Tode der Königin *Anne* (1665–1714), die *William III.* (1650–1702) auf dem Thron gefolgt war, *Sophie von der Pfalz* (1630–1714), die Frau des Kurfürsten *Ernst August von Hannover* (1629–1698) die Nachfolge antreten. *Sophie von der Pfalz* war die Enkelin des englischen Königs *James I.* (1566–1625) und dazu bestimmt, die protestantische Erbfolge auf dem britischen Thron zu sichern. Der Act of Settlement schrieb vor, dass ihr die leiblichen Nachkommen auf dem Thron folgen sollten und begründete damit die Thronfolge des Hauses Hannover. *Sophie von der Pfalz* starb am 8. Juni 1714, sodass es zu der vom Act of Settlement vorgesehenen Thronfolge nicht kommen konnte. Queen *Anne*, die seit dem Act of Union (1707) Königin von Großbritannien geworden war, starb am 1. August 1714. Die Nachfolge fiel gemäß den Bestimmungen des Act of Settlement auf den Sohn der Herzogin *Sophie*, *Georg Ludwig* (1660–1727), der seit 1698 Herzog von Braunschweig-Lüneburg und Kurfürst war. Mit seiner Thronbesteigung als *Georg I.* begann die Epoche der Personalunion zwischen dem Vereinigten Königreich von Großbritannien und dem Kurfürstentum Hannover, die bis zum Jahr 1837 andauerte.

Nach seiner Übersiedlung nach London erließ *Georg I.* am 29. August 1714 ein Reglement über die Regierung des Kurfürstentums, in dem bestimmt wurde, dass die Regierungsgeschäfte von einem »geheimen Raths-Collegium« zu führen seien und der König sich nur bestimmte Angelegenheiten zu eigener Entscheidung vorbehielt.[1] In London wurde eine »Deutsche Kanzlei« eingerichtet, die bis zum Ende der Personalunion bestand und deren Leitung einem Minister oblag.[2] Von großem Einfluss und nachhaltiger Wirksamkeit ist späterhin *Ernst Friedrich Herbert Graf zu Münster* (1766–1839)[3] gewesen, der seit 1805 Kabinettsminister beim König war und als Bevollmächtigter des Prinzregenten am Wie-

---

[1] Vgl. *K. Bingmann*, Das rechtliche Verhältnis zwischen Großbritannien und Hannover von 1714 bis 1837, S. 8 ff.

[2] Vgl. *K. Bingmann*, Das rechtliche Verhältnis zwischen Großbritannien und Hannover von 1714 bis 1837, S. 13 ff.; *R. Grieser*, Die Deutsche Kanzlei in London, ihre Entstehung und Anfänge, in: Blätter für deutsche Landesgeschichte, 1952, S. 153 ff.

[3] *Ernst Friedrich Herbert Graf zu Münster* (1766–1839), Jurist, seit 1801 Diplomat, 1805 zum Kabinettsminister ernannt; bis 1831 englischer Minister für hannoversche Angelegenheiten; 1814/15 einer der einflußreichsten Diplomaten des Wiener Kongresses.

ner Kongress teilnahm. In Noten an die teilnehmenden Staaten vom 12. Oktober 1814 wurde das Kurfürstentum Hannover zum Königreich erklärt.[4]

Am 29. November 1813 wurde *Adolf Friedrich*, Herzog von Cambridge (1774–1850), der jüngste Bruder des Prinzregenten und späteren Königs *Georg IV.* zum Militärgouverneur von Hannover ernannt. Die Ernennung hatte insofern symbolischen Charakter, als nunmehr ein Mitglied des britischen Königshauses in Hannover residierte. Die Befugnisse des Militärgouverneurs sollten sich auf militärische Angelegenheiten beschränken; *Adolf Friedrich* drang aber auf eine Erweiterung seiner Kompetenzen und erreichte am 8. Oktober 1816 seine Ernennung zum Generalgouverneur. Als solcher führte er den Vorsitz im Hannoverschen Ministerium. Den maßgeblichen Einfluss übte aber nach wie vor Graf *Münster* als Leiter der Deutschen Kanzlei in London aus.[5]

Ernst Rudolf Huber schildert die Situation Hannovers nach dem Ende der französischen Herrschaft wie folgt:

> »Hannover, obwohl nun seit einem Jahrhundert in staatlicher Einheit verbunden, war doch noch immer in sechs selbständige Landschaften geteilt, von denen jede ihre ständische Vertretung besaß. In den ständischen Körperschaften war der grundbesitzende Adel absolut vorherrschend. Neben ihm waren die lutherische Kirche durch ihre Prälaten und die Städte, diese durch ernannte Abgeordnete der Stadträte, vertreten. Das Bauerntum war wie das kleine städtische Bürger- und Handwerkertum von den ständischen Vertretungen ausgeschlossen. Auch die Lokalverwaltung, die bei den 150 Ämtern lag, war in ständisch-feudaler Hand. Die Finanzverwaltung war, dem ständestaatlichen Dualismus entsprechend, zweigeteilt; neben der ständischen Generalsteuerkasse stand die landesherrliche Domänenkasse. Beide Finanzsysteme suchten die Last der öffentlichen Abgaben auf die Kleinbürger und Bauern zu häufen, die mit Recht über schwere finanzielle Bedrückung klagten. Dabei hinderte eine rückständige Handelspolitik die gesunde wirtschaftliche Entwicklung. Die Zentralregierung lag bei dem Geheimen Rat, in dem die führenden Adelsgeschlechter die Minister stellten, während die bürgerliche Ministerialbürokratie die Facharbeit leistete.«[6]

II. Die (provisorische) Allgemeine Ständeversammlung des Königreichs Hannover (1814–1819)

Am 12. August 1814 kündigte der Prinzregent die Bildung einer allgemeinen Ständeversammlung an.[7] Ziel der Einberufung war die Überwindung der regi-

---

[4] Die Erhebung Hannovers zum Königreich erfolgte nicht aufgrund eines Beschlusses des Wiener Kongresses, sondern war ein Akt der »Selbsterhebung«, der auf diplomatischem Wege vorbereitet worden war. Vgl. hierzu *E. R. Huber*, Deutsche Verfassungsgeschichte I, S. 547.

[5] Vgl. nur *K. Bingmann*, Das rechtliche Verhältnis zwischen Großbritannien und Hannover von 1714–1837, S. 69; *M. Petri*, Ernst Herbert Graf zu Münster, in: ders., Lebensbilder, geschichtliche und kulturgeschichtliche, S. 102 ff.; *N. Harding*, Hanover and the British Empire, S. 263.

[6] So *E. R. Huber*, Deutsche Verfassungsgeschichte II, S. 85.

[7] Vgl. die »Proclamation, die Convocation der Landstände aus allen Landes-Provinzen betr., vom 12. August 1814«, abgedruckt in: Th. Hagemann (Hrsg.), Sammlung der hannöverschen Landesverordnungen und Ausschreiben des Jahres 1814, II. Stück, 1814, S. 674 ff.

onalen Zersplitterung des Königreichs, die ihre institutionelle Entsprechung in den Provinziallandständen gefunden hatte.[8]

Mit der Wiederherstellung der früheren Landschaften konnte es nicht sein Bewenden haben, weil die Einflüsse der französischen Herrschaft und der westfälischen Verfassung so stark nachwirkten, dass eine Rückkehr zum altständischen System ausgeschlossen schien.[9]

In der Proklamation hieß es,

> »daß künftig alle allgemeinen Landesangelegenheiten, insofern sie nach der bisher bestandenen Verfassung einer Berathung mit den Ständen bedurften, einer Versammlung von Landständen aus allen Provinzen vorgelegt und von denselben zum Schluß gebracht werden sollten.«[10]

Mit der Einberufung der allgemeinen Ständeversammlung und der Übertragung von Zuständigkeiten, die bis dahin den Provinziallandschaften zugestanden hatte, war naturgemäß eine Einbuße der Rechte Letzterer verbunden.[11] Nach geltendem Staatsrecht waren die Provinziallandstände in Angelegenheiten, die in die inneren Verhältnisse der Landstände eingriffen, zu den Beratungen hinzuzuziehen. Die Rechtfertigung zur Einberufung einer *allgemeinen* Ständeversammlung wurde darin gesehen, dass, wenn die Provinziallandstände in dieser Frage zu Rate gezogen würden, es auf lange Zeit nicht zu einer *allgemeinen* Ständeversammlung kommen würde.[12] Da die Provinziallandstände schließlich die Wahlen zur allgemeinen Ständeversammlung durchführten, wurde hierin eine stillschweigende Zustimmung gesehen.[13] Insgesamt erlangte die allgemeine Ständeversammlung keinen wesentlichen Einfluss auf die Gesetzgebung. Einzig die Vereinigung der Provinzialschulden zu einer Generalkasse sowie die Beseitigung der Exemptionen[14] ist auf die Initiative der provisorischen Ständeversammlung zurückzuführen.[15] Die Bildung eines gemeinsamen Staatshaushaltes erschien als ein entscheidender Schritt zur Überwindung des Partikularismus und mittelalterlicher Provinzialstrukturen. Einen Rückschlag erlitten die hierauf gerichteten Kräfte durch die Reskripte vom Oktober 1818, durch die die alten

---

[8] Vgl. hierzu *T. Vogtherr*, 200 Jahre Erste Allgemeine Ständeversammlung, 2014, S. 9 ff.; *ders.*, Von ständischer Partizipation zur demokratischen Volksvertretung, NdsVBl. 2015, S. 181.
[9] Vgl. *O. v. Heinemann*, Geschichte von Braunschweig und Hannover III, S. 408 f.
[10] Actenstücke der provisorischen oder ersten allgemeinen Ständeversammlung des Königreichs Hannover, 1822, Bd. 1, S. 1.
[11] Vgl. dazu *J. C. B. Stüve*, Die gegenwärtige Lage des Königreichs Hannover, S. 33.
[12] Vgl. dazu *G. A. Grotefend*, Geschichte der allgemeinen landständischen Verfassung des Königreichs Hannover, 1857, S. 16 ff.; *W.-R. Reinecke*, Landstände im Verfassungsstaat, S. 135 f.
[13] Vgl. *E. v. Meier*, Hannoversche Verfassungs- und Verwaltungsgeschichte, S. 327; *W.-R. Reinecke*, Landstände im Verfassungsstaat, S. 137 m.w.N.
[14] *A. W. Rehberg*, Zur Geschichte des Königreichs Hannover in den ersten Jahren nach der Befreiung von der westphälischen und französischen Herrschaft, S. 167 ff.; *H. Luden* (Hrsg.), Das Königreich Hannover nach seinen öffentlichen Verhältnissen, S. 95, 114.
[15] Vgl. *O. v. Heinemann*, Geschichte von Braunschweig und Hannover III, S. 409; s. auch *M. Bertram*, Staatseinheit und Landesvertretung, S. 177 ff., 323 ff.

Provinziallandschaften wiederhergestellt wurden.[16] Hierdurch konnte der Adel seine Vormachtstellung langfristig sichern.

Nachdem der territoriale Bestand des Königreichs Hannover durch den Wiener Kongress wesentlich erweitert worden war[17], schien es an der Zeit, das Provisorium der allgemeinen Ständeversammlung auf eine dauerhafte Grundlage zu stellen. Graf *Münster* forderte im März 1817 das Hannoversche Kabinettsministerium auf, der Deutschen Kanzlei in London Vorschläge zu unterbreiten, wie die noch offene Verfassungsfrage gelöst werden könnte. *Münster* hatte allerdings noch im Oktober 1815 erklärt, der Prinzregent habe nicht die Absicht, dem Land eine neue Verfassung zu geben und halte die althergebrachten Rechte der Stände für heilig.[18]

III. Das Patent vom 7. Dezember 1819

Das Patent wurde von *Friedrich Franz Dietrich von Bremer* (1759–1836)[19] entworfen, der Staats- und Kabinettsminister für Äußeres und Finanzen war. Als Mitgliedstaat des Deutschen Bundes war das Königreich an Art. 13 der Deutschen Bundesakte gebunden, nach dem »in allen Bundesstaaten […] eine Landständische Verfassung statt finden« werde; die Bundesakte enthielt jedoch weder zeitliche noch inhaltliche Vorgaben. In der Folgezeit erließen Baden, Bayern, Hessen und Württemberg Repräsentativverfassungen, die eine Volksvertretung vorsahen und Grundrechte der Staatsbürger gewährleisteten.[20]

Durch die einflussreiche Schrift des Beraters *Metternichs*, *Friedrich von Gentz*, »Über den Unterschied zwischen den landständischen und den Repräsentativ-Verfassungen«, die 1819 erschien und den Teilnehmern der Karlsbader Konferenzen vorgelegt wurde, sollte das Rad der Geschichte gewissermaßen zurückgedreht werden. Durch einen interpretatorischen Kunstgriff setzte *Gentz* den Begriff der »landständischen« mit dem der »altständischen« Verfassung gleich und leitete aus Art. 13 der Deutschen Bundesakte das Verbot für Bundesstaaten ab, eine Repräsentativverfassung zu erlassen. *Ernst Rudolf Huber* führt hierzu aus:

> »Unrichtig aber war an der Gentz'schen Interpretation vor allem die These, daß der Art. 13 der Bundesakte auf dem ›Unterschied von landständischen und Repräsentativ-Verfassungen‹ beruhe, d. h. daß er mit der Forderung ›landständischer

---

[16] Reskript an die Calenberg-Grubenhagensche und die Lüneburgische Landschaft vom 19. Oktober 1818, an die Hildesheimische Landschaft vom 16. Oktober 1818, an die Osnabrückische Landschaft vom 30. Oktober 1880 und die Bremen-Verdensche Landschaft vom 31. Oktober 1818; vgl. dazu M. *Bertram*, Staatseinheit und Landesvertretung, S. 244 ff.; W.-R. *Reinecke*, Landstände im Verfassungsstaat, S. 141 ff.

[17] Vgl. *E. R. Huber*, Deutsche Verfassungsgeschichte I, S. 578.

[18] Vgl. *H. Luden* (Hrsg.), Das Königreich Hannover nach seinen öffentlichen Verhältnissen, Anlagen, S. 57.

[19] *Friedrich Franz Dietrich von Bremer* (1759–1836), Jurist, seit 1805 Staats- und Kabinettsminister für Äußeres und Finanzen, 1807 Entlassung und Verfolgung als Staatsverbrecher, seit 1814 abermals Außen- und Finanzminister, zwischenzeitlich auch Kriegsminister.

[20] Vgl. *E. R. Huber*, Deutsche Verfassungsgeschichte I, S. 314 ff.

Verfassungen‹ das repräsentative und damit das konstitutionelle Prinzip verworfen habe. Als die in Wien versammelten Staatsmänner sich 1815 für ›Landstände‹ entschieden, ließen sie bewußt offen, wie die damit geforderten Vertretungskörperschaften zusammenzusetzen, mit welchen Befugnissen sie auszustatten und wie sie staatstheoretisch einzuordnen seien würden. Sie zwangen die Gliedstaaten nicht zur Erneuerung des altständischen Wesens, sondern stellten ihnen den Übergang zu Verfassungen mit echten Gesamtvertretungskörperschaften frei. Die Gentz'sche Argumentation beruhte auf einer sinnverfälschenden Begriffsjurisprudenz, die um einer vorgefassten politischen Intention willen das zu Beweisende in der als Prämisse verwandten Begriffskonstruktion vorwegnahm. Der methodische Missbrauch, der in jeder derartigen petitio principii liegt, offenbart eine Gefahr, der die staatsrechtliche Argumentation, wie sie sich in den Dienst politischer Absichten stellt, auch sonst leicht erliegt.«[21]

Der Versuch *Metternichs*, auf den Karlsbader Konferenzen eine authentische Interpretation des Art. 13 DBA im Sinne der *Gentz*'schen Unterscheidung zu beschließen, musste schon deshalb scheitern, weil die süddeutschen Staaten bereits über Repräsentativverfassungen verfügten und diese sich folglich im Widerspruch zur Deutschen Bundesakte befunden hätten.[22] Hingegen wurde bei den Wiener Konferenzen die Gewährleistung des monarchischen Prinzips beschlossen (Art. 57 WSA), freilich auch den seit 1815 erlassenen Verfassungen eine bundesrechtliche Garantie verliehen. Art. 56 der Wiener Schlussakte lautete:

»Die in anerkannter Wirksamkeit bestehenden landständischen Verfassungen können nur auf verfassungsmäßigem Wege wieder abgeändert werden.«

Damit erteilte *Metternich* möglichen Versuchen, Verfassungen der Bundesstaaten durch Staatsstreich außer Kraft zu setzen oder einseitig zu ändern, eine Absage.[23] Die Interpretation des Art. 13 DBA und des Art. 56 WSA sollte späterhin im Hannoverschen Verfassungskonflikt eine wichtige Rolle spielen.

Offenkundig war, dass die im Königreich Hannover bestehenden Provinziallandschaften den Anforderungen des Art. 13 DBA nicht entsprachen.[24] *Münster* interpretierte den Artikel jedoch ganz im *Gentz*'schen Sinne:

»Indem deutsche Fürsten den Ausdruck landständische Verfassung wählten, deuteten sie ausdrücklich auf vaterländische Institutionen, auf Erhaltung bestehender, oder durch bloße Gewalt zerstörter Rechte, in so fern sie sich den neueren Staatsverhältnissen anpassen ließen, nicht auf Repräsentativ-Systeme, die das Ausland auf den Umsturz alles vorher Bestandenen, und auf die Idee einer Theilung der Souveränität des Volks mit seinen Fürsten, oder auf deren constitutionelle Übertragung an denselben hat gründen wollen.«[25]

Von vornherein stand der Erlass einer Repräsentativverfassung für das Königreich nicht zur Debatte.[26]

---

[21] So E. R. Huber, Deutsche Verfassungsgeschichte I, S. 644 f.
[22] Vgl. E. R. Huber, Deutsche Verfassungsgeschichte I, S. 645.
[23] So E. R. Huber, Deutsche Verfassungsgeschichte I, S. 647 f.
[24] Dazu H. A. Zachariae, Deutsches Staats- und Bundesrecht, Bd. I, 3. Aufl. 1865, S. 574 f.
[25] E. v. Münster, Projectirter Theil des Präsidial-Vortrags, der sich auf den 13. Art. der Bundesakte (die Landständische Verfassung) beziehen würde, in: J. L. Klüber (Hrsg.), Wichtige Urkunden für den Rechtszustand der deutschen Nation, 1844, S. 257 f.
[26] So W.-R. Reinecke, Landstände im Verfassungsstaat, S. 135.

Am 7. Dezember 1819 erließ der Prinzregent das »Patent, die Verfassung der allgemeinen Stände-Versammlung des Königreichs betreffend«, das am 18. Dezember in der Gesetzessammlung des Königreichs verkündet wurde.[27] Das Patent bestand aus acht Abschnitten, die wesentliche Regelungsgegenstände einer Verfassung ungeregelt ließen. So blieb die entscheidende Frage des Wahlrechts offen; auch das Verhältnis der Allgemeinen Ständeversammlung zu den Provinziallandständen wurde nicht näher bestimmt. Die Stellung des Königs blieb vorkonstitutionell; Grundrechte oder rechtsstaatliche Einrichtungen enthielt das Patent nicht.

Dem englischen Vorbild folgend wurde gegen den anfänglichen Widerstand des hannoverschen Kabinettsministeriums[28] und der Provisorischen Ständeversammlung[29] ein Zweikammersystem errichtet. Die Kammern sollten gleichberechtigt sein, was zur Folge hatte, dass keine der beiden Kammern für sich allein rechtsverbindlich entscheiden konnte. Wörtlich hieß es in § 2 des Patents:

> »Beide Cammern sollen in ihren Rechten und Befugnissen sich gleich seyn, und alle Anträge, welche von Uns oder von Unserm Cabinets-Ministerio an die Stände des Königreichs ergehen, sollen jederzeit an die gesammte allgemeine Stände-Versammlung gerichtet werden.«

Die Erste Kammer setzte sich aus den Prälaten, den Standesherren und der Ritterschaft zusammen und war ausschließlich mit Adeligen besetzt, die teils gewählt, teils persönlich berechtigt waren. Die Zweite Kammer repräsentierte die Städte. Gewählt wurden die Abgeordneten von den Magistraten (§ 5 des Patents), sodass die Bürger nicht unmittelbar beteiligt waren.

Neben der Repräsentation der Städte sollte auch das freie Bauerntum durch Abgeordnete vertreten werden. Weil eine Einigung über deren Auswahl nicht gelang, zog erst zehn Jahre nach Erlass des Patents der erste bäuerliche Vertreter in die Allgemeine Ständeversammlung ein.[30] Zwar hatten die ostfriesischen Bauern von Anfang an das Recht der Teilnahme; aus Protest dagegen, dass sich die Vertretung der Bauernschaft im Übrigen verzögert hatte, entsandten auch sie keine Abgeordneten in die Ständeversammlung. Die Vertretung der freien Bauern bedeutete jedoch nicht, dass die Verfassung ihren altständischen Charakter eingebüßt hätte. Der Bauernstand war lediglich staatsrechtlich anerkannt worden.[31] Von einer Repräsentation des Volkes konnte schon deshalb nicht gesprochen werden, weil in der Ständeversammlung nur etwa zwei Prozent der

---

[27] Hann.GS.1819, S.135.
[28] Vgl. dazu *Kolb/Teiwes*, Beiträge zur politischen Sozial- und Rechtsgeschichte der Hannoverschen Ständeversammlung, S.32ff.
[29] Vgl. *Anonymus (H. A. Oppermann)*, Zur Geschichte der Entwicklung und Thätigkeit der allgemeinen Stände des Königreichs Hannover, 1. Hälfte, 1842, S.254; S. P. Gans (Hrsg.), Verhandlungen über die öffentlichen Angelegenheiten des Königreichs Hannover, 1831, S.88ff.; J. *Weiske* (Hrsg.), Rechtslexikon für Juristen aller teutschen Staaten, Bd. V., 1844, S.156; G. Nolte, Bemerkungen über die Repräsentativ-Verfassungen des Königreichs Hannover, 1831, S.34ff.
[30] Vgl. *E. v. Meier*, Hannoversche Verfassungs- und Verwaltungsgeschichte, S.349f.
[31] Vgl. *G. A. Grotefend*, Geschichte der Allgemeinen landständischen Verfassung des Königreichs Hannover, S.83, 184.

Bevölkerung vertreten waren.³² Eine Ausnahme vom rein ständischen Prinzip wurde lediglich durch die Aufnahme der Majoratsherren und der Mitglieder des General-Steuer- und Schatzkollegiums gemacht³³, weil diese nicht als Vertreter eines bestimmten Standes angesehen werden konnten. Freilich änderte dies nichts am ständischen Charakter der Verfassung.

Neu war, dass die nach altständischen Prinzipien gewählten Deputierten in der Mandatsausübung frei sein sollten und nicht nur die ständischen Interessen zu vertreten hatten. So hieß es in § 8 des Patents,

> »daß die in beiden Cammern versammelten Stände die ihnen obliegenden wichtigen Pflichten in ihrem ganzen Umfange erkennen, und ohne durch Rücksichten auf ihr persönliches oder particulaires Interesse sich leiten zu lassen, insgesammt mit gleichem patriotischen Eifer, dem von ihnen zu leistenden Eide getreu, nur das wahre Beste des Landes vor Augen haben, und ihr Bestreben mit Uns gern dahin vereinigen werden, um durch die bleibend bestimmte Berathung aller das ganze Königreich angehenden Landes-Angelegenheiten in einer allgemeinen Stände-Versammlung die Bande der Einigkeit und des gegenseitigen Vertrauens zwischen allen Theilen des Königreichs immer enger zu knüpfen, das dauernde Wohl aller Landes-Einwohner immer fester zu begründen und die allgemeine Zufriedenheit immer mehr und mehr zu befördern.«

Nicht übersehen werden darf hierbei, dass altständisches Denken nicht durch Dekret abgeschafft werden konnte. Beide Kammern des Patents von 1819 gründeten sich auf Korporationen. Auch wenn die Deputierten ihren Eid zum Wohl des gesamten Volkes zu leisten hatten³⁴, wurden die Kammern allein wegen ihrer Zusammensetzung als reine Standesvertretungen wahrgenommen.³⁵

Die Zuständigkeit der Allgemeinen Ständeversammlung wurde in § 6 Satz 1 des Patents wie folgt umschrieben:

> »Über alle, das ganze Königreich betreffenden, zur ständischen Berathung verfassungsmäßig gehörenden Gegenstände wird nur mit den allgemeinen Ständen des Königreichs communicirt, dagegen alle diejenigen Angelegenheiten, welche nur die eine oder die andere Provinz angehen und zu einer ständischen Berathung geeignet sind, auch fernerhin an die betreffenden Provinzial-Landschaften werden gebracht werden.«

Ungewöhnlich für eine Verfassung mit abstrakt gefassten Rechtssätzen war es, wenn der Prinzregent an dieser Stelle bekundete:

---

[32] Vgl. *Kolb/Teiwes*, Beiträge zur politischen Sozial- und Rechtsgeschichte der Hannoverschen Ständeversammlung, S. 48; *R. Oberschelp*, Politische Geschichte Niedersachsens, S. 71.

[33] *G. A. Grotefend*, Geschichte der Allgemeinen landständischen Verfassung des Königreichs Hannover, S. 88.

[34] »… daß er sich nicht als Vertreter seines Standes, sondern des ganzen Landes ansehen und danach betragen wolle.« Vgl. dazu *G. A. Grotefend*, Geschichte der Allgemeinen landständischen Verfassung des Königreichs Hannover, S. 81.

[35] *S. P. Gans*, Ueber die Verarmung der Städte und den Verfall der städtischen Gewerbe im nördlichen Deutschland, insbesondere im Königreich Hannover. Versuch einer Darstellung der Hauptursachen dieser unglücklichen Erscheinungen und der Mittel zur Abhülfe derselben, Braunschweig 1831, S. 67; *G. A. Grotefend*, Geschichte der Allgemeinen landständischen Verfassung des Königreichs Hannover, S. 81; *U. Hindersmann*, Der ritterschaftliche Adel im Königreich Hannover 1814–1866, 2001, S. 37; vgl. auch *Kolb/Teiwes*, Beiträge zur politischen Sozial- und Rechtsgeschichte der Hannoverschen Ständeversammlung, S. 42 ff.

»Und gleichwie es überhaupt keineswegs Unsere Absicht ist, eine neue, auf Grundsätzen, welche durch die Erfahrung noch nicht bewährt sind, gebauete ständische Verfassung einzuführen; also soll auch die allgemeine Stände-Versammlung im Wesentlichen künftig dieselben Rechte ausüben, welche früherhin den einzelnen Provinzial-Landschaften, sowie auch der bisherigen provisorischen Stände-Versammlung zugestanden haben, namentlich das Recht der Verwilligung der, behuf der Bedürfnisse des Staats erforderlichen Steuern und der Mitverwaltung derselben unter verfassungsmäßiger Concurrenz und Aufsicht der Landes-Herrschaft, das Recht auf Zurathziehung bei neu zu erlassenden allgemeinen Landes-Gesetzen und das Recht, über die zu ihrer Berathung gehörigen Gegenstände Vorstellungen an Uns zu bringen.«

Aus diesen Worten spricht unmissverständlich die Absicht Graf *Münsters*, mit dem Patent vom 18. Dezember 1819 keine den süddeutschen Bundesstaaten vergleichbare – gleichwohl als »ständisch« bezeichnete – Verfassung zu schaffen. Entsprechend fehlte in dem Patent ein Initiativrecht für Gesetze und – abgesehen von der Steuerbewilligung – ein Zustimmungsrecht zu Gesetzen. Auch das Recht der Ministeranklage oder andere Kontrollrechte waren nicht vorgesehen. Die Rechtsstellung des Königs blieb im Patent ungeregelt, sodass es sich nicht im eigentlichen Sinne um eine *Staats*verfassung, sondern nur – wie im Titel bezeugt – um eine Verfassung der *Ständeversammlung* handelte. Das Königreich Hannover verharrte insofern auch nach 1819 in einem vorkonstitutionellen Zustand. Hieran änderte auch der Umstand nichts, dass in § 8 des Patents bestimmt wurde:

»Wir behalten Uns vor, nach den zu sammelnden Erfahrungen in der Organisation der allgemeinen Stände-Versammlung diejenigen Modificationen eintreten zu lassen, deren Nothwendigkeit im Verlaufe der Zeit sich etwa an den Tag legen möchte; so wie es sich auch von selbst verstehet, daß, wenn der Deutsche Bund sich veranlaßt finden sollte, bei einer weitern authentischen Auslegung des Artikels 13. der Deutschen Bundesacte Grundsätze anzunehmen, welche mit den vorstehenden Verfügungen nicht durchgehends vereinbar sind, Letztere, den Bundestags-Beschlüssen gemäß, eine Abänderung erleiden müssen.«

Das Patent von 1819 war seiner Natur nach ein Organisationsedikt, das zum einen ein für das ganze Königreich zuständiges Organ schuf, zum anderen dessen Zuständigkeiten von denen der Provinziallandschaften abgrenzte. Der Prinzregent behielt sich vor, das Patent jederzeit zu ändern, was insofern folgerichtig war, als es ohne Zustimmung der Provisorischen Ständeversammlung zustande gekommen war. Dieser rudimentäre Charakter des Patents und seine fehlende Bestandskraft wollen berücksichtigt sein, wenn mit der Aufhebung des Staatsgrundgesetzes am 1. November 1837 zugleich die Weitergeltung der »Verfassung von 1819« postuliert wurde. Da es sich bei dem Patent nicht im eigentlichen Sinne um eine Staatsverfassung handelte, bedeutete die stets behauptete Fortgeltung der »Verfassung von 1819« nichts anderes als den Rückfall in einen vorkonstitutionellen – die Rechte des Königs nicht einschränkenden – Zustand. Auch wenn erwogen wurde, die »Ständeversammlung von 1819« wieder einzuberufen, so hätte diese für mögliche Gesetze kein Zustimmungsrecht gehabt, sondern wäre auf ein »Recht auf Zurathziehung« beschränkt gewesen.

Ernst Rudolf Hubers Einschätzung, das von *Bremer* entwickelte Verfassungspatent habe einen Kompromiss zwischen dem überlieferten Ständestaat und dem modernen Repräsentativsystem geschaffen³⁶, vermag nicht zu überzeugen. Möge auch die Zweite Kammer – insbesondere nachdem *Carl Bertram Stüve*³⁷ 1824 in sie eintrat – grundlegende Fragen der Zeit debattiert und insofern repräsentative Aufgaben wahrgenommen haben, so blieben die Befugnisse der Ständeversammlung doch weit hinter den von Parlamenten echter Repräsentativverfassungen zurück. Die entscheidende Bedeutung des Patents von 1819 liegt vielmehr darin, dass mit der Allgemeinen Ständeversammlung das Königreich über ein unitarisches Organ verfügte, das einen Beitrag zur Überwindung des hannoverschen Partikularismus leisten sollte.

Die Bedeutung der Allgemeinen Ständeversammlung wird in der Literatur als gering eingeschätzt.³⁸ Sie konnte allerdings die Ablösbarkeit des Zehnten durchsetzen. Diese hatte *Stüve* mit einer vielbeachteten Schrift gedanklich vorbereitet.³⁹ Langfristig zeigten sich die Folgen dieser Reform: Durch eine Vermehrung des freien Bauernstandes wurde auch der Kreis der wahlberechtigten Nichtadeligen deutlich vergrößert, sodass ein selbstbewusster Bauernstand entstand, der den Einfluss des Adels im Laufe der Zeit zurückdrängte.⁴⁰

Die begrenzte politische Wirksamkeit der Allgemeinen Ständeversammlung lag in der Konstruktion des Zweikammersystems. Insofern ging das Konzept *Münsters* auf: Während sich die Erste und Zweite Kammer bekämpften und gegenseitig blockierten, war es die Regierung, die die Entscheidungen in der Sache traf.⁴¹ Der Ausschluss der Öffentlichkeit trug zudem dazu bei, dass die Ständeversammlung bei der Bevölkerung wenig respektiert wurde, so sie überhaupt Beachtung fand. So erachteten es immer mehr Städte als nicht notwendig, überhaupt Deputierte in den Landtag zu entsenden.⁴²

---

³⁶ So *E. R. Huber*, Deutsche Verfassungsgeschichte II, S. 86.
³⁷ *Johann Carl Bertram Stüve* (1798–1872); Jurist, seit 1820 Advokat in Osnabrück, ab 1824 Mitglied in der Zweiten Kammer der Allgemeinen Ständeversammlung; ab 1833 Bürgermeister von Osnabrück; 1848–1850 hannoverscher Innenminister; von 1850 bis 1864 erneut Bürgermeister von Osnabrück, vgl. auch unten S. 370 ff.
³⁸ Vgl. *O. v. Heinemann*, Geschichte von Braunschweig und Hannover, S. 410; *H. v. Treitschke*, Deutsche Geschichte im 19. Jahrhundert IV, S. 542 ff.; *F. Schnabel*, Deutsche Geschichte im 19. Jahrhundert, S. 99; *C. V. Graf*, The Hanoverian Reformer Johann Carl Bertram Stüve, S. 160 f.; differenzierend *E. R. Huber*, Deutsche Verfassungsgeschichte II, S. 87; *Kolb/Teiwes*, Beiträge zur politischen, Sozial- und Rechtsgeschichte der Hannoverschen Ständeversammlung, S. 49, die das Engagement in der Exemptions- und Agrarfrage hervorheben; *T. Vogtherr*, Von ständischer Partizipation zur demokratischen Volksvertretung, NdsVBl. 2015, S. 181 ff.; *ders.*, Von ständischer Partizipation zur demokratischen Volksvertretung, in: 200 Jahre Erste Allgemeine Ständeversammlung, S. 9.
³⁹ Vgl. *J. C. B. Stüve*, Über die Lasten des Grundeigenthums und Verminderung derselben in Rücksicht auf das Königreich Hannover, 1830; hierzu *A. F. Ventker*, Stüve und die Hannoversche Bauernbefreiung, 1935, passim; *Kolb/Teiwes*, Beiträge zur politischen, Sozial- und Rechtsgeschichte der Hannoverschen Ständeversammlung, S. 56.
⁴⁰ Vgl. dazu *W. Conze*, Die liberalen Agrarreformen Hannovers im 19. Jahrhundert, 1946, passim; *E. v. Meier*, Hannoversche Verfassungs- und Verwaltungsgeschichte, S. 351 ff.
⁴¹ Vgl. *J. C. B. Stüve*, Die gegenwärtige Lage des Königreichs Hannover, S. 58.
⁴² Vgl. *J. C. B. Stüve*, Die gegenwärtige Lage des Königreichs Hannover, S. 58.

IV. Das »Edict, die Bildung der künftigen Staats-Verwaltung in dem Königreich Hannover betreffend« vom 12. Oktober 1822

Mit der Einführung einer allgemeinen Ständeversammlung war es nicht getan. Die angestrebte Zentralisierung des Königreichs forderte auch neue Verwaltungsstrukturen. Am 12. Oktober 1822 erließ König *Georg IV.*, der am 29. Januar 1820 die Thronfolge angetreten hatte, ein »Edict, die Bildung der künftigen Staats-Verwaltung in dem Königreich Hannover betreffend«, das von dem Grafen *Münster* gegengezeichnet war und am 26. Oktober 1822 verkündet wurde.[43] Hinsichtlich der Regierung wurde der bisherige Zustand bestätigt, dass die oberste Behörde das »Staats- und Cabinets-Ministerium« war. Es war als Kollegialorgan konzipiert, bestand aus den einzelnen Ministern, deren Sitzungen unter der Leitung des Herzogs von Cambridge als Generalgouverneur stattfanden. Er wurde durch die »Geheimen Cabinets-Räthe« unterstützt, die zugleich Generalsekretäre der Ministerien sein sollten. Das Kollegialprinzip wurde in der Weise verwirklicht, dass gegen Verfügungen und Entscheidungen der untergeordneten Verwaltungsbehörden Berufung an das Staats- und Kabinettsministerium zulässig sein sollten und dieses befugt war, »darauf nach Befinden zu beschließen und Abänderungen zu treffen.«[44]

V. Ereignisse am Vorabend der Verfassungsberatungen

Kurz vor Weihnachten des Jahres 1830 erschien in Hannover eine anonyme Schrift unter dem Titel »Anklage des Ministeriums Münster vor der öffentlichen Meinung«. Die zwölfseitige Schrift enthielt eine Vielzahl von Vorwürfen gegen den Grafen *Münster*, der für zahlreiche Missstände im Königreich verantwortlich gemacht wurde. Einleitend hieß es:

> »Das Ministerium des Grafen Münster, welches die Hannoveraner seit Sechzehn Jahren unumschränkt und willkührlich regiert, hat uns schmählicher Weise in die Leibeigenschaft zurückgeworfen; das Lehnswesen, die Zehnten, Fronen, Bannal- und Zwangsrechte, die abgeschafften Innungen und Zünfte wiederhergestellt; es hat ferner die Domainen der Staatscasse geraubt; die Einkünfte aus den Posten, den Bergwerken, Salinen, Waldungen, den Mühlen, Eisen- und Kupferhütten als ein Privatgut des Regenten an sich gerissen; Sinecuren erschaffen; die Bürgerlichen aus den hohen Staatsämtern verdrängt; die Beamten wiederum auf eine dreimonatliche Kündigung gesetzt, um sie willkührlich aus dem Staatsdienst entlassen zu können; den Ackerbau, die Gewerbe, den Handel und Verkehr, mit unerschwinglichen Steuern und Abgaben belastet; die Presse durch eine furchtbare Censur gefesselt und den Schwung der Wissenschaften und Künste gelähmt.«[45]

---

[43] Hann. GS 1822, S. 367.
[44] Hann. GS 1822, S. 368.
[45] *Anonymus (G. F. König)*, Anklage des Ministeriums Münster vor der öffentlichen Meinung, 1830, S. 1.

V. Ereignisse am Vorabend der Verfassungsberatungen 17

Die in der Einleitung zusammengefassten Vorwürfe werden im Folgenden ausgeführt und mit Zahlen versehen. Durchgehend wird Graf *Münster* vorgeworfen, sich aus öffentlichen Mitteln bereichert zu haben. Zum Schluss wird ihm der Niedergang der *Georgia Augusta* – der 1737 gegründeten Landesuniversität in Göttingen – zur Last gelegt, in der einstmals die religiöse und politische Freiheit gehegt und gepflegt worden sei, und die nunmehr »ängstlich und bekümmert um jeden Fußtritt, welchen sie vorwärts schreitet«, umherschleiche. Ihr wird der Seufzer in den Mund gelegt:

> »Münster! Münster! Münster, ist der Alp der sie drückt. Umklammert von den Fesseln des Barbarismus hält Münster unsere politische Freiheit in seiner gewaltigen Hand. Die Ketten, welche die Unglücklichen umschlingen, heißen: Leibeigenschaft, Zehnten, Feudalismus, Fronen, Bannal und Zwangsrechte, Oligarchie und Censur.«[46]

Wegen der zahlreichen Übertreibungen und des insgesamt polemischen Charakters stieß die Schrift selbst bei liberalen Zeitgenossen auf Ablehnung. *Stüve* urteilte wie folgt:

> »Je weniger das Volk von seinen Angelegenheiten kannte, um desto furchtbarer waren die Wirkungen jener Schmähschrift, [...] die voll Lügen, schlecht geschrieben, aber an wahre Beschwerden streifend, auf einmal dem Volke, das sie verschlang, den unerschütterlichen Glauben gab, lediglich der Eigennutz, die Schlechtigkeit und Bosheit der Regierung, insbesondere des Grafen Münster, sey Schuld an allem Drucke, den man lange empfunden hatte und von dessen Gründen man sich keine Rechenschaft zu geben wusste.«[47]

Die »Anklage des Ministeriums Münster vor der öffentlichen Meinung«, als deren Verfasser sich der Osteroder Advokat Dr. *Georg Friedrich* König (1781–1848)[48] herausstellte, war in vielfacher Hinsicht bemerkenswert. Mit der Schrift wurde ein Forum der öffentlichen Meinung vorausgesetzt, an die man appellieren und vor der man gewissermaßen »Anklage« erheben konnte.[49] Dass die Schrift trotz mancher Übertreibungen und des zeittypischen Pathos' zahlreiche Missstände im Königreich aufdeckte, zeigte nicht zuletzt ihre weite Verbreitung. Auffallend ist indes die Fixierung auf den Grafen *Münster* als dem Leiter der Deutschen Kanzlei in London. *Münster* wird für alle Missstände verantwortlich gemacht, während der »vielgeliebte König Wilhelm der Vierte« von jeder Verantwortung freigesprochen wird. Wörtlich heißt es:

> »Wilhelm, unser Bürgerkönig, weiß nichts davon. Woher sollte er's auch wissen? Der Name ›König‹ – den Hannoveranern ein Phantom, seit dessen ewiger Abwe-

---

[46] So *Anonymus (G. F. König)*, Anklage des Ministeriums Münster vor der öffentlichen Meinung, 1830, S. 12.
[47] So *J. C. B. Stüve*, Die gegenwärtige Lage des Königreichs Hannover, S. 111.
[48] Georg Friedrich König (1781–1848), Advokat in Osterode, engagierte sich seit 1815 für eine hannoversche Verfassung, verbüßte eine neunjährige Haftstrafe wegen seiner Teilnahme am Aufstand in Osterode und Göttingen 1831; nach seiner Entlassung als Schriftsteller tätig.
[49] *E. R. Huber*, Deutsche Verfassungsgeschichte II, S. 310, definiert die »öffentliche Meinung« als Merkmal der bürgerlichen Gesellschaft, nämlich der »in freier Information und öffentlicher Diskussion spontan gebildeten, der ständigen Kritik ausgesetzten und daher in ständiger Fluktuation befindlichen Überzeugung der gesellschaftlichen Schichten, vor allem ihrer Führungsschichten, von dem, was war, als gerecht und als schön zu gelten habe.«

senheit, – schützt nur die grenzenlose Gewalt, ministerieller Willkür. Deutschland! Europa! Erhöh(r) die Klage, den Jammer, dieser Unglücklichen, welche der Zögling Castlereagh's, der Freund Metternichs, der Verehrer Polignacs, der Bewunderer Wellingtons in die Fesseln der Leibeigenschaft zurückgeworfen hat.«[50]

Bezeichnend ist der Satz »Wilhelm, unser Bürgerkönig, weiß nichts davon«. Das »Bürgerkönigtum« in Frankreich, das sich seit der Juli-Revolution 1830 etabliert hatte und sich bis zur (nächsten) französischen Revolution im Jahr 1848 hielt, war nach *Ernst Rudolf Huber* nur eine monarchische Fassade vor der Herrschaft der Großbourgeoisie.[51] *Huber* bemerkt nicht ohne Kritik, dass sich König *Wilhelm IV.* auf eine Stufe mit dem »roi citoyen« *Louis Philippe* versetzt sah.[52]

König beließ es nicht bei seiner Flugschrift, sondern löste am 5. Januar 1831 zusammen mit dem Advokaten *August Freitag* in Osterode Unruhen aus, die alsbald mit ihren Verhaftungen endeten.[53] Drei Tage später begann der sog. »Göttinger Privatdozenten-Putsch«, dessen Anführer – die Privatdozenten Dr. *Ahrens*, Dr. *von Rauschenplatt* und Dr. *Schuster*[54] – die Gewalt in Göttingen immerhin eine Woche lang ausübten, und der sich zu einem Flächenbrand auch auf Hannover und Hildesheim auszudehnen drohte.[55]

Als Reaktion Königs *Wilhelm* IV. auf die Unruhen im Königreich wurde sein Bruder, *Adolf Friedrich*, Herzog von Cambridge und Generalgouverneur des Königreichs, am 16. Februar 1831 zum Vizekönig ernannt. Bereits am 12. Februar war Graf *Münster* aus seinem Amt als Leiter der Deutschen Kanzlei in London entlassen worden.[56] *Münster* gibt – ungewöhnlich genug – in seiner noch in London verfassten Erklärung[57] den Wortlaut seines Entlassungsschreibens wieder, das ihm vom Privatsekretär des Königs überbracht worden war[58]. Der Auszug aus dem Schreiben ist im englischen Original und der Übersetzung des Grafen *Münster* zitiert:

> »Der König befiehlt mir ferner Sie zu benachrichtigen, daß in Folge der Benennung eines Vice-Königs in der Person Seiner Königlichen Hoheit des Herzogs von Cambridge, der außerordentlichen damit verbundenen Befugnisse, und der Veränderung, welche diese Anordnung in der Stellung und dem Wirkungskreise der Personen hervorbringt, welche die Hannöversche Regierung bildeten, Seine

---

[50] So *Anonymus (G. F. König)*, Anklage des Ministeriums Münster vor der öffentlichen Meinung, S. 2.
[51] So *E. R. Huber*, Deutsche Verfassungsgeschichte, III, S. 6.
[52] So *E. R. Huber*, Deutsche Verfassungsgeschichte, II, S. 87.
[53] Biographische Angaben zu *Freitag* bei *E. R. Huber*, Deutsche Verfassungsgeschichte II, S. 87 Fn. 14 und 88 Fn. 16.
[54] Vgl. die biographischen Angaben bei *E. R. Huber*, Deutsche Verfassungsgeschichte II, S. 88, Fn. 17–19.
[55] Umfassend hierzu *J. H. Lampe*, »Freyheit und Ordnung«. Die Januarereignisse von 1831 und der Durchbruch zum Verfassungsstaat im Königreich Hannover, 2009, passim.
[56] Der Herzog von Cambridge hatte einen Bericht über die Zustände im Königreich über seinen Adjutanten *Prott* direkt an den König gelangen lassen, sodass *Münster* keinen Einfluss auf die Geschehnisse ausüben konnte. Vgl. hierzu *H. J. Behr*, Georg von Schele, S. 95.
[57] Erklärung des Ministers Grafen von Münster über einige in der Schmähschrift »Anklage des Ministeriums Münster« ihm persönlich gemachte Vorwürfe, so wie über seinen Austritt aus dem Königlich-Hannöverschen Staatsdienst, Hannover 1831.
[58] Vgl. die Darstellung bei *H.-J. Behr*, Georg von Schele, S. 95.

V. Ereignisse am Vorabend der Verfassungsberatungen

Majestät nicht erwarten konnten, daß Sie es mit der Lage vereinbar finden würden, Ihre officielle Stellung beizubehalten, die Sie jetzt ausfüllen, und daß Seine Majestät deshalb geneigt sind, Ihre Resignation derselben anzunehmen.«[59]

Der erste Teil der Erklärung ist der Widerlegung der gegen den Verfasser erhobenen Vorwürfe gewidmet, wobei sich Graf *Münster* in jeder Hinsicht als ehrenhafter Staatsdiener darstellt, der seine notwendigen Aufwendungen in London überwiegend aus eigenen Mitteln bestritten habe.[60] Im zweiten Teil hob er seine Verdienste um das Königreich hervor und gab unmissverständlich seinem Groll über die Entlassung aus dem Amt Ausdruck.

Die Entlassung *Münsters* aus dem Amt des Leiters der Deutschen Kanzlei, seine Ersetzung durch *Ludwig von Ompteda*[61] und die Ernennung *Adolf Friedrichs* zum Vizekönig sind ein Wendepunkt in der Verfassungsgeschichte Hannovers. Die Aufstände waren zwar unterdrückt worden – *König* wurde zu einer Freiheitsstrafe von zehn Jahren verurteilt[62] –; gleichwohl blieben die Unruhen nicht ohne Nachhall. Ein Zeichen hierfür ist eine Bereisung des Vizekönigs, die ihm wesentliche Aufschlüsse über den Zustand des Landes vermittelte.[63]

---

[59] So Erklärung des Grafen *von Münster*, 1831, S. 26.
[60] Vgl. Erklärung des Grafen *von Münster*, S. 18 ff.
[61] *Ludwig v. Ompteda* (1767–1854); Jurist; seit 1791 im diplomatischen Dienst; ab 1800 Kriegsrat und Generalpostdirektor in Hannover, 1803–1823 mit Unterbrechungen Gesandter in Berlin, seit 1823 hannoverscher Außenminister. 1831–1837 Leiter der Deutschen Kanzlei in London. Nach dem Tod des Königs Wilhelm IV. legte er seine Ämter nieder.
[62] *König* erfreute sich auch während seiner Haftzeit großer Popularität, wofür ein 1834 verbreiteter Porträtstich mit dem Symbol einer Märtyrerkrone spricht (abgebildet bei *E. Schubert*, Verfassung und Verfassungskämpfe im frühen 19. Jahrhundert, in: Hucker/Schubert/Weisbrod (Hrsg.), Niedersächsische Geschichte, S. 443. *König* hat sich aus der Haft heraus an der Verfassungsdiskussion des Königreichs beteiligt. 1832 erschien im Leipziger Verlag *Friedrich Vieweg* seine Schrift »Ueber die politischen und bürgerlichen Reformen und den Entwurf eines Staatsgrundgesetzes für Hannover«. Nach einer historischen und staatstheoretischen Grundlegung im Umfang von 108 Seiten widmet sich *König* auf weiteren 110 Seiten dem Entwurf des Staatsgrundgesetzes. Die Schrift stellt ein bemerkenswertes Zeugnis für die öffentliche Diskussion im Königreich über das Staatsgrundgesetz dar.
[63] Vgl. *W. v. Hassell*, Geschichte des Königreichs Hannover, S. 307 ff.

ZWEITES KAPITEL
DIE ENTSTEHUNG DES STAATSGRUNDGESETZES

I. Denkschriften und Stellungnahmen

Im März 1831 trat die Allgemeine Ständeversammlung zum ersten Mal nach der Juli-Revolution zusammen. Die Zusammensetzung hatte sich – obschon inzwischen keine neuen Wahlen stattgefunden hatten – insofern geändert, als die Städte nun vorrangig liberale Deputierte entsandten.[64] Die Hoffnungen des liberalen Bürgertums, des gebildeten Mittelstands, aber auch der Bauern, die sich in dem Wunsch nach einer Verfassung vereint sahen, lagen nunmehr auf der Ständeversammlung.[65]

Die politischen Rahmenbedingungen hatten sich dadurch geändert, dass König *Georg IV.* am 26. Juni 1830 gestorben war und sein ältester Bruder, der Herzog von Clarence, als König *Wilhelm IV.* die Thronfolge angetreten hatte. Der König stand politischen Reformen aufgeschlossen gegenüber, die auch von seinem Bruder *Adolf Friedrich*, dem Generalgouverneur von Hannover, und einzelnen Ministerialen gefordert wurden. So heißt es in der Denkschrift vom 3. Februar 1831, die der Herzog von Cambridge zusammen mit den Ministern an den König sandte und die die Entlassung *Münsters* zur Folge hatte:

> »Wir haben keinen Anstand nehmen zu dürfen geglaubt, die wahre Lage der Sache und die Stimmung der Gemüther Ew. Königl. Majestät treu und offen vor Augen zu legen, und zwar so wie wir diese Stimmung aus den Wahrnehmungen erkannt haben, die ich, der Herzog von Cambridge, bei meiner neulichen Bereisung der Fürstenthümer Göttingen, Grubenhagen und Hildesheim, sowie ich, der Staats- und Cabinets-Minister von Stralenheim, bei meinem Aufenthalte zu Göttingen selbst gemacht habe, und welche mit denjenigen übereinstimmen, was mir, die übrigen Mitglieder des Ministerii aus den vielfachsten Unterredungen mit Personen aller Stände neuerlich erfahren haben.[...]
> Man will eine freie Constitution, eine wahre Volksvertretung in der allgemeinen Stände-Versammlung, Erleichterung städtischer sowie der bäuerlichen Lasten und Abgaben, Oeffentlichkeit der Verhandlungen, Vorlegung oder Ueberlassung der Domanial-Einnahmen, wahrscheinlich auch Feststellung einer angemessenen Civilliste.«[66]

Die Eingabe schließt mit dem Vorschlag, solche Reformen zu verabschieden,

> »wodurch gegründeten oder eingebildeten Beschwerden einigermaßen abgeholfen, und die öffentliche Meinung soweit wiedergewonnen werden kann, dass

---

[64] Vgl. dazu *C. V. Graf*, The Hanoverian Reformer Johann Carl Bertram Stüve, S. 160; *Kolb/Teiwes*, Beiträge, S. 75 f.
[65] Vgl. *H. A. Oppermann*, Zur Geschichte des Königreichs Hannover I, S. 1.
[66] Zitiert nach *K. Janicke*, Dahlmanns Anteil am Hannoverschen Staatsgrundgesetz von 1833, in: Zeitschrift des Historischen Vereins für Niedersachsen, 1890, S. 225 f.; dort ohne Quellenangabe.

mit Ruhe auf deren Kraft sich verlassen darf, wenn die Truppen entweder in den Friedensstand zurückkehren oder ins Feld rücken müssen.«[67]

Sodann wurden dem König die Ursachen für den verbreiteten Unmut erläutert. Diese sahen die Verfasser der Schrift in der in anderen Bundesstaaten herrschenden Despotie, in fürstlicher Willkür, gegenüber der der Deutsche Bund sich als machtlos erweise und speziell in Hannover in einer Übermacht des Adels, der durch die Beherrschung der Ersten Kammer der Ständeversammlung jegliche Entlastung der anderen Stände verhindere. Als weiterer Grund für die Unzufriedenheit im Land wurde die fehlende Öffentlichkeit der Verhandlungen der Ständeversammlung sowie die Intransparenz der Kassenverhältnisse erkannt. Zum Schluss sprachen sich die Verfasser der Denkschrift für die Durchsetzung einiger Reformen, die auch eine Zurückdrängung des Adels bei der Besetzung der Staatsämter einschließen sollte, aus. Die Forderung nach einer Verfassung wurde zwar nicht ausdrücklich erhoben, jedoch eine Erweiterung des Wahlrechts vorgeschlagen.[68] Der Zusammenhang zwischen der Denkschrift und der Entlassung *Münsters* ist offensichtlich. Nach seiner Schilderung trafen die Briefe und Depeschen des Herzogs von Cambridge am 10. Februar 1831 in Brighton ein. Seine Entlassung erfolgte – für ihn vollständig überraschend – bereits zwei Tage später.[69]

Der Herzog von Cambridge wurde am 16. Februar 1831 zum Vizekönig (»Vice-Roy«) ernannt. Die Leitung der Deutschen Kanzlei in London übernahm *Ludwig von Ompteda*.[70] Der Osnabrücker Abgeordnete *Carl Bertram Stüve*, der der Zweiten Kammer seit 1824 als Deputierter angehörte, stellte in den Verhandlungen des Landtags den Antrag, eine neue Verfassung mit der britischen Krone zu vereinbaren. Diese sollte auf dem Patent von 1819 aufbauen, aber historische Veränderungen in sich aufnehmen und den Verhältnissen der Zeit Rechnung tragen. Im Vergleich zu den Forderungen anderer Abgeordneter waren *Stüves* Vorstellungen gemäßigt. Eine gänzlich neue Verfassung lehnte er ab, forderte aber umso nachdrücklicher, dass den Ständen das Recht der Gesetzesinitiative und ein Zustimmungsrecht zu den Gesetzen zugestanden werden müsse. Zu seinen Forderungen gehörte es ebenfalls, die bis dahin nur durch Hausgesetz geregelte Erbfolge des Königshauses in die Verfassung aufzunehmen.[71] Der auf den Antrag *Stüves* gefasste Beschluss der Zweiten Kammer hatte folgenden Wortlaut:

---

[67] So *K. Janicke*, Dahlmanns Anteil, S. 226.
[68] Vgl. *K. Janicke*, Dahlmanns Anteil, S. 227 ff.
[69] Vgl. die Erklärung des Ministers Grafen von *Münster*, S. 24 (vgl. oben Fn. 57). Nach der Darstellung *Behrs* wurden der Geheime Rat Graf *von der Schulenburg-Wolfsburg* und der Obersteuerrat *Lichtenberg* mit dem Bericht nach London geschickt, um ihn dort in der Deutschen Kanzlei zu übergeben. Der Herzog von Cambridge schickte außerdem seinen Adjutanten Oberstleutnant *Prott* mit einem an den König gerichteten persönlichen Schreiben nach London, wodurch *Münster* umgangen wurde und zwei Tage später sein Entlassungsschreiben erhielt: vgl. *H.-J. Behr*, Georg von Schele, S. 95.
[70] Vgl. die biographischen Angaben oben Fn. 61.
[71] Vgl. *S.P. Gans* (Hrsg.), Verhandlungen über die öffentlichen Angelegenheiten des Königreichs Hannover und des Herzogthums Braunschweig, S. 71 f.; *Kolb/Teiwes*, Beiträge, S. 83.

> »Stände erkennen in dem Zustande der gegenwärtigen Grundgesetze des Königreichs, die theils durch Aufhebung der Reichsverfassung, theils durch Vereinigung des Landes in ein Ganzes, ihren Zusammenhang und ihre alte Bedeutung verloren haben und in den Verhältnissen der gegenwärtigen Zeit die unabänderliche Nothwendigkeit, noch vor dem Schlusse dieses Landtages ein Grundgesetz zu Stande zu bringen, das, auf dem bestehenden Recht beruhend, solches ergänze, zeitgemäß verbessere und vorzüglich durch klare Gesetzesworte die Verfassung vor Zweifel und Angriff schütze. – Wie nun Stände der Ansicht sind, daß ein solches Werk – das Wichtigste, das ihnen obliegen kann – nur durch einheiliges Zusammenwirken Sr. Majestät des Königs und der getreuen Stände gelingen könne; so haben sie beschlossen, Se. Königl. Hoheit den Vice-König zu ersuchen: Daß höchst derselbe geruhen wolle, kraft der Ihm übertragenen Gewalt, oder nach zuvor eingeholter Allerhöchster Genehmigung, Königliche Commissarien zu ernennen, um gemeinschaftlich mit ständischen Commissarien, ohne einigen Verzug, ein Staatsgrundgesetz zu entwerfen und diesen Entwurf noch dem gegenwärtigen Landtage zeitig vorlegen zu lassen.«[72]

Die Erste Kammer wollte die Initiative zwar ganz der Regierung überlassen, stimmte aber doch mit einigen Änderungswünschen für den Antrag, der schließlich die folgende Fassung erlangte:

> »Stände haben aus der Rede Sr. Königlichen Hoheit des Vicekönigs entnommen, daß der Wunsch nach Abänderungen in der bisherigen Verfassung sich in mehreren eingegangenen Petitionen ausgedrückt findet. Wenn sie daneben ihrerseits in dem Zustande der gegenwärtigen Grundgesetze des Königreichs, die theils durch Aufhebung der Reichs-Verfassung, theils durch Vereinigung des Landes in ein Ganzes ihren Zusammenhang und ihre Bedeutung verloren haben, eine dringende Veranlassung zu dem Wunsche erblicken, daß ein Grundgesetz zu Stande gebracht werde, welches, auf dem bestehenden Rechte beruhend, solches ergänze, den Bedürfnissen gemäß verbessere, und durch klare Gesetzesworte die Verfassung vor Zweifel und Angriffen schütze; und wenn sie ferner der Ansicht sind, daß ein solches hochwichtiges Werk, neben der größten Vorsicht und unter ruhiger Erwägung aller Verhältnisse, nur durch einheiliges Zusammenwirken Sr. Majestät des Königs und der getreuen Stände gelingen könne, so haben sie beschlossen, Se. Majestät zu ersuchen, Königliche Comissarien zu ernennen, um ohne Verzug, gemeinschaftlich mit ständischen Comissarien ein Staats-Grundgesetz, nach dem Seitens Sr. Majestät des Königs der Commission mitzutheilenden, den obigen Erfordernissen entsprechenden Entwurfe auszuarbeiten und das solchergestalt vorbereitete Grundgesetz noch dem gegenwärtigen Landtage zeitig vorlegen zu lassen. Zugleich haben Stände beschlossen, ihrerseits jenen Königl. Comissarien sieben Mitglieder aus jeder Cammer als ständische Commission beizuordnen.«[73]

Ohne die Antwort des Königs abzuwarten, setzte die Ständeversammlung Kommissionen ein, um die Verfassungsangelegenheit zu beraten.[74] Kurz darauf versprach die Regierung, sich der Sache anzunehmen und der Ständeversammlung alsbald einen Entwurf vorzulegen.[75] Bis zur Fertigstellung des Entwurfs wurde die Ständeversammlung vertagt.

---

[72] Zitiert nach *Anonymus (H. A. Oppermann)*, Zur Geschichte der Entwicklung und Thätigkeit der allgemeinen Stände des Königsreichs Hannover, 1. Hälfte 1842, S. 205.
[73] Wortlaut nach *K. Janicke*, Dahlmanns Anteil, S. 232 f.
[74] Vgl. *G. A. Grotefend*, Geschichte der Allgemeinen landständischen Verfassung des Königreichs Hannover, S. 99.
[75] *O. v. Heinemann*, Geschichte von Braunschweig und Hannover III, S. 414.

Voraussetzung für jeden Verfassungsentwurf musste die Einheit des Königreichs Hannover unter der Herrschaft eines souveränen Fürsten sein. Das monarchische Prinzip war durch Art. 57 der Wiener Schlussakte vorgegeben:

>»Da der deutsche Bund, mit Ausnahme der freien Städte, aus souveraine Fürsten besteht, so muß dem hierdurch gegebenen Grundbegriffe zufolge die gesammte Staats-Gewalt in dem Oberhaupte des Staats vereinigt bleiben, und der Souverain kann durch eine landständische Verfassung nur in der Ausübung bestimmter Rechte an die Mitwirkung der Stände gebunden werden.«

In einem Schreiben des Kabinettsministeriums an den König vom 22. April 1831, das der Kabinettsrat *Rose*[76] entworfen hatte, wird die Unantastbarkeit des monarchischen Prinzips bekräftigt:

>»Ein Grund Gesetz als solches, bey welchem die Rechte des Landesherrn gehörig gewahrt werden, dürfte an sich nicht als ein Übel anzusehen seyn; sondern nur dann als solches erscheinen, wenn es als das Ergebniß einer ausgesprochenen Empörung sich darstellt, wie leider so viele Constitutionen entstanden sind. In dieser Lage befindet sich aber glücklicherweise das hiesige Land nicht; denn so groß die Aufregung auch sein mag und so große Schwierigkeiten eine Verhandlung über ein Staats Grundgesetz auch darbieten wird, so glauben wir doch soviel mit Zuversicht behaupten zu können, daß die große Mehrzahl nicht allein der Einwohner, sondern auch der Stände in der Aufrechterhaltung der Rechte des Thrones die sicherste Schutzwehr der öffentlichen Freiheit siehet.«[77]

In einer vertraulichen Antwort an den Vizekönig vom 29. April 1831 sprach sich König *Wilhelm IV.* wohlwollend über das Verfassungsprojekt aus:

>»Ich habe keine Einwendung gegen eine Erklärung der Rechte und Befugnisse (Declaration of Rights and Immunities), welche – entworfen mit erforderlicher Berücksichtigung der alten Verfassungs=Normen und allen Einrichtungen Hannovers – unter Aufrechterhaltung gerechter und vernünftiger Vorrechte, zugleich Alles beseitigt und abschafft, was als willkührlich, bedrückend und in anderer Beziehung als tadelnswerth nachgewiesen und anerkannt worden ist. Ich hege die Ueberzeugung, daß die Sicherheit und die Interessen des Herrn wie des Landes stets am Besten begründet sein werden durch das Glück und den Wohlstand aller Stände und Klassen des Volkes sowie durch die Theilnehmer Aller an solchen Rechten und an einer solchen Freiheit, durch welche weder ein zukünftiger Eingriff in die festgestellten Rechte und das Ansehen des Herrn noch ein Versuch der Auflehnung gegen die Gesetze und Vorschriften, nach welchen die Regierung geführt wird, Begünstigung finden können ... Ich halte es für sehr wesentlich für die zukünftige Wohlfahrt Hannovers und für die Aufrechterhaltung des Königlichen Ansehens, daß Alles, was jetzt zur Erleichterung und zum Besten der Unterthanen geschehen mag, als ein Act des freien Willens des Herrn, als ein Geschenk desselben, nicht als etwas Abgedrungenes (not a concession) dargestellt und angesehen werde. Es ist mir ganz besonders daran gelegen, daß dieser Gesichtspunkt von denjenigen deutlich aufgefaßt werde, denen die Entwerfung der Erklärung aufgetragen wird, zu deren Genehmigung ich bereit bin.«[78]

Am 10. Mai 1831 erging die offizielle Antwort *Wilhelms IV.* »Die Lage des Landes, die Errichtung eines Staats-Grundgesetzes und die Vereinigung der Caßen

---

[76] *Just Philipp Rose* (1787–1849), Jurist, trat 1816 in den hannoverschen Staatsdienst und war seit 1824 Geheimer Kabinettsrat. Mehrfach gehörte er der Zweiten Kammer an.
[77] Zitiert nach K. *Janicke*, Dahlmanns Anteil, S. 247.
[78] Zitiert nach K. *Janicke*, Dahlmanns Anteil, S. 235.

betreffend.«[79] In konziliantem Ton wird bestätigt, dass ein Staatsgrundgesetz angezeigt sei, allerdings eingeschränkt:

> »... Indem Wir der Meynung beipflichten, daß es gerathener sey Anträgen, die nun einmal nicht ganz beseitigt und abgelehnt werden können, zu begegnen, um sie zu lenken und zu modificiren, als durch Zurückweisung die Gemüther zu erbittern, und wahrscheinlich nur größere und bedenklichere Forderungen zu veranlassen.
> Von diesen Voraussetzungen ausgehend, bemerken Wir, daß was zuvörderst das Staats-Grundgesetz anbetrifft, welches von Königlichen Commißarien gemeinschaftlich mit Ständischen Commißarien ausgearbeitet und entworfen werden soll, Wir darunter den desfalls gehegt werdenden Wünschen nachgeben und Ew. Liebden auch hiemit authorisiren wollen, zu vorgedachten Zweck Königliche Commißarien zu ernennen und denen der Stände beizuordnen.«[80]

Im Text des Schreibens heißt es weiterhin:

> »Indem Wir Uns versprechen zu dürfen glauben, daß bey einer solchen Zusammensetzung Unserer Commißarien, mit denen der Ersten und Zweiten Cammer, Unser Intereße und Unsere gerechtsame hinlänglich werden wahrgenommen und gesichert werden, behalten Wir Uns Unsere desfallige völlige Zustimmung bis dahin vor, da das vorbereitete Grund Gesetz, ehe es dem Landtage vorgelegt werden kann, zu Unserer Einsicht und Approbation eingeschickt werden wird, und würde es Uns übrigens lieb seyn, wenn Wir, schon ehe die mehrgedachte Zusammensetzung der Commißion und deren Berathungen eintreten, die vorbereiteten Grundzüge erhalten könnten, welche Unseren Commissarien zur Norm dienen werden.«[81]

Hinsichtlich der Vereinigung der Kassen ist die Antwort dilatorisch:

> »... so wird, da die beiden Cammern sich darüber noch nicht haben vereinigen können, Unsere desfallige endliche Entschließung um so mehr vorerst noch auszusetzen seyn, als bey Gelegenheit der Ausarbeitung des Staats-Grundgesetzes dieser Punct, wie Wir nicht zweifeln dürfen, auf das allersorgfältigste wird erwogen werden.«[82]

Der Rechtsnatur nach handelt es sich bei dem an den Vizekönig gerichteten Schreiben um eine Willensäußerung des Königs, die weder Gesetzes- noch Verordnungsrang, vor allem aber keine verfassungsändernde Kraft besaß. Weder das vertrauliche Schreiben vom 29. April noch das »offizielle« Schreiben vom 10. Mai 1831 lassen erkennen, dass der König vor Beginn der Beratungen bereit gewesen wäre, auf seine umfassenden Befugnisse zu verzichten und dies gegenüber der Ständeversammlung verbindlich zu erklären. Wenn dies auch im Reskript vom 10. Mai etwas vorsichtiger als in dem Schreiben vom 29. April ausgedrückt ist, so kann an der vom König eingenommenen Rechtsposition keinerlei Zweifel bestehen: Dass zwar das Staatsgrundgesetz durch Kommissionen der beiden Kammern entworfen würde, der König sich aber in jedem Fall die Zustimmung vorbehielt. Insofern blieb es bei der Rechtslage, die durch das Patent vom 7. Dezember 1819 geschaffen war: die Stände hatten zwar das Recht der »Verwilli-

---

[79] Abgedr. bei *K. Janicke*, Dahlmanns Anteil, S. 255 ff. (Anlage II).
[80] Zitiert nach *K. Janicke*, Dahlmanns Anteil, S. 256.
[81] Zitiert nach *K. Janicke*, Dahlmanns Anteil, S. 257.
[82] Zitiert nach *K. Janicke*, Dahlmanns Anteil, S. 257.

gung« der Steuern, hinsichtlich der allgemeinen Gesetze jedoch nur ein »Recht auf Zuratheziehung«.[83]

Die Zweite Kammer hatte nach der Juli-Revolution in Frankreich und den Unruhen im Königreich Anfang 1831 an Selbstbewusstsein gewonnen und ihre Forderungen freimütiger vorgetragen. In beiden Schreiben des Königs wird auch eine gewisse Behutsamkeit im Umgang mit den Kammern deutlich. Es gibt indes keinen Beleg dafür, dass der König bereit gewesen wäre, sein Letztentscheidungsrecht, das ihm nach der bisherigen Verfassungsrechtslage zukam, aufzugeben und sich kompetenziell auf die gleiche Stufe mit den Kammern zu begeben. Die Zustimmungsbedürftigkeit *aller* allgemeinen Landesgesetze sollte erst das Ergebnis der Beratungen werden, nachdem der Ministerialentwurf zunächst allein das Steuerbewilligungsrecht zu konzedieren bereit war.[84]

Eine Art *Vertrag* zwischen dem König und den Ständen hinsichtlich des Mitwirkungsrechts kommt ebenfalls nicht in Betracht. Mag auch – insbesondere nach Auflösung der Ständeversammlung und Neuwahl der Deputierten – das Gewicht der Zweiten Kammer gestärkt worden sein, so wäre es doch ein epochaler Verfassungsakt gewesen, wenn der König sich im Vorhinein seines Letztentscheidungsrechts begeben hätte. Es wird späterhin noch davon zu handeln sein, dass der schließlich dem König zur Genehmigung vorgelegte Verfassungsentwurf als »Antrag« bezeichnet wurde, dem stattzugeben der König bereit war, den abzulehnen oder zu ändern er sich jedoch vorbehielt.[85]

II. Der Entwurf Dahlmanns

Innerhalb weniger Wochen arbeitete der Göttinger Professor *Friedrich Christoph Dahlmann*[86] im Auftrag des Vizekönigs – zu strengem Stillschweigen verpflichtet – einen Verfassungsentwurf aus. *Dahlmann* war schon damals ein Historiker von internationalem Rang. 1829 folgte er einem Ruf nach Göttingen, nachdem er sich in Schleswig-Holstein erfolglos für die ständisch-feudalen Rechte der Ritterschaft gegenüber der dänischen Krone eingesetzt hatte[87], und wurde Professor für deutsche Geschichte und Staatswissenschaft. Der Göttinger Privatdozenten-Putsch erregte seinen Abscheu[88], führte ihm aber auch vor Augen, dass revolutionäre Unruhen nur durch die Schaffung einer Verfassung verhindert werden konnten.[89] *Dahlmann* war seit 1830 politischer Berater des

---

[83] Vgl. oben S. 14.
[84] Vgl. unten S. 30.
[85] Vgl. unten S. 36 f.
[86] *Friedrich Christoph Dahlmann* (1785–1860); 1811 Habilitation als Privatdozent der Philologie in Kopenhagen; ab 1829 Professor für Deutsche Geschichte und Staatswissenschaften in Göttingen; ab 1832 Mitglied der Zweiten Kammer; 1842 folgte er einem Ruf nach Bonn, Mitglied der Frankfurter Nationalversammlung 1848/1849. Vgl. umfassend *W. Bleek*, Friedrich Christoph Dahlmann. Eine Biographie, 2010, passim.
[87] Dazu *O. Brügmann*, Die Verdienste Dahlmanns, S. 10.
[88] Dazu *F. C. Dahlmann*, Zur Verständigung, S. 24 f.
[89] So auch *O. Brügmann*, Die Verdienste Dahlmanns, S. 28.

Generalgouverneurs *Adolf Friedrich*. Von ihm kam auch der Rat, gegen den Göttinger Aufstand Militär einzusetzen.[90] Seine entschiedene Haltung gegenüber dem Aufstand führte zu einem Vertrauensverhältnis zum Herzog von Cambridge und dürfte zu dem Auftrag für die Ausarbeitung eines Verfassungsentwurfs beigetragen haben.[91]

Es entsprach *Dahlmanns* Überzeugungen, ständisch-feudale Elemente zur Grundlage des Verfassungsentwurfs zu machen. Liberale Ansichten, nach denen die Regierung in ein Abhängigkeitsverhältnis zur Ständeversammlung zu stellen sei, teilte er nicht.[92] Auch für die Forderung nach politischer Gleichheit, wie sie in der Französischen Revolution erhoben worden war, zeigte er kein Verständnis. So schreibt er in seinem Hauptwerk »Die Politik auf den Grund und das Maß der gegebenen Zustände zurückgeführt« (1835), dass sich das Volk »als gleichartige Masse [...] bloß im berufslosen Pöbel« zeige[93] und in der Mehrzahl der Monarchie als der »verständlichsten, gemütvollsten Regierungsweise« bedürfe.[94] So könne zwar aus der Ordnung die Freiheit, niemals aber aus der Freiheit die Ordnung hervorgehen.[95]

Dahlmanns Entwurf bestätigte die erbliche Monarchie als Regierungsform und sah keine direkte Repräsentation des Volkes vor. In §1 des Entwurfs wurden die Grundzüge der Verfassung in komprimierter Form niedergelegt:

> »Die Regierungsform des Königreichs Hannover ist die erblich-monarchische. Die Unterthanen des Königs nehmen durch ihre allgemeine Ständeversammlung an der allgemeinen Besteuerung und Gesetzgebung Theil, gleichwie vermitteltst der Provinzial- und Communal-Körperschaften an der der Provinzen und Communen. Die Rechtspflege im Königreich ist unabhängig und in den wesentlichen Verhältnissen von der sonstigen Verwaltung zu trennen. Die Unterthanen sollen für alle Zeiten frei von Leibeigenschaft und Eigengehörigkeit seyn, ihre Grundlasten sind ablösbar, sie haben das Recht der Freizügigkeit. Sie genießen christliche Religionsfreiheit. Sie üben das Recht der Beschwerdeführung und Bitte, auch der freien Presse, – Alles in Gemäßheit der näheren Bestimmungen, welche in diesem Staatsgrundgesetze, auch anderen schon bestehenden Gesetzen enthalten sind, oder in Gemäßheit dieses Grundgesetzes demnächst eintreten werden.«[96]

Die Person des Königs war heilig und unverletzlich. Nach §3 des Entwurfs hatte der König den Eid auf die Verfassung zu leisten, bevor eine Huldigung erfolgen konnte. Von ihm erlassene Gesetze bedurften der »Contrasignatur« eines Ministers (§90 des Entwurfs). In §91 war die Ministeranklage vorgesehen:

> »Die Allgemeine Stände-Versammlung hat das Recht, auf den Antrag einer ihrer Kammern die Anklage eines königlichen Ministers oder hohen Staatsbeamten zu beschließen. Die Anklage findet statt wegen Hochverrath, Verletzung des Staatsgrundgesetzes und Concussion.«

---

[90] Vgl. *O. Brügmann*, Die Verdienste Dahlmanns, S. 13; *K. Janicke*, Dahlmanns Anteil, S. 224 f.
[91] Vgl. dazu *K. Janicke*, Dahlmanns Anteil, S. 224 ff., und 1891, S. 235 ff. sowie *O. Brügmann*, Die Verdienste Dahlmanns, passim.
[92] So *O. Brügmann*, Die Verdienste Dahlmanns, S. 44.
[93] So *F. C. Dahlmann*, Die Politik, auf den Grund und das Maß der gegebenen Zustände zurückgeführt, S. 122.
[94] Vgl. *F. C. Dahlmann*, Die Politik, S. 108.
[95] Vgl. *F. C. Dahlmann*, Die Politik, S. 108.
[96] Zitiert nach *K. Janicke*, Dahlmanns Anteil, S. 259 f.

Zur Sicherung der Verfassung erwog *Dahlmann* eine Garantie des Deutschen Bundes, die nach Art. 60 der Wiener Schlussakte hätte beantragt werden können:

> »Wenn von einem Bundes-Gliede die Garantie des Bundes für die in seinem Lande eingeführte landständische Verfassung nachgesucht wird, so ist die Bundes-Versammlung berechtigt, solche zu übernehmen. Sie erhält dadurch die Befugniß, auf Anrufen der Betheiligten, die Verfassung aufrecht zu erhalten, und die über Auslegung oder Anwendung derselben entstandenen Irrungen, so fern dafür nicht anderweitig Mittel und Wege gesetzlich vorgeschrieben sind, durch güthliche Vermittelung oder compromissarische Entscheidung beizulegen.«

Diese Möglichkeit wird allerdings nur in einer Fußnote zu § 4 des Entwurfs erwähnt und ist offenbar nicht weiter verfolgt worden.

Nach § 6 des Entwurfs übte der König die gesetzgebende Gewalt in Gemeinschaft mit der Allgemeinen Ständeversammlung aus. § 7 enthielt nähere Bestimmungen über die Rechte der Stände:

> »Die allgemeine Ständeversammlung hat das Recht der Bewilligung der zu den Staatsbedürfnissen erforderlichen Steuern, das Recht der Mitverwaltung der Steuern unter verfassungsmäßiger Concurrenz und Aufsicht der Regierung, das Recht der Zustimmung bei allen allgemeinen Landesgesetzen, welche die Regierung beabsichtigt, und das Recht selber bei der Regierung Gesetze wie auch Beschlußmaßnahmen zur Abstellung von Landesbeschwerden, in Vorschlag zu bringen.«

Das umfassende – nicht auf die Steuerbewilligung beschränkte – Zustimmungsrecht wurde in § 87 des Entwurfs bekräftigt:

> »Kein allgemeines Gesetz, welches das ganze Königreich angeht, kann ohne Einwilligung der allgemeinen Stände-Versammlung gegeben, aufgehoben, oder authentisch erläutert werden.«

Das Budgetrecht der Stände war in § 95 des Entwurfs geregelt:

> »Um die Ständeversammlung in den Stand zu setzen, das Budget und die mitzutheilenden vollständigen Etats, welche demselben zu Grunde liegen, wie ebenfalls die Größe des eventuellen Finanzcredits, mit ausreichender Sachkenntnis zu prüfen, wird das Königliche Ministerium keine erforderliche Auskunft versagen, welche die Kammern schriftlich, oder mündlich vermittelst der Landtagscommissarien, in Anspruch nehmen möchten.«

§ 96 des Entwurfs schrieb eine Vereinigung der Kassen vor:

> »Zu demselben Zwecke wird die bisherige Trennung der Cassen aufhören und eine Vereinigung der Königlichen Casse mit der Landescasse eintreten.«

Für das Königshaus sollte nach den Vorstellungen *Dahlmanns* eine Zivilliste aufgestellt werden, die zur Hälfte aus Domänen, zur anderen Hälfte aus festen Geldeinkünften bestehen sollte. Eine Reihe von Domänen sollte in einen Fideikommiß der Krone verwandelt werden, der nicht belastet werden durfte. Nach § 5 des Entwurfs sollte die Höhe der Zivilliste zu Anfang jeder Regierung von der Ständeversammlung festgelegt werden.[97]

---

[97] »Die Civilliste wird zu Anfang jeder Regierung mit Einwilligung der allgemeinen Ständeversammlung festgelegt.« Sämtliche Vorschriften des Entwurfs zitiert nach *K. Janicke*, Dahlmanns Anteil, S. 259 ff.

Das durch das Patent von 1819 eingeführte Zweikammersystem sollte nach den Vorstellungen *Dahlmanns* beibehalten werden. Ständische Initiativen konnten deshalb nur erfolgreich sein, wenn Adel, Städte und Bauernschaft die gleichen Interessen verfolgten. Zwar waren die Kammern formal gleichberechtigt, durch ihre Zusammensetzung (§§ 11 ff. des Entwurfs) wurde jedoch sichergestellt, dass dem Adel eine bevorrechtigte Stellung zukam. Wäre nur eine Kammer eingeführt worden, so hätte das aufstrebende Bürgertum kurz über lang die Oberhand gewonnen.[98]

Nach *Dahlmanns* eigenem Bekunden sollte der Entwurf jede »Theorie über die Staatsgewalten« vermeiden. Er selbst bekannte sich zu den Schwächen seines Entwurfs, die er vor allem in der fehlenden Differenzierung der Verhältnisse in den Provinziallandschaften sah. Als Entschuldigung führte er die mangelnde Kenntnis der tatsächlichen Verhältnisse an, die zum einen der schnellen Abfassung des Entwurfs geschuldet sei, zum anderen in der ihm auferlegten Verschwiegenheitspflicht begründet sei, die das Einholen von Erkundigungen nicht zugelassen habe.[99]

III. Der Entwurf des Kabinetts-Ministeriums

Das Kabinetts-Ministerium beauftragte den Kanzleirat *Johann Wilhelm Ubbelohde*[100] mit der Erstellung eines weiteren Verfassungsentwurfs.[101] Dieser Entwurf wurde zur Grundlage einer Reihe von Ministerialkonferenzen gemacht, die von Mitte August bis Mitte September 1831 tagten. Da *Ubbelohde* im Rang unter den Kabinettsräten *Falcke*[102] und *Rose* stand, ist es letztlich unerheblich, wem von ihnen der größere Anteil an dem »Referentenentwurf« zukam.[103] Die Kontroverse dürfte dahingehend zu entscheiden sein, dass *Ubbelohde* als den Kabinettsräten nachgeordneter Kanzleirat den Entwurf auf der »Arbeitsebene« erstellt hat, *Falcke* aber als vorgesetzter Kabinettsrat die ihm als notwendig er-

---

[98] Vgl. hierzu O. Brügmann, Die Verdienste Dahlmanns, S. 22.
[99] So ausdrücklich *Dahlmann* im Schreiben an den Kabinettsrat *Falcke* vom 12. Mai 1831, abgedr. bei K. Janicke, Dahlmanns Anteil, S. 258; vgl. dazu O. Brügmann, Die Verdienste Dahlmanns, S. 15 und ferner A. Springer, Friedrich Christoph Dahlmann, 1. Theil 1870, S. 309 ff.
[100] *Johann Georg Ludwig Ubbelohde* (1794–1849) war Oberfinanzrat in der Regierung des Königreichs Hannover. Er wurde als einer von sieben königlichen Kommissaren in den Ausschuss zur Erarbeitung des Staatsgrundgesetzes abgeordnet.
[101] Der Entwurf ist in seiner ursprünglichen Form (handschriftlich) im Stadtarchiv Hannover (AAA 461) erhalten. Eine Zusammenfassung des Entwurfs findet sich bei *Kolb/Teiwes*, Beiträge, S. 110 ff. Die diversen Änderungen des Entwurfs lassen sich anhand der Beratungen des Kabinettsministeriums (Stadtarchiv Hannover, AAA 478, S. 59 r ff.) nachvollziehen.
[102] *Georg Friedrich Falcke* (1783–1850), Jurist, Geheimer Kabinettsrat, ab 1844–1848 Kabinettsminister. 1832 wegen seiner Verdienste um die Verfassungsgebung in den Freiherrnstand erhoben.
[103] Die Verfasserschaft *Ubbelohdes* wurde später angezweifelt: vgl. dazu O. Brügmann, Die Verdienste Dahlmanns um das Hannoversche Staatsgrundgesetz, S. 32 ff.; K. Janicke, Dahlmanns Anteil, S. 237 hält *Falcke* und *Meyer* für die Verfasser des Entwurfs. Dagegen *Kolb/Teiwes*, Beiträge, S. 110 ff.

scheinenden Änderungen eingefügt haben dürfte. Den einleitenden Vortrag auf den Ministerialkonferenzen hielt der Kabinettsrat *Rose*.[104] Obwohl *Ubbelohde* den Entwurf *Dahlmanns* erst 14 Tage vor Abgabe seines eigenen Entwurfs erhielt, weisen die Entwürfe erstaunliche Übereinstimmungen auf und weichen inhaltlich kaum voneinander ab; allerdings ist der Entwurf *Ubbelohdes* in den Formulierungen etwas vorsichtiger und enthält im Vergleich zu dem Entwurf *Dahlmanns* eine übersichtlichere und klarere Gliederung.

Ein wesentlicher Unterschied zwischen beiden Entwürfen ergibt sich in Bezug auf die Rechte der Stände. Nach dem Entwurf *Ubbelohdes* sollten die Stände nicht in allen Angelegenheiten ein Initiativ- und Zustimmungsrecht erhalten.[105] In § 10 des 6. Kapitels, das von den Landständen handelt, heißt es:

> »Alle Gesetze, durch welche den Landeseinwohnern neue Leistungen an den Staat auferlegt oder die bisherigen abgeändert werden [...], bedürfen sowohl behufs ihrer Entlassung als ihrer Änderung und authentischen Interpretation der Einwilligung der allgemeinen Ständeversammlung. Bei anderen neuen Gesetzen, welche das ganze Königreich oder den Bezirk mehrerer Provinzial-Landschaften betreffen, muß die Allgemeine Ständeversammlung mit ihrem Rathe gehört werden.«[106]

Das Mitentscheidungsrecht der Stände sollte sich somit auf die Steuergesetzgebung beschränken, bei der den Landständen jedoch schon nach dem Patent von 1819 ein Zustimmungsrecht zukam. Gleichwohl war hiermit eine Aufwertung der ständischen Mitwirkung verbunden, weil die Finanzverfassung durch den Entwurf wesentlich umgestaltet wurde und dem Zustimmungsrecht der Ständeversammlung deshalb eine größere Bedeutung als bisher zukam.

Der Entwurf des Kabinettsministeriums sah eine Vereinigung der Kassen vor, die zwangsläufig eine Einschränkung der monarchischen Souveränität bedeutete. So heißt es in Kapitel 7, § 11:

> »Behuf Vereinfachung der Administration und möglichster Ersparung der durch dieselbe veranlaßten Kosten sollen künftig sämmtliche aus dem Domanio und aus den Regalien aufkommenden Einnahmen mit alleiniger Ausnahme der der unmittelbaren Administration des Königlichen Hauses vorbehaltenen Güter mit den Landes-Abgaben, Chausseegeldern und Sporteln in eine einzige General-Casse fließen, aus welcher Casse alle Ausgaben bestritten werden.«[107]

Im 8. Kapitel – »Von den obern Landesbehörden und Dienerschaft« – wurde bekräftigt, dass die Regierungsgewalt nur vom König ausgehe. Nach »eigener Wahl« und »nach Gefallen« könne er Minister ernennen und entlassen (Kapitel 8 § 1 des Entwurfs). Einem möglichen Konflikt, der sich aus der Heiligkeit und Unverletzlichkeit der Person des Monarchen einerseits (Kapitel 2 § 1 des Entwurfs) und der Verantwortlichkeit der Stände für die Einhaltung der Verfassung hätte ergeben können, wurde durch das Prinzip der Ministerverantwortlichkeit vorgebeugt (Kapitel 8 § 13 des Entwurfs):

---

[104] Vgl. *Kolb/Teiwes*, Beiträge, S. 114.
[105] Vgl. Kapitel 5 § 2 des ursprünglichen Entwurfs, Stadtarchiv Hannover, AAA 461, S. 17 r.
[106] Entwurf eines Staats-Grundgesetzes für das Königreich Hannover, 1831, S. 29 f.
[107] Entwurf eines Staats-Grundgesetzes für das Königreich Hannover, 1831, S. 47.

III. Der Entwurf des Kabinetts-Ministeriums 31

»Jeder Minister oder Vorstand eines Ministerial-Departements ist dem Könige und dem Lande dafür verantwortlich, daß keine von ihm contrasignierte Verfügung des Landesherrn [...] wie auch keine von ihm vollzogene Verfügung des Cabinets-Ministerii und keine Verfügung des ihm anvertrauten Ministerial-Departements eine Verletzung der Verfassung enthalte.«[108]

Verfassungsverletzungen durch Minister sollten von den Ständen vor einem eigens zu errichtenden Staatsgerichtshof angeklagt werden können[109], wie er seinerzeit schon im Königreich Württemberg eingerichtet worden war.[110] Insgesamt orientiert sich *Ubbelohdes* Verfassungsentwurf im Vergleich zum dem *Dahlmanns* stärker an der Regierungspraxis. *Dahlmanns* Anteil an der Entstehung des Hannoverschen Staatsgrundgesetzes wird deshalb unterschiedlich beurteilt.[111]

Der Entwurf *Ubbelohdes* wurde zur Grundlage von Verhandlungen, an denen außer dem Vizekönig und den Kabinettsministern die Kabinettsräte *Rose*, *Falcke* und *Hoppenstedt* sowie *Dahlmann* und *Ubbelohde* teilnahmen.[112] Die Verhandlungen der als »landesherrliche Commissarien« bezeichneten Kommission sind eingehend dokumentiert und lassen erkennen, inwieweit die Entwürfe *Dahlmanns* und *Ubbelohdes* übernommen bzw. geändert worden sind.[113]

Einvernehmen bestand unter den Mitgliedern der Konferenz über die Notwendigkeit einer Verfassung.[114] Eine wesentliche Änderung ergab sich gegenüber dem Entwurf *Ubbelohdes* hinsichtlich der ständischen Repräsentation. Die ritterschaftlichen Deputierten sollten in der Zweiten Kammer vertreten sein; der Ersten Kammer sollten die königlichen Prinzen, Standesherren, bestimmte Amtsträger sowie eine Anzahl von Majoratsherren angehören. Um einen Vorrang der Zweiten Kammer zu verhindern, wurde nach Mitteln gesucht, die Erste Kammer zu stärken. *Dahlmann* glaubte, dies durch Vergrößerung der Zahl der Mitglieder und Hebung der »geistigen Tüchtigkeit« der Kammer bewirken zu können.[115] Eine größere Stabilität sollte vor allem dadurch erreicht werden, dass die nicht-erblichen Mitglieder der Ersten Kammer nicht nur für die Dauer eines Landtages, sondern auf Lebenszeit gewählt werden sollten (Kapitel 6 § 18 Ziff. 12 des Entwurfs). Deren Zahl war allerdings auf ein Drittel der bei ihrer Ernennung vorhandenen übrigen Mitglieder der Ersten Kammer beschränkt, sodass diese nicht lediglich als Organ des Königs angesehen werden konnte.

---

[108] Stadtarchiv Hannover, AAA 461, S. 52 v f.
[109] Vgl. *Kolb/Teiwes*, Beiträge, S. 118.
[110] Vgl. *O. Brügmann*, Die Verdienste Dahlmanns, S. 39.
[111] Vgl. zum Beispiel *E. v. Meier*, Hannoversche Verfassungs- und Verwaltungsgeschichte I, S. 50: »Der Anteil Dahlmann's ist geringer gewesen, als man vielfach angenommen hat. Nicht, daß er von fertigen theoretischen Anschauungen aus auf diese Verhandlungen hätte einwirken können, erst bei diesen Verhandlungen haben sich seine politischen Überzeugungen allmählich gebildet.« Dagegen *O. Brügmann*, Die Verdienste Dahlmanns, S. 9.
[112] Stadtarchiv Hannover, AAA 478, S. 59 r ff.; vgl. auch *Kolb/Teiwes*, Beiträge, S. 114.
[113] Stadtarchiv Hannover, AAA 478, S. 59 r ff.
[114] Vgl. *Kolb/Teiwes*, Beiträge, S. 115.
[115] Vgl. *O. Brügmann*, Die Verdienste Dahlmanns, S. 37.

Nach langer Diskussion wurde eine Vorschrift über die Ministerverantwortlichkeit in den Entwurf aufgenommen. Man einigte sich hierbei auf den Entwurf *Ubbelohdes*, wobei § 2 des 8. Kapitels nun lautete:

»Jeder Minister oder Vorstand eines Ministerial-Departements ist dem Könige und dem Lande dafür verantwortlich, daß keine von ihm unterschriebene oder contrasignirte Verfügung eine absichtliche Verletzung des Staatsgrundgesetzes enthalte. Es sollen aber alle vom Landesherrn oder dessen Stellvertreter ausgehenden Verfügungen von dem Minister oder Vorstande des Ministerial-Departements contrasignirt seyn.«[116]

Bedenken gab es gegen die Gründung eines Staatsgerichtshofs nach württembergischem Vorbild; zum zuständigen Gericht über Ministeranklagen wurde das 1711 errichtete Oberappellationsgericht in Celle bestimmt (Kapitel 8 § 3 des Entwurfs). An den Bestimmungen über die Mitwirkungsrechte der Ständeversammlung wurde an *Ubbelohdes* Entwurf nichts geändert, obwohl ein Protest der Ständeversammlung zu erwarten war.[117]

Eine wesentliche Änderung des Entwurfs *Ubbelohdes* bedeuteten die im »Schluss« enthaltenen Bestimmungen über Änderungen der Verfassung:

»Abänderungen desselben können nur in Übereinstimmung des Königs mit der allgemeinen Ständeversammlung des Königreichs getroffen werden. Von dieser können sie nur in Folge eines auf zwei nacheinander folgenden Landtagen gefaßten gleichmäßigen Beschlusses in Antrag gebracht werden. Auch ist zu solchen Veränderungen, mögen sie von der Regierung oder den Ständen in Antrag gebracht werden, jederzeit erforderlich, daß in jeder Cammer der Ständeversammlung wenigstens drei Viertel der Mitglieder anwesend sind und wenigstens zwei Drittel der Anwesenden für die Veränderung stimmen.«[118]

Der Entwurf wurde im Oktober 1831 an die Deutsche Kanzlei in London übersandt, deren Leitung nach der Entlassung des Grafen *Münster* im Februar desselben Jahres in den Händen *Ludwig von Omptedas* lag.[119] Der Entwurf fand insgesamt die Billigung des Königs, obwohl durch die vorgeschlagene Vereinigung der Kassen wesentliche Rechte des Monarchen eingeschränkt wurden. Gegenüber einem allgemeinen Zustimmungsrecht der Kammern zu Gesetzen verhielt sich der König zurückhaltend, wie aus dem Antwortschreiben an die Kabinettskommission zu entnehmen ist:

»In considering the extend of the Attributes to be conferred upon the general Assembly of the Estates of Our Kingdom, the first Question, which arises, is the participation in the legislature. It is unquestionably judicious and fair to allow to Persons summoned to represent the body of the People such a participation in full extent, in all legislative acts, which relate to Grants of Money or other Services to be levied on the resources of the Country.

---

[116] Entwurf eines Staats-Grundgesetzes für das Königreich Hannover, 1831, S. 54.
[117] Hierzu die Anmerkung des Kabinettsrats *Falcke*: »Man fand diesen §. den bestehenden Verhältnissen durchaus angemessen, glaubte aber, daß er von den Ständen sehr angegriffen würde, da sie die Einwilligung zu allen Gesetzen würden haben wollen, in solchem Falle würde man sich wenigstens die Redaction der Gesetze reserviren müssen.« (Vgl. Stadtarchiv Hannover, AAA 478, S. 124 r f.).
[118] Entwurf eines Staats-Grundgesetzes für das Königreich Hannover, 1831, S. 61.
[119] Vgl. oben, S. 19.

> It will often be of Consequence to Government to hear the Counsel of the Estates of the Kingdom upon other Laws, but to make the Legislation itself, in such Cases also, depend upon the Concurrence of the Estates, can on the one hand impede the Attainment of salutary Purposes, and on the other give occasion to lengthened and useless Discussions. It is therefore desired that with this regard the Regulations hitherto observed remain in force. However the example of several Constitutions granted in the latest times in different States of Germany is in opposition to such a Proceeding, and many of the more ancient Agreements entered into with provincial Estates of Our Kingdom do moreover give to these Estates a Right of Concurrence in the legislature. If therefore Government could not well refuse to listen to urgent applications of this Nature, it is our pleasure, that the detriment which might arise therefrom, be as much as possible obviated by the determination, that only the more important features of such Laws, as do not regard any Grants, shall be concerted with the Estates, but that the Details of Arrangement and Wording, be, after such concert and in conformity with its result, left to the discretion of Our Ministry.«[120]

Während der König das Steuerbewilligungsrecht in vollem Umfang einräumte, ist hinsichtlich des Mitwirkungsrechts der Stände bei der übrigen Gesetzgebung eine merkliche Zurückhaltung zu beobachten. Im Entwurf blieb es deshalb bei der schon von *Ubbelohde* vorgeschlagenen Regelung, dass bei »anderen neuen Gesetzen […] die allgemeine Ständeversammlung mit ihrem Rathe gehört werden« müsse (6. Kapitel § 10 S. 2 des Entwurfs).

Der König stand der Verfassungsangelegenheit Hannovers insgesamt eher gleichgültig gegenüber und ließ dem Kabinettsministerium freie Hand. Bemerkenswert ist, dass der Protest des Herzogs von Cumberland gegen die Erarbeitung eines Staatsgrundgesetzes übergangen wurde.[121] *Brügmann* erklärt dies damit, dass *Wilhelm IV.* mit der im Entwurf vorgesehenen Kassenvereinigung seinem Bruder und voraussichtlichen Nachfolger auf dem Thron »*eins auswischen wollte*«.[122]

Der Ministerialentwurf erschien unter dem Titel »Entwurf eines Staats-Grundgesetzes für das Königreich Hannover, wie solcher der niedergesetzten Commission von Seiten der landesherrlichen Commissarien zu vorläufiger Berathung vorgelegt worden ist« im November 1831 in der *Hahn*'schen Hofbuchhandlung Hannover in gedruckter Fassung. Damit war die Verfassung bereits im Entwurfsstadium der Diskussion der öffentlichen Meinung überantwortet worden. Bemerkenswert ist, dass bereits im Dezember 1831 in der *Hahn*'schen Verlagsbuchhandlung Leipzig eine 90 Druckseiten umfassende Schrift »Beleuchtung des Entwurfes des Staatsgrundgesetzes für das Königreich Hannover« aus der Feder des Leipziger Professors *Carl Heinrich Ludwig Pölitz* erschien.[123] Dem Verfasser der »Bemerkungen über die Repräsentativ-Verfassung im Königreiche

---

[120] Staatsarchiv Hannover, Hann. 92 Nr. 22; abgedruckt auch bei *Kolb/Teiwes*, Beiträge, S. 116 f.
[121] Vgl. *Kolb/Teiwes*, Beiträge, S. 117.
[122] So O. *Brügmann*, Die Verdienste Dahlmanns, S. 62; vgl. dazu auch Staatsarchiv Hannover, Hann. Dep. 103 VII Nr. 5.
[123] K. H. L. *Pölitz*, Beleuchtung des Entwurfes des Staatsgrundgesetzes für das Königreich Hannover, wie solcher der niedersächsischen Commission von Seiten der landesherrlichen Commissarien im November 1831 vorgelegt worden ist, 1831.

Hannover«, die ebenfalls 1831 als selbständige Schrift erschienen ist[124], lag der Entwurf des Staatsgrundgesetzes noch nicht vor. Eine eingehende Würdigung des Staatsgrundgesetzes enthält demgegenüber die Schrift des im »Staatsgefängnisse zu Celle« einsitzenden *Georg Friedrich König*.[125] Besondere Erwähnung verdient der 1832 in Rinteln erschienene »Commentar zu dem Entwurfe eines Staatsgrundgesetzes für das Königreich Hannover« von *Gustav von Struve*.[126] Der 1805 geborene *Struve* trat im Vormärz als leidenschaftlicher Vertreter der Verfassungsbewegung in Erscheinung und fügte dem Kommentar zum Entwurf des Staatsgrundgesetzes einen eigenen Entwurf eines Staatsgrundgesetzes hinzu »wie solcher dem Wesen des Staats, dem Geiste der Zeit, den Bedürfnissen des hannoverschen Volks und billigen Rücksichten auf bestehende Verhältnisse entsprechen möchte.« In dem 231 Paragraphen umfassenden Entwurf nimmt *Struve* eine Vielzahl von Bestimmungen vorweg, die später Eingang in die Paulskirchenverfassung fanden.[127]

IV. Die Ständische Kommission

Zur Vorbereitung der Beratung der Ständeversammlung wurde eine von dieser beantragte Kommission eingesetzt. Sie setzte sich aus sieben Mitgliedern der Ersten Kammer – unter ihnen *Georg von Schele*[128] –, sieben Mitgliedern der Zweiten Kammer – unter ihnen *Stüve*[129] und *Rumann*[130] – und sieben von der

---

[124] *G. Nolte*, Bemerkungen über die Repräsentativ-Verfassung im Königreiche Hannover, 1831.

[125] *G. F. König*, Ueber die politischen und bürgerlichen Reformen und den Entwurf eines Staatsgrundgesetzes für Hannover, 1832.

[126] *Gustav Karl Johann Christian von Struve* (1805–1870), Jurist, war zunächst im Dienst Oldenburgs und praktizierte dann als Rechtsanwalt in Mannheim. Zusammen mit *Hecker* war er 1848 einer der Führer der badischen Revolution.

[127] Nach *Struves* Entwurf war die Regierungsform des Königreichs eine »erblich-beschränkt-monarchische« (§ 2). Die »Versammlung der Volksvertreter« sollte aus einer »einzigen« Kammer bestehen (§ 60) und öffentlich tagen (§ 62). Die Kammer sollte das Recht der »Theilnahme« an der Gesetzgebung haben (§ 53) und über alle staatlichen Mittel verfügen können, namentlich über die Einnahmen der Staatsdomänen, Abgaben und Dienste (§ 55). Im Abschnitt »Von den Unterthanen« fand sich die Bestimmung, dass »alle Hannoveraner ... sich als solche gleich« stünden (§ 186).

[128] *Georg Freiherr von Schele* (1771–1844), Jurist, stand im Dienst des Kurfürstentums Hannover, wechselte an den Hof des Königs *Jérôme* von Westfalen und trat dann wieder in den Dienst des Königreiches Hannover ein. *Schele* wurde Präsident des neugeschaffenen Obersteuer- und Schatzkollegiums und als solcher Mitglied der Ersten Kammer. 1823 wurde *Schele* zum Geheimen Rat und Mitglied des Geheimen Rats ernannt. Nach dem Regierungsantritt *Ernst Augusts*, König von Hannover, wurde er zum Kabinettsminister ernannt und behielt die Funktion bis zu seinem Tod im Jahr 1844 bei.

[129] Biographische Angaben oben Fn. 37.

[130] *Wilhelm Rumann* (1784–1857), Jurist, war Beamter der Residenzstadt Hannover, zunächst als Polizeidirektor, ab 1824 als Stadtdirektor. Von 1826–1837 war er Mitglied der Zweiten Kammer, ab 1833 deren Präsident. *Rumann* wurde 1839 von König *Ernst August* vom Dienst suspendiert, und trat nach Abschluss eines Strafverfahrens 1843 in den Ruhestand.

Regierung benannten Mitgliedern zusammen. Zu Letzteren gehörten die Minister *von Schulte* und *von der Wisch*, die Kabinettsräte *Rose* und *Falcke* sowie *Dahlmann* und *Ubbelohde*.[131] Die Kommission tagte in 75 Sitzungen vom 15. November 1831 bis zum 14. Februar 1832. Trotz Differenzen in anderen Fragen waren die Vertreter der beiden Kammern darin einig, dass die bloße »Zuratheziehung« der Kammern im Gesetzgebungsverfahren nicht ausreiche. Mit dieser Forderung setzte sich die Ständische Kommission gegenüber dem Ministerium überraschend schnell durch, was darauf zurückzuführen sein dürfte, dass ein Beharren auf dem Rechtszustand von 1819 von vornherein als aussichtslos erschien, durch dieses Zugeständnis man auch weiteren Forderungen der Kammern vorbeugen wollte.[132]

V. Die Debatte in der Ständeversammlung

Am 13. Januar 1832 wurde die Allgemeine Ständeversammlung durch Proklamation des Königs aufgelöst. Sie war seit dem 23. Januar 1826 im Amt, sodass die sechsjährige Amtszeit ohnehin abgelaufen wäre. In der Proklamation heißt es, eine nochmalige Einberufung der Stände habe nicht mehr geschehen können,

> »weil der Umfang der Vorarbeiten, welche Wir behuf Erlassung eines Staats-Grundgesetzes einer dieserhalb niedergesetzten Commission haben vorlegen lassen, die schnellere Beendigung des für die Wohlfahrt des Landes hochwichtigen Gegenstandes nicht zugelassen hat.«[133]

In der Proklamation heißt es weiterhin:

> »Zu diesem Zwecke berufen Wir aber zugleich in Gemäßheit des Königlichen Patents vom 7ten December 1819 eine neue Versammlung der Stände des Königreichs, jedoch mit der, nach vorgängiger Berathung mit der allgemeinen Stände-Versammlung und unter Vorbehalt sonstiger hierunter verfassungsmäßig zu treffenden Anordnungen, von Uns beliebten abändernden Bestimmungen, daß
> 1) die Wahl der Deputirten der Städte, nach absoluter Stimmenmehrheit gemeinschaftlich durch sämmtliche Mitglieder des Magistrats, eine gleiche Anzahl von Bürger-Vorstehern, und eine eben so große Anzahl von Wahlmännern geschehen soll, die hiezu nach Maßgabe der Verfassung der betreffenden Stadt aus den zu Bürgervorstehern qualificirten Bürgern besonders erwählt werden sollen, und daß
> 2) zu dem bevorstehenden Landtage einige Deputirte des bisher noch nicht vertretenen sowohl freien, als pflichtigen Bauernstandes aus den Landdrostei-Bezirken Hannover, Hildesheim, Lüneburg, Stade und Osnabrück erwählt, und in der Zweiten Cammer der allgemeinen Stände-Versammlung zugelassen werden sollen, so fern diese erwählte Deputirte neben den sonstigen nach den bisherigen allgemeinen Bestimmungen erforderlichen Qualifikationen mit ländlichen Grundstücken im Königreiche angesessen sind.«[134]

---

[131] Vgl. Staatsarchiv Hannover, Hann. 92 Nr. 23. Eine Auflistung der Kommissionsmitglieder findet sich auch bei *Kolb/Teiwes*, Beiträge, S. 117.
[132] Vgl. *Kolb/Teiwes*, Beiträge, S. 118.
[133] Hann. GS 1832, S. 9 f.
[134] Hann. GS 1832, S. 10.

Während die Erste Kammer in ihrer Zusammensetzung unverändert blieb, ergaben sich in der Zweiten Kammer nicht unwesentliche Veränderungen.[135] Vor der feierlichen Eröffnung durch den Vizekönig erging ein »Königliches Rescript de dato Windsor Castle, 11. Mai 1832, das Staatsgrundgesetz betreffend«, in dem *Wilhelm IV.* ausführlich zu den Verfassungsplänen Stellung nahm.[136] Eingangs des Reskripts heißt es:

> »Als von der vorigen allgemeinen Stände-Versammlung Unserm Cabinetsministerio der Wunsch vorgetragen wurde, daß die Verfassung Unsers Königreichs in ihren wesentlichen Bestimmungen durch ein Staatsgrundgesetz festgestellt werden möge, welches auf dem Bestehenden beruhe, und diejenigen Verbesserungen berücksichtige, die die Wohlfahrt Unserer getreuen Unterthanen sichern und befördern können, so haben Wir in dem Betracht, daß es dabei nicht nur auf die Begründung einer neuen Verfassung, sondern auf die Feststellung der Bestehenden, deren Ergänzung und Verbesserung nach Maaßgabe der Bedürfnisse Unsers Königreichs und seiner einzelnen Theile ankam, diesem Wunsche Unserer Seits gern willfahrt, weil Wir dadurch eine Uns angenehme Veranlassung erhielten, Unsern geliebten Unterthanen zu beweisen, daß Wir, getreu den Gesinnungen Unserer Vorfahren, in der Beförderung alles dessen, was den innern Frieden und die Wohlfahrt Unserer Unterthanen befestigen kann, das schönste Vorrecht Unserer Krone erkennen.«[137]

In dem Reskript findet sich eine eingehende Auseinandersetzung mit den unterschiedlichen Bestimmungen des Kommissionsentwurfs. Zum Abschluss des Reskripts finden sich die folgenden Ausführungen:

> »Da endlich die Verfassung des Königreichs, wie alle menschlichen Einrichtungen, nicht für ewige Zeiten feststehen kann, sondern nach Maaßgabe der wesentlichen Veränderungen, welche die ihr zum Grunde liegenden Verhältnisse des Ganzen oder der einzelnen Theile treffen, im Laufe der Zeiten modificirt werden muß; Änderungen von Verfassungspuncten aber stets mit der größten Ruhe und Umsicht berathen und beschlossen werden müssen und wegen ihrer Wichtigkeit einer noch größern Sorgfalt bedürfen, als andere Gesetze; so halten Wir es für nothwendig, daß festgesetzt werde, daß solche Abänderungen nicht nur der gemeinschaftlichen Zustimmungen des Königs und der allgemeinen Ständeversammlung, sondern auch solcher Formen bedürfen sollen, daß alle Theile vor einer Uebereilung vollständig gesichert werden, wobei Wir zugleich bestimmen, daß solche Abänderungen, die eine Schmälerung der verfassungsmäßigen Rechte des Königs enthalten, oder die Einrichtung und die Befugnisse der allgemeinen Ständeversammlung treffen, immer die Zustimmung des Königs selbst erfordern, nie aber von einem Regenten oder von einem Stellvertreter des Königs vorgenommen, noch gestattet werden sollen. Es wird Unsern getreuen Ständen nicht entgehen, daß mehrere der von Uns entweder bestimmt vorgeschriebenen oder doch für zweckmäßig gehaltenen Anordnungen, welche der Entwurf des Grundgesetzes enthält, in genauer Verbindung mit einander stehen und sich gegenseitig bedingen. So fern ein oder der andere Punct der letzeren Art, auf welchen Wir aus landesväterlicher Sorge für das Glück Unserer Unterthanen ein besonderes Gewicht legen, keinen Eingang finden sollte, müssen Wir daher Unsere

---

[135] Vgl. die Darstellung bei *H. A. Oppermann*, Zur Geschichte des Königreichs Hannover I, S. 14 ff.

[136] Actenstücke der vierten Allgemeinen Ständeversammlung, Erste Diät, II. Theil, Hannover 1832, S. 12 ff. Das Reskript ist auch bei *H. A. Oppermann*, Zur Geschichte des Königreichs Hannover I, 1860, S. 325 bis 334 abgedruckt.

[137] So Reskript vom 11. Mai 1832, abgedr. bei *H. A. Oppermann*, Zur Geschichte des Königreichs Hannover I, S. 326.

V. Die Debatte in der Ständeversammlung 37

endliche Entschließung über den Entwurf im Allgemeinen, so wie über einzelne Theile desselben Uns damit ausdrücklich vorbehalten.«[138]

Damit war der Ständeversammlung der Rahmen ihrer Beratungen gezogen und ihr zugleich unmissverständlich erklärt, dass der König sich die Letztentscheidung über das Staatsgrundgesetz – wörtlich: »Unsere endliche Entschließung über den Entwurf« – vorbehielt.

Der Vizekönig von Hannover, *Adolf Friedrich*, stellte in seiner Eröffnungsrede des Landtags am 30. Mai 1832 die Grundsätze des Staatsgrundgesetzes dar:

»Treue Erfüllung der Verpflichtungen gegen das Deutsche Vaterland; feste Bewahrung der Rechte des Königs und offene Anerkennung der Rechte und Freiheiten der Unterthanen.«[139]

Ein Jahr lang wurde leidenschaftlich über den Entwurf debattiert. In der Ersten Kammer wurde am Tag der Eröffnung der Antrag eingebracht,

»Stände mögen beschließen, das Staatsgrundgesetz nur mit dem Vorbehalte anzunehmen, daß es nicht eher gesetzliche Kraft erhalte, bis dasselbe auch von sämtlichen Provincial-Landschaften angenommen worden.«[140]

Dieser Antrag fand nachdrückliche Unterstützung bei *Schele*, der die Auffassung vertrat, ein Verfassungsgesetz könne zweckmäßiger durch Beratungen in den Provinzen zustande gebracht werden, die allein das »Bestehende« gewährleisten könnten.[141] Der Antrag zielte ersichtlich darauf ab, das Inkrafttreten des Staatsgrundgesetzes zu verhindern, weil die vom Adel beherrschten Provinziallandschaften dem Entwurf nicht zugestimmt haben würden. Mit knapper Mehrheit wurde der Antrag in der Ersten Kammer abgelehnt.[142]

Einerseits galt es, den Widerstand des Adels gegen die Abschaffung seiner Privilegien zu überwinden; andererseits bestanden erhebliche Bedenken gegen die Ideen des französischen Liberalismus, die vor allem bei den städtischen Deputierten Anklang fanden. Die verfügbaren Materialien, insbesondere der Bericht *Heinrich Albert Oppermanns*[143], lassen nicht den Schluss zu, die Kammern seien davon ausgegangen, ihnen komme ein dem König gleichberechtigtes Entscheidungsrecht über das Staatsgrundgesetz zu. Sollten derartige Vorstellungen obwaltet haben, wären ihre Vertreter spätestens mit dem Reskript des Königs vom 11. Mai 1832 eines Besseren belehrt worden.

Insofern standen die Beratungen innerhalb der Kammern und zwischen den Kammern von vornherein unter der Prämisse, ein Ergebnis hervorzubringen – stets ist von einem »Antrag« die Rede –, das der König würde billigen, das er aber

---

[138] So Reskript vom 11. Mai 1832, abgedr. bei *H. A. Oppermann*, Zur Geschichte des Königreichs Hannover I, S. 334.
[139] Rede des Vizekönigs zur Eröffnung der allgemeinen Ständeversammlung am 30. Mai 1832, Actenstücke der vierten Allgemeinen Ständeversammlung, Erste Diät, II. Theil, 1832, S. 1 ff.; auch abgedr. bei *H. A. Oppermann*, Zur Geschichte des Königreichs Hannover I, S. 323.
[140] Staatsarchiv Hannover, Hann. 108 Nr. 669/5, 30.6.1832. Vgl. auch Kolb/Teiwes, Beiträge, S. 121.
[141] Vgl. *Kolb/Teiwes*, Beiträge, S. 121.
[142] Vgl. *Kolb/Teiwes*, Beiträge, S. 121.
[143] Biographische Angaben vgl. unten Fn. 1319.

auch würde abändern können. Hierauf beruht auch die ablehnende Haltung des Deputierten der Zweiten Kammer *Friedrich Saalfeld*[144], der in der Beratung der Zweiten Kammer vom 2. Juli 1832 äußerte:

> »Wenn nach diesen Anforderungen beurtheilt, die vorliegende Verfassung sich größtentheils als eine octroyierte charakterisire, in dem das Königliche Rescript vom 11. May in vielen Lebensfragen durchgreifend und vorweg entscheide und somit freye Discussion darüber kaum noch begreiflich sey, - außerdem aber auch noch die bisherigen Rechte des Volks in manchen wichtigen Puncten Schmälerungen erlitten hätten; – so könne er in dem Entwurf, sowie er vorliege, überall nicht einstimmen, und wolle lieber gar keine, als eine solche Verfassungsurkunde haben.«[145]

Die Position des Königs ist schließlich in dem Postskriptum des Kabinettsministeriums zu dem durch die Stände erarbeiteten Entwurf eines Staatsgrundgesetzes bekräftigt worden. In dem Bericht vom 24. Juni 1833 heißt es:

> »... halten wir uns überzeugt, daß die Regierung durch eine nochmalige Verhandlung mit den Ständen nichts gewinne [...] Zunächst geht nämlich aus einem solchen Verfahren sogleich hervor, daß es auf einen Vertrag mit den Ständen ankommt, während es nach den von Eurer Königlichen Majestät aus ertheilten Befehlen die Absicht gewesen ist, das Gesetz im Wesentlichen als eine von Allerhöchsten ertheilte Declaration erscheinen zu lassen. Nach diesem Gesichtspuncte ist bei den Communicationen mit den Ständen immer verfahren [...] Die Natur des Vertrages macht es aber dann erforderlich, daß die Stände zu allen den nothwendig gefundenen Änderungen durch welche Euer Königlichen Majestät Rechte außer Zweifel werden sollen, ihre Einwilligung geben, und damit werden dann die Rechte selbst der Discussion und der Einwilligung der Stände unterworfen. Nur zu leicht ist es möglich und selbst wahrscheinlich, daß sie sie nicht alle unbedingt anerkennen [...] Hat die Regierung es nicht gewagt, bei der jetzigen Lage der Sache von ihr für unerläßlich gehaltenen Änderungen des ständischen Entwurfs vorzunehmen, so wird sie ganz gewiß nach einer nochmaligen Verhandlung mit den Ständen die Kraft dazu oder zu einer gänzlichen Verweigerung des Grundgesetzes gar nicht haben, und damit ist das, was man zu retten beabsichtigte, die Königlichen Rechte, ganz sicher verloren. Wird das Grundgesetz jetzt publizirt, so zeigt die Regierung eben dadurch, daß sie etwaige Widersprüche der Stände nicht scheut, und diese werden es um so weniger wagen, auf irgend eine ernstliche Weise die Legalität ihres Verfahrens anzufechten.«[146]

Die Regierung ist somit ebenfalls von der Prämisse ausgegangen, dass die Verfassung vom Monarchen einseitig erlassen werden könne und nicht jede Änderung erneut der Zustimmung der Stände bedürfe. Auch wird darauf verwiesen, dass sie bei den Verhandlungen mit den Ständen stets betont habe, das Staatsgrundgesetz stelle eine »von Allerhöchsten ertheilte Declaration« dar. Hiermit ist nach Abschluss der Beratungen der Stände noch einmal die Rechtsposition des Königs bekräftigt worden, dass das Staatsgrundgesetz ein Legislativakt des Königs – nicht ein solcher der Stände – sein würde. Das Staatsgrundgesetz ist so-

---

[144] *Friedrich Saalfeld* (1785–1834) war Professor der Philosophie an der Universität Göttingen und wurde 1832 als Deputierter der Stadt Göttingen in die Zweite Kammer gewählt. Wegen seiner Sympathien für den Göttinger Aufstand wurde ein Verfahren gegen ihn eingeleitet, das mit seiner Ausweisung aus Hannover bei Beibehaltung einer Pension endete.
[145] Staatsarchiv Hannover, Hann. 108 Nr. 670/4, 2.7.1832; vgl. auch *Kolb/Teiwes*, Beiträge, S. 123.
[146] Staatsarchiv Hannover, Hann. 92 Nr. 24.

mit zweifelsfrei auf der Grundlage des Patents vom 18. Dezember 1819 zustande gekommen, das in § 6 den Ständen das »Recht auf Zuratheziehung« zubilligte, mit dem der König sich aber in § 8 vorbehielt, Änderungen der Verfassung aus eigener Machtvollkommenheit vorzunehmen.

Wenn *Kolb/Teiwes* gleichwohl die Auffassung vertreten, für das Königreich Hannover könnte nicht von einer »octroyierten Verfassung« gesprochen werden[147], so liegt dem ein begriffliches Missverständnis zugrunde. Von »oktroyierten« – im Gegensatz zu »paktierten« – Verfassungen kann nicht nur die Rede sein, wenn sie den Ständen gegen ihren Willen aufgezwungen worden sind. Beratungen innerhalb der Stände und Verhandlungen zwischen Ständen und Regierungen lassen eine Verfassung noch nicht als eine »paktierte« erscheinen. Entscheidend ist vielmehr, ob der Monarch für sich ein Letztentscheidungsrecht in Anspruch nimmt und die Verfassung somit aus eigenem Recht in Kraft zu setzen in der Lage ist, oder ob dies die Zustimmung der Stände voraussetzt. Die auf der Rechtslage von 1819 basierende *Verfassungsgebung* durch den König von Hannover lässt es als ausgeschlossen erscheinen, die Zustimmung der Stände zu den Änderungen als *rechtlich* erforderlich erscheinen zu lassen.

---

[147] So *Kolb/Teiwes*, Beiträge, S. 138.

DRITTES KAPTEL
DAS STAATSGRUNDGESETZ VOM 26. SEPTEMBER 1833

I. Das Patent, die Publication des Grundgesetzes des Königreichs betreffend

Am 9. Oktober 1833 wurde das »Patent, die Publication des Grundgesetzes des Königreichs betreffend« zusammen mit dem Grundgesetz des Königreichs vom 26. September 1833 veröffentlicht.[148] In der Einleitung des Patents heißt es:

> »Da durch die Auflösung der vormaligen deutschen Reichsverfassung, durch die Errichtung eines Deutschen Bundes und durch die Vereinigung aller, sowohl älteren als auch neu erworbenen deutschen Besitzungen Unseres Königlichen Hauses zu einem unabhängigen Königreiche in der Verfassung desselben mehrfache wichtige Veränderungen hervorgebracht worden sind, andere Theile der Verfassung aber einer neuen Befestigung oder nähern Bestimmung bedürfen: So haben Wir auf den Antrag Unserer getreuen allgemeinen Stände-Versammlung beschlossen, die inneren Verhältnisse Unseres Königreichs Hannover durch die Erlassung eines neuen Staats-Grundgesetzes genauer festzustellen, und deshalb in der an Unsere getreue allgemeine Stände-Versammlung erlassenen Declaration vom 11ten Mai 1832 die Grundsätze zu demselben vorzuschreiben.
> Nachdem Uns nunmehr die Resultate der danach Statt gehabten ausführlichen Berathung Unserer getreuen Stände über das Grundgesetz vorgelegt sind, und Wir dann deren Anträge in allen der Zustimmung derselben bedürfenden Puncten zu bestätigen Uns bewogen gefunden haben, solche auch übrigens zum größten Theile den von Uns ertheilten Vorschriften entsprechen, und nur in einigen wenigen Puncten zur Sicherstellung Unserer landesherrlichen Rechte und zum Besten Unserer getreuen Unterthanen von Uns einer Abänderung bedürftig gefunden sind: so sehen Wir Uns veranlasst, in Beziehung auf die deshalb nothwendig gefundenen Veränderungen des aus den Berathungen Unserer getreuen allgemeinen Stände-Versammlung hervorgegangenen Grundgesetz-Entwurfes, soweit sie nicht bloß Berichtigungen der Wortfassung betreffen, Folgendes zu erklären:«

Im Folgenden werden insgesamt 14 Punkte aufgezählt, in denen der König von dem aus den Beratungen der Ständeversammlung hervorgegangenen Grundgesetzentwurf abgewichen ist und Änderungen für notwendig befunden hat. Unter Ziff. 1 heißt es:

> »So sehr Wir auch durch Unsere Erklärung vom 11ten Mai 1832 die Aufrichtigkeit des Wunsches bethätigt haben, die für die Wohlfahrt Unseres Königreichs von Uns für angemessen erachtete Vereinigung Unserer landesherrlichen Cassen und der Landes-Casse zu erleichtern, so ist es Uns gleichwohl nach sorgfältiger Erwägung aller Verhältnisse nicht ausführbar erschienen, den von Uns festgesetzten, auf den nothwendigsten Bedarf bereits beschränkten Betrag der Kron-Dotation noch weiter herabzusetzen, und dem dieserhalb gemachten Antrage Unserer getreuen Stände Folge zu geben [...]«.

---

[148] Hann. GS 1833, S. 279.

Ziff. 2 hat folgenden Wortlaut:

»Der Antrag Unserer getreuen allgemeinen Stände-Versammlung, daß ein Regent, wenn er aus einem fremden deutschen Fürstenhause erwählt werden müßte, mindestens sein fünf und zwanzigstes Jahr zurückgelegt haben solle, findet Unsere volle Genehmigung, weshalb Wir diesen Grundsatz auch für den Fall der Wahl des Regenten durch die allgemeine Stände-Versammlung vorzuschreiben für angemessen gefunden haben. Dagegen haben Wir Uns nicht bewogen finden können, die Bestimmung, nach welcher der Regent den ihm obliegenden Eid im versammelten Ministerio abzuleisten hat, abzuändern; und wenngleich Wir geneigt sind, den Regenten in seinen Befugnissen nicht so weit zu beschränken, daß er in der Einrichtung der allgemeinen Stände-Versammlung eine Änderung überall nicht vornehmen und gestatten dürfte, so müssen Wir doch für nothwendig halten, eine Änderung des Grundsystems der allgemeinen Stände-Versammlung durch einen Regenten gänzlich zu untersagen.«

In Ziff. 3 wird eine Änderung der Bestimmung über die gutsherrlichen Verhältnisse gerechtfertigt:

»Wir verkennen überall nicht, daß die vielfach insbesondere auch durch die Ablösung der gutsherrlichen Rechte veränderten Verhältnisse in mehrfacher Beziehung auf das Lehnwesen zurückwirken, und sind umso mehr geneigt, den hierunter bezeugten Wünschen Uns willfährig zu beweisen, als Wir die Opfer nicht übersehen, welche die Besitzer von Lehngütern durch Aufhebung oder Modification bestehender Vorrechte der öffentlichen Wohlfahrt und dem Besten des Landes bereitwillig gebracht haben. Wir werden daher in Gemäßheit des Antrages Unserer getreuen Stände den Entwurf zu einem Gesetze über die Lehnsverhältnisse und deren Ablösbarkeit ausarbeiten und zur verfassungsmäßigen Mitwirkung unverzüglich an dieselben gelangen lassen. Indeß haben Wir, zumal ehe die Folgen alle genau erwogen sind, welche die Aufhebung eines so tief in die öffentlichen Verhältnisse eingreifenden Instituts begleiten müssen, Bedenken getragen, den Grundsatz unbedingt festzustellen, daß der Lehnsnexus in jedem Falle auf den Antrag des Vasallen ablösbar seyn soll, und haben nothwendig erachtet, dem von Unserer getreuen allgemeinen Stände-Versammlung in Antrag gebrachten Paragraphen eine danach erforderlich gewordene veränderte Fassung geben zu lassen.«

In Ziff. 4 werden Änderungen hinsichtlich der Befreiung von der Gerichtsbarkeit der Untergerichte gerechtfertigt:

»Da es Uns nicht entgangen war, daß eine zu große Ausdehnung der Befreiungen von der Gerichtsbarkeit der Untergerichte Beschwerden und Nachtheile für Unsere geliebten Unterthanen herbeiführte, so hatten Wir beschlossen, diese Befreiungen thunlichst zu beschränken und die beizubehaltenden Ausnahmen in dem Gesetz-Entwurf angeben lassen. Dagegen würde es einer gleichmäßigen Justiz keineswegs förderlich seyn, wenn alle Gerichte des Landes ohne Rücksicht auf die besonderen Verhältnisse der ihrer Gerichtsbarkeit unterworfenen Personen und Sachen eine gleichmäßige innere Einrichtung erhalten sollten; und wenngleich Wir geneigt sind, auch in dieser Hinsicht etwa nicht mehr passende Institutionen zu verbessern und zu beseitigen, konnte es doch Unsere Absicht nicht sein, deren gänzliche Aufhebung durch das Grundgesetz im Voraus zu bestimmen. Wir haben daher, um dieserhalb vorgekommenen Zweifel zu beseitigen, der in das Grundgesetz aufgenommenen Vorschrift eine solche Fassung geben lassen, welche geeignet ist, irrigen Deutungen vorzubeugen und künftigen zweckmäßigen Anordnungen nicht entgegensteht.«

Ziff. 5 enthält eine Modifikation der Bestimmung des Entwurfs über den gesetzlichen Richter, wobei sich der König vorbehält, das zuständige Gericht im Einzelfall zu bestimmen.

> »Ebenso kann es der nothwendigen Unabhängigkeit der Justiz nachtheilig seyn, wenn die Übertragung der Gerichtsbarkeit von einem ordentlichen Gerichte des Landes auf ein anderes zu sehr erschwert oder gar unmöglich gemacht wird. Wenn Wir daher auch nichts dagegen zu erinnern finden, daß nach dem Wunsche Unserer getreuen allgemeinen Ständeversammlung die Fälle, wo eine solche Übertragung Statt finden kann, in einem Gesetze näher festgestellt werden, so erklären Wir doch hiermit ausdrücklich, daß gerade zu dem Zwecke, um die Justiz von störenden äußeren Einflüssen unabhängig zu erhalten, der Grundsatz niemals aufgegeben werden kann und darf, daß der König als Quelle aller Gerichtsbarkeit unabhängig von den Ansichten der Gerichte eine solche Übertragung der Gerichtsbarkeit in einem einzelnen Falle anzuordnen hat, und daß daher dieser Grundsatz auch bei einem solchen Gesetze stets aufrecht zu erhalten ist. Damit aber über Unsere Absicht in dieser Hinsicht ein Zweifel nicht obwalten könne, haben Wir der in das Gesetz hierüber aufgenommenen Bestimmung die geeignete Fassung geben lassen.«

Ziff. 6 enthält eine entschiedene Absage gegen die gerichtliche Überprüfung von Hoheitsakten:

> »So wenig Wir übrigens den Lauf der Justiz, wo er den Gesetzen gemäß Statt findet, hemmen, oder Unseren Verwaltungs-Behörden solches zu thun gestatten werden, eben so wenig können Wir die Ausübung Unserer Hoheitsrechte jemals den Urtheilen Unserer Gerichte unterwerfen, oder die von Unseren Verwaltungs-Behörden innerhalb ihrer Competenz getroffenen Verfügungen der Wiederaufhebung von Seiten der Gerichte aussetzen. Wir haben daher hierüber das Nöthige in das Grundgesetz aufnehmen lassen und übrigens durch die in demselben getroffenen Bestimmungen den Schutz der Gerichte für die wohlerworbenen Rechte Unserer geliebten Unterthanen soweit ausgedehnt, als es mit einer wohlgeordneten Verwaltung irgend zu vereinbaren ist.«

In Ziff. 7 finden sich Änderungen hinsichtlich der durch den Gesetzentwurf garantierten Pressefreiheit:

> »Wenngleich Wir die Freiheit der Presse unter Beachtung der gegen deren Mißbrauch zu erlassenden Gesetze und der Bestimmungen des Deutschen Bundes gestatten wollen, und deshalb einen Gesetzentwurf an Unsere getreuen Stände, deren Anträge gemäß, bald thunlichst gelangen lassen werden, wenn nicht zuvor von dem Deutschen Bunde ein allgemeines Preßgesetz beschlossen werden sollte, so ergiebt doch der Umstand, daß die über den Mißbrauch der Presse zu erlassenden Gesetze mit Unseren getreuen Ständen noch nicht haben verabredet werden können, bis dahin aber ein gesetzloser Zustand nicht geduldet werden kann, die Nothwendigkeit des von Uns angeordneten Zusatzes, daß bis zur Erlassung dieser Gesetze die bisherigen Vorschriften in Kraft bleiben.«

Ziff. 8 befasst sich mit der Selbstverwaltung der Städte und Landgemeinden sowie mit den Rechtsverhältnissen der Gemeindebeamten:

> »In dem Wir den Städten, Flecken und Landgemeinden in der Verwaltung ihres Vermögens die mit ihrem Wohle vereinbare Selbständigkeit zugesichert haben und deshalb auch die von Unserer getreuen allgemeinen Stände-Versammlung in dieser Hinsicht gemachten Anträge bestätigen, und nur bestimmen, daß das Armenwesen nach Maßgabe der örtlichen Verhältnisse eignen Verwaltungen übertragen werden kann, haben Wir zugleich der Regierung die Aufsicht über das Gemeindewesen, soweit sie zum Heile des Ganzen und zum eigenen Besten der Gemeinde erforderlich ist, ausdrücklich vorbehalten. Zu dieser Aufsicht

der Regierung gehört es nothwendig, daß dieselbe solche Gemeinde-Beamten, welche ihre Pflichten versäumen oder verletzen würden, gleich Unserer übrigen Staats-Dienerschaft, durch Strafen zur Erfüllung dessen, was ihnen obliegt, anhalten oder selbst vom Dienste entfernen kann. Da dieses in der landesherrlichen Oberaufsicht wesentlich begründete und zum Besten der Gemeinden durchaus nothwendige Recht der Regierung durch den von Unserer getreuen allgemeinen Stände-Versammlung in Antrag gebrachten Vorbehalt einer besonderen Gesetzgebung über die Staats-Verhältnisse der Gemeinde-Beamten zweifelhaft werden könnte, so haben Wir diesem Vorbehalte Unsere Genehmigung nicht ertheilt und denselben in das Grundgesetz nicht aufnehmen lassen.«

Ziff. 9 enthält eine Änderung der Bestimmung des Entwurfs über den Einsatz des Militärs:

»Wenn Wir auch kein Bedenken haben, die Erklärung, daß das Heer, da es nicht aus geworbener Mannschaft besteht, sondern seine Ergänzung in Folge der allgemeinen Militairpflicht erhält, für ein Unserem Königreiche fremdes Interesse nicht verweigert werden soll, hiermit ausdrücklich zu erneuern, so hat doch die Betrachtung, daß es Fälle geben kann, wo der Grund, auf welchem das Interesse beruht, nicht zu Jedermanns Einsicht vorliegt und auch nicht zugleich bei den Vorbereitungen zu einem Kriege oder den zu dessen Abwendung nothwendigen Maßregeln erklärt werden kann, bei dem Heere selbst aber niemals Zweifel irgendeiner Art über dessen Verbindlichkeiten eintreten dürfen, Uns bewogen, daß Wir die von Unserer getreuen allgemeinen Stände-Versammlung in Antrag gebrachte Bestimmung über die Verwendung des Heeres in das Grundgesetz nicht haben aufnehmen lassen.«

Ziff. 10 enthält Einschränkungen der Bestimmungen des Gesetzentwurfs über die Provinziallandschaften:

»Den wegen der innern Organisation sowohl der Provinzial-Landschaften als der allgemeinen Stände-Versammlung gemachten Anträgen haben Wir, wenngleich sie in sonderheit in Hinsicht auf die Letztere mit Unseren Propositionen nicht übereinstimmten, Unsere landesherrliche Bestätigung nicht versagt, indem Wir die Überzeugung hegen, daß das was höher steht als jede äußere Form, der gute Geist und das Vertrauen die Stände jederzeit beseelen werden, um Nützliches zu bewirken. Dagegen ist die Bestimmung, daß die Regierung das Recht haben solle, wenn sie nöthig befindet, Commissarien zur Theilnahme an den ständischen Verhandlungen abzuordnen, vorzüglich nur aus Rücksicht auf den besonderen Antrag der allgemeinen Stände-Versammlung in das Grundgesetz aufgenommen worden; Wir halten es aber der Stellung Unserer Regierung durchaus nicht für angemessen, ihr auch damit zugleich dem Antrage Unserer getreuen Stände gemäß eine Verpflichtung aufzulegen, auf das Verlangen der Stände solche Commissarien absenden zu müssen. Wir haben daher den dieserhalb in Antrag gebrachten Zusatz nicht genehmigt und behalten vielmehr der Regierung allein vor, zu ermäßigen, ob und unter welchen Umständen dieselbe gerathen hält, landesherrliche Commissarien an den ständischen Verhandlungen, soweit solches überhaupt zulässig ist, Theil nehmen zu lassen.«

Ziff. 11 behandelt die Apanage des Kronprinzen:

»Da durch die für einen Kronprinzen auszusetzende Apanage für das standesmäßige Auskommen einer verwitweten Kronprinzessin nach Maßgabe des für Unser Königliches Haus zu erlassenden, zur Mitberathung Unserer getreuen Stände bald thunlichst zu bringenden Apanagen-Gesetzes nicht hinreichend gesorgt werden kann und daher nach Maßgabe der im Grundgesetze enthaltenen Bestimmung für das Auskommen einer verwitweten Kronprinzessin eben so wie für das Auskommen einer verwitweten Königinn jedesmal besonders gesorgt

Ziff. 12 enthält schließlich die Ablehnung einer Bestimmung über die Rechnungsprüfung der Generalkasse:

> »Hiernächst haben Wir bedenklich erachten müssen, den von Unserer getreuen allgemeinen Stände-Versammlung in Antrag gebrachten Zusatz, wonach den von den Ständen zur Prüfung der Rechnungen der General-Casse auf Lebenszeit zu erwählenden Commissarien die Erhaltung einer fortlaufenden Übersicht über den Gang des Staatshaushaltes mit aufgetragen werden solle, in seiner großen Allgemeinheit in das Grundgesetz aufnehmen zu lassen, weil es zuvörderst ein Gegenstand reiflicher Überlegungen seyn wird, ob und in welcher Maße eine Einrichtung dieser Art getroffen werden kann, ohne zu einer Einmischung in die Verwaltung Veranlassung zu geben, welche, wie von Unserer getreuen allgemeinen Stände-Versammlung selbst anerkannt worden, für das allgemeine Beste nur nachtheilig seyn würde.
> Bei dieser Lage der Sache haben Wir den hierauf gerichteten Zusatz in das Staats-Grundgesetz nicht aufnehmen lassen können.«

Ziff. 13 betrifft die Eidesleistung der Staatsdiener:

> »Wir haben ferner auf den Antrag Unserer getreuen Stände durch das Grundgesetz verordnet, daß der Diensteid der Civil-Staatsdienerschaft auf die getreuliche Beobachtung des Grundgesetzes ausgedehnt werde. Da Wir es indeß nicht angemessen finden, Unsere gesammte gegenwärtige Dienerschaft einen Diensteid nochmals ableisten zu lassen, so verweisen Wir dieselbe hiemit auf den von ihr bereits geleisteten Diensteid und erklären, daß sie in jedem Betrag so angesehen werden soll, als wäre sie auf die treue Beobachtung des Grundgesetzes ausdrücklich eidlich verpflichtet.«[149]

In Ziff. 14 findet sich die Begründung für die Aufnahme eines zusätzlichen Tatbestands für die Entlassung von Staatsdienern:

> »Endlich haben Wir es für angemessen erachtet, unter die im Grundgesetze angeführten Gründe, weshalb einer Unserer Civil-Staatsdiener zur Strafe gezogen oder selbst vom Dienste entlassen werden kann, auch grobes öffentliches Ärgerniß aufnehmen zu lassen, indem hiedurch das nothwendige Ansehen der Staatsdienerschaft, wie der öffentliche Dienst mehr als durch sonstige Vernachlässigungen oder Vergehen benachtheiligt werden könne.«

Es folgen Ausführungen zur Inkraftsetzung des Staatsgrundgesetzes:

> »Nachdem hienach die von Uns nothwendig erachteten Veränderungen des von Unserer getreuen allgemeinen Stände-Versammlung vorgelegten Gesetz-Entwurfes gemacht worden sind, so ertheilen Wir demselben nunmehr Unsere landesherrliche Bestätigung und befehlen, daß das auf solche Weise zu Stande gebrachte Grundgesetz Unseres Königreichs Hannover vom Tage der Verkündung an, und zwar soweit es dabei auf eine Abänderung verfassungsmäßig bestehender organischen Einrichtungen ankommt, nach Maßgabe der nach den Vorschriften des gegenwärtigen Grundgesetzes weiter zu treffenden Anordnungen und zu erlassenden gesetzlichen Vorschriften für alle Theile Unseres Königreichs in Kraft treten soll.
> Was aber die Finanzen anbetrifft, so sollen die dieserhalb vorgeschriebenen Grundsätze von dem Eintritte des neuen Rechnungsjahres mithin vom 1sten Julius 1834 an in Kraft treten und die förmliche Vereinigung Unserer landesherrlichen und der Landes-Casse zu einer einzigen General-Casse von diesem Zeitpuncte an Statt finden.

---

[149] Hann. GS 1833, S. 285.

> Übrigens verordnen Wir, um jede Ungewissheit über den bestehenden Rechtszustand zu vermeiden, hiemit noch ausdrücklich, daß die bisher bestehenden Gesetze, Anordnungen und Verfügungen der Behörden deshalb, weil die nunmehr vorgeschriebenen Formen bei denselben etwa nicht beobachtet sind, ihre Gültigkeit nicht verlieren sollen, sondern daß die Gültigkeit lediglich danach zu ermessen ist, was zu der Zeit ihrer Entlassung der Verfassung oder dem Herkommen gemäß war.«

II. Das Staatsgrundgesetz als »oktroyierte Verfassung«

Das Publikationspatent vom 26. September 1833 bestätigt nochmals die vom König während des gesamten Verfahrens zur Erarbeitung des Staatsgrundgesetzes eingenommene Rechtsposition. Der Monarch erachtet sich auf der Grundlage des Patents vom 7. Dezember 1819 als berechtigt, ein Gesetz – auch eine Verfassung – nach Beratung mit den Ständen einseitig zu erlassen. Der von der Ständeversammlung erarbeitete und ihm übermittelte Entwurf des Staatsgrundgesetzes wird als Antrag angesehen, der der Genehmigung bedarf und – sofern die Genehmigung nicht erfolgt – ggf. einseitig geändert (»modificirt«) werden kann. Diese Rechtsposition wird in den einzelnen Ziffern des Publikationspatents wiederholt, in denen zugleich begründet wird, warum der König von der Entwurfsfassung des Staatsgrundgesetzes abweicht. So ist schon in der Einleitung des Patents von den »nothwendig gefundenen Änderungen« die Rede. In Ziffer 1 sieht sich der König außerstande, dem Antrag der Stände »Folge zu geben«. In Ziffer 2 hält er es für notwendig, eine Änderung des Grundsystems »[…] gänzlich zu untersagen.« In Ziffer 4 erachtet es der König für erforderlich, einem beantragten Paragraphen eine »veränderte Fassung geben zu lassen«. Die gleiche Formulierung findet sich in den Ziffern 4 und 5. In Ziffer 6 heißt es, der König habe »das Nöthige in das Grundgesetz aufnehmen lassen«, um den Schutz der wohlerworbenen Rechte zu gewährleisten. In Ziffer 7 ist die Rede von der »Nothwendigkeit des von Uns angeordneten Zusatzes«. In Ziffer 8 wird begründet, warum der König einem Vorbehalt seine »Genehmigung nicht ertheilt« habe. Auch in Ziffer 9 begründet der König, warum er eine »in Antrag gebrachte Bestimmung« in das Grundgesetz nicht habe »aufnehmen lassen«. In Ziffer 10 wird begründet, warum ein beantragter Zusatz »nicht genehmigt« worden sei. In Ziffer 11 wird eine Änderung der Apanage des Kronprinzen damit begründet, dass »Wir es angemessen gehalten, dies bestimmt auszudrücken.« In Ziffer 12 findet sich wiederum die Wendung, dass »Wir den hierauf gerichteten Zusatz in das Staats-Grundgesetz nicht aufnehmen lassen können«. In Ziffer 13 wird dargelegt, warum eine Änderung hinsichtlich des Diensteides erfolgt sei. Die nochmalige Eidesleistung der Staatsdiener werde dadurch entbehrlich, dass ein früher geleisteter Diensteid auf die »treue Beobachtung des Grundgesetzes« erstreckt werde. In Ziffer 14 wird schließlich begründet, warum auch ein »grobes öffentliches Ärgerniß« von Staatsdienern zu ihrer Entlassung soll führen können.

Die vom König vorgenommenen Änderungen – seien es Weglassungen in Folge nicht erteilter Genehmigung oder für notwendig befundene Zusätze – belegen, dass er sich als Herr des Verfahrens gesehen hat und erst durch die Verkündung des Staatsgrundgesetzes ein Wandel der Verfassung eintreten würde. Zwar ist das Staatsgrundgesetz vom 26. September 1833 unter maßgeblicher Beteiligung der Ständeversammlung zustande gekommen, jedoch vom König in eigener Verantwortung und damit *einseitig* erlassen worden. Dass der Monarch sich bei diesem Akt der *Verfassungsgebung* auf dem Boden des Patents vom 7. Dezember 1819 bewegt hat, bedarf keiner erneuten Darlegung.[150]

Mit gleicher Eindeutigkeit kann ausgeschlossen werden, dass die als »Anträge« bezeichneten Vorschläge der Ständeversammlung im zivilrechtlichen Sinne als Anträge zu einem Vertragsschluss anzusehen sind und ihre Ablehnung bedeutet hätte, dass ein Vertrag insoweit nicht zustande gekommen wäre, bzw. die Ablehnung oder Änderung als Antrag des *Königs* zu begreifen gewesen wäre, der folgerichtig der Zustimmung der Ständeversammlung bedurft hätte, um die Verfassung als Vertrag zustande kommen zu lassen. Wie oben dargestellt,[151] hätte ein solches Verfahren eine Änderung des 6. Abschnitts des Patents von 1819 vorausgesetzt, der nur eine »Zuratheziehung« der Stände vorsah. Eine solche Änderung ist nicht erfolgt und nie beabsichtigt gewesen. Selbst unter der Hypothese, dass ein Verfahren vertraglicher (»paktierter«) Verfassungsgebung auch durch einen Vertrag zwischen Monarch und Ständen hätte vereinbart werden können, so gibt es hierfür nicht das geringste Anzeichen. Ein solcher »Vorvertrag« wäre aus der Sicht des Monarchen auch politisch überaus unklug gewesen, weil er sich damit in eine Abhängigkeit von den Ständen begeben hätte. Die vermehrten ständischen Rechte – Zustimmung zu Gesetzen statt bloßer »Zuratheziehung« – waren gerade das Kernstück des zu erarbeitenden Staatsgrundgesetzes und wären ohne erkennbare Gegenleistung vom König gewährt worden, wenn die Zustimmungsbedürftigkeit sich bereits auf das Staatsgrundgesetz selbst bezogen hätte.

An dieser Stelle wird deutlich, warum die »oktroyierten« und »paktierten« Verfassungen nur Idealtypen konstitutioneller Verfassungsgebung bezeichnen, nicht aber einander ausschließende Rechtsformen sind. Die Verfassungsurkunde für den preußischen Staat vom 5. Dezember 1848[152] ist ohne Beteiligung der Stände zustande gekommen und stellt damit eine idealtypische »oktroyierte« Verfassung dar.[153] Sofern die Stände an der Ausarbeitung von Verfassungen beteiligt worden sind – wie dies teilweise bei den frühkonstitutionellen Verfassungen Süddeutschlands der Fall war[154] –, kann hieraus nicht der Schluss gezogen werden, dass diese Verfassungen nicht einseitig hätten erlassen werden können. Vielmehr kommt es – wie im Fall des Hannoverschen Staatsgrundgesetzes – darauf an, auf welcher Rechtsgrundlage sich der Akt der Verfassungs*gebung* bewegte. Aus der Ausarbeitung einer Verfassung durch Ministerium *und* Stän-

---

[150] Vgl. oben S. 38 f.
[151] Vgl. oben S. 39.
[152] Pr. GS 1848, S. 375.
[153] Vgl. *E. R. Huber*, Deutsche Verfassungsgeschichte II, S. 763 f.
[154] Vgl. *E. R. Huber*, Deutsche Verfassungsgeschichte I, S. 318 f.

deversammlung kann nicht geschlossen werden, der König habe sein Letztentscheidungsrecht aufgegeben und den Ständen bereits eine gleichberechtigte Rechtsposition bei der Verfassungsgebung eingeräumt. Dass diese Rechtslage auch von den Ständen vorausgesetzt und anerkannt worden ist, ergibt sich nicht zuletzt aus dem Umstand, dass diese kein Zustimmungsrecht zu den vom König vorgenommenen Änderungen oder Ergänzungen reklamiert haben.[155]

III. Grundzüge des Staatsgrundgesetzes vom 26. September 1833

König *Wilhelm IV.* von Großbritannien und Hannover fertigte das Staatsgrundgesetz in der Fassung, die es durch die im Publikationspatent bezeichneten Änderungen erlangt hatte, am 26. September 1833 unter Gegenzeichnung des Ministers der Deutschen Kanzlei *Ludwig von Ompteda* aus. Es wurde am 9. Oktober 1833 in der Gesetz-Sammlung des Königreichs Hannover unter Nr. 24 verkündet und trat an diesem Tag in Kraft.[156]

Im Vergleich zu dem Patent von 1819 stellt das Staatsgrundgesetz eine Verfassung auf der Höhe des konstitutionellen Zeitalters dar, die die staatlichen Verhältnisse ordnete, einen Grundrechtsteil enthielt und die Befugnisse des Königs einschränkte. Zu einer Änderung der Verfassung war nach ihrer Bekanntmachung nicht mehr der Monarch allein berechtigt; er war vielmehr auf die Zustimmung der Stände angewiesen. Entsprechend heißt es in der Schlussbestimmung:

>»Alle dem gegenwärtigen Staats-Grundgesetze entgegenstehenden Gesetze und Einrichtungen werden hiemit aufgehoben und außer Kraft gesetzt, und es soll dagegen dies Gesetz überall zur Anwendung kommen.
>Abänderungen desselben können nur in Übereinstimmung des Königs und der allgemeinen Stände-Versammlung des Königreichs getroffen und nur in Folge eines, auf zwei nach einander folgenden Diäten gefassten gleichmäßigen Beschlusses angeordnet werden.
>Auch ist zu solchen Veränderungen, mögen sie von der Regierung oder von den Ständen in Antrag gebracht werden, jederzeit erforderlich, daß in jeder Cammer der Stände-Versammlung wenigstens die Anzahl von drei Viertel der zum regelmäßigen Erscheinen verpflichteten Mitglieder anwesend ist, und wenigstens zwei Drittel der Anwesenden für die Veränderung stimmen.«

Das Staatsgrundgesetz enthielt 165 in acht Kapitel unterteilte Paragraphen, nämlich

- Erstes Capitel: Allgemeine Bestimmungen (§§ 1–5),
- Zweites Capitel: Vom Könige, von der Thronfolge und der Regentschaft (§§ 6–26),
- Drittes Capitel: Von den Rechten und Pflichten der Unterthanen im Allgemeinen (§§ 27–41)
- Viertes Capitel: Von den Gemeinden und Körperschaften (§§ 42–56)
- Fünftes Capitel: Von den Verhältnissen der evangelischen und der römisch-katholischen Kirche zum Staate, von der Unterrichts-Anstalten, sowie von den zu wohlthätigen Zwecken bestimmten Fonds (§§ 57–71)
- Sechstes Capitel: Von den Landständen (§§ 72–121)

---

[155] Zur Dankesadresse des Landtags vom 17. Dezember 1837 vgl. unten S. 58.
[156] Hann. GS 1833, S. 286.

- Siebtes Capitel: Von den Finanzen (§§ 122–149)
- Achtes Capitel: Von den oberen Landesbehörden und der Staatsdienerschaft (§§ 150–165).

Nach § 1 Abs. 1 des Staatsgrundgesetzes (StGG) bildete das Königreich Hannover »unter der Souverainität des Königs ein in allen seinen Bestandtheilen durch dasselbe Grundgesetz verbundenes Ganzes«.

§ 2 StGG bestimmte das Verhältnis zum Deutschen Bund:

> »Das Königreich theilt in seiner Eigenschaft als Glied des deutschen Bundes alle aus diesem herfließenden Rechte und Verpflichtungen. Die Beschlüsse der Bundes-Versammlung werden für das Königreich verbindlich, sobald sie vom Könige verkündigt sind. Die Mittel zur Erfüllung der hierdurch begründeten Verbindlichkeiten werden unter verfassungsmäßiger Mitwirkung der Stände bestimmt.«

Nach § 3 Abs. 1 StGG war die Regierungsform des Königreichs die erblich-monarchische. § 3 Abs. 2 StGG verpflichtete den König zu der folgenden Eidesleistung:

> »Der König ertheilt dem Lande die feierliche Zusicherung, in der Ausübung Seiner Königlichen Rechte die Rechte Seiner Unterthanen, die Rechte der Gemeinden und Körperschaften im Königreiche, die Rechte der Kirchen, die Rechte der Provinzial-Landschaften und der allgemeinen Stände-Versammlung nach Maßgabe des gegenwärtigen Grundgesetzes ungeschmälert aufrecht zu erhalten und gegen alle Eingriffe zu schützen;
>
> die Anordnung der Finanzen des Königreiches und seiner einzelnen Provinzen nicht ohne die verfassungsmäßige Mitwirkung der Stände zu treffen;
> und bei der Einrichtung der Landes-Behörden, so wie bei der Bestallung der Staats-Dienerschaft dahin zu sehen, daß der öffentliche Dienst in allen Zweigen jederzeit verfassungsmäßig verwaltet wird, und seinen ungehinderten Fortgang zum Besten des Landes hat.«

§ 6 StGG hatte folgenden Wortlaut:

> »Der König als Oberhaupt des Staats vereinigt in sich die gesammte Staatsgewalt, und übt sie auf verfassungsmäßige Weise aus.
> Die Person des Königs ist heilig und unverletzlich.«

§ 7 StGG enthielt Bestimmungen über die auswärtigen Verhältnisse:

> »Der König vertritt das Königreich in allen Beziehungen zu dem deutschen Bunde, zu den einzelnen Bundesstaaten und in allen auswärtigen Verhältnissen. Er ordnet die Gesandtschaften und sonstigen Missionen an, schließt mit anderen Mächten Verträge und erwirbt dadurch Rechte für das Königreich, so wie Er dasselbe auch zur Erfüllung der vertragsmäßigen Verbindlichkeiten, und zwar für die Cap. VI. §.92. bezeichneten Fälle nach Maßgabe der daselbst getroffenen Bestimmungen verpflichtet.«

§ 8 Abs. 1 StGG bestimmte:

> »Ebenmäßig geht auch im Innern alle Regierungsgewalt von dem Könige aus, und wird durch die Landes-Behörden, diese mögen unmittelbar bestellt seyn oder nicht, vermöge der vom Könige verliehenen Gewalt ausgeübt.
> Kein Landesgesetz tritt in Gültigkeit, bevor es vom Könige verkündigt ist.
> Dem Könige steht vermöge der Staatsgewalt die Kirchenhoheit zu [...].
> Die bewaffnete Macht und deren Einrichtung, so wie alle sie betreffenden Anstellungen, Anordnungen und Befehle sind allein vom Könige abhängig.«

Nach § 9 StGG ging die Gerichtsbarkeit vom König aus und wurde durch die ordentlichen Gerichte ausgeübt, die unter seiner Aufsicht standen. Der König versprach, den Lauf der Rechtspflege nicht zu verschärfen; ihm stand aber das Recht der Begnadigung zu.

§ 11 StGG bestimmte die Thronfolge:

> »Die Krone des Königreichs Hannover vererbt ohne Theilung der Lande. Sie gebührt zunächst dem Mannesstamme des Königlichen Hauses aus rechtmäßiger, ebenbürtiger und hausgesetzlicher Ehe. Die Ordnung der Thronfolge wird durch Linear-Erbfolge nach dem Rechte der Erstgeburt bestimmt. Erlischt der Mannsstamm der jetzigen Königlichen Linie, so geht die Thronfolge nach Maßgabe der Hausgesetze auf den Mannsstamm der jetzigen herzoglich-braunschweig-wolfenbüttelschen Linie, und nach dessen Erlöschen auf die weibliche Linie über.«

§ 13 des Staatsgrundgesetzes lautete wie folgt:

> »Der König wird den Antritt Seiner Regierung durch ein Patent zur öffentlichen Kunde bringen, worauf nach den von Ihm für das ganze Land gleichmäßig zu ertheilenden Vorschriften die Huldigung erfolgt.
> Im Patente, welches in Urschrift unter des Königs Hand und Siegel demnächst im ständischen Archive niederzulegen ist, versichert der König bei Seinem Königlichen Worte die unverbrüchliche Festhaltung der Landes-Verfassung.«

Die §§ 14 bis 24 StGG enthalten eingehende Vorschriften über die Regentschaft, die für den Fall eintrat, dass der König entweder minderjährig oder sonst an der eigenen Ausübung der Regierung verhindert sein sollte (§ 14 StGG).

§ 26 StGG hatte folgenden Wortlaut:

> »Die inneren Verhältnisse des Königlichen Hauses werden vom Könige als Oberhaupt der Familie durch Hausgesetze bestimmt. Es soll jedoch das vom Könige zu erlassende und den allgemeinen Ständen mitzutheilende Hausgesetz, insoweit dasselbe die Erbfolge angeht, nicht ohne Zustimmung der Stände abgeändert werden.«

Das dritte Kapitel »Von den Rechten und Pflichten der Unterthanen im Allgemeinen« enthielt die Glaubens- und Gewissensfreiheit (§ 30), die Freiheit der Person und des Eigentums sowie das Verbot der Konfiskation des Vermögens (§ 33), den Grundsatz des *nulla poena sine lege* und die Garantie des gesetzlichen Richters (§ 34), den Schutz der wohlerworbenen Rechte (§ 38) und das Petitions- und Beschwerderecht (§ 39).

§ 40 StGG lautete:

> »Die Freiheit der Presse soll unter Beobachtung der gegen den Mißbrauch zu erlassenden Gesetze und der Bestimmungen des deutschen Bundes Statt finden. Bis zur Erlassung dieser Gesetze bleiben die bisherigen Vorschriften in Kraft.«

Nach § 41 StGG stand jedem Landeseinwohner das Recht zu, unter »Beobachtung der gesetzlichen Vorschriften über die Militairpflicht auszuwandern«.

Im vierten Kapitel »Von den Gemeinden und Körperschaften« finden sich Bestimmungen, die eine Trennung von Staat und Gemeinden bewirken. So durfte nach § 48 StGG das Vermögen und Einkommen der Gemeinden und ihrer Anstalten nie als Staatsvermögen behandelt oder zu den Staatseinnahmen geschlagen werden; auch konnten ihre Verbindlichkeiten den Staat nicht verpflichten. Nach § 49 StGG konnte keine Gemeinde mit Leistungen oder Aus-

III. Grundzüge des Staatsgrundgesetzes vom 26. September 1833   51

gaben beschwert werden, wozu sie nicht durch Gesetze oder andere Rechtstitel verbunden war.

§ 51 StGG beschränkte die »Oberaufsicht der Regierungsbehörde« auf die bestimmungsgemäße Verteilung und Verwendung der Gemeindeabgaben und deren rechtmäßige Erhebung.

Nach § 52 StGG konnten den Städten und Gemeinden auch die Besorgung von Landesangelegenheiten durch Gesetz Verfassung oder Herkommen oder von den höheren Behörden übertragen werden.

Durch § 54 StGG wurde die Selbstverwaltung der Landgemeinden gewährleistet:

> »Den Landgemeinden steht unter obrigkeitlicher Aufsicht (...) die eigene Verwaltung ihres Vermögens, die Regulirung ihrer übrigen inneren Gemeindeverhältnisse und der ihnen obliegenden Gemeindeabgaben und Leistungen, so wie eine Theilnahme an der Handhabung ihrer Flur- und Feldmarks-Polizei zu.
> Das Recht der Wahl ihrer Vertreter steht den Gemeinden jederzeit zu, jedoch sind selbige nicht auf Lebenszeit zu wählen.
> Auch sollen die Landgemeinden in der Regel das Recht haben, ihre Gemeinde-Beamte unter Vorbehalt obrigkeitlicher Bestätigung zu wählen. Ausnahmen von dieser Regel können sowohl auf den Grund bestehender Berechtigungen, als besonderer Verhältnisse in den Gemeinden Statt finden.«

Durch die staatskirchenrechtlichen Bestimmungen des fünften Kapitels wurde den Mitgliedern der evangelischen und der römisch-katholischen Kirche die freie Religionsausübung zugesichert (§ 57 StGG). Die Kirchenhoheit über beide Kirchen gebührte dem König (§ 58 StGG). Die Anordnung der inneren geistlichen Angelegenheiten blieb der in der Verfassung jeder dieser beiden Kirchen gegründeten Kirchengewalt überlassen (§ 59 StGG).

§ 68 Abs. 1 StGG enthielt eine Garantie des Kirchenvermögens, wobei die Bestimmungen des Reichsdeputationshauptschlusses vorbehalten blieben. Nach § 70 Abs. 1 StGG sollte für die »Erhaltung und Vervollkommnung der Landesuniversität und der übrigen öffentlichen Unterrichtsanstalten jeder Art […] stets nach Kräften gesorgt werden«. § 71 StGG bestimmte, dass das Vermögen des Klosterfonds von den übrigen Staatskassen getrennt bleiben solle und allein zu den erforderlichen Zuschüssen an die Landesuniversität, an die Kirchen und Schulen und zu wohltätigen Zwecken aller Art verwandt werden dürfte.

Im sechsten Kapitel »Von den Landständen« wurde durch § 72 StGG bestimmt:

> »Für die einzelnen Provinzen des Königreichs sollen Provinziallandschaften, für das ganze Königreich aber eine allgemeine Stände-Versammlung bestehen.«

In § 73 StGG wurden die sieben Provinzen aufgeführt, in denen jeweils eine Provinziallandschaft bestehen sollte. Diese waren in zwei Kurien gegliedert, denen die gleichen Rechte und Befugnisse zustehen sollten (§ 75 Abs. 1 StGG). Die erste Kurie sollte aus den Prälaten und den Mitgliedern der Ritterschaft, die zweite Kurie aus den Deputierten der Städte und Flecken und der nicht zur Ritterschaft gehörigen Grundbesitzer bestehen (§ 75 Abs. 2 und 3 StGG). Unter besonderen Voraussetzungen sollte es drei Kurien geben (§ 75 Abs. 3 StGG).

§ 76 StGG hatte folgenden Wortlaut:

»Auf den Provinzial-Landtagen sollen die vorkommenden Angelegenheiten und die zu machenden Anträge in voller Versammlung aller Stände vorgetragen und berathen, sodann aber soll, ohne eine nochmalige Berathung in den Curien auszuschließen, nach Curien abgestimmt und beschlossen werden.«

Für die Kompetenzen der Provinziallandschaften bestimmte § 79 StGG:

»Die Zustimmung der Provinzial-Landschaften soll erforderlich seyn, zu allen provinziellen Abgaben und Leistungen und zu dem wesentlichen Inhalte aller lediglich die speciellen Verhältnisse der Provinz betreffenden Provinzial-Gesetze, in so weit solche nicht allein die Ausführung und Handhabung bestehender Gesetze oder die Erlassung vorübergehender Verfügungen bezwecken oder in Anordnungen der Sicherheits- oder Gesundheits-Polizei bestehen.
Bei der Verkündigung solcher Provinzial-Gesetze ist die Zustimmung der Provinzial-Landschaft zu erwähnen.
Diejenigen bestehenden Provinzial-Gesetze, zu deren Erlassung die Zustimmung der Landschaften erforderlich seyn würde, können nur mit Zustimmung der betreffenden Landschaft aufgehoben, abgeändert oder authentisch interpretirt werden, insofern deren Aufhebung oder Abänderung nicht Folge verfassungsmäßig erlassener allgemeiner Landes-Gesetze ist.«

Für die allgemeine Ständeversammlung bestimmte § 83 StGG, sie sei berufen, »die grundgesetzlichen Rechte des Landes zu vertreten und dessen dauerndes Wohl möglichst zu befördern.«

§ 85 StGG hatte folgenden Wortlaut:

»Gesetze, welche das ganze Königreich oder den Bezirk mehrerer Provinzial-Landschaften betreffen, ohne sich lediglich auf specielle Verhältnisse der Provinzen zu beschränken, können nur mit Zustimmung der allgemeinen Stände-Versammlung erlassen, aufgehoben, abgeändert oder authentisch interpretirt werden.
Beschließen die Stände Abänderungen des ihnen vorgelegten Gesetzentwurfes, so kann die Landesregierung denselben ganz zurücknehmen.
Das Recht der ständischen Zustimmung bezieht sich auf den ganzen wesentlichen Inhalt des Gesetzes; dagegen bleibt der Landesregierung überlassen, dasselbe in Übereinstimmung mit den beschlossenen Grundsätzen näher zu bearbeiten und zu erlassen.
Im Eingange des Gesetzes ist die erfolgte verfassungsmäßige Zustimmung der Stände zu erwähnen.«

Ausgenommen von der Mitwirkung der Stände sollten diejenigen Verfügungen sein, die der König über das Heer, dessen Formation, Disziplin und den Dienst überhaupt erlasse (§ 86 Abs. 1 StGG).

Nach § 87 Abs. 2 StGG kam der Landesregierung ein Notverordnungsrecht zu:

»Außerordentliche, ihrer Natur nach der ständischen Zustimmung bedürfende, aber durch das Staatswohl, die Sicherheit des Landes oder die Erhaltung der ernstlich bedrohten Ordnung dringend gebotene gesetzliche Verfügungen, deren Zweck durch die Verzögerung vereitelt werden würde, gehen von der Landesregierung allein aus.
Solche eilige gesetzliche Verfügungen, welche jedoch eine Abänderung im Staats-Grundgesetze nicht enthalten dürfen, müssen im Gesammt-Ministerio beschlossen werden, und ist, daß dieses geschehen, in denselben auszudrücken.
Auch sind solche den Ständen zur Mitwirkung bei ihrer nächsten Zusammenkunft vorzulegen; und falls während derselben die verfassungsmäßige Zustimmung nicht erfolgt, wieder aufzuheben.«

III. Grundzüge des Staatsgrundgesetzes vom 26. September 1833

§ 88 StGG hatte folgenden Wortlaut:

»Gesetzentwürfe gelangen von Seiten der Regierung an die Stände; jedoch haben auch diese das Recht, auf Erlassung neuer oder abändernder Gesetze sowohl überhaupt anzutragen, als zu dem Ende Gesetzentwürfe vorzulegen.«

Nach § 93 StGG bestand die Ständeversammlung aus zwei Kammern, deren Rechte und Befugnisse gleich seien. Die Zusammensetzung der Kammern wurde durch § 94 StGG (Erste Kammer) und § 98 StGG (Zweite Kammer) bestimmt. Die Erste Kammer setzte sich aus den Fürsten, Prälaten und Vertretern der Ritterschaft zusammen. Die Zweite Kammer bestand aus den von den Städten und Korporationen gewählten Mitgliedern sowie 38 Deputierten Grundbesitzer, aus den Freien und aus dem Bauernstand. Für sämtliche Deputierten war ein bestimmtes Jahreseinkommen festgelegt.«

§ 107 StGG lautete:

»Sämmtliche Mitglieder der Stände-Versammlung haben sich als Repräsentanten des ganzen Königreichs anzusehen, und dürfen sich nicht durch eine bestimmte Instruction des Standes oder der Gemeinde, von denen sie gewählt sind, binden lassen.«

§ 110 StGG bestimmte, dass kein Mitglied wegen einer in der Versammlung geschehenen Äußerung gerichtlich in Anspruch genommen werden solle. Nach § 111 StGG sollte kein Mitglied während der Dauer der Landtags-Versammlung mit persönlichem Arrest belegt werden, es sei denn, »daß die Gerichte in dem Falle eines schweren Criminalverbrechens eine schleunige Verhaftung nothwendig finden sollten, welcher Fall jedoch den Cammern ohne Aufschub anzuzeigen ist.«

§ 115 StGG bestimmte:

»Die Cammern haben das Recht, unter den im Reglement enthaltenen Bestimmungen und Ausnahmen zu ihren Sitzungen und Verhandlungen Zuhörer zuzulassen.«

§ 116 StGG lautete:

»Die Dauer eines Landtags ist auf sechs Jahre festgesetzt. Jedoch hangt es von dem Könige ab, die Versammlung auch früher zu jeder Zeit aufzulösen und eine neue anzusetzen, auch zum Behufe derselben neue Wahlen von Deputirten auszuschreiben.«

Nach § 118 StGG sollte jedes Jahr eine Versammlung der allgemeinen Stände gehalten werden.

§ 119 bestimmte:

»Der König oder in dessen Auftrag das Ministerium können die Stände-Versammlung zu jeder Zeit vertagen. Jede Cammer derselben kann sich vertagen, jedoch auf mehr als drei Tage nur unter Genehmigung des Ministerii.«

Im siebten Kapitel »Von den Finanzen« findet sich in § 122 zunächst eine Beschreibung des Krongutes:

»Sämmtliche zu dem Königlichen Domanio gehörenden Gegenstände, namentlich Schlösser, Gärten, Güter, Gefälle, Forsten, Bergwerke, Salinen und Activ-Capitalien machen das seinem Gesammtbestande nach stets zu erhaltende Krongut aus. Dem Könige und dessen Nachfolgern an der Regierung verbleiben unter den nachfolgenden Bestimmungen alle diejenigen Rechte, welche dem Landesherrn daran bis dahin zugestanden haben.«

Die folgenden Paragraphen enthalten nähere Bestimmungen über das Krongut, insbesondere bestimmt § 129 StGG:

> »Die zur Dotation der Krone ausgeschiedenen Teile des Kronguts dürfen niemals verpfändet und nur unter Contrasignatur eines verantwortlichen Ministers und unter Beachtung der in § 123. enthaltenen Bestimmungen veräußert werden.«

§ 130 lautete:

> »Die aus der Dotation der Krone zu bestreitenden Ausgaben sind die Kosten der Hofetats, des Marstalls, die Besoldungen und Pensionen der Hofdienerschaft, die Kosten des Hoftheaters, die gewöhnliche Unterhaltung der Königlichen Schlösser und Gärten und die Kosten des Königlichen Guelphenordens.
> Dagegen sind unter den Ausgaben der Krondotation nicht begriffen die Kosten der Erbauung oder Acquisition und der ersten Einrichtung Königlicher Schlösser oder ganzer Abtheilungen derselben; vielmehr erfordern dergleichen Kosten, im Fall des Bedürfnisses, auf den Antrag des Königs die Bewilligung der allgemeinen Stände-Versammlung.«

Die zentrale Bestimmung des siebten Kapitels stellte § 133 StGG dar:

> »Alle aus dem Krongute und aus den Regalien aufkommenden Einnahmen, mit alleiniger Ausnahme der der unmittelbaren Administration des Königlichen Hauses vorbehaltenen Güter, sollen mit den Landesabgaben, Chausseegeldern und Sporteln in eine einzige General-Casse fließen, aus welcher Casse alle Ausgaben bestritten werden, sofern dieselben nicht auf der Krondotation ruhen.«

§ 139 StGG lautete:

> »Über die Ausgaben, welche die Verwaltung des Landes und dessen sonstige, aus der General-Casse zu bestreitenden Bedürfnisse erforderlich machen, soll der allgemeinen Stände-Versammlung jährlich ein nach den Hauptausgabezweigen aufgestelltes Budget vorgelegt und mit den nöthigen auf Antrag der Stände zu vervollständigen Etats und Erläuterungen begleitet werden.«

§ 140 Abs. 1 StGG hatte folgenden Wortlaut:

> »Die allgemeine Stände-Versammlung hat die Verpflichtung, für die Deckung der für den öffentlichen Dienst nothwendigen Ausgaben in so weit zu sorgen, als sie aus den Einkünften des Kronguts und der Regalien nicht bestritten werden können. Dagegen steht ihr das Recht zu, das Budget zu prüfen und zu bewilligen.«

Über die Rechnungsprüfung bestimmte § 149:

> »Die Rechnungen der General-Casse und aller dazu gehörenden Neben-Cassen sollen der allgemeinen Stände-Versammlung zur Einsicht vorgelegt werden. Diese hat alsdann aus ihrer Mitte eine Commission zu erwählen, welche diese Rechnungen zu prüfen und der allgemeinen Stände-Versammlung darüber Bericht zu erstatten hat, ob die Einnahmen gehörig erhoben und zu keinen anderen Zwecken, als den Ausgaben, zu denen sie bestimmt worden, verwandt sind. Zu diesem Zweck sollen der Commission die etwa erforderlichen Erläuterungen und die Belege auf Begehren mitgetheilt werden.
> Auch hat die allgemeine Stände-Versammlung das Recht, zur Prüfung der Rechnungen Commissarien auf Lebenszeit zu ernennen, die sodann als solche in der Cammer, welche sie erwählt hat, Sitz und Stimme haben.
> Ausgaben zu geheimen Verhandlungen, rücksichtlich deren eine Nachforschung von Seiten der Stände nicht Statt finden darf, können nicht anders in Rechnung gebracht werden, als wenn diese Ausgaben durch eine von dem Könige und sämmtlichen Mitgliedern des Ministerii zu unterzeichnende Verfügung als zu Landes-Zwecken nothwendig bezeichnet werden.«

III. Grundzüge des Staatsgrundgesetzes vom 26. September 1833

Nach § 150 Abs. 1 StGG wurde die oberste Leitung der Regierung von einem Ministerium wahrgenommen, dessen Mitglieder der König nach eigener Wahl ernennen und nach Gefallen entlassen konnte.

§ 151 StGG hatte folgenden Wortlaut:

»Alle vom Könige, oder dessen Stellvertreter ausgehenden Verfügungen bedürfen zu ihrer Gültigkeit der Contrasignatur des Ministers oder Vorstandes des betreffenden Ministerialdepartements.
Jeder Minister oder Vorstand eines Ministerialdepartements ist aber dem Könige und dem Lande dafür verantwortlich, daß keine von ihm contrasignirte, ausgegangene oder unterschriebene Verfügung eine Verletzung des Staats-Grundgesetzes enthalte.
Die allgemeine Stände-Versammlung ist befugt, diese Verantwortlichkeit durch Beschwerde, außerdem aber wegen absichtlicher Verletzung des Staats-Grundgesetzes mittelst einer förmlichen Anklage gegen den Minister oder Vorstand eines Ministeraldepartements geltend zu machen.«

§ 152 StGG lautete:

»Zur Untersuchung und Entscheidung über eine solche förmliche Anklage ist ausschließlich das Ober-Appellationsgericht in Plenar-Versammlung competent. Die Stände-Versammlung muß dem Könige 4 Wochen vor Anstellung der Anklage von derselben Anzeige machen. Die Anklage selbst wird von Seiten der Stände unmittelbar an das Gericht gebracht. Der König verspricht, eine von der Stände-Versammlung beschlossene Anklage nie zu hindern.
Die Entscheidung des Gerichts kann nur dahin gehen, daß der Angeschuldigte der absichtlichen Verletzung des Staats-Grundgesetzes, deren er angeklagt worden, schuldig sey oder nicht. Im ersteren Falle ist er durch den Ausspruch des Gerichts von selbst seiner Stelle verlustig, und kann in einem andern Amte nicht wieder angestellt werden.
Gegen die Entscheidungen des Gerichts in solchen Fällen finden überall keine Rechtsmittel Statt; auch sind die Abolition und die Begnadigung gänzlich ausgeschlossen.
Die Urtheile über solche Anklagen werden mit ihren Entscheidungsgründen durch den Druck öffentlich bekannt gemacht.
Hinsichtlich der gemeinrechtlichen Folgen behält es bei der ordentlichen Rechts- und Gerichtsverfassung sein Bewenden.«

Ein Vergleich des Staatsgrundgesetzes mit dem Patent von 1819 ergibt wesentliche Unterschiede, die auf das Fortschreiten der konstitutionellen Bewegung zurückzuführen sind. Erstmals in der Geschichte Hannovers wurden durch das Staatsgrundgesetz die Rechte des Monarchen schriftlich niedergelegt. Das Patent von 1819 hatte diese Rechte noch stillschweigend vorausgesetzt; sie waren Restbestände des Spätabsolutismus. Auch nach dem Staatsgrundgesetz war der König Träger der Staatsgewalt – sowohl in auswärtigen Angelegenheiten (§ 7 StGG) als auch in der inneren Verwaltung (§ 8 StGG). Gleiches galt für die Gerichtsbarkeit, die unter Aufsicht des Königs ausgeübt wurde (§ 9 StGG). In der Ausübung dieser Rechte war der König jedoch an die Verfassung gebunden, was er feierlich zuzusichern hatte (§ 3 StGG). Da die Person des Königs heilig und unverletzlich war (§ 6 Abs. 2 StGG), seine Verfügungen der Gegenzeichnung eines Ministers bedurften (§ 151 Abs. 1 StGG) und diese dem Land für die Einhaltung des Staatsgrundgesetzes verantwortlich waren (§ 151 Abs. 2 StGG) – gegebenenfalls wegen Verletzung des Grundgesetzes angeklagt werden konnten (§ 151 Abs. 3 StGG) –, bestand eine mittelbare Verantwortlichkeit des Königs gegenüber der Ständeversammlung. Durch die für alle Regierungsakte erforderliche Gegenzeichnung war der König auf das Einverständnis des zuständigen Ministers angewiesen, konnte die Minister allerdings jederzeit entlassen (§ 150 StGG).

Eine grundlegende Änderung bewirkte das Staatsgrundgesetz gegenüber der bisherigen Verfassung durch die Einführung einer »General-Casse«, die unter der Kontrolle der Stände stand (§§ 139, 144, 149 StGG). Dem König wurden Krondotationen zugewiesen, deren Erhöhung die Zustimmung der Stände erforderte. Im Unterschied zu dem Patent von 1819 kam den Ständen nicht nur das Recht der Steuerbewilligung, sondern ein Budgetrecht zu, das ein Prüfungs- und Kontrollrecht einschloss (§§ 139, 140 StGG).

Das Zwei-Kammer-System der Verfassung von 1819 wurde beibehalten. Die Deputierten der Ritterschaft gehörten der Ersten Kammer an. Der Bauernstand war in der Zweiten Kammer mit 38 Deputierten vertreten (§ 98 Ziff. 7 StGG).

Die bedeutendste Neuerung des Staatsgrundgesetzes gegenüber dem Patent von 1819 lag darin, dass die Stände bei der Gesetzgebung nicht länger auf eine beratende Funktion beschränkt waren, ihnen vielmehr eine Teilhabe an der Gesetzgebung eingeräumt wurde. Gesetze konnten fernerhin nur mit Zustimmung der allgemeinen Ständeversammlung erlassen, aufgehoben, abgeändert und authentisch interpretiert werden (§ 85 StGG). Im Unterschied zum Patent von 1819 stand den Ständen auch das Initiativrecht zu (§ 88 StGG). Die Verwaltung war dem Einfluss der Stände dagegen weitgehend entzogen; allerdings hatten die Stände das Recht, dem König oder dem Ministerium Beschwerden über Mängel oder Missbräuche in der Verwaltung vorzutragen (§ 90 StGG).

Endlich fand auch das Verhältnis der allgemeinen Ständeversammlung zu den Provinziallandständen eine Regelung. § 72 StGG garantierte ausdrücklich den Bestand der Provinziallandschaften. Sofern bis dahin keine Provinziallandschaften existierten, sollten solche geschaffen werden (§ 74 StGG). Die Provinziallandschaften waren für alle Gegenstände zuständig, die durch das Staatsgrundgesetz nicht der allgemeinen Ständeversammlung übertragen worden waren (§ 78 StGG). Insoweit blieb es bei der in § 6 des Patents von 1819 bestimmten Zuständigkeitsabgrenzung.

In Anlehnung an die süddeutschen Verfassungen enthielt das Staatsgrundgesetz einen Abschnitt über die Rechte der Untertanen. Es handelte sich – wie bei der Verfassung insgesamt – um vom Monarchen verliehene Rechte, die zugleich eine Selbstbeschränkung seiner umfassenden Staatsgewalt bedeuteten, nicht um die Gewährleistung natürlicher Freiheiten.[157] Allen Landeseinwohnern wurde die Glaubens- und Gewissensfreiheit gewährt (§ 30 StGG). Die (vorbehaltlose) öffentliche Religionsausübungsfreiheit wurde jedoch nur den Mitgliedern der evangelischen und der römisch-katholischen Kirche zugesichert (§ 57 StGG). Die Freiheit der Person und des Eigentums wurde gewährleistet (§ 33 StGG), ebenso wie der Schutz vor willkürlicher Verfolgung und Verhaftung (§ 34 StGG).

---

[157] Zum Unterschied zwischen der Idee allgemein *angeborener* Menschenrechte und der Idee staatlich *verliehener* Bürgerrechte vgl. *E. R. Huber*, Deutsche Verfassungsgeschichte III, S. 101; *J. Ipsen*, Grundzüge einer Grundrechtsdogmatik, Der Staat 52 (2013), S. 269.

Durch § 39 StGG wurde den Untertanen ein Petitionsrecht an den König, die allgemeine Ständeversammlung und die Landesbehörden gewährt. Die Pressefreiheit sollte »Statt finden«, war aber durch die Bestimmungen des Deutschen Bundes eingeschränkt (§ 40 StGG). Schließlich wurde das Recht zur Auswanderung gewährleistet (§ 41 StGG).

Mit dem Staatsgrundgesetz vom 26. September 1833 trat das Königreich Hannover in die Reihe der konstitutionellen Staaten ein. Die Verfassung räumte den Ständen weitgehende Mitwirkungsrechte ein, bestätigte aber das monarchische Prinzip dadurch, dass alle Staatsgewalt vom König ausging und trug damit Art. 57 WSA Rechnung. Durch das für den Konstitutionalismus typische Erfordernis der Gegenzeichnung wurde der König von seinem Ministerium abhängig; dessen Akte wiederum unterlagen der Kontrolle der Stände mit der möglichen Konsequenz einer Ministeranklage. Eine wesentliche Einschränkung der monarchischen Befugnisse ergab sich aus der Beteiligung der Stände an der Gesetzgebung, einschließlich der Zustimmungsbedürftigkeit des Budgets. Eine noch einschneidendere Änderung bedeutete die Einführung einer – der britischen Zivilliste entsprechenden – Krondotation und einer allgemeinen Landeskasse unter Kontrolle der Stände.

Trotz des durch § 107 StGG begründeten freien Mandats und der Bestimmung, dass sämtliche Mitglieder der Ständeversammlung sich als »Repräsentanten des ganzen Königreichs anzusehen« hätten, handelte es sich nicht um eine Repräsentativverfassung im Sinne der *Gentz*'schen Definition.[158] Für die Erste Kammer konnte dies ohnehin nicht gelten, weil deren Mitglieder – Adel, Prälaten, Deputierte der Ritterschaft – ihre Mitgliedschaft in der Kammer ihrer Geburt oder ihrem Amt verdankten. Die Mitglieder der Zweiten Kammer wurden zwar gewählt, jedoch von den jeweiligen Wahlkörperschaften, nämlich den Magistraten der Städte bzw. den Organen der anderen Korporationen. Dies galt auch für die 38 Deputierten aus den »Freien und dem Bauernstand«, die auf die einzelnen Fürstentümer aufgeteilt waren. Das Staatsgrundgesetz stellte deshalb eine im eigentlichen Sinne »landständische Verfassung« dar, wie sie sich auch bei konservativer Auslegung des Art. 13 der Deutschen Bundesakte ergeben haben würde. Das monarchische Prinzip (Art. 57 WSA) blieb unberührt, weil die gesamte Staatsgewalt im Monarchen vereinigt blieb und dieser nur »in Ausübung bestimmter Rechte« an die Mitwirkung der Stände gebunden war.

Das Grundgesetz des Königreichs – so die Bezeichnung des Staatsgrundgesetzes in der Gesetzessammlung – ist vom 9. Oktober 1833 – dem Tag der Verkündung – bis zum 4. November 1837 – dem Tag der Verkündung seiner Aufhebung – in Geltung gewesen. Während dieses Zeitraums haben die Kammern vier Jahresbudgets beschlossen und einer Unzahl von Gesetzen zugestimmt, ohne dass deren verfassungsrechtliche Grundlage angezweifelt worden wäre. Von *Georg von Schele*, der als Mitglied der Ständischen Kommission und der Ersten Kammer an den Beratungen beteiligt war, und den Eid auf die Verfassung geleistet hatte, ist keine Rechtsverwahrung oder irgendwie geartete Infragestel-

---

[158] Vgl. hierzu *E. R. Huber*, Deutsche Verfassungsgeschichte I, S. 643 f.

lung der Rechtsgültigkeit des Staatsgrundgesetzes bekannt geworden. Vielmehr beschloss die Ständeversammlung unter seiner Mitwirkung am 17. Dezember 1833 die folgende, an den König gerichtete Dankadresse:

> »Gewohnt, in der festen und väterlichen Gesinnung Ew. Königlichen Majestät die sicherste Bürgschaft für Alles zu finden, was dem Wohle des Vaterlandes frommen kann, fühlen die getreuen Stände des Königreichs auch jetzt die heilige Verpflichtung, Ew. Königlichen Majestät den Dank darzubringen, welcher die Herzen Allerhöchst Ihrer getreuen Unterthanen erfüllt, bei dem neuen Beweise Königlicher Huld, den die Verkündigung des von Ew. Königlichen Majestät am 26. September d.J. vollzogenen Staatsgrundgesetzes ihnen gegeben hat. Ehrfurchtsvoll und dankbar haben die getreuen Stände jenes wichtige inhaltsschwere Gesetz empfangen, durch welches sie selbst zum erstenmale hier versammelt sind. Rechte, die so alt sind wie das Band, das Ew. Königliche Majestät erhabenes Haus und die getreuen Bewohner dieses Landes vereinigt, Rechte, unter deren Schutz Fürsten und Völker in guten und bösen Tagen treu zusammengehalten, sind durch dasselbe neu begründet und aus dem Schwanken der letzten Jahrzehende ist durch Ew. Königliche Majestät eine feste Verfassung hervorgerufen. – Sind auch nicht alle von den Vertretern des Landes ausgesprochenen Wünsche erfüllt; das Land und die getreuen Stände schätzen darum diejenigen Wohlthaten nicht minder, welche sie allein der ruhmwürdigen Festlichkeit verdanken, mit der Ew. Königliche Majestät das gegebene Wort gelöset. Unterschütterlich bauend auf Ew. Königlichen Majestät Entschluß die ertheilten Zusagen offen und redlich zu erfüllen, nehmen auch die getreuen Stände dieses Staatsgrundgesetz, welches von Ew. Königlichen Majestät publicirt worden, als Grundlage des Staats, und werden nichts versäumen, was denselben festen Bestand sichern kann. In dieser Gesinnung frohen Dankes erkennen die getreuen Stände aber zugleich die Verpflichtung, einträchtig und kräftig zu allem demjenigen mitzuwirken, was dem Staatsgrundgesetze dauernde Kraft und Leben verleihen kann, und so wagen sie den ehrfurchtsvollen Wunsch auszusprechen, dass es Ew. Königlichen Majestät gelingen möge, durch weise Gesetzgebung im Geiste des Staatsgrundgesetzes in diesem Lande den Segen dauerhaft zu begründen, der gesetzliche Ordnung den Völkern gewährt; und in der Blüthe des Landes und der Liebe seiner Bewohner das herrlichste und unvergänglichste Denkmal Allerhöchst Ihrer väterlichen Regierung zu begründen.«[159]

Insgeheim allerdings lehnte *Schele* das Staatsgrundgesetz und das mit ihm eingeführte konstitutionelle Regierungssystem ab und sah an der Jahreswende 1835/1836 die reale Möglichkeit, die hannoversche Verfassung zu beseitigen. Dass mit seiner Hilfe ein Monarch, der die Rückkehr zu einer spätabsolutistischen Herrschaftsform anstrebte, dies gerade mit der fehlenden Zustimmung der Stände begründete, darf als verfassungshistorisches Kuriosum bewertet werden.

---

[159] Actenstücke der fünften allgemeinen Ständeversammlung des Königreichs Hannover, Erste Diät, Hann. 1834, S. 329; abgedr. bei *H. A. Oppermann*, Zur Geschichte des Königreichs Hannover I, S. 363 f.

VIERTES KAPITEL
DIE VORBEREITUNG DES STAATSSTREICHS

I. Erste Begegnung des Herzogs von Cumberland mit Schele – das »Pro Memoria«

Die Fokussierung auf das königliche Patent vom 1. November 1837[160], mit dem das Staatsgrundgesetz »von jetzt an [für] erloschen« erklärt worden ist, verstellt den Blick dafür, dass der Staatsstreich von langer Hand her vorbereitet wurde. Entscheidende Bedeutung für die im Jahr 1837 ergriffenen Maßnahmen hatte ein Besuch des Herzogs von Cumberland im Königreich Hannover im November/Dezember 1835. Auf Einladung des Grafen *Münster* verbrachte er einige Tage auf dessen Schloss in Derneburg und traf sich dort mit Vertretern des hannoverschen Adels. Er dürfte bei dieser Begegnung aus seiner Ablehnung des Staatsgrundgesetzes keinen Hehl gemacht und bereits nach Wegen gesucht haben, es zu beseitigen. *Friedrich von der Decken*[161], der selbst Mitglied der Verfassungskommission für die Erste Kammer gewesen war, empfahl *Georg von Schele* als rechtskundigen Berater des zukünftigen Königs. *Schele* – ein Neffe Graf *Münsters* – war bei dieser Begegnung nicht anwesend. Nach der Darstellung von *Willis* kam eine Begegnung zwischen dem Thronfolger und *Schele* erst am 2. oder 3. Dezember 1835 zustande.[162]

Die Begegnung des Thronfolgers mit *Schele* ist der Ausgangspunkt des mit dem Antrittspatent vom 5. Juli 1837 ins Werk gesetzten und mit dem Patent vom 1. November vollendeten Staatsstreichs. *Schele* erhielt vom Herzog von Cumberland den Auftrag, eine Art Gutachten zu erstellen und ein Szenario für die nach der Thronbesteigung zu ergreifenden Maßnahmen zu entwickeln. Mit Datum vom 8. Januar 1836 sandte er an den Herzog von Cumberland ein »Pro Memoria«[163], das mit den folgenden Worten beginnt:

> »Ew. Königl. Hoheit gnädigstem Befehl gemäß, habe ich es versucht, die Frage zu prüfen:
> Ob das Grundgesetz des Königreiches Hannover vom 26.tn Septbr. 1833. auf einem rechtlichen Fundamente beruhe? Diese Frage ist von Interesse, sowohl für

---

[160] Hann. GS 1837, S. 103.
[161] *Johann Friedrich Graf von der Decken* (1769–1840) war Offizier (Generalfeldzeugmeister) in hannoverschen Diensten und seit 1819 (gewähltes) Mitglied der Ersten Kammer. 1839 wurde er vom König in den neu gegründeten Staatsrat berufen.
[162] So *G. M. Willis*, Ernst August, König von Hannover, S. 113.
[163] Staatsarchiv Hannover, Hann. Dep. 103 VII Nr. 8, S. 217 r ff. Das »Unterthänigste Pro Memoria« *Scheles* ist als Beilage I der »Geschichte des Königreichs Hannover« von *Wilhelm von Hassell*, Erster Teil, 1898, abgedruckt. Es ist die einzige Quelle der konspirativen Vorbereitung des Staatsstreichs, die veröffentlicht worden ist. Der umfangreiche Schriftwechsel vom Januar 1836 bis zum Juni 1837 ist allein aus dem Nachlass *Scheles* bzw. dem Hausarchiv des Hauses Hannover zu rekonstruieren.

diejenigen, die Anhänger des Grundgesetzes sind als für dessen Gegner. Einen unsicheren Verfassungs-Zustand, kann kein Theil wünschen.«

In dem Pro Memoria wird ausgeführt, dass das Staatsgrundgesetz von 1833 wegen fehlender Zustimmung der Stände nicht wirksam sei und daraus gefolgert:

»Wenn hiernach, und aus anderen Gründen, Sr. K. Hoh. Nicht entschlossen seyn sollte, das Grundgesetz nicht bestehen zu lassen; so würde statt des in §. 13 dieses Gesetzes erwähnten Reg.Antritts-Patents ein anderes K. Patent erlassen werden müssen. Es fragt sich zuerst: ob es zweckmäßiger seyn werde [...] sogleich beim Reg.Antritt, die Aufhebung des Grundgesetzes, in obgedachter Art auszusprechen, oder zuerst nur zu erklären: der König behalte Sich die Prüfung des Grundgesetzes und Seine Erklärung über dessen Annahme vor.
Ersteres erscheint ratsamer, weil:
1) es dann als zweifelloß in der Ansicht des Königs erscheint, daß das Grundgesetz, nicht auf legalem Grunde beruhe, und in der That ist der, auf der Bestimmung der Wiener Congreß Schlußacte beruhende Grund der Ungültigkeit, so einfach, daß er sofort erkannt, oder verworfen werden kann. Der Vorbehalt der Prüfung und Erklärung, könnte die Voraussetzung im Lande hervorbringen, daß, wenn das Grundgesetz durch seine Bestimmungen, den K. Beifall erhalten hätte, es an sich, wegen verletzter legaler Form, nicht unhaltbar befunden worden wäre.
2) der Zeitraum zwischen der ersten K. Proclamation, welche den Vorbehalt der Erklärung enthalten würde, und der K. Erklärung über die Annahme oder Verwerfung des Grundgesetzes, würde von den liberalistischen Anhängern desselben benutzt werden, um Gährung in den Gemüthern, durch falsche Besorgnisse, hervorzubringen, Petitionen von geringen Volksclassen behuf Beybehaltung des Grundgesetzes zu sammeln, die nicht wissen, was sie unterschreiben, und welchen völlig falsche Bewegungsgründe und Hoffnungen, dabey vorgespiegelt werden.
Es ist weit besser, auf einmal etwas auszuführen, das eine große Wirkung hervorbringt, ohne einen Zweifel über Absicht und Ausführung übrig zu lassen, als durch eine halbe Maasregel zu bedrohen, und dem Zweifel, und den Intriguen der Partheyen, einen Zeitraum zu überlassen. Ich kann daher den Wunsch nicht unterdrücken, daß Ew. K. Hoh., schon ehe der entscheidende Augenblick nach dem Rathschluss der Vorsehung, eintreten möchte, völlig darüber im Stillen Sich entscheiden: ob Höchst Dieselbe das Grundgesetz bestehen lassen, oder beseitigen wollen. Jedes Reg.Antrittspatent, jede Thronrede zu den Ständen, oder sonstige K. Proclamation verdient die sorgfältigste Erwägung ihres Inhaltes. Man kann leicht darin zu viel versprechen, das späterhin, bey zweckmäßiger erscheinenden Maasregeln, im Wege stehet: es darf daher nicht zu sehr in das Specielle eingegangen werden. Ganz besonders wird das in Frage stehende Antrittspatent, sorgfältig seinem Inhalte nach, erwogen werden müssen. Es muss einer Seits eine entschiedene feste und offene Sprache führen, anderer Seits über gewisse Puncte, Beruhigung einflößen, da die Aufhebung einer in facto bestehenden Verf. sonst Besorgnisse hervorbringen kann, die nicht in der Absicht Ew. K. H. liegen möchten. Es scheint daher daß im Wesentlichen das Patent erklären müßte:
1) Daß da das Grundgesetz von 1833. nicht auf bundesgesetzmäßigem legalen Grunde beruhe, es daher nicht die bei einer Verf.urkunde erforderliche Gewähr der Stabilität leisten könne; außerdem auch in mehreren Bestimmungen, namentlich das VIIt, Cap. weder den K. Rechten, noch dem wahren Besten des Königreiches, entsprechend sey; so werde es für null und nichtig erklärt, und aufgehoben, und sey lediglich die ständische Verf. nach dem K. Patent vom 7 t December 1819. als die legal bestehende zu betrachten, und damit hergestellt.
2) Zur Beruhigung der getreuen Unterthanen werde inzwischen erklärt, dass Sr. Maj. nächstens Allerhöchstlhre getreuen Stände nach dem erwähnten Patent von 1819. zusammenberufen, und ihnen solche Eröffnungen in Rücksicht der Domainen und Regalien und ihrer Concurrenz zu den Staatsbedürfnissen machen

werde, welche dem althergebrachten Rechte nicht nur gemäß, sondern auch durch fortlaufende Mittheilung an die Stände von dem finanziellen Zustande jener Krongüter, geneigt seyen, den Finanzhaushalt möglichst zu regeln und das gegenseitige Vertrauen zwischen König und Ständen, zu erhalten und zu festigen.«[164]

Das Pro Memoria enthält überdies Ausführungen über die Folgeprobleme der vorgeschlagenen Aufhebung des Staatsgrundgesetzes:

> »Wegen Fortdauer der von 1833. bis zum dereinstigen Reg.Antritt, mit Zustimmung der neuen Stände, erlassenen Verordnungen, würde nach Prüfung der bis dahin ergangenen Verord. zu bestimmen seyn. - Vielleicht wird es dann am angemessensten seyn, im Reg.Antritts-Patent zu erklären: daß sie bis dahin in Kraft bleiben, bis sie den Ständen zur Berathung mitgetheilt, und darauf das Weitere verfügt worden. Dieser Punct wird von der Art solcher Verordnungen abhängen; in jedem Fall dürfte im Patent vermieden werden müssen, sie pure zu bestätigen, welches auch formell den ständischen Rechten entgegen seyn dürfte. Uebrigens werden die Steuer-Bewilligungen und Steuer-Verordnungen von 1833. bis zum Reg.Antritt, als gültig anerkannt werden müssen.
> Das Grundgesetz vom J. 1833. Unverändert, oder verändert, den nach dem Patent von 1819. berufenen Ständen zur Berathung und Annahme vorzulegen, hängt zwar vom König ab, ist aber nicht erforderlich: denn die damaligen Stände haben die K. Anträge nicht angenommen; der König ist daher auch von seiner Seite befreyet.
> Somit fällt das Grundgesetz auf legale Weise, wenn man auf die Verf. von 1819. recurrirt. Einen anderen Weg, das Grundgesetz auf legale und erfolgversprechende Art, anzufechten, scheint es mir nicht zu geben. Wollte man den Satz aufstellen, es sei oktoyirt, oder vom König gegeben, und ebenso könne ein nachfolgender Monarch die vorige Verf. aufheben, und eine neue einführen, so würde man eine Behauptung durchführen müssen:
> 1. gegen das alte deutsche Staatsrecht,
> 2. gegen das neue, auf die Bundesgesetzgebung gegründete;
> 3. gegen das wahre Interesse von Regent und Unterthanen, die beyde stetem Wechsel unterworfen seyn würden, welches in einer Epoche, von wechselnden politischen Partheyen, die das Ministerium selbst mit ergreifen, um so gefährlicher seyn würde.«[165]

II. Vermerke Scheles zur Regierungsbildung nach Eintritt der Thronfolge

Nach der Übersendung des »Pro Memoria« kam es zu einem regen Schriftwechsel zwischen *Schele* und *Ernst August*. In *Scheles* Nachlass finden sich Abschriften seiner Briefe an den Herzog von Cumberland, die Aufschluss über die Vorbereitung des Staatsstreichs geben. Überdies sind im Nachlass *Scheles* Vermerke enthalten, in denen er seine politischen Überzeugungen dargelegt hat und die als Entwürfe späterer Schreiben an den Herzog dienten. Sie geben Auskunft über die wahren Absichten *Scheles* und sind deshalb für die Vorbereitung des Staatsstreichs von besonderem Interesse.

---

[164] So *G. v. Schele*, Unterthänigstes Pro Memoria. Ueber den rechtlichen Bestand des Grundgesetzes des Königreichs Hannover vom 26. September 1833, Staatsarchiv Hannover, Hann. Dep. 103 VII Nr. 8, S. 221 r ff.
[165] So *G. v. Schele*, Unterthänigstes Pro Memoria, S. 225 r f.

In dem am 22. April 1836 in Hannover verfassten Vermerk heißt es:

>»Die Reorganisation des Königreiches, durch den Herzog von Cumberland, wenn Er zur Regierung gelangen sollte, die Beseitigung des miserablen liberalistischen Plunders der Vicekönigl. Regierung, wird Schwierigkeiten haben. Alles hängt von einem dazu tauglichen Ministerio ab. Daß es einen Präsidenten haben müsse, habe ich ausgeführt hieneben. Aber wer soll es seyn? – Um einen solchen vorzuschlagen, müßte ich ihn, seinen Charakter und seine Willensstärke, genau kennen. Den Sinn, in welchem ein solcher Mann operiren muß, kenne ich sehr wohl. Es wird kaum möglich seyn, die bisherigen Minister bey einer solchen Einrichtung zu behalten; desto besser; sie würden renitent, und immer in den Händen ehemaliger liberaler Anhänger seyn.
>Also ein neues Ministerium, mit einem Premierminister an der Spitze, mit den Attributen, die ich hieneben angegeben habe.«[166]

Schele fährt in seinem Vermerk fort:

>»Ich begehre keinen Platz mehr im Ministerio. Hätte der Min. Graf Münster, sein und ich darf sagen, das allgemeine Interesse gekannt, und hätte statt der schwachen und von der Natur verlassenen Minister, mich damals mit einem etwa – z. B. Geh. Rath Grothe – ernannt, so wäre er noch Minister, und die Constitution etc. existirte gar nicht. Unter dem Vicekönig konnte ich nie Minister seyn; er und seine liberale Parthey, haben mir Gerechtigkeit widerfahren lassen, es mir nicht anzutragen.«[167]

Schele hält sich für zu alt, um nach der Thronbesteigung ein Ministeramt zu übernehmen, beansprucht aber eine Ratgeberposition:

>»Ich glaube Ihm darin, durch allgemeine Übersicht, und Impulsgebung, mehr zu nützen, als durch Departementsarbeit. – Der König kann, auf diese Weise, einen Versuch machen, mit dem was ich unter einem Präsidenten des Ministeriums verstehe, ohne ihn noch eigentlich zu ernennen – ich verlange die Gloriole des hohen Namens nicht – nur liegt mir an Erreichung der Zwecke. Kein Minister kann es hindern, wenn der König für gut findet, einen vertrauten Mann, beym Vortrage neben sich zu haben. – Auf die Dauer aber, und ganz besonders, wenn der Prinz George sein Gesicht nicht wieder erfühlte, muß ein Premierminister da seyn. Ein mit Blindheit getroffener Monarch, kann nicht wechseln wie ein anderer; er muß möglichst lange denselben vertrauten Mann um sich haben, der Seine Siegel führt, der alles leitet. [...].
>Wenn dieser Zeitpunct etwa in 10. Jahren, oder auch früher eintreten sollte; so weiß ich – ohne alle Vorliebe – keinen so passenden jungen Mann zu dieser so höchst eminenten Stelle, als meinen Sohn Eduard. Wäre er nicht passend, so würde er sich nicht halten, und es wäre meiner unwürdig, das allgemeine Beste und die Lage eines unglücklichen Königes, aufs Spiel zu setzen. Allein, die positiven Rechts- und sonstigen Kenntnisse, die schnelle, scharfe, und richtige Urtheilskraft, die gute politische Tendenz, das edle Gemüth meines Sohnes, eignen ihn so sehr, zu jener Stelle, daß ich keinen Zweyten der Art im Lande kenne. – Er an der Spitze dereinst, mit seinen Freunden Bennigsen, Wangenheim – und der des Augenlichts beraubte König wird besser regiren, als der physisch sehende Vicekönig! –«.[168]

Vom 7. August 1836 datiert ein Vermerk »Über das Ministerium und das Geheime Rathscollegium, wenn nicht die jetzige liberalistische Parthey, nicht mehr die herrschende seyn wird.« In diesem Vermerk übt *Schele* harsche Kritik an

---

[166] Staatsarchiv Hannover, Hann. Dep. 103 VII Nr. 8, S. 233 r f.
[167] Hann. Dep. 103 VII Nr. 8, S. 233 v.
[168] Hann. Dep. 103 VII Nr. 8, S. 234 v.

II. Vermerke Scheles zur Regierungsbildung nach Eintritt der Thronfolge

den amtierenden Ministern, von denen er *von der Wisch* als »Ultra liberalistische(n) Theoretiker« bezeichnet, während *von Stralenheim* und *von Schulte* als zu schwach angesehen werden, sich dem »sog. heutigen Liberalismo« zu widersetzen.[169] *Schele* fährt fort:

> »Diese fehlerhafte Organisation des Ministeriums muß einst enden, und wirklich schädliche Reformen, müssen entfernt werden.
>
> Der künftige König wird nie seinen Zweck, der Reinigung des Augiasstalles, der Zurückführung der revolutionair gewordenen liberalen Reformers, zur Gerechtigkeit und Unpartheylichkeit, erreichen, wenn Er: 1) alle jetzigen Minister und ihre Unter Minister, behält.
>
> 2) Und wenn dieses auch nicht geschähe, wenn Einheit des Planes und der Ausführung nicht von Einem Manne, an der Spitze des Ministeriums, ausgehet.«[170]

Schele fährt weiter fort:

> »Der Ministerpräsident muß:
> 1) Ein Mann von festem, entschiedenem Willen seyn, nachdem er zuvor – und mit Zuziehung des Rathes anderer – reiflich geprüft hat.
> 2) er muß von der Natur, eine klare Auffassungsgabe, ein richtiges, scharfes Urtheil, erhalten haben.
> 3) er kann von anderen an Gelehrsamkeit, an erworbenen positiven wissenschaftlichen Kenntnissen, übertroffen werden, aber was die öffentlichen Angelegenheiten betrifft, darf ihm nicht fremd sein [...].
> 4) daß dieser Präsident, Staats Kanzler, wie man ihn nennen will, durch seine Neigungen und Meinungen, derjenigen politischen Ansicht angehören muß, die der König durchführen will, verstehet sich von selbst [...].«[171]

Schele sieht unter dem Ministerpräsidenten Raum für Departementminister, deren Beschlüsse dieser aber jederzeit suspendieren könne. Deshalb dürften Departementminister ohne Beisein des Ministerpräsidenten dem König nicht vortragen. Überdies solle der Ministerpräsident das Recht haben, über jeden Zweig der Verwaltung dem König Anträge zu unterbreiten und die Materialien dazu aus dem betreffenden Ministerialdepartement zu verlangen.[172]

Heftige Kritik übt *Schele* an den Kabinettsräten, die den Sitzungen beiwohnten, aufgrund ihrer Sachkenntnis großen Einfluss ausüben und einen »*Corps à part*« bildeten und sich, obwohl sie kein Stimmrecht hätten, gegenseitig unterstützten. *Schele* sieht eine Remedur dieses Zustandes darin, dass nur *ein* Kabinettsrat, der dem vortragenden Minister zugeordnet sei, bei den Kabinettssitzungen anwesend sein dürfe. Nebenbei bemerkt *Schele*:

> »Fällt mit Beseithigung der Constitution von 1833. auch die ständische Verantwortlichkeit der Minister weg, so würde die ehemalige Einrichtung, daß ein anderer Minister, das Dep. übernahm, hergestellt werden können.«[173]

Im gleichen Vermerk stellt *Schele* eine Art zukünftiger Kabinettsliste auf. Als Justizminister scheint ihm der Kanzleidirektor *von Osten* passend. Finanzminister

---

[169] Hann. Dep. 103 VII Nr. 8, S. 235 r.
[170] Vgl. Hann. Dep. 103 VII Nr. 8, S. 236 v.
[171] Hann. Dep. 103 VII Nr. 8, S. 237 r f.
[172] Hann. Dep. 103 VII Nr. 8, S. 238 v f.
[173] Hann. Dep. 103 VII Nr. 8, S. 240 v.

würde *M. von Schulte* »wohl bleiben«. Als mögliche Minister des Innern nennt er Graf *Wedel* oder einen *Bothmer*, – »(die auch Vermögen haben)«, als Kriegsminister Graf *Alten*, (»der beste General vom Adel«).[174] In der rechten Spalte der Seite erklärt er *M. von Stralenheim* für »ganz unnütz«, der »ein schwacher, geschwätziger Nullmann« sei. *Schulte* will er auf der Kabinettsliste stehen lassen, dem König jedoch nicht empfehlen, weil er »ohne Wert« sei.[175] Graf *Wedel* wird als »etwas närrischer« adeliger Royalist bezeichnet, dessen absonderliche Ideen sich jedoch geben würden. Die *Bothmers* seien gute Juristen, aber nie in höhere Zirkel geraten, deren politischen Geist er überdies nicht kenne. Graf *Schulenburg-Wolfsburg* habe etwas »Verdrehtes in seinem Gehirn«: »heute so, morgen so; ja in derselben Sitzung, umspringend; paradox, zuweilen eine Viertelstunde luminös – dann – il bat la compagnie«.[176]

Wiederum sieht er seinen Sohn *Eduard* als besonders geeignet an, das Amt des Ministerpräsidenten zu übernehmen, freilich erst im Falle der Thronbesteigung des Prinzen *Georg*. In der Tat war der Herzog von Cumberland zum Zeitpunkt des Vermerks bereits 65 Jahre alt, sodass es nicht ungewöhnlich war, bereits über *dessen* Nachfolge nachzudenken. Allerdings war *Eduard von Schele*[177] zum Zeitpunkt, als sein Vater den Vermerk verfasste, erst 30 Jahre alt und verfügte schwerlich über die Eigenschaften, die sein Vater von einem Ministerpräsidenten verlangte. *Eduard von Schele* trat nach seinem Studium zwar in die Ministerialbürokratie Hannovers ein, bekleidete aber keine leitende Position. Näher liegt es, dass *Georg von Schele* bei den Anforderungen, die er an einen Ministerpräsidenten stellte, sich selbst charakterisierte und lediglich entsprechende Erwartungen an seinen Sohn richtete.

Mit dem Vermerk vom 7. August 1836 verfasste *Schele* eine Art Drehbuch für den Staatsstreich, das in allen Einzelheiten Wirklichkeit werden sollte. Zwar ist der König seinem Rat, bereits bei Regierungsantritt die Kammern aufzulösen und das Staatsgrundgesetz für aufgehoben zu erklären, nicht gefolgt, sondern hat sich eine Zeit »*sorgfältigster Prüfung*« vorbehalten.[178] Mit der Vollendung des Staatsstreichs am 1. November 1837 ging jedoch auch eine Umbildung der Regierung einher, wie *Schele* sie vorgeschlagen hatte. Die bisherigen Kabinettsminister *Stralenheim, Schulte, von der Wisch* und *Alten* wurden zu Departementministern degradiert und nahmen die Minderung ihrer Rechtsstellung widerspruchslos hin.[179] *Schele* war nach dem 1. November 1837 alleiniger Kabinettsminister und verfügte über die Kompetenzen, die er in seinem Memorandum umrissen hatte. Der Zufall wollte, dass auch sein Wunsch, sein Sohn *Eduard* würde das Amt des Ministerpräsidenten dereinst übernehmen, in Erfüllung ging. Nach dem Tod *Ernst Augusts* im Jahr 1851 wurde *Eduard von Schele* von dem nunmehr

---

[174] Hann. Dep. 103 VII Nr. 8, S. 241 r linke Spalte.
[175] Hann. Dep. 103 VII Nr. 8, S. 241 r.
[176] Hann. Dep. 103 VII Nr. 8, S. 241 r f.
[177] *Eduard Freiherr von Schele* (1805–1875), Jurist, seit 1826 im hannoverschen Staatsdienst, 1847–1848 Direktor im Justizministerium.
[178] Vgl. unten S. 101.
[179] Vgl. unten S. 178.

regierenden König *Georg* V. zum Ministerpräsidenten ernannt, blieb allerdings nur zwei Jahre im Amt.

III. Scheles Briefwechsel mit dem Herzog von Cumberland 1836/1837

Der Herzog residierte seit 1819 in Berlin und suchte London nur noch zu den Sessionen des Oberhauses auf. Im Schreiben vom 25. Januar 1836 wurde die Konspiration in der Weise vereinbart, dass *Schele* seine Briefe durch den Generalpostdirektor *Rudloff* überbringen lassen sollte und die Briefe des Herzogs ebenfalls an *Rudloff* zu adressieren waren.[180] Als weitere Deckadressen für den Herzog wurden der Freiherr *von Spörcken* und der General *von Linsingen* – beide in Berlin ansässig – vorgeschlagen, um zu verhindern, dass der direkte Kontakt zwischen *Schele* und dem Herzog bekannt wurde.[181]

Aus dem Nachlass *Scheles* sind aus dem Jahr 1836 Schreiben an den Herzog von Cumberland vom 16. und 25. Januar, vom 28. März, vom 16. und 27. August, vom 29. September, vom 11., 18. und 22. Oktober und aus dem November – nicht näher datiert – nachweisbar. Die Briefe vom 28. März, 16. und 27. August, 29. September sowie vom 11., 18. und 22. Oktober sind ebenso wie der Brief aus dem November 1836 in französischer Sprache abgefasst.

Aus dem Jahr 1837 liegen Briefe an den Thronfolger vom 4. und 22. Januar, vom 7. und 22. Februar, vom 17. und 19. März sowie vom 3. und 14. Juni vor. Die Schreiben vom 4. und 22. Januar, vom 22. Februar, vom 17. und 19. März sowie vom 14. Juni sind in französischer Sprache abgefasst. Das Memorandum vom 17. März 1837 ist in deutscher Sprache geschrieben und enthält in der Anlage den Entwurf eines Regierungsantrittspatents für den Fall, dass *Wilhelm* IV. sterben und *Ernst August* seine Nachfolge antreten würde.

Die Briefe *Scheles* an *Ernst August* weisen alle Anzeichen einer auf Dauer angelegten Konspiration auf. Im Schreiben vom 16. Januar 1836[182] rät er von einer Begegnung in Kassel ab, weil diese Aufsehen erregen könne. Er hält auch einen Besuch des Herzogs im Königreich für nicht erforderlich, weil die Verhältnisse nicht drängend seien. Sollte der Herzog aber das Königreich bereisen wollen, so solle er sich nicht durch »Äußerungen, in Rücksicht dereinstiger Entschließungen« binden. Zwar glaubten die Liberalen, die Masse der Einwohner hänge an ihren Neuerungen und Grundsätzen; doch urteilten diese oft, dass sich im Ganzen seit dem nichts gebessert habe. *Schele* verspricht, den Herzog weiterhin »von allem zu benachrichtigen« und schließt mit der Erwartung:

---

[180] Vgl. auch *H.-J. Behr*, Georg von Schele, S. 140; *Rudloff* wurde für seine Rolle bei der Vorbereitung des Staatsstreichs später von *Ernst August* mit der Verleihung des erblichen Adels ausgezeichnet.
[181] Staatsarchiv Hannover, Hann. Dep. 103 VII Nr. 6, S. 11 r; vgl. auch *H.-J. Behr*, Georg von Schele, S. 140.
[182] Hann. Dep. 103 VII Nr. 6, S. 15 r ff.

»Ew. Königl. Hoheit wird es leicht werden, durch Höchst Ihre Erscheinung die Gemüther vorzubereiten, und zu gewinnen.«[183]

Schele riet dringend davon ab, die Angelegenheit mit den Mitgliedern des Kabinetts oder mit Kabinettsräten zu erörtern, weil diese hierdurch »zur Ergreifung von Gegenmitteln« bewogen werden könnten:

>»Käme es aber dann zur offenen Entscheidung, ehe der eigentliche Augenblick dazu da ist, so hängt es nur von der Klugheit der Gegner ab, ob sie das rechte Mittel wählen, das sehr leicht, und fast wahrscheinlich, Ew. Königl. Hoheit demnächst, jeden legalen Weg, herauszukommen, verschließen würde, und Höchst Dieselben hätten, ohne den Zweck zu erreichen, nur die sehr unangenehmen Folgen, eines solchen unzeitigen Ausbruches des Streites. Bleibt dagegen die Sache verschwiegen, so ist an einem guten Ausgange, wohl nicht zu zweifeln; nichts drängt dazu, sie jetzt zu behandeln; sie schläft vielmehr am besten, um im rechten Augenblick, unverletzt, erwachen zu können.«[184]

Im gleichen Schreiben berichtet *Schele* über Gesetzentwürfe, insbesondere zur Emanzipation der Juden, deren Inkrafttreten nach seiner Meinung die schlimmsten Folgen haben würden. Einem »allgemeinen großen Revolutionsplan« folgend würde die »alte grundbesitzende Nation« vertrieben und Juden und andere Eigentümer an ihre Stelle treten. *Schele* macht hierfür auch die Autoren des »jüngeren Deutschlande« verantwortlich, die fast lauter getaufte Juden seien und das Christentum, die Ehe und alle bürgerliche Ordnung angriffen.[185] *Schele* verweist auf Vorgänge in Portugal und Spanien, in denen Juden die »ersten Stellen« besetzen und mit ihrem Geld über die Christen herrschen würden:

>»... man wird mehr Mühe haben, sie loß zu werden, als einst die spanischen Könige, die Mauren zu vertreiben, weil man sie mit ihrer Gewalt als Staatsdiener und mit ihrer Bestechung, mitten unter sich haben wird, statt ihnen als Fremden, wie den Mauren, in offener Schlacht entgegen zu stehen.«[186]

Ein dem Thronfolger von dem Leiter der Deutschen Kanzlei *von Ompteda* unterbreiteter Vorschlag zur Änderung des hannoverschen Familiengesetzes bot *Schele* Gelegenheit, den Herzog von Cumberland seiner unbedingten Loyalität zu versichern. Hintergrund des Vorschlags war die Frage, ob der bereits 1833 erblindete Sohn des Herzogs, *Georg*[187], im Falle des Todes seines seinerzeit schon 65 Jahre alten Vaters die Thronfolge würde antreten können. Der aktenmäßig nicht überlieferte Vorschlag dürfte eine Regelung der Regierungsunfähigkeit von Agnaten beinhaltet haben, die nicht nur eine Störung der Geistestätigkeit, sondern auch die Erblindung eingeschlossen hätte. Der Herzog von Cumberland hatte diesen Vorschlag mit großem Nachdruck abgelehnt, wofür er *Scheles* nachdrückliche Anerkennung erhielt. *Schele* nimmt die Gelegenheit wahr, mög-

---

[183] Hann. Dep. 103 VII Nr. 6, S. 16 v.
[184] So Schreiben vom 25. Januar 1836, Hann. Dep. 103 VII Nr. 6, S. 12 r.
[185] So Schreiben vom 25. Januar 1836, Hann. Dep. 103 VII Nr. 6, S. 14 r; *Schele* spielt hiermit auf die literarische Bewegung »Junges Deutschland« an, deren führende Köpfe *Heinrich Heine* und *Ludwig Börne* waren. Gegen ihre Schriften erließ der Deutsche Bund ein Verbotsgesetz; vgl. hierzu E. R. Huber, Deutsche Verfassungsgeschichte II, S. 129 ff.
[186] So Schreiben vom 25. Januar 1836, Hann. Dep. 103 VII Nr. 6, S. 14 v.
[187] *Prinz Georg Friedrich Alexander Karl Ernst August* (1819–1878); Sohn von *Ernst August* und dessen Frau *Friederike von Mecklenburg-Strelitz*, ab 1851 letzter König von Hannover.

liche Urheber des Vorschlags in Hannover – nämlich die Kabinettsräte *Falcke* und *Rose* – auszumachen und versäumt nicht, auch Mitglieder des Kabinetts verantwortlich zu machen.[188] *Schele* rundet seine von persönlicher Teilnahme und Empörung gekennzeichneten Ausführungen durch ein spezifisch juristisches Argument ab: Eine Änderung des Hausgesetzes hätte keine Rückwirkung entfalten können, weil der Thronfolgeanspruch *Georgs* bereits vor dessen Inkrafttreten entstanden sei. *Schele* kommt insofern zu dem Ergebnis, dass der Versuch, den Herzog dazu zu bewegen, »ihre Treue zur Verfassung aufzugeben« ohne das gewünschte Ergebnis hätte bleiben müssen.[189]

Schele schließt mit einem Appell an den Herzog von Cumberland:

> »Bedenken Sie, Euer Gnaden, daß Sie eines Tages durch Ihr Beispiel der Leitstern in Deutschland sein können, der den entmutigten Fürsten zeigt, wie man die Erneuerer wieder in ihre Pflicht ruft und die Gesetze zu dem macht, was sie sein sollen, nämlich die Wahrung der Gerechtigkeit und der Schutz des Einzelnen, ohne Einfluß der Particularinteressen, die heute so sehr an der Tagesordnung sind.«[190]

Schele hält den Herzog über die Vorgänge im Königreich weiterhin auf dem Laufenden. Im Schreiben vom 16. August geht es um Agrargesetze, die Gegenstand der Beratungen in den Kammern waren und von denen *Schele* meint, sie stammten eher aus der Feder eines Märchenonkels als von einem Minister einer ehrwürdigen Regierung Deutschlands. Die von Minister *von der Wisch* vorgelegten Gesetze würden allerdings nicht die Zustimmung der Kammern finden,

> »Denn diese Gesetze zielen darauf ab, die ehemaligen Eigentümer zu Gunsten der Proletarier zu vertreiben. Es handelt sich um regelrechten Raub nach reinster Manier des Saint-Simonismus, vorgelegt den Ständen mit naiv-ironischer Begründung, seines Urhebers würdig. Daß derartige Vorschläge aus dem Ministerium herrühren, wäre unmöglich ohne die organisatorischen und sonstigen Mängel, die an der Verwaltung nagen und die ihrer Königl. Hoheit bekannt sind.«[191]

Gegenstand des Schreibens vom 27. August 1836 ist eine Unterredung *Scheles* mit dem Minister *von Ompteda*, über die er »entsprechend der Weisung Ihrer Königl. Hoheit« berichtet. In dieser Unterredung ging es um Pläne zur Verwaltungsreform des Königreichs, insbesondere zur Abschaffung einer Reihe von Behörden und entsprechenden Staatsämtern, von denen man sich Einsparungen versprach. *Schele* sieht hierin eine verhängnisvolle Entwicklung zu Ungunsten des Adels, weil sich eine Bürokratie von Abteilungsleitern entwickeln würde, in der alles in den Händen dieser Leiter und ihnen nachgeordneter Sekretäre und Revisoren liegen würde. Hierin sieht *Schele* die Gefahr, dass die Verwaltungsgeschäfte Personen aus niedrigem Stand überlassen würden, während das Ministerium bislang jungen Adelsleuten den Söhnen und Angehörigen nichtadeliger Beamter den Vorzug gegeben habe. Wörtlich führt er aus:

> »Daß, wie auch immer vielleicht Bildung und Gelehrsamkeit eines solchen Schneider- oder Schustersohnes sein mögen, ich es weder ganz allgemein als

---

[188] Schreiben vom 28. März 1836, Hann. Dep. 103 VII Nr. 6, S. 4 r (Übers. d. franz. Orig.).
[189] So Schreiben vom 28. März 1836, Hann. Dep. 103 VII Nr. 6, S. 5 v (Übers. d. franz. Orig.).
[190] So Schreiben vom 28. März 1836, Hann. Dep. 103 VII Nr. 6, S. 7 v (Übers. d. franz. Orig.).
[191] So Schreiben vom 16. August 1836, Hann. Dep. 103 VII Nr. 6, S. 22 v (Übers. d. franz. Orig.).

nicht vorteilhaft erachtete, wenn das Land von Leuten dieses Bildungsniveaus regiert würde, noch förderlich dem monarchistischen Prinzip.«[192]

Schele hatte damit scharfsinnig den Zusammenhang zwischen dem Verwaltungsaufbau und der Personalstruktur erkannt. Fielen nämlich Behörden und Ämter – ausdrücklich wird hier das Amt des Oberforstmeisters genannt – weg und würden deren Aufgaben auf die unteren Verwaltungsinstanzen übertragen, so ginge damit voraussichtlich eine Änderung in der Personalstruktur einher. Den Söhnen adeliger Familien, die bislang den gewissermaßen natürlichen Nachwuchs für staatliche Führungspositionen bildeten, dürften Ämter auf der unteren Verwaltungsstufe als wenig attraktiv erscheinen. Würde überdies – wie angedeutet – bei der Personalauswahl verstärkt das Leistungsprinzip angewandt, so würde sich auch dies voraussichtlich zu Ungunsten des Adels auswirken. Zwar war im Jahr 1836 der gebildete Schneider- oder Schustersohn vermutlich noch ein Ausnahmefall; der Aufstieg des Bürgertums war indes im Vormärz unaufhaltsam. Wörtlich heißt es in dem Schreiben:

> »Der Zeitgeist ist weniger bedrohlich diesbezüglich als die Feststellung, die der Adel geglaubt hat machen zu müssen, wonach er sich von der Regierung als benachteiligt behandelt zu werden glaube und – es sei denn, er könne auf besondere Beziehungen zurückgreifen – auf mehr Schwierigkeiten als früher treffe und er sich mit der Bourgeoisie auseinander zu setzen habe, deren oberste Beamte wohl den heimlichen Wunsch hegten, die jungen Adeligen aus ihren Ämtern in der zentralen Verwaltung zu verdrängen, um ihnen Aufgaben in der Provinz zuzuweisen, um hier [scil. in der zentralen Verwaltung] nur Bürger und Verwandte von Beamten des Bürgertums zu platzieren und dem Herzog von Cambridge zu erklären, es gäbe keine jungen, gut ausgebildeten Adeligen und man sehe sich veranlaßt, die höchsten Stufen künftiger Karrieren auch nichtadeligen jungen Leuten zu eröffnen.«[193]

Schele sieht hierin Intrigen, die allerdings nicht immer von Erfolg gekrönt seien, weil es – »bedauerlicherweise« – junge Edelleute gebe, die sich in hervorragender Weise verdient machen und eines Tages, wenn ihnen das Schicksal vergönnt sei, in Führungspositionen zu gelangen, sie den Liberalismus in Schranken zu halten wüssten.[194]

Gegenstand des Schreibens vom 11. Oktober 1836 ist das den Kammern des Königreichs als Entwurf vorliegende Gesetz über die »Verkoppelungen« – ein Vorläufer der modernen Flurbereinigungsgesetzgebung. Hiernach sollten auseinanderliegende Grundstücke zusammengefasst und unter die beteiligten Grundeigentümer – auch solche des Adels – erneut verteilt werden. Ggf. erfolgte eine Ablösung in Geld. *Schele* sieht auch in diesem Gesetz eine Benachteiligung des Adels, weil die Grundeigentümer zum Tausch gezwungen werden könnten, wenn sich zwei Drittel der Gemeinde für eine solche Maßnahme ausspreche. Abgesehen von den Misshelligkeiten, die mit einer solchen Zusammenlegung

---

[192] So Schreiben vom 27. August 1836, Hann. Dep. 103 VII Nr. 6, S. 25 v f. (Übers. d. franz. Orig.).

[193] So Schreiben vom 27. August 1836, Hann. Dep. 103 VII Nr. 6, S. 28 r f. (Übers. d. franz. Orig.).

[194] Vgl. Schreiben vom 27. August 1836, Hann. Dep. 103 VII Nr. 6, S. 29 r (Übers. d. franz. Orig.).

und Neuverteilung verbunden seien, sieht *Schele* durch das Gesetz die Ländereien von Großbauern und insbesondere des Königs und des Adels betroffen. Man beraube die Großen und gebe den Kleinen.[195] *Schele* zitiert die Begründung des Gesetzes in deutscher Sprache, die als logisch erscheine, mit der man aber

> »beim Ver-Simonismus angekommen (ist), wo die Gütergemeinschaft eine anrüchige Heuchelei (ist), erfunden, um sich den Besitz zu verschaffen, ohne schließlich die Maske fallen zu lassen.«[196]

Das Schreiben vom 18. Oktober 1836 beginnt mit der inzwischen üblichen Kritik an den verantwortlichen Ministern, die insbesondere gegen die Truppenreduzierung keinen hinreichenden Widerstand geleistet hätten. *Schele* führt wie stets Klage gegen die Zustände im Königreich, die er auf den wachsenden Einfluss liberaler Ideen zurückführt. Der Adel habe sich diesen Entwicklungen nicht hinreichend entgegengestellt und sich in sein von Ungerechtigkeit gekennzeichnetes Schicksal gefügt. Allerdings sieht *Schele* einen Hoffnungsschimmer:

> »Wenn dergestalt tatsächlich seine derzeitige Situation wäre, würde der Adel sehr schnell dem Rufe eines gerechten, großmüthigen und edlen Fürsten folgen und zu seinen früheren und natürlichen Empfindungen zurückkehren: Er würde sich ihnen auch dann zuwenden, wenn er keine Privilegien, sondern allgemeine Unparteilichkeit zu erwarten hätte. Diejenigen aber, die sich abgestoßen fühlen, dürfen ihre Haltung ändern, wenn ihre Seele nicht stärker als normal beeinträchtigt wurde. Ich wage allerdings zu hoffen, daß dies nicht mehrheitlich der Geisteshaltung des Adels entspricht: Wohlmöglich sind aber einige unter Ihnen, die gewankt haben in einer von Demoralisierung und Entwürdigung gekennzeichneten Epoche.«[197]

Nach diesem Lamento berichtet *Schele* über acht den Kammern vom Kabinett vorgelegte Gesetzentwürfe, die er sämtlich ablehnt und denen er die Tendenz unterstellt, den Adel zu benachteiligen. Als Beispiel hierfür nennt er das Ablösungsgesetz, dessen Zweck, den Lehnsherren Kapital zu verschaffen, nicht erreicht worden sei, sie umgekehrt aber stark belaste.[198]

Mit Empörung berichtet *Schele* über einen – von beiden Kammern abgelehnten – Gesetzentwurf über die Progression der direkten Steuern. Die Steuerprogression betrachtet er als revolutionäre Willkürmaßnahme, mit der man die Vermögen nivellieren könne.[199] Empört zeigt sich *Schele* auch gegenüber dem Gesetzentwurf zur Rechtsstellung der Juden. Wörtlich heißt es in dem Brief:

> »Welch einzigartiger Fehler wäre es doch, dem germanischen, christlichen Volk eine Horde reicher, geiziger, jüdischer Grundbesitzer gegenüber zu stellen, die

---

[195] So Schreiben vom 11. Oktober 1836, Hann. Dep. 103 VII Nr. 6, S. 38 r (Übers. d. franz. Orig.).

[196] So Schreiben vom 11. Oktober 1836, Hann. Dep. 103 VII Nr. 6, S. 38 v (Übers. d. franz. Orig.).

[197] So Schreiben vom 18. Oktober 1836, Hann. Dep. 103 VII Nr. 6, S. 47 r (Übers. d. franz. Orig.).

[198] So Schreiben vom 18. Oktober 1836, Hann. Dep. 103 VII Nr. 6, S. 47 v (Übers. d. franz. Orig.).

[199] Schreiben vom 18. Oktober 1836, Hann. Dep. 103 VII Nr. 6, S. 49 r f. (Übers. d. franz. Orig.).

sich besser als die Christen gegenseitig zu unterstützen verstehen, weil sie unter Zuhilfenahme aller moralischen und physischen Mittel aneinanderkleben.«[200]

Das wenige Tage später abgesandte Schreiben vom 22. Oktober 1836 enthält eine Fülle von Wiederholungen, stellt aber eine eingehende Analyse der gegenwärtigen Verhältnisse im Königreich dar. *Schele* stellt sich als Vertreter seines Standes dar, der stets aufrecht für dessen Rechte eingetreten sei und dem Ministerium härtesten Widerstand entgegengesetzt habe.[201] Bemerkenswert ist, dass *Schele* als Beginn seines entschlossenen Eintretens für die Rechte des Adels das Jahr 1814 nennt, begreiflicherweise aber verschweigt, dass er 1807 den Dienst als Kammerherr am hannoverschen Hof aufgegeben hat und in die Dienste Königs *Jérôme*[202] getreten ist. Im Einzelnen tastet er unterschiedliche Kreise des hannoverschen Adels auf ihre Loyalität ab und spart nicht mit Kritik an der seiner Meinung nach »extremen Ignoranz in geschäftlichen Dingen.«[203] Auch sieht er es als Mangel an, dass die jungen Adeligen, die im Militär oder am Hofe dienen,

> »[...] sich nicht davon überzeugen lassen, daß es für einen Edelmann, der eines Tages Hof und Gut erben und Vertreter seines Standes sein wird, nicht ausreicht, nur Kenntnisse in seinem eigenen Metier zu haben, sondern daß ihm, will er in der heutigen Zeit bestehen, Gesetze und die Angelegenheiten der Öffentlichkeit zumindest nicht ganz fremd sein dürften.«[204]

Auch die Haltung der vom Adel besetzten Ersten Kammer sieht *Schele* kritisch:

> »Um eine starke und entschiedene Opposition auszuüben, fehlt uns der Stachel, der erforderlich wäre, um eine Verwaltung abzuschaffen, die wir als schädlich erachten. Die Erste Cammer wird hier immer stark und einig auftreten, sobald das Ministerium von der gleichen politischen Coleur wie sie ist: Ueberall, aber hier besonders, ist die wahre Haltung des Adels, mit der Regierung im Gleichschritt zu gehen; er befindet sich auf einem falschen Weg, wenn Er in Opposition ist. Dann verläuft er sich, verlirt an Charakter, wiederspricht bisweilen, gibt aber meistens nach und laviert sich durch dieses Wohl und Uebel, die sich für ihn wie eine Krankheit darstellen, bis daß ein Wechsel im Ministerium und im System zu einer Vereinbarung zwischen den Ansichten des Adels und der Regierung kommt.«[205]

Die Erste Kammer sei fähig, die Regierung zu unterstützen und die populistischen Tendenzen zu bekämpfen; sie sei aber nicht in der Lage, langfristig gegen das Volk *und* die Regierung zu kämpfen.[206] *Schele* versagt es sich in diesem Zusammenhang nicht, auf unsichere Kantonisten in der Ersten Kammer hinzuweisen, als welche er die drei protestantischen Kirchenvertreter und den katholischen

---

[200] So Schreiben vom 18. Oktober 1836, Hann. Dep. 103 VII Nr. 6, S. 50 v (Übers. d. franz. Orig.).
[201] So Schreiben vom 22. Oktober 1836, Hann. Dep. 103 VII Nr. 6, S. 52 r (Übers. d. franz. Orig.).
[202] Vgl. dazu unten S. 365.
[203] So Schreiben vom 22. Oktober 1836, Hann. Dep. 103 VII Nr. 6, S. 53 r (Übers. d. franz. Orig.).
[204] So Schreiben vom 22. Oktober 1836, Hann. Dep. 103 VII Nr. 6, S. 53 r (Übers. d. franz. Orig.).
[205] So Schreiben vom 22. Oktober 1836, Hann. Dep. 103 VII Nr. 6, S. 53 v f. (Übers. d. franz. Orig.).
[206] So Schreiben vom 22. Oktober 1836, Hann. Dep. 103 VII Nr. 6, S. 55 r (Übers. d. franz. Orig.).

III. Scheles Briefwechsel mit dem Herzog von Cumberland 1836/1837 71

Bischof – das »schwarze Vierergespann« des Herrn *von Falcke* (»son attelage noir à quatre«) – ansieht. Der Kutscher sei Herr *von Falcke* selbst, sein Freund, der Landdrost *Meyer* und Herr *Wehner*, gegen den man bereits protestiert habe.

Selbst wenn der Adel nominell die Mehrheit erreiche, würde die Kraft seiner Geisteshaltung verloren gehen; er werde nicht mehr die Gunst der Amtsträger (»faveurs«) und das Fortkommen in der Verwaltung einbüßen wollen:

> »Er wird in einer Art Auflösungsprozess mit dem Volk verschmelzen und ein Werkzeug von dessen Unternehmungen werden. Ich würde dies anders sehen, wenn dies heute geschähe und ein künftiger Souverän die demokratischen Errungenschaften wieder annullierte und die Monarchie auf ihre eigentlichen Grundlagen stellte.«[207]

Schele fährt fort:

> »Wenn ich es wage, meine ehrliche Meinung hier kund zu tun, so muß ich sagen, daß in Deutschland ganz allgemein ein König mit einem Ministerium, das sich dem Liberalismus verschrieben hat, gar nicht im royalistischen Sinn regieren kann, so wie es Ihre Königl. Hoheit beabsichtigt. In England kann sich möglicherweise ein König für einen gewissen Zeitraum mit einem solchen Ministerium abfinden, um die Stimmen des Unterhauses zu gewinnen, sich zurücklehnen und den Widerstand, den das Oberhaus leiste, abwarten. In Deutschland sei das nicht anwendbar, wo die ersten Cammern weniger Macht gegenüber dem Ministerium hätten. Der König ist hier niemals verpflichtet, ein Ministerium einer oppositionellen Haltung das er nicht mag, zu ernennen. Die einzige Politik, die ein König des Königreichs Hannover verfolgen kann, ist also die, ein Ministerium zu schaffen, daß dem System so wohlgesonnen und königstreu und so organisiert ist, daß die Minister und nicht die Subalternen die bestimmenden Mächte sind, die der Politik, die man verfolgen will, den Schwung geben. Schlägt das Ministerium diesen royalistischen und konservativen Weg ein, wird der König immer die Erste Cammer an seiner Seite finden. Die Zweite Cammer wird dann folgen müssen.«[208]

Schele erklärt es als absolute Notwendigkeit, dass die einflussreichsten Posten innerhalb des Ministeriums an Adelige vergeben werden. Die modernen Erneuerungsgedanken seien derart verbreitet, dass man fast niemals über die wahren Absichten eines Menschen sicher sein könne. Es gebe sogar Adelige, denen man misstrauen sollte; im Allgemeinen hingen diese aber dem monarchischen und aristokratischen Gedanken an, wenn sie sehen, dass der Fürst sich nicht zugunsten der Erneuerer ausspreche und ihnen nicht schmeichele, sondern fast überwiegend mit den Adeligen in Verbindung trete.[209]

Schele hält es für verfehlt, der anderen Klasse Zugeständnisse zu machen, um das monarchistische Prinzip aufrecht zu erhalten. Das Gegenteil sei der Fall:

> »Der Neid ist nicht geringer geworden, sondern hat sich verstärkt, die monarchistischen Grundsätze sind in rüdester Weise angegriffen worden. Und die Angriffe gegen Gesetze und Verfassung rühren eindeutig daher, daß die Liberalen auf die wichtigsten Posten kamen, ebenso wie die Tatsache, daß so viele Minis-

---

[207] So Schreiben vom 22. Oktober 1836, Hann. Dep. 103 VII Nr. 6, S. 57 r (Übers. d. franz. Orig.).
[208] So Schreiben vom 22. Oktober 1836, Hann. Dep. 103 VII Nr. 6, S. 57 r ff. (Übers. d. franz. Orig.).
[209] So Schreiben vom 22. Oktober 1836, Hann. Dep. 103 VII Nr. 6, S. 58 v f. (Übers. d. franz. Orig.).

ter und Edelleute schwach geworden sind und sich von ihrem Souverän verlassen gefühlt haben.«[210]

IV. Scheles Staatsstreichpläne

1. Der Entwurf vom 24. November 1836

Vom 24. November 1836 datiert der Entwurf eines Schreibens an den Herzog von Cumberland, in dem *Schele* sich nicht mehr darauf beschränkt, die Zustände im Königreich darzustellen und Rechtsfragen zu erörtern, sondern konkrete Pläne für das Vorgehen nach dem Regierungsantritt des Thronfolgers entwirft. Dem Entwurf ist der Vermerk beigefügt

> »(Entwurf nur noch.) Wäre etwas zu ändern, wenn auch der 2te vorsichtigere Weg in Antrag gebracht wird.«[211]

Schele führt in dem Entwurf aus:

> »Ew. K. Hoh. ist aus meinem unterthänigsten Aufsatz vom .... [*Leerstelle im Original*] bereits der Weg bekannt, auf welchem ich glaube, daß die Verfassung vom 26.t Septbr. 1833. aufzuheben seyn werde. Höchst Dieselbe sehr bald nach Höchst Ihrer Thronbesteigung, ein Patent über den Regierungsantritt, zu erlassen haben dürften, und ich, wie ich in meinem obgedachten Aufsatz vom ... [*Leerstelle im Original*] entwickelt habe, glaube, daß es am angemessensten sey, sogleich in diesem ersten Antrittspatent, die Absicht auszusprechen, die neue Verf. von 1833. aufzuheben; so erlaube ich mir einen Entwurf zu einem solchen Patent unter Anl. A unterthänigst hier anzulegen. Ich habe geglaubt, daß es auf die formellen legalen Mängel der Constitution zwar besonders gestützt seyn müsse, daß aber auch mit Nutzen der materiellen Mängel, Erwähnung geschehen werde. Wenn Ew. K. Hoh. ein Antrittspatent in dieser Art genehmigen sollten, so dürfte es einer letztlich überflüssigen Vorsicht wegen, rathsam seyn, einige Tage vor der Publication die Militaircommandeure im Königreich insgeheim und ohne Aufsehen zu erregen, aufmerksam zu machen, und sie aufzufordern, die ihnen untergebene Militairmacht so disponibel zu stellen, daß sie unverzüglich da einschreiten könne, wo sich einige unruhige Bewegung zeigen möchte; insonderheit dürfte die Militairmacht in Hann. Hildesh., Göttingen, Osnabr. nicht zu geringe seyn. Eine allgemeine Bewegung im Lande ist ohne Zweifel gar nicht zu besorgen; die neue Constitution hat keineswegs diese Theilnahme hervorgebracht; allein partieller, momentaner Aufstand, angezettelt, durch die erbitterte und beseitigte Parthey der Liberalen des Bürgerstandes, welche auch einige Landleute augenblicklich verführen können, wäre möglich, wenn auch nicht wahrscheinlich.«[212]

Schele fügt in einem Einschub hinzu:

> »Wenn einer der bisherigen Minister Bedenken tragen sollte, das Patent zu contrasigniren, vielleicht auch überhaupt, dürfte es angemessen seyn, dazu einen Geh. Rath zu gebrauchen, wenn ein solcher vorhanden, dem Ew. K. Hoheit ihr Vertrauen geschenkt haben, sonst würde sofort ein neuer Minister von Ew. K. H. zu ernennen seyn.«[213]

---

[210] So Schreiben vom 22. Oktober 1836, Hann. Dep. 103 VII Nr. 6, S. 58 v (Übers. d. franz. Orig.).
[211] Entwurf vom 24. November 1836, Staatsarchiv Hannover, Hann. Dep. 103 VII Nr. 8, S. 261 r.
[212] So Entwurf vom 24. November 1836, Hann. Dep. 103 VII Nr. 8, S. 261 r f.
[213] So Entwurf vom 24. November 1836, Hann. Dep. 103 VII Nr. 8, S. 262 r.

IV. Scheles Staatsstreichpläne 73

Es folgt eine nachdrückliche Kritik an dem Regierungssystem, insbesondere dem Kollegialsystem und dem Einfluss der Kabinettsräte:

> »Ein solches collegialisches Ministerium wird aber schwierigen Anforderungen, welche die Begebenheiten der letzten Jahre, wenn von einer Verfassung die Rede seyn soll, herbey geführt haben, nicht entsprechen können. Es fehlt die erforderliche Einheit, Energie und Thätigkeit, die nur von Einem Kopfe ausgehen kann. Das Ganze der Verwaltung muß in einem Blick zusammengefaßt, darauf ein Plan entworfen, und demgemäß verfahren werden. Dieses kann nur von Einem Mann ausgehen. Wenn mir daher die collegialischen Ministerien, ohne Haupt, überhaupt eine Hauptquelle der Schwäche, der Langsamkeit, des Unzusammenhängenden in Verwaltung und Gesetzgebung, und des Übergewichts der Subalternen zu seyn schien, so treten dessen Mängel hier noch mehr hervor, nach einem für die Verwaltung so nachtheiligen Zeitraum. – Es scheint mir daher dringend erforderlich, daß Ew. K. H. einen solchen Mann zur Seite habe, der höchst ihre Ansichten und Absichten genau kennt, der sie theilt, den Ew. K. H. als einen Mann von selbständigem Charakter, von richtigem Urtheil und Kenntniß der öffentlichen Angelegenheiten im Großen, kennengelernt, und auf ihn höchst ihr Vertrauten gesetzt haben. Möge der Himmel einen solchen Mann, der selten ist, und noch seltener Gelegenheit hat, von Monarchen erkannt zu werden, Ew. K. H. im entscheidenden Augenblick zu Theil werden lassen; von ihm wird außerordentlich viel abhängen – .«[214]

In der Anlage A zum Entwurf vom 24. November findet sich ein Entwurf des »Regierungsantrittspatent(s) für den künftigen König, der die an Nullität laborirende Verfassung von 1833. aufheben will«. Der Entwurf enthält nach den üblichen Eingangsfloskeln, mit denen des verstorbenen Königs gedacht wird, eine mit Bleistift hinzugefügte Bemerkung »bis hier hin ist alles zu ändern, wenn der 2te Weg erwählt wird.«[215]

Im Entwurf des Patents heißt es weiterhin:

> »Wir erklären dagegen durch Unser gegenwärtiges Patent, unter Unserer königlichen Hand und Siegel, daß Wir das erwähnte Grundgesetz, außer anderen materiellen Gründen, schon allein aus dem Grunde nicht für gültig halten, weil es nicht, den Bestimmungen der Wiener Congreß Schlußacte vom 15ten Mai 1820. gemäß, von der damals in anerkannter Wirksamkeit, nach dem Königl. Patent vom 7ten December 1819. bestandenen Ständen, angenommen, vielmehr, und nicht in der, von jenen Ständen in Antrag gebrachten sondern in veränderter Art, neuen, nach dem neuen Grundgesetz zusammengesetzten und berufenen Ständen, zu unbedingten Annahme mitgetheilt worden.«[216]

Nach weiteren Ausführungen über die gegen das Staatsgrundgesetz zu erhebenden Einwände heißt es in dem Entwurf:

> »Wir erklären diesemnach das Grundgesetz des Königreichs vom 26 t Septbr. 1833. hiemit für null und nichtig, heben solches mit allen seinen Bestimmungen auf, und erklären, die bis zu obgedachtem Tage in Wirksamkeit gewesene Landesverfassung und die ständische Organisation vom 7ten Decbr. 1819. für rechtmäßig bestehende und in Kraft bleibende Verfassung und ständischen Organisation.- «.[217]

---

[214] So Entwurf vom 24. November 1836, Hann. Dep. 103 VII Nr. 8, S. 263 v f.
[215] So Entwurf vom 24. November 1836, Anl. A, Hann. Dep. 103 VII Nr. 8, S. 269 v.
[216] So Entwurf vom 24. November 1836, Anl. A, Hann. Dep. 103 VII Nr. 8, S. 270 r f.
[217] So Entwurf vom 24. November 1836, Anl. A, Hann. Dep. 103 VII Nr. 8, S. 272 r f.

In der Anlage findet sich ein weiterer Entwurf für ein Regierungsantrittspatent,[218] dem die Bemerkung vorangestellt ist »(vorsichtiger Weg.) für den ich [durchgestrichen: nicht] bin, wegen der Chicanen der Gegner/:«.[219]

Der Entwurf enthält ein »*Convokationsschreiben*« an die bisherigen Stände und ein Eröffnungsschreiben an diese Stände mit folgendem Wortlaut:

> »Ernst ... wir haben die bisher in Wirksamkeit gestandenen Stände lediglich zu dem Zwecke versammelt, um ihnen wie hiermit im angelegten Patent vom ten geschiehet, Unsere Erklärung über das Grundgesetz vom 26.t Septbr. 1833. zu eröffnen, ohne daß wir bey Unserer Ansicht über die Gültigkeit gedachter Verfassung, ihnen ein Recht zuerkennen können, über diesen Gegenstand mit Uns zu verhandeln. Da Wir aber nicht gemeint sind, den bisher in factischer Wirksamkeit bestandenen Ständen, den etwaigen legalen Weg, einer Klage bey dem Deutschen Bunde abzuschneiden, insofern sie vermeinen sollten, ihn, den, dem Rechte nach dem Erfolg, und außerdem Nutzen für das Land, betreten zu können; so erklären wir hiedurch, daß wir nicht vor ten die Wahlen zu den allgemeinen Ständen in Gemäßheit des K. Patents vom 7 t Decbr. 1819. veranstalten lassen, und diese Stände nicht vor ten versammeln wollen, und daß bis dahin das Grundgesetz vom 26tn Septbr. 1833. in seiner bisherigen factischen Wirksamkeit fortdauern soll. Wir erwarten jedoch bis zum tn als dem letzten Tage, bis zu welchem wir den bisherigen Ständen gestatten, zu dem einzigen Zweck versammelt zu bleiben, um über ihre an uns zu richtende Erklärung zu berathen, daß sie solche definitive Erklärung, ob sie die Absicht haben, den Weg der Beschwerde bey dem Deutschen Bunde gegen uns zu ergreifen, oder ob sie die Richtigkeit der von Uns, in anliegendem Patent vom tn gegen die Gültigkeit des Grundgesetzes vom 26 t Sept. 1833. und das wahre Beste des Landes, anerkennen, sich bey Unserer Eröffnung beruhigen wollen.«[220]

Im Folgenden finden sich Erwägungen zum weiteren Vorgehen unter unterschiedlichen Prämissen, die *Schele* zur eigenen Meinungsbildung anstellt:

> »Wenn der König abgeneigt gegen den 2tn Weg der Convocation der Stände von 1833. seyn sollte, so scheint mir doch die Gefahr beym Bunde, so gar groß nicht.
> 1) Kann der König 3. und mehr Monate Zeit lassen zur etwaigen Klage ohne er die neuen Stände des 1819. versammelt; ohne daß Er von dieser Fristgebung etwas sagt.
> 2) Wenn geklagt würde, so verkündet Er dem schon unterrichteten Bunde: Er habe bey so klarem Mangel in formaliter, es unzweifelhaft gehalten, die Constitution sofort aufzuheben, überhaupt habe Er sich auch qua materialia nicht durch sie einstweilen depossediren lassen können, aus seinen Domainen und Rechten.«[221]

Auf der anderen Seite gibt *Schele* zu erwägen:

> »Der Weg gleich durch ein Patent dem ganzen Volke zu erklären, der König hebe die neue Verf. als illegal in Forma etc. auf, und dann gleich die Stände von 1819. zu berufen, hat Vieles für sich. Man kann in Beziehung auf den Deutschen Bund, ihn aber etwas weniger vorsichtig halten, als einen anderen Weg. Der Bund nämlich könnte eine Klage der Verfassungsstände von 1833. annehmen, weil er sie für Stände und eine Verf. hält, die in anerkannter Wirksamkeit bestanden habe (wenn sie auch nicht in legaler Wirksamkeit dagewesen wäre) – dann könnte bis

---

[218] Weitere, im Wesentlichen identische Entwürfe finden sich auch im Staatsarchiv Hannover, Hann. 91 v. Schle I Nr. 27, S. 42 r ff. und S. 49 r ff.; vgl. auch Hann. 91 v. Schele I Nr. 30, S. 643 ff.
[219] So Entwurf vom 24. November 1836, Anl. A, Hann. Dep. 103 VII Nr. 8, S. 274 r.
[220] So Entwurf vom 24. November 1836, Anl. A, Hann. Dep. 103 VII Nr. 8, S. 274 v ff.
[221] So Entwurf vom 24. November 1836, Hann. Dep. 103 VII Nr. 8, S. 276 r f. (linke Spalte).

zu ausgemachter Sache, beym Schiedsgerichte, der König genötigt werden, die factisch in anerkannter Wirksamkeit bestehende Verf. und Stände der von 1833. fort bestehen zu lassen.«[222]

Als anderen Weg sieht *Schele* ein Antrittspatent, das dem des Königs *Wilhelm IV.* gleiche und ein an die Kammer gerichtetes Schreiben, dass er sie zusammenrufe und ihnen acht Tage zur Beratung darüber bewillige, ob sie eine Klage beim Bundesschiedsgericht einreichen wollten. Wörtlich führt *Schele* aus:

> »Der König sagt also allen seinen Unterthanen: Ich halte die Verf. von 1833. für ungültig und hebe sie auf: Wer aber glaubt, Ursache und Recht zu haben, der gehe in legalem Wege beym Bunde Widerspruch zu erheben, dem lasse ich 3. Monate Zeit/:
> Der König muss zugleich dem Bunde sein Patent und eine Entwickelung der Gründe, die gegen die Legalität – auch gegen den Nutzen, und die materielle Rechtmäßigkeit – der Verf. des 1833. sprechen, vorlegen, damit der Bund vorbereitet sey, wenn eine Klage an ihn gebracht werden sollte. – «[223]

Der Entwurf vom 24. November 1836 weist mithin zwei alternative Vorgehensweisen auf, die unterschiedlicher nicht hätten sein können. Während *Schele* empfiehlt, das Staatsgrundgesetz für nichtig zu erklären und die Kammern aufzulösen, wird als »vorsichtigerer Weg« erwogen, den Kammern die Möglichkeit zu eröffnen, um Rechtsschutz beim Deutschen Bund nachzusuchen. Der prinzipielle Unterschied zwischen beiden Fassungen des Entwurfs ist unschwer zu erkennen: Im ersteren Fall nimmt der König das Recht in Anspruch, die Verfassung wegen vermeintlicher Nichtigkeit *selbst* aufzuheben; wird dagegen der Rechtsweg zur Bundesversammlung eröffnet, stellt sich die »Nullität« des Staatsgrundgesetzes lediglich als Rechtsansicht dar, über deren Richtigkeit der Deutsche Bund zu entscheiden hätte.

2. Scheles Schreiben vom 4. Januar 1837

Anfang 1837 tritt der Schriftwechsel zwischen *Schele* und dem Herzog von Cumberland in eine neue Phase. Zu vermuten ist, dass aufgrund des Gesundheitszustandes des Königs, die Thronbesteigung *Ernst Augusts* in greifbare Nähe gerückt war. Er hatte *Schele* Ende Dezember 1836 eine Reihe schriftlicher Fragen übermittelt, die dieser in einem ausführlichen Schreiben vom 4. Januar 1837 beantwortete. Während *Schele* in den Briefen aus dem Jahr 1836 in erster Linie die Rolle eines Informanten und Analytikers eingenommen hatte, tritt er nunmehr als sach- und fachkundiger Jurist auf. Schon im Eingang seines Schreibens heißt es:

> »[...] die diesbezüglichen Gesetze sind jedoch präzise und klar, so daß die Antwort dieser Fragen, will man innerhalb der Legalität bleiben, eindeutig und nicht zu bezweifeln ist. Diese Prüfung wird auch auf ganz normalem Wege die Frage auf-

---
[222] So Entwurf vom 24. November 1836, Hann. Dep. 103 VII Nr. 8, S. 276 r (rechte Spalte).
[223] So Entwurf vom 24. November 1836, Hann. Dep. 103 VII Nr. 8, S. 277 v (linke Spalte).

werfen, welcher Weg faktisch zu beschreiten ist, wenn man sich außerhalb der Legalität bewegt und welche Folgen das Verfahren haben wird.«[224]

Schele beruft sich auf Art. 56 der Wiener Schlussakte, nach der die in anerkannter Wirksamkeit bestehenden, landständischen Verfassungen nur auf verfassungsmäßigem Wege wieder abgeändert werden könnten:

> »Aus der oben genannten Vorschrift des Wiener Kongreßes und aus der Tatsache, auf die diese Vorschrift angewendet zu werden hat, folgt, daß die Gründung der Stände von 1819 und die alte bestehende Verfassung auf legalem Wege nicht verändert werden konnten ohne die beiderseitige Zustimmung des Souveräns und der bestehenden Stände.«[225]

Schele bedient sich hier eines juristischen Kunstgriffs, indem er Art. 56 WSA nicht nur die Garantie der bestehenden Verfassungen, sondern darüber hinaus ein gleichberechtigtes Mitwirkungsrecht der Stände bei Schaffung neuer Verfassungen entnimmt. Der in Art. 56 WSA in Bezug genommene »verfassungsmäßige Weg« bezieht sich *Schele* zufolge nicht auf die Verfassung des jeweiligen Staates, sondern soll allen Mitgliedstaaten des Deutschen Bundes verbindlich ein Verfahren der Verfassungsgebung vorschreiben. Folglich hätte König *Wilhelm IV.*, der nicht ausdrücklich genannt wird, für seine Änderungen des Staatsgrundgesetzes die Zustimmung der Ständeversammlung gebraucht:

> »Die Regierung ist diesen Weg nicht gegangen, sondern rief in der Folge die neuformierten Stände zusammen und oktroyierte ihn, ohne weitere Erörterung zuzulassen, die neue Verfassung. Diese Maßnahme ist eindeutig illegal, die Änderung der Verfassung und der Stände ist nichtig und die derzeitige Verfassung kann mit diesem Rechtsmittel – und ausschließlich mit diesem Rechtsmittel – auf legale Weise angefochten werden, und zwar mit wohl unzweifelhaften Aussichten auf Erfolg.«[226]

Im Folgenden beantwortet *Schele* die Fragen, die ihm vom Herzog von Cumberland unterbreitet worden waren und deren erste lautete, ob es ratsam sei, die allgemeine Ständeversammlung in ihrer jetzigen Gestalt zu akzeptieren. *Scheles* Antwort ist eindeutig:

> »Diese Stände dürfen nicht akzeptiert werden, denn sie sind nichts anderes als eine Folgeerscheinung der Verfassung von 1833, die man verwerfen will. Sie beizubehalten wäre unvereinbar mit den Vorschriften der Schlußacte des Wiener Congreßes, die eine legale Änderung der Stände nur zuläßt, wenn die bestehenden Stände ihr zugestimmt haben. Man kann also diesbezüglich legal nichts unternehmen, ohne die Stände von 1819 wieder einzusetzen, denen man neue Vorschläge machen kann, falls die Wiedereinsetzung der Stände von 1819 nicht die Zustimmung der Regierung fände. Im Übrigen unterscheidet sich die Zusammensetzung der Stände von 1819 und 1833 nur geringfügig, und die einen sind etwa so viel wert wie die anderen.«[227]

---

[224] So Schreiben vom 4. Januar 1837, Staatsarchiv Hannover, Hann. Dep. 103 VII Nr. 6, S. 93 r (Übers. d. franz. Orig.).
[225] So Schreiben vom 4. Januar 1837, Hann. Dep. 103 VII Nr. 6, S. 94 v (Übers. d. franz. Orig.).
[226] So Schreiben vom 4. Januar 1837, Hann. Dep. 103 VII Nr. 6, S. 94 v f. (Übers. d. franz. Orig.).
[227] So Schreiben vom 4. Januar 1837, Hann. Dep. 103 VII Nr. 6, S. 95 v f. (Übers. d. franz. Orig.).

Die Fragen zwei und drei des Herzogs lauteten:

> »Hat ihre Königl. Hoheit jegliche Freiheit, die Verfassung von 1833 zu verwerfen oder zu ändern, wenn die Stände in ihrer jetzigen Form akzeptiert werden?«

Schele meint, diese Frage bereits beantwortet zu haben:

> »Denn die einzige Anfechtungsgrundlage gegen die jetzige Verfassung ist ihre Nichtigkeit, die sich daraus ergibt, dass die Vorschriften der Schlußacte von Wien nicht berücksichtigt wurden. Daraus ergibt sich, daß sowohl Verfassung wie Stände beide parallel entweder bestehen bleiben oder abgeschafft werden: Wir müssen mit unbedingter Nothwendigkeit auf die Institution von 1819 zurückgreifen. Man kann dann diesen Ständen neue Vorschläge machen, aus denen im Falle ihrer Zustimmung neue Gesetze entstünden. Wollte man die Verfassung nicht aufgrund von fehlenden Formalien, sondern inhaltlich anfechten, weil man ausführt, daß die eine oder andere Vorschrift den Rechten des Königs widerspricht oder den Grundsätzen einer guten Regierungstätigkeit usw., so wäre ein solches Vorhaben außerordentlich schwer zu realisieren. Erstens, weil alles, was den Inhalt der Sache und nicht die Form betrifft, dem Streit unterliegt, und sodann, weil genau diese Vorschriften, die wir streichen wollen, sich in noch liberalerer Form in anderen deutschen Verfassungen wiederfinden. Die Bundesversammlung wäre zumindest diesbezüglich gespalten, das Ergebnis angesichts der allgemeinen Stimmungslage äußerst unsicher.«[228]

Die *Schele* unterbreitete vierte Frage lautete, ob der König für den Fall, dass er die Stände nicht anerkenne, nicht argumentieren könne, dass er bereit sei, die Provinziallandstände mit mehr Macht auszustatten, in dem man pro Provinz einen Landrat für die Entscheidung von deren Angelegenheiten berufe und zusätzlich die Stelle eines Staatsrats schaffe. *Schele* verhält sich in seiner Antwort ungewohnt zurückhaltend und würde einer solchen Verfassung nur zuneigen, wenn in den Provinzvertretungen die konservativen Elemente des Adels überwögen. Durch die Einrichtung eines engeren Rates und eines Ständerates könnte der ministerielle Absolutismus gemildert werden und allein »die moralische Ausstrahlungskraft eines Souverains« maßgebend sein.[229] Allerdings verhehlt er auch an dieser Stelle nicht das Misstrauen, dass ihm der Adel einflöße, seine Unnachgiebigkeit auf der einen und die Ignoranz auf der anderen Seite, die ihn fast zur Verzweiflung bringen könnten.[230] Er sieht allerdings keinerlei rechtliche Möglichkeit, eine solche Verfassung einzuführen, so lange man sich innerhalb der Legalität bewege:

> »Die Facten zwingen uns, entweder der Institution der Generalstände zuzustimmen oder einem reinen Absolutismus. Da ein legaler Weg nicht offen steht, um die Generalstände los zu werden, komme ich nun zur Erörterung einer de-Facto-Lösung außerhalb der Legalität. Ich möchte annehmen, dass ihre Königl. Hoheit auf wenig oder gar keinen Widerstand im Lande stieße, da die Basis dieser Art Regierung nicht weniger der Legalität entbehrte: Eine Partei, entweder im Land oder im Ministerium könnte sich eines Tages des Vorwurfs der Illegalität bedienen wie dies auch bereits heute bezüglich der Verfassung von 1833 geschieht, und zwar mit noch eindeutigeren Argumenten. Dann könnte die Situation des Königs sehr critisch werden. Die einen werden sich auf die Verfassung von 1819 berufen, die anderen fordern eine neue Lösung, die schlechter ausfallen könnte

---

[228] So Schreiben vom 4. Januar 1837, Hann. Dep. 103 VII Nr. 6, S. 96 r f. (Übers. d. franz. Orig.).
[229] So Schreiben vom 4. Januar 1837, Hann. Dep. 103 VII Nr. 6, S. 98 r (Übers. d. franz. Orig.).
[230] So Schreiben vom 4. Januar 1837, Hann. Dep. 103 VII Nr. 6, S. 98 v (Übers. d. franz. Orig.).

als alles, was man bislang hatte. Aber diese Annahme, dass der Weg über die Facten, den ich ansprach, und die Wiedereinführung der Provincial-Stände führt, kann auch falsch sein. Es ist sehr wahrscheinlich, dass die Zweite Cammer, oder falls das nicht zutrifft, mehrere Städte und einige Gemeinden Klage einreichen bei der Bundesversammlung des Deutschen Bundes. Damit würde die Angelegenheit überaus unangenehm und heikel, denn die Bundesversammlung kann die Abschaffung der Stände, die 1819 legal begründet wurden, nicht sanctioniren. Selbst wenn Preußen und Österreich es wünschten, könnten sie dies nicht befürworten. Es widerspricht auch den wohlbekannten Principien des Fürsten Metternich, der sich vor allem für die Einhaltung der etablierten Ordnung ausspricht und die acceptance ce accompli vor allem aber wenn Aufstände und Unruhen im Volk zu befürchten sind [...]. Seitens der Bundesversammlung des Deutschen Bundes gibt es deshalb nichts zu erhoffen. Möglicherweise werden die Ständeversammlungen und die modernen Verfassungen eines Tages in Deutschland abgeschafft; ein solcher Zeitpunct ist jedoch noch nicht gekommen.«[231]

Die fünfte und letzte Frage lautete:

»In welcher Weise dies alles bewerkstelligt werden kann, und wie man das ehemalige patriarchalische System wieder wird herstellen können, das zum Wohle des Volkes zwischen dem Souverain und dem Land bestand?«

Schele rät zur Vorsicht:

»Ich glaube, daß zunächst ihre Königl. Hoheit weiterhin treu zu ihren Absichten stehen, aber diese Fragen derzeit nicht ansprechen sollten, um jegliche Aufruhr und jegliche Unsicherheit im Land zu vermeiden und weiterhin nicht auf Fragen reagiren sollte, die seitens Ministern oder sonstiger Personen diesbezüglich gestellt werden könnten. Ihre Königl. Hoheit wird sicherlich zu dem Zeitpunct an die Macht kommen, den die Vorsehung für Sie als entscheidend bestimmt haben wird. Ihre Königl. Hoheit könnte dann zunächst eine sehr kurze Proclamation, ähnlich der der regirenden Majestät, ueber die Thronbesteigung erlassen, die nur den Untergebenen zur Kenntniß gelangt, ohne von der zu tragenden Ehre oder der Einberufung der Stände zu sprechen. Sollten sie zufällig versammelt sein, könnte Ihre Königl. Hoheit sie im Folgenden auflösen, ohne ihnen einen einzigen weiteren Sitzungstag zu gestatten, was als Anerkennung interpretirt werden könnte. Ihre Königl. Hoheit wird dann einige wenige der gründlichen und reiflichen Prüfung der Revolution widmen, die Sie zu der Verfassung kundtun will. Gelehrte Publicisten werden die Frage der Abschaffung der derzeitigen Verfassung von 1833 zu prüfen haben. Die Lösung dieser Frage erfordert nicht viel Zeit; sie ist sehr einfach: Ihre Königl. Hoheit veröffentlicht dann seine Proclamation – Patent – die die Entscheidung betreffend die Verfassung beinhaltet.
Hinsichtlich der Wiedereinführung der patriarchalischen Verfassung der alten Zeiten, die ihre Königl. Hoheit von ganzem Herzen wieder aufleben lassen möchte: Es wird schwirig werden, dies wieder einzuführen, da man die Grundlagen zerstört hat. Die inneren Beziehungen beruhten vor allem auf den Lehensrechten des Souverains über die Bauern, aber auch auf ihren gegenüber dem Souverain. Der Bauer war zwar abhängig von seinem Lehensherrn, durfte aber auch alles von ihm erhoffen, sodaß seine Situation der zwischen einem Kind und seinem Vater vergleichbar war, eine so ehrenwerte und für das Volk so glückliche Beziehung, die deshalb patriarchalisch genannt werden durfte. Heute ist der Bauer in seiner traurigen Freiheit allen Gefahren des Lebens ausgeliefert, der feudale

---

[231] So Schreiben vom 4. Januar 1837, Hann. Dep. 103 VII Nr. 6, S. 99 v ff. (Übers. d. franz. Orig.).

Schutz, dieses innigliche Verhältniß zwischen Souverain, Volk und Adel ist erloschen. Ich sehe keinen Weg, diesen Geist von einst wieder aufleben zu lassen.«[232]

3. Der Staatsstreichplan vom 17. März 1837

In seinem Brief vom 17. März 1837 antwortet *Schele* auf ein Schreiben des Herzogs vom 24. Januar, in dem dieser ihm »*befohlen*« habe, seine Ansicht darüber vorzulegen:

»Auf welche Art, bey Höchst Dero dereinstigen Thronbesteigung, die Aufhebung des Grundgesetzes des Königreiches Hannover, vom 26ten September 1833. am zweckmäßigsten zu behandlen, und welcher Gang dabey zu beobachten seyn werde?«[233]

Zur »Ite Behandlungsart« – nämlich die Aufhebung des Grundgesetzes bei Regierungsantritt – sieht *Schele* sechs einzelne Schritte vor, nämlich die Entlassung des Ministeriums und Ernennung neuer Minister (1), die Benennung eines Gutachters (2), den Erlass des Regierungsantrittspatents (3), die Auflösung der Stände (4), die Berufung der Stände von 1819 (5) und einen Bericht an die Bundesversammlung (6).

Unter Punkt 1) hält er die Ernennung neuer Minister für unvermeidlich,

»weil die bisherigen, weder über Maasregeln behuf Aufhebung des Grundgesetzes berathen, noch solche in Ausführung bringen können. Überhaupt, wird mit Ausnahme von Individuen, die etwa nach ihrem Mangel an Consequenz jede Farbe anlegen, und sich von einem, dem bisher befolgten ganz entgegengesetzten System fortziehen lassen, die Verwaltung, wie sie Ew. Königl. Hoheit beabsichtigen, niemals mit eben den Männern an der Spitze durchgeführt werden, die sich so tief in den Geist der Neuerungen, und des Liberalismus, eingelassen haben: sie können ihr eigenes Werk, mögen sie es aus schwacher Nachgiebigkeit, oder aus Liebe zur Sache, geschaffen haben, nicht so vollständig verleugnen, es selbst tadeln, und es umstürzen, und ein solches Ministerium würde nicht die Achtung im Lande genießen, welche bey einem wesentlich veränderten Regierungssystem, nothwendig ist, und bey dem größeren, unverdorbenen Theile des Volkes, nur die Furcht eines consequenten, selbständigen Charakters, ist. Eine Aufschiebung der Bildung eines neuen Ministeriums, möchte nicht rathsam seyn.«[234]

Unter Ziffer 2 beruft *Schele* die Gefahr, dass der König nach seinem Regierungsantritt unterschiedlichen Einflüssen ausgesetzt wäre, die eine ruhige Entschließung verhinderten. Er hält ein Gutachten über die Verfahrensweise (vor dem Deutschen Bund) für angezeigt, wüsste aber

»keinen hiesigen Publicisten zu nennen, von dem [er], neben genügender Kenntniß des Gegenstandes, verbürgen möchte, daß er völlig verschwiegen seyn würde, in dieser Sache, die das höchste Interesse der jetzigen hiesigen Machthaber, und des Liberalismus, berührt, welchem er mehr oder weniger ergeben seyn möchte.«[235]

---
[232] So Schreiben vom 4. Januar 1837, Hann. Dep. 103 VII Nr. 6, S. 103 r ff. (Übers. d. franz. Orig.).
[233] So Schreiben vom 17. März 1837, Hann. Dep. 103 VII Nr. 6, S. 106 r f.
[234] So Schreiben vom 17. März 1837, Hann. Dep. 103 VII Nr. 6, S. 107 v f.
[235] Hann. Dep. 103 VII Nr. 6, S. 109 r.

Schele fährt fort:

> »Ein auswärtiger sicherer Edelmann, dem Liberalismus nicht ergeben, und dabey gründlicher Rechtsgelehrter und Publicist, würde eher consultirt werden können: Allein derselbe würde zuvor genau von dem ganzen facto, von hier aus unterrichtet werden müssen: Ich würde bereit seyn, dieses factum aufzustellen, und es Ew. Königl. Hoheit, zu senden.«[236]

Unter 3) hält *Schele* nach Bildung des neuen Ministeriums den Erlass des Regierungsantrittspatents für erforderlich,

> »welches das Grundgesetz aufhebt, und dem Lande, Eur. Königl. Hoheit Willensmeinung überhaupt eröffnet.«[237]

Unter 4) schlägt *Schele* vor, die allgemeinen Stände sofort aufzulösen, ohne ihnen einen Grund anzugeben, noch ihnen eine einzige Sitzung zu gestatten, die als Anerkennung ausgelegt werden könnte.[238]

Unter 5) die Einberufung der Stände von 1819 für einige Wochen oder Monate auszusetzen.

Besondere Beachtung verdient der Vorschlag unter 6), sich sogleich an die Bundesversammlung zu wenden und über den Gegenstand und das Verfahren zu berichten. In Bezug auf den Deutschen Bund hält *Schele* folgende Schritte für möglich:

> »Die Stände von 1833. können als solche, nicht handeln, denn sie sind nicht versammelt, vielmehr aufgelöset. Es können daher nur Städte, Communen, Corporationen usw. sich etwa mit einer Beschwerde über Verletzung, der bestehenden Verfassung, an die Bundesversammlung wenden. Diese ist, wie oben sub 6) bemerkt worden, von dem Gegenstande in Kenntniß gesetzt, und Ew. Königl. Hoheit, werden nicht ohne Einfluß bey derselben seyn. Es ist daher zu hoffen, daß da der formelle Mangel des Grundgesetzes, klar und schnell zu erkennen, außerdem die materiellen Einwendungen gegen dasselbe, von der Art sind, ebenfalls baldigen, und sehr wahrscheinlichen Eindruck zu machen, die Bundesversammlung sofort die Klage abweisen werde, um so mehr, da die Zahl solcher klagenden Communen usw. verhältnismäßig nicht groß seyn dürfte, mithin der allgemeine Wunsch der hannöverschen Unterthanen, daraus nicht hervorgehen würde.«[239]

Für den Fall, dass die Bundesversammlung anderer Ansicht sei, könne sie verlangen, dass die Stände sich versammelten und eine Erklärung zu den Absichten des Königs beschlössen. Es sei zu besorgen, dass die Erklärung der Zweiten Kammer nicht günstig sein würde. Nur in dem Fall, dass beide Kammern gemeinsam Klage erheben wollten, würde das von der Bundesversammlung im Jahr 1834 für Streitigkeiten zwischen Landesherrn und Ständen errichtete Schiedsgericht eintreten und zu entscheiden haben:

> »Dieses bestehet aus strengen Juristen, sehr viel vom Bürgerstande, mithin Anhänger der liberalen constitutionellen Einrichtung.«[240]

---

[236] So Schreiben vom 17. März 1837, Hann. Dep. 103 VII Nr. 6, S. 109 r.
[237] So Schreiben vom 17. März 1837, Hann. Dep. 103 VII Nr. 6, S. 109 v.
[238] So Schreiben vom 17. März 1837, Hann. Dep. 103 VII Nr. 6, S. 109 v.
[239] So Schreiben vom 17. März 1837, Hann. Dep. 103 VII Nr. 6, S. 110 r f.
[240] So Schreiben vom 17. März 1837, Hann. Dep. 103 VII Nr. 6, S. 111 r f.

Da die Erste Kammer nach *Scheles* Einschätzung auf Seiten des Königs stehe, hält er ein Verfahren vor dem Schiedsgericht für unwahrscheinlich und ein solches vor dem Bund ebenfalls nicht als erfolgversprechend.

Die von *Schele* erwogene »IIte Behandlungsart« unterscheidet sich von der ersten dadurch, dass die Stände zu versammeln sind, um ihnen die Aufhebung des Grundgesetzes zu eröffnen. *Schele* rät hiervon ab, weil hierdurch zwar keine Anerkennung des Grundgesetzes folge, gleichwohl die Stände »zum Klagen provocirt« werden könnten, da sie als solche versammelt seien und Beschlüsse fassen könnten. Sofern beide Kammern einig seien, würde die Sache nicht an die Bundesversammlung, sondern an das Schiedsgericht gelangen, »welches weniger zu wünschen ist«.[241]

Bei der Anrufung der Bundesversammlung sei hingegen

> »die Hoffnung eher möglich, daß Städte und Communen gar nicht klagen, da sie allemal weniger günstig dazu gestellt sind, als Stände; auch der Haupt-Sammelplatz, der aus Herrschbegierde und Eitelkeit, dem sog. Repräsentationssystem besonders ergebenen Personen, sich in der Ständeversammlung findet.«[242]

Der »IIte Weg« biete nur den Vorteil, einer von der Bundesversammlung möglicherweise geforderten Einberufung der Stände zuvorzukommen:

> »Doch scheint es, es müße etwas gewagt werden, da es doch nicht von Gefahr bringender Art ist, sondern allenfalls nur zu jenem Rückschritt führt.«[243]

Als »IIIte Behandlungsart« erwägt *Schele*, im Regierungsantrittspatent eine Frist von 3 Monaten zu setzen, während der den Anhängern des Grundgesetzes die Möglichkeit eröffnet werden solle, Klage vor der Bundesversammlung zu erheben. Er selbst hält diesen Weg nicht für empfehlenswert;

> »denn Übelgesinnte können allerdings diesen zweifelhaften Zwischenzustand benutzen, um Aufregung hervorzubringen, und der dreymonatlichen Fristverstattung, den Anstrich zu geben, als ob Ew. Königl. Hoheit Selbst des Erfolges nicht sicher wäre, und daher solchen einige Zeit erwarten wollten. Die Maasregel überhaupt hat mehr Nachdruck, wenn sie sogleich rein und entschieden genommen wird, und der Vorteil, den diese IIIte Verfahrensart bietet, ist danach sehr geringe.«[244]

Im Falle von Aufständen »in ein paar Städten« zählt *Schele* auf die unbedingte Treue der königlichen Truppen. Allerdings befürchtet er, dass bei der Waffenanwendung gegen Mitbürger die Treue mancher Armeen schon wankend geworden ist.[245]

Er empfiehlt deshalb, nach Rücksprache mit einem die Armee kennenden General,

> »Officire, die verdächtig wegen ihrer politischen Gesinnung seyn möchten, unter, sie nicht kränkenden Vorwänden, in dem entscheidenden Augenblick, von ihren Corps zu entfernen. Außerdem dürfte vor Erlaßung des HauptPatentes (sub A) den Befehlshabern, unter dem Siegel der Verschwiegenheit, besondere Auf-

---

[241] So Schreiben vom 17. März 1837, Hann. Dep. 103 VII Nr. 6, S. 112 r.
[242] So Schreiben vom 17. März 1837, Hann. Dep. 103 VII Nr. 6, S. 112 v.
[243] Schreiben vom 17. März 1837, Hann. Dep. 103 VII Nr. 6, S. 112 v f.
[244] So Schreiben vom 17. März 1837, Hann. Dep. 103 VII Nr. 6, S. 113 v.
[245] So Schreiben vom 17. März 1837, Hann. Dep. 103 VII Nr. 6, S. 114 r.

merksamkeit, auf Bewegungen im Volke zu empfehlen, und ihnen zu befehlen seyn, daß die, unter Vorwand von Übungen usw. ihre Truppen möglichst, den Hauptstädten der Provinzen nähern, und sie durch Zusammenziehung schnell disponibel haben.«[246]

Schele kommt zum Schluss:

»Wenn man einen großen Schlag, der nicht allen gefällt, ausführen will, so ist, bey gehörig vorbereiteten Mitteln, rasches Verfahren das Beste; man muß ausgeführt haben, ehe die Gegner sich haben bereden und besinnen können.«[247]

Die dem Waffengebrauch gegen Zivilpersonen entgegenstehenden Gesetze hält er aufgrund eines vermeintlichen Notstandes für überwindbar. Allerdings sollten die Kommandeure das Volk zur Ruhe auffordern und hinzufügen,

»daß da der König, das Grundgesetz für ungültig halte, ihnen aber der gesetzmäßige Weg der Vertheidigung, bey der Bundesversammlung, nicht abgeschnitten sey, so hätten sie keinen Grund zu Beschwerden; in jedem Fall aber sey Aufstand höchst strafbar, und ein Mittel, durch welches sie ihrer Sache, wenn sie vermeinten sie durchführen zu können, nur schadeten.«[248]

Der in der Anlage A beigefügte Entwurf zum Regierungsantrittspatent beruht auf der Entwurfsfassung vom 24. November 1836. Es ist zehn Seiten lang und wiederholt zunächst die von *Schele* vertretenen Begründungen für die Nichtigkeit des Grundgesetzes. Kern des Entwurfs sind die folgenden Sätze:

»Wir erklären diesemnach das Grundgesetz des Königreichs vom 26ten September 1833. hiemit für null und nichtig, heben solches mit allen seinen Bestimmungen auf, und erklären, die bis zu obgedachtem Tage in Wirksamkeit gewesene Landesverfassung, und die ständische Organisation, nach dem Königl. Patent vom 7ten December 1819. für die rechtmäßig bestehende, und in Kraft bleibende Verfassung, und ständische Organisation. Es folgt hieraus die Entbindung aller Civil Staatsdiener, von ihrem in Gemäßheit des §. 161. Cap. 8. des Grundgesetzes vom 26ten September 1833. auf daßelbe geleisteten Eydes.«[249]

Fassen wir es kurz zusammen: Am 17. März 1837 – also drei Monate vor dem Tod Wilhelms IV. – liegt ein kompletter Plan für den Staatsstreich vor, in dem Alternativen und Eventualitäten berücksichtigt sind. *Scheles* Vorschlag, den Schlag mit einem Mal auszuführen, um dem Gegner keine Atempause zu gönnen, wird vom König zwar in letzter Minute abgelehnt, was *Schele* mit großer Erbitterung zur Kenntnis nimmt.[250] Im Übrigen läuft die »Angelegenheit« jedoch ganz nach seiner Planung. *Ernst August* ernennt ihn sofort nach seiner Ankunft in Hannover zum Kabinettsminister und überträgt ihm alle Verantwortung. Die bisher amtierenden Minister werden zwar – entgegen dem Vorschlag *Scheles* – nicht entlassen, spielen aber nur eine Nebenrolle und werden Ende Oktober dankbar vermerken, dass der König sie als »Departementminister« weiter im Amt halten will.[251]

---

[246] So Schreiben vom 17. März 1837, Hann. Dep. 103 VII Nr. 6, S. 115 v f.
[247] So Schreiben vom 17. März 1837, Hann. Dep. 103 VII Nr. 6, S. 116 r.
[248] So Schreiben vom 17. März 1837, Hann. Dep. 103 VII Nr. 6, S. 117 r.
[249] So Schreiben vom 17. März 1837, Anl. A, Hann. Dep. 103 VII Nr. 6, S. 131 v.
[250] Vgl. Staatsarchiv Hannover, Hann. 103 VII Nr. 8, S. 30 r.
[251] Vgl. unten S. 178.

Durch die Vertagung des Landtags sind die Stände ausmanövriert und können sich nicht aus eigenem Entschluss versammeln. Damit ist auch die von *Schele* als real erkannte Gefahr gebannt, dass die Stände sich an die Bundesversammlung oder – bei Übereinstimmung der beiden Kammern – sogar an das Schiedsgericht wenden könnten. Der aus dem römischen Recht stammende und im Gemeinen Recht vertretene Grundsatz, dass die Parteifähigkeit eines Klägers, der um seine Rechtsstellung streitet, für das Verfahren fingiert wird, scheint *Schele* unbekannt zu sein. Überhaupt spielen juristische Fragen nur insoweit eine Rolle, als sie den Staatsstreichplan gefährden könnten.

Schele sieht einen gewissen Widerstand bei den Städten und Korporationen voraus, schätzt ihn aber realistischerweise gering ein. In der Tat sind es neben einigen Gemeinden des früheren Hochstifts nur wenige Kommunen gewesen, die sich der Beschwerde der Stadt Osnabrück an den Deutschen Bund angeschlossen haben.[252]

Schele sieht, dass das von ihm erstellte Pro Memoria vom 8. Januar 1836 und seine Wiederholung im Schreiben vom 4. Januar 1837 zur Begründung der Aufhebung der Verfassung nach außen nicht würde herhalten können. Der zu bestellende »Publicist« konnte freilich nicht in den Reihen der *Georgia Augusta* gesucht werden, weil die Rechtsprofessoren *Schele* allenthalben als des Liberalismus verdächtig erschienen. Seiner Vorstellung nach müsste der Gutachter »von außen« kommen, von vornherein aber die Gewähr für ein den Wünschen des Königs entsprechendes Gutachten bieten. *Schele* selbst erbietet sich, das Gutachten inhaltlich zu beeinflussen. Auch in dieser Hinsicht verlief alles nach seinem Plan. Er selbst hat *Leist* – seinerzeit Justizkanzleidirektor in Stade und früherer Professor an der Universität Göttingen – als Gutachter vorgeschlagen, dies jedoch später gegenüber dem König bestritten. Beide hatten in Diensten des Königreichs Westfalen gestanden und kannten sich aus der Kasseler Zeit.[253] Später hat sich *Schele* von *Leist*, den er liberalistischer Neigungen zieh, distanziert.[254] Belegbar ist indes, dass er in den folgenden Monaten ständig auf das Gutachten Einfluss genommen hat, um das erwünschte Ergebnis zu erreichen.[255]

Der Staatsstreichplan wäre unvollständig gewesen, würden nicht Vorkehrungen für den Fall getroffen worden sein, dass sich in der Bevölkerung Widerstand gegen die Aufhebung des Staatsgrundgesetzes erhoben hätte. *Schele* erachtet solche Widerstände zwar nicht als wahrscheinlich, weil die Verfassung nicht hinreichend im Bewusstsein des Volkes verankert sei, sieht für diesen Fall jedoch den Einsatz der bewaffneten Macht vor. Die einzelnen Schritte – Versetzung unzuverlässiger Offiziere, Manöver in der Nähe größerer und damit verdächtiger Städte – weisen *Schele* als kalten Planer aus, der – wie dargestellt – auf entgegenstehende Gesetze keine Rücksicht nimmt und der Sache nach Notstandsbefugnisse für die Kommandeure reklamiert. Dass vor dem Waffeneinsatz die

---
[252] Vgl. unten S. 210.
[253] Vgl. hierzu H.-J. Behr, Georg von Schele, S. 40.
[254] Vgl. unten Fn. 483.
[255] Vgl. unten S. 138.

84   Viertes Kapitel: Die Vorbereitung des Staatsstreichs

Bevölkerung noch mit dem Hinweis auf eine mögliche Klage beim Deutschen Bund beruhigt werden soll, weist *Schele* zudem als politischen Taktiker aus.

Zu ernsthaften Widerständen gegen die Aufhebung des Staatsgrundgesetzes ist es nicht gekommen. Die Beschwerde der Stadt Osnabrück und anderer Kommunen ist eine rechtshistorische Episode geblieben, während das breite – und bis heute nicht nachlassende – Interesse der Protestation der Göttinger Sieben galt. Insofern gelangten die Pläne *Scheles* zum Einsatz der bewaffneten Macht nicht zur Ausführung, gehörten aber notwendig zum Staatsstreichplan, in dem im Voraus jeder mögliche Widerstand bedacht wurde und entsprechende Gegenmaßnahmen vorgesehen waren. Zusammenfassend darf festgestellt werden, dass mit dem Schreiben vom 17. März 1837 ein vollständiges Drehbuch für den Ablauf des Staatsstreichs vorlag und der König Entscheidungen nur zwischen den von *Schele* aufgezeigten Alternativen zu treffen hatte. Ob der Gesundheitszustand *Wilhelms IV.* dem Herzog von Cumberland Ende Januar 1837 Anlass gab, von *Schele* einen Plan für die nach der Thronbesteigung zu ergreifenden Maßnahmen anzufordern, ist wahrscheinlich, muss hier aber offen bleiben. In jedem Fall lag für ihn die Herrschaft im Königreich Hannover in greifbarer Nähe.

V. Vorbereitung des Staatsstreichs als hochverräterisches Unternehmen

In der Literatur ist bislang die Vorbereitung des Staatsstreichs nur am Rande behandelt und keiner rechtlichen Beurteilung zugeführt worden. Zwar hat *Willis* Archivalien hinzugezogen; auch *Behr* stützt sich bei seiner Biographie *Scheles* auf die Archivbestände des Staatsarchivs Hannover. Beide enthalten sich aber einer irgendwie gearteten rechtlichen Beurteilung dessen, was dem Staatsstreich voranging. Bezeichnend ist, dass sich im Entwurf des Schreibens *Scheles* an den Herzog vom 24. November 1836, in dem der Staatsstreichplan bereits ausgearbeitet worden war, ein Einschub folgenden Wortlauts findet:

> »–. Das Criminalgesetz wird insoweit revidirt werden müssen, als es Beziehung auf das Grundgesetz von 1833. hat, zB beym Hochverrath, der mit dem König, und auf seinen Befehl, soll begangen werden können, gegen die Verfassung.«[256]

Zur strafrechtlichen Seite des Staatsstreichs hat – soweit ersichtlich – allein der Tübinger Professor *August Ludwig Reyscher*[257] in seinem am 26. Januar 1839 vorgelegten Gutachten Stellung genommen:

> »Die Handlung, welche Seine Majestät der König Ernst August unternommen, in dem Sie das bestehende Grundgesetz des Königreichs Hannover willkührlich auf-

---

[256] So Entwurf vom 24. November 1836, Staatsarchiv Hannover, Hann. Dep. 103 VII Nr. 8, S. 244 r.
[257] *August Ludwig Reyscher* (1802–1880), seit 1837 Professor für deutsches Recht an der Universität Tübingen, ab 1844 deren Rektor, ab 1851 als Rechtsanwalt tätig. 1848 Teilnahme am Vorparlament in der Frankfurter Paulskirche. Ab 1848 Landtagsabgeordneter, 1871–1872 Reichstagsabgeordneter.

gehoben, würde, wäre sie von einem Unterthanen dieses Königreichs ausgeführt oder auch nur versucht worden, nach dem gemeinen Strafrechte und insbesondere nach dem hannoverschen Entwurf eines Strafgesetzbuchs (Art. 137) unter den Begriff des Hochverraths fallen; denn einem Angriffe auf die persönliche Sicherheit des Staatsoberhaupts oder auf die Selbständigkeit des Staats wird hier, wie anderwärts, gleichgestellt ein Angriff auf die Verfassung des Staats, sey es, daß solcher ganz oder in einzelnen Bestimmungen durch gewaltsame Mittel geändert werden wollte. Das Verbrechen des Hochverraths ist nach dem Entwurfe, womit auch das bisherige Recht übereinstimmt, mit geschärfter Todesstrafe zu ahnden. Ja schon eine Herabwürdigung der Staatsverfassung, sey sie mündlich vor der Volksmenge oder schriftlich mittelst Verbreitung gedruckter Aufsätze in böslicher Absicht erfolgt, soll nach dem Entwurfe (Art. 156) mit geschärftem Gefängniß von 2 bis 3 Monaten, oder, wenn der Täther ein Staatsbeamter ist, mit Dienstentlassung oder Dienstentsetzung bestraft werden.

Von einer Anwendung dieser oder anderer Strafgrundsätze kann, wie sich von selbst versteht, nur gegenüber von Unterthanen die Rede seyn, denn die geheiligte Person des Staatsoberhaupts steht, wenn schon im allgemeinen unter den Gesetzen, doch nicht unter den Strafgesetzen und noch weniger unter den Gerichten des Staats. Vor diesen schützt sie der Begriff des Monarchen und der eben daraus hervorgehende Mangel einer bürgerlichen Verantwortlichkeit.«[258]

Das »Criminal-Gesetzbuch für das Königreich Hannover«, das auf dem von *Reyscher* zitierten Entwurf beruht, ist erst am 18. August 1840 in Kraft getreten.[259] Gleichwohl ist es von Interesse, dass nach Art. 118 des Gesetzes sich ein Untertan des »Staatsverrates« durch solche die Staatssicherheit gefährdenden Unternehmen schuldig machte,

»welche gegen die persönliche Sicherheit des Landesherrn, oder darauf gerichtet sind, demselben auf irgend eine gesetzwidrige Weise die Ausübung der Regierungsgewalt unmöglich zu machen, oder welche einen Angriff auf die Selbständigkeit des Staates enthalten, oder welche auf eine gewaltsame Änderung der Staatsverfassung abzwecken.«

Insofern war der oben zitierte Vermerk *Scheles*, der eine Änderung des Entwurfs für notwendig hielt, nicht ganz grundlos. Das Criminal-Gesetz ist, weil seinerzeit noch nicht in Kraft, der strafrechtlichen Beurteilung der Vorbereitung des Staatsstreichs nicht zugrunde zu legen. Verfehlt wäre freilich die Annahme, die Staatsverfassung sei vor Inkrafttreten des Criminal-Gesetzes ohne strafrechtlichen Schutz gewesen. Die im Deutschen Reich grundsätzlich anzuwendende *Constitutio Criminalis Carolina* (1532) kannte keinen besonderen Tatbestand des Hochverrats als Staatsverbrechen, sondern enthielt in Art. 124 (»straff der Verreterey«) lediglich eine allgemeine Bestrafung von Verrat. Die römisch-rechtlichen Straftatbestände *per duellio* und das *crimen majestatis* wurden ohnehin als die denkbar schwersten Verbrechen angesehen[260] und deshalb unter den deutsch-rechtlichen Begriff des Verrats subsumiert.[261] Der in Art. 124 CCC nor-

---

[258] So *A. L. Reyscher*, Rechtsgutachten der Juristenfakultät in Tübingen, 1839, S. 308 f.
[259] Hann. GS, S. 195.
[260] Dazu *H. v. Weber*, Das Verbrechen gegen den Staat bei Anselm von Feuerbach, in: FS Hübner, 1984, S. 110.
[261] So *H. Zöpfl*, Das alte Bamberger Recht als Quelle der Carolina, 1839, S. 117 f.; vgl. auch *P. Czech*, Der Kaiser ist ein Lump und Spitzbub: Majestätsbeleidigung unter Kaiser Franz Josef, 2010, S. 35 f.

mierte Treuebruch konnte sich insofern nicht nur gegen eine Privatperson, sondern auch gegen den Staat oder eine Stadt richten.[262]

Staatsverbrechen standen seit der Rezeption in Lehre und Rechtsprechung stärker unter der Herrschaft des Römischen Rechts als unter der *Carolina*.[263] Der genaue Straftatbestand sowohl der *per duellio* als Straftat von Amtsinhabern gegen das römische Gemeinwesen als auch des *crimen laesae majestatis* waren nicht näher definiert.[264] Naturgemäß handelte es sich bei diesen politischen Delikten um dehnbare Begriffe, die unter verschiedenen Herrschern unterschiedlich ausgelegt wurden.[265] Mit der Ablösung lehnsherrlicher Treue- und Abhängigkeitsverhältnisse durch die Territorialherrschaft und die damit einhergehende Verselbständigung des Staates führte dazu, dass die Majestätsverbrechen mehr und mehr als Staatsverbrechen angesehen wurden. Strafgrund war nicht mehr (nur) die Verletzung der dem Fürsten persönlich geschuldeten Treue, vielmehr wurde in der Verletzung des Fürsten zugleich eine Verletzung des durch diesen repräsentierten Gemeinwesens gesehen. Den Grundstein hierfür legte *Anselm von Feuerbach* mit seiner Untersuchung über das Verbrechen des Hochverrats aus dem Jahr 1798. Bei *Feuerbach* findet sich die Definition des Hochverrats als

> »die von einem Bürger, oder von dem, welchen die Gesetze diesem gleichsetzen, bewirkte, oder versuchte Vernichtung der durch die bürgerlichen Grundverträge begründeten Bestimmungen der bürgerlichen Gesellschaft.«[266]

In seinem Strafrechtslehrbuch bestimmt er den Hochverrat als die von einem Untertan unternommene oder dolos vollendete Aufhebung der dem Dasein des Staates, dem er unterworfen ist, notwendigen Einrichtungen und Eigenschaften.[267] Als notwendige Einrichtungen werden dabei die Vereinigung mehrerer, zum wechselseitigen Schutz der Rechte innerhalb eines bestimmten Staatsgebietes, das Oberhaupt und die Verfassung genannt.[268] *Feuerbach* war somit der erste, der die Staatsverbrechen von der Beziehung auf die Person des Herrschers löste, indem er den Staat als solchen zum Schutzgut des Deliktes erklärte.[269]

---

[262] Vgl. *P. Czech*, Der Kaiser ist ein Lump und Spitzbub, S. 35.
[263] Vgl. *H. v. Weber*, Das Verbrechen gegen den Staat bei Anselm von Feuerbach, in: FS Hübner, 1984, S. 110 ff.
[264] Vgl. *H. v. Feder*, Das Staatsverbrechen des Hochverraths nach Rechtsbegriffen der Vorzeit und der Gegenwart, 1850, S. 28 ff.
[265] Vgl. *O. Kellner*, Das Majestätsverbrechen im Deutschen Reichs bis zur Mitte des 14. Jahrhunderts, 1911, S. 74; *A. Hartmann*, Majestätsbeleidigung und Verunglimpfung des Staatsoberhaupts, 2006, S. 11; zur Unbestimmtheit des Tatbestandes auch *H. v. Feder*, Das Staatsverbrechen des Hochverraths, S. 35 ff.
[266] So *P. J. A. Feuerbach*, Philosophisch-juridische Untersuchung über das Verbrechen des Hochverraths, 1798, S. 36.
[267] So *P. J. A. Feuerbach*, Lehrbuch des Criminalrechts, 1. Aufl. 1801, §. 195.
[268] Dazu *H. v. Weber*, in: FS Hübner, S. 110 ff.
[269] So auch *H. v. Weber*, in: FS Hübner, S. 110, 114.

V. Vorbereitung des Staatsstreichs als hochverräterisches Unternehmen

Neben *Feuerbach* war *Gallus Aloys Kleinschrodt* maßgebend an der Entwicklung einer Theorie der Staatsverbrechen beteiligt. Er definierte den Hochverrat als

> »... gesetzwidrige Handlung des Unterthanen, welche in der Absicht ist unternommen worden, um die Verfassung und das politische Daseyn des Staates umzustürzen und zu vernichten, wodurch der Staat in die höchste Gefahr des Umsturzes ist gebracht worden.«[270]

Wie bei *Feuerbach* wird hier der Staat selbst zum Schutzobjekt des Delikts; allerdings wird für die Vollendung eine konkrete Gefährdung verlangt, während es sich bei *Feuerbach* um ein reines Unternehmensdelikt handelt. Als Täter kommen ausschließlich Untertanen in Betracht, da nur sie die ihnen dem Staat obliegende Treuepflicht verletzten können.[271]

Auch in späteren – zur Zeit des Staatsstreichs erschienenen – Abhandlungen wird die Verfassung neben dem Souverän ausdrücklich als Schutzgut des Hochverrats genannt. So heißt es bei *Franz Roßhirt* als Vertreter der historischen Schule:

> »Der Hochverrath [...] ist gerichtet gegen den Inhaber der höchsten Staatsgewalt und gegen die bestehende Verfassung.«[272]

Und weiterhin:

> »Gegenstand des Verbrechens ist ferner die Verfassung des Staats, d.i. der Inbegriff der Einrichtungen, unter welchem die Staatsgewalt ihre politische Form und Garantie hat.«[273]

Ein Angriff auf die Verfassung findet statt:

> »... bei dem Bestreben der Umwerfung des Staats in seiner konkreten Verfassung überhaupt, oder in Abänderung einzelner Puncte im ungesetzlichen Wege insbesondere. Ungesetzlich ist jeder Weg, der nicht in der Verfassung selbst angedeutet und nicht rein wissenschaftlich ist.«[274]

Eine bloße Ablehnung der Verfassung reiche nicht aus, um den Tatbestand des Hochverrats zu erfüllen:

> »Es kann Jemand eine sehr feindselige Stimmung gegen eine bestimmte Verfassung haben, und diese laut werden lassen, sogar Anderen seine Stimmung mitzutheilen suchen; wenn er aber dabei ernstlich und ehrlich dahin sich verwahrt, daß er nicht mehr bezwecke, als wissenschaftliche Prüfung und Ueberzeugung, und wenn Nichts von seiner Seite vorgefallen ist, so wird man noch nicht von hochverrätherischer Absicht, wenn auch gewiß von feindlicher Stimmung sprechen können.«[275]

---

[270] So *G. A. Kleinschrodt*, Ueber den Begriff und die Strafbarkeit des Hochverraths, nach allgemeinen Grundsätzen, in: F.-C. Schroeder (Hrsg.), Texte zur Theorie des politischen Strafrechts Ende des 18. Jh./Mitte des 19. Jh., 1974, S. 97 f.
[271] So *G. A. Kleinschrodt*, Ueber den Begriff und die Strafbarkeit des Hochverraths, in: F.-C. Schroeder, S. 97.
[272] So *K. F. Roßhirt*, Geschichte und System des deutschen Strafrechte, 1839, S. 34.
[273] So *K. F. Roßhirt*, Geschichte und System, S. 35.
[274] So *K. F. Roßhirt*, Geschichte und System, S. 39.
[275] So *K. F. Roßhirt*, Geschichte und System, S. 36 f.

88   Viertes Kapitel: Die Vorbereitung des Staatsstreichs

Nach heutiger Terminologie handelte es sich nach *Roßhirt* um ein Unternehmensdelikt, da es auf den Erfolg des verräterischen Unternehmens nicht ankam.[276] Auch wurde nicht zwischen Versuch und Vollendung unterschieden. Das Verbrechen galt schon als begangen, wenn der Plan zu seiner Ausführung einem anderen mitgeteilt wurde[277], der Hochverrat sollte »so zu sagen mit der ersten Vorbereitungshandlung vollendet« sein.[278]

Heinrich von Feder betrachtet den Hochverrat als Handlung, »welche auf widerrechtliche (gewaltsame) Vernichtung einer bestimmten Staatspersönlichkeit gerichtet ist« oder »welche auf widerrechtliche Vernichtung eines Staates in seinen wesentlichen Grundbestandtheilen gerichtet ist«.[279] Die Widerrechtlichkeit wird als jeder gewaltsame Versuch der Änderung der Verfassung begriffen.[280]

Dem »Hochverrathe an der Verfassung« widmet *v. Feder* ein eigenes Kapitel. Darin beschäftigt er sich auch mit einem Verfassungsbruch durch die Regierung und spielt hiermit auf den Hannoverschen Verfassungskonflikt an:

> »Eine besondere Beachtung verdient die Frage von dem Verfassungsumsturze durch die Regierung selbst. In constitutionellen Staaten sind die Minister für Aufrechterhaltung der Verfassung besonders verantwortlich und jede in feindlicher Absicht gegen dieselbe, ihre Aufhebung im Ganzen oder in einzelnen Theilen bezweckende, von ihnen ausgehende Regierungshandlung muß deßhalb als ein Hochverrath an der Verfassung betrachtet werden, ohne daß es dazu einer besonderen Gewaltanwendung bedürfte. Es liegt dieselbe schon darin, daß die widerrechtliche Aufhebung von den Trägern der Gewalt ausgeht.«[281]

In einer Fußnote fügt er an:

> »Die durch einen Minister geschehene Contrasignatur einer die Verfassung aufhebenden Verordnung enthält ohne Zweifel den Tathbestand des Hochverraths.«[282]

Eine hochverräterische Unternehmung gegen die Verfassung soll nach *Feder* erst dann vollendet sein, wenn gegen die sie schützenden Organe Gewalt angewendet werde, oder – im Falle eines Verfassungsbruchs durch Minister – soweit der Minister das die Verfassung aufhebende Dekret veröffentliche.[283] Weitergehend vertritt *K. A. Tittmann* die Auffassung, dass *nur* ein Staatsdiener den Hochverrat begehen könne, weil nur dieser dem Staat eine besondere Treue schulde.[284]

Zusammenfassend lässt sich feststellen, dass nach dem zur Zeit des Staatsstreichs im Königreich Hannover geltenden Strafrecht Schutzgut der Strafvorschriften über den Hochverrat neben der Person des Monarchen auch die Verfassung als solche war. Insofern gaben die verschiedenen Entwürfe zu einem

---

[276] Vgl. K. F. *Roßhirt*, Geschichte und System, S. 38.
[277] So K. F. *Roßhirt*, Geschichte und System, S. 41.
[278] So K. F. *Roßhirt*, Geschichte und System, S. 41; anders jedoch H. v. *Feder*, Das Staatsverbrechen des Hochverraths, S. 54, 75.
[279] So H. v. *Feder*, Das Staatsverbrechen des Hochverraths, S. 62.
[280] So H. v. *Feder*, Das Staatsverbrechen des Hochverraths, S. 78 ff.
[281] So H. v. *Feder*, Das Staatsverbrechen des Hochverraths, S. 96 f.
[282] So H. v. *Feder*, Das Staatsverbrechen des Hochverraths, S. 97 f.
[283] So H. v. *Feder*, Das Staatsverbrechen des Hochverraths, S. 124.
[284] So K. A. *Tittmann*, Handbuch der Strafrechtswissenschaft und der deutschen Strafrechtskunde, Bd. 2, 1806, § 219.

»Criminal-Gesetz« für das Königreich den nach gemeinem Strafrecht geltenden Rechtszustand wieder.[285]

Es kann nicht Aufgabe der vorliegenden Untersuchung sein, nach Art einer Strafrechtsklausur die mögliche Strafbarkeit *Scheles* und des Herzogs von Cumberland hinsichtlich des von ihnen ins Werk gesetzten Staatsstreichs zu prüfen. Immerhin kann festgehalten werden, dass auch die Verfassung als solche Schutzgegenstand des seinerzeit geltenden Strafrechts war und der Hochverrat nicht notwendig die Anwendung physischer Gewalt erforderte. »Gewaltsam« war vielmehr jedes auf Beseitigung oder Änderung der Verfassung gerichtete Unternehmen, das nicht in dem in der Verfassung vorgesehenen Verfahren erfolgte. Dies ergab sich bereits aus dem Verhältnis von Art. 118 zu Art. 119 des Entwurfs zum Criminal-Gesetzbuch, weil letzterer für das qualifizierte Delikt »gewaltsame Mittel« erforderte und das Grunddelikt ohne eigenen Anwendungsbereich geblieben wäre, wenn man hier ebenfalls die Anwendung physischer Gewalt voraussetzte.[286] Insofern hatte *Schele* – Jurist, der er war – einen durchaus zutreffenden Eindruck der Rechtslage, als er in einem Vermerk eine Änderung des betreffenden Tatbestands für erforderlich hielt.[287]

Wenngleich es müßig ist, einem Staatsstreich, der rechtsstaatliche Verfahren außer Kraft setzte[288], im Nachhinein strafrechtliche Relevanz zu attestieren, so muss doch auch an dieser Stelle dem Einwand vorgebeugt werden, das Staatsgrundgesetz sei nach *Scheles* Auffassung wegen der bekannten Mängel *nichtig* gewesen, sodass es untaugliches Objekt eines Hochverrats gewesen sei. Wir werden uns späterhin mit diesem juristischen *cantus firmus* der Apologeten *Ernst Augusts* eingehend beschäftigen; an dieser Stelle sei schon bemerkt, dass der strafrechtliche Schutz einer Verfassung notwendig darauf abstellen muss, dass diese Verfassung tatsächlich gilt und mögliche Täter eines Hochverrats sich der Strafbarkeit nicht dadurch entziehen können, dass die Geltung der Verfassung, auf deren Beseitigung das hochverräterische Unternehmen gerichtet ist, bestritten wird. An der strafrechtlichen Relevanz des Unternehmens kann deshalb kein Zweifel bestehen, wobei hier offen bleiben soll, ob auch der Herzog von Cumberland dem im Königreich geltenden Strafrecht unterlag. Für *Schele* als Untertan des Königs *Wilhelm IV.* galt dieses zweifelsfrei.

---

[285] Vgl. zu dem Entwurf aus dem Jahr 1825 *C. J. A. Mittermaier*, Ueber den neuesten Zustand der Criminalgesetzgebung in Deutschland. Mit Prüfung der neuen Entwürfe für die Königreiche Hannover und Sachsen, 1825, S. 26 ff.; *S. P. Gans*, Kritische Beleuchtung des Entwurfs eines Strafgesetzbuches für das Königreich Hannover, nebst dem Entwurfe selbst, in dessen zuletzt bekannt gewordener Redaction, 1828, S. 31; vgl. zu den Beratungen im Einzelnen *G. W. A. Leonhardt*, Commentar ueber das Criminalgesetzbuch für das Königreich Hannover II, 1851, S. 3 ff.
[286] Vgl. *G. A. W. Leonhardt*, Commentar ueber das Criminalgesetzbuch II, S. 14.
[287] Vgl. oben S. 84.
[288] Vgl. unten S. 179 ff.

FÜNFTES KAPITEL
DER ERSTE AKT DES STAATSSTREICHS –
VERTAGUNG DER STÄNDEVERSAMMLUNG
UND ANTRITTSPATENT

I. »Le Roi est mort, vive le Roi« – Der Regierungsantritt Ernst Augusts

König Wilhelm IV. starb am 20. Juni 1837. Seine Nachfolge auf dem britischen Thron trat *Victoria*, die Tochter seines ältesten Bruders *Edward*, Herzog von Kent, der 1820 verstorben war, an. Aufgrund des im Königreich Hannover geltenden salischen Erbfolgerechts, das eine weibliche Thronfolge ausschloss, fiel die Thronfolge auf den ältesten Bruder *Wilhelms*, den Herzog von Cumberland. Die Nachricht vom Tode des Königs erreichte Hannover vier Tage später. Bei *Willis* finden sich hierzu folgende Bemerkungen:

> »Die nach 123 Jahren erfolgte Rückkehr des Königshauses und des Hofes nach Hannover war nicht nur ein politisches Ereignis, sondern berührte das Leben der ganzen Bevölkerung. Patriotismus und Loyalität, Schaulust, Neugierde und die Aussicht auf ein sich neu entwickelndes Leben und materiellen Wohlstand wirkten zusammen, um die Begeisterung der Massen für den neuen König zu erregen. Trotz der offiziellen Trauer begann die Bevölkerung sofort, überall Anstalten zu treffen, ihn in einer Weise zu empfangen, die ihren Gefühlen Ausdruck verlieh.«[289]

Noch am 24. Juni 1837 erfolgte eine »Bekanntmachung, das Ableben Seiner Majestät, König Wilhelm des IV. betreffend«, die vom Vizekönig und dem königlichen Kabinettsministerium unterzeichnet war:

> »Nachdem es der göttlichen Vorsehung nach ihren unerforschlichen Rathschlüssen gefallen hat, den weiland Allerdurchlauchtigsten, den Großmächtigsten Fürsten und Herrn, Herrn Wilhelm den IV., König des vereinigten Reichs Großbritannien und England etc., auch König von Hannover, Herzog zu Braunschweig und Lüneburg etc. etc., Unsern bisherigen Allergnädigsten König und Herrn, am 20sten d.M. aus dieser Zeitlichkeit abzurufen, und nunmehro die Regierung des Königreichs Hannover Kraft der in dem hiesigen Königlichen Hause bestehenden Erbfolge nach dem Erstgeburtsrechte auf Seine Majestät, König Ernst August, Unsern gegenwärtigen Allergnädigsten König und Herrn, übergegangen ist; so bringen Wir solches hiedurch zur öffentlichen Kunde mit dem Bemerken, daß Seine Majestät, Unser jetzt regierender Allergnädigster König, Allerhöchst, welche sich für den Augenblick noch in London befinden, nächstens in Ihrer hiesigen Königlichen Residenz eintreffen und alsdann Allerhöchst Ihre weiteren Befehle zu erwarten seyn werden.
> Immittelst aber haben Seine Königliche Majestät Uns zu erkennen zu geben geruhet, wie es Allerhöchst Ihr Königlicher Wille sey, daß bis zu Allerhöchster weiterer Verordnung Alles in dem bisherigen Gange verbleibe.«[290]

---

[289] So *G. M. Willis*, Ernst August, S. 123.
[290] Hann. GS 1837, S. 57.

Unter der Bekanntmachung finden sich die Unterschriften des Vizekönigs *Adolphus* und der Minister *Stralenheim*, *Alten*, *Schulte* und *von der Wisch*.

Mochte mit der Bekanntmachung in der Öffentlichkeit auch der Eindruck erweckt werden, dass wesentliche Änderungen mit dem Thronwechsel nicht verbunden seien[291], so stellten sich die Dinge in der Realität völlig anders dar. *Schele* hatte bereits in seinem Memorandum vom 17. März 1837 darauf hingewiesen, dass vom Augenblick des Regierungsantritts an alles zu vermeiden sei, was als Anerkennung des Staatsgrundgesetzes ausgelegt werden könnte.[292] Noch am 24. Juni richtete er einen Brief an den König, in dem er ihn bat, ihn zu empfangen, bevor er die Minister empfing.[293]

Die Ereignisse nach der Ankunft *Ernst Augusts* werden bei *Behr* und *Willis* unter Verwendung der Archivalien im Wesentlichen übereinstimmend dargestellt.[294] Der König empfing *Schele* noch am Tag seiner Ankunft in Hannover und beriet mit ihm »von halb elf bis nach Mitternacht« über das weitere Vorgehen.[295] Bei dem Gespräch, dessen Inhalt nicht im Einzelnen dokumentiert ist, ging es um das weitere Vorgehen hinsichtlich der beabsichtigten Beseitigung des Staatsgrundgesetzes. Während *Schele* mit Nachdruck die sofortige Auflösung der Ständeversammlung empfahl, wie er dies bereits in seinen Memoranden getan hatte, war der König offenbar noch nicht entschlossen und ordnete für den nächsten Morgen das Erscheinen des Kabinettsministers *Schulte*, der auch für die ständischen Angelegenheiten zuständig war, an. Dieser sollte ihm den Entwurf eines Auflösungsdekrets vorlegen.[296]

Schulte erschien am Morgen des 29. Juni und konnte den König davon überzeugen, die Ständeversammlung zunächst nur zu vertagen, um Zeit für die Prüfung der Rechtslage zu gewinnen. *Ernst August* entschied sich für dieses Vorgehen. Ein von ihm am 29. Juni 1837 paraphiertes Dekret hat folgenden Wortlaut:

> »Statt auf zu lösen, habe ich Ihr Rath gefolgt und vertagt nur die Stände.«[297]

Schele hatte noch im letzten Moment durch ein Schreiben an den König die Auflösung zu bewirken versucht, kam aber zu spät und fügte dem Dekret handschriftlich die bitteren Worte hinzu:

> »»Habe ich Ihr Rath gefolgt«, nämlich des Ministers Schulte, denn ich hatte ausdrücklich Auflösung gewünscht. Ich bin gleich zum König gegangen, aber Er hatte die Vertagung schon unterschrieben./ Bin [unleserlich] ihr Minister/:««[298]

In dem Schreiben an den König hatte *Schele* nochmals dargelegt, dass es nicht gleichgültig sei, ob die Ständeversammlung vertagt oder aufgelöst würde:

---

[291] Vgl. die Nachweise bei *G. M. Willis*, Ernst August, S. 124, Anm. 14.
[292] Vgl. unten S. 82.
[293] Vgl. *G. M. Willis*, Ernst August, S. 124 m. N.
[294] Vgl. *H.-J. Behr*, Georg von Schele, S. 146 ff.; *G. M. Willis*, Ernst August, S. 124 ff.
[295] So *G. M. Willis*, Ernst August, S. 124.
[296] So die Darstellung bei *H.-J. Behr*, Georg von Schele, S. 147 f.
[297] Vgl. Staatsarchiv Osnabrück, Dep. 38 b Nr. 1334; Faksimile bei *H.-J. Behr*, Georg von Schele, Abb. Nr. 15.
[298] Vgl. Dep. 38 b Nr. 1334.

> »In dem Vertagen liegt die Andeutung, daß sie wieder berufen werden sollen [...]
> Die Auflösung ist eine reine, unzweideutige Maßregel.«[299]

II. Die Vertagung der Kammern

Bereits am Mittag des 29. Juni 1837 erging das königliche Reskript, wonach die Ständeversammlung bis auf weiteres vertagt wurde. Es war vom dienstältesten Minister des Kabinettsministeriums *von Schulte* gegengezeichnet, ist aber nicht in der Gesetzessammlung des Königreichs publiziert worden. Während die Erste Kammer die Anordnung der Vertagung begrüßte und mit dem Ruf »Es lebe der König!« auseinanderging, machte sich in der Zweiten Kammer lähmendes Entsetzen breit. Nach Verlesung des Reskriptes fragte der Präsident *Rumann*[300], ob jemand Bemerkungen dazu zu machen habe, woraufsich allein *Stüve* äußerte,

> »er glaube nach dem Wortlaut des §13 des Staatsgrundgesetzes nicht, daß Se. Majestät vor dem Erlaß eines Patents, welches die Landesverfassung anerkennt, eine Regierungshandlung vornehmen könne.«[301]

Stüve hatte damit die entscheidende Rechtsfrage angesprochen, drang angesichts des überfallartigen Vorgehens mit seinen Bedenken jedoch nicht durch. Wenn *von Hassell*[302] und ihm folgend *Behr*[303] die Erklärung *Stüves* als »überflüssig« erachten und *Willis* sogar meint, *Stüve* habe sich in Bezug auf die Gültigkeit der Verfassung einer *petitio principii* schuldig gemacht[304], so liegt hierin eine bedenkliche Verkennung der Rechtslage. Die – an späterer Stelle zu vertiefende – Rechtsfrage stellte sich in der Tat dahin, ob der König ohne Eidesleistung berechtigt war, Regierungshandlungen vorzunehmen.[305] Es ist umgekehrt eine *petitio principii*, den König von der Pflicht zur Eidesleistung aufgrund des Umstandes enthoben zu sehen, dass er die Verfassung *nicht* anerkennt. Die hier obwaltende Prämisse ist dahin zu fassen, dass die Thronfolge allein zur Vornahme von Regierungshandlungen berechtigt, womit eine Verfassung – wie tatsächlich geschehen – zur Disposition des Monarchen stünde. Damit aber wären die Grundlagen des Konstitutionalismus schlechthin in Frage gestellt. Der Umstand, dass *Ernst August* wie selbstverständlich davon ausging, alle monarchischen Rechte ausüben zu können, ohne einen Eid geleistet zu haben, verdient deshalb nicht von vornherein die Billigung der Nachgeborenen. *Stüve* drang mit seinen Bedenken allerdings nicht durch, woraufhin *Rumann* als Präsident der Zweiten Kammer die Sitzung schloss. Die Mitglieder gingen schweigend auseinander.[306]

---

[299] Zitiert nach *H.-J. Behr*, Georg von Schele, S. 148 Fn. 704; vgl. auch Staatsarchiv Hannover, Hann. Dep. 103 VII Nr. 6, S. 113 v.
[300] Biographische Angaben vgl. oben Fn. 130.
[301] Zitiert nach *W. von Hassell*, Geschichte des Königreichs Hannover, S. 369.
[302] *W. von Hassell*, Geschichte des Königreichs Hannover, S. 369.
[303] So *H.-J. Behr*, Georg von Schele, S. 149.
[304] So *G. M. Willis*, Ernst August, S. 125.
[305] Vgl. unten S. 96 ff.
[306] Vgl. *H.-J. Behr*, Georg von Schele, S. 149 m. w. N.

Bei *Ernst Rudolf Huber* lesen wir das resignierende Fazit, dass es des aktiven Widerstands der Kammern bedurft hätte, um das Blatt noch zu wenden. Dadurch, dass sich die Stände der angeordneten Vertagung fügten, hätten sie – wie sich zeigen sollte – die Verfassung bereits preisgegeben.[307] Nun war die Zweite Kammer auch in Gestalt ihrer Protagonisten *Rumann* und *Stüve* unter keinen Umständen zu einem Ballhausschwur bereit. Ein Widerstand in der Zweiten Kammer war aber schon deshalb ausgeschlossen, weil die *Vertagung* der Ständeversammlung durch den Monarchen eine durch die Verfassung vorgesehene Maßnahme war und deshalb den Anschein der Legalität erweckte. Die Konspiration zwischen *Schele* und dem Herzog von Cumberland in den Jahren 1836/37 trug insofern bereits ihre Früchte. Da von den Staatsstreichplänen nichts durchgesickert war, konnten sich die Ständevertreter hierauf weder einstellen noch gar Widerstand organisieren. *Ernst August* erwies sich in diesem Augenblick als der *Schele* überlegene Politiker. Während die sofortige *Auflösung* der Kammern möglicherweise nicht widerspruchslos hingenommen worden wäre, weil die Staatsstreichpläne hierdurch dekuvriert worden wären, lag in der Vertagung doch ein Funke Hoffnung auf einen weiteren verfassungsmäßigen Verlauf. Zu dem Zeitpunkt wiederum, zu dem die Absichten des Königs offenbar wurden – nämlich bei Erlass des Regierungsantrittspatents – konnten sich die Stände aufgrund des Vertagungsreskripts nicht mehr versammeln; hierzu hätte es einer Einberufung durch den König bedurft.

Am selben Tag wurde *Schele* zum Kabinettsminister ernannt und damit dem eigentlichen Urheber des Staatsstreichs das langersehnte Amt übertragen. Seine Stellung entsprach den Vorstellungen, die er bereits in seinen Briefen an den Herzog von Cumberland entwickelt hatte.[308] Der König ordnete an, dass die Kabinettsminister nur in seinem Beisein Vortrag halten dürften; damit war *Schele* faktisch – freilich ohne rechtliche Grundlage – zum Premierminister geworden.[309]

Auch mit den früher schon entwickelten Vorstellungen über die Beteiligung der Kabinettsräte an den Kabinettssitzungen drang *Schele* durch. Er hatte stets kritisiert, dass diesen ein zu großer Einfluss zukäme, weil sie die Kabinettsminister an Sachkunde zumeist überträfen und deshalb großen Einfluss auf die Willensbildung des Kabinetts ausübten.[310] Entsprechend dem Vorschlag *Scheles* sollten zukünftig bei den Kabinettssitzungen nur der vortragende Referent und der Kabinettsrat des betroffenen Departements anwesend sein.[311] Die Ernennungsurkunde enthielt einen Passus über die Verantwortlichkeit gegenüber den Ständen. Dieser wurde von *Ernst August* eigenhändig durchgestrichen.[312]

---

[307] So *E. R. Huber*, Deutsche Verfassungsgeschichte seit 1789, Bd. II, S. 93 f.
[308] Vgl. oben S. 63.
[309] *Schele* hat in seinen Briefen an den Herzog von Cumberland stets das Amt des englischen Premierministers vor Augen gehabt, gelegentlich hat er auch die Bezeichnung »Ministerpräsident« verwandt; vgl. oben S. 63.
[310] Vgl. oben S. 63.
[311] Vgl. *H.-J. Behr*, Georg von Schele, S. 149.
[312] So *Schele*, Manuskript, Staatsarchiv Osnabrück, Dep. 38 b Nr. 1220, S. 45.

II. Die Vertagung der Kammern 95

Der König empfing am 29. Juni auch die Kabinettsminister und bot ihnen an, im Amt zu bleiben. Keiner von ihnen nahm den vom König ins Werk gesetzten Staatsstreich und die inzwischen ergangenen Maßnahmen zur Reform des Kabinettssystems zum Anlass, um seinen Rücktritt zu erklären.[313] Die Apologeten *Ernst Augusts* und *Scheles Willis* und *Behr* zweifeln daran, ob diese Entscheidung des Königs seinen Interessen entsprochen habe, weil die Minister durch ihre Mitwirkung an der Entstehung des Staatsgrundgesetzes »kompromittiert« gewesen seien[314] bzw. berechtigte Zweifel an ihrer Loyalität bestanden hätten.[315] Beide Autoren blenden hierbei die Frage aus, ob der König zu den von ihm getroffenen Maßnahmen berechtigt gewesen ist.

Schele hatte damit schon am Tag nach der Ankunft des Königs in Hannover wesentliche Teile seines Staatsstreichplans verwirklichen können. Die Kammern waren zwar nicht aufgelöst, aber doch aus dem Wege geräumt. Sie konnten auch nach dem Staatsgrundgesetz nur durch den König einberufen werden, hatten also kein Selbstversammlungsrecht. Ein Zusammentritt wäre ohne Zweifel als Akt der Insubordination begriffen worden und wäre vom König vermutlich unter Einsetzung der bewaffneten Macht verhindert worden.

Wenn es bei *Willis* heißt, *Schele* habe auf den König eher mäßigend eingewirkt[316], so gibt es hierfür nicht den Hauch eines Belegs. *Schele* ist vielmehr stets und nachdrücklich für die sofortige Auflösung der Kammern eingetreten und hat die insoweit zögerliche Haltung des Königs scharf verurteilt.[317] Da er im Übrigen mit allen Vorschlägen durchdrang und sich den Vorrang gegenüber den anderen Ministern gesichert hatte, kann von einem mäßigenden Einfluss keine Rede sein. Bemerkenswert ist, dass am 28. Juni 1837 eine »Bekanntmachung des Königlichen Finanz-Ministerii, die für das Jahr vom 1sten Julius 1837 bis dahin 1838 zu erlegenden Steuern betreffend« veröffentlicht wurde, der zufolge die von der Allgemeinen Ständeversammlung des Königreichs beschlossenen Steuern weiterhin zu erheben seien.[318] Die von Finanzminister *Schulte* unterzeichnete Bekanntmachung lässt erkennen, dass die Verwaltung des Königreichs zunächst auf den gewohnten Pfaden wandelte, während umgekehrt der König unter dem Einfluss *Scheles* die Legitimität der Ständeversammlung schlechthin in Frage stellte.

---

[313] Vgl. Beilage zum Fränkischen Merkur Nr. 22 v. 22. Januar 1838, in: Fränkischer Merkur Band 1838, S. 174; *H.-J. Behr*, Georg von Schele, S. 149.
[314] So *G. M. Willis*, Ernst August, S. 126.
[315] So *H.-J. Behr*, Georg von Schele, S. 150.
[316] So *G. M. Willis*, Ernst August, S. 113 f.
[317] Vgl. oben S. 82.
[318] Hann. GS 1837, S. 17.

III. Die Problematik der Eidesverweigerung

1. Die Eidesverweigerung Ernst Augusts

Nach § 13 des Staatsgrundgesetzes war der König zu einem Eid auf die Verfassung verpflichtet:

> »Der König wird den Antritt Seiner Regierung durch ein Patent zur öffentlichen Kunde bringen, worauf nach den von Ihm für das ganze Land gleichmäßig zu ertheilenden Vorschriften, die Huldigung erfolgt.
> Im Patente, welches in Urschrift unter des Königs Hand und Siegel demnächst im ständischen Archive niederzulegen ist, versichert der König bei Seinem königlichen Worte die unverbrüchliche Festhaltung der Landes-Verfassung.«

Wie dargelegt bestand die erste Regierungshandlung des Königs darin, die Ständeversammlung zu vertagen. *Ernst Rudolf Huber* führt hierzu aus:

> »Die Vertagung des Landtags kam einer Verweigerung des Verfassungseids gleich. Der König leitete damit den Staatsstreich ein. Wäre die Leistung des Verfassungseids eine Bedingung für den Antritt des Herrscheramts gewesen, so hätte der König sich durch die Vertagung der Stände der Möglichkeit beraubt, die Regierungsgewalt auszuüben. Aber die deutsche konstitutionelle Doktrin legte dem Verfassungseid diese konstitutive Bedeutung nicht bei. Die Eidesleistung war eine Bekräftigung der königlichen Pflichten; doch war weder der Erwerb der Königsgewalt von der Eidesleistung abhängig, noch verwirkte der König durch die Eidesverweigerung die ihm zugefallene Königsgewalt. In Braunschweig allerdings hatte die Auffassung obgesiegt, daß der Landesherr durch einen gegen die Verfassung gerichteten Gewaltakt seine Regierungsunfähigkeit beweise. Es lag nahe, daß Gleiche im Fall der Verweigerung des Verfassungseids anzunehmen. Dazu aber hätte es, wie der Braunschweigische Konflikt gezeigt hatte, des aktiven Widerstands der Kammern bedurft. In Hannover jedoch fügten die Stände sich der angeordneten Vertagung ohne Widerspruch. Damit hatten sie, wie sich zeigen sollte, die Verfassung bereits preisgegeben.«[319]

Huber beruft sich zur Stützung seiner Ansicht auf die Monographie *Ernst Friesenhahns*[320], der dem Eid des Herrschers ebenfalls eine deklaratorische Bedeutung zumaß:

> »[...] In der konstitutionellen Monarchie gilt der Grundsatz: ›Le roi est mort, vive le roi!‹ Mit dem Tode seines Vorgängers hat der Nachfolger bereits den Thron erworben. Er ist König geworden, ohne daß es dazu irgendeiner Handlung bedarf. In der Erbmonarchie kann der Eid des Landesherrn nicht Bedingung des Thronerwerbes sein.
> Vom rechtlichen Anfall der Krone ist aber zu unterscheiden der Regierungsantritt, die tatsächliche Übernahme der Herrschaft. Dieser Zeitpunkt wird in der Regel von einer Reihe äußerer Handlungen begleitet sein.
> ... Soweit der Monarch aus eigenem Rechte regiert, also in allen Monarchien, denen nicht das Volkssouveränitätsprinzip zu Grunde liegt, muß sich der Monarch im Augenblick des Thronerwerbes auch schon in der vollen Ausübungsmöglichkeit der landesherrlichen Gewalt befinden. Wenn in der Verfassung nicht ausdrücklich etwas Gegenteiliges gesagt ist, also der Monarch sich selbst Einschränkungen unterworfen hat, ist somit die Ausübung der landesherrlichen Gewalt nicht von der Leistung des Eides bedingt. In diesen Ländern – [...] – hat die Eidesleistung nur die Bedeutung einer rein deklaratorischen, bestätigenden Zeremo-

---

[319] So E. R. Huber, Deutsche Verfassungsgeschichte II, S. 93 f.
[320] Vgl. E. Friesenhahn, Der politische Eid, 1928.

III. Die Problematik der Eidesverweigerung

nie, zu der der Fürst allerdings verfassungsmäßig verpflichtet ist. Verweigerung der Eidesleistung ist Verfassungsbruch. Da aber ein Richter über dem König fehlt, ist dieser Verfassungsstreit nur eine Macht-, keine Rechtsfrage mehr.«[321]

Im konstitutionellen Schrifttum sah man die Dinge noch anders. In § 10 der Verfassungsurkunde für das Königreich Württemberg vom 25. September 1819[322] war bestimmt, dass der Huldigungseid dem Thronfolger erst dann abgelegt würde,

»wann Er in einer den Ständen des Königreichs auszustellenden feierlichen Urkunde die unverbrüchliche Festhaltung der Landes-Verfassung bei Seinem Königlichen Worte zugesichert hat.«

Robert von Mohl interpretiert diese Bestimmung als eine »aufschiebende Bedingung der gesetzlichen Erwerbung der Regierung«.[323] Hieraus zieht er eine Reihe von Folgerungen:

»1) Der bloße Anspruch des Geblütsrechtes reicht nicht hin, um den württembergischen Thron verfassungsmäßig besteigen zu können, sondern das Volk anerkennt den durch Geburt berechtigten Prinzen erst dann als rechtmäßigen Regenten, und gehorcht ihm erst dann als solchem, wenn er die Verfassung des Königreiches heilig zu halten geschworen hat.
2) Wenn der natürliche Thronfolger erklärt, dieses Versprechen nicht leisten zu können, so erklärt er dadurch von selbst seinen Verzicht auf die Krone. [...]
3) Da eine Willenserklärung rechtlich nicht bloß ausdrücklich, d.h. durch Schrift oder Wort, sondern auch stillschweigend, d.h. durch ein Betragen, aus welchem der Wille unzweideutig bestimmt erhält erfolgen kann; so ist zu einer solchen Entsagung nicht durchaus nothwendig, daß die von der Verfassung geforderte Urkunde förmlich verweigert wird, sondern sie kann und muß auch aus gleichbedeutenden Handlungen oder Unterlassungen geschlossen werden, da eine materielle Verletzung eines Gesetzes der Erklärung, es nicht halten zu wollen, mindestens gleich zu stellen ist.
a) Gleichbedeutende Handlungen sind aber vorhanden, wenn der Regierungsnachfolger, anstatt das von der Verfassung verlangte Versprechen zu geben, gleich bei seinem Regierungsantritte die Constitution entweder ganz oder in ihren wesentlichen Theilen aufzuheben versuchte. [...]
6) Ein zwar durch Erbrecht und Erbordnung zunächst zur Regierung berufener Prinz, welcher aber entweder ausdrücklich oder stillschweigend erklärt hat, die Verfassung nicht beschwören zu wollen, und sich nachher dennoch auf dem Throne behaupten will, begeht Hochverrath gegen den rechtmäßigen König und gegen die Verfassung des Landes.«[324]

Weniger entschieden äußert sich *Otto von Sarwey* in seinem »Staatsrecht des Königreichs Württemberg«:[325]

»Die Pflicht zur Ausstellung der fraglichen Urkunde ist vielmehr nur eine der mit dem Regierungsantritt übernommenen Verpflichtungen, für sich betrachtet nur ein Sicherungsmittel für die Verpflichtung der Regenten, die Verfassung festzuhalten, ebenso wie der Huldigungseid nur ein Sicherungsmittel für die an sich für die Unterthanen mit dem Regierungsantritt verbundene Verpflichtung zur Leistung des verfassungsmäßigen Gehorsams ist. Staatsrechtlich können daher die

---

[321] So *E. Friesenhahn*, Der politische Eid, S. 46 f.
[322] Staats- und Regierungs-Blatt 1819, S. 634.
[323] So *R. v. Mohl*, Das Staatsrecht des Königreichs Württemberg I, 1862, S. 172.
[324] So *R. v. Mohl*, Das Staatsrecht des Königreichs Württemberg I, S. 172 f.
[325] *O. v. Sarwey*, Das Staatsrecht des Königreichs Württemberg I, 1883.

> Folgen der Verweigerung der Ausstellung dieser Urkunde nicht festgestellt werden; dieselben liegen außerhalb des Rechts; die Verweigerung der Ausstellung der Urkunde würde einfach eine Verlezung und zwar eine doppelt flagrante Verlezung der Verfassung sein, da hiermit die Grundlage alles öffentlichen Rechts im Staate, die rechtliche Wirksamkeit der Verfassung selbst in Frage gestellt wurde. Die Mittel, diese Verfassungsverletzung wieder aufzuheben, sind diejenigen, welche überhaupt gegen Verfassungsverletzungen gegeben sind. Die nächste Folge wäre, daß der Regent die sollenne Handlung der Unterthanen, durch welche sie demselben huldigen, den Huldigungseid nicht verlangen könnte.«[326]

In dem von *Johann Caspar Bluntschli* und *Karl Brater* herausgegebenen »Deutschen Staats-Wörterbuch« findet sich hinsichtlich der Verfassungslage in Hannover folgende bemerkenswerte Fußnote:

> »Auch das hannover'sche Staatsgrundgesetz vom Jahr 1833 enthielt die Bestimmung, daß dem König erst zu huldigen sei, nachdem er die unverbrüchliche Festhaltung der Landesverfassung zugesichert habe. Als der König Ernst August 1837 unmittelbar nach seinem Regierungsantritt die versammelten Kammern vertagte, um den beabsichtigten Verfassungsumsturz ungestörter durchzuführen, wurde von Stüve dieser Akt als rechtsungültig angefochten, weil der Thronfolger vor Ablegung des Gelübdes zu keiner Regierungshandlung befugt sei [...]. Die Richtigkeit einer solchen Argumentation wird auch hier nur im Zusammenhang mit der Geschichte der Landesverfassung und den bei Berathung des Grundgesetzes gepflogenen Verhandlungen beurtheilt werden können.«[327]

Will man die Frage der Eidesverweigerung nicht zur reinen *Machtfrage* erklären – nach der bekannten Formel »Das Staatsrecht hört hier auf«[328] –, sondern als *Rechtsfrage* beantworten, so ergibt sich eine unübersehbare Aporie. Diese lässt sich nur dadurch auflösen, dass zwischen der Thronfolge und der Regierungsgewalt unterschieden wird. Die Erbfolge ist entweder durch Hausgesetze oder Verfassungsbestimmungen – im Falle Hannovers durch § 11 StGG – festgelegt. Würde man die Ausübung der Herrschaftsgewalt allein durch das Thronfolgerecht legitimiert sehen – »Le Roi est mort, vive le Roi« –, so wäre das Grundanliegen der konstitutionellen Verfassungsbewegung, die monarchische Herrschaft rechtlich einzubinden und an Mitwirkungsrechte der Stände zu knüpfen, verfehlt. Würde der Monarch sich nämlich auf sein Erstgeburtsrecht berufen können und es ihm letztlich freistehen, mit oder ohne Verfassung zu regieren, so stünde das Hausgesetz über der Verfassung. Realpolitisch mögen auch die Nachgeborenen gewissermaßen achselzuckend feststellen, dass die Machtfrage regelmäßig zugunsten des Monarchen entschieden worden sei. Dies entbindet indes nicht von der Aufgabe, die *Rechtslage* auch im Nachhinein zu klären. Die einzige Möglichkeit, die Aporie mit den Mitteln rechtlicher Logik aufzulösen besteht in dem von *Stüve* spontan erhobenen Einwand und dem von *v. Mohl* näher begründeten Weg, die Ausübung der Herrschaftsrechte vom Eid auf die Verfassung und der Huldigung durch die Stände abhängig zu machen. Insofern kann *Friesenhahn* nicht zugestimmt werden, die Verknüpfung zwischen

---

[326] So O. v. Sarwey, Das Staatsrecht des Königreichs Württemberg I, 1883, S. 54.
[327] So K. Brater, Der politische Eid, in: J. C. Bluntschli/K. Brater (Hrsg.), Deutsches Staats-Wörterbuch III, 1858, S. 293.
[328] So G. Anschütz, in: G. Meyer/G. Anschütz, Lehrbuch des Deutschen Staatsrechts, 7. Aufl. 1919, S. 906.

Thronfolge und Herrschaftsausübung als Wesenszug des Konstitutionalismus zu erklären. Dieser war im Gegenteil darauf gerichtet, den Monarchen rechtlich einzubinden; die Nichtbeachtung derartiger Bindungen bedeutete nichts anderes als einen Rückfall in die Despotie.

Auch in diesem Zusammenhang wäre es verfehlt – der Argumentation *Scheles* folgend –, die »Existenz« des Staatsgrundgesetzes in Frage zu stellen.[329] Entscheidend ist vielmehr, dass die Verfassung zweifelsfrei seit ihrem Inkrafttreten in Geltung war und von allen an der staatlichen Willensbildung Beteiligten befolgt worden ist. Insofern wäre es nicht etwa eine – vertretbare – Rechtsansicht, die Verfassung wegen ihrer vermeintlichen Fehler schlicht »hinwegzudenken«; vielmehr würde man hiermit dem König eine Rechtsstellung zubilligen, kraft derer er über die Verfassung *verfügen* kann und damit den verfassungsgeschichtlichen Fortschritt, den die konstitutionellen Verfassungen bedeutet haben, leugnen. Dies wird an anderer Stelle noch im Einzelnen darzulegen sein.[330]

2. Scheles Verfassungsbruch

§ 161 des Staatsgrundgesetzes hatte folgenden Wortlaut:

> »Alle Civil-Staatsdiener, mögen sie vom Könige oder Dessen Behörden ernannt oder von einzelnen Berechtigten und Corporationen erwählt, präsentirt oder ernannt seyn, sind durch ihren, auf die getreuliche Beobachtung des Staats-Grundgesetzes auszudehnenden Diensteides verpflichtet, bei allen von ihnen ausgehenden Verfügungen dahin zu sehen, daß sie keine Verletzung der Verfassung enthalten.«

Schele hätte bei seiner Ernennung zum Kabinettsminister am 29. Juni 1837 den in § 161 StGG vorgeschriebenen Eid leisten müssen, hat dies aber nicht getan, weil der König die Eidesformel aus der Ernennungsurkunde gestrichen hatte. Nicht nur machte sich der König eines Verstoßes gegen § 161 StGG schuldig, weil er eigenhändig die Verpflichtung seines Kabinettsministers auf die Beachtung des Staatsgrundgesetzes ausstrich; auch *Schele* verstieß gegen die Verfassung, weil er die Ernennung akzeptierte, ohne den vorgeschriebenen Eid zu leisten. Damit beging er eine »absichtliche Verletzung« des Staatsgrundgesetzes im Sinne des § 151 Abs. 3 StGG, die die Ständeversammlung befugt haben würde, gegen ihn eine förmliche Anklage vor dem Oberappellationsgericht in Celle (§ 152 Abs. 1 StGG) zu erheben. Dass die Kammern zu diesem Zeitpunkt bereits vertagt waren und deshalb zu einem solchen Schritt nicht in der Lage waren – die Erste Kammer ohnehin einer Anklage nicht zugestimmt haben würde –, ändert nichts an dem rechtlichen Befund, dass *Schele* sich einer Verfassungsverletzung schuldig gemacht hat. Wiederum sollte man auch im Rückblick *Scheles* Argumentation nicht auf den Leim gehen, die Verfassung sei wegen der von ihm behaupteten Verstöße ungültig. Es bedarf keiner Wiederholung, dass das Staatsgrundge-

---
[329] Zu den theoretischen Implikationen der Position *Scheles* vgl. unten S. 355 ff.
[330] Vgl. unten S. 184.

setz zum Zeitpunkt der Ernennung *Scheles* in Geltung war. Ohne den referneren Ausführungen vorgreifen zu wollen, sei schon an dieser Stelle festgestellt, dass diese Geltung erst mit dem Patent vom 1. November 1837 beendet wurde und somit logischer- und – wenn man so will – ironischerweise die gesamte juristische Konstruktion *Scheles* von der ursprünglichen Nichtigkeit zusammenfiel.[331] Auch unter den von *Schele* vertretenen Prämissen lag also ein offensichtlicher Verfassungsbruch vor. Überdies hatte *Schele* auch seinen als Mitglied der Ersten Kammer und Geheimer Rat auf die Verfassung geleisteten Eid gebrochen.[332]

Während der von den Staatsdienern früher geleistete Diensteid durch das Publikationspatent auf das Staatsgrundgesetz erstreckt wurde[333], hatten die Mitglieder der Ständeversammlung einen besonderen Eid zu leisten, dessen Wortlaut gesetzlich vorgeschrieben war.[334]

Allerdings war es nicht das erste Mal, dass *Schele* eidbrüchig wurde. Sein Übertritt in die Dienste des Königreichs Westfalen war bereits mit seinem auf das Kurfürstentum geleisteten Eid unvereinbar. *Schele* war Kammerherr am Hof von Hannover und bekleidete damit ein staatliches Amt. Am 1. Oktober 1807 trat er in die Dienste des Königs *Jérôme* und wurde Kammerherr der Königin.[335] Am westfälischen Hof machte *Schele* alsbald Karriere und wurde bereits am 11. Dezember desselben Jahres zum Mitglied des Staatsrates ernannt.[336]

IV. Das Regierungsantrittspatent vom 5. Juli 1837

Mit dem Entwurf eines Regierungsantrittspatents, das *Schele* am 24. November 1836 als persönlichen Vermerk niedergelegt hatte[337] und als Anlage A zu seinem Memorandum vom 17. März 1837 dem Herzog von Cumberland übersandt[338] hatte, hatte er bereits für den Fall der Thronbesteigung und der von ihm angestrebten Ernennung zum Kabinettsminister vorgesorgt. Beide Entwürfe geben in verkürzter Form die rechtlichen Ausführungen wieder, wie sie sich bereits im Pro Memoria vom 8. Januar 1836 und dem Memorandum vom 4. Januar 1837 fanden. *Schele* – Jurist, den er niemals verleugnen konnte – widmete sich in den Entwürfen ausführlich den von ihm als problematisch angesehenen Rechtsfragen, sodass der Entwurf vom 17. März 1837 schließlich einen Umfang von zehn eng beschriebenen Seiten annahm. Nun hatte der König am 29. Juni die Stän-

---

[331] Vgl. unten S. 183 f.
[332] So *H. v. Treitschke*, Deutsche Geschichte IV, S. 650; vgl. auch *Anonymus*, Staatsrechtliche Bedenken, S. 9 f.; *J. Grimm*, Jacob Grimm über seine Entlassung. War sint die eide komen?, 1838, S. 17.
[333] Hann. GS 1833, S. 285.
[334] Hann. GS 1833, S. 347.
[335] Vgl. *H. J. Behr*, Georg von Schele, S. 28, unter Hinweis auf die wirtschaftlichen Gründe, die *Schele* zum Übertritt in die Dienste *Jérômes* veranlasst haben.
[336] Vgl. *H. J. Behr*, Georg von Schele, S. 29.
[337] Vgl. oben S. 72.
[338] Vgl. oben S. 79.

deversammlung auf Anraten *Schultes* nur vertagt, nicht aufgelöst.[339] Insofern war *Scheles* Entwurf weithin unbrauchbar, weil er von der Prämisse ausging, der König habe die Kammern aufgelöst. In den folgenden Tagen musste deshalb ein Antrittspatent erarbeitet werden, das der neuen Sachlage entsprach. Es unterscheidet sich nicht nur im Inhalt, sondern auch in der Form grundlegend von dem Entwurf *Scheles*, wenngleich nicht zweifelhaft ist, dass auch das schließlich verkündete Patent aus seiner Feder stammt.

Zunächst ist das Regierungsantrittspatent vom 5. Juli 1837 im Vergleich zu dem Entwurf *Scheles* sehr kurz gehalten. Sieht man von den Eingangsformeln ab, die wörtlich mit dem Regierungsantrittspatent *Wilhelms IV.* vom 1. Juli 1830 übereinstimmen[340], umfasst das Antrittspatent lediglich eine Druckseite. Die in den Memoranden *Scheles* ausführlich behandelten Gegenstände werden in dem Patent ebenfalls benannt, die sich stellenden Rechtsfragen aber nicht definitiv beantwortet. So heißt es nach den Eingangsformeln:

> »In dem dieses das Ziel Unserer Bestrebungen ist, haben Wir die Ueberzeugung gewinnen müßen, daß in vielen Puncten das Staats-Grundgesetz Unseren nur auf die Förderung des Wohls Unserer getreuen Unterthanen gerichteten Wünschen nicht entspreche. Entschlossen, Unserem getreuen Volk Unsere Ansichten über diesen hochwichtigen Gegenstand sofort offen dar zu legen, stehen Wir nicht an, zu erklären, daß Wir in dem, weder in formeller, noch materieller Hinsicht, Uns bindenden Staats-Grundgesetze eine hinreichende Gewähr für das dauernde Glück Unserer getreuen Unterthanen, deren Wohl, nach den von der göttlichen Vorsehung Uns dazu auferlegten Pflichten, möglichst zu fördern, Unser unablässiges Bestreben seyn wird, nicht finden können. Inzwischen ist es fern von Uns, Unsere Königl. Entschließung über diesen hochwichtigen Gegenstand, vor der sorgfältigsten Prüfung aller dabei in Betracht zu ziehenden Verhältnisse, zu fassen.«[341]

Die bis zur Widersprüchlichkeit reichende inhaltliche Ambivalenz dieser Sätze ist mit Händen zu greifen. *Ernst August* erklärte »weder in formeller, noch in materieller Hinsicht« an das Staatsgrundgesetz gebunden zu sein. Freilich wurde diese zentrale Aussage lediglich in einem Nebensatz und dazu in Gestalt eines Partizips (»[...] weder in formeller, noch materieller Hinsicht, Uns bindenden Staats-Grundgesetze [...]«) getroffen, während er im folgenden Satz die »Königl. Entschließung« erst nach der »sorgfältigsten Prüfung aller dabei in Betracht zu ziehenden Verhältnisse« ankündigte. Insofern hatte *Schele* sich in der Sache durchgesetzt, dass nämlich das Staatsgrundgesetz für den König nicht bindend sei, was nichts anderes heißen konnte, als dass es als rechtsunwirksam – mit anderen Worten: als nichtig – angesehen wurde. Obwohl damit die Wirksamkeit der Verfassung ausdrücklich verneint wurde, kündigte der König noch eine »sorgfältigste Prüfung« aller in Betracht zu ziehenden Verhältnisse an und versäumte nicht, sich als ehrlicher Mann zu präsentieren:

> »Es ist vielmehr Unser Königl. Wille, der Frage, ob, und in wie fern, eine Abänderung oder Modifikation des Staats-Grundgesetzes werde eintreten müssen, oder ob die Verfassung auf diejenige, die bis zur Erlassung des Staats-Grundgesetzes

---

[339] Vgl. oben S. 92.
[340] Vgl. Hann. GS 1830, S. 169.
[341] Hann. GS 1837, S. 62.

bestanden, zurück zu führen sey, die sorgfältigste Erwägung widmen zu lassen, worauf Wir die allgemeinen Stände berufen werden, um ihnen Unsere Königl. Entschließung zu eröffnen.«[342]

Stellt man wiederum den Zusammenhang dieser Sätze mit dem Vorigen her, so ergibt sich – sprachlich nur leicht verdunkelt – das vom König in Anspruch genommene Recht, über den Bestand des Staatsgrundgesetzes zu entscheiden. Die in Aussicht gestellten »Modificationen« bilden nichts anderes als eine vage Aussicht für Anhänger des Staatsgrundgesetzes, dass von der Verfassung noch etwas gerettet werden könnte. Da als Alternative aber sogleich die Geltung der Verfassung von 1819 erwähnt wird, lässt sich diese Aussage nur dahin verstehen, dass der König – jenseits aller juristischen Erwägungen im Einzelnen – grundsätzlich für sich das Recht in Anspruch nimmt, über den Bestand des Staatsgrundgesetzes zu entscheiden. Die logische Prämisse hierfür ist bereits im vorherigen Absatz zum Ausdruck gelangt, wenn nämlich der Monarch sich an das Staatsgrundgesetz nicht gebunden sieht, so steht es ihm folgerichtig offen, das Staatsgrundgesetz ganz oder in Teilen anzunehmen oder auch zu verwerfen.

Die folgenden beiden Sätze

»Unsere getreuen Unterthanen haben in den Verhältnissen der alten angeerbten Landesverfassung ehemals ihr Glück und ihre Zufriedenheit gefunden; ein von Generation zu Generation fortgeerbtes Band der Ergebenheit und Treue und des Zutrauens zu ihrem Landesherrn, beförderte das Glück des Regenten, wie das Wohl der Unterthanen. Wir wünschen sehnlichst, ein solches glückliches Verhältniß zu begründen.«[343]

Diese Sätze zielen ersichtlich darauf ab, die früheren patriarchalischen Verhältnisse wiederherzustellen.[344] Sie dürften auch zur Beruhigung des Volkes beigetragen haben, als der neue Landesherr es gut mit seinen Untertanen meinte und von seiner Seite keinerlei Unbill zu befürchten war.

Im folgenden Absatz heißt es:

»Wir haben von Unseren auf das Staats-Grundgesetz verpflichteten Staats- und Cabinets-Ministern die Contrasignatur des gegenwärtigen Regierungsantritts-Patents nicht verlangt, sondern dasselbe nur von Unserem Staats- und Cabinets-Minister von Schele, welcher Uns, mit Weglassung der Verpflichtung auf das Staats-Grundgesetz in Eid und Pflicht genommen worden, contrasigniren lassen.«[345]

Damit wird zwar nur der Vorgang als solcher beschrieben, indes wiederum das Recht in Anspruch genommen, über die Verfassung zu verfügen. Die Kabinettsminister mögen es als Gunst empfunden haben, nicht zur Gegenzeichnung des Antrittspatents verpflichtet worden zu sein, wo sie doch den Eid auf das Staatsgrundgesetz geleistet hatten. Dass *Schele* unter Weglassung der Verpflichtung auf das Staatsgrundgesetz vereidigt worden ist, bedeutete folgerichtig, dass er nur auf die Person des Königs verpflichtet war. Einen solchen Eid kannte das

---

[342] So Hann. GS 1837, S. 62.
[343] So Hann. GS 1837, S. 62.
[344] Vgl. dazu unten S. 224.
[345] So Hann. GS 1837, S. 62.

IV. Das Regierungsantrittspatent vom 5. Juli 1837

Staatsgrundgesetz nicht, weil der Eid auf die Verfassung zu leisten war.[346] *Ernst August* nahm also nicht nur das Recht für sich in Anspruch, über den Bestand der Verfassung zu verfügen, sondern schuf in einem autokratischen Akt eine neue Form der Eidesleistung. Der auf die Verfassung geleistete Eid sollte späterhin bei der Protestationsschrift der Göttinger Sieben eine entscheidende Rolle spielen.[347]

Der folgende Satz enthält einen Appell an das hannoversche Volk:

> »Wir vertrauen zur alten Liebe und Treue des Hannoverschen Volkes zu Seinem Regenten, daß alle Unsere geliebten Unterthanen mit Ruhe und mit vollem Zutrauen zu Unseren wohlmeinenden Absichten, Unsere Prüfung des obgedachten Gegenstandes erwarten und sich ueberzeugt halten werden, daß Wir ihre Wohlfahrt auch in dieser Unserer Prüfung suchen.«[348]

Man mag hierin ein Beispiel diplomatischer Regierungskunst sehen; tatsächlich handelt es sich um eine Irreführung der Öffentlichkeit. *Schele* nämlich hatte sich mit seiner Auffassung durchgesetzt, der König sei nach seinem Regierungsantritt *nicht* an das Staatsgrundgesetz gebunden bzw. könne hierüber verfügen. Wenn gleichwohl der Eindruck erweckt wurde, als sei die Entscheidung noch nicht gefallen, so diente dies nur der Beruhigung der Öffentlichkeit. Selbst die liberalen Abgeordneten der Zweiten Kammer konnten sich bei dem Gedanken beruhigen, die Ständeversammlung sei nur vertagt und der König erbitte sich lediglich eine gewisse Frist zur Prüfung der Rechtslage. Wie im Folgenden darzulegen sein wird, konnte von einer ernsthaften Absicht einer solchen Prüfung nicht die Rede sein. Wie oben ausgeführt, sollte das anzufordernde Gutachten allein der Bestätigung der von *Schele* bereits niedergelegten Ausführungen dienen.[349] Die Frist zur »sorgfältigsten Prüfung«, die sich der König in dem Antrittspatent ausbedungen hatte, hatte im Hinblick auf die Vollendung des Staatsstreichs eine völlig andere Funktion: In der Folgezeit nämlich konnte festgestellt werden, ob sich gegen eine formelle Aufhebung des Staatsgrundgesetzes Widerstand erheben würde. Wurden nämlich die im Antrittspatent enthaltenen Implikationen des Verhältnisses von Monarch und Verfassung widerspruchslos hingenommen, so konnte der endgültige »Schlag«[350] ohne die Gefahr von Aufruhr oder gewaltsamem Widerstand geführt werden. Insofern erwies sich der König seinem Kabinettsminister *Schele* als politischer Taktiker überlegen: Würde im Königreich tatsächlich sich ernst zu nehmender Widerstand gegen den Staatsstreich erheben, so hätte dem König der Weg offen gestanden, die Kammern wieder einzuberufen und ihnen seine Änderungswünsche zu unterbreiten. Obwohl mit dem Antrittspatent der erste Teil des Staatsstreichs in der Sache vollendet war, hätte es doch wegen der ambivalenten Formulierungen immer noch ein »Zurück« zum Staatsgrundgesetz geben können.

---

[346] Vgl. oben S. 49.
[347] So unten S. 190.
[348] So Hann. GS 1837, S. 62 f.
[349] Vgl. oben S. 101 ff.
[350] So die Formulierung bei *Schele*, Schreiben vom 17. März 1837, Staatsarchiv Hannover, Hann. Dep. 103 VII Nr. 6, S. 116 r.

Die Absichten *Ernst Augusts* werden durch die Verfahrensweise vor Publikation des Patents bestätigt. *Schele* legte den Entwurf den anderen Ministern des Kabinetts vor, die aber Einwände vortrugen. Insbesondere verlangten sie, dass ausdrücklich gesagt würde, der König beabsichtige nur verfassungsmäßige Änderungen.[351] Damit wäre der von *Schele* verfolgte Plan konterkariert worden. Würde der König konzediert haben, nur verfassungsmäßige Änderungen des Staatsgrundgesetzes anzustreben, wäre damit dessen Anerkennung verbunden gewesen. *Schele* ging es bei Abfassung des Patents aber gerade um die Feststellung, der König sei an das Staatsgrundgesetz nicht gebunden und halte sich – wie dargestellt – alle Handlungsoptionen offen. Die abweichenden Vorstellungen der Minister blieben folgenlos, weil *Ernst August* auf der auf den ersten Blick ambivalenten Fassung des Patents beharrte. An die Königin schrieb er:

> »Sie *[scil. die Antrittsproklamation]* ist recht mild und bedachtsam, aber doch klar. Ich verwerfe nichts, und auch annehme nichts. Erst will ich eine Comission ernennen, um alles zu probiren und ihr Gutachten mir vorzulegen [...] Was gut ist, werde ich beibehalten, was schändlich ist werde ich nicht annehmen [...] Und wenn ich dann durch ihren Bericht das Für und Wider in allem kenne, werde ich entscheiden, was zu geschehen hat. Auf diese Weise handele ich mit Umsicht ...«[352]

Den Ministern entgegnete er am 7. Juli barsch:

> »Nachdem ich habe gehört und gesehen die Einwendungen die die vier vorgetragen haben gegen das Antritts-Patente vom Ministerio, sehe ich es meiner Würde nicht gemäß, daß in Zweifel zu lassen was ist meine wahre Intention, und deswegen bleibt es bei dem von mir vollzogenen Patent.
> *Ernst August.*
> An
> den Minister von Schele«.[353]

Aufgrund der Quellenlage ist unbezweifelbar, dass *Ernst August* sich bereits mit dem – am 8. Juli 1837 publizierten – Antrittspatent über die Verfassung erhob und damit der Staatsstreich ins Werk gesetzt worden war. Sein Selbstverständnis ist das eines Despoten, der sich an bisher geltendes Recht nicht gebunden sieht und es deshalb entweder anerkennen oder auch verwerfen kann. Die Publikation des Antrittspatents bedeutete für die Verfassungsgeschichte Hannovers nichts anderes als einen Rückfall in den Absolutismus.

An der Verfasserschaft *Scheles* besteht kein Zweifel. Zwar drängte dieser auch in jenen Stunden darauf, den entscheidenden Schlag sofort zu führen.[354] Nachdem *Ernst August* sich aber bereits mit der Vertagung – statt der Auflösung – der Stände gegen *Scheles* Pläne durchgesetzt hatte, war es ihm begreiflicherweise daran gelegen, im Antrittspatent möglichst viel von seinen Vorstellungen unterzubringen. *Schele* war überdies der einzige Vertraute des Königs und als sol-

---

[351] So *H. v. Treitschke*, Deutsche Geschichte IV, S. 651.
[352] Zitiert nach *G. M. Willis*, Ernst August, S. 127.
[353] Staatsarchiv Hannover, Hann. Dep. 103 VII Nr. 13, S. 4 r. Bemerkenswert ist, dass *Ernst August* nicht direkt mit den Ministern in Kontakt trat, sondern *Schele* als Mittler benutzte. Damit war dessen spätere Stellung als einziger Kabinettsminister bereits vorweggenommen. Vgl. unten S. 187.
[354] Vgl. nur *H. J. Behr*, Georg von Schele, S. 151 m.w.N.

cher allein in der Lage, das Antrittspatent zu formulieren. *Ernst August* war der deutschen Sprache – wie ersichtlich – nicht hinreichend mächtig. Die anderen Minister kamen für die Abfassung des Patents nicht in Betracht, weil sie auf Anerkennung des Staatsgrundgesetzes drangen und deshalb – wie es bei *Willis* bezeichnenderweise heißt – »kompromittiert« waren.[355] Eine Betrauung eines der Kabinettsräte, denen *Schele* so gründlich misstraute, mit der Abfassung des Patents kam von vornherein nicht in Betracht. Wenn *Schele* sich auch nicht vollständig mit seinem Staatsstreichplan durchgesetzt hatte, eröffneten die ambivalenten Formulierungen doch die Möglichkeit, diesen alsbald zu vollenden.

---

[355] So *G. M. Willis*, Ernst August, S. 126.

SECHSTES KAPITEL
GUTACHTEN ZUR VERFASSUNGSFRAGE

I. Das Kabinettsgutachten vom 14. Juli 1837

Das Kabinettsgutachten vom 14. Juli 1837 ist im Original nicht erthalten, weil die Kabinettsakten aus jener Zeit einem Bombenangriff im Zweiten Weltkrieg zum Opfer fielen. Eine Abschrift findet sich jedoch in den Handakten des Kabinettsrats *von Falcke*[356] über den Verfassungsstreit von 1837 und die folgenden Jahre, die zum Bestand des Stadtarchivs Hannover gehören.[357] Es besteht kein Zweifel daran, dass das Gutachten aus dem Nachlass *Falckes* mit dem Kabinettsgutachten identisch ist.[358]

Das Zustandekommen des Kabinettsgutachtens ist in mehrfacher Hinsicht bemerkenswert. Zum einen ist fraglich, ob der König überhaupt das Kabinett mit der Erstellung eines Gutachtens formell beauftragt hat. Im Schreiben an die Königin ist nur von der Ernennung einer »Comission« die Rede[359], womit schwerlich das Kabinett gemeint sein dürfte. Wenn der König überdies – so ausdrücklich im Regierungsantrittspatent geschehen – die Minister *Alten*, *Stralenheim*, *Schulte* und *von der Wisch* mit der Begründung von der Gegenzeichnung entband, dass sie auf das Staatsgrundgesetz verpflichtet seien[360], wäre es widersprüchlich gewesen, sie nunmehr mit der Erstellung eines Gutachtens zu betrauen. Die Vorgänge nach der Ankunft *Ernst Augusts* in Hannover sprechen vielmehr dafür, dass das Kabinettsgutachten auf eine Initiative *Falckes* zurückging, der auch der Verfasser des Gutachtens gewesen sein dürfte. Er hatte bereits an der Entstehung des Staatsgrundgesetzes mitgewirkt und verfügte – neben *Rose* – über die entsprechenden Sachkenntnisse. Dass einer der Minister – in Betracht wäre ohnehin allein *Schulte* gekommen – das Gutachten verfasst hat, darf füglich ausgeschlossen werden.

Gegen die Stimme *Scheles* beschloss das Kabinett das Gutachten am 14. Juli 1837.[361]

Das Gutachten beginnt mit den Worten:

> »Ew. Königliche Majestät haben unter dem 1ten d. Ms. zu befehlen geruhet, daß wir, nach angestellter collegialischer Berathung, allerhöchstdemselben unsere Meinung über die hochwichtigen Fragen

---

[356] Biographische Angaben vgl. oben Fn. 102.
[357] Stadtarchiv Hannover, AAA 473, S. 45 r ff.
[358] Vgl. auch *N. Dissen*, Deutscher monarchischer Konstitutionalismus, S. 183.
[359] Vgl. *G. M. Willis*, Ernst August, S. 127.
[360] Vgl. oben S. 102.
[361] Vgl. *H. v. Treitschke*, Deutsche Geschichte IV, 651; *E. R. Huber*, Deutsche Verfassungsgeschichte II, S. 94 (hier auf den 17. Juli 1837 datiert); *G. M. Willis*, Ernst August, S. 128 f., der nur von einem »Vortrag« des Kabinetts beim König spricht.

> 1. Ob das Staatsgrundgesetz vom 26ten September 1833. rechtsbeständig sey?
> 2. Oder ob und wie dasselbe auf legale Weise beseitigt werden könne?
> in einem schriftlichen Vortrage vorzulegen zu haben.
> Ew. Majestät haben seitdem am 5ten d. Ms. durch ein zur öffentlichen Kunde gebrachtes Patent allerhöchst Ihre Ansicht über die erste jener Fragen angesprochen.
> Da inzwischen der Eingangs erwähnte höchste Befehl nicht zurückgenommen; so sind wir verpflichtet, demselben nachzukommen.«[362]

Der hier angesprochene Befehl des Königs vom 1. Juli liegt in schriftlicher Form nicht vor und ist auch mit dem weiteren Verlauf des Staatsstreichs schwerlich in Einklang zu bringen. Nachdem *Schele* nicht müde geworden war, während der letzten eineinhalb Jahre die Kabinettsminister gegenüber *Ernst August* zu diskreditieren, dürfte die Betrauung des Kabinetts mit einem Gutachten kaum auf seinen Rat zurückgegangen sein. Wahrscheinlicher ist, dass der König gegenüber *Schulte*, der im Kabinett für die ständischen Fragen zuständig war, das Erfordernis eines Gutachtens angesprochen hat und dieser das Kabinett als hierfür zuständig erachtete. Im Grunde war der Gutachtenauftrag, wie er eingangs formuliert war, durch das Regierungsantrittspatent überholt. Denn wenn der König bekundete, durch das Staatsgrundgesetz »weder in formeller, noch materieller Hinsicht« gebunden zu sein, so war die Frage nach der Rechtsbeständigkeit der Verfassung bereits beantwortet. Wenn gleichwohl das Gutachten erstattet wurde, so ließ sich dies immerhin mit der Tatsache begründen, dass der König seinen »höchsten Befehl« nicht zurückgenommen habe. Damit war der König mit seinen eigenen Waffen geschlagen worden, denn wenn er am 1. Juli einen solchen Auftrag erteilt haben sollte, wäre es fraglos »seiner Würde nicht gemäß« gewesen, diesen Befehl zurückzunehmen.

Wenn auch der genaue Hergang des Auftrags an das Kabinett nicht zu rekonstruieren ist, bleibt die Kenntnis des Kabinettsgutachtens für die Bewertung des Staatsstreichs von höchstem Wert. Es bestätigt, dass es dem König nicht auf die im Antrittspatent angekündigte »sorgfältigste Prüfung« ankam, sondern lediglich ein Weg gefunden werden sollte, das lästige Staatsgrundgesetz zu »beseithigen«. So dürfte das Gutachten nach dem mündlichen Vortrag der Minister am 14. Juli nicht mehr zur Kenntnis genommen worden sein, weil es in allen Punkten dem Pro Memoria *Scheles* vom 8. Januar 1836 und allen folgenden Ausführungen zur Rechtslage widersprach.[363]

Im Gutachten wird zunächst die Entstehungsgeschichte des Staatsgrundgesetzes referiert:

> »Als am 30. April 1831. von Seiten der allgemeinen Ständeversammlung der Wunsch zu erkennen gegeben wurde, daß die Landesverfassung durch eine Urkunde geregelt werden möge, welche, auf dem bestehenden Rechte beruhend, solches ergänze, den Bedürfnissen gemäß verbessere und durch klare Gesetzesworte die Verfassung vor Zweifel und Angriffen schütze, diesem Wunsche auch der Antrag beigefügt war, durch eine gemischte Commission landesherrlicher und ständischer Mitglieder, nach einem, von des Königs Majestät mit-

---

[362] So Gutachten vom 14.7.1837, AAA 473, S. 45 r f.
[363] Bemerkenswert ist, dass das Kabinettsgutachten weder bei *Behr* noch bei *Willis* Erwähnung findet. Dagegen *H. v. Treitschke*, Deutsche Geschichte IV, S. 651.

I. Das Kabinettsgutachten vom 14. Juli 1837

zutheilenden Entwurfe ein den vorbemerkten Erfordernissen entsprechendes Staatsgrundgesetz ausarbeiten zu lassen und solches der Ständeversammlung zur Berathung vorzulegen, gab der König dem auf eine solche commissarische Vorarbeit gerichteten Antrage allerdings statt. Es konnte aber nicht die Absicht des Königs seyn, und ist es nie gewesen, den Ständen die Feststellung der Landesverfassung anheim zu geben.«[364]

Anschließend wird aus dem Handschreiben *Wilhelms IV.* an den Vizekönig vom 29. April 1831 – in Übersetzung – zitiert:

>»Ich halte es inzwischen für sehr wesentlich für die zukünftige Wohlfahrt Hannovers und für die Aufrechterhaltung des Königlichen Ansehens, daß Alles, was jetzt zur Erleichterung und zum Besten der Unterthanen geschehen mag, als ein Act des freien Willens des Herrn, als ein Geschenk (:a grant:) desselben, nicht als etwas Abgedrungenes (: not a concession:) dargestellt und angesehen werde. Es ist Mir ganz besonders daran gelegen, daß dieser Gesichtspunkt von denjenigen deutlich aufgefaßt werde, denen die Entwerfung der Erklärung aufgetragen wird, zu deren Genehmigung Ich bereit bin.«[365]

Zur Bekräftigung wird die Rede des Ministers *von Schulte* bei der Eröffnung der Kommissionsberatungen zitiert, der bemerkt habe:

>»Es komme ganz besonders auf die Feststellung der bestehenden Verfassung an, und deshalb werde das zu bearbeitende Staatsgrundgesetz nicht ein neuer Vertrag zwischen Landesherrn und Ständen seyn, sondern vielmehr eine Declaration des Königs über die Rechte der Unterthanen.«[366]

Auch die Frage, wie das Staatsgrundgesetz »staatsrechtlich« – ob als oktroyierte oder vereinbarte Verfassung – einzuordnen sei, wird erörtert und wie folgt beantwortet:

>»Dies aber bei Seite gesetzt, ist unseres devotesten Dafürhaltens, die Verfassung vom Jahre 1833. allerdings im Ganzen eine gegebene und nicht eine vertragsmäßig errichtete. Es hatte auch bis dahin niemals in der Befugniß der Stände des Königreichs gelegen, dem Landesherrn über den Inbegriff der Staatsorganisation Gesetze vorzuschreiben. Um aber dem Lande eine Verfassung geben zu können war es erforderlich, daß des Königs Majestät zuvor mit den früheren und bis dahin verfassungsmäßigen Landständen über diejenigen Punkte, welche wirklich zu ihrer Competenz gehörten, ein bindendes Uebereinkommen treffe. Dahin gehörte, nach Maßgabe der älteren Berechtigungen der Stände und nach Vorschrift des bereits angezogenen Artikel 56. der Wiener-Schlußacte, die landständische Verfassung. Diese müßte vertragsmäßig festgestellt werden, ehe und bevor der König das Recht haben konnte, eine auch diesen Gegenstand begreifende allgemeine Landesverfassung zu promulgiren. Hierauf ist denn auch das Bestreben der Regierung in der vorgängigen Verhandlung gerichtet gewesen und nachdem Sr. Majestät den dieserhalb an Allerhöchstsie von der Ständeversammlung ergangenen und in deren Befugniß liegenden Anträgen nachgegeben hatte, so lag wie uns scheint in dieser Annahme der Propositonen der letzern ein, beide Theile bindender vollgültiger Vertrag, der der Erlassung der allgemeinen Landesverfassung vorausgehen mußte, durch welchen aber auch nur in dieser Hinsicht deren Rechtsbestand den Ständen gegenüber bedingt seyn konnte.«[367]

---

[364] So Gutachten vom 14.7.1837, AAA 473, S. 46 v f.
[365] So Gutachten vom 14.7.1837, AAA 473, S. 47 r f.
[366] So Gutachten vom 14.7.1837, AAA 473, S. 49 r.
[367] So Gutachten vom 14.7.1837, AAA 473, S. 51 r f.

Die Verfasser fahren fort:

> »Eine nochmalige Anheimgabe der Berathung an die Ständeversammlung über das Grundgesetz hätte nur Gegenstände beziehen können, über die der letztern kein Stimmrecht zugestanden werden kann. Sie würde solche mithin zum Eingriff in Königliche Rechte autorisirt, ja aufgefordert haben. Daß daneben wirkliche jura quaesita der Unterthanen durch ein gegebenes Grundgesetz nicht geschmälert werden dürften, wohin namentlich die Art und Weise der Rechtsprechung, die Uebertragung der Justiz an Gerichte, die vor allem Cabinets-Einflusse geschützt werden muß, versteht sich von selbst. Auch ist dieses Princip gewissenhaft beobachtet worden. Die Regulirung der Verwaltung ist ein Recht der Krone und hat in den hannoverschen Staaten niemals zu den Befugnissen der Stände gehört. Hierüber hatte, soviel uns bekannt, in den Verhandlungen mit den Ständen damals kein Streit statt gefunden. Die Concurrenz der letzteren zur Gesetzgebung im Uebrigen, war aber, durch die derzeit in anerkannter Wirksamkeit befindliche Verfassung auf die Einholung des rathsamen Gutachtens derselben beschränkt, welche bey der ganzen Verfassungsangelegenheit in vollem Maße eingetreten war. An einer erfolgreichen Anfechtung der Verfassung aus dem angedeuteten Gesichtspunkte der Natur derselben wird daher, wie wir allerunterthänigst annehmen zu müssen glauben, von Seiten der Stände nicht die Rede sein können.«[368]

Es folgt die Prüfung, ob das Staatsgrundgesetz mit der Gesetzgebung des Deutschen Bundes vereinbar sei. Diese Frage wird ohne weiteres bejaht, weil die gesamte Staatsgewalt auch nach dem Staatsgrundgesetz im König vereinigt bleibe und der Souverän nur in Ausübung bestimmter Rechte an die Mitwirkung der Stände gebunden sei.[369]

Es komme nur noch und zwar sehr wesentlich auf die Erörterung der Frage an:

> »Ob durch den Inhalt des Grundgesetzes wohlbegründeten Rechten der erhabenen Regierungsnachfolger Seiner Majestät des höchstseligen Königs in dem Maße Eintrag geschehen ist, daß für Allerhöchstdieselben jenes Gesetz ohne verbindende Kraft bleibe.«[370]

Die anerkannte Regelung der älteren wie der neueren Publizisten sei:

> »Daß Regenten Handlungen, welche auf verfassungsmäßigem Wege vorgenommen und aus denen wirkliche Rechte der Unterthanen oder sonstiger dritter Personen erworben sind, es seyen diese privatrechtlicher oder politischer Art, für den Regierungsnachfolger völlig verbindende Kraft haben.
> Die in der Natur der Sache liegenden Gründe dieses Rechtssatzes bedürfen kaum einer Andeutung. Es springt in die Augen, daß die Grundfesten der monarchischen Regierungsform erschüttert würden, wenn man die Gültigkeit der Regierungshandlungen eines legitimen Landesherrn von der Zustimmung oder von dem spätern Willen der zur Nachfolge berufenen Familien-Mitglieder abhängig machen wollte. Den letzteren würde hiedurch ein Recht der Mitregierung eingeräumt, welches mit dem Begriffe der Souveränität soweit wir die Sache zu beurtheilen vermögen in deutlichsten Widerspruche steht.
> Man hat wohl den Satz aufzustellen versucht, daß diese Regel nur von den gewöhnlichen Regierungshandlungen gelte, nicht aber auf wesentliche Veränderungen der Landesorganisation Anwendung leiden könne, indem vielmehr zum

---

[368] So Gutachten vom 14.7.1837, AAA 473, S. 52 r f.
[369] Vgl. Gutachten vom 14.7.1837, AAA 473, S. 54 v.
[370] So Gutachten vom 14.7.1837, AAA 473, S. 55 r.

dauernden Rechtsbestande der letztern die Einwilligung der oder wenigstens des nächsten präsumtiven Regierungsnachfolgers erforderlich sei.

Ein solcher Satz ist aber nicht nur im Principe irrig, weil dadurch immer festgestellt werden würde, daß das von der Vorsehung dem Monarchen allein übertragene Recht der Regierung in gewissen Fällen zwischen ihm und seinem nächsten Agnaten getheilt seyn solle; - sondern es würde auf practisch unzulässige Resultate, sowie auf die allergefährlichste und verderblichste Rechtsunsicherheit hinführen.

Zunächst müßte es sich nämlich fragen, wo ist die Grenze zwischen gewöhnlichen Regierungshandlungen und zwischen wesentlichen Verfassungsänderungen? – Eine Grenze, deren Feststellung nach bestimmten Begriffen kaum möglich und dann immer noch höchst willkürlich und deshalb von rechtlicher Grundlage entblößt seyn würde. Welche Anwendung sollte insbesondere eine solche Theorie auf Staatsverträge leiden, durch welche häufig die wichtigsten Rechte, ja ganze Provinzen und Länder abgetreten werden, deren juristische Natur aber von der anderer Verträge nicht verschieden ist.

Sodann aber wäre ferner zu entscheiden, wessen Zustimmung erfordert werden solle, ob die, des nächsten präsumtiven Regierungsnachfolgers allein, oder die, sämmtlicher etwa vorhandener, volljähriger oder gar auch der am Leben befindlichen minderjährigen Agnaten. Das Erstere würde man nicht wohl annehmen dürfen, weil der etwa consentirt habende nächste Agnat vor dem Anfalle der Sucession hinwegfallen könnte und es sodann wieder an der Gültigkeit der Anordnung erheischten Einwilligung des nächsten Nachfolgers ermangelte, mithin daß, was ein Mal rechtsbeständig gewesen, wieder nichtig werden würde. Das letztere aber schiene ein Mal schon um deswillen bedenklich, weil es das an sich unzulässige Recht der Mitregierung möglicher Weise auf eine unbestimmte Zahl von Nichtberechtigten ausdehnen, und sodann ungerecht, weil gar kein Grund abzusehen ist, warum, ein Recht, was doch einzig und allein aus der Abstammung von einem gemeinschaftlichen Stammvater abgeleitet werden könnte, den noch nicht geborenen Mitgliedern des regirenden Hauses nicht aus gleichem Grunde demnächst in gleicher Maße zustehen sollte, und dieß umso mehr, als am Ende durch Fügungen des Schicksals einer der zur Zeit der erlassenen Staatseinrichtung noch nicht geborenen Agnaten zum nächsten Regierungsnachfolger werden kann.«[371]

Angefügt wird eine Reihe von Rechtsakten des Braunschweig-Lüneburgischen Herrscherhauses, zu denen in den vergangenen Jahrhunderten die Einwilligung der Agnaten nicht eingeholt worden ist, sodass die gelegentlich postulierte Zustimmung des Agnaten auch nicht der Staatspraxis entsprochen habe.[372]

Das Kabinettsgutachten gelangt zu dem folgenden Ergebnis:

»Wir vermögen diesem Allem nach, im Gefolge einer reiflichen und rein theoretischen Prüfung, nur zu der Ueberzeugung zu gelangen, daß durch den Inhalt der Verfassung 1833. keine ausdrückliche Grundsätze der frühern Landesverfassung verletzt worden sind.

Sollte aber diese Ansicht die richtige seyn, so würde aus den beiden bisher erörterten Vordersätzen sich die Beantwortung der ersten von Ew. Königl. Majestät zur Berathung verstellten Fragen dahin ergeben:

Daß das Staats-Grundgesetz vom 26.« September 1833. rechtsbeständig sey.

Eine Selbstfolge hiervon würde aber die seyn,

daß eine Abänderung oder Beseitigung eben dieser Verfassung auf legale Weise nicht anders als auf dem in dem Schluße der Urkunde angegebenen Wege zu erreichen stände.«[373]

---

[371] So Gutachten vom 14.7.1837, AAA 473, S. 55 r ff.
[372] Vgl. Gutachten vom 14.7.1837, AAA 473, S. 57 r ff.
[373] So Gutachten vom 14.7.1837, AAA 473, S. 64 r f.

In einem Nachsatz wird auf mögliche Folgeprobleme des Verfassungskonflikts hingewiesen:

> »Endlich glauben wir noch die aller unterthänigste Bemerkung hinzufügen zu dürfen, daß wenn auch unsere Theorie in allen andern Punkten irrig seyn sollte, die bestehende Verfassung immer bis dahin in vollkommener Kraft und Wirksamkeit bleiben würde, daß sie wirklich aufgehoben wäre, weil die Befugniß des erhabenen Urhebers jener Verfassung zu einer solchen Verfügung für Seine Regierungszeit und auch über dieselbe hinaus, bis zur legalen Aufhebung jener Verfügung, nach allen staatsrechtlichen Grundsätzen, unmöglich bestritten werden kann. Auch dürfen wir dabey nicht aus den Augen verlieren, daß die gesammten Staatsdiener, welche seit der Erlassung des Patentes vom 26.« September 1833. den Königlichen Dienst nicht verlassen haben, oder neu in denselben eingetreten, zur Beobachtung des Grundgesetzes eydlich verpflichtet sind, eine Verpflichtung von der sich Niemand lossagen kann, bevor die Verfassung durch einen gesetzlichen Act wiederum aufgehoben worden ist.
> Schließlich erlauben wir und tief ehrerbietigst anzuführen, daß wir nicht zu irren vermeinen, wenn wir Ew. Königlichen Majestät zu Ende des Patentes vom 5ten dieses Monats ausgesprochene Allerhöchste Intention dahin verstehen, daß das Staatsgrundgesetz vom 26.« September 1833., welches durch das Patent von demselben Tage zu einem integrirenden Theile unserer eydlichen Dienstverpflichtung erhoben worden ist, bis zu anderweit allerhöchster Verfügung fortwährend in Anwendung gebracht werden soll, in dem es im entgegengesetzten Falle für jetzt an jeder ausreichenden Norm zur Fortführung der Verwaltung in allen, vorzüglich aber in den finanziellen Beziehungen, ermangeln würde.«[374]

Scheles Argumentation, die seit dem Pro Memoria vom Januar 1836 die juristische Begründung der Staatsstreichpläne gebildet hatte und noch in dem Antrittspatent vom 5. Juli auftauchte, war damit widerlegt. Das Staatsgrundgesetz wurde als »allgemein anerkannte« Verfassung im Sinne der Bestimmungen des Deutschen Bundes qualifiziert, sodass seine Änderung nur auf verfassungsmäßige Weise – nämlich nach den Vorschriften des Staatsgrundgesetzes – erfolgen konnte. Die vorgebliche – nochmalige – Zustimmungsbedürftigkeit durch die Stände erfährt ihre Widerlegung durch den nachgewiesenen Willen des Königs, die Verfassung zu *geben*, nicht etwa zu *vereinbaren*. Gegen das von *Ernst August* reklamierte Einverständnis mit dem Staatsgrundgesetz wegen »Kränkung« seiner agnatischen Rechte wird schließlich ein *argumentum ad absurdum* ins Feld geführt: Hierdurch würde den Agnaten eine Teilhabe an der Regierungsgewalt eingeräumt, die mit der Souveränität des Monarchen unvereinbar sei.

Das Gutachten ist in seiner – trotz der allfälligen Höflichkeitsformeln – sprachlichen Klarheit und gedanklichen Folgerichtigkeit bestechend. Die auf beide eingangs gestellten Fragen gefundenen Antworten – Gültigkeit des Staatsgrundgesetzes und Änderung nur auf verfassungsmäßige Weise – sind eindeutig. Auch die angefügten Überlegungen zu den Folgen, die eine Nichtigkeit des Staatsgrundgesetzes nach sich ziehen würden, lassen hohes juristisches Niveau und staatspolitischen Weitblick erkennen. Das Kabinettsgutachten erfüllte damit die vom König im Antrittspatent angekündigte »sorgfältigste Prüfung der Rechtslage«.

---

[374] So Gutachten vom 14.7.1837, AAA 473, S. 65 r f.

Zu vermuten ist, dass *Ernst August* das Gutachten in seiner schriftlichen Fassung nicht zur Kenntnis genommen hat, sondern sich auf die Anhörung des mündlichen Vortrags beschränkte.[375] *Schele* hatte am 6. Juli bei einer Kabinettssitzung noch einmal seine Auffassung bekräftigt, das Staatsgrundgesetz sei nie in anerkannter Wirksamkeit gewesen.[376] Dass er gegen das vom Kabinett – nämlich von den Ministern *Stralenheim*, *Alten*, *Schulte* und *von der Wisch* – beschlossene Gutachten stimmte[377], verstand sich fast von selbst. Das Kabinettsgutachten blieb deshalb ohne Wirksamkeit.

Erstaunlich ist, dass die Kabinettsminister – faktisch schon zu Departementministern herabgestuft – aus der Missachtung des Kabinettsgutachtens durch den König keine Konsequenzen zogen, wie sie auch nach förmlicher Aufhebung des Staatsgrundgesetzes am 1. November 1837 in ihren Ämtern verblieben sind.[378] Im Gutachten selbst finden sich zwar Wendungen, die auf eine Relativierung der vertretenen Ergebnisse hindeuten könnten[379]; doch handelt es sich hier um die in einem Schreiben an den Monarchen üblichen Floskeln, die an der Eindeutigkeit der Ergebnisse nichts zu ändern vermögen. Es bleibt deshalb das Fazit, dass die Minister ein in seiner Aussagekraft nicht misszuverstehendes Gutachten unterzeichneten, den Dingen aber im Übrigen ihren von *Schele* bestimmten Lauf ließen.[380]

II. Das Finanzgutachten

Im Nachlass *Falckes* findet sich die Abschrift eines weiteren Gutachtens, das als »Postscriptum« bezeichnet wird und ebenfalls auf den 14. Juli 1837 zu datieren ist. Unklar ist, ob dieses Gutachten dem König vorgelegt worden ist, weil die Fassung aus dem Nachlass *Falckes* alle Zeichen eines Entwurfs trägt. Allerdings handelt es sich ebenfalls um ein Kabinettsgutachten, das mit den Worten beginnt:

> »Nachdem wir uns haben angelegen seyn lassen, in Gefolge des an uns ergangenen Allerhöchsten Befehles Sr. Königlichen Majestät unsere ganz unmaßgebliche Ansicht über den Rechtsbestand des Staatsgrundgesetzes zu entwickeln, erbitten wir uns die gnädigste Erlaubniß, die Vereinigung der Cassen aus dem finanziellen Gesichtspuncte einer möglichst kurzen Erörterung zu unterziehen.«[381]

Im Gutachten wird im Einzelnen dargelegt, welche Vorteile die im Staatsgrundgesetz vorgeschriebene Vereinigung der Kassen habe, gegen die der König eben-

---

[375] Vgl. *G. M. Willis*, Ernst August, S. 128.
[376] Vgl. *H.-J. Behr*, Georg von Schele, S. 152.
[377] Vgl. *E. R. Huber*, Deutsche Verfassungsgeschichte II, S. 94.
[378] So unten S. 178 f.
[379] So Gutachten vom 14.7.1837, AAA 473, S. 45 v (»Nach unserer besten aber vielleicht sehr mangelhaften Überzeugung«); S. 64 r (»sollte aber diese Ansicht die richtige seyn«).
[380] Vgl. hierzu *H. v. Treitschke*, Deutsche Geschichte IV, S. 251 f.: »Sie blieben behaglich im Amte und beruhigten sich mit dem Troste, daß sie den Unzufriedenen kein böses Beispiel geben dürften«.
[381] So Postskriptum, Stadtarchiv Hannover, AAA 473, S. 68 r.

falls Einwendungen erhoben hatte. Nach eingehender Erörterung der bisherigen Rechtslage und der Schwierigkeiten, die die Trennung der Kassen mit sich gebracht habe, wird ein Schreiben Königs *Wilhelm IV.* an das Ministerium in Hannover vom 24. Oktober 1831 »betreffend die Vereinigung der General-Casse und der General-Steuer-Casse, die Dotation der Krone und das Chatull-Vermögen« zitiert. In diesem Schreiben legt der König dar, aus welchen Gründen er der Vereinigung der Kassen zustimme. Das Schreiben endet mit den Worten:

>»Wir glauben daher, daß nicht allein die Uns obliegende, Uns nur Allein heilige Regenten-Pflicht sondern ganz besonders auch die Sorge für Unsere dereinstigen Nachfolger in der Regierung Uns die Verbindlichkeit auferlegen, zu einem gegenwärtig in dem vorstehenden Maße zu treffenden, dem Besten der Krone, sowie des Landes entsprechenden Uebereinkommen mit den Ständen des Königreichs Unsere Zustimmung nicht zu versagen.«[382]

Sollte dieses Gutachten den König erreicht haben, würde es das Schicksal des Kabinettsgutachtens vom 14. Juli geteilt haben. Die »sorgfältigste Prüfung« der Rechtslage konnte nach *Scheles* erklärter Absicht nur das Ziel haben, den Staatsstreich zu rechtfertigen.

III. Das Kommissionsgutachten

Nach Erlass des Antrittspatents ernannte der König auf Betreiben *Scheles* eine Kommission, der *Karl Graf von Wedel*[383], *Karl von Bothmer*[384], *Friedrich Jacobi*[385] und *Justus Christoph Leist*[386] angehörten.[387] Den Vorsitz übernahm – wie nicht anders zu erwarten – *Schele*.[388] Der König hatte in einem Brief an die Königin vom 7. Juli 1837 die Ernennung der Kommission angekündigt, allerdings seine Auffassung bekräftigt, dass die Verfassung zu seiner Disposition stünde.[389]

Das Kommissionsgutachten ist ebenso wie das Kabinettsgutachten ein Opfer der Kriegseinwirkungen geworden und auch nicht in Abschrift erhalten.

---

[382] So Finanzgutachten, Stadtarchiv Hannover, AAA 473, S. 86 v.
[383] *Karl Graf von Wedel* (1790–1853), 1826 Justizkanzleidirektor in Osnabrück, hannoversches Mitglied des Staatsrates, 1847–1848 Vorstand des Kultusministeriums und Kurator der Universität Göttingen.
[384] *Karl von Bothmer* (1799–1852), Jurist, 1826–1837 hannoverscher Justizrat, 1848–1849 Abgeordneter der Frankfurter Nationalversammlung.
[385] *Friedrich Jacobi* (gest. 1844), Oberjustizrat im Justizministerium, Präsident der Zweiten Kammer, in der er das Konsistorium von Stade vertrat.
[386] *Justus Christoph Leist* (1770–1858), Jurist, ab 1802 ordentlicher Professor in Göttingen, ab 1805 Hofrat, trat mit Beginn der Franzosenzeit aber in die Dienste Königreichs Westfalens; 1837 Beratertätigkeiten für König Ernst August; ab 1839 Vizepräsident des Oberappellationsgerichts in Celle; ab 1855 Präsident des Staatsgerichtshofs des Königreichs Hannover.
[387] *H.-J. Behr*, Georg von Schele, S. 151, führt nur die Namen *Graf Wedel*, *Jacobi* und *Leist* auf, während *Willis* (Ernst August, S. 127) auch *Bothmer* nennt. In einem Artikel des Fränkischen Merkur vom 13. Juni 1838, in: Fränkischer Merkur Band 1838, S. 1361, sind hingegen *Jacobi*, *v. Bothmer* und *Graf von Wedel* genannt.
[388] Vgl. *H.-J. Behr*, Georg von Schele, S. 152.
[389] Vgl. oben S. 104.

Wie die Meinungsbildung in der Kommission im Einzelnen verlief, ist mangels eines Protokolls oder ähnlicher Aufzeichnungen nicht zu rekonstruieren. Als gesichert kann gelten, dass *Schele* seine Thesen von der Ungültigkeit des Staatsgrundgesetzes vertreten hat, mit ihnen aber nicht durchdrang. Ebenfalls darf als gesichert gelten, dass der Kommission das Kabinettsgutachten vorlag und die Meinungsbildung im Wesentlichen bestimmte. Das Kommissionsgutachten wurde dem König am 28. Juli 1837 vorgelegt.[390] Die Kommission sprach – gegen die Stimme *Scheles*[391] – die Empfehlung an den König aus, den gegenwärtigen Ständen zu erklären, er wolle das Staatsgrundgesetz unter gewissen Bedingungen annehmen.[392] Ende Juli 1837 lässt sich somit feststellen, dass außer den Memoranden *Scheles*, die als Vorbereitung des Staatsstreichs naturgemäß nicht veröffentlicht worden sind, keine Quelle nachweisbar ist, in der die Geltung des Staatsgrundgesetzes in Zweifel gezogen wird.

Da die beiden ersten Versuche, die Ungültigkeit des Staatsgrundgesetzes von unabhängiger Seite zu begründen, gescheitert waren, musste ein drittes Gutachten her. Dieses wurde *Leist* übertragen, der in der Kommission jeweils keine eindeutige Stellungnahme *für* die Wirksamkeit des Staatsgrundgesetzes abgegeben haben dürfte. *Leist* brauchte noch rund drei Monate, um sein Gutachten zu erstellen und sah sich hierbei steten Interventionen *Scheles* ausgesetzt.[393]

---

[390] W. v. Hassell, Geschichte des Königreichs Hannover, S. 371, datiert das Gutachten auf den 24. Juli 1837 und beruft sich hierfür – irrtümlich – auf H. v. Treitschke, Deutsche Geschichte IV, S. 654.
[391] Vgl. den Artikel des Fränkischen Merkur vom 13. Juni 1838, in: Fränkischer Merkur Band 1838, S. 1361.
[392] So W. v. Hassell, Geschichte des Königreichs Hannover, S. 372, unter Berufung auf H. v. Treitschke, Deutsche Geschichte IV, S. 654. Der Text des Gutachtens vom 28. Juli 1837 hat offenbar beiden Verfassern nicht vorgelegen. G. M. Willis (Ernst August, S. 127) erwähnt zwar die Einsetzung der Kommission, hüllt sich aber hinsichtlich seines Inhalts in Schweigen und folgt damit der insgesamt apologetischen Tendenz seiner Biographie. H. J. Behr (Georg von Schele, S. 153) nimmt unzutreffend Bezug auf den Vortrag des Kabinettsministeriums vom 14. Juli, als das Kommissionsgutachten noch nicht vorlag.
[393] Vgl. unten S. 138 ff.

SIEBTES KAPITEL
PUBLIZISTISCHE STELLUNGNAHMEN AUS DEM JAHR 1837

Das Antrittspatent vom 5. Juli 1837 löste ein ausgeprägtes publizistisches Echo aus. Dies ist umso erstaunlicher, als die Vorbereitung des Staatsstreichs durch *Schele* wegen der vorsorglich getroffenen Geheimhaltungsmaßnahmen nicht an die Öffentlichkeit gedrungen war und – wie berichtet – die Kammern vollkommen überrascht, um nicht zu sagen überrumpelt worden waren.

Die Ankündigung des Königs, die Angelegenheit der »sorgfältigsten Prüfung« zu unterziehen, veranlasste mehrere Autoren, sich mit der Frage der Rechtsbeständigkeit des Staatsgrundgesetzes und den hiergegen vom König geltend gemachten Bedenken zu befassen. An erster Stelle sind die »Staatsrechtlichen Bedenken« zu nennen, die – verfasst von einem Anonymus – in der Augsburger Allgemeinen Zeitung erschienen.[394] Wenig Beachtung hat bislang die Rezension *Eduard Albrechts* zu dem Staatsrechtslehrbuch von *Romeo Maurenbrecher* gefunden, die ebenfalls in diesen Zusammenhang gehört.[395] Zu Wort hat sich mit *Christian Friedrich Wurm* überdies ein Hamburger Autor gemeldet, der im Gegensatz zu anderen unter seinen Namen publiziert hat.[396] Insofern hat sich schon 1837 eine breite öffentliche Diskussion über den Verfassungskonflikt entwickelt, möge diese auch im Königreich selbst durch die Zensur behindert worden sein, wobei *Ernst August* auch seinen Einfluss auf andere Höfe zu nutzen versuchte, das Erscheinen kritischer Schriften zu unterbinden.

I. Anonymus, »Staatsrechtliche Bedenken«

Am 20., 21. und 22. Juli 1837 – also zwei Wochen nach Verkündung des Regierungsantrittspatents – erschienen in der Augsburger Allgemeinen Zeitung drei Beiträge eines Anonymus unter dem Titel »Staatsrechtliche Bedenken über das Patent Sr. Maj. des Königs Ernst August von Hannover, vom 5. Julius 1837«. Im gleichen Jahr erschienen die Beiträge als selbständige – 34 Seiten umfassende – Schrift im Verlag der *J. G. Cotta*'schen Buchhandlung (Stuttgart und Tübingen). Das Erscheinungsdatum ist nicht exakt festzulegen, muss aber vor dem 1. November 1837 liegen, weil sich die »Staatsrechtlichen Bedenken« andernfalls gegen das Patent zur Auflösung der Hannoverschen Ständeversammlung hätten richten müssen.

---

[394] Vgl. unten S. 119 ff.
[395] Vgl. unten S. 131 ff.
[396] Vgl. unten S. 134 ff.

Die »Staatsrechtlichen Bedenken« werden in der neueren Literatur[397] *Friedrich Wilhelm von Thiersch*[398] zugeordnet. Die Verfasserschaft *Thierschs* ist jedoch – wie im Folgenden zu belegen sein wird – auszuschließen Die »Bedenken« stammen ersichtlich aus der Feder eines Juristen, der mit den staatsrechtlichen und politischen Verhältnissen im Königreich Hannover aufs Engste vertraut war. Geht man das Œuvre *Thierschs* durch, so findet sich keine Schrift, die verfassungsrechtliche Sachkenntnisse oder auch nur Interesse an politischen Vorgängen im Deutschen Bund verriete. *Thierschs* Forschungen galten der griechischen Antike; er zählte zu den Philhellenen, die nach der griechischen Revolution bewirkt hatten, dass der Wittelsbacher Prinz *Otto* König von Griechenland wurde. Nach der Thronbesteigung *Ludwigs I.* von Bayern wurde *Thiersch* mit der Umgestaltung des höheren Bildungswesens beauftragt und erstellte einen Lehrplan für den Unterricht an Gymnasien.[399] Nichts spricht dafür, dass der an der Universität München lehrende klassische Philologe *Thiersch* sich die staatsrechtlichen, staatstheoretischen und politischen Kenntnisse angeeignet hat, aufgrund derer er den Hannoverschen Verfassungskonflikt hätte beurteilen können.[400]

Thiersch hatte freilich enge Kontakte zur Augsburger Allgemeinen Zeitung, in der die Beiträge erschienen.[401] Naheliegend ist deshalb die Vermutung, dass *Thiersch* diese Kontakte genutzt hat, um anderen Verfassern die Publikation in der Allgemeinen Zeitung zu ermöglichen. Wie sich sogleich herausstellen wird, sprechen gedanklicher Duktus, Stil und – vor allem – Rechtskenntnisse dafür, dass es sich bei dem Anonymus um einen mit dem Staatsrecht vertrauten Juristen aus dem Königreich Hannover handelt, als welcher allein *Wilhelm Eduard Albrecht*[402] in Betracht kommt. *Thiersch* pflegte seit jeher Kontakte zur Georg-August-Universität und erhielt 1819 einen Ruf als Nachfolger des Philologen *Friedrich Gottlieb Welcker*. Anlässlich des Göttinger Universitätsjubiläums im Herbst 1837 gab er den Anstoß zur Gründung des Vereins Deutscher Philo-

---

[397] Vgl. *M. Saage-Maaß*, Die Göttinger Sieben – Demokratische Vorkämpfer oder nationale Helden?, S. 234; *N. Dissen*, Deutscher monarchischer Konstitutionalismus, S. 356.

[398] *Friedrich Wilhelm von Thiersch* (1784–1860); deutscher Philologe, Präsident der Bayerischen Akademie der Wissenschaften.

[399] Alle Angaben nach *A. Baumeister*, Thiersch, Friedrich von (seit 1848), in: ADB 38 (1894), S. 7 ff.

[400] Letztlich spricht ein praktischer Umstand gegen die Verfasserschaft *Thierschs*. Die Übermittlung des Antrittspatents von Hannover nach München hätte – bei einer durchschnittlichen Reisegeschwindigkeit der Postkutschen von sechs Kilometern pro Stunde – 8 bis 10 Tage gedauert. Das Gesetzblatt ist am 8. Juli 1837 in Hannover erschienen, hätte seinen Adressaten in München also frühestens am 16. Juli erreichen können, wobei fraglich ist, warum ein Exemplar der Gesetzsammlung ausgerechnet an *Thiersch* hätte gerichtet sein sollen. Zu den Möglichkeiten der postalischen Übersendung des Patents vgl. unten Fn. 450.

[401] Vgl. *A. Baumeister*, Thiersch, in: ADB 38 (1894), S. 14.

[402] *Wilhelm Eduard Albrecht* (1800–1876), Staatsrechtler und ab 1830 ordentlicher Professor an der Universität Göttingen, nach der Entlassung im Zuge des Staatsstreichs arbeitete er als Privatdozent in Leipzig, wo er 1840 zum Professor berufen wurde. 1848 Abgeordneter der Frankfurter Nationalversammlung, 1863–1868 Geheimer Hofrat, 1869 Mitglied der 1. Sächsischen Kammer.

logen.[403] Er publizierte mehrfach in der Augsburger Allgemeinen Zeitung und wandte sich gegen die 1837 einsetzende politische Reaktion in Bayern.[404] Insofern steht zu vermuten, dass er *Albrecht* ein Forum der Publikation eröffnete, das diesem wegen der Zensur im Königreich Hannover nicht zur Verfügung stand. Für die Verfasserschaft *Albrechts* spricht schließlich, dass sich in den »Bedenken« Ausführungen finden, die sich mit der Rezension *Albrechts* zu dem Lehrbuch von *Romeo Maurenbrecher*, die ebenfalls 1837 erschienen ist[405], decken.

Die »Staatsrechtlichen Bedenken« beginnen mit einer Wiedergabe des Regierungsantrittspatents vom 5. Juli 1837 und gehen sodann *in medias res*:

> »Nach dieser königlichen Erklärung scheint auf den ersten Anblick das Staatsgrundgesetz von Hannover aufgehoben; doch ist die Aufhebung nicht unbedingt ausgesprochen. Bestimmt und unbedingt tritt allein die Meinung Seiner Majestät hervor, daß Sie durch dasselbe sich weder formell, noch materiell gebunden achten. Es besteht also nach des Königs Meinung für ihn rechtskräftig nicht. Wenn es dennoch vorläufig als bestehend angesehen werden soll, so wäre das nur ein Act freien königlichen Willens, und mit gleicher Befugniß könnte die Aufhebung sogleich verfügt werden.«[406]

Der Verfasser erkennt damit, dass die von *Ernst August* ausbedungene »sorgfältigste Prüfung« keineswegs darauf abzielte, die von seinem Willen unabhängige Geltung des Staatsgrundgesetzes feststellen zu lassen, sondern allein dem Ziel diente, welche Teile von ihm anerkannt bzw. nicht anerkannt werden sollten. Der Verfasser fährt fort:

> »Indeß da einerseits sich Se. Majestät überzeugt hält, daß das Staatsgrundgesetz in vielen Punkten Ihren Wünschen für das Volk von Hannover nicht entspreche, dieses aber unter der früheren Verfassung glücklich gewesen sey, und da auf der andern Seite die später in Aussicht gestellte Einberufung der Stände nur den Zweck haben soll, der Versammlung den alsdann gefassten Königl. Entschluß zu eröffnen, so kann über die eigentliche und tiefere Bedeutung der hiermit feierlich eingeleiteten Maßregel wenig Zweifel bestehen.«[407]

Im Anschluss hieran wird das Patent in einen größeren geschichtlichen Zusammenhang gestellt:

> »Die Begebenheit gewinnt dadurch eine hohe Wichtigkeit. Sie bezeichnet einen Wendepunkt nicht nur in der Geschichte von Hannover, sondern in der Geschichte der innern Entwickelung des Rechtszustandes von ganz Deutschland. Sie ist verhängnißvoll für die Gegenwart, noch verhänignißvoller für die Zukunft, zumal sie in einer Zeit hervortritt, wo Europa, der Convulsionen müde, sich nach Ruhe und friedlicher Entwicklung seiner Wohlfahrt sehnt, während gleichwohl um die Völker und zwischen ihnen noch die zündbaren Stoffe lagerweise gehäuft liegen, und mehr als ein Ereigniß eintreten kann, welches den Blitzstrahl auf sie herabschleudert.«[408]

---

[403] *A. Baumeister*, Thiersch, in: ADB 38 (1894), S. 16.
[404] So *A. Baumeister*, Thiersch, in: ADB 38 (1894), S. 17.
[405] *W. E. Albrecht*, Rezension: Romeo Maurenbrecher, Grundzüge des heutigen deutschen Staatsrechts, Göttingische gelehrte Anzeigen, 1837, S. 1489.
[406] So *An.*, Staatsrechtliche Bedenken, S. 8.
[407] So *An.*, Staatsrechtliche Bedenken, S. 8.
[408] So *An.*, Staatsrechtliche Bedenken, S. 8.

Allerdings bemerkt der Verfasser, dass das Patent von einer gewissen Unentschlossenheit gekennzeichnet ist:

>»Denn offenbar würde sonst dasselbe mit der Aufhebung des Staatsgrundgesetzes beginnen und sie nicht erst noch von weiterer Erwägung abhängig seyn lassen. Dasselbe Schwanken der Wagschalen dieses Verhängnisses zeigt der Umstand, daß man keinen Minister zur Unterzeichnung des Patents fand (sie waren sämmtlich auf die Verfassung verpflichtet und vereidet), und daß nach dem Inhalte jener Urkunde selbst der König sich genöthigt sah, einen Staats- und Cabinetsminister mit Weglassung der Verpflichtung auf das Staatsgrundgesetz zum Behuf jener Ausfertigung in Eid und Pflicht zu nehmen.«[409]

Zur Rolle *Scheles* heißt es:

>»Der in dieser Verrichtung neu auftretende Minister hatte schon früher als Geheimer Rath den Eid auf die Verfassung geleistet, ja als Mitglied der Ständeversammlung an ihrer rechtskräftigen Anwendung theil genommen. Konnte nun wohl Hr. v. Schele befugt seyn, ein Patent zu unterzeichnen, das die Rechtsgültigkeit der Verfassung aufhebt und ihren Bestand erst noch von weiterer Entschließung abhängig macht, und hat er ein solches Patent doch unterzeichnet, also wissentlich und absichtlich gegen sie gehandelt, ist er dann nicht der Bestimmung verfallen, nach welcher die Handlung eines solchen Verfahrens dem Erkenntnisse des obersten Gerichtshofes von Hannover unterliegt, wenn auch unter den gegenwärtigen Verhältnissen unmöglich seyn sollte, denselben in der gesetzlichen Form bei jenem hohen und unabhängigen Tribunal zu belangen?«[410]

Der Verfasser spielt damit auf die in § 151 StGG vorgesehene Ministeranklage an, für die die Zuständigkeit des Oberapellationsgerichts in Celle gegeben war (§ 152 StGG), die aber schon wegen der Vertagung der Ständeversammlung nicht hätte erhoben werden können. Überdies zieht er die Rechtswirksamkeit der Ernennung *Scheles* in Zweifel, weil diese nicht in der gesetzlich vorgesehenen Form ergangen sei, *Schele* vielmehr nur durch den Akt des Königs »in Eid und Pflicht« genommen worden sei.[411]

Der Verfasser widmet sich alsdann der Frage, ob der »neue Monarch von Hannover« ein Recht zu jener Erklärung, nämlich dem Antrittspatent, gehabt habe:

>»Daß er ein solches sich beilegt, geht aus seinen Worten deutlich hervor: Das Staatsgrundgesetz bindet nach seiner Überzeugung ihn weder formell noch materiell. Es ist also für ihn so gut wie nicht vorhanden, und indem er es in Frage stellt oder umändert oder aufhebt, ist er überzeugt, in seinem guten Recht zu verfahren.«[412]

Nach Art eines Rechtsgutachtens prüft der Verfasser zunächst die Frage, ob der Herzog von Cumberland in seiner Stellung als Thronfolger dem Staatsgrundgesetz seine Zustimmung hätte geben müssen:

>»Se. Maj. der König von Hannover stellt sich ganz sichtbar auf den Standpunkt eines Agnaten gegenüber einem Lehen oder Fideicommiß, das ihm durch Erbe zugefallen ist. Als solcher hatte er vor dem Eintreten des Erbfalles das Recht, bei allen Veräußerungen oder Umwandlungen der dem Lehen und Fideicommiß anhaftenden Befugnisse, Privilegien, Nutznießungen oder bei Übernahme neuer

---

[409] So *An.*, Staatsrechtliche Bedenken, S. 9.
[410] So *An.*, Staatsrechtliche Bedenken, S. 9.
[411] So *An.*, Staatsrechtliche Bedenken, S. 10.
[412] So *An.*, Staatsrechtliche Bedenken, S. 11.

> Lasten auf dasselbe gefragt zu werden, und solche Aenderungen in deterius und Übernahmen solcher Pflichten haben für ihn keine verbindende Kraft, sobald er seine Zustimmung nicht gegeben und sie dadurch sich angeeignet hat.«[413]

Der Verfasser geht davon aus, dass der Herzog von Cumberland seine Zustimmung zur Verfassung verweigert und sich sogar seine Rechte vorbehalten habe. Hierdurch erkläre sich vollkommen,

> »wie Se. Majestät sich als durch das Staatsgrundgesetz in keiner Weise gebunden und wie er sofort sich befugt achten konnte, mit demselben nach eigenem Ermessen zu verfahren.«[414]

Allerdings ist diese Folgerung allein rhetorischer Natur, weil sich hiergegen nach Auffassung des Verfassers zwei Bedenken ergeben. Zum einen zweifelt er daran, ob das Königreich Hannover noch als Lehen anzusehen sei, zum anderen ob Hoheitsrechte zu den Rechten und Befugnissen gehören, zu deren Umwandlung oder Entäußerung die Zustimmung des Agnaten unerlässlich sei.

> »Offenbar aber hat mit der Auflösung des Deutschen Reiches Hannover aufgehört ein Lehen zu seyn; ja, ein solches ist undenkbar, wo der Lehensherr fehlt. Nachdem aber der Lehensverband und mit ihm die Natur des Lehens aufgelöst war, ging, was die Familie in Braunschweig an Gütern und Berechtigungen besaß in einen freien Privatbesitz des jeweiligen Inhabers über, dessen Rechtsverhältnisse von ihm neu konnten und mussten begründet werden, nachdem mit dem Aufhören der Reichsvasallenschaft auch die volle Oberherrlichkeit an die Häupter der regierenden Familien übergegangen war. Das Verhältniß der Agnaten im Bezug auf frühere Reichslehen und die an sie geknüpfte fideicommissarische Einwilligung ist also ein wesentlich Verschiedenes geworden, und aus dem, was zur Zeit des Reichsverbandes galt, was durch die Verfassung des Reiches geschützt, durch Kaiser und Reichsgerichte gewährleistet wurde, kann auf den neuen Zustand der Dinge, und das, was aus Machtvollkommenheit des neuen Souverains geflossen ist, ohne weiteres und unbedingt ein Schluß nicht eintreten.«[415]

Selbst unter der Prämisse, dass überhaupt noch agnatische Rechte bestünden, so lägen

> »die Hoheitsrechte, die mit der Ausübung der oberherrlichen Gewalt verbundenen Befugnisse doch offenbar außer dem Bereich derjenigen, bei deren Umänderung die Zustimmung der Agnaten im gewöhnlichen fideicommissarischen Verbande nöthig ist, oder in welchen bei Weigerung irgend eines Agnaten eine Aenderung staatsrechtlich nicht eintreten könnte. Wäre dem so, wie könnte der Landesherr irgend einen Frieden schließen, Gebiet abtreten oder austauschen, wenn jeder, dem in irgend einem Grade das Recht auf das Erbe zusteht, durch sein Veto ihn unmöglich machen könnte?«[416]

Hinter diesem *argumentum ad absurdum*, das sich bereits im Kabinettsgutachten findet[417], steht die Unterscheidung von Privatrecht und öffentlichem Recht. Die bis in die Neuzeit hineinreichenden Lehensverhältnisse waren privatrechtlicher Natur und *Ernst August* machte – wie spätere Schriftsätze aus der Feder

---

[413] So *An.*, Staatsrechtliche Bedenken, S. 11.
[414] So *An.*, Staatsrechtliche Bedenken, S. 12.
[415] So *An.*, Staatsrechtliche Bedenken, S. 12 f.
[416] So *An.*, Staatsrechtliche Bedenken, S. 13.
[417] Vgl. oben S. 111.

Leists bekunden[418] – derartige »wohl erworbene Rechte« geltend. Den »Staatsrechtlichen Bedenken« liegt demgegenüber die Auffassung zugrunde, dass ein Monarch, der für seinen Staat verbindliche – möglicherweise dem Völkerrecht zuzuordnende – Akte vornähme, nach öffentlichem *Recht* handele und deshalb an die Rechte des Agnaten nicht gebunden sei:

> »Der Umstand selbst, daß die Verfassung von Hannover von Seiten des Königs Wilhelm der Annahme der Agnaten nicht unterstellt wurde, wenn es in der That nicht geschehen ist, zeigt, wie auch er mit seinen Räthen überzeugt war, daß jene Zustimmung zu ihrer Rechtsgültigkeit nicht erforderlich sey.«[419]

Der Verfasser lässt nicht unerwähnt, dass unter der Voraussetzung, eine agnatische Zustimmung sei notwendig, auch die *anderen* Agnaten – unter anderem der Herzog von Cambridge – dem Staatsgrundgesetz hätten zustimmen müssen. *Dessen* Zustimmung war als Vizekönig von Hannover unzweifelhaft. Diese Frage wird von *Leist* in seinem Gutachten[420] erörtert, die Zustimmung des Vizekönigs aber für irrelevant erklärt.[421]

Der Verfasser setzt sich mit der Frage auseinander, ob der Fürst – gemeint ist König *Wilhelm IV.* –

> »ganz abgesehen von seinen Familienobliegenheiten, die alte Verfassung, sey es allein oder in Vereinbarung mit den Ständen zu ändern berechtigt, oder ob er gehalten war, das Land bei seinem alten Rechte zu lassen und zu schützen.«[422]

Sodann werden die früheren Verhältnisse in Hannover skizziert:

> »Hannover hatte bis zum Einbruch der französischen Herrschaft allerdings eine andere Verfassung. Das Patent bemerkt, daß man sich bei ihr wohl befand. Sie beruhte auf großen Privilegien des Adels, der allein die oberen Stellen füllte, – auf der Ehrenhaftigkeit und dem Wohlstande der Administrativ- und Justizbeamten, die auf den Domänen saßen und sie zu ihrem Vortheil gegen mäßige Abgaben verwalteten, dabei aber Recht sprachen und die Geschäfte des Landesherrn besorgten, – ferner auf der großen und freien Institution des Oberappelhofes in Celle, des unabhängigsten und darum unbefangensten Gerichts von Deutschland, – endlich auf den municipalen Rechten der Städte, dazu aber auf dem fast durchgehenden Wohlstande der höheren Klassen.«[423]

Der Verfasser fährt fort:

> »Diese Verfassung aber mit ihren Vorzügen und Mängeln, mit ihren Befugnissen und Lasten ward vernichtet, der Wohlstand des Adels zerstört, der Stand der Justizbeamten aufgelöst durch die westphälische Regierung; das Land verarmte, alle Verhältnisse versetzten sich und gestalteten sich anders, und unmöglich war nach Auflösung der Fremdherrschaft die alte Ordnung anders als nur der Form nach herzustellen. Kraft, Geist und Glück der alten Zeit waren unwiederbringlich verloren, daher jener starke Unmuth, von welchem der Versuch noch 1815, die alte Ordnung aufrecht zu halten oder herzustellen, begleitet war, und welcher mit jedem Jahre sich stärker und drohender entwickelte.«[424]

---

[418] Vgl. unten S. 288.
[419] So *An.*, Staatsrechtliche Bedenken, S. 13.
[420] Vgl. unten S. 160.
[421] So unten S. 160.
[422] So *An.*, Staatsrechtliche Bedenken, S. 15.
[423] So *An.*, Staatsrechtliche Bedenken, S. 15 f.
[424] So *An.*, Staatsrechtliche Bedenken, S. 16.

I. Anonymus, »Staatsrechtliche Bedenken« 123

Als entscheidend wird angesehen, dass nach dem »verhängnisvollen Jahr 1830« – gemeint ist die Juli-Revolution in Frankreich – die Bedürfnisse des Landes bestimmter und entschiedener zur Sprache gekommen seien. Auch entsprach es allgemeiner Überzeugung, dass unter den veränderten Bedingungen mit den alten Formen die alte Zufriedenheit zu gewinnen nicht zu erreichen sei. Der Verfasser stellt die rhetorische Frage, ob von Seiten der Stände oder von Seiten des Königs etwas geschehen sei, was außerhalb ihrer Befugnisse gelegen habe:

> »In keiner Staatsordnung aber findet sich irgend eine Bestimmung, die dem Regenten untersagte, mit Zustimmung der Stände Veränderungen in der bestehenden Ordnung vorzunehmen, welche von dem öffentlichen Bedürfnis oder Wohl gefordert werden, und alle Verfassungen aller Zeiten und Staaten, sofern nicht Gewaltsamkeit eintrat, haben sich auf diesem Wege entwickelt, ohne dass es den jeweiligen Nachfolgern gestattet gewesen, dasjenige, was sie begründet und in rechtskräftiger Geltung fanden, kraft irgend einer ihrem Erbrecht anklebenden Befugniß als nicht geschehen zu betrachten, und den Staat mit sich gleichsam von vorn anzufangen und sein Gesetz in Frage zu stellen.«[425]

Wiederum mit einer Frage beginnend kommt der Verfasser zum Kern der Sache:

> »Oder haben vielleicht in Hannover König und Stände etwas Anderes gethan, als daß sie sich auf dem Grunde des Bestehenden über die neuen Formen und Ordnungen vereinigten? Es scheint nicht, auch ist von keiner Seite solches behauptet worden, und eine jetzt noch eintretende Behauptung dieser Art ex post würde nach rechtlicher Geltung nur als Vorwand können betrachtet werden.«[426]

Alsdann erörtert der Verfasser die Vereinbarkeit des Staatsgrundgesetzes mit der Deutschen Bundesakte und zählt die Verfassungen auf, die in der Zeit nach dem Wiener Kongress entstanden sind:

> »Es ist hier ein allgemeiner Entwicklungsproceß des öffentlichen Rechts: Das Verfahren ist in allen Ländern mit neuen Formen wesentlich dasselbe gewesen, von Niemandem rechtskräftig angefochten worden, und so hat auch der Bundestag kein Bedenken getragen, die Gewähr derjenigen Verfassungen zu übernehmen, die zu diesem Zweck unterstellt wurden. [...] Es besteht gegen den Bundesbeschluß so wenig, wie gegen den Beschluß der Regierung von Hannover, die fideicommissarische Exception eines Agnaten, daß er darum nicht sey gefragt, daß er seine Zustimmung nicht gegeben, weil hier nicht von privatrechtlicher, sondern von staatsrechtlicher Befugniß die Rede ist, und die Annahme des Gegentheils die ganze Bundesverfassung aufheben und Deutschland der Rechtlosigkeit, d.i. der publicistischen Anarchie, preisgeben würde.«[427]

Im Folgenden geht der Verfasser auf die Frage ein, ob das Staatsgrundgesetz formell rechtmäßig zustande gekommen sei und nimmt nahezu alle Argumente vorweg, die später im Verfahren vor dem Bundestag vorgebracht wurden:

> »Der einzige Weg, auf welchem man gegen diesen Grund vorwärts kommen würde, wäre, wenn sich beweisen ließe, daß bei Entwerfung oder Einführung des Staatsgrundgesetzes selbst irgend etwas geschehen, wodurch eine Rechtsgültigkeit in Zweifel könnte gestellt werden. Die Verfassung von Hannover wurde, wie bekannt, von der Regierung entworfen, den Ständen vorgelegt und von diesen mit Veränderungen im Einzelnen angenommen. Es war also der Weg eines Vertrages angetreten, aber nicht alle Modifikationen der Stände wurden mit der

---

[425] So *An.*, Staatsrechtliche Bedenken, S. 17.
[426] So *An.*, Staatsrechtliche Bedenken, S. 17.
[427] So *An.*, Staatsrechtliche Bedenken, S. 18.

königlichen Genehmigung bekleidet. Im Bezug auf die Übrigen wäre sofort die Erklärung der Stände nöthig gewesen, daß sie von ihnen abständen; aber man zog von Seiten der Regierung vor, die Verfassung zu verkünden, ohne jene Erklärung der Stände einzuholen oder abzuwarten. Ist hier ein Gebrechen, von welchem das Grundgesetz mit Rechtsungültigkeit geschlagen wird? Eine solche Behauptung ließe sich vielleicht aufstellen, wenn die Stände sich gegen dasselbe verwahrt hätten; aber dieses ist nicht geschehen, sie fanden sich im Gegentheil bestimmt, das Patent, obwohl nicht alle von ihnen vorgeschlagenen Aenderungen darin enthalten waren, als Grundgesetz anzuerkennen, und dieses trat sofort in Rechtsgültigkeit. Der Unterschied war allein dieser, daß die Verfassung nicht auf dem betretenen Wege des Vertrages bis zum Ziel geführt, sondern in ihrer letzten Form octroyirt und als solche angenommen und beschworen ward, wie es bei der bayerischen in gleicher Weise geschah, bei welcher der Weg des Vertrages nicht versucht ward, ebenso wie bei der französischen Charte von 1814, die darum nicht weniger rechtskräftige Gültigkeit empfing und behauptete.«[428]

Hieraus werden die folgenden Schlüsse gezogen:

»Es scheint deßhalb ganz offenbar, daß der neue Monarch von Hannover eben so wenig als deutscher Bundesfürst denn als Agnat des braunschweigischen Hauses zu der Annahme berechtigt war, auf welche das Patent und seine Erklärung begründet ist. Die Verfassung seines Reiches bestand rechtskräftig, sie stand unter dem Gesetze des Bundes, nach welchem sie nur in dem verfassungsmäßigen Weg dürfte geändert werden, und es ist offenbar, daß Hr. von Schele, gleichviel ob er als Minister auf die Verfassung beeidigt war oder nicht, eine große Verantwortlichkeit gegen das Reich und den Bund auf sich geladen hat, als er das Patent unterzeichnete, das den Monarchen weder formell noch materiell durch sie gebunden erklärt und ihren Bestand erst noch von weiterer Entschließung abhängig macht, sie demnach als Recht aufhebt und nur vor der Hand und bis auf weiteres bestehen läßt.«[429]

Im Folgenden finden sich Ausführungen, die die Vermutung bestätigen, dass die »Staatsrechtlichen Bedenken« aus der Feder von *Wilhelm Eduard Albrecht* stammen. Der Verfasser vertieft nämlich seine bisherigen Ausführungen in der Weise, dass er zwischen der vom König im Antrittspatent bekundeten *Überzeugung* und dem *Recht* des Monarchen unterscheidet:

»Es ist also hier nicht von einem Recht, sondern von einer Meinung oder Ueberzeugung die Rede – von der Ueberzeugung, daß es Sr. Maj. nicht möglich oder schwierig seyn werde, mit der Verfassung, wie sie vorliegt, die Wohlfahrt des Landes in jeder möglichen Weise landesväterlich zu fördern, und der Ausdruck dieser Ueberzeugung kehrt nur in anderer Form wieder, wo gesagt wird, daß Sr. Majestät in dem Staatsgrundgesetz eine hinreichende Gewähr für das dauernde Glück Ihrer getreuen Unterthanen nicht finden können.«[430]

In beiden Stellen sei dem bestehenden Recht eine Überzeugung gegenübergestellt und weil diese dem Recht entgegenstehe, sofort an dessen Stelle gesetzt:

»Jene Ueberzeugung aber ist, wie jede eines Einzelnen, so hoch er auch stehen mag, eine individuelle, d.i. eine mehr oder weniger begründete Meinung, und ihr steht in diesem Falle die Überzeugung des früheren Monarchen entgegen, daß mit der alten Form das Glück seiner getreuen Unterthanen, ›deren Wohl nach den von der göttlichen Vorsehung Ihm auferlegten Pflichten möglichst zu fördern, auch sein unablässiges Bestreben war, er dieses Ziel nicht erreichen konn-

---

[428] So *An.*, Staatsrechtliche Bedenken, S. 18 f.
[429] So *An.*, Staatsrechtliche Bedenken, S. 19.
[430] So *An.*, Staatsrechtliche Bedenken, S. 21.

I. Anonymus, »Staatsrechtliche Bedenken«   125

te,‹ und diese Meinung oder Ueberzeugung, da ihr die Stände des Reichs beigetreten und das aus ihr hervorgegangene Staatsgrundgesetz allgemeine Geltung und Anerkennung gefunden hat, ist sofort die allgemeine und allgemeingültige geworden, welche nach den gewöhnlichen Begriffen von Recht und nach dem hier ganz deutlich sprechenden deutschen Bundesrecht eine jede andere sich fügen muß, bis es ihr gelingt, auf dem rechtlich geöffneten Wege sich als die allgemeingültige an ihre Stelle zu setzen.«[431]

Der Verfasser benutzt hier eine besondere rhetorische Figur, indem er wörtlich aus dem Antrittspatent vom 5. Juli zitiert.[432] Dem früheren Monarchen – nämlich *Wilhelm IV.* – wird diese Wendung gewissermaßen in den Mund gelegt und ihm die Überzeugung zugeordnet, mit der *alten* Verfassung – nämlich dem Patent von 1819 – das Glück seiner Untertanen *nicht* befördern zu können. Mit der Unterscheidung zwischen der Überzeugung des Monarchen als Individuum und den von ihm zu erlassenden Rechtsakten ist bereits die Lehre von der Organstellung angelegt, die *Albrecht* in seiner Rezension des Lehrbuchs von *Maurenbrecher* in den Göttingischen Gelehrten Anzeigen im September des gleichen Jahres mit unabsehbarer Folgewirkung begründen sollte.[433]

Der Verfasser arbeitet drei leitende Gedanken des Antrittspatents heraus. Zum einen nehme der König die Befugnis in Anspruch, den Rechtszustand, den er bei seiner Regierung vorfinde, einseitig aufzuheben und neues Recht zu begründen. Hierdurch sei die Ruhe und das Glück der Untertanen und ihre Treue an die Fürstenhäuser gewährleistet. Der dritte Gedanke wird dahingehend zusammengefasst

>»daß mit Erneuerung der alten Formen die alte Zeit mit ihren verlorenen Gütern der Ehrenhaftigkeit, der patriarchalischen Gesinnung, zugleich aber auch mit ihrem Wohlstand und dem ganzen Füllhorn ihres Glücks wiederkehren werde.«[434]

Hieraus werden nun die Konsequenzen auch für die anderen Staaten des Deutschen Bundes gezogen:

>»Denn was dem König jenes Landes recht ist, ist den übrigen deutschen Fürsten billig.«[435]

Die Verfassungen wären deshalb nichts anderes als ein »Abkommen für das Leben des Fürsten«, die bei jedem Regentenwechsel in Frage gestellt und gegen eine frühere Verfassung getauscht werden könnten:

>»Es ist aber die Gefahr für die Staaten mit allen Verfassungen dieselbe, denn ein Fürst, in den neuen Ideen erzogen, und von der Ueberzeugung durchdrungen, daß mit der alten Form das Glück der ihn von der Vorsehung anvertrauten Unterthanen nicht mehr verträglich sey, kann sich nach dieser Ansicht mit vollkommen gleichem Rechte so lange von ihr nicht gebunden achten, als er sie nicht anerkannt, auf sie keinen Eid geleistet hat, und nicht nur Hannover, sondern Deutschland, nicht nur Deutschland, sondern Europa und wo sonst Staaten sich

---

[431] So *An.*, Staatsrechtliche Bedenken, S. 21 f.
[432] »[…] Für das dauernde Glück Unserer getreuen Unterthanen, deren Wohl, nach den von der göttlichen Vorsehung Uns dazu auferlegten Pflichten, möglichst zu fördern, Unser unablässiges Bestreben seyn wird […]« (Hann. GS 1837, S. 62).
[433] Vgl. unten S. 131.
[434] So *An.*, Staatsrechtliche Bedenken, S. 23.
[435] So *An.*, Staatsrechtliche Bedenken, S. 23.

bilden oder wahren, die ganze neuere Zeit würde, nachdem schon das zweite Menschenalter im Suchen des öffentlichen Rechtes der Völker gewaltsam erschüttert worden, fast am Ziele der Bahn, wo sich die Ueberzeugung befestigt, daß Bestehendes in dem öffentlichen Recht nur durch Vereinbarung der Betheiligten zu ändern sey, von neuem in die Wogen der Umgestaltungen hineingeworfen, die darum nicht weniger bedenklich wären, weil sie von oben her in Bewegung kämen.«[436]

Der Verfasser verhält sich nicht unkritisch gegenüber den Repräsentativverfassungen, hält aber eine Rückkehr zu den alten Ordnungen für unmöglich:

»Die Bewunderung der Völker für die neuen repräsentativen Formen ist in der That nicht sehr enthusiastisch. Diese Formen haben ihre Gebrechen. Sie sind kostspielig und weitschichtig. Sie haben viele Hoffnungen getäuscht, weil zu Vieles fehlt, was nöthig wäre, daß in ihnen Heilsame zu entwickeln; aber man täusche sich darüber nicht über sie, sie haben, ungeachtet ihrer Unvollkommenheit, Kräfte, politische Ideen, Gefühl für Recht und Befugnisse geweckt, die als frischer Lebenskeim in die sich neugestaltenden socialen Ordnungen gelegt sind. Sie sind ungeachtet des Ungefügen und Unbequemen den Völkern lieb geworden als Dach und Fach, unter welchem sie mit ihrer Habe, Schirm und Schutz gegen die Ungewitter der Willkür und die Wechsel der politischen Jahreszeiten gefunden haben. Sie fangen an, mit den Bedürfnissen des neuen Deutschlands zu verwachsen, und unser gegenwärtiger Zustand, so weit sie bestehen, ruht auf ihnen mit allem, was in der Gegenwart Gutes gewährt und für die Zukunft Besseres offen lässt.«[437]

Es folgen Reflexionen zur Frage, was durch die Rückkehr zu einer früheren Verfassung gewonnen werden könnte:

»Das Alte aber ist indeß mit seiner Zeit vergangen. Es gehört schon der Geschichte an. Dreißig Jahre, seitdem es z. B. in Hannover zu Grunde ging, sind ein großer Theil des menschlichen Lebens; die damals jung waren, sind alt geworden, und die älteren sind indeß an die Gränzen des menschlichen Lebens angekommen – wie Viele von denjenigen, die es noch in seiner Kraft gesehen, sind noch übrig? – und die übrig sind, haben sich selbst überlebt. Die jüngern, thatkräftigen Geschlechter haben von jenem Zustande nur durch Gerücht erfahren. Gesetzt nun, jene Formen wären noch so trefflich gewesen, so mußten sie doch erst durch den Geist, die genaue Kunde, die Eingewöhnung der unter ihnen Lebenden bewegt, erfüllt, und ihre Trefflichkeit zu zeigen geeignet werden; und es wäre jetzt diese belebende, gestaltende Kraft, die Einsicht in das Alte unter diesen Kindern einer neuen Zeit, neuer Bedürfnisse, Neigungen und Ansichten? Dazu hatte auch die alte Ordnung ihre Gebrechen, Unvollkommenheiten, die nur durch Sitte und Gewohnheit aufgehoben oder verdeckt und erträglich wurden und jetzt in ihrer ganzen Hässlichkeit hervortreten würden, wo diese heilenden und ihre Schäden verhüllenden Kräfte verschwunden sind.«[438]

Abschließend geht der Verfasser auf die eher praktische Frage ein, welches die Konsequenzen des Patents seien und welche eintreten würden, sähe man das Staatsgrundgesetz als ungültig an:

»Erwäge man endlich noch, wem Se. Maj. durch jenes Patent Verlegenheiten, und wem Freude bereitet haben, um die Natur und den Belang desselben noch deutlicher zu durchschauen. Verlegenheiten hat er zunächst, und zwar ernste, große, unlösbare sich selbst und seinen Dienern, Beamten, Vertretern und Richtern be-

---

[436] So *An.*, Staatsrechtliche Bedenken, S. 24.
[437] So *An.*, Staatsrechtliche Bedenken, S. 25.
[438] So *An.*, Staatsrechtliche Bedenken, S. 25 f.

reitet. Seine eigene Verlegenheit ist durch den Umstand sogleich enthüllt worden, daß eine Commission ernannt wurde, zu untersuchen, ob der König an die Verfassung gebunden sey, nachdem das Patent das Gegentheil schon verkündigt hatte. Ebenso dadurch, daß er mit dem Minister, der das Patent gegengezeichnet hat, allein geblieben und genöthigt gewesen ist, die Verwaltung in den Händen von Beamten zu lassen, welche sich durch ihren Eid an die Verfassung gebunden achten und erklärt haben, und daß bei dem offen liegenden Anstreben des Patentes, das unter Hrn. v. Schele's Verantwortlichkeit geht, gegen Landesgesetz und Bundesgesetz wohl kaum ein anderer geneigt seyn wird, sich seiner Stellung und der auf ihm schon jetzt schwer lastenden Verantwortlichkeit beizugesellen, zumal die Zustimmung großer und befreundeter Höfe, auf welche man vielleicht gerechnet hat, bei dieser Sachlage ausgeblieben ist, weil sie nicht erfolgen konnte. Dieselbe Verlegenheit tritt hervor, wenn im Fall Se. Maj. so lange die Verfassung, wenn auch nur provisorisch, noch besteht, irgend eine Regentenhandlung verrichten wollen, nachdem Sie die Bedingung zu erfüllen abgelehnt haben, an welche das der Zeit noch geltensollende und allerdings noch geltende Staatsgrundgesetz die Ausübung von Regentenhandlungen geknüpft hat.«[439]

Hinsichtlich der Standhaftigkeit der Minister und Beamten – wie sich später herausstellen wird: auch der Richter – war der Verfasser allerdings einem Irrtum erlegen; denn allen Staatsdienern war die eigene Position allemal wichtiger als der Eid auf die Verfassung. Die einzige Ausnahme bilden die Göttinger Sieben, deren Protestationsschrift in den folgenden Zeilen vorweggenommen wird, was entscheidend dafür spricht, dass die »Staatsrechtlichen Bedenken« von einem der ihren – nämlich *Albrecht* – verfasst worden sind. Im Text heißt es über die Situation der Staatsdiener:

»Zwar ist die Verfassung noch als provisorisch bestehend erklärt, bis Se. Maj. geruhen werden sich über sie auszusprechen und insofern können sie, bis dieser Ausspruch folgt, in Amt und Dienst bleiben, ohne Eid und Pflicht zu verletzen; aber es ist ihnen und den städtischen Magistraten die Bekanntmachung des Patentes geboten. Können sie diesem Gebote Folge leisten, ohne daß die Zweifel über die dem Staatsgrundgesetz widerstrebende Natur desselben und über die materielle und formelle Gültigkeit seiner Publication gehoben sind, - und fügen sie sich dennoch dem Befehl, als von einer außer dem Staatsgrundgesetz, d.i. factisch bestehenden Autorität ausgegangen, wie können sie dieses thun, ohne Eid und Gewissen gegenüber einem Recht und einem Gesetze zu verletzen, das selbst nach dem Patente noch in Gültigkeit steht? Ist ihnen nach demselben gestattet, an einer Thathandlung Theil zu nehmen, deren Erfolg, im Fall er nicht abgewendet wird, die Aufhebung einer gesetzlichen Ordnung seyn würde, an welche sie wie das ganze Land durch Eid und Pflicht gebunden sind?«[440]

In sich steigernden rhetorischen Wendungen beruft der Verfasser das Dilemma auch anderer Einrichtungen des Königreichs:

»Gesetzt aber auch, einzeln stehende und untergeordnete Beamte, oder städtische Behörden, welche durch Willfährigkeit einen Blick oder eine Berücksichtigung der Gnade auf sich lenken wollten, lassen sich herbei, die zweifelvolle Handlung zu begehen, was sollen andere durch Einfluß und Würde höhergestellte Stände, Corporationen und Stellen thun, deren altbewährte Ehrenhaftigkeit den Ruhm und die Stärke von Hannover gebildet hat? Was die geistlichen Prälaten beider Kirchen, die Wächter der öffentlichen Sittlichkeit und der Heiligkeit des Eides? Was die hochgefeierten Geschlechter des Adels, so reich an Ehre,

---
[439] So *An.*, Staatsrechtliche Bedenken, S. 28 f.
[440] So *An.*, Staatsrechtliche Bedenken, S. 29 f.

> als Bildung und von einem Selbstgefühl erfüllt, welches keinen Makel duldet? Was die Corporation der Universität Göttingen mit ihrem Stolz und ihrer alten Zierde der Juristenfacultät aus deren Schoße das in Deutschland geltende und auch Fürsten bindende publicistische Recht von Deutschland hervorgegangen ist und über welchen noch jetzt der Geist von Pütter, von Böhmer schwebt? Können auch diese über jene Bedenken so leichten Fußes hinwegschreiten und ihre Namen, ihr Ansehen gleich bei dem Acte der Publication einem Werk leihen, an welchem der erste Blick und mehr und mehr das öffentliche Gewissen so tiefe Gebrechen entdeckt und noch tieferliegende ahnet? und jenes durch seine Unabhängigkeit, Weisheit und Unparteilichkeit in der allgemeinen Geltung von Deutschland so hochgestellte Oberappellationsgericht von Celle, das einzige Tribunal, dessen Glieder in der Mehrzahl nicht vom Fürsten, sondern vom Adel und vom Volke selbst gewählt worden, und das das Privilegium besitzt, die von dem Fürsten zu ihm Gesendeten erst einer Prüfung zu unterwerfen und nach Befund zurück zu weisen? Dieser deutsche Areopag, dessen Urtheile nie verdächtigt werden konnten und auch von deutschen Fürsten in Austrägalien als die Aussprüche der Gerechtigkeit selbst gesucht und in so vielen und wichtigen Fällen gesucht werden, daß jetzt schon die obwohl große Zahl der Richter dem Bedürfnisse der Rechtsuchenden nicht gewachsen ist, was soll dieser thun und entscheiden, der im Namen Sr. Maj. des Königs von Hannover Recht spricht, nachdem Se. Maj. durch das Patent das Grundgesetz ablehnt, aus welchem als der obersten Quelle das einzelne Recht und Urtheil fließt, und die Bedingungen beseithigt, an welche der Eintritt in der Regierung und der Anfang einer Ordnung der Dinge geknüpft ist, an welcher allein der Monarch als Hort und Schirm des Rechts erscheint, das in seinem Namen von vereideten und unabhängigen Richtern selbst gegen ihn gesprochen wird, insofern sein Interesse durch den Fiscus vertreten wird?«[441]

Der Verfasser äußert zwar die Hoffnung, dass die Tätigkeit der Ständeversammlung wieder beginnen und Änderungen des Grundgesetzes »mit billiger Berücksichtigung der Lage und der Bedürfnisse des Monarchen« auf gesetzlichem Wege zustande gebracht werden, sorgt sich allerdings auch für den Fall, dass dieses nicht gelinge.

> »Ist diese Hoffnung eitel, so ist die nächste, dass die Stände den Gegenstand aufnehmen und zur Entscheidung an den Bund bringen werden. Vertagt sind sie nicht, denn die Vertagung konnte nur als gesetzlicher Act der Regierung vollzogen werden, und diese war und ist bis zur Stunde noch nicht in den gesetzlichen Formen angetreten worden, hat sich also bis jetzt noch nicht in den Fall gesetzt, irgend eine, an die Bedingung jenes Anfangs geknüpfte Handlung zu vollziehen. Was erfolgte, war eine factische Unterbrechung ihrer Sitzungen, und es scheint nicht, daß einer Vereinbarung derselben zur Wahrung ihrer und des Landes Rechte irgend ein rechtlicher Grund entgegenstände.«[442]

Schließlich hält der Verfasser die Anrufung des Deutschen Bundes für möglich:

> »Se. Maj. der König von Hannover kann nicht umhin, nachdem das Patent vom 5. Julius das Bundesgesetz, nach welchem rechtskräftig bestehenden Verfassungen nur auf dem verfassungsmäßigen Wege können geändert werden, für Hannover der Sache nach nicht anerkennt, das Patent hierüber zugleich durch seinen Gesandten dem Bundestage zur Vorlage bringen zu lassen. Dieser aber wird sofort Veranlassung haben, zur Wahrung des Rechtszustandes nicht nur von Hannover, sondern von ganz Deutschland in dem durch frühere Beschlüsse für solche Fälle schon geöffneten Weg zu verfahren, d.i. das zur Entscheidung der

---

[441] So *An.*, Staatsrechtliche Bedenken, S. 30 f.
[442] So *An.*, Staatsrechtliche Bedenken, S. 32 f.

I. Anonymus, »Staatsrechtliche Bedenken«   129

Zwistigkeiten zwischen Regierung und Ständen bereits eingesetzte Tribunal zur Annahme und Entscheidung der Sache aufzurufen«.[443]

Der Schlusssatz der »Staatsrechtlichen Bedenken« lautet:

> »Diese hohe Institution, welche die Aussicht eröffnet, solche gefährliche Differenzen auf dem Wege Rechtens zu vermitteln, empfängt dadurch zum ersten Male eine große Gelegenheit, ihre Wirksamkeit auf eine feierliche, wohlthätige, das Vertrauen zwischen Regierung und Völkern festigende Weise zu offenbaren und vor den uns und unsere innern Verhältnisse mißkennenden Völkern zu verkünden, daß die Staaten von Deutschland mit ihren Fürsten und Völkern auf der Basis eines Rechtszustandes ruhen, der jetzt schon stark genug ist, Erschütterungen zu wiederstehen, die anderwärts Umsturz, Rathlosigkeit und langes Elend verbreitet hätten.«[444]

Damit lag nur zwei Wochen nach Publikation des Antrittspatents in der Augsburger Allgemeinen Zeitung und wenige Wochen später als selbständige Schrift eine glänzende juristische Analyse des ersten Akts des Staatsstreichs vor, noch von der Hoffnung getragen, der König werde das Staatsgrundgesetz anerkennen und über mögliche Änderungen in Verhandlungen mit den Ständen eintreten. So überzeugend auch die rechtlichen Argumente gewesen sind, die *politischen* Prognosen traten nicht ein. Der Zeitraum zwischen dem Regierungsantrittspatent vom 5. Juli und dem Patent vom 1. November 1837, mit dem das Staatsgrundgesetz für ungültig erklärt und die Ständeversammlung aufgelöst wurde, diente keineswegs einer »sorgfältigsten Prüfung« der Rechtslage, wie sie im Patent angekündigt wurde. Die maßgebliche Entscheidung war bereits getroffen und bedurfte nur einer juristischen Bemäntelung, mit der das Kommissionsmitglied *Leist* betraut wurde, nachdem die beiden Gutachten nicht im Sinne des Königs ausgefallen waren. Die Wochen und Monate nach Erlass des Antrittspatents dienten vielmehr der Erkundung, wie die Staatsdiener, Korporationen und Untertanen auf die jedenfalls als Möglichkeit angedeutete Aufhebung des Staatsgrundgesetzes reagieren würden. Überdies versuchte *Ernst August*, durch vielfältige Kontakte zu Österreich und Preußen[445] den Staatsstreich außenpolitisch abzusichern. *Willis* – überzeugter Apologet *Ernst Augusts* – preist denn auch die »Weisheit« des Königs, der entgegen dem Rat *Scheles* Anfang Juli gerade nicht den entscheidenden Schlag gegen das Staatsgrundgesetz geführt, sondern mögliche Reaktionen abgewartet habe.[446] Der Zynismus hinsichtlich der Einschätzung der eigenen Bevölkerung durch *Ernst August* und *Schele* wird nicht zuletzt dadurch offenbart, dass beide allenfalls negative Reaktionen »von außen« – also durch andere Mitgliedstaaten des Deutschen Bundes – erwarteten.[447]

Die »Staatsrechtlichen Bedenken« stellen das wichtigste – in der Literatur allerdings meist unberücksichtigte – Dokument in der Frühphase des Staatsstreichs dar. Die Schärfe der juristischen Argumentation, die staatsrechtlichen Kenntnisse und staatstheoretischen Einsichten, nicht zuletzt die Leidenschaft

---
[443] So *An.*, Staatsrechtliche Bedenken, S. 33.
[444] So *An.*, Staatsrechtliche Bedenken, S. 33 f.
[445] Vgl. nur *H.-J. Behr*, Georg von Schele, S. 155 ff.; *G. M. Willis*, Ernst August, S. 130 ff.
[446] Vgl. *G. M. Willis*, Ernst August, S. 128.
[447] Vgl. unten S. 163.

in der Darstellung lassen es – wie oben bereits angedeutet[448] – als ausgeschlossen erscheinen, dass ein Professor der klassischen Philologie und Reformer des bayerischen Unterrichtswesens der Verfasser ist. Hier war jemand am Werke, der die Vorgänge in Hannover aus nächster Nähe verfolgt hatte und seine ganze Hoffnung auf eine Vereinbarung mit den Ständen setzte, für die er selbst den Weg wies. Die Hymne auf die Universität Göttingen und das Lob des Oberappellationshofs in Celle deuten ebenfalls darauf hin, dass der Verfasser mit den Verhältnissen im Königreich eng vertraut war. Als Beleg für die Verfasserschaft mag schließlich dienen, dass sich in den »Staatsrechtlichen Bedenken« bereits die Theorie abzeichnet, dass ein Monarch einerseits eine Privatperson und andererseits ein Organ des Staates sei. Hiermit ist der Boden für das Verständnis des Staates als juristische Person bereitet, die zu einer Art Säkularisierung des Monarchen führte.[449] Schließlich muss die Leidenschaft der Darstellung, die sich zum Schluss zu Beschwörungen steigert, letzte Zweifel daran beseitigen, dass der Verfasser sich durch das Antrittspatent auch als Person betroffen sah und sich gegen die als verhängnisvoll angesehene Entwicklung mit der Kraft des juristischen Arguments zur Wehr setzte. Dass dies im Königreich Hannover wegen der Zensur ausgeschlossen war, versteht sich von selbst. Auch will es einleuchten, dass die »Staatsrechtlichen Bedenken« im fernen Königreich Bayern nur anonym erscheinen konnten. Die eingangs aufgestellte Vermutung, dass *Wilhelm Eduard Albrecht* Verfasser der »Staatsrechtlichen Bedenken« gewesen ist, darf nach alldem als Gewissheit gelten.[450]

Die bis in unsere Tage reichende Bedeutung der Schrift beruht nicht nur auf ihrer juristischen Präzision und gedanklichen Folgerichtigkeit. Auch die vormärzliche Leidenschaft, die in den »Staatsrechtlichen Bedenken« zum Ausdruck gelangt, könnte sie lediglich als Zeitdokument erscheinen lassen. Der Verfasser dringt jedoch tiefer als andere Autoren nach ihm in die Problematik ein und legt dar, dass mit dem Antrittspatent der von den konstitutionellen Verfassungen beschrittene Weg zu einer öffentlich-rechtlichen – »publicistischen« – Bindung des Monarchen geleugnet und ein Zurück zur privatrechtlichen Vorstellungswelt des Absolutismus postuliert werde. Der Blick über das Königreich hinaus auf den Deutschen Bund und die europäische Staatenwelt lässt erkennen, dass der Staatsstreich kein auf Hannover beschränktes Ereignis war, sondern die konstitutionelle Bewegung schlechthin in Frage stellte. Als bezeichnend und nicht frei von wissenschaftlicher Tragik will allerdings erscheinen, dass der vorhergesehene Widerstand der Korporationen ausblieb, sie sich vielmehr in ihr Schicksal fügten und allein die Göttinger Sieben eine Protestationsschrift wagten. Von

---

[448] Vgl. oben S. 118.
[449] Vgl. *W. E. Albrecht*, Göttingische Gelehrte Anzeigen, 1837, S. 1492.
[450] Gegen die Verfasserschaft *Albrechts* ergeben sich jedenfalls keine Einwände aufgrund der Postwege der damaligen Zeit. Er dürfte das Patent am 9., spätestens am 10. Juli 1837 in Göttingen erhalten haben. Veranschlagt man die Niederschrift der »Staatsrechtlichen Bedenken« mit drei Tagen, so erscheint es möglich, dass das Manuskript am 18. oder 19. Juli in Augsburg eintraf. Der erste Teil konnte deshalb am 20. Juli in der Augsburger Allgemeinen Zeitung erscheinen.

II. Eduard Albrechts Rezension zu Maurenbrechers Staatsrechtslehrbuch

1837 erschien das Lehrbuch des Bonner Professors *Romeo Maurenbrecher*[451] »Grundsätze des heutigen deutschen Staatsrechts«. *Albrecht* verfasste zu diesem Buch eine Rezension, die am 21. und 23. September 1837 in den Göttingischen Gelehrten Anzeigen erschien.[452] *Maurenbrecher* war ein Vertreter der patrimonial-feudalen Staatsauffassung, nach der der Monarch den Staat verkörperte.[453] *Albrecht* kritisiert hieran die »privatrechtliche Farbe« der Darstellung, die sich von der neueren *staatsrechtlichen* Auffassung unterscheidet. Hieran knüpft er einen Gedankengang, der ebenso einfach wie überzeugend ist und eine geradezu epochale Wirkung entfalten sollte. Der Staat sei nicht lediglich eine Verbindung von Menschen, die ihre individuellen Zwecke und Interessen verfolgten, sondern sei als

> »ein Gemeinwesen, als eine Anstalt, die ueber den Einzelnen stehend, zunächst Zwecken gewidmet ist, die keineswegs bloß die Summe individueller Interessen des Herrschers und der Unterthanen [zu denken], sondern [bilde] ein höheres, allgemeines Gesammtinteresse [...], von wo aus erst mittelbar jenen Nahrung, Förderung, Richtung zutheil wird.«[454]

Albrecht fährt fort:

> »Somit verlegt sich das Leben des Einzelnen (Herrschers und Unterthanen) in zwey Partien, die eine, in der er um jenes allgemeinen Willen, im Namen und Dienste des Staats, als Haupt oder Glied desselben, berechtigt oder verpflichtet ist, die andere, in der er, als selbständiges Individuum, um seiner selbst willen Rechte, oder um eines Anderen willen Verpflichtungen hat.«[455]

Der nächste gedankliche Schritt besteht darin, die beiden rechtlichen Sphären zu trennen:

> »In dem wir somit in Beziehung auf das erste Gebiet dem Individuum alle selbständige juristische Persönlichkeit (das um seiner selbst willen Berechtigt-seyn) absprechen, werden wir nothwendig dahin geführt, die Persönlichkeit, die in diesem Gebiete herrscht, handelt, Rechte hat, dem Staate selbst zuzuschreiben, diesen daher als juristische Person zu denken.«[456]

Nach *Albrecht* ist die Auffassung, der Staat sei eine juristische Person, durchaus verbreitet, hierunter werde aber gänzlich Verschiedenes verstanden. Entschei-

---

[451] *Romeo Maurenbrecher* (1803–1843), Jurist, 1829–1843 Privatdozent in Bonn, seit 1838 ordentlicher Professor für Staatsrecht.
[452] *E. A.*, Rezension zu *Romeo Maurenbrecher*, Grundsätze des heutigen deutschen Staatsrechts, Göttingische Gelehrte Anzeigen, 1837, S. 1489–1504, S. 1508–1515.
[453] Vgl. hierzu *H. Uhlenbrock*, Der Staats als juristische Person, S. 31 m. w. N.
[454] So *E. A.*, Göttingische Gel. Anzeigen 1837, S. 1492.
[455] So *E. A.*, Göttingische Gel. Anzeigen 1837, S. 1492.
[456] So *E. A.*, Göttingische Gel. Anzeigen 1837, S. 1492.

dend für *Albrechts* Gedankengang ist die Prämisse, dass Herrscher und Untertanen gleichermaßen Individuen sind, denen um ihrer selbst willen Rechte zuständen, die dem Privatrecht zuzuordnen seien. Der Begriff des *subjektiven Rechts* ist seinerzeit noch nicht gebräuchlich[457], aber fraglos gemeint, wenn von dem Privatrecht zuzuordnenden Rechten *Einzelner* die Rede ist.

Die Gleichsetzung des Herrschers und der Untertanen als Träger individueller Rechte, die dem Privatrecht angehören, lässt zunächst die Frage unbeantwortet, wie Herrschaftsrechte, die vom Monarchen ausgeübt werden, einzuordnen sind. Die wahrhaft revolutionäre Antwort besteht darin,

> »die Persönlichkeit, die in diesem Gebiete herrscht, handelt, Rechte hat, dem Staate selbst zuzuschreiben, diesen daher als juristische Person zu denken.«[458]

Wenn aber die Herrschaftsrechte der juristischen Person – und damit einem *abstractum* – *Staat* zuzuordnen sind, stellt sich folgerichtig die Frage, wie der Monarch in Ausübung dieser – nicht individuellen – Rechte zu qualifizieren ist. Auch hierauf gibt *Albrecht* eine unzweideutige Antwort:

> »Die staatsrechtliche Grundansicht des neueren Rechts zerlegt die in dem Monarchen vereinigten Rechte in Privatrechte desselben und Rechte des Staats, die er als Organ desselben, somit nicht Regeln des Privatrechts, sondern der Verfassung auszuüben hat.«[459]

Aus dieser staatstheoretischen Grundlegung zieht *Albrecht* sogleich Folgerungen, die nicht zufällig den Kern des Verfassungskonflikts berühren:

> »Regentenhandlungen sind danach alle diejenigen, in denen eine Ausübung, ein Verfügen über jene Rechte des Staats enthalten ist [...] und die Verbindlichkeit derselben (sofern sie gültig, d.h. verfassungsmäßig sind) für den Thronfolger beruht hier darauf, daß der Grund, aus welchem überhaupt der Nachfolger ein Einwilligungs- oder Widerrufsrecht hinsichtlich der Handlungen des Vorgängers herleiten kann, einzig und allein darin besteht, daß die Rechte, die dadurch berührt werden, Privat-(lehen-, fidei commiß-)Rechte sind und dieser Gesichtspunct eben durch jene staatsrechtliche Ansicht gänzlich zurück gewiesen wird.«[460]

Albrecht verwahrt sich dagegen, diese Lehre als antimonarchisch misszuverstehen, weil

> »jene Theorie bloß das juristische Gewand eines Gedankens ist, der als ethischer wohl von Jedermann zugegeben wird, nämlich der Vorstellung von dem Berufe des Monarchen für eine höhere, über ihm (dem Einzelnen) stehende Idee zu leben, wer ferner einsieht, daß jene moderne Sonderung von Privatrechten des Monarchen und Rechten des Staates zu der älteren Verschmelzung beider sich nicht anders verhält, als die Theilung eines Fonds, aus dem bisher gemeinschaftlich privat- und öffentliche Zwecke bestritten wurden, in zwey Massen, deren eine fortan ausschließlich den erstern, die andere ausschließlich den letztern gewidmet seyn soll [...]«[461]

---

[457] Vgl. *H. Bauer*, Geschichtliche Grundlagen der Lehre vom subjektiv öffentlichen Recht, S. 43 ff.
[458] So E. A., Göttingische Gel. Anzeigen 1837, S. 1492.
[459] So E. A., Göttingische Gel. Anzeigen 1837, S. 1512.
[460] So E. A., Göttingische Gel. Anzeigen 1837, S. 1512.
[461] So E. A., Göttingische Gel. Anzeigen 1837, S. 1513.

II. Eduard Albrechts Rezension zu Maurenbrechers Staatsrechtslehrbuch 133

Albrecht hatte damit einerseits in dem schwelenden Verfassungskonflikt Stellung bezogen, andererseits aber die verfassungsrechtlichen Fragen auf eine neue theoretische Basis gestellt. Der Staat – nämlich das Königreich Hannover – wurde als über dem Monarchen und seinen Untertanen stehendes Gemeinwesen – als juristische Person – betrachtet, dem alle Herrschaftshandlungen zuzuordnen waren. Der König selbst handelte als *Organ* dieser juristischen Person und war bei diesen Handlungen an die Verfassung gebunden. Es blieb zwar ein Bereich dem König zustehender privater Rechte; allerdings war das Königreich selbst nicht etwa als Lehen oder Fideikommiss einzuordnen und die Thronfolge deshalb nicht nach privatrechtlichen Maßstäben zu beurteilen. Die Regierungshandlungen des Vorgängers waren stets für den Nachfolger verbindlich, weil sie dem öffentlichen Recht zuzuordnen waren und deshalb gerade nicht der Einwilligung oder Zustimmung des Regierungsnachfolgers bedurften. Letztlich nimmt *Albrecht* auch Stellung zur Trennung der Kassen, die er als Konsequenz der Organstellung des Königs einerseits und seiner Rechtsnatur als Einzelner andererseits ansieht. Während mit der Staatskasse öffentliche Zwecke zu finanzieren seien, diene die andere Kasse der Finanzierung der privaten Interessen.

Wenngleich *Albrecht* seine Ausführungen als Stand des neueren Staatsrechts und als eine Art *communis opinio* bezeichnet, wird ihm in der angespannten Situation des Jahres 1837 ihre Sprengkraft nicht entgangen sein. Ein wissenschaftsgeschichtlich bedeutsamer Kunstgriff bestand darin, die Lehre vom Staat als juristischer Person und ihre Konsequenzen in der Rezension eines Buches unterzubringen, sich aber über weite Strecken von dessen Inhalt zu distanzieren. *Albrecht* hat damit nicht nur entscheidend zur theoretischen Durchdringung der mit dem Antrittspatent aufgeworfenen Rechtsfragen beigetragen, sondern eine Theorie (mit-)begründet, die noch in der Gegenwart einen Zugang zum Verständnis des Staates eröffnet.[462]

Bei der Wiedergabe des Antrittspatents wurde unterstrichen, der König habe hierin seiner Überzeugung Ausdruck verliehen, mit dem Staatsgrundgesetz die Wohlfahrt des Staates nicht fördern zu können. Diese Überzeugung aber sei

>»wie jede eines Einzelnen, so hoch er auch stehen mag, eine individuelle, d.i. eine mehr oder weniger begründete Meinung ...«[463]

Die Überzeugung wird in einen Gegensatz zum *Recht* gestellt und dem König vorgeworfen, er habe

>»dem bestehenden Recht eine Ueberzeugung untergestellt, und weil jenes dieser zu widerstreiten scheint, wird dieselbe sofort an seinen Platz gesetzt.«[464]

Dies ist exakt der Gedanke, den *Albrecht* später zu einer Theorie ausbaut. Der König wird hinsichtlich seiner Überzeugungen oder Meinungen als »Einzelner« bezeichnet und damit die Differenzierung vorweggenommen, auf der die spätere Theorie vom Staat als juristischer Person basiert. Die Überzeugungen nämlich sind indivdueller Natur und können nicht sogleich mit dem *Recht* ineins gesetzt

---
[462] Vgl. *H. Uhlenbrock*, Der Staat als juristische Person, S. 39 ff.
[463] So *An.*, Staatsrechtliche Bedenken, S. 21.
[464] So *An.*, Staatsrechtliche Bedenken, S. 21.

werden, das dem Staat zuzurechnen ist, dessen Organ der König ist. Auch die gedankliche Übereinstimmung zwischen den »Staatsrechtlichen Bedenken« und der Rezension zu *Maurenbrechers* Staatsrechtslehrbuch legt den Schluss nahe, dass der Verfasser niemand anderes als *Albrecht* gewesen ist.[465]

III. Die »publicistische Skizze« Christian Friedrich Wurms

Christian Friedrich Wurm[466] verfasste im September 1837 eine Schrift »Das K. Hannoversche Patent, die deutschen Stände und der Bundestag«, die im Brockhaus-Verlag, Leipzig, erschien.[467] Die Schrift beruht auf einem Gutachten, das der hamburger Syndikus Dr. *Karl Sieveking* nach Bekanntwerden des Juli-Patents bei *Wurm* in Auftrag gegeben hatte.[468]

Bereits im Vorwort verwahrt sich *Wurm* gegen den Vorwurf eines »logischen Cirkels«, der ihm gemacht werden könne, weil er von dem – ja vermeintlich nichtigen – Staatsgrundgesetz ausgehe. Vielmehr treffe diejenigen die Beweislast, die behaupten, es gebe ein »mystisches Etwas«, wodurch das Staatsgrundgesetz »nullificirt« werden solle.[469]

Wurm erkennt die Bedeutung des Hannoverschen Verfassungskonflikts auch für den Deutschen Bund:

> »Und, täuschen wir uns nicht; der Ausgang dieses Rechtskampfes wird entscheiden über das Loos der bestehenden Verfassungen und die Fähigkeit der Deutschen, auf ihrer heutigen Bildungsstufe, das Maaß von Rechten zu tragen und zu behaupten, was aus ihnen geworden ist. Laßt Keinen vor der Zeit triumphiren.«[470]

Zunächst unterzieht *Wurm* den Wortlaut des Antrittspatents einer kritischen Prüfung und vermerkt, dass die »persönliche Ueberzeugung des Königs«, dass das Staatsgrundgesetz eine hinreichende Gewähr für das dauernde Glück des Volkes nicht biete, zwar Anlass geben könne, Anträge auf Abänderung der Verfassung zu stellen, nicht aber als Beweisgrund dafür dienen könne, dass das Staatsgrundgesetz den König nicht binde.[471] Kein deutscher Staatsminister würde für seinen Herrn »ein unbedingtes Regierungsrecht, nach persönlicher Ueberzeugung, in Widerspruch mit bestehenden Gesetzen und Verfassungen« in Anspruch nehmen wollen.[472]

---

[465] Letzte Gewissheit hierüber könnte nur ein Textvergleich erbringen, der Wortwahl und Syntax einschließt.
[466] *Christian Friedrich Wurm* (1803–1859), Historiker, schrieb unter anderem für die Augsburger Allgemeine Zeitung, die Staatswissenschaftliche Zeitschrift und die Deutsche Vierteljahrsschrift, Abgeordneter der Frankfurter Nationalversammlung.
[467] C. F. Wurm, Das K. Hannoversche Patent, die deutschen Stände und der Bundestag. Publicistische Skizze, Leipzig 1837.
[468] Vgl. W. Röhrbein, Hamburg und der hannoversche Verfassungskonflikt 1837–1848, S. 30 f.
[469] So C. F. Wurm, Das K. Hannoversche Patent, S. VI.
[470] So C. F. Wurm, Das K. Hannoversche Patent, S. IX.
[471] So C. F. Wurm, Das K. Hannoversche Patent, S. IV f.
[472] So C. F. Wurm, Das K. Hannoversche Patent, S. V.

Wurm nimmt das Argument auf, die Hannoversche Verfassung sei *oktroyiert*, hält dem aber entgegen, dass sie den Ständen zur Diskussion vorgelegt und von ihnen wirklich diskutiert worden sei. Die größten Teile des Staatsgrundgesetzes seien überdies in allen der Zustimmung der Stände bedürfenden Punkte vom König bestätigt worden. Schließlich hätten die Stände in ihrer Dankadresse vom 17. Dezember 1833 ausdrücklich erklärt, dass sie das Staatsgrundgesetz, wie es vom König publiziert worden sei, als Grundlage des Staates annähmen.[473] *Wurm* führt indes weiter aus, dass selbst wenn das Staatsgrundgesetz oktroyiert worden sei, hieraus nicht folge, dass es einseitig würde abgeändert werden können.[474]

Wurm setzt sich mit der dem Herzog von Cumberland zugeschriebenen Äußerung auseinander, er werde weder als Agnat noch als König das Staatsgrundgesetz anerkennen. Er setzt voraus, dass das Hannoversche Staatsgrundgesetz kein Mittel enthalte, den Thronfolger zur Anerkennung der Verfassung zu zwingen,

> »Es andererseits aber kein verfassungsmäßiges Mittel giebt, die Unterthanen zur Huldigung zu zwingen, bevor der König, dem §. 13 gemäß, im Patent bei seinem Königlichen Worte die unverbrüchliche Festhaltung der Landesverfassung versichert hat [...]«[475]

Im Folgenden widmet sich *Wurm* der Frage, inwieweit der Hannoversche Verfassungskonflikt eine Bundesangelegenheit sei und versäumt nicht zu erwähnen, dass die zweiten Kammern Badens, Sachsens und Bayerns bereits die Empfehlung beschlossen hatten, den hannoverschen Fall zu einer Bundesangelegenheit zu erklären.[476] Im Ergebnis hält er den »unmittelbaren Recurs« an die Deutsche Bundesversammlung für statthaft, die Anrufung des Schiedsgerichts indes für zweifelhaft. Anschließend behandelt *Wurm* die Frage, ob die Anrufung der Bundesversammlung durch beide Kammern der hannoverschen Ständeversammlung erfolgen müsse, oder ob eine Kammer allein das Verfahren einleiten könne. Nach dem Bundesrecht hält er Letzteres für zulässig und meint, dass entgegenstehendes hannoversches Recht ggf. derogiert werden würde:

> »Diese Frage ist nur von praktischer Bedeutung für den Fall, daß, was kaum denkbar, die beiden Cammern nicht einstimmiger Ansicht ueber das Patent vom 5. Juli sein sollten, und daß etwa, was noch weniger denkbar, die Erste Cammer sich darüber täuschen sollte, daß, nach einseitiger Aufhebung des Staatsgrundgesetzes, auch der Bestand ihrer Rechte ebenso precär sein würde, wie der Rechte aller uebrigen Staatsbürger und des gesammten Volkes.«[477]

Die »Publicistische Skizze« *Wurms* führt zu dem zusammenfassenden Ergebnis:

> »Es erscheint demnach das Patent vom 5. Juli nicht minder unvereinbar mit der Bundesverfassung, als mit dem Staatsgrundgesetz des Königreichs Hannover; und, wenn die Landesverfassung zunächst den Ständen das Rechtsmittel einer förmlichen Anklage gegen den Minister, der das Patent contrasignirt hat, vor dem zuständigen einheimischen Gericht, an die Hand gibt, so erscheint, was man auch von der Competenz der Bundesversammlung zu einem Einschreiten ex of-

---

[473] Vgl. *C. F. Wurm*, Das K. Hannoversche Patent, S. XI f.
[474] So *C. F. Wurm*, Das K. Hannoversche Patent, S. XIII f.
[475] So *C. F. Wurm*, Das K. Hannoversche Patent, S. XVIII.
[476] So *C. F. Wurm*, Das K. Hannoversche Patent, S. XXI.
[477] So *C. F. Wurm*, Das K. Hannoversche Patent, S. XXXVI.

ficio halten mag, ein Recurs der Betheiligten an die Bundesversammlung ebenso entschieden begründet im Bundesrecht.«[478]

Die Skizze *Wurms* ist in vielerlei Hinsicht exemplarisch. Zunächst sieht sich ein Privatgelehrter, der besondere Kenntnisse der englischen Geschichte hat, zu einer öffentlichen Stellungnahme veranlasst. Obwohl an einer Stelle die »deutsche Cänsur« erwähnt wird, gibt er sich doch der Hoffnung hin, dass ein »ernstes, in wissenschaftlicher Ueberzeugung begründetes Wort der Entgegnung« nicht unterdrückt werde.[479] Dass die Skizze in Leipzig bei Brockhaus erschien, mag auf persönliche Kontakte des Verfassers zurückzuführen sein, später erschienen mehrere Schriften zum Verfassungskonflikt in Hamburg – freilich anonym –, was durch das liberale Klima in der Hansestadt begünstigt worden sein mag.

Bemerkenswert ist auch, dass der offene Verfassungsbruch, den *Ernst August* und *Schele* am 1. November 1837 vollzogen, noch wenige Wochen vorher für undenkbar gehalten wurde. Man mag es der deutschen Redlichkeit und dem Glauben an die Rechtlichkeit zuschreiben, dass der Verfasser auf den Gedanken, dass zunächst die Ständeversammlung aufgelöst und sodann das Staatsgrundgesetz aufgehoben würde, als nicht vorstellbar erschien. *Wurm* nämlich setzte in seiner Skizze voraus, dass die Kammern handlungsfähig blieben und damit die Verfassungsangelegenheit in einem rechtlichen Verfahren entschieden werden könnte.

Letztlich ist bemerkenswert, wie stark sich die öffentliche Meinung in den unterschiedlichen Bundesstaaten der Hannoverschen Verfassungsangelegenheit annahm. Dass *Wurm* gleichzeitig deren Wirkung überschätzte und die Entschlossenheit *Ernst Augusts* zum Rechtsbruch unterschätzte, mag auf die zutiefst liberale Gesinnung des Verfassers zurückzuführen sein.

---

[478] So *C. F. Wurm*, Das K. Hannoversche Patent, S. XLVI.
[479] So *C. F. Wurm*, Das K. Hannoversche Patent, S. XI.

ACHTES KAPITEL
DAS LEIST'SCHE GUTACHTEN

I. Leists wissenschaftliche und politische Laufbahn

Justus Christoph Leist[480] war ein Schüler *Pütters*, wurde 1792 mit der Dissertation »De subsidio caritativo nobilitatis S. R. J. liberae atque immediatae« promoviert und lehrte an der Universität Göttingen Römisches Recht. 1795 wurde er zum außerordentlichen Professor, 1802 zum ordentlichen Professor ernannt und erwarb wissenschaftliches Ansehen durch ein Lehrbuch des deutschen Staatsrechts. Nach Entstehung des Königreichs Westfalen trat er in dessen Dienst ein, wurde zum Staatsrat ernannt und spielte auf den Reichstagen der westfälischen Stände eine hervorragende Rolle. Im Jahr 1809 wurde er Generaldirektor des öffentlichen Unterrichts und setzte sich insbesondere für die Universitäten Halle, Marburg und Göttingen ein. 1810 wurde er von König *Jérôme* in den Freiherrnstand erhoben und mit dem Ritterorden der westfälischen Krone ausgezeichnet. In seinem Amt befürwortete er den engen Anschluss an Frankreich.

Nach Ende der französischen Herrschaft verlor *Leist* Amt und Titel und wurde Klosteramtmann des Klosters Ilfeld (Harz). 1817 trat er wieder in den Dienst des Staates und wurde juristischer Berater des Gesandten *Friedrich von Ompteda*[481], der für das Königreich Verhandlungen über das Konkordat mit dem Heiligen Stuhl führte. Von dieser Position wurde er zwei Jahre später abberufen und kehrte für weitere zehn Jahre auf die Stelle des Klosteramtmanns in Ilfeld zurück. 1829 wurde er zum Justizkanzleidirektor in Stade ernannt. Über die Berufung in die vom König eingesetzte Kommission zur Erstellung eines Gutachtens über die Gültigkeit des Staatsgrundgesetzes[482] gibt es unterschiedliche Darstellungen. Nachweisbar ist, dass *Schele* ihn dem König aufgrund seiner Bekanntschaft in westfälischen Diensten vorgeschlagen hat.[483] Dennoch hat sich *Schele* später hiergegen verwahrt und dem König gegenüber mehrfach bestritten, *Leist* für diese Aufgabe empfohlen zu haben.[484] In jedem Fall ist es während der Erstellung des Gutachtens zu ständigen Auseinandersetzungen zwischen *Schele* und *Leist* gekommen, von denen noch zu handeln sein wird.[485]

Leist vertrat das Königreich in den Verfahren vor dem Deutschen Bundestag und wurde nach deren Abschluss 1839 zum Vizepräsidenten des Oberappellationsgerichts in Celle ernannt. Nach Errichtung des Staatsgerichtshofs als Diszi-

---

[480] Alle Angaben nach *F. Frensdorff*, ADB, Bd. 18 (1883), S. 226.
[481] Vgl. oben S. 19.
[482] Vgl. unten S. 139 ff.
[483] *Ernst August* an *Schele* vom 6. Mai 1838, Staatsarchiv Hannover, Hann. Dep. 103 VII Nr. 19, S. 54 v: »[…] und waren Sie ja selbst der Erste, welcher mir Leist empfohlen.«
[484] So *G. M. Willis*, Ernst August, S. 128.
[485] Vgl. unten S. 138, 152.

plinargericht für Beamte des Königreichs im Jahr 1855 wurde *Leist* dessen erster Präsident. *Frensdorff* fasst die Kurzbiographie *Justus Christoph Leists* mit den Worten zusammen:

> »Leist's Stellung blieb im Greisenalter wie in jungen Tagen auf Seiten der Macht.«[486]

II. Der Gutachtenauftrag

Neben *Schele* entwickelte sich *Leist* zunehmend zu einer Schlüsselfigur des Staatsstreichs, wenngleich ersterer stets die beherrschende Gestalt blieb. Nachdem die vom König eingesetzte Kommission sich zu dem gewünschten Beschluss, das Staatsgrundgesetz sei ungültig, nicht hatte verstehen können, wurde *Leist* der Auftrag erteilt, ein Rechtsgutachten zu erstellen. Dass dieses Gutachten die vom König im Antrittspatent vertretene Auffassung, er sei an das Staatsgrundgesetz nicht gebunden, bestätigen und begründen sollte, war offensichtlich. Die Betrauung *Leists* mit der Erstellung des Gutachtens dürfte darauf zurückzuführen sein, dass er als einziger – wenn auch nicht mehr an einer Universität tätiger – Wissenschaftler zur Verfügung stand. An der Universität Göttingen lehrte nur *Albrecht* das öffentliche Recht, der aus naheliegenden Gründen für eine solche Aufgabe nicht in Frage kam. Professoren anderer Universitäten war – wie sich später angesichts der von der Stadt Osnabrück angeforderten Gutachten zeigen sollte – nicht zu trauen. Der Auftrag an *Leist* entsprang mithin der Verlegenheit, einerseits ein *wissenschaftliches* – zumindest wissenschaftlich verbrämtes – Gutachten zu benötigen, um das Versprechen der »sorgfältigsten Prüfung« einzulösen, dessen Ergebnis aber andererseits von vornherein feststehen musste. *Schele* hatte sich dieser Aufgabe in seinem »Pro Memoria« bereits unterzogen; doch wäre es angesichts einer auch im Königreich erwachenden öffentlichen Meinung als geradezu grotesk erschienen, wenn *Ernst August* sich zur Begründung des Staatsstreichs ausgerechnet auf *Scheles* Memoranden gestützt hätte. Dass *Leist* bei der Erstellung des Gutachtens nicht unabhängig war, *Schele* ihm vielmehr detaillierte Vorgaben machte, ist anhand der vorliegenden Dokumente nachweisbar[487] und steht in befremdendem Gegensatz zu dem dem Gutachten vorangestellten Leitspruch, dass das Leben (scil. des Verfassers) der Wahrheit gewidmet sei.[488]

Das Gutachten liegt nur in einer handschriftlichen Fassung vor und umfasst 300 Seiten.[489] Eine erste Fassung betrug lediglich 260 Seiten und ist in der seinerzeit üblichen Kanzleischrift – ersichtlich von einem amtlichen Schreiber – geschrieben worden. Von *Leists* eigener Hand stammen Einfügungen von etwa 40 Seiten, die auf Interventionen *Scheles* zurückgehen. Das Gutachten trägt das

---

[486] Vgl. *F. Frensdorff*, ADB, Bd. 18 (1883), S. 228.
[487] Vgl. unten S. 152.
[488] »Vitam impendere vero« (aus der Satire IV *Juvenals*).
[489] Stadtarchiv Hannover, AAA 473, S. 92 r ff.

Datum vom 16. September 1837. Wenn man voraussetzt, dass *Leist* mit seiner Erstellung bereits während der Kommissionsberatungen begonnen hat, so beträgt der Bearbeitungszeitraum knapp zwei Monate. *Schele* hat Teile des Gutachtens allerdings schon vor dessen Fertigstellung eingesehen und in einem umfangreichen Memorandum an den König vom 6. September 1837 hierzu Stellung genommen.[490]

Das *Leist*'sche Gutachten ist nie veröffentlicht worden. Es wird in der Literatur zwar ewähnt[491], nicht aber im Einzelnen ausgewertet. Insofern blieb auch den späteren Publikationen verborgen, auf welche von den Gutachten des Kabinetts und der Kommission abweichenden Begründungen sich der König bei seinem Patent vom 1. November 1837 stützte.

III. Grundzüge des Gutachtens

Das Gutachten ist in fünf Abschnitte unterteilt. Der erste Abschnitt handelt von der Entstehung des Staatsgrundgesetzes; im zweiten Abschnitt geht es um die Verbindlichkeit des Staatsgrundgesetzes für den König im Allgemeinen. Im dritten Abschnitt werden einzelne Bestimmungen des Staatsgrundgesetzes behandelt und daraufhin überprüft, ob der König daran gebunden wäre, wenn man die formelle Gültigkeit des Staatsgrundgesetzes unterstellte. Abschnitt IV handelt von den Änderungsvorschlägen bezüglich einzelner Bestimmungen des Staatsgrundgesetzes, während im fünften Abschnitt erörtert wird, wie die vorgeschlagenen Änderungen durchgesetzt werden könnten.

1. Abschnitt I:
»Von der Entstehung des Staats Grundgesetzes vom 26ten September 1833. und vom Verfahren bei Errichtung desselben«

Im ersten Abschnitt werden die historischen Ereignisse vor der Verkündung des Staatsgrundgesetzes wiedergegeben. *Leist* beginnt mit der Einberufung der Allgemeinen Ständeversammlung 1814, die er als historische Notwendigkeit begreift, um die Einheit des Königreichs Hannover sicherzustellen:

> »Eine Vereinigung der Stände der verschiedenen Landes Provinzen zu einem Ganzen wurde durch die gänzlich veränderten Umstände und großen Bedürfnisse gebieterisch geboten, wenn die Regierung und Verwaltung des Ganzen mit einigem Glücke sollte geführt werden können.«[492]

---

[490] Staatsarchiv Hannover, Hann. Dep. 103 VII Nr. 8, S. 14 r ff.
[491] Vgl. z. B. *E. R. Huber*, Deutsche Verfassungsgeschichte II, S. 94; *W. v. Hassell*, Geschichte des Königreichs Hannover I, S. 378; *M. Stolleis*, Geschichte des öffentlichen Rechts II, S. 208; *C. Bönnemann*, Die Beilegung von Verfassungskonflikten vor der Zeit des Grundgesetzes, S. 43; *W. Bleek*, Friedrich Christoph Dahlmann. Eine Biographie, S. 167 f.; *N. Dissen*, Deutscher monarchischer Konstitutionalismus, S. 166 ff.
[492] So Leist-Gutachten, S. 101 r.

Es folgt ein kurzer Abriss der Entstehung und der Tätigkeit der Ständeversammlung von 1819. Hierbei wird die Juli-Revolution von 1830 erwähnt, die *Leist* als Ursache der Verfassungsbewegung auch in Deutschland ansieht:

> »Die im Julius 1830 in Paris ausgebrochene Revolution äußerte bald nachher ihre traurigen Wirkungen auch in dem Nachbarlande, Teutschland. In mehreren Bundesstaaten brachen Unruhen aus, und der Geist der Empörung und des Aufruhrs schien überall sich Bahn brechen zu wollen. In dieser, tief aufgeregten und bewegten, Zeit glaubten die Wortführer der teutschen Völkerschaften, daß die Quelle der ganzen Staatswohlfahrt in Constitutions-Urkunden zu suchen sei, daß dadurch allem Ungemach auf einmal könne abgeholfen und der Wohlstand im Ganzen, wie im Einzelnen begründet werden.«[493]

Leist stellt im Folgenden die Entstehung des Staatsgrundgesetzes dar und zweifelt in diesem Zusammenhang die Legitimität der gemeinschaftlichen königlichen und ständischen Kommission an. Diese bestand aus 21 Mitgliedern und trat am 15. November 1831 zusammen.[494] Die Beratungen wurden am 14. Februar 1832 – nach rund vier Monaten – abgeschlossen. Die Mitglieder der Kammern waren im Januar 1826 für sechs Jahre gewählt worden. *Leist* folgert hieraus, die Kommission sei zu dem Zeitpunkt, in dem sie ihre Beratungen abgeschlossen habe, nicht mehr legitimiert gewesen. Denn der Abschluss der Beratungen falle in eine Zeit,

> »wo der Auftrag, welchen die beiden Cammern der Stände-Versammlung den von ihnen zu der Berathungs-Commission ernannten ständischen Mitgliedern ertheilt hatten, seit länger als drei Wochen bereits erloschen war, dieser folglich zur Fortsetzung der Unterhandlung mit den Königl. Commissarien, streng genommen, es an der erforderlichen Rechtsbefugnis gänzlich fehlte.«[495]

Dem königlichen Kabinettsministerium sei dieses Legitimationsdefizit keineswegs entgangen; die Beratungen seien jedoch dessen ungeachtet fortgesetzt worden, weil der Zweck der gemeinsamen, aus Kammermitgliedern und königlichen Kommissaren bestehenden Kommission nur in der Beratung des Verfassungsentwurfs bestanden habe, die Stände aber nicht durch Beschlüsse hätten gebunden werden sollen.[496]

Besondere Erwähnung findet, dass der König 14 Bestimmungen des Verfassungsentwurfes geändert habe, ohne die Änderungen erneut der Ständeversammlung zur Beratung und Zustimmung vorzulegen.[497]

2. Abschnitt II:
»Von der Verbindlichkeit des Staats-Grundgesetzes vom 26ten September 1833. für Se. Majestät den König im Allgemeinen«

Der Abschnitt ist in die Prüfung der formellen und der materiellen Gültigkeit des Staatsgrundgesetzes untergliedert. *Leist* geht davon aus, dass das Grundge-

---

[493] So Leist-Gutachten, S. 104 r.
[494] Vgl. oben S. 34.
[495] So Leist-Gutachten, S. 105 v.
[496] So Leist-Gutachten, S. 106 r.
[497] So Leist-Gutachten, S. 109 r.

III. Grundzüge des Gutachtens   141

setz nur bei »vollständiger Übereinkunft« zwischen den von den Ständen beantragten und der schließlich publizierten Fassung rechtsgültig hätte erlassen werden können:

> »Da hier von einer sogenannten octroyirten Landes Verfassung nicht die Rede war, sondern das neue Staats Grundgesetz vertragsmäßig zwischen dem Souverain und den allgemeinen Ständen zu Stande gebracht werden sollte, worauf die Stände von Anfang ihren Antrag gerichtet hatten, so folgte von selbst, daß, wenn der König den von seinen Ständen vorgeschlagenen Abänderungen des Grundgesetzes seine Zustimmung nicht ertheilte, sondern zum Teil andere Grundsätze substituirte, darüber von Neuem mit derselben Stände-Versammlung, von welcher die abändernden Vorschläge herrührten, Unterhandlungen gepflogen werden mussten, bis man endlich zu einer Uebereinstimmung gelangte, oder das Staats Grundgesetz überall nicht zu Stande kam.«[498]

Da die landesherrlich vorgenommenen Änderungen aber der Ständeversammlung nicht wiedervorgelegt worden seien, sei das Staatsgrundgesetz formal unwirksam.

Die Notwendigkeit eines Vertragsverfahrens folgert *Leist* aus dem ständischen Antrag vom 30. April 1831, in dem es heißt, dass eine Verfassung nur durch einhelliges Zusammenwirken des Königs und der Stände gelingen könnte und der König diesen Antrag genehmigt habe.[499] Dass hieraus das Verfahren der Verfassungsgebung verbindlich festgelegt worden sei, hält *Leist* für derart selbstverständlich, dass sich weitere Ausführungen nicht finden.

Leist geht im Folgenden auf Art. 56 der Wiener Schlussakte ein, nach der die in anerkannter Wirksamkeit stehenden landständischen Verfassungen nur auf verfassungsmäßigem Wege wieder abgeändert werden konnten.[500] *Leist* übernimmt hierbei die Argumentation *Scheles* aus dem Pro Memoria und führt aus:

> »Da nun die Stände Versammlung von 1819., mit welcher der Entwurf des Staats Grundgesetzes in den Jahren 1832. und 1833., wie oben angeführt worden, berathen war, der von Sr. Königl. Majestät abweichend von den ständischen Anträgen gemachten und in das Staats Grundgesetz aufgenommenen Vorschriften ihre Zustimmung nicht ertheilt hat, so geht daraus mit völliger Evidenz hervor, daß die im Jahre 1833. noch in anerkannter Wirksamkeit bestehende, auf dem Patente von 1819. beruhende, landständische Verfassung durch das am 26ten September 1833. verkündete Staats Grundgesetz auf verfassungsmäßige Weise, wie Art. 56. der Wiener Schlußacte verlangt, nicht abgeändert worden sei, in dem eine verfassungsmäßige Abänderung nur alsdann angenommen werden kann, wenn sämmtliche Vorschriften des Staats Grundgesetzes auf einer Vereinbarung zwischen Sr. Königl. Majestät Wilhelm IV. und der allgemeinen Stände-Versammlung von 1819. beruhten, welches aber nicht der Fall ist.«[501]

Leist sieht die Schwächen seiner Argumentation und will möglichen Einwänden vorbeugen. Er konzediert, dass nach der Verfassung von 1819 die Stände kein Zustimmungsrecht, sondern nur das Recht der Zuratziehung hatten und sie fraglos bei Entstehung des Staatsgrundgesetzes hinreichend zu Rate gezogen worden seien. Allerdings hält er § 6 des Patentes von 1819 für »gänzlich unanwendbar«:

---

[498] So Leist-Gutachten, S. 110 v.
[499] So Leist-Gutachten, S. 105 r f.
[500] Vgl. oben S. 11.
[501] So Leist-Gutachten, S. 111 v f.

> »Denn das Staats Grundgesetz sollte, abweichend von den andern Landes Gesetzen, nur durch gegenseitige Uebereinkunft des Königs und der Stände von 1819. zu Stande gebracht werden. Darauf ging der Antrag der Stände vom 30ten April 1831. (§ 4). Dem ist auch von der Staats Regierung nie widersprochen; vielmehr hat sie diese Ansicht, mit Ausnahme der letzteren Zeit, völlig gemäß gehandelt und nie hat sie sich bei den von ihr gemachten und nicht genehmigten Abänderungen auf den § 6. des Patentes von 1819. bezogen.«[502]

Leist folgert also aus dem Umstand, dass das Kabinett sich nicht ausdrücklich auf das Patent von 1819 bezogen habe, das Zustandekommen eines zwischen dem König und den Ständen bindenden Vertrags über das Zustandekommen des Staatsgrundgesetzes. Unerwähnt bleiben die im Kabinettsgutachten, das *Leist* fraglos vorlag, ausdrücklich zitierten und vermutlich auch im Kommissionsgutachten erwähnten Vorbehalte des Königs, dass das Staatsgrundgesetz eine »gegebene« und gerade nicht eine vereinbarte Verfassung sein solle.[503]

Leist erkennt auch die rechtlich paradoxe Situation, dass die Stände gegenüber dem Zustandekommen des Staatsgrundgesetzes keinerlei Einwendungen erhoben haben, nun aber

> »der Regierungs-Nachfolger, wenn er aus jenem Grunde die Gültigkeit des Staats-Grundgesetzes anzufechten beabsichtigt, einer, nur das Recht eines Dritten betreffenden, Einrede sich zu bedienen scheint.«[504]

Auch diesen Einwand meint *Leist* mit einer bloßen Behauptung widerlegen zu können, dass nicht nur die Stände, sondern auch der »Regierungs-Nachfolger« berechtigt sei, die verbindliche Kraft des Staatsgrundgesetzes anzuzweifeln und das Schweigen ersterer für letzteren nicht nachteilig sein könne. Allerdings schränkt er sogleich ein:

> »Ob nun Se. Majestät der König von diesem, aus der Errichtungs Art sich ergebenden, Grunde der Unverbindlichkeit des Staats Grundgesetzes auch noch jetzt Gebrauch machen können und ob dies rathsam sei, darüber werde ich mich im Vten Abschnitte dieses Gutachten zu erklären, nicht verfehlen.«[505]

Bemerkenswert ist an dieser Stelle, dass *Leist* noch immer davon ausgeht, dass der König die Verfassung »anfechte« bzw. eine »Einrede« geltend mache. Er weicht damit ersichtlich von der Linie *Scheles* ab, der das Staatsgrundgesetz als von vornherein »null und nichtig« – also gewissermaßen nicht vorhanden – ansah.[506]

Auch in einem weiteren Punkt weicht er von *Scheles* vorgegebener Linie ab. Dieser nämlich hatte einen Verstoß gegen Art. 56 WSA damit begründet, dass dieser Artikel nur eine vertragsmäßige Änderung von Verfassungen erlaube.[507] Diese Auslegung war schon deswegen unhaltbar, weil in der Wiener Schlussakte nicht das Verfahren der Verfassungsgebung bindend vorgeschrieben wurde, sondern allein gewährleistet werden sollte, dass die Vorschriften der jeweils

---

[502] So Leist-Gutachten, S. 112 v.
[503] Vgl. oben S. 109.
[504] So Leist-Gutachten, S. 113 r.
[505] So Leist-Gutachten, S. 113 v.
[506] Vgl. oben S. 77.
[507] Vgl. oben S. 76.

III. Grundzüge des Gutachtens

geltenden Verfassungen eingehalten wurden.[508] *Leist* bedient sich deshalb eines Kunstgriffs und substituiert Art. 56 WSA den vorgeblich zwischen König und Ständen über das Zustandekommen der Verfassung abgeschlossenen Vertrag.

Alsdann widmet sich *Leist* der Frage, ob der Herzog von Cumberland das von König *Wilhelm IV.* publizierte Staatsgrundgesetz ausdrücklich oder stillschweigend genehmigt habe, wodurch die Frage von der Unverbindlichkeit des Staatsgrundgesetzes überflüssig werden würde. Er unterscheidet zwischen privaten Handlungen und Regierungshandlungen des Monarchen. Es liegt auf der Hand, dass er die Veräußerung von Gütern zu den Privathandlungen rechnet und deshalb

> »dem Landesherrn, als zeitigem Besitzer der Güter, die Befugniß nicht zustehe, sie zu veräußern, sondern daß vielmehr eine Veräußerung derselben, der Regel nach, nur dann für fortdauernd gültig gehalten werden könne, wenn die Agnaten, sie möchten Söhne und Seitenverwandte der besitzenden Landesherren sein, in die Veräußerung eingewilliget hätten.«[509]

Bezeichnend ist, dass *Leist* Belege für seine Deduktion ausschließlich aus der früheren Reichspublizistik und damit aus dem das Alte Reich beherrschenden Lehensrecht bezieht.[510]

Nach vielen gewundenen und nicht stets nachvollziehbaren Ausführungen gelangt *Leist* zum Ergebnis, dass der Monarch aufgrund reichsstaatsrechtlicher Grundsätze nicht über das Kammergut ohne Einwilligung der Agnaten verfügen könne, andererseits der Regierungsnachfolger an die Staatshandlungen des Vorgängers gebunden sei.[511]

Überraschenderweise zitiert *Leist* zum Beleg aus *Carl Friedrich Häberlins* »Handbuch des Teutschen Staatsrechts«[512], der *Leists* Deduktion kaum zu stützen geeignet ist:

> »In Hinsicht der Verbindlichkeit des Regierungs-Nachfolgers, Handlungen und Versprechungen seiner Regierungsvorfahren zu halten oder zu erfüllen, sind die Staats- und Regierungs-Sachen von den Privatsachen zu unterscheiden. In Ansehung jener ist der Regierungs-Nachfolger, er sei, wer er wolle, schuldig, die Verbindlichkeiten des Vorfahren als seine eigenen anzusehen, mithin dessen Versprechungen zu erfüllen. Denn, nach den Grundsätzen des allgemeine Staatsrechtes schließt ein Regent der gleichen Verträge, Bündnisse u.s.w. nicht für sich, sondern im Namen des ganzen Staates. Dieser stirbt nie und bleibt daher in beständiger Verbindlichkeit. Alles also, was der Vorfahr als Landes-Regent gethan oder versprochen hat, ist der Nachfolger zu halten und zu erfüllen verbunden.«[513]

Allerdings hat dieses Zitat nur eine rhetorische Funktion, um sogleich die Ausnahmen aufzuführen, denen der Monarch bei Ausübung seiner Regierungsgewalt unterliegt. Zum ersten soll er die durch die bisherigen Grundgesetze oder Observanz des Staates ihm gezogenen Grenzen nicht überschreiten dürfen,

---

[508] Vgl. oben S. 11.
[509] So Leist-Gutachten, S. 117 v.
[510] Vgl. Leist-Gutachten, S. 118 r. ff.
[511] So Leist-Gutachten, S. 124 v f.
[512] K. F. *Häberlin*, Handbuch des Teutschen Staatsrechts, 1794.
[513] Zitiert nach Leist-Gutachten, S. 126 v f.

»denn, in einem solchen Falle hat er ohne bare Rechtsbefugniß gehandelt und es kann daher auch für den Nachfolger in der Regirung nicht anders eine Anerkennungs- und Erfüllungs-Verbindlichkeit entstehen, als wenn dieser ordnungsgemäß seine Einwilligung dazu erteilt hat.«[514]

Die zweite Einschränkung soll sich ergeben

»wenn der Regent auf wesentliche Hoheitsrechte Verzicht geleistet, oder deren Ausübung völlig neuen Beschränkungen unterworfen hat; denn, daß Regirungs-Recht gehört gleichfalls zu den Familienrechten des regirenden Hauses, und auch neue Beschränkungen der Staatsgewalt müssen als Veräußerungen betrachtet werden, welche für den Regirungs-Nachfolger nur alsdann verbindlich sind, wenn die agnatischen Glieder der Familie in dieselben eingewilliget haben.«[515]

Eine dritte Ausnahme soll Platz greifen

»wenn die Handlungen des Regirungs-Vorfahren ganz offenbar die Wohlfahrt des Staates verletzen, da kein Fürst zu Handlungen zum Nachtheil des Landes Befugniß hat, mithin auch der Nachfolger in der Regirung sie anzuerkennen und zu erfüllen nicht verpflichtet ist.«[516]

Leist räumt ein, dass diese Grundsätze, zu deren Beleg er wiederum ausschließlich Werke der Reichspublizistik anführt, hinsichtlich ihrer Fortgeltung zweifelhaft sein könnten, nachdem

»die Landeshoheit der teutschen Fürsten in Souverainität verwandelt worden«

sei.[517]

Dem Duktus des gesamten Gutachtens folgend wird diese Frage nur aufgeworfen, um sie im Folgenden zu bejahen. *Leist* stellt der Souveränität des Fürsten die wohlerworbenen Rechte gegenüber, die dieser nicht »kränken« dürfe. Dazu rechnet er die Familien- und Hausgesetze der regierenden Dynastien.[518] Schließlich gelangt *Leist* zu dem Obersatz:

»Nicht alle Regenten-Handlungen ohne Unterschied binden den Nachfolger, sondern nur diejenigen, die den Vorgänger selbst gebunden haben würden, und daher binden den Nachfolger nur solche Regenten-Handlungen, welche wirkliche oder wohlerworbene Rechte und nicht bloß Hoffnungen begründet haben, auch keine auf Widerruf erteilte Rechte enthalten. Aber diejenigen Regenten-Handlungen binden den Nachfolger, welche auf verfassungsmäßigem Wege ausgeübt worden sind, also:

a., nicht außer den verfassungsmäßigen Formen, und
b., nicht wider ausdrückliche Grundsätze der Verfassung; denn solche Handlungen sind an sich nichtig.«[519]

Nach diesen Ausführungen bedarf es nur noch der Subsumtion unter die Obersätze, bei der *Leist* die Frage aufwirft, ob der Thronfolger das Staatsgrundgesetz auf eine »formell gültige Weise« anerkannt habe. Hierzu führt *Leist* aus, dass eine Urkunde hierüber nicht existiere. *Leist* verkennt nicht, dass nach seiner

---

[514] So Leist-Gutachten, S. 128 v.
[515] So Leist-Gutachten, S. 129 r.
[516] So Leist-Gutachten, S. 129 v.
[517] So Leist-Gutachten, S. 129 v f.
[518] So Leist-Gutachten, S. 131 r.
[519] So Leist-Gutachten, S. 133 r f.

Theorie sämtliche Agnaten – also nicht nur der Herzog von Cumberland – ihre Zustimmung zur Vereinigung der Kassen hätten geben müssen. Nun hatte der Herzog von Cambridge selbst den Entwurf *Dahlmanns* veranlasst[520] und die Entstehung des Staatsgrundgesetzes tatkräftig begleitet. *Leist* will das nicht gelten lassen, denn

> »Aus der von Sr. Königl. Hoheit, dem Herzoge von Cambridge bei Errichtung des Staats-Grundgesetzes beobachteten Handlungsweise lässt sich dessen wirkliche Einwilligung in das Gesetz nicht folgern, da er dabei in seiner Eigenschaft als Vicekönig des Königreichs Hannover, folglich als Stellvertreter Sr. Majestät des Königs Wilhelm IV., nicht aber als Agnat, in Betrachtung kommt.«[521]

Leist hält es alsdann für möglich, dass der Herzog von Cumberland das Staatsgrundgesetz auf andere Weise anerkannt habe und beruft sich auf die ihm von *Schele* gegebene mündliche Versicherung, dass der Herzog eine solche Erklärung niemals abgegeben habe.

> »Bei dieser, von dem gedachten Herrn Minister mir gegebenen Versicherung muß ich mich für jetzt beruhigen und daher als factisch gewiß annehmen: Daß das Staats-Grundgesetz von Sr. Königl. Majestät weder vor noch nach dessen Publication auf eine rechtsverbindliche Weise je anerkannt worden sei.«[522]

3. Abschnitt III:
»Prüfung derjenigen Bestimmungen des Staats-Grundgesetzes vom 26ten September 1833, welche für Se. Königl. Majestät Ernst August an sich keine rechtsverbindliche Kraft haben.«

Zunächst wirft *Leist* die Frage auf, ob einzelne Vorschriften, die »keine rechtsverbindliche Kraft« hätten, den König berechtigen, das ganze Staatsgrundgesetz für »ungültig und unverbindlich« zu erklären.[523]

Leist zitiert den gemeinrechtlichen Grundsatz: »*utile per inutile, non vitiatur*«, hält diesen Grundsatz aber nicht für anwendbar, wenn ein formeller Mangel des Staatsgrundgesetzes geltend gemacht und aus diesem Grunde die Ungültigkeit des Gesetzes behauptet würde:

> »Dieser bei Errichtung des Gesetzes begangene Fehler bewirkt, sobald davon Gebrauch gemacht wird, eine Nullification des ganzen Staats Grundgesetzes und es würde alsdann über die Errichtung eines neuen Grundgesetzes mit den competenten Ständen unterhandelt werden müssen.«[524]

Da *Leist* bereits im zweiten Abschnitt aufgrund der fehlenden Zustimmung der Stände einen Fehler bei Errichtung des Staatsgrundgesetzes festgestellt hat, könnte es hiermit sein Bewenden haben. *Leist* prüft – gewissermaßen hilfsgutachtlich – weiter und wiederholt den in den deutschen Staaten geltenden und auf das Königreich Hannover anwendbaren Grundsatz, dass Kammergüter

---

[520] Vgl. oben S. 27.
[521] So Leist-Gutachten, S. 134 v.
[522] So Leist-Gutachten, S. 135 v f.
[523] So Leist-Gutachten, S. 136 v.
[524] So Leist-Gutachten, S. 137 r.

> »die Natur wahrer Privat-, Stamm- oder Familien-Fideicommißgüter haben und daher ohne Einwilligung der Agnaten nicht veräußert und beschwert werden können, auch der Regent als zeitiger Besitzer in seinem Nutznießungs- und Verwaltungsrechte nicht beschränkt werden darf, in so fern er dazu seine Einwilligung nicht gegeben hat, und daß die neuen Erwerbungen dem alten Cammergute anfallen und dessen Natur annehmen.«[525]

Es folgt ein mehrseitiger Exkurs über Dokumente des Hauses Braunschweig-Lüneburg aus den vergangenen Jahrhunderten, die vorgeblich den aufgestellten Grundsatz bestätigen. Hieraus folgt *Leist*, dass die Landstände weder das Recht zur Veräußerung und Belastung des Kammergutes hätten noch Anteil an der Verwaltung und der Verwendung der Einkünfte in Anspruch nehmen könnten,

> »in so fern nicht die Particular-Verfassung des Staates das Gegentheil besagt.«[526]

Besondere Rechte in Hinsicht des Kammergutes seien in hannoverschen Landständen – »so viel mir bekannt ist« – weder durch Verträge noch durch unbezweifelte Oberservanz eingeräumt worden.[527]

Wie *Leist* anmerkt, sei das Siebte Kapitel des Staatsgrundgesetzes nicht Gegenstand seines Gutachtenauftrags, sondern dem Finanzministerium anvertraut worden. Gleichwohl hält er es für notwendig, hierzu »einige wenige Bemerkungen in rechtlicher Hinsicht zu machen.«[528] An deren Stelle tritt allerdings sogleich die apodiktische Feststellung:

> »Die in dem 7ten Capitel aufgestellten Grundsätze und gemachten Bestimmungen stehen offenbar im grellsten Widerspruche mit denjenigen Grundsätzen, welche in dem Königl. Hause in Hinsicht des Cammergutes durch uralte Observanz, Hausverträge und Testamente festgesetzt und bis zur Erscheinung des Staats-Grundgesetzes beobachtet worden sind.«[529]

Der Verfasser fährt fort:

> »Eine auch nur oberflächliche Prüfung der Vorschriften und Bestimmungen des 7ten Capitels ergiebt, daß sie wesentliche Eingriffe enthalten in die, Sr. Königl. Majestät in Rücksicht des Cammergutes zustehenden, Rechte, welche sie als Regierungs-Nachfolger nicht anders anzuerkennen und zu erfüllen verbunden sind, als wenn sie auf eine formell gültige Weise ihre Einwilligung dazu ertheilt haben, welches aber [...] nicht geschehen ist.«[530]

Bemerkenswert ist, dass *Leist* anschließend die Frage aufwirft, ob es im Interesse des Königs liegen könne, den vorherigen Zustand des Kammergutes und die dadurch bedingte Trennung der Kassen wiederherzustellen oder ob es nicht vorteilhafter sei, die im Staatsgrundgesetz bestimmte Krondotation anzunehmen.[531]

---

[525] So Leist-Gutachten, S. 138 r f.
[526] So Leist-Gutachten, S. 140 v.
[527] So Leist-Gutachten, S. 141 v.
[528] So Leist-Gutachten, S. 142 r.
[529] So Leist-Gutachten, S. 142 r.
[530] So Leist-Gutachten, S. 142 r f.
[531] So Leist-Gutachten, S. 147 v.

Leist lässt eine Antwort dahinstehen, deutet aber die Möglichkeit eines ergänzenden Gutachtens aus seiner Feder an:

> »Da die Erörterung und Entscheidung dieser Frage keinen Gegenstand meines rechtlichen Gutachtens ausmacht, so muß ich dieselbe um so mehr hier mit Stillschweigen übergehen, als die zu deren gehöriger Lösung unumgänglich nothwendigen vielen verschiedenen Nachrichten und Aktenstücke mir abgehen.«[532]

Im Folgenden rekurriert *Leist* erneut auf die von ihm im II. Abschnitt entwickelten Obersätze, nach denen

> »der Regierungs-Nachfolger die wahren Regenten-Handlungen seines Vorgängers in dem Falle anzuerkennen und zu erfüllen, nicht schuldig [ist], wenn dieser dadurch die ihm durch die Grundgesetze oder Observanz des Staates gesetzten Schranken überschritten hat, oder die Handlungen die Wohlfahrt des Staates offenbar verletzen.«[533]

Als erstes erörtert er, ob vor Inkrafttreten des Staatsgrundgesetzes den Ständen das Recht der Zustimmung zu der Gesetzgebung »in dem Maaße zugestanden habe, wie ihnen dasselbe im Staats-Grundgesetz eingeräumt worden ist.«[534]

Wiederum unter Rückgriff auf das Reichsstaatsrecht und partikulare Observanzen gelangt der Verfasser zu dem Ergebnis, dass dies nicht der Fall gewesen ist. Auch das Patent von 1819 habe den Ständen keine weiteren Zustimmungsrechte eingeräumt als das Recht der Steuerbewilligung.[535]

4. Abschnitt IV:
»Von den im Staats-Grundgesetze von 1833. zu machenden Änderungen«

Auch dieser Abschnitt erscheint als eine Art Hilfsgutachten, denn *Leist* fügt die Bemerkung voraus:

> »Dieser IVte Abschnitt kann in dem Maaße, wie er hier behandelt ist, nur alsdann in Betracht kommen, wenn der König das Staats-Grundgesetz nicht aufhebt, sondern die Stände von 1833. zusammenruft und die in dem Grundgesetze vorzunehmenden Änderungen ihnen zur Annahme vorlegt.«[536]

Schon aus dieser Vorbemerkung folgt, dass *Leist* die Alternative gesehen hat, nicht den Weg des Staatsstreichs zu wählen, sondern die gewünschten Änderungen auf verfassungsrechtlich vorgesehenem Weg – nämlich durch Vereinbarung mit der Ständeversammlung – vorzunehmen. Hiervon ausgehend unterzieht *Leist* das Staatsgrundgesetz einer ausführlichen – wenn man so will: rechtspolitischen – Kritik. Mit knapp 150 Seiten ist der IV. Abschnitt der umfassendste und nimmt etwa die Hälfte des Gutachtens ein. *Leist* geht davon aus, dass es

> »nicht nur sehr nützlich, sondern fast nothwendig [sei], Grundsätzen derart, welche bisher nur auf Observanz beruhten, die Eigenschaft einer unerschütterlichen Festigkeit dadurch zu geben, daß man sie in geschriebenes Gesetz verwandelt.

---

[532] So Leist-Gutachten, S. 148 r.
[533] So Leist-Gutachten, S. 149 v.
[534] So Leist-Gutachten, S. 151 r.
[535] Vgl. Leist-Gutachten, S. 150 r ff.
[536] So Leist-Gutachten, S. 154 v.

> Dieses Verfahren muß von Zeit zu Zeit in jedem Staate Statt finden, und dazu konnte die Gelegenheit der Abfassung eines Staats-Grundgesetzes sehr gut genutzt werden.«[537]

Als erstes kritisiert *Leist* § 3 des Staatsgrundgesetzes, nach dessen Absätzen 2 bis 4 dem König die Pflicht auferlegt wird, die feierliche Zusicherung zu erteilen, die Rechte der Untertanen nach Maßgabe des Staatsgrundgesetzes ungeschmälert aufrecht zu erhalten und gegen alle Eingriffe zu schützen, Anordnungen über die Finanzen nicht ohne die Mitwirkung der Stände zu treffen und auch sonst dahin zu sehen, dass der öffentliche Dienst in allen Zweigen verfassungsmäßig verwaltet werde. *Leist* bemängelt, dass aus dieser Vorschrift nicht klar genug hervorgehe, wann der König die Zusicherung abzugeben habe. So sei es denkbar, dass er sie neben dem in § 13 des Staatsgrundgesetzes erwähnten Patent zu erteilen habe oder aber durch das Grundgesetz selbst.[538] *Leist* entscheidet sich für die letztgenannte Variante, spricht sich dann aber für die Streichung der untersuchten Absätze aus. Zum einen sei dies bereits durch § 13 geregelt, zum anderen könnten diese Sätze in ihrer gegenwärtigen Fassung

> »zu mancher Anmaßung einzelner Corporationen Veranlassung geben, wenn etwa die Zeitumstände es gebieterisch fordern sollten, Abänderungen auf gesetzlichem Wege zu machen«.[539]

Hinzu komme, dass die Zusicherung, in Finanzfragen die ständischen Mitwirkungsrechte zu berücksichtigen, zu weit gehe, aber auch überflüssig sei, weil das Steuerbewilligungsrecht den Ständen im Staatsgrundgesetz ausdrücklich zugesichert sei. Letztlich sei auch die Zusicherung, dass der öffentliche Dienst verfassungsmäßig verwaltet werden solle, überflüssig, weil sich dies bei einem guten Fürsten ganz von selbst verstehe und bei einer Kodifizierung »zu völlig unpassenden Einmischungen Veranlassung geben« könne.[540]

Auf der folgenden Seite findet sich zum ersten Mal ein Hinweis auf dem Gutachter »mitgetheilte Bemerkungen«.[541] Der Urheber dieser »Bemerkungen« wird weder an dieser Stelle noch später namentlich erwähnt, allerdings kommt hierfür allein *Schele* in Betracht. In den Bemerkungen wird zunächst vorgeschlagen, dass die *rescripta ad mandatum* in Zivilsachen wiederhergestellt werden solle, also die Möglichkeit, den Gerichten Spruchsachen mit der Begründung zu entziehen, dass landeshoheitliche Rechte und deren Ausübung betroffen seien. In der Wiederherstellung einer solchen Möglichkeit sieht *Leist* jedoch die Rückkehr zu einer Kabinettsjustiz, die sowohl im Widerspruch zu § 9 des Staatsgrundgesetzes stünde (»der König verspricht, den Lauf der Rechtspflege nicht zu hemmen [...]«) als auch der Wahlkapitulation des Kaisers im Alten Reich widerspräche. § 9 aus dem Staatsgrundgesetz zu streichen sei deshalb

---

537 So Leist-Gutachten, S. 156 r f.
538 So Leist-Gutachten, S. 157 v.
539 So Leist-Gutachten, S. 158 r.
540 So Leist-Gutachten, S. 158 v.
541 So Leist-Gutachten, S. 159 r.

»völlig unzulässig, da er die Hauptgrundlage und erste Bedingung einer guten Justizverwaltung bildet.«[542]

Gegenstand der Kritik ist auch § 6 des Staatsgrundgesetzes, nach dem der König als Oberhaupt des Staates in sich die gesamte Staatsgewalt verkörpere und sie verfassungsmäßig ausübe. Obwohl *Leist* anerkennt, dass hieraus nicht gefolgert werden kann, dass auch die Stände Mitinhaber der Staatsgewalt seien, hält er zur »besseren Aufrechterhaltung des monarchischen Princips und zur Begegnung aller unbegründeten Prätensionen von Seite der Stände«[543] eine Änderung für geboten, die in Anlehnung an Art. 57 der Wiener Schlussakte lauten könnte:

»Der König als Oberhaupt des Staates vereinigt in sich sämmtliche Rechte der Staatsgewalt und ist durch die landständische Verfassung nur in Ausübung bestimmter Rechte an die Mitwirkung der Stände gebunden.«[544]

Nach einigen nur redaktionellen Änderungsvorschlägen geht *Leist* auf den Vorschlag *Scheles* ein, § 13 aus dem Grundgesetz zu streichen, nachdem der König die »unverbrüchliche Festhaltung der Landes-Verfassung« versichere. *Leist* spricht sich gegen die Streichung des Artikels aus, weil mit ihm kein neues Recht geschaffen worden sei. Vielmehr gehöre eine solche Bestimmung dem älteren Deutschen und Braunschweig-Lüneburgischen Staatsrecht an und finde sich auch in anderen europäischen Staaten. Überdies gibt er zu erwägen:

»Wenn man den Articel 13 aus dem Grundgesetz wegnähme, so würde man zu allerhand nachtheiligen Vermuthungen mit Recht Veranlassung geben, zumal in keiner der vielen, in neuerer Zeit in den teutschen Bundesstaaten entstandenen Verfassungs-Urkunden dieser Gegenstand mit Stillschweigen übergangen ist.«[545]

Im Folgenden widmet sich *Leist* einzelnen Bestimmungen des Staatsgrundgesetzes, die er zum Teil für änderungsbedürftig hält, andererseits aber auch deren Beibehaltung empfiehlt. Seine Ausführungen stellen unausgesprochen auch eine Auseinandersetzung mit den Vorschlägen *Scheles* dar.

Zunächst behandelt *Leist* die von *Schele* befürwortete Wiedereinführung der Exemtionen, von der er schon deshalb abrät, weil sie

»nie von den Ständen wird genehmigt werden und daß durch die Vorlegung dieses Gegenstandes zur ständischen Berathung alle Leidenschaften von neuem aufgeregt und in Bewegung gesetzt werden.«[546]

Weiterhin widmet er sich möglichen Änderungen der Gerichtsverfassung, wobei er sich für eine strikte Trennung von Justiz und Verwaltung ausspricht[547] und sich gegen die in den Bemerkungen vorgeschlagene Streichung des § 33 Satz 2 StGG, wonach »allgemeine Confiscation des Vermögens […] unzulässig« sei, wendet. *Leist* hält die Beibehaltung dieses Satzes für erforderlich, weil eine

---

[542] So Leist-Gutachten, S. 160 r.
[543] So Leist-Gutachten, S. 160 v.
[544] So Leist-Gutachten, S. 161 r.
[545] So Leist-Gutachten, S. 163 v f.
[546] So Leist-Gutachten, S. 172 r f.
[547] So Leist-Gutachten, S. 176 r f.

allgemeine Vermögenskonfiskation »ungerecht und unzweckmäßig« sei und von der überwiegenden Lehrmeinung verworfen werde.[548]

Weiterhin bilden die Meier-Angelegenheiten und das Gemeindewesen[549] Gegenstände seiner Ausführungen, wobei er darauf beharrt, dass Grundzüge des Gemeindewesens Eingang in die Verfassung finden müssten, womit er dem Vorschlag *Scheles*, diesen Abschnitt der Verfassung zu streichen, deutlich widerspricht.[550]

Eingehend widmet sich *Leist* der Stellung der Landstände und hält eine Reihe der diesbezüglichen Vorschriften des Staatsgrundgesetzes für änderungsbedürftig. Die Bestimmung, wonach die Ständeversammlung berufen sei, die grundgesetzlichen Rechte des Landes zu vertreten und deren dauerndes Wohl möglichst zu fördern (§ 83 StGG), will *Leist* »gänzlich weglassen, weil aus dieser allgemeinen Fassung Rechte gefolgert werden könnten, welche den allgemeinen Ständen nicht zukommen.«[551] Die durch § 115 StGG den Ständen eingeräumte Befugnis, öffentlich zu verhandeln, will *Leist* trotz erheblicher Einwände beibehalten, schlägt aber Beschränkungen durch das Reglement vor.[552] Hinsichtlich der umstrittenen Frage, ob den Abgeordneten für die Dauer der Ständeversammlung eine Entschädigung zu gewähren und die Reisekosten zu erstatten sein sollten, befürwortet *Leist* eine Regelung durch Gesetz, »damit der König in dieser Hinsicht freiere Hände behält.«[553] Überdies sollte die Ständeversammlung nur alle drei Jahre – statt wie in § 118 StGG vorgesehen: *jedes Jahr* – zusammentreten.[554] Schließlich schlägt *Leist* eine Ergänzung des Staatsgrundgesetzes mit folgendem Wortlaut vor:

> »Eigenmächtig darf die Stände-Versammlung sich weder versammeln, noch nach dem Schlusse oder der Vertagung oder Auflösung derselben versammelt bleiben oder berathschlagen.«[555]

Leist fügt hinzu, dieser Zusatz dürfe nicht ganz überflüssig sein.

Im folgenden Abschnitt widmet sich *Leist* dem Gesetzgebungsrecht der Stände. Für die Abgrenzung der Befugnisse der allgemeinen Ständeversammlung von denen der Provinziallandschaften macht er den Vorschlag, hier dem König ein Bestimmungsrecht zuzusprechen. Dies habe auch den Vorteil, dass die allgemeine Ständeversammlung entlastet werde.[556] *Leist* verweist auf die Bestimmung des Patents von 1819, das die Stände auf ein »Recht der Zuratheziehung« beschränkte[557], und fährt fort:

---

[548] So Leist-Gutachten, S. 177 v.
[549] Leist-Gutachten, S. 180 r f.
[550] Vgl. Leist-Gutachten, S. 180 v f.
[551] So Leist-Gutachten, S. 185 v.
[552] So Leist-Gutachten, S. 196 r.
[553] So Leist-Gutachten, S. 198 r.
[554] Vgl. Leist-Gutachten, S. 198 r ff.
[555] So Leist-Gutachten, S. 200 r.
[556] So Leist-Gutachten, S. 201 r.
[557] Vgl. oben S. 14.

> »In dem Staats-Grundgesetze ist dagegen den Ständen ein förmliches Bewilligungsrecht beigelegt und sind dadurch die Rechte des Königs offenbar verletzt worden.«[558]

Gleichwohl spricht sich *Leist* für die Beibehaltung des Zustimmungsrechts aus:

> »Soll nun der König auf die Bestimmung des Patentes von 1819. zurückkommen, oder es bei der Bestimmung des Staats-Grundgesetzes lassen? Ich möchte mich für die letztere Ansicht erklären, ungeachtet das Recht auf der Seite des Königs ist, da eines Theils die Stände hierauf einen sehr hohen Werth legen, und anderen Theils durch die oben [...] dem Könige beigelegte Entscheidung das Zustimmungsrecht der allgemeinen Stände weniger nachtheilig wird, auch noch auf andere Weise geholfen werden kann, um das Nachtheilige zu entfernen, vorzüglich [...] dadurch, daß das Zustimmungsrecht der Stände auf den wesentlichen Inhalt oder die wesentlichen Bestimmungen der Gesetzentwürfe beschränkt, somit ihnen die Befugniß gänzlich entzogen wird, ihre Berathungen auch auf die Redaction oder eigentliche Abfassung der Gesetze zu erstrecken, da dadurch außerordentlich viel Zeit verloren geht, und überdies einer zahlreichen Versammlung die Qualification zur Redaction eines Gesetzes gänzlich fehlt.«[559]

Ein Mitwirkungsrecht beim Erlass von Verordnungen dürfe den Ständen nicht zukommen[560]; das Recht der authentischen Interpretation, wie es das Gemeine Recht vorgesehen habe, könne ihm dagegen nicht abgesprochen werden. Wenn sie einmal ihre Zustimmung zu einem Gesetz gegeben hätten, so müssten sie auch notwendig gefragt werden, wenn es um dessen Auslegung ginge.[561] Dem König allerdings bleibe das Recht vorbehalten, das fortgeltende gemeine Recht zu interpretieren, solange kein neues Zivilgesetzbuch geschaffen worden sei, das ohnehin »noch sehr weit entfernt« sei.[562] Die Einschränkung der authentischen Interpretation solle Eingang in die Neufassung des § 85 StGG finden.

Eine grundlegende Änderung hält *Leist* hinsichtlich des Initiativrechts der Stände für erforderlich, wie es in § 88 des StGG vorgesehen war:

> »Dieser § muß eine Veränderung erleiden, weil den Ständen darin das Recht eingeräumt worden ist, Gesetze der Landes-Regierung vorzulegen, welches ihnen nicht zugestanden werden kann, zumal da diese Befugniß zur Verlängerung der Landtage außerordentlich viel beitragen würde. Es würde daher der § 88 dahin zu fassen sein: ›Gesetzentwürfe dürfen nur vom Könige an die Stände, nicht aber von den Ständen an den König gebracht werden. Die Stände sind aber berechtigt, auf die Erlassung neuer, wie auch auf die Abänderung oder Aufhebung bestehender Gesetze anzutragen.‹«[563]

Eine Änderung hält *Leist* auch hinsichtlich des Erlasses von Notverordnungen für erforderlich, die nach § 87 StGG ohne Zustimmung der Stände erlassen werden konnten, aber wieder aufzuheben waren, wenn diese nicht nachträglich erfolgt und die keine Änderungen des Staatsgrundgesetzes enthalten durften. Beide Einschränkungen sollten entfallen,

---

[558] So Leist-Gutachten, S. 201 v.
[559] So Leist-Gutachten, S. 201 v ff.
[560] So Leist-Gutachten, S. 202 v.
[561] So Leist-Gutachten, S. 203 r.
[562] So Leist-Gutachten, S. 203 v.
[563] So Leist-Gutachten, S. 204 v f.

»wenn in dem außerordentliche Falle das Wohl des Staates wirklich eine Verletzung des Staats-Grundgesetzes geböte, so muß diese geschehen, da das Wohl des Staates höher steht, als die unverletzte Aufrechterhaltung der Verfassungs Urkunde.«[564]

Die Pflicht zur Aufhebung einer Notverordnung, der die Kammern im Nachhinein nicht zugestimmt hatten, sollte aufgehoben werden.[565]

In den *Leist* übermittelten »Bemerkungen« war weiterhin vorgeschlagen worden, die Vorschriften über die Ministeranklage (§§ 151, 152 StGG) gänzlich zu streichen.[566] *Leist* spricht sich gegen eine Streichung aus, weil die Ministeranklage nichts anderes als ein Surrogat für die in der Reichsverfassung enthaltene Möglichkeit sei, »bei einem der höchsten Reichsgerichte« Klage zu erheben, wodurch »die Garantie oder Gewähr für die Aufrechterhaltung der Verfassung der teutschen Particular-Staaten enthalten« war.[567] Mit dem Fortfall der Reichsverfassung seien die Landesherrn zu wirklichen Souveränen geworden, die in ihrer Person unverletzlich waren. War aber die Person des Regenten unverletzlich, so konnte er auch nicht für seine Regierungshandlungen verantwortlich gemacht werden; denn für lebenslängliche Herrscher könne der Zeitpunkt ihrer Verantwortlichkeit vor den Menschen niemals erscheinen.[568] Um aber eine Staatsverfassung vor Eingriffen zu schützen, bedürfe es der Gegenzeichnung, um die Minister für landesherrliches Verhalten verantwortlich zu machen. Damit könne fürstlichen Befehlen, die durch Vorstellung falscher oder Verheimlichung wahrer Umstände erschlichen waren, wie auch falschen oder verfälschten Ausfertigungen vorgebeugt werden.[569]

Im Staatsgrundgesetz sei die Ministeranklage »auf eine möglichst schonende Weise für die Minister und Ministerialvorstände« eingeführt, weil eine Anklage nur bei absichtlicher – *doloser* – Verletzung des Staatsgrundgesetzes mit Erfolg erhoben werden könne.[570] Nach Ansicht *Leists*

> »ist durch diese Bestimmung die Verantwortlichkeit der Minister [...] in so enge Grenzen zurückgeführt, daß sie wohl nicht enger gezogen werden können. Denn, eine Klage wider den Minister soll weder wegen Unterlassungen, noch auch wegen culposer Verletzungen des Staats-Grundgesetzes [...] Statt finden können.«[571]

Leist folgt ebenfalls nicht einem in den »Bemerkungen« enthaltenen Vorschlag, § 158 des Staatsgrundgesetzes[572] zu streichen. *Schele* hatte dies damit begründet, dass die

---

[564] So Leist-Gutachten, S. 205 v.
[565] So Leist-Gutachten, S. 206 r.
[566] Vgl. Leist-Gutachten, S. 214 v f.
[567] So Leist-Gutachten, S. 215 r.
[568] So Leist-Gutachten, S. 215 v f.
[569] So Leist-Gutachten, S. 217 v.
[570] So Leist-Gutachten, S. 219 r.
[571] So Leist-Gutachten, S. 219 r f.
[572] »Bei Besetzung aller Staatsämter soll, insofern nicht bei einzelnen Dienststellen eine ausdrückliche, gesetzlich bestimmte Ausnahme bestehen, der Unterschied der Geburt überall kein Recht auf Vorzüge irgend einer Art begründen.«

> »Erwähnung des Grundsatzes, daß der Unterschied der Geburt kein Recht auf Vorzüge begründe, die schlimme Folge habe, daß in den niedrigern Classen Hoffnungen erweckt würden, die nicht erfüllt werden könnten.«[573]

Leist spricht sich einerseits für die Beibehaltung des § 158 StGG aus, begründet dies allerdings damit, dass die Bestimmung den König keinesfalls binde, sondern es weiterhin ganz von seiner Wahl und Entscheidung abhänge, wem er ein Staatsamt übertragen wolle. Durch den Wortlaut der Norm werde das königliche Besetzungsrecht keineswegs beschränkt.[574] Wenn Menschen sich allein wegen dieser Verfassungsbestimmung Hoffnung machten, die der König zu erfüllen nicht für passend halte, so hätten sie sich dieses selbst zuzuschreiben.[575]

Schließlich setzt sich *Leist* mit dem Verfahren der Verfassungsänderung auseinander, das in der Schlussbestimmung des Staatsgrundgesetzes geregelt wird. Nach einführenden Worten, die die Beständigkeit einer Verfassung hervorheben, spricht sich *Leist* für die Beibehaltung einer solchen Sicherung aus:

> »Nach meinen Grundsätzen von möglichster Stabilität der Verfassung muß ich mich im Ganzen für die in dem Schlusse der Verfassungs-Urkunde ausgesprochenen Grundsätze erklären.«[576]

Da nach *Leists* Vorstellungen die Ständeversammlung nur alle drei Jahre einberufen werden soll und er die Schlussbestimmung dahingehend ändern will, dass die Beschlüsse in zwei aufeinanderfolgenden Ständeversammlungen gefasst werden müssen, würde das Verfahren der Verfassungsänderung mindestens vier Jahre dauern und somit

> »die Verwirklichung der Abänderungen noch etwas mehr verzögert und der Zeitraum der anzustellenden Ueberlegung verlängert.«[577]

Leist erörtert weiterhin die Möglichkeit, das Staatsgrundgesetz unter die Garantie des Deutschen Bundes zu stellen.[578] Dieser Vorschlag war seinerzeit im Entwurf des Staatsgrundgesetzes von *Dahlmann* gemacht worden[579], wurde allerdings nicht weiter verfolgt. *Leist* spricht sich dafür aus, diese zusätzliche Sicherung zu nutzen, wobei es sich um ein Surrogat der vormaligen Reichsverfassung handele.[580]

5. Abschnitt V:
»Von dem, von Sr. Majestät dem Könige in Rücksicht der mit dem Staatsgrundgesetz vorzunehmenden Abänderungen zu beobachtenden Verfahren.«

---

[573] So Leist-Gutachten, S. 223 v.
[574] So Leist-Gutachten, S. 224 r.
[575] So Leist-Gutachten, S. 224 v.
[576] So Leist-Gutachten, S. 238 r.
[577] So Leist-Gutachten, S. 238 v.
[578] Vgl. Leist-Gutachten, S. 239 r.
[579] Vgl. oben S. 28.
[580] Vgl. Leist-Gutachten, S. 239 v.

Im letzten Abschnitt des Gutachtens widmet sich *Leist* der Frage, wie die von ihm vorgeschlagenen Änderungen umgesetzt werden könnten. Zunächst erwägt er, die Zustimmung der Stände einzuholen; weil er diese aber für wenig wahrscheinlich hält, schließt *Leist* sogleich die Frage an, was zu tun sei, falls die Stände ihre Zustimmung verweigerten.[581] Der König wird erneut auf das Versäumnis aufmerksam gemacht, dass es das Beste gewesen wäre, wenn er bei seinem Regierungsantritt die Ständeversammlung aufgelöst hätte anstatt sie zu vertagen. Er hätte dann die Stände von 1819 einberufen und mit ihnen von neuem über den Entwurf eines Staatsgrundgesetzes beraten sollen.[582] *Leist* gibt aber zu bedenken, dass die Ständeversammlung von 1819 das Staatsgrundgesetz in seiner gegenwärtigen Fassung beraten und ihm bis auf die vom König vorgenommenen Änderungen auch zugestimmt habe. Deshalb erscheine es keineswegs sicher, dass der König auf diesem Weg die vorgeschlagenen Änderungen würde durchsetzen können.

Leist wirft alsdann die Frage auf, ob dem König die Auflösung der Ständeversammlung von 1833 und die Einberufung der Stände von 1819 nicht dadurch versperrt sei, dass er die Ständeversammlung *vertagt* habe,

> »da aus einer solchen Handlung eine Anerkennung ihrer rechtmäßigen Existenz, somit auch der Gültigkeit und Rechts Verbindlichkeit des Staats Grundgesetzes für den König gefolgert werden könne«.[583]

Werde dagegen die Gültigkeit einer Korporation bestritten, müsse sie *sofort* aufgelöst werden.[584] *Leist* wirft nun die Frage auf, ob die mit einer Vertagung grundsätzlich verbundene Anerkennung der Gültigkeit und Rechtmäßigkeit der Ständeversammlung »wieder entkräftet und aufgehoben« worden sei.[585] Da der König in seinem Antrittspatent aber erklärt habe, er halte sich weder in formeller noch in materieller Hinsicht an das Staatsgrundgesetz gebunden, werde diese Frage aber untersuchen lassen, so lasse sich

> »allerdings mit einigem Scheine Rechtens sagen, daß eine unter solchen Umständen erfolgte Vertagung der allgemeinen Stände-Versammlung eine Anerkennung ihrer Gültigkeit und gesetzlichen Existenz aus dem Grunde nicht enthalten könne, weil der König in dem Patente ausdrücklich erklärt habe, daß, seiner bisherigen Ueberzeugung zufolge, das Staats Grundgesetz keine verbindliche Kraft für ihn habe, daß folglich die aus der Vertagung sonst zu ziehende rechtliche Folgerung durch jene Erklärung vollkommen wieder aufgehoben werde.«[586]

Leist versäumt es nicht, nach den Auswirkungen einer Auflösung der Ständeversammlung zu fragen und hält es für fast wahrscheinlich, dass dieser Schritt des Königs »nachtheilig auf die Stimmung der Unterthanen wirken« würde.[587] Eines endgültigen Urteils enthält er sich jedoch, weil es ihm insoweit an »genü-

---

[581] So Leist-Gutachten, 244 r f.
[582] Vgl. Leist-Gutachten, S. 244 v f.
[583] So Leist-Gutachten, S. 246 r.
[584] So Leist-Gutachten, S. 246 v.
[585] So Leist-Gutachten, S. 246 v.
[586] So Leist-Gutachten, S. 247 r.
[587] So Leist-Gutachten, S. 247 v.

III. Grundzüge des Gutachtens   155

genden Daten« fehle.[588] Allerdings vermutet er, dass es die Untertanen wieder beruhigen dürfte, wenn ihnen zugleich mit der Auflösung der Ständeversammlung von 1833 mitgeteilt würde, dass die Stände aufgrund des Patents von 1819 umgehend zusammenberufen würden, um mit ihnen den Entwurf einer neuen Verfassungsurkunde zu beraten.[589]

Leist erkennt die Möglichkeit, dass eine Beschwerde an die Bundesversammlung gerichtet werden könnte[590], lässt diese Frage jedoch zunächst dahinstehen, um noch einmal die Vor- und Nachteile der Beratung über Änderungen der Verfassung mit den Ständen von 1833 und der Neuberatung einer Verfassung mit den Ständen von 1819 darzustellen. Wörtlich führt *Leist* aus:

> »[...] da dadurch das Staats Grundgesetz von 1833. beseitigt werden und das Patent vom 7ten December 1819. bis dahin wieder Gültigkeit erhalten würde, daß König und Stände über den neuen Verfassungs Entwurf sich vereinbart haben, so kann auch der König von dem Schluße des Patentes, nach welchem er sich vorbehalten hat: ›Nach den zu sammelnden Erfahrungen in der Organisation der allgemeinen Stände Versammlung diejenigen Modificationen eintreten zu lassen, deren Nothwendigkeit im Laufe der Zeit sich etwa an den Tag legen wird‹ gleich bei Zusammenberufung der Stände Gebrauch machen und in Hinsicht ihrer Abänderungen eintreten lassen.«[591]

Hierin liegt allerdings – dies sei vorweggenommen – ein schwer zu übersehender und zu begreifender Widerspruch in der Argumentation *Leists*. Die *formelle* Ungültigkeit des Staatsgrundgesetzes wurde im zweiten Abschnitt des Gutachtens damit begründet, dass § 8 des Patents von 1819 gerade *keine* Anwendung fände, diese Bestimmung durch den vermeintlichen Vertrag zwischen Ständen und König derogiert sei. Von diesem »Vertrag«, der ja mit den »Ständen von 1819« vereinbart worden sein sollte und der die tragende Begründung für die formelle Unwirksamkeit der Verfassung ausmachte, ist an dieser Stelle bezeichnenderweise nicht die Rede.

Einen Vorteil einer Einberufung der Ständeversammlung nach dem Patent von 1819 sieht *Leist* darin, dass die Beschlüsse in jeder Kammer mit einfacher Mehrheit zu fassen seien, während nach dem Staatsgrundgesetz die in dem Schluss vorgesehenen qualifizierten Erfordernisse für Verfassungsänderungen zu berücksichtigen wären. Außerdem bestünde ein großer

> »Widerwillen der Zweiten Cammer gegen jede Königl. Proposition, deren Tendenz auf Beschränkung der ständischen Rechte, auf seltener Abhaltung der ständischen Versammlungen und Verkürzung ihrer Dauer gerichtet ist, so läßt sich ohne den Blick eines Sehers zu besitzen, mit ziemlicher Gewißheit vorher sagen, daß wenigstens ein Theil der Königl. Anträge die Genehmigung der Stände auf keine Weise erhalten werde und daß diese wichtige Angelegenheit nach mehrmonatlicher kostbarer und fruchtloser Verhandlung gerade auf demselben Punkte sich befinden werde, wo sie gegenwärtig steht.«[592]

---

[588] So Leist-Gutachten, S. 248 v.
[589] So Leist-Gutachten, S. 248 r.
[590] Vgl. Leist-Gutachten, S. 248 r f.
[591] So Leist-Gutachten, S. 248 v f.
[592] So Leist-Gutachten, S. 251 v f.

Die Vorschläge des Königs wären also politisch nicht durchsetzbar, was sowohl für die Ständeversammlung auf der Grundlage des Patents von 1819 als auch auf der des Staatsgrundgesetzes zutreffen würde; deren weitgehende personelle Identität blieb *Leist* keineswegs verborgen.[593]

Der Rückgriff auf das Patent von 1819 hat *Leist* zufolge den Vorteil, dass der König nicht gezwungen wäre, jeden Änderungswunsch zu begründen:

> »Wird nun gleich der König ohne genügenden Grund keine Abänderung beantragen, so ist es dennoch nicht angenehm, über eine jede beabsichtigte Aenderung den Ständen Rechenschaft zu geben.«[594]

Als entscheidend sieht *Leist* jedoch die von ihm angenommene Befugnis des Königs, die Zusammensetzung der Kammern aufgrund des § 8 des Patents von 1819 eigenmächtig zu verändern:

> »Um den Königl. Einfluß in beiden Cammern der Stände von 1819. zu verstärken, würde der König nach der Schlußclausel des Patents von 1819. wohl berechtigt sein, die Anzahl der zusammenzuberufenden Mitglieder auf eine, seinem Interesse entsprechende, Weise zu vermehren.«[595]

Ein Nachteil sei jedoch, dass in dem Fall, dass die Beratung eines neuen Grundgesetzes scheitere, das Patent von 1819 vorerst in Kraft bliebe und damit eine Reihe von Vorteilen, die den pflichtigen Untertanen durch das Staatsgrundgesetz gewährt worden seien, wieder wegfallen würden.[596] Dagegen sei das Übel ungleich größer, wenn Verhandlungen mit der Ständeversammlung von 1833 scheitern und die königlichen Vorschläge abgelehnt werden sollten: In diesem Falle müsse das Bundesschiedsgericht angerufen werden, das für Verfassungsstreitfragen zuständig sei.[597] Der endgültige Rat, welcher der beiden aufgezeigten Wege zu beschreiten sei, beruht auf dem machtpolitischen Kalkül, wie die Interessen des Königs am erfolgversprechendsten durchgesetzt werden könnten:

> »Welcher der beiden Wege dürfte in Beziehung auf die im Staats-Grundgesetze zu machenden Abänderungen für Se. Königl. Majestät der vortheilhafteste sein? Setzt man sich über die rechtliche Schwierigkeit und die beiden Bedenklichkeiten hinweg, welche ich in Beziehung auf die Zusammenberufung der Stände von 1819. […] umständlich erörtert habe und betrachtet man diese Angelegenheit bloß von der Seite, auf welchem der beiden vorher abgehandelten Wege der König seine Absicht, das Staats-Grundgesetz in mehrfacher Hinsicht abzuändern, am sichersten werde erreichen können, so dürfte es, nach meiner Ansicht, keinem Zweifel unterliegen, daß dieser Zweck dadurch am besten erreicht wird, wenn der König die Stände von 1833. auflöset, und die von 1819. zusammenberuft, um ihnen den neuen Entwurf eines Staats Grundgesetzes zur Berathung vorzulegen.«[598]

---

[593] So Leist-Gutachten, S. 254 r.
[594] So Leist-Gutachten, S. 252 v.
[595] So Leist-Gutachten, S. 253 v.
[596] Vgl. Leist-Gutachten, S. 254 v.
[597] *Leist* verfolgt diesen Gedanken nicht weiter, weil die Anrufung eines Gerichts mit der von *Ernst August* beanspruchten Souveränität, die *Leist* im Gutachten ständig bekräftigte, nicht vereinbar gewesen sein dürfte.
[598] So Leist-Gutachten, S. 252 r f.

IV. Zum wissenschaftlichen Anspruch des Leist'schen Gutachtens

Letztlich kommt *Leist* auf den Einwand zurück, ob die Ständeversammlung von 1833 das Recht habe, sich an die Bundesversammlung zu wenden. Eine solche Beschwerde wird für »höchstwahrscheinlich« gehalten[599], wäre jedoch unbegründet, wenn der König offensichtlich das Recht zur Auflösung der Ständeversammlung habe. *Leist* legt die Art. 60 und 61 der Deutschen Bundesakte in der Weise aus, dass die Bundesversammlung nur das Recht habe, sich in die inneren Angelegenheiten des Königreichs Hannover einzumischen, wenn die Streitigkeiten den Charakter aufrührerischer Bewegungen oder eines wirklichen Aufruhrs hätten.[600] Die Gegenansicht von *Klüber*, nach der auch unterhalb dieser Schwelle ein Einschreiten geboten sein kann, um den Bundeszweck – die gegenseitige Garantie der Sicherheit – nicht zu gefährden, wird erwähnt, *Klüber* jedoch dadurch diskreditiert, dass er »Kraft seiner demagogischen Grundsätze, stets für die Landstände gegen die Landesherrschaft sich erklärt« habe.[601]

Leist räumt ein, dass auch die Bundesversammlung dieser Interpretation anhänge: Sie strebe – ebenso wie jede andere Behörde – nach der Vergrößerung ihres Wirkungskreises.[602] Der König könne aber der Annahme der Beschwerde dadurch entgehen, dass er *vor* Aufhebung des Staatsgrundgesetzes die Ständeversammlung von 1833 förmlich auflöse.

> »Nach erfolgter Auflösung der Stände von 1833. ist die juristische Person, welche zur Anbringung einer Beschwerde bei der Bundes Versammlung für berechtigt gehalten werden könnte, verschwunden. Es fehlt folglich an einem Kläger! Denn, daß einzelne Corporationen, welche vorher Theile der Stände Versammlung von 1833. ausmachten, beim Bunde nicht auftreten können, um proprio iure die Rechte der aufgelösten Stände Versammlung und des ganzen Landes geltend zu machen, gehört wohl zu den juristischen Wahrheiten, welche durchaus keinem Zweifel unterworfen sind. Solchen einzelnen Corporationen fehlt es an der Befugnis, die Rechte des Landes zu vertreten, gänzlich, mithin muß der Bund solche klagend auftretenden Corporationen wegen fehlender legitimatio ad causam a limine indicii abweisen.«[603]

Weil es bereits an der Sachlegitimation der Ständeversammlung und der Korporationen fehle, komme es auf die Kompetenz der Bundesversammlung nicht mehr an.[604]

Das Gutachten ist in Hannover erstellt worden und trägt das Datum vom 16. September 1837. Es ist unterzeichnet mit »Doktor Leist, Justizkanzleidirektor«.

IV. Zum wissenschaftlichen Anspruch des Leist'schen Gutachtens

Das Gutachten ist nie veröffentlicht worden und war deshalb den Zeitgenossen ebenso wenig bekannt wie die Memoranden *Scheles*. Auch späteren Autoren

---

[599] So Leist-Gutachten, S. 257 v.
[600] So Leist-Gutachten, S. 257 v f.
[601] So Leist-Gutachten, S. 258 r.
[602] So Leist-Gutachten, S. 259 r.
[603] So Leist-Gutachten, S. 259 v f.
[604] So Leist-Gutachten, S. 260 r.

dürften nur die Ergebnisse bekannt gewesen sein, die schließlich Eingang in das Patent vom 1. November 1837 gefunden haben. Deshalb fehlt in der Literatur bis heute eine kritische Auseinandersetzung mit den von *Leist* vertretenen Thesen. Dies mag auch daran liegen, dass das 300 Seiten lange Elaborat *Leists* nicht leicht zugänglich ist. Ab welchem Zeitpunkt es überhaupt der Forschung zur Verfügung gestanden hat, muss hier offen bleiben.

Zunächst stellt sich die Frage, an welchen Kriterien das Gutachten zu messen ist. Aus der Entstehungsgeschichte geht zweifelsfrei hervor, dass der Verfasser mitnichten frei in Begründung und Ergebnissen – das Gutachten also nicht »ergebnisoffen« – war, sondern eine Bestätigung für die von *Schele* schon im Pro Memoria vom 8. Januar 1836 vertretenen Ansichten liefern sollte.[605] Auf die nachweisbaren Interventionen *Scheles* – im Gutachten als »Bemerkungen« bezeichnet – strafen den im Vorspruch erhobenen Wahrheitsanspruch des Verfassers Lügen. Indes würde es sich der Nachgeborene zu leicht machen, das Gutachten lediglich als pseudo-wissenschaftliches Machwerk abzutun. Ein Grund hierfür ist nicht zuletzt die auch gegenwärtig noch im Schrifttum vertretene Auffassung, dass der König das *Recht* gehabt habe, die Stände aufzulösen und das Staatsgrundgesetz aufzuheben.[606] Da das Gutachten hierfür die – jedenfalls interne – »Deckung« bildete[607], ist es auch heute angezeigt, es auf seine juristische Substanz zu untersuchen.

Vorausgeschickt sei, dass nach dem Duktus des Gutachtens *Leist* tief in der Reichspublizistik verankert ist, die er selbst mit einem Lehrbuch angereichert hatte.[608] Daraus folgt die Methode des Gutachtens, auftretende Rechtsfragen aufgrund von Observanzen und Rechtsakten früherer Jahrhunderte zu beantworten. Er kommt damit fraglos den Überzeugungen *Scheles* entgegen und trägt der Absicht *Ernst Augusts* Rechnung, zu einem »patriarchalischen System«[609] zurückzukehren. *Leist* leugnet damit die epochale Änderung, die nach Inkrafttreten der Deutschen Bundesakte und der Wiener Schlussakte im deutschen Staatsrecht erfolgt ist. Allerdings ist der Rückgriff auf das Reichsstaatsrecht selektiv und dient ihm nur zur Begründung ausgeprägter agnatischer Rechte. Dass er hiermit dem eher diffusen Anspruch *Ernst Augusts* eine Art historischer Begründung geben wollte, ist offensichtlich. Nur am Rande wird der Grundsatz der Fürstensouveränität behandelt.[610] Hier zeigt sich ein fundamentaler Widerspruch in dem Gutachten. Unter Rückgriff auf apokryphe Observanzen des Reichsstaatsrechts wird König *Wilhelm IV.* – gewissermaßen posthum – die

---

[605] So heißt es auch bei *H. A. Oppermann*, Geschichte des Königreichs Hannover I, S. 132: »Dann brachten öffentliche Blätter wieder die Nachricht, daß dem Canzleidirector Leist eine neue Berichterstattung aufgetragen sein, wobei ihm eine andere Basis als die seiner Ueberzeugung vorgeschrieben sei.« *W. Bleek*, Friedrich Christoph Dahlmann. Eine Biographie, S. 167 bezeichnet *Leist* als »Wendehals«.
[606] Vgl. unten S. 335 f.
[607] So *E. R. Huber*, Deutsche Verfassungsgeschichte II, S. 95.
[608] *Justus Christoph Leist*, Lehrbuch des Teutschen Staatsrechts, 1803.
[609] Vgl. oben S. 101 f.
[610] Vgl. oben S. 149.

Fürstensouveränität bestritten, wodurch der Weg zu einer nahezu unbegrenzten Souveränität des gegenwärtigen Landesherrn geebnet wird.

Die inneren Widersprüche, die auch nicht durch den Umfang von 300 Seiten verdeckt werden können, bleiben ein Kennzeichen des Gutachtens. Dies betrifft bereits die Zustimmungsbedürftigkeit der von König *Wilhelm IV.* vorgenommenen Änderungen des Verfassungsentwurfs. *Leist* begründet diese damit, es sei ein *Vertrag* zwischen Regierung und Ständen zustande gekommen, nachdem die Verfassung nur nach Zustimmung der Kammern in Kraft treten könne. Das Institut des *Vorvertrags* wird auch bei *Ernst Rudolf Huber* erörtert[611], wäre juristisch also nicht von vornherein abwegig. Abgesehen davon, dass man aus dem Schweigen der Regierung zu dem Antrag nicht den Schluss ziehen kann, der König habe einen Vertrag schließen wollen, wäre sie hierzu auch aufgrund der eindeutigen Willensbekundungen des Monarchen nicht in der Lage gewesen.[612] *Leist* erklärt stattdessen mit leichter Hand § 8 des Patents von 1819 für unanwendbar, weil er sich nur auf »Gesetze« beziehe, nicht aber so wichtige Gegenstände wie ein Staatsgrundgesetz umfasse.[613] Bestehen hier bereits Zweifel, ob ohne ausdrückliche Änderung des Patents durch den Monarchen ein anderes Verfahren gewählt werden könnte, so wird der innere Widerspruch ins Groteske gesteigert, wenn an späterer Stelle *Leist* den König für berechtigt hält, nach Aufhebung des Staatsgrundgesetzes auf der Grundlage des § 8 des Patents von 1819 eine *neue* Verfassung – ohne Zustimmung der Stände, freilich nach deren »Zuratheziehung« – zu erlassen.[614] Wie oben bereits vermerkt, wird der von *Leist* fingierte Vorvertrag zwischen den Ständen, die auf der Grundlage des Patents von 1819 gewählt worden sind, und der Regierung nicht mehr erwähnt. Da aber der »Regierungsnachfolger« auch nach *Leists* Auffassung grundsätzlich an die Maßnahmen des Vorgängers gebunden ist – von den von *Leist* konstruierten Ausnahmen[615] einmal abgesehen –, hätte dieser »Vorvertrag« auch den Regierungsnachfolger binden müssen und den Erlass einer Verfassung vollständig von der Zustimmung der Stände abhängig gemacht.

Die Erforderlichkeit einer *agnatischen* Zustimmung zum Staatsgrundgesetz begründet *Leist* mit apokryphen Observanzen und Rechtsakten des Alten Reichs. Hierbei bleibt unerörtert, dass lehnsrechtliche Grundsätze mit dem Ende des Reichs nicht weiter gelten konnten, weil der oberste Lehnsherr – der Kaiser – als Oberhaupt des Reichs nicht mehr existierte. Unberücksichtigt bleibt zudem, dass mit der Deutschen Bundesakte und der Wiener Schlussakte ein epochaler Wandel eingetreten ist, die den Rückgriff auf das Reichsstaatsrecht nicht mehr gestattete. Die in diesen Rechtsakten betonte Fürstensouveränität galt nicht nur gegenüber den Ständen, deren Mitwirkung auf einzelne Angelegenheiten beschränkt sein sollten, sondern auch gegenüber den Agnaten. Auch

---

[611] So *E. R. Huber*, Deutsche Verfassungsgeschichte II, S. 95.
[612] Vgl. oben S. 38.
[613] Vgl. oben S. 37.
[614] Vgl. oben S. 156.
[615] Vgl. oben S. 156.

Achtes Kapitel: Das Leist'sche Gutachten

hier verfolgt *Leist* das leicht erkennbare Ziel, den verstorbenen Rechtsvorgänger für sein Handeln engen rechtlichen Bindungen zu unterwerfen, um den regierenden Monarchen von solchen frei zu stellen. Unterstellt, dass *Leist* seine Ausführungen zu den agnatischen Rechten als ernst gemeinte rechtswissenschaftliche Überzeugung vertreten hat, so läge hierin eine für einen Wissenschaftler nicht mehr vertretbare Leugnung des geltenden Verfassungsrechts. Welcher advokatorischen Kniffe er sich hierbei bedient, zeigen seine Ausführungen zur Rolle des Herzogs von Cambridge. Dieser stand in der Thronfolge nach *Ernst August* und seinem Sohn an dritter Stelle und hätte deshalb dem Staatsgrundgesetz ebenfalls zustimmen müssen. Der Vizekönig hat – wie dargelegt[616] - das Staatsgrundgesetz in seiner Entstehung tatkräftig gefördert und ihm auf diese Weise fraglos zugestimmt. *Leist* wendet aber dagegen ein, der Herzog von Cumberland habe diese Zustimmung in seiner Funktion als Vizekönig – und damit Vertreter des Königs in Hannover –, nicht als Agnat gegeben. Abgesehen davon, dass beide Rollen kaum zu trennen gewesen wären, versäumt *Leist*, den naheliegenden Schluss zu ziehen, dass weder der König noch der Herzog von Cambridge eine agnatische Zustimmung für erforderlich gehalten haben. Wie wenig *Ernst August* sich um agnatische Rechte späterhin geschert hat, beweist der Umstand, dass er 1840 die Verfassung erlassen hat, obwohl die Herzöge von Cambridge und Sussex als Agnaten gegen die Verfassung protestiert haben.[617]

Das Gutachten weist auch im Einzelnen erhebliche Unstimmigkeiten auf. Wenn *Leist* auf eine an sich strittige Rechtsfrage stößt, deren Beantwortung nicht in sein Konzept passt, weicht er auf Formeln aus, dies sei ganz »offensichtlich« und für jedermann überzeugend.[618] Durch derartig affirmative Wendungen stellt er seine Loyalität gegenüber dem Auftraggeber unter Beweis, verletzt aber die Regeln wissenschaftlicher Redlichkeit.

Im Vierten Abschnitt des Gutachtens lässt *Leist* im Grunde die Funktion des *Gutachters* hinter sich und wird gänzlich zum *Berater*. Er durchmustert das Staatsgrundgesetz auf Bestimmungen, die beibehalten werden könnten und solche, die einer Änderung bedürfen. Hierbei lässt er endlich die wissenschaftliche Tarnung fallen und entwickelt ein Staatsgrundgesetz, in dem die Rechte der Stände zurückgeschnitten werden und dem König bei seinen Staatsgeschäften möglichst freie Hand gelassen wird. Schon die von ihm vorgeschlagene Einberufung der Ständeversammlung nur alle drei Jahre lässt erkennen, dass einem monarchischen Despotismus der Weg geebnet werden soll. Wenn er einzelne Rechtsinstitute – so etwa die Ministeranklage – gegen das Votum *Scheles* beibehalten will, so beruht dies allein auf der Erwägung, dass sie praktisch keine Rolle spielen werden. Insgesamt ist die Tendenz unverkennbar, die Institute konstitutioneller Verfassungen soweit zurückzuschneiden, dass sie die Regierungsgewalt des Königs soweit als möglich uneingeschränkt lassen. Wenn gleichwohl Konzessionen an die Stände gemacht werden, so wird dies ausschließlich mit der

---

[616] Vgl. oben S. 37.
[617] Vgl. unten S. 353.
[618] Vgl. oben S. 157.

opportunistischen Erwägung begründet, dass die Stände andernfalls der Verfassung ihre Zustimmung verweigern würden. Eine letzte Steigerung erreicht diese Argumentation dadurch, dass *Leist* den König für berechtigt hält, auf der Grundlage des § 8 des Patents von 1819 eine Verfassung einseitig zu erlassen.[619]

Im Gegensatz zu *Scheles* Pro Memoria und dem ein Jahr später vorgelegten Memorandum erklärt *Leist* das Staatsgrundgesetz nicht schlechthin für nichtig – also gewissermaßen als nicht existent –, sondern erörtert alternative Handlungsmöglichkeiten. Er hält den König deshalb für berechtigt, *entweder* das Staatsgrundgesetz und damit die Stände anzuerkennen und in neue Verhandlungen einzutreten *oder* die Stände aufzulösen und das Staatsgrundgesetz aufzuheben. Ob der König den einen oder anderen Weg beschreitet, ist nach dem Duktus des Gutachtens allein eine Frage politischer Opportunität. Damit erweist sich *Leist* im Vergleich zum doktrinären *Schele* als flexibler. Andererseits fehlt dem Gutachten dadurch – abgesehen von allen anderen Einwänden – die gedankliche Folgerichtigkeit. Konnte *Schele* in seinem Pro Memoria noch suggerieren, das Staatsgrundgesetz sei wegen der vermeintlichen Fehler gewissermaßen gar nicht vorhanden und vermöchte den Monarchen deshalb nicht zu binden, so stellt es *Leist* in die Entscheidung des Königs, ob er das Staatsgrundgesetz anerkennt oder nicht. Steht es aber dem König offen, das Staatsgrundgesetz auch anzuerkennen und mit den Ständen zu verhandeln, so wäre seine Entscheidung nicht eine Konsequenz der Nichtigkeit, vielmehr würde der König darüber entscheiden, *ob* das Staatsgrundgesetz nichtig ist oder nicht. Damit weist *Leist* dem Monarchen genau genommen eine *Scheles* Vorstellungen noch übertreffende Kompetenz zu: Es steht allein in seiner Macht, ob er die Geltung der Verfassung anerkennt oder nicht; damit steht der Monarch über der Verfassung.

Im Fünften Abschnitt nimmt *Leist* vollends die Rolle des Advokaten ein und wägt die Risiken möglicher Verfahren vor dem Deutschen Bund ab. Die Grenze advokatorischer Argumentation ist freilich überschritten, wenn er im Schiedsgerichtsverfahren unter Hinweis auf den Wortlaut eines Bundesbeschlusses nur die Regierung für antragsberechtigt hält.[620] Ein Schiedsgerichtsverfahren zwischen Regierung und Ständen würde jeden Sinnes entbehren, wenn nur die Regierung sich gegen Übergriffe der Stände wehren könnte, nicht aber diese die viel näher liegende Verletzung ihrer Rechte durch die Regierung geltend machen könnten.[621] Allerdings hält er ein Schiedsgerichtsverfahren für äußerst riskant, weil angesichts von dessen Besetzung die Entscheidung ungewiss sei. Umso mehr beharrt *Leist* darauf, dass eine *aufgelöste* Kammer überhaupt nicht in der Lage sei, das Schiedsgericht oder die Bundesversammlung anzurufen und es deshalb ratsam sei, die Auflösung vorzunehmen, bevor das Staatsgrundgesetz aufgehoben werde. *Leist* hat damit den ferneren Gang der Dinge vorweggenommen und sich die Position des Rechtsberaters und Rechtsvertreters des Königs

---
[619] Vgl. oben S. 155 f.
[620] Vgl. oben S. 166.
[621] Vgl. oben S. 157.

gesichert. Es bleibt der Schluss, dass es sich bei dem *Leist*'schen Gutachten um ein pseudo-wissenschaftliches Machwerk handelt, mit dem vor der Fassade juristischer Terminologie und Argumentation lediglich der Weg zum Staatsstreich und in die Despotie geebnet werden sollte. Wäre das Gutachten veröffentlicht worden, so wäre es der öffentlichen Meinung ausgesetzt gewesen und in seiner Widersprüchlichkeit und Fadenscheinigkeit entlarvt worden. Der König hat sich deshalb in eigenem Interesse darauf beschränkt, einzelne Begründungselemente in sein Aufhebungspatent vom 1. November aufzunehmen, mit dem der Staatsstreich vollendet wurde.[622]

---

[622] Vgl. unten S. 179 ff.

NEUNTES KAPITEL
DIE AUSSENPOLITISCHE ABSICHERUNG DES STAATSSTREICHS

I. Die Bemühungen um Unterstützung Österreichs

Nachdem die beiden Kammern ihre Vertagung widerspruchslos hingenommen hatten und sich auch gegen das Antrittspatent vom 5. Juli 1837 kein sichtbarer Widerstand zeigte, entfaltete *Schele* – als frisch ernannter Kabinettsminister – Aktivitäten, um den Staatsstreich außenpolitisch abzusichern. Da er – wie später auch *Leist* in seinem Gutachten – erkannte, dass Gefahr für die Vollendung des Staatsstreichs nicht von innen, sondern von außen - nämlich vom Deutschen Bund – drohte, nahm er zunächst Verbindung zu den beiden Hegemonialstaaten Österreich und Preußen auf. Der König reiste Anfang August in Begleitung der Königin zur Kur nach Karlsbad, was entscheidend für die Vermutung spricht, dass in Hannover alles ruhig bleiben würde.[623] Am 23. Juli 1837 richtete *Schele* ein erstes Schreiben an *Metternich*, mit dem er eine vergleichbar konspirative Korrespondenz zu beginnen beabsichtigte wie seinerzeit mit dem Herzog von Cumberland und das vom österreichischen Gesandten in Hannover, Graf *Kuefstein*, übergeben wurde. In einem Vermerk vom 13. Oktober 1843, der sich in seinem Nachlass befindet, heißt es hierzu:

> »Die Schreiben an Fürsten Metternich sind von mir verfaßt, es ist eine Privatcorrespondenz über Staatsangelegenheiten, deren Behandlung damals geheim vor den Ministern gehalten werden sollte. Solche Papiere der Registratur des auswärtigen Departements zu übergeben, wäre unangemessen. Sie gehören dahin nicht, da ich damals dem ausw. Departement nicht vorstand; ihre Ablieferung in die CabinetsRegistratur ist nutzlos und unnöthig, während der Regierung des Königs und des Kronprinzen [...]«[624]

In dem Schreiben vom 23. Juli 1837 stellt er noch einmal seine bereits im Pro Memoria vom 8. Januar 1836 ausgearbeitete Position dar und fügt hinzu:

> »Unterdeßen wird die Zeit zu der, von Sr. Maj. beabsichtigten Prüfung des Grundgesetzes, und desjenigen, das an die Stelle zu setzen, benutzt und bereits hat die Niedersetzung einer Commission, unter meinem Vorsitz, behuf des ersten obgedachten Zweckes, den besten Eindruck im Publico, hervorgebracht.«[625]

Ob *Schele* zu diesem Zeitpunkt tatsächlich noch erwartete, die Kommission werde sich seiner Auffassung anschließen, ist zweifelhaft, weil bereits fünf Tage

---

[623] W. von Hassell, Geschichte des Königreichs Hannover I, S. 375, datiert die Abreise auf den 24. Juli. Bei G. M. Willis, Ernst August, S. 130, Fn. 31, ist zu lesen, dass König und Königin am 30. Juli im Sommertheater erschienen und mit Jubelrufen begrüßt wurden. Die Abreise datiert Willis auf den 2. August und die Ankunft in Karlsbad auf den 5. August 1837.
[624] Vermerk vom 13. Oktober 1843, Staatsarchiv Hannover, Dep. 103 VII Nr. 12, S. 2 r ff.
[625] So Schreiben vom 23. Juli 1837, Dep. 103 VII Nr. 12, S. 12 v f.

später das von der Kommission – gegen die Stimme *Scheles* beschlossene – Gutachten dem König vorgelegt wurde.[626] In jedem Fall verschwieg *Schele* das vom Kabinett verfasste Gutachten und erweckte damit den Eindruck, dass seine über die Gültigkeit des Staatsgrundgesetzes aufgestellten Thesen der allgemeinen Meinung entsprächen.

Ein gleichlautendes Schreiben erging an den preußischen Staatsminister *von Werther*. Beide antworteten mit Schreiben vom 7. August 1837. *Metternich* versicherte *Schele* zwar, dass der Kaiser alle Bemühungen, das monarchische Prinzip zu festigen, unterstütze und gegen unbefugte ständische Einwirkung den »kräftigsten Schutz« gewähren werde. Es folgte jedoch ein nicht leicht zu verstehender Satz, der offenbar von *Schele* als Zustimmung zu dem von ihm geplanten Vorgehen verstanden worden ist:

> »Eben so wenig können aber auch auf der anderen Seite die von dem Hn. Minister v. Ompteda, während der Dauer der erwähnten Ministerial-Conferenzen, an seinen Hof erstatteten Berichte demselben über die Ansichten einen Zweifel übrig gelassen haben, welche diejenigen Bundes-Regierungen, in deren Ländern repräsentative Verfassungen bestehen, über die Unverbrüchlichkeit derselben im Allgemeinen hegen, und wie weit sonach auf eine solche Billigung von ihrer Seite, wie sie am Schlusse Euer Excellenz geehrten Schreibens vorausgesetzt wird, zu zählen seyn dürften, wenn in Hannover etwas anderes als wohlbemessene Modificationen des bis jetzt geltenden Staatsgrundgesetzes beabsichtigt seyn sollten.«[627]

Damit wurden in diplomatischer Verklausulierung die Positionen vorweggenommen, die schließlich von Preußen und Österreich einerseits und den süddeutschen Staaten andererseits in den Verfahren vor dem Deutschen Bund eingenommen werden sollten. *Metternich* vermutete zu Recht, dass ein Zurück zu einer ständischen Verfassung, wie sie das Patent von 1819 noch immer darstellte, von den konstitutionellen Staaten des Deutschen Bundes nicht gebilligt werden würde. Abschließend drückt *Metternich* die Hoffnung aus, dass es dem König gelingen werde,

> »die nach reifer Prüfung nöthig scheinenden, jedenfalls dem monarchischen Princip günstigere Verfassungs-Abänderungen im ruhigen, friedlichen Wege, und unter Beachtung aller jener Rücksichten, die einmal nicht umgangen werden können, in das Leben zu rufen.«[628]

Schele antwortete auf das Schreiben umgehend, nämlich zwei Tage nachdem er es erhalten hatte. Inzwischen lag das Gutachten der Kommission vor, von dem in diesem Schreiben bezeichnenderweise keine Rede mehr ist. Er versichert *Metternich*

> »[...] daß, den Absichten meines allergnädigsten Herrn gemäß ich möglichst dahinstreben werde, die obschwebende hiesige Verfassungsangelegenheit, auf ruhige Weise, im Lande selbst, zur Endschaft zu führen, ohne die Hülfe der Bundesversammlung in Anspruch zu nehmen.«[629]

---

[626] Vgl. oben S. 113.
[627] So Schreiben *Metternichs* an *Schele* vom 7. August 1837, Hann. Dep. 103 VII Nr. 12, S. 44 r f.
[628] So Schreiben *Metternichs* vom 7. August 1837, Hann. Dep. 103 VII Nr. 12, S. 45 r.
[629] So Schreiben *Scheles* an *Metternich* vom 15. August 1837, Hann. Dep. 103 VII Nr. 12, S. 48 v.

I. Die Bemühungen um Unterstützung Österreichs 165

In seinem Entwurf hieß es noch »die Verfassungangelegenheit auf gesetzmäßige Weise [...] zur Endschaft zu führen«. Die Worte »gesetzmäßige Weise« hat *Schele* dann gestrichen, um es durch die Worte »auf ruhige Weise« zu ersetzen. Auch ein weiterer Satz ist im Vergleich zum Entwurf gestrichen worden, dass man nämlich hinsichtlich der materiellen Mängel des Grundgesetzes unterschiedlicher Ansicht sein könnte. Im Entwurf findet sich auch der folgende Satz:

> »[...] Der formelle Fehler, bey Einführung des Grundgesetzes, ist von der Art, dass Mehrere der hiesigen besten Rechtsgelehrten, die übrigens das Grundgesetz aufrecht zu erhalten suchen, zugeben müssen, jener Fehler, der gegen den Art. 56 der Wiener Congreß Schlußacte vom 15ten May 1820. begangen, daß nämlich die damals bestehenden Stände, nicht eingewilligt haben und aufgelöset worden, tragen die formelle Nullität des Grundgesetzes, in sich. Dergleichen Fehler sind, dem Richter leicht erkennbar, und er kann nicht umhin, dem Gesetz gemäß, zu entscheiden.«[630]

Dieser Satz enthält eine krasse Lüge, denn sowohl das Kabinett als auch die vom König eingesetzte Kommission hatten in ihren Gutachten das Gegenteil bestätigt. Auch gab es keine Rechtsgelehrten, die die Auffassung vertraten, das Staatsgrundgesetz sei wegen formeller und materieller Mängel nichtig. Vermutlich spielt *Schele* hier auf das von *Leist* zu erwartende Gutachten an, das aber erst Ende Juli nach dem gescheiterten Versuch, die Kommission für diese Auffassung einzuspannen, in Auftrag gegeben wurde. Allerdings lässt auch dieser – gestrichene – Satz erkennen, dass *Schele* beabsichtigte, *Leist* am langen – oder, falls notwendig: am kürzeren – Zügel zu führen. Das Schreiben ist nach Streichung der eben erwähnten Passagen mit folgendem Wortlaut abgesandt worden:

> »Wenn aber alle Hülfsmittel erschöpft seyn sollten, so kann ich, dem Könige nicht rathen, zurückzutreten: Denn des Königes Sache, ist von der Art, dass ihr Sieg bey der Bundesversammlung vorauszusetzen ist. Publicisten die als Liberale dem Grundgesetz geneigt sind, müßen selbst einen solchen formellen Fehler anerkennen, daß er die Nullität der Verfassung, in sich trage. Dergleichen formelle Fehler sind dem Richter am leichtesten erkennbare, und die Entscheidung ist ihm bestimmt vorgezeichnet. Dieses beruhigt, in Absicht der mir bekannten Gesinnungen einiger constitutionellen deutschen Höfe. Mehr, als das Gesetz durchaus verlangt, werden die übrigen Bundes-Regierungen, solche Gesinnungen, wohl nicht berücksichtigen.«[631]

Abschließend beschreibt er die Stimmung im Lande als vortrefflich. Nur die »Erschaffer« des Grundgesetzes, ein nicht geringer Teil der königlichen Diener und des Bürgerstandes, besonders die Advokaten, seien den Absichten des Königs entgegengetreten. Einige Adressen hätten bereits ihre Freude über das Patent vom 5. Juli ausgedrückt.[632]

Eine Woche später lässt *Schele* dem Fürsten *Metternich* ein weiteres Schreiben zukommen, das er an seinen den König in Karlsbad begleitenden Sohn absendet, um gegen eine unbefugte »Eröffnung« sicher zu sein. Er wähnt nach den Nachrichten, die er aus Karlsbad erhalten hat, *Metternich* auf seiner Seite und wiederholt nochmals, dass es der »einzige wahrhaft consequente Weg« gewesen

---

[630] So Schreiben *Scheles* an *Metternich* vom 15. August 1837, Hann. Dep. 103 VII Nr. 12, S. 49 r.
[631] So *Scheles* Schreiben an *Metternich* vom 15. August 1837, Hann. Dep. 103 VII Nr. 12, S. 49 v f.
[632] So Schreiben *Scheles* an *Metternich* vom 15. August 1837, Hann. Dep. 103 VII Nr. 12, S. 49 v.

wäre, die Kammern sofort nach der Ankunft des Königs aufzulösen. Er versäumt nicht, einen Seitenhieb gegen den Minister *von Schulte* auszuteilen, der »durch Vorstellung von Vortheilen und mindestens Unschädlichkeit, in meiner Abwesenheit die Vertagung, statt der Auflösung« erlangt habe[633]:

> »Dieser Minister als Miterschaffer, bei dem Grundgesetz, stark interessirt.«[634]

Nach längeren Ausführungen zu der Lage des Deutschen Bundes kommt *Schele* zu dem Schluss:

> »Soll der Bund erhalten werden, so wird man, in einem günstigen Zeitpunct, sich des Rechtes bedienen müßen, die modernen Constit. Deutschlands auf das rechte Maaß zu reduciren.«[635]

Es folgen wiederum Vorwürfe gegen die Kammern und Ausführungen zu den konstitutionellen Verfassungen, die *Schele* als »nothwendiges Uebel« bezeichnet:

> »Wenn es nun sich darum handelt, was denn zu thun sey, nachdem der beste Augenblick zur Erreichung des rein consequenten Weges verstr., so glaube ich noch immer, daß dem König jeder Weg offen erhalten werde.«[636]

Im Folgenden wägt er die Vor- und Nachteile ab, die einerseits für die Anerkennung des Staatsgrundgesetzes bei gleichzeitiger Verhandlung mit den Ständen sprächen, andererseits für die Berufung der Stände von 1819. Für »unmöglich« hält er eine Einberufung der Stände von 1833, um mit ihnen zu verhandeln, gleichzeitig aber das Staatsgrundgesetz nicht anzuerkennen.[637] Abschließend erörtert *Schele* die möglichen Erfolgsaussichten einer Klage beim Deutschen Bund:

> »Endlich ist eine Klage der Stände, nicht leicht zu besorgen, weil die 1te Cammer wahrscheinlich, dem K. nicht abfallen wird. Die 2te Cammer allein aber ist verfassungsmäßig gar keine ständische Corporation: Es sind nur einzelne Individuen, deren Klage, die Bundesversamml. dürfte zurückweisen können.«[638]

Als Vermerk fügt *Schele* seiner Abschrift des Schreibens hinzu:

> »:(Ich habe mich nie dafür, sondern immer dagegen erklärt): Und ich möchte nur hier nicht allzu scharf mich gegen 1833. erklären, weil der König sich in Carlsbad zweifelhaft geäußert hatte.):«[639]

Auf dieses Schreiben erhält *Schele* eine auf den 1. September 1837 datierte eher kühle Antwort *Metternichs*, der zu verstehen gibt, er habe die Problematik der hannoverschen Verfassungsangelegenheit verstanden, auf die Zuständigkeit des hannoverschen Gesandten am Wiener Hof *von Bodenhausen*[640] verweist und überdies den Gesandten Wiens beim Deutschen Bund *von Münch-Bellinghau-*

---

[633] So Schreiben *Scheles* an *Metternich* vom 22. August 1837, Hann. Dep. 103 VII Nr. 12, S. 16 r.
[634] So Schreiben *Scheles* an *Metternich* vom 22. August 1837, Hann. Dep. 103 VII Nr. 12, S. 16 r.
[635] So Schreiben *Scheles* an *Metternich* vom 22. August 1837, Hann. Dep. 103 VII Nr. 12, S. 18 v.
[636] So *Scheles* Schreiben an *Metternich* vom 22. August 1837, Hann. Dep. 103 VII Nr. 12, S. 19 r.
[637] So Schreiben *Scheles* an *Metternich* vom 22. August 1837, Hann. Dep. 103 VII Nr. 12, S. 19 r f.
[638] So Schreiben *Scheles* an *Metternich* vom 22. August 1837, Hann. Dep. 103 VII Nr. 12, S. 20 v.
[639] So Schreiben *Scheles* an *Metternich* vom 22. August 1837, Hann. Dep. 103 VII Nr. 12, S. 20 v.
[640] *Carl Freiherr von Bodenhausen*, 1831–1848 königlich-hannoverischer Gesandter am Wiener Hof.

I. Die Bemühungen um Unterstützung Österreichs 167

sen⁶⁴¹ als tauglichen Adressaten der Schreiben *Scheles* benennt. Damit ist *Scheles* Versuch, zu *Metternich* eine konspirative Korrespondenz nach dem Muster der Jahre 1836/37 fortzusetzen, einstweilen beendet. Stattdessen erreichen *Schele* in der Folge in kurzen Abständen Briefe - insgesamt 14 an der Zahl – des Gesandten *von Bodenhausen*, in denen dieser über die Stimmung am Wiener Hof berichtet. Auch diese Briefe sind als Privatkorrespondenz einzuordnen, an *Schele* persönlich gerichtet und versiegelt. Sie beginnen übereinstimmend mit der Anrede »Mein hochzuverehrender Gönner«.

Im Schreiben vom 19. August berichtet *Bodenhausen* über die Unterredungen von König *Ernst August* und *Metternich* in Karlsbad und Königswart, bei denen auch der Sohn *Scheles*, *Eduard von Schele*⁶⁴², anwesend war. *Metternich* habe bei dieser Gelegenheit auf eine rasche Erledigung der Verfassungsangelegenheit gedrungen, der König habe mit seinen »vollkommen legalen Absichten« *Metternich* nicht beunruhigt.⁶⁴³ *Bodenhausen* geht davon aus, dass der König in naher Zukunft beide Kammern einberufen werde und erlaubt sich zur »Abkürzung künftiger Discussionen« den folgenden Vorschlag:

> »[...] daß die K. Propositionen künftig nicht zugleich, in beyden Cammern discutirt werden, sondern immer nur zuerst in einer Cammer, welche dann den Gesetzes-Vorschlag mit den etwaigen amendments an die andere Cammer schicken würde, wie es überall geschieht, wo zwey Cammern sind, namentlich in England.«⁶⁴⁴

Mit Schreiben vom 1. September 1837 übersendet *Bodenhausen Schele* eine Art Denkschrift über die zu ändernden Bestimmungen des Staatsgrundgesetzes, nicht ohne sich hierfür wortreich zu entschuldigen:

> »Bey dem großen Interesse, welches der Gegenstand in dem Augenblick darbietet, werden Sie es verzeihen, wenn auch ich mich damit beschäftigt habe, welche etwaige Modifikationen in dem Staatsgrundgesetz zu erreichen seyn würden. Ich habe einige Bemerkungen darüber zusammengestellt und wage es sie Ihnen als meine Privatansichten mitzutheilen. Sehen Sie diese Arbeit als keine Anmaaßung von mir an, Ihnen in Ihren gewiß umsichtigeren und tiefer eingreifenden Ansichten irgend vorgreifen zu wollen. Es sind dieses nur hingeworfene Ideen, welche Sie mit güthiger Nachsicht geneigtest beurtheilen wollen.«⁶⁴⁵

Die 14-seitige Denkschrift ist ihrer Form nach alles andere als eine Mitteilung ausschließlich privater Ansichten. Sie ist – im Gegensatz zu den anderen Schreiben *Bodenhausens* – nicht von eigener Hand geschrieben, sondern in Kanzleischrift verfasst, was ihr schon eine Art offiziösen Charakter gibt. Anlass für diese Denkschrift sind fraglos die Gespräche zwischen *Ernst August* und

---

⁶⁴¹ *Joachim Eduard Graf von Münch-Bellinghausen* (1786–1866) war seit 1823 österreichischer Gesandter beim Deutschen Bund und bekleidete damit zugleich das Amt des Bundespräsidialgesandten.
⁶⁴² Vgl. oben Fn. 64.
⁶⁴³ So Schreiben *Bodenhausens* an *Schele* vom 19. August 1837, Hann. Dep. 103 VII Nr. 12, S. 52 v.
⁶⁴⁴ So Schreiben Bodenhausens an *Schele* vom 19. August 1837, Hann. Dep. 103 VII Nr. 12, S. 53 r f.
⁶⁴⁵ So Schreiben *Bodenhausens* an *Schele* vom 1. September 1837, Hann. Dep. 103 VII Nr. 12, S. 57 r.

Metternich gewesen, denen *Bodenhausen* beigewohnt hat; gewiss aber auch die Stimmung und die Stimmen am Wiener Hofe, die ihm bekannt geworden sind.

In seiner Denkschrift schlägt *Bodenhausen* die Änderung einer ganzen Reihe von Bestimmungen des Staatsgrundgesetzes vor und geht hierbei vertieft auf die verfassungsrechtliche Problematik ein. *Schele* versieht die Vorschläge mit zum Teil bissigen Randbemerkungen; schon auf der ersten Seite heißt es:

»Von Bodenhausens Bemerkungen meistens nicht angemeßen.«[646]

In einem nach Eingang des Berichts verfassten Vermerk macht *Schele* seinem ganzen Ärger über die mittlerweile eingetretene Entwicklung Luft:

»Diese falschen Ansichten des Fürsten Metternich im Bericht des Gesandten v. Bodenhausen des 1 t. Septbr. 1837. waren das Resultat der schwankenden Äußerungen des Königs zu Carlsbad; und derjenigen Äußerungen im Gefolg ersterer, des damaligen Legationsraths v. Schele zu Königswarth. Früher war Fürst Metternich derselben Meinung wie Graf Münch, Staatskanzley Yarke, ich und Leist. Berufung der Stände von 1833. war ihre und des Grundgesetzes Anerkennung, das Formelle betreffend. Deshalb, weil F. Metternich verleitet worden durch preußische Staatsmänner in Carlsbad, so wie der König, erhielt ich die unbegreifliche Depêche an den Gesandten von Töplitz, aus, von ihm, und eine gleiche vom preuß. Minister von Werther von Berlin, mitgetheilt. Ich habe sie unbeantwortet gelassen – ich hätte auch den F. Metternich, der Schwankung beschuldigen müssen. Später ist er dann zu der Ansicht des Grafen Münch, und der meinigen zurückgekehrt. [...]
F. Metternich hat damals und später an Bodenhausen geäußert: Nun ich habe bisher geglaubt, es solle heißen: Stände von 1833. hinaus, Stände von 1819. herein in die Türe – jetzt scheint der König das Entgegengesetzte., wenn das ist, muß man sehn, auch diesen Weg zu operiren. Allein F. Mett., der die Vortheile von 1819. sehr wohl kannte und gesagt hatte, ‹man stellt sich dann gleich über dem Grundgesetz, statt darunter.› that das sehr ungern. – Der König hatte sich auch in Carlsbad keineswegs definitiv entschieden, Er war nach Han. gekommen, mit der unbeschränkten Herrscher Idee, sein Wille allein gelte, gleichviel auf welchem Wege man es anfange. Er glaubte die St. von 1833. anhören und fortschicken zu können, so wie Provinzialstände, u Stände von 1819. selbst, und allein die Entscheidung zu haben. Von einer Einwirkung des Bundes hatte er gar keinen Begriff. Das war die Lage der Sache zu, und gleich nach Carlsbad.«[647]

Die Denkschrift *Bodenhausens* und der hierzu erstellte Vermerk *Scheles* sind für die Geschichte des Staatsstreichs von besonderer Bedeutung. Ersichtlich hat der König in seinem Gespräch mit *Metternich* den Eindruck erweckt, er würde die vertagte Ständeversammlung alsbald wieder einberufen und mit ihr in Verhandlungen über eine Änderung des Staatsgrundgesetzes eintreten. Anders ist die vertiefte Beschäftigung des Gesandten *von Bodenhausen* mit diesem Gegenstand und die Erarbeitung eigener Vorschläge nicht erklärbar. *Schele* allerdings wollte nach wie vor ein Zurück zu den »Ständen von 1819«, was nur eine Chiffre dafür war, dass der König das Staatsgrundgesetz *nicht* anerkennen, dafür aber das Patent von 1819 als geltendes – wie sich herausstellte nicht *fort*geltendes – Recht betrachten würde. Aufschlussreich ist indes die Schlussbemer-

---

[646] So Denkschrift von *Bodenhausen* vom 1. September 1837, Hann. Dep. 103 VII Nr. 12, S. 61 r.
[647] So Vermerk Scheles (undatiert, vermutlich Anfang September 1837) mit Zusatz aus dem Jahr 1838, Hann. Dep. 103 VII Nr. 12, S. 69 r f.

I. Die Bemühungen um Unterstützung Österreichs

kung *Scheles*, dass der König nach Hannover mit der »*unbeschränkten Herrscher Idee*« gekommen sei, dass sein Wille allein gelte, »*gleichviel auf welchem Wege man es anfange.*« Es gibt keinen deutlicheren Beleg dafür, dass *Ernst August* einer – nicht zuletzt durch seinen Aufenthalt in Preußen geprägten – spätabsolutistischen Auffassung von der Monarchie anhing. Nicht unbezeichnend will es erscheinen, dass er die Fürstensouveränität nicht einmal durch die Bundesverpflichtungen begrenzt sehen wollte: »*Von einer Einwirkung des Bundes hatte er gar keinen Begriff.*« Es gibt keinen überzeugenderen Beweis dafür, dass die zugesagte »sorgfältigste Prüfung« und das *Leist*'sche Gutachten nur die juristische Staffage für den unerschütterlichen Willen des Königs darstellten, sich von lästigen Bindungen zu befreien und als absoluter Herrscher in seinem Königreich regieren zu können.

Die folgenden Briefe *Bodenhausens* an *Schele* betreffen diplomatische Angelegenheiten, um deren Erledigung der Gesandte nachsucht und den direkten Weg zu *Schele* – und nicht etwa den zu dem zuständigen Minister – wählt. Unter anderem erwähnt er seine *Metternich* gegenüber geäußerte Bitte, die süddeutschen Zeitungen unter eine schärfere Zensur zu stellen.[648]

Mit dem Schreiben vom 26. Oktober 1837 erfährt die Berichterstattung eine Wendung. Vorangegangen ist die Übersendung des Entwurfs des Patents, das der König am 1. November erlassen wird und der über *Bodenhausen* an *Metternich* gelangt ist. *Metternichs* Haltung wird von *Bodenhausen* mit den folgenden Worten wiedergegeben:

> »Wie der Herr Fürst von Metternich gleich anfangs erkannt hat, daß das Grundgesetz von 33. den König nicht binde, so thut er es auch noch jetzt. Was nun aber die Form des ersten Patents angeht, so würde der Herr Fürst gewünscht haben, daß das Patent etwas kürzer gefaßt seyn möge. Der Herr Fürst billigt den ersten Theil deßelben ganz, glaubt aber, daß zum Beispiel im zweyten Theile der Erlaß der Steuern nicht in Zahlen ausgedrückt, über die künftige Verfassung der Stände jetzt noch nichts ausgesprochen sey, u.s.w., mit einem Worte, daß nicht mehr hätte gesagt werden mögen, als was nöthig, um die Verfassung von 19 ganz ins Leben zu rufen. Das alles sind indeß Dinge, die wohl jetzt zu spät zu erwähnen sind. Der Herr Fürst und das Kaiserliche Cabinet werden demnach auch in der Form die Sache nehmen, wie sie geschehen ist und S.M. der König können sich zu einer jeden Zeit der kräftigsten Unterstützung des Kaiserlichen Cabinets überzeugt halten.«[649]

Damit hatte *Schele* erreicht, was er wollte, nämlich die ausdrückliche Unterstützung der österreichischen Regierung. *Bodenhausen* verschweigt freilich, dass *Metternich* keineswegs von Anfang an von der Nichtigkeit des Staatsgrundgesetzes überzeugt war, vielmehr nach dem Gespräch mit dem König in Karlsbad davon ausgehen musste, dass die Angelegenheit auf eine Revision der Verfassung hinauslaufen würde. Anderenfalls wäre auch die von *Bodenhausen* verfass-

---

[648] So Schreiben *Bodenhausens* an *Schele* vom 14. Oktober 1837, Hann. Dep. 103 VII Nr. 12, S. 82 r.
[649] So Schreiben *Bodenhausens* an *Schele* vom 26. Oktober 1837, Hann. Dep. 103 VII Nr. 12, S. 87 r.

te Denkschrift, mit der er nicht zuletzt die Position *Metternichs* wiedergab,[650] gänzlich verfehlt gewesen. Auch der im Vermerk *Scheles* ausgedrückte Zorn über »die falschen Ansichten des Fürsten Metternich« ist nur dadurch erklärbar, dass die österreichische Regierung von einer Anerkennung und beabsichtigten Änderung des Staatsgrundgesetzes ausgegangen ist. *Schele* dürfte aufgrund der zwischenzeitlich geführten Korrespondenz mit *Bodenhausen* den Eindruck gewonnen und den König entsprechend beraten haben, dass Österreich auch einer Aufhebung des Staatsgrundgesetzes nicht widersprechen würde.

Das von *Bodenhausen* angekündigte persönliche Schreiben *Metternichs* an *Schele* zeugt allerdings von allem anderen als Begeisterung für das geplante Vorgehen des Königs:

> »Aus den Mittheilungen, welche Eure Excellenz mir neuerlich durch das Organ des K.H. Präsidialgesandten Grafen von Münch, zu meinem verbindlichen Danke, haben zugehen lassen, habe ich die definitiven Entschließungen ersehen, zu denen Sich Seine Majestät der König, Ihr gnädigster Herr, in Bezug auf die Regulirung der hannöverschen Verfassungsangelegenheit, bestimmt gefunden hat. Die besten Wünsche Seiner Majestät des Kaisers und Seines Cabinetes begleiten den König auf dem Pfad den Er eingeschlagen! – Möge er Sr. Majestät schnell und sicher zu dem Ziele führen, welches Höchstdieselben sich vorgesteckt haben, und welches – dieß ist, unsere aufrichtige Ueberzeugung – gewiß keine andere ist, als das Glück des hannöverschen Landes, begründet auf dem Boden festen, unerschütterlichen Rechtes.«[651]

Metternich versichert, dass der König »bei diesem Unternehmen« jede Unterstützung von treuen Freunden und Bundesgenossen – »in Anwendung des geschlossenen Bundes und der Gesetze desselben« – erwarten könne, schränkt allerdings unmissverständlich ein:

> »Einer speciellen Beantwortung der in dem Schluße des geehrten Schreibens Euer Excellenz vom 10.« d. enthaltenen Fragen, - die von dem Bundestage in gewissen Voraussetzungen zunächst zu nehmende Stellung betreffend, - glaube ich aus dem Grunde mich enthalten zu dürfen, weil – wie ich aus der Berichterstattung des Grafen v. Münch ersehe – derselbe Euer Excellenz auf dieselben Fragen bereits eine Aufklärung ertheilt hat, welche nach meinem Gefühle, den Gegenstand, soweit es zulässig war, erschöpfte, und die ich daher Eurer Excellenz als den Wiederhall meiner eigenen Meinung anzusehen bitte.«[652]

Schele und damit der König konnten also der Unterstützung Österreichs gewiss sein, obwohl auch aus dem persönlichen Schreiben *Metternichs* eine gewisse Reserve herauszulesen ist. Zum einen war Österreich vor vollendete Tatsachen gestellt worden, denn nach dem Wortlaut des Aufhebungspatents war ein Zurück zur Einberufung der Kammern und eine Anerkennung des Staatsgrundgesetzes undenkbar. Allerdings ließ *Metternich* sich nicht auf die Rabulistik *Scheles*, von der auch das Patent gekennzeichnet war, ein, sondern verwies kühl auf Ausführungen des Gesandten am Deutschen Bund. Wenn er dem König auf dem

---

[650] So ausdrücklich im Schreiben *Bodenhausens* an *Schele* vom 16. September 1837, Hann. Dep. 103 VII Nr. 12, S. 75 r.

[651] So Schreiben *Metternichs* an *Schele* vom 28. Oktober 1837, Hann. Dep. 103 VII Nr. 12, S. 39 r f.

[652] So Schreiben *Metternichs* an *Schele* vom 28. Oktober 1837, Hann. Dep. 103 VII Nr. 12, S. 40 r.

»Pfad«, den dieser eingeschlagen habe, die besten Wünsche übermittelte, so lässt sich hieraus keineswegs ableiten, dass dieser Weg auch *Metternichs* Billigung gefunden hätte. Nach der Darstellung *Bodenhausens* war ihm auch keineswegs entgangen, dass der angekündigte Steuererlass nichts anderes als eine offensichtliche Bestechung der Untertanen war und deshalb zumindest als Ankündigung von Steuerermäßigungen hätte verbrämt werden können. Immerhin hatte *Schele* sein seit August verfolgtes Ziel, Österreich gegenüber dem Staatsstreich zumindest gnädig zu stimmen, erreicht.

II. Die Haltung Preußens

Um die Unterstützung Preußens zu erlangen, bedurfte es nicht der konspirativen Anstrengungen, von der *Scheles* Politik gegenüber Österreichs gekennzeichnet war. Der König wusste sich in seiner Grundhaltung mit dem preußischen König *Friedrich Wilhelm III.*, der überdies sein Schwager war, und den maßgeblichen Kreisen am Hofe einig, hatte er doch seit 1819 seine Residenz nach Berlin verlegt. Gleichwohl gab es warnende Stimmen aus der preußischen Regierung. Der preußische Gesandte am Hof in Hannover, Graf *Canitz*[653], warnte frühzeitig vor einem zu übereilten Vorgehen des Königs.[654] Auch der preußische Außenminister *Werther* äußerte Bedenken gegenüber den Staatsstreichplänen, auf die der König selbst in einer Depesche aus Karlsbad antwortete.[655] Gleichwohl ist aus den vorliegenden Quellen nicht ersichtlich, dass es *Schele* bzw. den König größere Mühe gekostet hätte, sich der Unterstützung Preußens zu vergewissern. Freilich hatten der preußische König und *Metternich* bei einem Treffen in Teplitz beschlossen, in der hannoverschen Verfassungangelegenheit gemeinsam vorzugehen.[656] *Schele* hatte an den preußischen Minister *Werther* am 23. Juli 1837 eine Denkschrift übersandt, die mit dem an *Metternich* gerichteten Schreiben[657] inhaltlich übereinstimmte. *Werther* antwortete hierauf zustimmend mit Schreiben vom 7. August.

---

[653] *Carl Ernst Wilhelm von Canitz und Dallwitz* (1787–1850), Jurist, preußischer General, ab 1837 Gesandter in Hannover und Braunschweig, ab 1842 in Wien, später preußischer Minister für auswärtige Angelegenheiten, Rücktritt 1848.
[654] Vgl. *H. v. Treitschke*, Deutsche Geschichte IV, S. 655.
[655] Vgl. *H. v. Treitschke*, Deutsche Geschichte IV, S. 655.
[656] Vgl. *H. v. Treitschke*, Deutsche Geschichte IV, S. 655.
[657] Vgl. oben S. 164.

ZEHNTES KAPITEL
DIE VOLLENDUNG DES STAATSSTREICHS

I. Der Bericht Scheles vom 6. September 1837

Schele wartete die Fertigstellung des *Leist*'schen Gutachtens nicht ab, sondern erstattete dem König bereits am 6. September 1837 einen ausführlichen Bericht. Der Bericht wurde dem König zunächst mündlich vorgetragen, ihm dann aber in schriftlicher Form überreicht. In *Scheles* Akten findet sich der Vermerk:

>»Dem Könige vorgelesen, und von Sr. Majestät zurück erhalten.«[658]

Ob *Schele* den fast 20 Seiten umfassenden Bericht tatsächlich *vorgelesen* hat, ist zweifelhaft. Angesichts der bekannten Ungeduld des Königs dürfte er es bei einem zusammenfassenden Vortrag belassen haben. Vom 6. September 1837 datiert ebenfalls ein Bericht *Scheles*, in dem er die Ergebnisse des *Leist*'schen Gutachtens in neun Punkten referiert. Hierdurch wollte er das Einverständnis des Königs für Berichte an die Höfe in Berlin und Wien erlangen, ohne das Gutachten *Leists* abzuwarten.[659] Mit großer Wahrscheinlichkeit hat der König das Gutachten *Leists*, das das Datum vom 16. September 1837 trägt, niemals zu Gesicht bekommen, geschweige denn gelesen. Ob *Leist* Gelegenheit zu einem mündlichen Vortrag hatte, ist nicht feststellbar. In jedem Fall nahm *Schele* das Heft in die Hand und drängte auf eine baldige Entscheidung des Königs.

In dem Bericht werden – wie auch in dem *Leist*'schen Gutachten – zwei unterschiedliche Wege aufgezeigt,

>»Wie von der verbindenden Kraft des Grundgesetzes, am angemeßensten abzukommen sey?«[660]

Der König könnte das Grundgesetz entweder im Ganzen anerkennen, aber einzelne Teile als unverbindlich anfechten, oder es als formell und materiell ungültig betrachten. *Schele* hält die Aussicht, die Stände für die vom König gewünschten Änderungen zu gewinnen, für sehr gering, sodass ihm nur die Anrufung der Bundesversammlung bleibe. Deren Entscheidung erachtet *Schele* als sehr ungewiss. Die Stände wiederum würden dem »Hauptpunct« des Königs nicht nachgeben, die Staatsdiener wieder abhängiger von ihrem Landesherrn zu machen:

---

[658] So *Schele*, Bericht vom 6ten September 1837, Staatsarchiv Hannover, Hann. Dep. 103 VII Nr. 8, S. 20 r.
[659] So *Schele*, Unterthänigster Bericht vom 6ten September 1837, Hann. Dep. 103 VII Nr. 8, S. 16 r.
[660] So *Schele*, Bericht vom 6ten September 1837, Hann. Dep. 103 VII Nr. 8, S. 21 r.

> »Wenn aber Ew. Majestät diesen wesentlichen Punct nicht erreichen, so werden die Bestrebungen, daß nach einem anderen, als dem bisherigen System regiert und verwaltet werde, größtentheils erfolglos bleiben.«[661]

Schele fährt fort:

> »Überall, wo die Staatsbeamten, abgesehen von der nothwendigen Unabhängigkeit der Justiz, allzu unabhängig gestellt sind, wird nach und nach, der festeste Druck entstehen, die Verfassung sey übrigens mehr oder weniger im constitutionellen Sinn.«[662]

Eine Wiedereinberufung der Stände erscheint *Schele* schon deshalb als nicht zweckmäßig, weil diese sofort nach ihrer Eröffnung Klage bei der Bundesversammlung erheben könnten. *Schele* hält es zwar für unwahrscheinlich, dass beide Kammern einer Klage zustimmen würden, sieht indes Risiken für den König, wenn er die Ständeversammlung erneut einberuft. Andererseits hält er die Oktroyierung einer Verfassung für ein »sehr gefährliches Mittel«, das die Bundesversammlung niemals sanktionieren werde.[663] Man könne zwar hoffen, dass die Zweite Kammer nicht allein Klage vor der Bundesversammlung erheben könne; *Schele* gibt indes zu erwägen:

> »[...] so stellt sich dann die Sache doch viel schlimmer in der öffentlichen Meinung, im In- und Ausland dar, und erzeugt eine weit größere Schwierigkeit, rücksichtlich der sich auf das Grundgesetz verpflichtet glaubenden Staatsdiener, als wenn Euer Majestät, auf das Recht Sich stützen, das Grundgesetz für formell und materiell null und nichtig erklären, und zur Verfassung von 1819. übergehen.«[664]

Schele fährt fort:

> »Wenn diese Rückkehr zur Verfassung von 1819. gewählt wird, so sind Euer Majestät, auf dem festen Boden des klaren und einfachen Rechtes, auf dem Boden, wo im letzten Fall, der günstige Ausspruch der Bundesversammlung kaum fehlen kann. Dieses ist die würdigere und consequentere Art des Verfahrens.«[665]

Einen zusätzlichen Vorteil sieht *Schele* darin, dass der König auf der Grundlage des Patents von 1819 berechtigt sei,

> »die beyden Cammern so zu bilden, wie Allerhöchst dieselben, es zweckmäßig erachten; eine höchst wichtige Rücksicht, da die ganze nachherige Verhandlung mit Ständen, so wesentlich von ihrer Composition, abhängt. Auf diesem Wege allein nur, können Ew. Majestät das angefangene Werk, auch wirklich vollenden.«[666]

Abschließend widmet sich *Schele* der Eidesproblematik. Er sieht, dass die Staatsdiener auf das Grundgesetz vereidigt seien, meint aber, die Verpflichtung bestehe nur darin, dass die Staatsdiener für *ihre* Person das Grundgesetz nicht angriffen oder verletzten:

---

[661] So *Schele*, Bericht vom 6ten September 1837, Hann. Dep. 103 VII Nr. 8, S. 22 v.
[662] So *Schele*, Bericht vom 6ten September 1837, Hann. Dep. 103 VII Nr. 8, S. 23 r.
[663] So *Schele*, Bericht vom 6ten September 1837, Hann. Dep. 103 VII Nr. 8, S. 24 v.
[664] So *Schele*, Bericht vom 6ten September 1837, Hann. Dep. 103 VII Nr. 8, S. 25 r f.
[665] So *Schele*, Bericht vom 6ten September 1837, Hann. Dep. 103 VII Nr. 8, S. 26 r.
[666] So *Schele*, Bericht vom 6ten September 1837, Hann. Dep. 103 VII Nr. 8, S. 27 r.

> »Davon ist aber der Fall völlig verschieden, wo der Monarch selbst, die Gültigkeit des Grundgesetzes bestreitet, und durch Königliche Gewalt, sich in Besitz der früheren Verfassung setzt.«[667]

Schele fährt fort:

> »Es bleibt nur ein erlaubtes Mittel in Deutschland, das daß die Stände, bey der Bundesversammlung klagen. Alle Verantwortung, Scrupel der Staatsdiener und anderer, müßen verschwinden, von dem Augenblick an, wo ihr König, Sich in Besitz der alten Verfassung gesetzt hat; nur die Stände, sind competente Kläger. Aber auch die allgemeine Stimmung im Lande, werden Ew. Majestät, bei Ergreifung dieses würdigen und einfachen Weges, für sich haben, wenn Allerhöchst Dieselben, zugleich mit der Berufung der Stände von 1819. allen Unterthanen die neuen, gerechten Wünschen entsprechenden Verfassungsanträge bekannt machen.«[668]

Zwei Tage später verfasste *Schele* ein Postskriptum zu seinem Bericht, das durch einen Bericht des Gesandten *von Bodenhausen* veranlasst worden war. Dieser hatte ihm Bedenken des Fürsten *Metternich* übermittelt, ob der von *Schele* vorgeschlagene Weg, zur Verfassung von 1819 zurückzukehren, gangbar sei. *Schele* wiederholt die bekannten Argumente, wobei erkennbar ist, dass er die einzige Gefahr für den Staatsstreich in der Bundesversammlung sieht. Insbesondere rät er dem König davon ab, eine neue Verfassung zu oktroyieren:

> »So sehr es daher auch, unter den gegenwärtigen Umständen, wünschenswert sich darstellen kann, daß eine neue Landesverfassung, ein Grundgesetz, einseitig, gültig octroyirt werden könnte; so kann ich doch nur berichten, daß die Bundes Versammlung, dafür erkennen würde.«[669]

Nach seiner Überzeugung werde der Bund wie folgt erkennen:

> »a. das Grundgesetz sey nach Berufung der Stände von 1833. und nach Verhandlung mit ihnen, als anerkannt zu betrachten, im Ganzen.
> b. einzelne Beschwerdepuncte werden vielleicht aufgenommen werden, vielleicht auch nicht, weil die Verfassung ein ungetrenntes Ganzes ist, ganz gültig, oder ganz ungültig. Wenn solche einzelnen Artikel aber aufgenommen werden, so können constitutionelle Regierungen nicht entscheiden, daß sie den Königl. Regierungsrechten widerstreiten, da sie in ihren eigenen Constitutionen dieselben materiellen Puncte, haben. Auf diese Art, wird die Hauptsache für Eure Majestät verloren gehen; die ganze Angelegenheit löset sich in eine grundgesetzliche Berathung, Zustimmung und Ablehnung auf: man kann dabey die Behauptung, das Grundgesetz werde nicht anerkannt, benutzen, um bey Einigen Zweifel zu erregen; welche aber, die vollkommen unterrichteten Juristen in der Ständeversammlung schon wissen werden, zu beseitigen.«[670]

Schele erkannte also, wie brüchig seine dem König gegenüber vorgetragene Theorie von der Nichtigkeit des Staatsgrundgesetzes und dem gewissermaßen naturgesetzlichen Wiederaufleben des Patents von 1819 war. Er sah deshalb – wie er auch späterhin betonte[671] – als einzig konsequentes Verfahren die sofortige

---

[667] So *Schele*, Bericht vom 6ten September 1837, Hann. Dep. 103 VII Nr. 8, S. 28 r.
[668] So *Schele*, Bericht vom 6ten September 1837, Hann. Dep. 103 VII Nr. 8, S. 28 v f.
[669] So *Schele*, Postscriptum vom 8ten September 1837, Hann. Dep. 103 VII Nr. 8, S. 32 r.
[670] So *Schele*, Postscriptum vom 8ten September 1837, Hann. Dep. 103 VII Nr. 8, S. 33 r f.
[671] Vgl. *Schele*, Bemerkungen zu meinem Berichte vom 6ten September 1837. an den König, das Staatsgrundgesetz, betreffend, vom 15. October 1843, Hann. Dep. 103 VII Nr. 8, S. 12 r f.

Auflösung der Ständeversammlung an. Hiermit wären auch die Bedenken *Metternichs* gegenstandslos gewesen.

II. Entlassung und Wiederbestellung der Kabinettsminister

In einem Aktenvermerk *Scheles* »Die Lage der Minister« vom Oktober 1837 findet sich ein Plan zur zukünftigen Gestaltung der Regierung. Er hält es für möglich, dass die »jetzigen Minister« im Hinblick auf ihre »vorige Stellungnahme« eine Mitwirkung ablehnen, sodass ihre Entlassung notwendig werde. Sollte der König die Minister als Departement-Minister beibehalten wollen, müsse Sorge dafür getragen werden, dass sie kooperieren. Das bisherige Kabinettsministerium werde aufgehoben und die Minister als »Mitglieder desselben« entlassen. Das künftige Kabinett sei der König allein mit Hilfe eines Kabinetts-Ministers, nämlich *Scheles*.[672] *Schele* merkt an, dass diese Einrichtung schon eingetreten sei und nur näher »regularisirt« werden müsse.[673]

Die von *Schele* vorweggenommenen Schritte erfolgten Ende Oktober Schlag auf Schlag. Die Vorgänge am 27. und 28. Oktober 1837 lassen sich aus den Akten des *Schele*-Nachlasses exakt rekonstruieren. Am 27. Oktober empfing der König die Kabinettsminister *Stralenheim*, *Alten*, *Schulte* und *von der Wisch* zu einer Audienz und teilte ihnen mit, dass er in wenigen Tagen die Ständeversammlung auflösen und das Staatsgrundgesetz aufheben werde. Als Folge dieser Audienz richteten die Minister ein Schreiben an den König, in dem sie ihre frühere Haltung rechtfertigten, ihr Schicksal aber in die Hände des Königs legten. Im Eingang des Schreibens gaben sie sich der »beruhigenden Hoffnung« hin, dass der König

> »wenn auch Allerhöchst Ihre Entschließungen mit den von Uns auf Allerhöchst Dero Befehl unterm 14jul d.J. entwickelten Ansichten nicht übereinstimmt, [sie] dennoch und auch fernerhin Allerhöchst Ihrer Gnade nicht unwerth zu erachten geruhen werden.«[674]

Wenngleich die Minister eine Distanzierung vom Staatsgrundgesetz andeuten, so halten sie es doch für eine »offenkundige Tathsache«, dass das Gesetz unter König *Wilhelm IV.* publizirt worden sei und sie Mitglieder des Ministeriums geblieben seien. Die in den folgenden Jahren von ihnen unterschriebenen und gedruckten Aktenstücke müssten

> »von dem In- und dem Auslande als ein Beweis angezogen werden, daß wir sämmtlich an der dadurch herbeigeführten veränderten Staats-Verfassung einen wesentlichen Antheil genommen haben.«[675]

Die Minister zeigen sich besorgt, dass der König unter den »ganz eigenthümlichen Verhältnissen« zu ihnen nicht das notwendige Vertrauen haben könne, wo

---

[672] So *Schele*, Die Lage der Minister, Oktober 1837, Staatsarchiv Hannover, Hann. Dep. 103 VII Nr. 9, S. 26 v.
[673] So *Schele*, Die Lage der Minister, Oktober 1837, Hann. Dep. 103 VII Nr. 9, S. 27 r.
[674] So Schreiben der Kabinettsminister vom 27. Oktober 1837, Hann. Dep. 103 VII Nr. 9, S. 6 v.
[675] So Schreiben der Kabinettsminister vom 27. Oktober 1837, Hann. Dep. 103 VII Nr. 9, S. 7 v.

II. Entlassung und Wiederbestellung der Kabinettsminister

er doch von seinen Ministern die »kräftigste Mitwirkung« für die Ausführung seiner Beschlüsse erwarte. Wörtlich heißt es:

> »Aber es werden, wenn wir zu der Veränderung des bisher bestandenen Systems täthig einwirken, im Lande Zweifel gegen die Festigkeit unseres politischen Characters sich ergeben, wodurch Verlegenheiten für uns nothwendig veranlasst werden müßten, deren Folgen sich nur nachtheilig für den Dienst Eurer Königlichen Majestät würden äußern können.«[676]

Das Schreiben schließt mit den Worten:

> »Eure Königliche Majestaet wollen, in huldreicher Berücksichtigung dieser Gründe, es daher mit allergnädigster Nachsicht aufzunehmen geruhen, wenn wir, so sehr wir auch nur mit innig bekümmertem Gemüthe, aus denjenigen ehrenvollen Dienstbeziehungen, worin allerhöchst Dieselben uns bis jetzt mit huldvoller Gnade zu belassen geruhet haben, scheiden würden, dennoch, nach gewißenhafter und sorgsamer Prüfung unserer persönlichen Stellung, es wagen, Allerhöchst Dieselben tiefunterwürfigst zu bitten: Diese bei uns eintretenden und ganz eigenthümlichen Verhältnisse in Allergnädigste Erwägung nehmen zu wollen.«[677]

Ein Rücktrittsgesuch sieht anders aus. Lässt man einmal die in einem Schreiben an den König üblichen Floskeln beiseite, so distanzieren sich die Verfasser faktisch von ihrer jahrelangen Regierungstätigkeit unter dem Staatsgrundgesetz und halten ein Verbleiben in den Ämtern nur wegen des ungünstigen Eindrucks in der Öffentlichkeit und möglicher Nachteile für den König als bedenklich. Allenfalls ließe sich das Schreiben als Rücktritts*angebot* verstehen, dessen es aber gar nicht bedurft hätte, weil der König ohnehin – auch auf der Grundlage des Staatsgrundgesetzes – berechtigt gewesen wäre, die Minister zu entlassen. Das Schreiben ist vielmehr ein – wenn auch in vielfachen Wendungen verklausuliertes – Angebot der Minister, in ihren Ämtern zu verbleiben. Dies wird auch *Schele* so gesehen haben, der am folgenden Tag eine eindeutige Antwort der Minister fordert. Zunächst wiederholt er in schriftlicher Form den Beschluss des Königs:

> »Nun nach dem daß ich beschloßen habe nach reiflicher Ueberlegung und Prüfung, daß es ist mir unmöglich das Staatsgrundgesetz beizubehalten, u. daß deswegen ich muß zu der Verfassung von 1819. wieder zurückkehren, so werde ich nun eine Declaration sofort publiciren, die Stände von 1833. auflösen, u. demnächst die Stände von 1819. zusammen berufen.
> Das bisherige CabinettsMinisterium wird aufgehoben und die bisherigen Cabinets Minister Freyherr v. Stralenheim, Graf von Alten, von Schulte und von der Wisch, als Cabinetsminister entlassen. Dagegen sollen sie als Departementsminister ihre Geschäfte fortführen. Die weitere Organisation werde Ich künftig bestimmen.«[678]

Schele fügt die folgenden Absätze hinzu:

> »Mit Bezugnahme auf die gestrige Audienz hat Sr. Majestät zugleich mir befohlen, Ew. Eczellenz in Ihrem Namen aufzufordern, mir noch heute Abend, Ihre definitive Erklärung darüber zugehen zu lassen:
> Ob Sie unter diesen Verhältnißen geneigt sind, in Ihren Stellen als Minister, ferner dem Könige Ihre Dienste zu widmen?

---

[676] So Schreiben der Minister vom 27. Oktober 1837, Hann. Dep. 103 VII Nr. 9, S. 8 r f.
[677] So Schreiben der Minister vom 27. Oktober 1837, Hann. Dep. 103 VII Nr. 9, S. 8 v f.
[678] So *Schele*, Schreiben vom 28. Oktober 1837, Hann. Dep. 103 VII Nr. 9, S. 10 r.

Auch hat S.M. völlige Verschwiegenheit vor der Publication des Patents, verlangt.«[679]

Am selben Tag erfolgt die Antwort der Minister mit folgendem Wortlaut:

»Eure Excellenz ersuchen wir ganz gehorsamst, Seiner Majestaet dem Könige bezeugen zu wollen, wie wir die uns, als Mitglieder des Cabinets, in Gnaden ertheilte Entlassung tiefunterwürfigst verlangen.
Allerhöchst Dieselben haben gleichzeitig zu befehlen geruhet: daß wir als Departements-Minister unsere Geschäfte fortführen sollen. Indem wir diesen Befehle Unseres allergnädigsten Königs und Herrn für jetzt Folge leisten, glauben wir voraussetzen zu dürfen, daß Seine Königliche Majestaet geruhen werden, über den Inhalt einer künftigen Geschäftsordnung für die Ministerial-Departements unsere unvorgreiflichen Ansichten vorgängig in Gnaden zu erfordern.
Wir glauben ferner annehmen zu dürfen, daß es der Allerhöchsten Absicht Seiner Majestaet des Königs entspricht: Die uns als Mitgliedern des Cabinets ertheilte gnädigste Entlassung sowie den Allerhöchsten Befehl, daß wir die Geschäfte als Departements-Minister fortführen sollen, vor der Erlassung des die Aufhebung des Staats-Grundgesetzes betreffenden Patents, publiciren zu lassen.«[680]

Die Kabinettsminister, die über viele Jahre die Geschicke des Königreichs mitbestimmt, die Entstehung des Staatsgrundgesetzes begleitet und unter seiner Geltung amtiert hatten, unterwarfen sich mit diesem Schreiben vorbehaltlos dem Willen des neuen Herrschers. Nach Erlass des Antrittspatents vom 5. Juli 1837 konnte ihr Schweigen noch dahin gedeutet werden, dass die definitive Entscheidung über die Geltung des Staatsgrundgesetzes bislang nicht getroffen worden war und sie hoffen konnten, der König werde sich durch das von ihnen unterzeichnete Gutachten umstimmen lassen.[681] Auch wollten sie vermeiden, dass ein – seinerzeit offenbar erwogener Rücktritt – in der Bevölkerung für »Unruhe« sorgte. Derartige Entschuldigungen – vor sich selbst und der Öffentlichkeit – vermochten jetzt nicht mehr zu verfangen. Den Ministern war ein staatliches Amt, wenn auch unter Herabsetzung als »Departements-Minister« allemal lieber als ein ehrenvoller Abschied.

Nicht nur dem Willen des Königs unterwarfen sich die Minister vorbehaltlos; sie erkannten auch an, dass *Schele* ihnen nunmehr vorgesetzt wurde. Schon der harsche Ton seines Schreibens lässt erkennen, dass das frühere Kollegialprinzip der Vergangenheit angehörte und die Minister lediglich ausführendes Organ des Königs – und das will heißen: des einzigen *Kabinetts*ministers Schele – sein würden. Dass sie in ihrem Schreiben nur »unterthänigst« darum baten, der König möge bei der künftigen Geschäftsverteilung ihre »unmaßgeblichen Ansichten« berücksichtigen, darf zusätzlich als Beleg dafür gewertet werden, dass eine Ära der Despotie begonnen hatte.

Schele konnte einen Sieg auf ganzer Linie verbuchen. Zwar grämte es ihn nach wie vor, dass der König nach seiner Ankunft in Hannover seinem Rat nicht gefolgt war[682]; im Übrigen war sein Staatsstreichplan aber bis ins Einzelne um-

---

[679] So *Schele*, Schreiben vom 28. Oktober 1837, Hann. Dep. 103 VII Nr. 9, S. 10 v.
[680] So Schreiben der Minister Stralenheim, Alten, Schulte und von der Wisch, 28. Oktober 1837, Hann. Dep. 103 VII Nr. 9, S. 14 r ff.
[681] Vgl. oben S. 112.
[682] Vgl. oben S. 92.

gesetzt worden. Er war alleiniger »Cabinets-Minister« – in seiner Stellung dem preußischen Staatskanzler und dem Premierminister des Vereinigten Königreichs vergleichbar. Diese Stellung würde er ausnutzen, um die Verwaltung des Königreichs in der Weise zu verändern, wie er es in Vermerken und Briefen an den Herzog von Cumberland für notwendig erachtet hatte.[683]

Die Entlassung der übrigen Kabinettsminister unter Ernennung – und gleichzeitiger Degradierung – zu Departements-Ministern war im Übrigen ein aus der Sicht *Scheles* kluger Schachzug. Hatten sich nämlich die Minister, die für das Staatsgrundgesetz in führender Position mitverantwortlich gewesen waren, hiervon distanziert und sich für Ämter im Dienste des Königs entschieden, so war von ihnen auch in Zukunft keinerlei Opposition zu erwarten. Wenn sie sich in der Frage der Fortgeltung der Verfassung dem Willen des Königs unterwarfen, so würde dieser auch späterhin auf ihre unbedingte Loyalität setzen können. Dieses Kalkül dürfte auch die den Ministern nachgeordneten Kabinettsräte betroffen haben, deren Wirken von *Schele* seit jeher mit Argwohn verfolgt worden war.[684] Von den Kabinettsräten und anderen Ministerialbeamten, die den Ministern nachgeordnet und auch ihnen zur Loyalität verpflichtet waren, waren Abschiedsgesuche ebenfalls nicht zu erwarten und sind tatsächlich nicht eingereicht worden. *Scheles* Taktik war auch deshalb erfolgreich, weil vor Verkündung des Aufhebungspatents bereits feststand, dass die Regierung und der ihr nachgeordnete Beamtenapparat sich in sein vom König befohlenes Schicksal fügen würde. Wie schon die Kammern ihre Vertagung – mit Ausnahme *Stüves* – widerspruchslos hingenommen hatten[685], beugten sich auch die führenden Staatsdiener dem in der Zwischenzeit immer selbstherrlicher agierenden König, indes sein Kabinettsminister *Schele* die Fäden zog und die Stichworte lieferte.

III. Das Aufhebungspatent vom 1. November 1837

Am 1. November 1837 erging ein »Königliches Patent«, mit dem der Staatsstreich vollendet wird. Im Eingang des Patents heißt es:

> »Wir haben durch Unser Regierungs-Antritts-Patent vom 5ten Julius d.J. Unsern getreuen Unterthanen Unsern Königl. Willen dahin zu erkennen gegeben, daß Wir der Frage: Ob und in wie fern Abänderungen des Staats-Grundgesetzes vom 26ten September 1833 würden eintreten müssen, oder ob die Verfassung auf die v o r dem gedachten Jahre bestandene zurück zu führen sei? die sorgfältigste Untersuchung und Prüfung würden widmen lassen.
> Unsere getreuen Unterthanen können sich davon ueberzeugt halten, daß Wir die Erfüllung einer heiligen, Unserm landesväterlichen Herzen theuern, Pflicht darin gesucht haben, bei dieser Prüfung alle in Betracht zu ziehenden Verhältnisse auf das sorgfältigste zu berücksichtigen, und daß Unsere Wünsche dabei stets auf das Glück und die Zufriedenheit Unsers treuen Volkes gerichtet gewesen sind.«[686]

---

[683] Vgl. etwa oben S. 62 f.
[684] Vgl. oben S. 71.
[685] Vgl. oben S. 93.
[686] Hann. GS 1837, S. 103.

Zehntes Kapitel: Die Vollendung des Staatsstreichs

Im Patent heißt es weiterhin:

>»Das Staats-Grundgesetz vom 26sten September 1833 können Wir als ein Uns verbindendes Gesetz n i c h t betrachten, da es auf eine völlig ungültige Weise errichtet worden ist.
>Die allgemeine, durch das Patent vom 7ten December 1819. enstandene, Stände-Versammlung sprach, wie sie in ihrem Schreiben vom 30sten April 1831. an das Cabinets-Ministerium die Errichtung eines Staats-Grundgesetzes beantragte, den Grundsatz aus: daß ein solches hochwichtiges Werk nur durch einhelliges Zusammenwirken des Königs und der Stände zu Stande gebracht werden könne. Die Regierung nahm diesen Grundsatz an und mithin war nicht von einer, dem Lande vom König zu gebenden, sondern von einer, vertragsmäßig zwischen dem Regenten und seinen Ständen zu errichtenden, Verfassung die Rede.«[687]

Im Patent wird ausgeführt, dass der Grundsatz der vertragsmäßigen Errichtung auf mehrfache Weise verletzt worden sei, die für »nothwendig oder nützlich gehaltenen Abänderungen« seien vom König verkündet worden, ohne dass sie den allgemeinen Ständen vorher mitgeteilt und von ihm genehmigt worden wären:

>»Offenbar fehlt es also an dem einhelligen Zusammenwirken des Regenten und seiner Stände in Hinsicht der, in dem Staats-Grundgesetze enthaltenen Bestimmungen, wodurch die, bis dahin in anerkannter Wirksamkeit gestandene Verfassung vom Jahre 1819, aufgehoben werden sollte.
>Offenbar enthält diese Errichtungsart des Staats-Grundgesetzes eine wirkliche Verletzung der bestimmten Vorschrift des Articels 56. der Wiener Schluß-Acte von 1820.«[688]

Des Weiteren wird die fehlende Zustimmung des Agnaten angeführt. Das Staatsgrundgesetz und seine Bestimmungen

>»welche sich als vollkommen ungültig und für Uns unverbindlich aus dem Grunde darstellen, weil sie Unsere agnatischen Rechte tief kränken und selbst Unsere Regierungs-Rechte wesentlich verletzen.
>Der dem Staats-Grundgesetze anklebende Fehler der Ungültigkeit ist aber auch durch eine, von Unserer Seite erfolgte, Anerkennung nicht gehoben worden.
>Denn, Wir haben offen Unsern Widerspruch wider das Staats-Grundgesetz zu erkennen gegeben und Unsere Unterschrift zu wiederholten Malen verweigert.«[689]

Aus diesen Gründen könne der König auch nicht mit den Ständen über eine neue Verfassungsurkunde verhandeln, weil sie auf dem Staatsgrundgesetz von 1833 beruhten.

>»Unter diesen Umständen haben Wir Uns am 30sten October d.J. verpflichtet gehalten:
>die von Uns unterm 29sten Junius d.J. vertagte allgemeine Stände-Versammlung **aufzulösen**,
>und erklären nunmehr hiemit:
>daß die verbindliche Kraft des Staats-Grundgesetzes vom 26ten September 1833 von jetzt an **erloschen** sei.«[690]

Die natürliche Folge des »Aufhörens« des Staatsgrundgesetzes, sei die, dass die landständische Verfassung von 1819 wieder in Kraft trete.

---

[687] Hann. GS 1837, S. 104.
[688] So Hann. GS 1837, S. 104.
[689] So Hann. GS 1837, S. 104.
[690] So Hann. GS 1837, S. 105.

III. Das Aufhebungspatent vom 1. November 1837

> »Um indessen allen, daraus auf irgend eine Weise entstehenden, nachteiligen Folgen vorzubeugen, finden Wir Uns aus Liebe zu Unsern getreuen Unterthanen bewogen, hiemit zu erklären:
> daß die Aufhebung des Staats-Grundgesetzes ohne allen Einfluß auf die Rechtsbeständigkeit der seit dessen Publication verkündigten, Gesetze und erlassenen Verordnungen sein soll,
> daß vielmehr diese Gesetze und Verordnungen bis dahin, daß deren Aufhebung auf gesetzlichem Wege erfolgen möchte, in voller Kraft und Gültigkeit verbleiben.«[691]

Der Gang der Verwaltung solle unverändert bleiben, bis Änderungen für notwendig oder zweckmäßig erachtet würden.

Der folgende Absatz ist der Eidesproblematik gewidmet und löst sie auf die folgende Weise:

> »Ist nun das bisherige Staats-Grundgesetz von Uns für aufgehoben erklärt, so ergiebt sich daraus von selbst, daß die sämmtlichen Königl. Diener, von welchen Wir übrigens pünctlichste Befolgung Unserer Befehle mit völliger Zuversicht erwarten, Ihrer, auf das Staats-Grundgesetz ausgedehnten, eidlichen Verpflichtung vollkommen enthoben sind.
> Gleichwohl erklären Wir noch ausdrücklich, daß Wir dieselben von diesem Theile ihres geleisteten Diensteides hiemit entbunden haben wollen.«[692]

Im Patent wird weiterhin angekündigt, dass die allgemeinen Stände, die bis zur Entstehung des »von Uns jetzt aufgehobenen Staats-Grundgesetzes« bestanden haben, unverzüglich zusammenzurufen seien und ihnen die Anträge des Königs mitgeteilt würden. In wenigen Absätzen werden die Vorstellungen des Königs über die neue Verfassung skizziert. Zunächst wird ein Steuererlass in Aussicht gestellt, um der Befürchtung zu begegnen, dass die Aufhebung der Verfassung zu Steuererhöhungen führen würde. Sodann wird der Vorschlag *Scheles*, die Stände nur alle drei Jahre einzuberufen, aufgegriffen und zugleich bestimmt, dass ihre Sitzungen nicht länger als drei Monate dauern sollen. Den Provinzialständen werden überdies größere Zuständigkeiten in Aussicht gestellt, als dies bisher der Fall war. Zusammenfassend heißt es:

> »Werden in der neuen Verfassung die Rechte des Königs und der Stände auf eine angemessene Weise festgesetzt, und wird auf diese Art die Grundlage der ächten deutschen monarchischen Verfassung befestigt, so muß dadurch die Wohlfahrt Unserer getreuen Unterthanen nothwendig befördert werden.«[693]

Im folgenden Absatz wird eine Steuerermäßigung angekündigt:

> »Da Unserm väterlichen Herzen nichts so wohl tuht, als die Lasten Unserer geliebten Unterthanen möglichst zu vermindern, so gewähret es Uns eine ganz besondere Freude, daß der Zustand der Finanzen des Königreichs es gestatten will, schon mit dem nächsten Jahre eine Verminderung der Steuerlast eintreten zu lassen.
> Wir eröffnen daher Unseren getreuen Unterthanen, daß Wir beschlossen haben: Ihnen, vom 1sten Julius 1838. an zu rechnen, jährlich die Summe von **Hunderttausend Thalern** an der **Personen- und Gewerbe-Steuer** zu erlassen.«[694]

---

[691] So Hann. GS 1837, S. 105.
[692] So Hann. GS 1837, S. 105.
[693] So Hann. GS 1837, S. 107.
[694] So Hann. GS 1837, S. 107.

Im Patent wird auch das vom König angestrebte patriarchalische Regierungssystem angekündigt, in dem der König den getreuen Untertanen versichert,

> »daß Unsere Gefühle für sie die eines Vaters für seine Kinder sind, und daß Wir den unwandelbaren Entschluß gefaßt haben, Alles zu thun, was die Landes-Verfassung auf eine solche Art begründen kann, daß das ursprüngliche Zutrauen zwischen dem Regenten und Seinem Volke bewahrt und immer befestigt werde, welches Übelgesinnte in den letzteren Jahren versucht haben, zu vernichten: aber Wir haben, dank dem Allmächtigen, aus den Gesinnungen, die Uns seit Unserm Regierungs-Antritte dargelegt worden, die Ueberzeugung gewonnen, daß Wir das Zutrauen Unserer Unterthanen besitzen, welche glücklich zu machen, Unser stetes und eifrigstes Bestreben sein wird:«[695]

Zum Schluss findet sich in dem Patent eine unverhohlene Drohung:

> »Hoffentlich werden Übelgesinnte, welche nur selbstsüchtige Zwecke verfolgen, ohne das wahre Beste des Volkes zu berücksichtigen, durch ihre Handlungen Uns nie in die traurige Nothwendigkeit setzen, die ganze Strenge der Gesetze wider sie zur Anwendung bringen zu lassen.«[696]

Das Patent vom 1. November 1837 ist ein in der neueren Verfassungsgeschichte fraglos bedeutendes Dokument, stellt aber zugleich ein verfassungshistorisches Kuriosum dar. Liest man es ohne Kenntnis der Entstehungsgeschichte, so weist das Patent vorderhand eine gewisse Plausibilität auf. Hierin könnte der Grund dafür liegen, dass spätere Autoren dem scheinbar folgerichtigen Gedankengang des Patents aufgesessen sind und die Maßnahmen *Ernst Augusts* noch im Nachhinein gerechtfertigt haben. Hierbei mag die Auffassung eine Rolle gespielt haben, dass die Großen der Geschichte von dem gewöhnlichen Sittengesetz dispensiert seien (*Jacob Burckardt*) und auch die spätere Regierungszeit *Ernst Augusts* in die Bewertung eingeflossen ist. Derartige – bis in unsere Gegenwart hineinreichende - Tendenzen[697] dispensieren freilich nicht von einer Analyse des Patents, die sowohl den Gesetzen juristischer Logik verpflichtet ist als auch eine verfassungsgeschichtliche Einordnung vornimmt.

Zunächst wird eine Art kontinuierlichen Handelns beschworen, in dem der König auf sein Antrittspatent vom 5. Juli verweist, an sein Versprechen der »sorgfältigsten Prüfung« erinnert und vorgibt, dieses eingelöst zu haben und nunmehr die Ergebnisse der Prüfung zu präsentieren. Dass die ersten beiden Gutachten genau das Gegenteil dessen ergaben, was der König als Ergebnis gewünscht hatte, wird begreiflicherweise verschwiegen. Auch das *Leist*'sche Gutachten bleibt unerwähnt, weil der König die Prüfung der Rechtslage allein für sich in Anspruch nimmt, aber immerhin den Eindruck erweckt, als könnte es ein Recht geben, an das auch er gebunden ist.

Die erste Begründung ist nichts anderes als eine offensichtliche Unwahrheit, für die allerdings *Leist* vorgearbeitet hat. Von einem Vertrag zwischen der Ständeversammlung und der Regierung, nach der das Staatsgrundgesetz *in toto* die Zustimmung Ersterer hätte finden müssen, kann – wie nachgewiesen[698] – kei-

---

[695] So Hann. GS 1837, S. 107 f.
[696] So Hann. GS 1837, S. 108.
[697] Zu der Rezeption des Staatsstreichs vgl. unten S. 325 ff.
[698] Vgl. unten S. 334 ff.

ne Rede sein. Vielmehr hat König *Wilhelm IV.* unmissverständlich zu erkennen gegeben, dass er die Vorschläge der Stände zwar anzuhören und zu prüfen bereit sei, sich aber die Letztentscheidung vorbehielt.[699] Ein Vertrag hätte ohnehin nur zwischen dem *König* und den Ständen geschlossen werden können; dass das Kabinettsministerium offenbar aus Gründen der Opportunität sich hier zurückhaltend gezeigt hat, vermochte an der eindeutigen Haltung des Monarchen nichts zu ändern. Dieser Sachverhalt hat sich im Vorigen als so deutlich herausgestellt und wird im Zusammenhang mit dem Verfahren vor der Bundesversammlung erneut Erwähnung finden, sodass an dieser Stelle ein Hinweis genügen mag. Immerhin ist erwähnenswert, dass – anders als *Schele* dies noch konstruierte – kein unmittelbarer Verstoß gegen Art. 56 WSA behauptet wurde, vielmehr der Verfassungsverstoß darin liegen sollte, dass der vermeintliche (Vor-)Vertrag zwischen König und Ständen nicht eingehalten worden sei.

Das verfassungsgeschichtliche Kuriosum besteht indes darin, dass der König die vermeintliche Verletzung *ständischer* Rechte zum Vorwand nimmt, um die in dem Staatsgrundgesetz verbürgten Rechte der Stände zu beschneiden und damit das Rad der Geschichte um zwei Jahrzehnte zurückzudrehen. Die Absurdität dieser Argumentation ergibt sich nicht zuletzt daraus, dass die oft berufenen »Stände von 1819«, die an den Beratungen des Staatsgrundgesetzes beteiligt waren, und die dann gewählten »Stände von 1833« personell weitgehend identisch waren und weder von den früheren noch von den später gewählten Kammern irgendwelche formellen Einwände gegen das Staatsgrundgesetz erhoben worden sind. Bemerkenswert ist zudem, dass die Berufung auf agnatische Rechte erst an zweiter Stelle genannt wird. Weder *Schele* noch *Leist* konnten sich zu ihrer Begründung auf geltendes Recht berufen und mussten deshalb apokryphe Observanzen bemühen, die vorgeblich der Fürstensouveränität widersprochen hätten.

Misst man beide Begründungen an den Gesetzen juristischer Logik, so hätte sowohl die fehlende Zustimmung der Ständeversammlung wie auch die mangelnde Einwilligung des Agnaten zur *Nichtigkeit* des Staatsgrundgesetzes führen müssen. Dies war in der Tat die von *Schele* schon im Pro Memoria vom 8. Januar 1836 vertretene und später von *Leist* bestätigte Ansicht. Nichtigkeit bedeutet – und bedeutete –, dass ein Rechtsgeschäft oder ein Rechtssatz zwar äußerlich den Schein des Rechts zu erwecken geeignet ist, rechtlich aber nicht anzuerkennen ist.[700] Zwar kann über die Frage, *ob* ein Rechtssatz »wirklich« nichtig ist, Streit entstehen, sodass es gewöhnlich einer autoritativen Entscheidung bedarf. Steht aber die Nichtigkeit fest, so bedarf es bei Rechtsgeschäften der Rückabwicklung und bei Rechtssätzen entsprechender Maßnahmen, weil beide als rechtlich gewissermaßen nicht vorhanden zu betrachten sind.[701] Dem Antrittspatent war insofern eine gewisse Logik nicht abzusprechen, als der König an das Staatsgrundgesetz tatsächlich nicht gebunden gewesen wäre, wenn

---
[699] Vgl. oben S. 37.
[700] Zur Geschichte des »Nichtigkeitsdogmas« vgl. *J. Ipsen*, Rechtsfolgen der Verfassungswidrigkeit von Norm und Einzelakt, 1980, S. 23 ff.
[701] Vgl. *J. Ipsen*, Rechtsfolgen der Verfassungswidrigkeit, S. 67 ff.

es nichtig gewesen wäre. Die auch dem juristischen Laien geläufige Vorstellung wäre eben die gewesen, dass es sich um ein *nullum* handelte, mithin das Staatsgrundgesetz aufgrund seiner Mängel niemals existiert hätte, also auch nicht in Kraft getreten sein konnte. Kurz gesagt hätte die Nichtigkeit Rechtsunwirksamkeit *ex tunc* bedeutet.

Hiervon nun konnte nach dem Patent vom 1. November 1837 keine Rede sein. Die Geltung des Staatsgrundgesetzes bis zu diesem Zeitpunkt – genauer: dem Datum der Verkündung – wurde in dem Patent keineswegs bestritten, sondern vorausgesetzt. Mit dem *Aufhebungs*patent nahm der König deshalb die Befugnis für sich in Anspruch, eine auch seiner Auffassung nach in Geltung befindliche Verfassung außer Kraft zu setzen. Die in der juristischen Literatur so häufig behandelte Dichotomie zwischen *faktischer* und *normativer* Geltung eines Gesetzes[702] stellte sich genau genommen nicht, weil mit der *Aufhebung* des Staatsgrundgesetzes eine *rechtliche Geltung* bis zu diesem Tage nicht in Zweifel gezogen wurde.

Die formelle *Aufhebung* des Staatsgrundgesetzes durch den König – statt einer *Erklärung*, die Verfassung sei nichtig – hat für die Bewertung des Staatsstreichs weittragende Konsequenzen. Nicht mehr kann es um die Plausibilität der juristischen Gründe gehen, die dem Staatsstreich allenthalben unterschoben worden sind. Der Monarch setzte vielmehr in einem Akt fürstlicher Souveränität eine geltende Verfassung außer Kraft und erhob sich damit über das Recht. Mit anderen Worten bedeutete die Aufhebung nichts anderes, als dass *Ernst August* sich als *princeps legibus solutus* ansah und dementsprechend handelte. Auch das möglicherweise von Apologeten bemühte Argument, an die Stelle des Staatsgrundgesetzes sei das Patent von 1819 getreten, vermag nicht zu verfangen. Anerkannt ist, dass im Falle der Nichtigkeit von Gesetzen früher geltendes Recht wieder in Kraft treten kann. Juristisch leuchtet das ein, weil dem nichtigen Gesetz die Rechtswirksamkeit fehlt, es also auch nicht ein früher geltendes Gesetz *außer Kraft* setzen kann.[703] Dies ist im Fall des Aufhebungspatents gerade nicht der Fall gewesen, denn das Staatsgrundgesetz wurde – wie dargestellt – nicht für nichtig erklärt, sondern *aufgehoben*. Der König hat folglich in Ausübung seiner Souveränität nicht nur eine geltende Verfassung *außer Kraft* gesetzt, sondern darüber hinaus eine längst nicht mehr geltende Verfassung *in Kraft* gesetzt. Man mag sich an den *Schele* übermittelten Einwand *Metternichs* erinnern, der logische Zweifel daran geäußert hatte, dass zwei Verfassungen nebeneinander gelten könnten.[704] Auch sei an *Scheles* Bedenken erinnert, der König könne schon wegen der Reaktionen im In- und Ausland es nach Aufhebung des Staatsgrundgesetzes nicht bei einem verfassungslosen Zustand belassen.[705] Die Lösung des Problems war insofern eine denkbar einfache: an die Stelle der *geltenden* wurde eine *nicht mehr geltende* Verfassung gesetzt.

---

[702] Vgl. grundlegend *J. Ipsen*, Rechtsfolgen der Verfassungswidrigkeit, S. 154 ff.
[703] Vgl. hierzu *J. Ipsen*, Rechtsfolgen der Verfassungswidrigkeit, S. 148 ff. und passim.
[704] Vgl. oben S. 164.
[705] Vgl. oben S. 163 ff.

Damit war die juristische Fassade, die *Schele* und ihm folgend *Leist* aufgebaut hatten, zusammengefallen. Wenn nämlich ein Monarch eine geltende Verfassung außer Kraft und eine nicht mehr geltende Verfassung in Kraft setzen kann, ohne dass ein Verfahren unter Beteiligung der Stände stattgefunden hat, steht er folgerichtig über der Verfassung und die Verfassung umgekehrt zu seiner Disposition. Wenn der Monarch sich aber auf diese Weise rechtlicher Bindungen entledigen kann, handelt es sich nicht mehr um einen Rechtsakt, sondern um krude Machtausübung. Insofern lassen sich die vielfältigen Überlegungen, die im Hinblick auf das Vorgehen *Ernst Augusts* angestellt worden sind, auf eine einfache Formel bringen: Fraglich war nicht, ob der König gemessen an geltendem Recht so handeln *durfte*, was immerhin eine normative Bindung vorausgesetzt haben würde; entscheidend war allein, ob er so handeln *konnte*, mit anderen Worten, seine machtpolitischen Ziele ohne weitere Widerstände durchzusetzen in der Lage war. Gemessen an machtpolitischen Kategorien war das Patent vom 1. November 1837 nicht ungeschickt. Neben der rechtlichen Fassade, die vermutlich zahlreiche Zeitgenossen – auch der gebildeten Schichten – täuschen konnte, dürften die weiteren Ausführungen des Patents durchaus einer verbreiteten Sehnsucht entgegengekommen sein. Das Königreich Hannover hatte endlich einen in Hannover residierenden *König*. Der Monarch residierte nicht mehr im fernen London und war mit den Belangen eines Weltreichs befasst; er residierte vielmehr in Hannover und verlieh der Residenzstadt wachsenden Glanz.[706] *Ernst August* kam überdies aufgrund seiner Persönlichkeit den Sehnsüchten des Volkes entgegen. In dem Aufhebungspatent stellte er sich als *pater patriae* dar, dessen ganze Liebe seinem Volk galt.[707] Eine Steigerung erfährt diese Selbstdarstellung durch das Versprechen, die Personen- und Gewerbesteuern ab dem 1. Juli 1838 um hunderttausend Taler im Jahr zu reduzieren. Auch hier obwaltete machtpolitisches Kalkül. Versprach der Monarch nämlich Wohltaten, die allen Steuerzahlern zu Gute kamen, so war dies ein Akt fürstlicher Souveränität, neben dem die anderen Maßnahmen verblassten. Es lässt sich leicht nachvollziehen, dass in der öffentlichen Meinung die angekündigte Steuerreduktion gegenüber der Außerkraftsetzung des Staatsgrundgesetzes ein nicht geringes Gewicht hatte, so sie nicht den Monarchen für seinen Staatsstreich bereits exkulpierte. In der Sache handelte es sich um nichts anderes als um den Versuch des Königs, die öffentliche Meinung durch Gewährung von Steuererleichterungen zu gewinnen.

Zu der Aufhebung des Staatsgrundgesetzes und der Inkraftsetzung des Patents von 1819 trat als dritter Akt monarchischer Machtvollkommenheit die Entbindung der Staatsdiener von dem von ihnen geleisteten Eid. *Schele* hatte auch hier schon vorgearbeitet und bediente sich eines juristischen Kunstgriffs. Wenn nämlich die Verfassung selbst nichtig sei, so müsse folgerichtig auch der auf sie geleistete Eid ungültig sein.[708] Dieses Umwegs bedurfte es nun nicht mehr, denn wenn der König im Stande war, eine Verfassung aufzuheben und sie durch eine

---

[706] Vgl. *H. A. Oppermann*, Zur Geschichte des Königreichs Hannover I, S. 123.
[707] Vgl. oben S. 179.
[708] Vgl. oben S. 174 f.

andere zu ersetzen, so lag es auch in seiner Macht, die Staatsdiener von ihrer Eidespflicht zu entbinden. Wiederum stellte sich nicht die Frage, ob er zu einer solchen Handlung *berechtigt* war. Denn das Staatsgrundgesetz hatte ja zweifelsfrei gegolten und bestimmt, dass die von den Staatsdienern auf das Patent von 1819 geleisteten Eide als auch dem Staatsgrundgesetz geleistet anzusehen seien.[709] Sah sich der Monarch aber frei von jeglicher rechtlichen Bindung, so war es nur folgerichtig, dass er die Staatsdiener von ihrer Eidespflicht entbinden konnte. In diesem Zusammenhang sei daran erinnert, dass die Mitglieder des Kabinetts die von *ihnen* geleisteten Eide nicht als Hinderungsgrund angesehen haben, im Dienst des Königs zu verbleiben.

Mit der Verkündung des Aufhebungspatents am 4. November 1837 war der Staatsstreich vollendet. Die Kammern waren nicht nur vertagt, sondern aufgelöst, das Staatsgrundgesetz aufgehoben und das Patent von 1819 – jedenfalls formell – wieder in Kraft gesetzt. Die Minister waren zu Kreuze gekrochen und hatten sich von der Verfassung, die sie mitverantwortet und unter der sie gedient hatten, verabschiedet. Unruhen waren nicht zu befürchten, weil gegenüber den mehr abstrakten verfassungsrechtlichen Fragen die angekündigte Steuerreduktion dem Patent einen volkstümlichen Charakter verlieh.

Nicht fehlen durfte auch die Drohung, dass man gegen »Übelgesinnte« die ganze Strenge des Gesetzes anwenden würde. Der Monarch, der soeben das Staatsgrundgesetz außer Kraft gesetzt hatte, forderte von seinen Untertanen, dass sie sich dem königlichen Willen unterwarfen und drohte ihnen empfindliche Strafen für den Fall an, dass sie Widerstand leisteten. Die Macht hatte mit dem Patent vom 1. November 1837 über das Recht gesiegt.

IV. Die Reorganisation der Regierung

Nach Aufhebung des Staatsgrundgesetzes durch das Patent vom 1. November 1837 hatte *Schele* freie Hand zu einer neuen Organisation der Regierung, die seinen Vorstellungen entsprach. In seinen dem Herzog von Cumberland übermittelten Denkschriften hatte er bereits vielfältig die verfehlte Struktur des Kabinettsministeriums beklagt und es nicht an Tiraden über die Unfähigkeit der Minister fehlen lassen.[710] Das Kabinettsministerium bisheriger Prägung war bereits durch das »Patent, die Aufhebung des bisherigen Cabinets-Ministerii betreffend« vom 31. Oktober 1837[711] aufgehoben worden. Formal bewegte sich dieses Patent – ebenso wie die Auflösung der Ständeversammlung durch die Proklamation vom 30. Oktober 1837[712] – noch auf dem Boden des Staatsgrundgesetzes, denn dieses wurde erst mit dem Patent vom 1. November aufgehoben. Indes konnten alle drei Rechtsakte erst mit ihrer Verkündung – nämlich am

---

[709] Vgl. oben S. 45.
[710] Vgl. oben S. 63 f.
[711] Hann. GS, S. 101.
[712] Hann. GS, S. 101.

4. November 1837 – in Kraft treten, sodass *Scheles* Planung gemäß die Auflösung der Ständeversammlung, die Aufhebung des Kabinettsministeriums und die Aufhebung des Staatsgrundgesetzes *uno actu* erfolgten.

Mit der Verordnung vom 14. November 1837 schuf *Schele* sich alsdann die Stellung, die er stets angestrebt und für die er Vorbilder in den Staatskanzlern Preußens – *Hardenberg* – und Österreichs – *Metternich* – gefunden hatte. § 1 Abs. 1 der Verordnung lautet denn auch unumwunden:

»Unser Staats- und Cabinets-Minister ist Unser einziger Rath in Unserm Cabinete«.[713]

Trotz dieser monokratischen Struktur bedurfte es einer Abgrenzung zu den anderen Ministern, die zwar kein eigenes Vortragsrecht gegenüber dem König hatten, aber als »Departementminister« über einen eigenen Geschäftsbereich verfügten. Nach § 2 der Verordnung waren dem Staats- und Kabinettsminister deshalb noch die folgenden Zuständigkeiten übertragen:

- Die Angelegenheiten des Königlichen Hauses,
- die Leitung der Verhandlungen mit der allgemeinen Ständeversammlung und den Provinziallandschaften,
- die Bundesangelegenheiten und
- die auswärtigen Angelegenheiten.[714]

Nach § 3 Abs. 1 der Verordnung wurden nochmals die Angelegenheiten der allgemeinen Ständeversammlung und der Provinziallandschaften dem Finanzdepartement entzogen und dem Staats- und Kabinettsminister zugeordnet. Die Staats- und Departementminister – wie nunmehr die Amtsbezeichnung der übrigen Minister lautete – sollten ihre Aufgaben selbständig und unter unmittelbarer Verantwortlichkeit gegen den König führen (§ 4 Abs. 1 der VO). An sie gerichtete Weisungen ergingen entweder direkt vom König oder aber – in seinem Namen – vom Staats- und Kabinettsminister (§ 5 Abs. 1 der VO). Die Vorträge der Departementminister beim König hatten in Anwesenheit des Kabinettsministers zu erfolgen (§ 1 Abs. 5 der VO). Dieser war befugt, von dem Departement Akten oder weitere Unterlagen anzufordern (§ 2 Abs. 6 der VO). Überdies hatte der Kabinettsminister die Befugnis, von den Departements Auskunft und Rechenschaft zu verlangen und konnte deren Maßnahmen suspendieren, um eine Entscheidung des Königs einzuholen (§ 1 Abs. 7 der VO). Die Behörden hatten dann den Anordnungen des Kabinettsministers »unweigerlich« zu folgen (§ 1 Abs. 8 der VO). Alle an das Kabinett gerichteten Schreiben gingen an den Kabinettsminister zur »Selbsteröffnung« (§ 1 Abs. 9 der VO).

Mit der Verordnung vom 14. November 1837 war auf der *tabula rasa*, die mit der Aufhebung des Staatsgrundgesetzes entstanden war, ein monokratisches Regierungssystem geschaffen worden, das auf die Person *Scheles* zugeschnitten war. Die ursprünglich gleichberechtigten Minister nahmen auch diese – nunmehr formalisierte – Zurücksetzung klaglos hin und verwalteten weiterhin ihre

---

[713] Hann. GS 1837, S. 109.
[714] Hann. GS 1837, S. 110.

Geschäfte. Mit der Verordnung setzte sich der König allerdings in einen schwer zu übersehenden und häufig festgestellten[715] Widerspruch zum Aufhebungspatent vom 1. November 1837. Dort nämlich war bestimmt, dass von dem »Aufhören« des Staatsgrundgesetzes

> »die bis zu dessen Verkündigung gegoltene, Landes- und landständische Verfassung wieder in Wirksamkeit trete.«[716]

Das Patent von 1819 enthielt, weil es lediglich ein Organisationsstatut für die *allgemeine* Ständeversammlung war, keine Vorschriften über die Regierung.[717] Am 12. Oktober 1822 wurde ein Edikt erlassen, das die Organisation der *Regierung* betraf und mit dem Patent von 1819 zusammen die Verfassung des Königreichs Hannover bildete.[718] Hiernach war das Regierungssystem durch das Kollegialprinzip gekennzeichnet. Das Kabinett bestand aus den ihm angehörenden Ministern, die – abgesehen von ihren Zuständigkeiten im eigenen Geschäftsbereich – als Organ des Königreichs beschlossen. Ein letztes Beispiel eines derartigen Beschlusses stellt das Kabinettsgutachten vom 14. Juli 1837 dar.[719] Das Kollegialprinzip ist von *Schele* in seinen Memoranden an den Herzog von Cumberland als unbrauchbar gegeißelt und für die vorgeblich unerträglichen Zustände im Königreich verantwortlich gemacht worden.[720] Die Ersetzung des Kollegialprinzips durch ein monokratisches Leitungsorgan war jedoch mit der vorgeblich wieder in Kraft getretenen landständischen Verfassung unvereinbar, denn diese folgte – ebenso wie später das Staatsgrundgesetz – dem Kollegialprinzip des Leitungsorgans. Insofern lässt sich schon an dieser Stelle feststellen, dass das vorgebliche Wiederinkrafttreten der landständischen Verfassung als »natürliche Folge« der Aufhebung des Staatsgrundgesetzes nur eine Art Fiktion war, die der Beruhigung der Öffentlichkeit dienen sollte. Wie an anderer Stelle noch zu handeln sein wird, trat mit der Aufhebung des Staatsgrundgesetzes faktisch eine verfassungslose Zeit ein, in der der König mit Verordnungen wie der vom 14. November regierte und *Schele* auf diese Weise Vollstrecker eines autokratischen Regimes wurde.

---

[715] Vgl. oben S. 101.
[716] Hann. GS 1837, S. 105.
[717] Vgl. oben S. 14.
[718] Hann. GS 1822, S. 367.
[719] Vgl. oben S. 107.
[720] Vgl. oben S. 61 ff.

ELFTES KAPITEL
PROTESTATION UND ENTLASSUNG DER GÖTTINGER SIEBEN

I. Die Protestationsschrift vom 18. November 1837

Der Protest der Göttinger Professoren *Dahlmann*[721], *Albrecht*[722], *Jacob Grimm*[723], *Wilhelm Grimm*[724], *Gervinus*[725], *Ewald*[726] und *Wilhelm Weber*[727], der am 18. November 1837 an das Universitäts-Kuratorium übermittelt worden war, ist Gegenstand einer so großen Zahl von Untersuchungen gewesen, dass sich eine erneute Darstellung fast erübrigt. Allerdings ist die historische und – vor allem – rechtliche Bewertung der Vorgänge am Ende des Jahres 1837 bis heute umstritten und weist in den vergangenen 180 Jahren zeittypische Unterschiede auf.[728] Schon hieraus ergibt sich die Notwendigkeit, in einer Untersuchung des Staatsstreichs und seiner Vorgeschichte auch der Protestationsschrift der Göttinger Sieben ein Kapitel zu widmen.

Exakt zwei Wochen nach Verkündung des Aufhebungspatents richteten die sieben Professoren der Universität Göttingen ein Schreiben an das Universitätskuratorium, dessen wesentlicher Inhalt wegen seiner unverändert gebliebenen historischen Bedeutung wörtlich zitiert sei:

»Die Unterzeichneten können sich bei aller schuldigen Ehrfurcht vor dem Königl. Wort in ihrem Gewissen nicht davon ueberzeugen, daß das Staatsgrundgesetz um deßhalb rechswidrig errichtet, mithin ungültig sei, weil der Höchstselige König nicht den ganzen Inhalt desselben auf Vertrag gegründet, sondern bei seiner Verkündigung einige Anträge der allgemeinen Ständeversammlung ungenehmigt gelassen und einige Abänderungen hinzugefügt hat, ohne daß diese zuvor den allgemeinen Ständen mitgetheilt und von ihnen genehmigt wären.

---

[721] Biographische Angaben oben S. 86.
[722] Biographische Angaben oben S. 118.
[723] *Jacob Grimm* (1785–1863), Studium der Rechtswissenschaften in Marburg (Schüler *Savignys*), 1830–1837 Professor für Sprach- und Literaturwissenschaft in Göttingen; ab 1841 an der Akademie der Wissenschaften Berlin; 1848 Mitglied der Nationalversammlung.
[724] *Wilhelm Grimm* (1786–1869); ebenfalls Schüler *Savignys*, 1830–1837 Professor in Göttingen; ab 1841 an der Akademie der Wissenschaften Berlin tätig.
[725] *Georg Gottfried Gervinus* (1805–1871); Schüler des Historiker *F. Chr. Schlosser*; 1835–1836 Professor der Geschichte in Heidelberg; 1836–1837 in Göttingen; später Honorarprofessor in Heidelberg; Mitglied der Nationalversammlung.
[726] *Heinrich Ewald* (1803–1875), Orientalist und Theologe, seit 1827 außerordentlicher, ab 1831 ordentlicher Professor für Philosophie in Göttingen; 1841–1848 Professor der Theologie in Tübingen; 1848 Rückkehr nach Göttingen; 1867 erneute Entlassung wegen Verweigerung des Huldigungseids auf den preußischen König.
[727] *Wilhelm Weber* (1804–1891), Physiker, 1831–1837 Professor in Göttingen; 1842–1848 Professor der Physik in Leipzig, ab 1848 wieder in Göttingen.
[728] Vgl. *M. Saage-Maaß*, Die Göttinger Sieben – Demokratische Vorkämpfer oder nationale Helden?, passim.

Denn dieser Vorwurf der Ungültigkeit würde nach der anerkannten Rechtsregel, daß das Gültige nicht durch das Ungültige vernichtet wird, wenn doch immer nur diese einzelnen Puncte, die nach ihrem Inhalte durchaus nicht das Ganze bedingen, treffen, keineswegs das ganze Staatsgrundgesetz. Derselbe Fall aber würde eintreten, wenn im Staatsgrundgesetze Rechte der Agnaten verletzt wären; denn der Grundsatz, daß eine jede Veränderung in der Staatsverfassung der agnatischen Einwilligung unterworfen sei, würde nicht ohne die größte Gefährdung der Königlichen Rechte aufgestellt werden können. Was endlich die dem Staatsgrundgesetze zur Last gelegte Verletzung wesentlicher Königlicher Rechte angeht, so bleibt den unterthänigst Unterzeichneten in Bezug auf diese schwerste, aber gänzlich unentwickelt gebliebene Anfrage nichts anders übrig, als daran zu erinnern, daß das Königl. Publikations-Patent vom 26. September 1833 sich gerade die Sicherstellung der landesherrlichen Rechte ausdrücklich zum Ziele nimmt, daß die Deutsche Bundesversammlung, welche gleichzeitig mit den ständischen Verhandlungen über das Staatsgrundgesetz eine Commission gerade zu demselben Ziele aufstellte, keine Rüge derart jemahls ausgesprochen hat, daß vielmehr das Staatsgrundgesetz dieses Königreichs in ganz Deutschland das Lob weiser Mäßigung und Umsicht gefunden hat. Wenn daher die unterthänigst Unterzeichneten sich nach ernster Erwägung der Wichtigkeit des Falles nicht anders ueberzeugen können, als daß das Staatsgrundgesetz seiner Errichtung und seinem Inhalte nach gültig sei, so können sie auch, ohne ihr Gewissen zu verletzen, es nicht stillschweigend geschehen lassen, daß dasselbe ohne weitere Untersuchung und Vertheidigung von Seiten der Berechtigten, allein auf dem Wege der Macht zu Grunde gehe. Ihre unabweisliche Pflicht vielmehr bleibt, was sie hiemit thun, offen zu erklären, daß sie sich durch ihren auf das Staatsgrundgesetz geleisteten Eid fortwährend verpflichtet halten müssen, und daher weder an der Wahl eines Deputirten zu einer auf andern Grundlagen als denen des Staatsgrundgesetzes berufenen allgemeinen Ständeversammlung theilnehmen, noch die Wahl annehmen, noch endlich eine Ständeversammlung, die im Widerspruche mit den Bestimmungen des Staatsgrundgesetzes zusammentritt, als rechtmäßig bestehend anerkennen dürfen.

Wenn die ehrerbietigst unterzeichneten Mitglieder der Landesuniversität hier als Einzelne auftreten, so geschieht es nicht, weil sie an der Gleichmäßigkeit der Ueberzeugung ihrer Collegen zweifeln, sondern weil sie so früh als möglich sich vor den Conflicten sicher zu stellen wünschen, welche jede nächste Stunde bringen kann. Sie sind sich bewußt, bei treuer Wahrung ihres amtlichen Rufs, die studirende Jugend stets vor politischen Extremen gewarnt und, so viel an ihnen lag, in der Anhänglichkeit an ihre Landesregierung befestigt haben. Allein das ganze Gelingen ihrer Wirksamkeit beruht nicht sicherer auf dem wissenschaftlichen Werthe ihrer Lehren, als auf ihrer persönlichen Unbescholtenheit. Sobald sie vor der studirenden Jugend als Männer erscheinen, die mit ihren Eiden ein leichtfertiges Spiel treiben, ebenso bald ist der Segen ihrer Wirksamkeit dahin. Und was würde Sr. Majestät dem Könige der Eid unserer Treue und Huldigung bedeuten, wenn er von Solchen ausginge, die eben erst ihre eidliche Versicherung freventlich verletzt haben?«[729]

Die von *Dahlmann* entworfene[730], zweifelsfrei aber von *Albrecht* mitverfasste Schrift, wurde dem Universitätskuratorium übermittelt, dem der hannoversche Minister *von Arnswaldt*[731] vorsaß. Dieser sandte vier Tage später ein Reskript an alle sieben Professoren, aus denen einige Auszüge zitiert seien:

---

[729] Zitiert nach *E. R. Huber*, Dokumente I, S. 295 f.
[730] Vgl. *E. R. Huber*, Deutsche Verfassungsgeschichte II, S. 99.
[731] *Karl Friedrich Alexander Frhr. von Arnswaldt* (1768–1845), Staatsminister und Kurator der Universität Göttingen (1828–1838).

> »Wir wollen keinesweges verkennen, daß die vorliegende allerdings höchst wichtige Angelegenheit aus einem verschiedenen Gesichtspuncte angesehen, und daß darüber abweichende Ansichten gehegt werden können, wie denn auch Se. Majestät der König die von Allerhöchst Ihnen jetzt verhängte Aufhebung des Staatsgrundgesetzes nicht ohne vorgängige genaue Untersuchung zu beschließen geruhet haben. Inzwischen müssen Wir um so mehr Anstand nehmen, auf eine Erörterung der Gründe, welche Se. Königl. Majestät zu der Erlassung des Patents vom 1ten d.M. bewogen haben, sowie der von den Herren aufgestellten staatsrechtlichen Grundsätze näher einzugehen, als Wir ueberhaupt nicht dafür halten können, daß es die Sache des einzelnen Staatsdieners und Unterthan sei, die in dieser Beziehung dem Landesherrn zustehenden Befugnisse irgend einer Diskussion zu unterziehen und darüber gewissermaßen mit Allerhöchst Demselben zu verhandeln oder sogar der Befolgung der Allerhöchsten Königlichen Bestimmung eigenmächtig den Gehorsam zu versagen.
> Den Unterthanen liegt vielmehr ob, in ruhiger Ergebung zu warten, wie auf dem allein zuläßigen Wege, nämlich auf dem der Berathung mit den jetzt zu convocirenden Ständen die öffentlichen Angelegenheiten Unsers Vaterlands werden geordnet werden, nicht aber wird ihnen zugestanden werden können, ein jeder nach seiner besonderen Ansicht zu verfahren, in dem dieses einleuchtendermaßen zur offenbaren Anarchie führen würde.«[732]

In dem Reskript setzt sich *Arnswaldt* alsdann mit der Frage der Eidesleistung auseinander und hält die Professoren als Staatsdiener für verpflichtet, der vom König ausgehenden Anweisung Folge zu leisten:

> »Diese Dienstanweisung wurde ihnen von ihrem rechtmäßigen, angestammten Landesherren, von welchem die Feststellung des Diensteides abhängt und welchem allein der Diensteid geleistet wird, auferlegt; sie ist jetzt eben auf diese Weise von dem rechtmäßigen und angestammten Landesherren durch ein öffentliches Patent wieder aufgehoben und die Staatsdiener werden daher, unbeschadet ihrer Gewissenspflicht, dieser neuesten höchsten Anweisung zu folgen haben und derselben Folge leisten müssen, da der Landesherr unter keiner Bedingung es zugeben kann, daß einer seiner Staatsdiener ihm den Gehorsam aufsage, und dem öffentlich verkündeten Willen des Ersteren ausdrücklich entgegenhandeln zu wollen erkläre.«[733]

Im Folgenden weist *Arnswaldt* darauf hin, dass die sieben Göttinger Professoren die ersten und einzigen unter den Staatsdienern seien, die sich zu einer derartigen Erklärung veranlasst gesehen hätten, während alle anderen dem Patent des Königs Folge geleistet hätten:

> »Daß aber diese andern Staatsdiener nicht ebenfalls nach ihrer gewissenhaften innern Ueberzeugung hierunter gehandelt haben sollten, daß werden die Herren mit ihren in der Tath sehr auffallenden Aeußerungen am Schlusse ihrer Vorstellung sicher nicht haben andeuten wollen, vielmehr werden sie selbst nicht verkennen, daß es in Angelegenheiten dieser Art es Niemandem gestattet ist, den ihm vielleicht richtig scheinenden Grundsatz als allgemeine Norm auszusprechen, und sich dadurch gleichsam zum Richter ueber das Gewissen Anderer aufzuwerfen.«[734]

---

[732] So Reskript des Universitäts-Kuratoriums vom 22. November 1837, zitiert nach E. R. Huber, Dokumente zur deutschen Verfassungsgeschichte I, S. 296.
[733] E. R. Huber, Dokumente I, S. 296 f.
[734] E. R. Huber, Dokumente I, S. 297.

Elftes Kapitel: Protestation und Entlassung der Göttinger Sieben

Arnswaldt erklärt sich bereit, das Protestationsschreiben zunächst als vertrauliche Mitteilung an das Kuratorium zu betrachten und es dem König nicht vorzulegen, wenn

> »die Herren die vorstehenden Bemerkungen einer anderweiten sorgfältigen Erwägung unterziehen, und dabei die Gefahr beherzigen, welche sie durch eine solche Erklärung sich selbst, ihre dienstliche Stellung, ja selbst das Wohl und den Flor der Universität aussetzen, daß sie zur Vermeidung aller dieser unglücklichen Folgen zu dem Entschlusse sich bewogen finden mögen, der Allerhöchsten Bestimmung des Patents vom 1. d. M. in Ruhe sich zu fügen, auch demnächst, wenn die Universität zu der Absendung eines Deputirten zur allgemeinen Ständeversammlung aufgefordert werden wird, dieser sich um so weniger entgegen zu setzen, als es dem höchsten Interesse des ganzen Landes und aller Unterthanen liegt, daß die Frage über die künftige Verfassung des Königreichs, welche nach dem Patente vom 1. d. M. bei der nächsten Ständeversammlung zur Berathung kommen wird, von allen Seiten auf das ruhigste erwogen und auf solche Weise gelöst werde, wie Selbiges dem Besten des Königs und des Landes gleichmäßig am meisten entsprechen wird. [...].«[735]

Abschließend ergeht an die sieben Professoren die ernsthafte Mahnung, in der Verfassungsfrage größte Vorsicht walten zu lassen und alles zu vermeiden, was unter der studierenden Jugend Aufregung herbeiführen und vielleicht zu Schritten veranlassen könnte, »welche für sie selbst und für das Wohl der ganzen Universität von den verderblichsten Folgen sein könnten.«[736]

Die Angelegenheit ließ sich allerdings nicht mehr gütlich beilegen, weil die Protestationsschrift bekannt geworden war und in Göttingen durch zahlreiche Abschriften die Runde machte. Der Besuch einer Universitätsdelegation im Schloss Rotenkirchen, in dem der König sich zur Jagd aufhielt, vermochte seinen Zorn nicht zu mildern.[737] Vielmehr verfasste er noch in Rotenkirchen ein Schreiben, das das Datum vom 28. November 1837 trägt:

> »Aus ihrem Inhalte habe ich entnommen, namentlich aus der Stelle, wo sich die Professoren nach erfolgter Aufhebung des Staatsgrundgesetzes dasselbe gewissermaßen noch als gültig zu betrachten und aufrecht zu erhalten, herausnehmen und die auf verfassungsmäßigem Wege von Mir und den Ständen des Jahres 1819 etwa zu vereinbarende Verfassung nicht anerkennen wollen, daneben von freventlicher Verletzung ihres Eides sprechen – daß die Professoren augenfällig eine revolutionäre, hochverrätherische Tendenz verfolgen, welche sie persönlich verantwortlich macht: sie scheinen daher der Macht des peinlichen Richters verfallen und zweifle ich nicht, daß von allen betheiligten Behörden Alles werde gethan werden um diesem verbrecherischen Beginnen nicht allein zu steuern, sondern auch die Schuldigen zur Verantwortung und Strafe zu ziehen.«[738]

Zwei Wochen später erging das von *Ernst August* unterzeichnete und von *Schele* gegengezeichnete Reskript über die Entlassung der Göttinger Sieben. Von einer strafrechtlichen Verfolgung wegen Verbreitung der Schrift sollte abgesehen

---

[735] *E. R. Huber*, Dokumente I, S. 297.
[736] *E. R. Huber*, Dokumente I, S. 297 f.
[737] Vgl. *E. R. Huber*, Deutsche Verfassungsgeschichte II, S. 101; *H. Kück*, Die »Göttinger Sieben«, S. 83 ff.
[738] So Handschreiben vom 28. November 1837, zitiert nach *H. v. Treitschke*, Deutsche Geschichte IV, S. 752.

werden; allerdings wurden Schritte angekündigt, um die weitere Verbreitung zu verhindern. Wörtlich heißt es in dem Reskript weiterhin:

> »Die Verfasser der Protestationsschrift haben in derselben den Uns, als ihrem rechtmäßigen Landes- und Dienstherrn, schuldigen Gehorsam aufgekündigt, da Sie in dem Wahne stehen, die Unterthanentreue nur in dem Falle Uns eidlich angeloben zu können, wenn daß, von Uns in Unserm Patente vom 1. November d.J. aufgehobene Staatsgrundgesetz vom 26. September 1833 fortdauernd Gültigkeit und verbindliche Kraft hätte. [...]
> Die gedachten Professoren haben durch Erklärungen solcher Art, bei denen sie gänzlich verkannt zu haben scheinen, daß Wir ihr alleiniger Dienstherr sind, daß der Diensteid einzig und allein Uns geleistet werde, somit auch Wir nur allein das Recht haben denselben ganz oder zum Theil zu erlassen, – das Dienstverhältniß, worin sie bisher gegen Uns standen, völlig aufgelöst, wovon dann deren Entlassung von dem, ihnen anvertrauten, öffentlichen Lehramte auf der Universität Göttingen nur als nothwendige Folge betrachtet werden kann.«[739]

II. Zur rechtlichen Beurteilung des Protestationsschreibens

Ernst Rudolf Huber hat eine rechtliche Einordnung des Protestationsschreibens vorgenommen und sieht hierin zum einen eine Eidesverwahrung, zum anderen die Ankündigung des individuellen Widerstands der sieben Professoren als Mitglieder der Universität Göttingen und damit einer wahlberechtigten Korporation.[740] Die Eidesverwahrung hält *Huber* insofern für berechtigt, als der nach §161 StGG zu leistende Eid der Staatsdiener ein Doppeleid gewesen sei, mit dem der Staatsdiener dem König Treue und die »getreuliche Beobachtung des Staats-Grundgesetzes« gelobte.[741] Waren aber die Staatsdiener durch ihren Eid auch der Verfassung verpflichtet, so konnten sie selbst durch den König nicht von dieser Verpflichtung befreit werden. An dieser Stelle ergibt sich eine staatsrechtliche Aporie, die sich bereits in der Protestationsschrift und den auf sie folgenden Reskripten zeigt, aber bis in unsere Tage zu beobachten ist. Sah man den König als *berechtigt* an, eine geltende Verfassung aufzuheben und durch eine außer Kraft getretene zu ersetzen, so war der eine Teil des Doppeleides, nämlich die Verpflichtung auf die Beachtung des Staatsgrundgesetzes, gegenstandslos geworden. Die Entbindung der Staatsdiener von dem von ihnen geleisteten Eid – wie sie im Patent vom 1. November 1837 tatsächlich ausgesprochen worden ist[742] – wäre in diesem Fall rein deklaratorisch gewesen, weil von dem Doppeleid nur die Verpflichtung auf den Monarchen übrig geblieben wäre. Insofern bedeutete die Eidesverwahrung der Göttinger Sieben, dass sie die Aufhebung des Staatsgrundgesetzes durch den König als *unrechtmäßig* und damit nichtig ansahen, mit der Folge, dass sie sich weiterhin zur Beachtung der Verfassung verpflichtet fühlten. *Schele* drehte in seinem Entlassungsschreiben den Spieß um:

---

[739] So Reskript vom 11. Dezember 1837, zitiert nach E. R. *Huber*, Dokumente I, S. 298 f.
[740] Vgl. E. R. *Huber*, Deutsche Verfassungsgeschichte II, S. 98 f.
[741] Vgl. E. R. *Huber*, Deutsche Verfassungsgeschichte II, S. 97.
[742] Vgl. oben S. 181.

Wenn sich die Sieben einer nicht mehr geltenden Verfassung verpflichtet fühlten und damit die Rechtmäßigkeit der Aufhebung in Frage stellten, so könnten sie folgerichtig ihre Ämter als Professoren nicht mehr erfüllen. An dieser Stelle zeigt sich erneut, dass es im Kern um die Frage ging, ob der König über der Verfassung stand und sie gegebenenfalls aufheben konnte, oder ob er – um mit *Albrecht* zu sprechen – *Organ* des Staates und damit auch der Verfassung unterworfen war. *Ernst August* und sein Stichwortgeber *Schele* haben stets den Standpunkt vertreten, dass allein die Abstammung und das Erstgeburtsrecht dem Monarchen Souveränitätsrechte vermittelten, die allenfalls durch seine Einwilligung eingeschränkt werden konnten. Damit wurde – wie oben schon ausgeführt[743] – der epochale Wandel vom Absolutismus und ständischen Feudalismus zum konstitutionellen Zeitalter geleugnet.

Die oben bezeichnete Aporie wird erneut ersichtlich, wenn *Ernst Rudolf Huber* bemängelt, dass der König die Entlassung ohne Rechtsgrundlage ausgesprochen habe. Nach §163 Abs.1 StGG konnte »kein Civil-Staatsdiener [...] seiner Stelle willkürlich entsetzt werden.« *Huber* kommt zu dem Ergebnis, die Entlassung sei ein Willkürakt gewesen und habe deshalb gegen das Staatsgrundgesetz verstoßen.[744] Dieses Ergebnis bedarf keiner besonderen Begründung, weil der König nicht nur gegen diese Bestimmung verstoßen, sondern das Staatsgrundgesetz als solches aufgehoben hatte. Da das vorgeblich wieder in Kraft getretene Patent von 1819 nur ein Organisationsstatut war und weder Rechte der Untertanen noch Verfahrensbestimmungen enthielt[745], erfolgte die Entlassung in einem rechtsleeren Raum und war somit ein Akt der Despotie.

III. Protestationsschreiben und öffentliche Meinung

Bekannt und vielfach beschrieben worden ist, welche Empörung die Entlassung der Göttinger Sieben in anderen Staaten des Deutschen Bundes wie im Ausland hervorrief.[746] In der Folgezeit erschienen zahlreiche Publikationen, in denen die Verfasser – großenteils anonym – ihre Haltung zu dem Staatsstreich darlegten. Noch im Jahr 1837 erschien in Hamburg die »Staatsrechtliche Würdigung des Patentes Sr. Maj. des Königs von Hannover vom 1. November 1837«, in Altona die Schrift »Meine Ueberzeugung in Beziehung auf das hannoversche Staats-Grund-Gesetz vom 26. September 1833« und die »Beleuchtung des Königl. Hannoverschen Patents vom 1. Novbr. 1837«, jeweils ohne Namensangabe der Verfasser. Im Jahr 1838 erschien in Hamburg »Der Versuch einer rechtlichen Beurtheilung der Hannöverschen Verfassungsfrage« von *Georg Werner*, wobei als Verfasser der Schrift nur die Initialen »G. W.« angegeben waren. *Albrecht* verfasste die 1837

---

[743] Vgl. oben S.104.
[744] So *E. R. Huber*, Deutsche Verfassungsgeschichte II, S.103.
[745] Vgl. oben S.14.
[746] Eindrucksvoll ist der Bericht *H. A. Oppermanns*, Zur Geschichte des Königreichs Hannover I, S.138 ff., der die Ereignisse in Göttingen als Zeitzeuge schildert; vgl. weiterhin *M. Saage-Maaß*, Die Göttinger Sieben, passim.

in Leipzig erschienene, von *Dahlmann* herausgegebene Schrift »Die Protestation und Entlassung der sieben Göttinger Professoren«. Mit *Dahlmanns* Schrift »Zur Verständigung«, die 1838 in Basel erschien, meldete sich ebenfalls einer der Göttinger Sieben zu Wort, stellte das Zustandekommen der Protestationsschrift dar und lieferte überdies eine Dokumentation der in dieser Angelegenheit ergangenen Reskripte und Antworten der Göttinger Professoren. Den Titel der *Dahlmann*'schen Schrift übernehmend erschien im gleichen Jahr in Aarau die anonyme Schrift »Ueber Vermittelung in Hannover«. Ebenfalls 1839 erschien in Leipzig der »Beitrag zur Belehrung meiner Mitbürger und Landesleute ueber die Hannoversche Verfassungsangelegenheit« – verfasst von einem Anonymus.

Bemerkenswert ist, dass sich auch eine Gegenposition herausbildete. So erschien 1838 in Gotha die Schrift »Ein anderes Wort zur Protestation und Entlassung der sieben Göttinger Professoren« von *Gustav Zimmermann*. Ebenfalls in Gotha erschien 1838 die Schrift *C. Heusingers* »Das Patent Sr. Majestät des Königs Ernst August und die hannöverschen Landstände«. Von den hier genannten Schriften, die Belege für die sich im Vormärz entwickelnde öffentliche Meinung darstellen, sollen im Folgenden die Publikationen *Georg Werners* als engagierten Verteidigers der Protestation und die Gegenposition *Gustav Zimmermanns* skizziert werden.

1. Die Schrift Georg Werners

Schon die Widmung der Schrift *Georg Werners* »Versuch einer rechtlichen Beurtheilung der Hannöverschen Verfassungsfrage«

> »Den sieben Ehrenmännern Dahlmann, Albrecht, Gervinus, Jacob Grimm, Wilhelm Grimm, Ewald, Weber, die treu ihrem geleisteten Schwur, dem deutschen Vaterlande in unseren Tagen ein glänzendes Beispiel gesetzlicher, muthvoller Vertheidigung politischer Rechte gaben, widmet diese Zeilen als geringes Zeichen unbegränzter Hochachtung der Verfasser«.

weist auf das persönliche Engagement *Werners* in der Verfassungsfrage hin. In der 71 Seiten umfassenden Schrift wird zunächst die verfassungsrechtliche Entwicklung des Königreichs seit 1819 nachgezeichnet und festgestellt, dass das Staatsgrundgesetz bis zum 1. November 1837 in anerkannter Geltung gestanden habe.[747] Vergleichbar den Ausführungen in den »Staatsrechtlichen Bedenken« unterscheidet *Werner* zwischen der *Meinung* des Königs über das Staatsgrundgesetz und dem (Rechts-)*Grund*, dieses aufzuheben.[748] *Werner* widerlegt die von *Schele* vertretene Meinung, die Verfassung habe nur durch einen Vertrag zustande kommen können und begründet dies damit, dass die Ständeversammlung nur den *Wunsch* ausgesprochen habe, bei der Erarbeitung des Staatsgrundgesetzes beteiligt zu werden. Auch habe die Regierung nichts anderes erklärt, als dem Wunsch nach Beteiligung zu entsprechen.[749]

---
[747] G. W.(erner), Versuch einer rechtlichen Beurtheilung, S. 26.
[748] G. W.(erner), Versuch einer rechtlichen Beurtheilung, S. 29.
[749] So G. W.(erner), Versuch einer rechtlichen Beurtheilung, S. 38 f.

Die verfassungsrechtlichen Ausführungen gipfeln in der Feststellung, dass niemand den Huldigungseid leisten dürfe, weil der König diesen erst fordern könne, nachdem er seinerseits die unverbrüchliche Festhaltung der Landesverfassung versprochen habe. Die Schrift schließt mit einer Würdigung der wissenschaftlichen Leistung der sieben Göttinger Professoren und der Voraussage, dass die *Georgia Augusta* nach ihrem Weggang ihre Bedeutung als »Pflegerin der Wissenschaft, als Förderin des Lichtes und der Wahrheit« einbüßen werde.[750]

Werners Schrift ist zwar durch überzeugende rechtliche Deduktionen ausgezeichnet und entlarvt auf diese Weise die Aufhebung des Staatsgrundgesetzes als das, was sie ohne alle rechtliche Verbrämung war: ein antikonstitutioneller Staatsstreich. Die Verbindung zur Protestation der Göttinger Sieben allerdings bleibt eher vage, sodass dem Leser der Schluss überlassen bleibt, dass angesichts des Staatsstreichs die Protestation gerechtfertigt und die Entlassung der Göttinger Sieben ungerechtfertigt war.

2. Die Gegenposition Gustav Zimmermanns

Schon der Titel der Schrift »Ein anderes Wort zur Protestation und Entlassung der sieben Göttinger Professoren« unter Nennung des Verfassernamens lässt erkennen, dass hier eine Gegenposition zu einer in der Publizistik dieser Zeit »herrschenden Meinung« eingenommen werden soll. Im Gegensatz zu den Schriften der Verfasser, die mit Leidenschaft das Staatsgrundgesetz in seinem Bestand verteidigen und sich als Anhänger der konstitutionellen Bewegung zu erkennen geben, entbehrt die Schrift *Zimmermanns* jeglicher Emphase und stellt sich als Ergebnis kühler Analyse dar. Im ersten Teil setzt *Zimmermann* sich mit der von *Albrecht* verfassten Schrift »Die Protestation und Entlassung der sieben Göttinger Professoren« auseinander. *Zimmermann* blendet hierbei die Gründe für die Protestation vollständig aus und erklärt von vornherein, sich mit der Verfassungsangelegenheit erst in einer späteren Schrift beschäftigen zu wollen:

> »Ob der König das Grundgesetz aufheben durfte oder nicht, mag hier unerörtert bleiben, da sich zeigen lässt, dass die Professoren selbst für den Fall Unrecht haben, wenn man das Aufheben der Verfassung für widerrechtlich erklären will, und überhaupt die Frage über die Legalität der Protestation nicht von der über das Recht des Königs zu jenem Act abhängt, in dem das Unrecht des Königs höchstens ein schon vorhandenes Recht der Professoren auf die Verfassung verletzen, aber keins erzeugen konnte.«[751]

Aufgrund dieser Prämisse sieht sich *Zimmermann* der Notwendigkeit enthoben, zu den Patenten vom 5. Juli und 1. November 1837 Stellung zu nehmen und die in den anderen Schriften der Zeit als ausschlaggebend angesehene Frage zu behandeln, ob es sich bei der *Aufhebung* des Staatsgrundgesetzes durch den König – dieser Begriff wird durchgehend verwandt – um einen verfassungswidri-

---

[750] So G. W.(erner), Versuch einer rechtlichen Beurtheilung, S. 76.
[751] So G. Zimmermann, Ein anderes Wort, S. 7; vgl. auch ders., Die hannöversche Regierung und das Staatsgrundgesetz von 1833, 1839.

gen Akt gehandelt habe. *Zimmermann* betrachtet die Frage der Gebundenheit an den – auch – auf die Verfassung geleisteten Eid als solche der Amtspflichten eines Staatsdieners. Er versäumt allerdings nicht zu erwähnen, dass die Professoren nicht auf das Staatsgrundgesetz selbst vereidigt worden seien, sondern der Eid durch § 13 des Publikationspatents als auf das Grundgesetz geleistet fingiert wurde.[752]

Bevor *Zimmermann* in die Tiefen des Dienstrechts hinabsteigt, stellt er die abstrakte Frage, ob die Untertanen einer Monarchie ein »wohlerworbenes Recht« auf den Bestand einer Verfassung haben könnten. *Zimmermann* unterstellt *Albrecht*, diese Auffassung zu vertreten und versucht, ihn mit einem *argumentum ad absurdum* zu widerlegen, weil unter dieser Voraussetzung »jede alte Frau als physische Person« Widerspruch gegen Verfassungsänderungen im Staat erheben könnte.[753] Nach diesem staatstheoretischen Exkurs widmet sich *Zimmermann* der Frage, ob den *Staatsdienern* ein derartiges Protestationsrecht zukomme. Wiederum behandelt *Zimmermann* die Frage abstrakt und will sie ungeachtet des Umstandes beantworten, ob der Monarch als Dienstherr rechtmäßig oder rechtswidrig gehandelt habe.[754] Es bedarf kaum weiterer Erörterung, dass der Verfasser den Bediensteten ein solches Recht nicht zugesteht und sie deshalb an Regierungsakte auch dann für gebunden hält, wenn diese nach ihrer Auffassung rechtswidrig sind.[755]

Unter den abstrakten dienstrechtlichen Prämissen beurteilt *Zimmermann* nunmehr das Verhalten der sieben Göttinger Professoren und gesteht ihnen das Recht zu, gegen einen nach ihrer Auffassung verfassungswidrigen Akt zu protestieren, hält sie in diesem Fall aber für verpflichtet, um ihren Abschied zu bitten.[756] Einerseits die Rechtsüberzeugung zu äußern, andererseits aber im Dienst des Monarchen zu bleiben, hält *Zimmermann* für ein widersprüchliches Verhalten, das er den sieben Göttinger Professoren vorwirft. Ihre Entlassung sieht er deshalb als notwendige Folge ihrer Protestation gegen die Aufhebung des Staatsgrundgesetzes an.[757] Auch fehlt es nicht an der Berufung der Gefahren für den Staat, die eintreten würden, wenn man seinen Dienern ein Urteil darüber gestattete, ob Handlungen des Herrschers oder der Regierung dem Recht entsprächen oder nicht. Auch Gerichte hält *Zimmermann* für völlig ungeeignet, in derartigen Streitfällen zwischen dem Dienstherrn und dem Bediensteten zu entscheiden.[758]

Die Position *Zimmermanns*, die Protestation der Göttinger Sieben und ihre Entlassung allein unter dienstrechtlichem Aspekt zu behandeln, hat bis in die Gegenwart hineingewirkt und taucht noch in Publikationen der Gegenwart

---

[752] Vgl. G. Zimmermann, Ein anderes Wort, S. 31.
[753] So G. Zimmermann, Ein anderes Wort, S. 18.
[754] Vgl. G. Zimmermann, Ein anderes Wort, S. 28.
[755] So G. Zimmermann, Ein anderes Wort, S. 29.
[756] Vgl. G. Zimmermann, Ein anderes Wort, S. 29.
[757] Vgl. G. Zimmermann, Ein anderes Wort, S. 34.
[758] So G. Zimmermann, Ein anderes Wort, S. 35 f.

auf.⁷⁵⁹ Sie steht freilich unter einer ausgesprochenen und einer unausgesprochenen Prämisse. Zunächst setzt *Zimmermann* voraus, der König habe seine Herrschergewalt aufgrund seines Erstgeburtsrechts erlangt und zu ihrer Ausübung nicht erst den Eid auf die Verfassung leisten müssen.⁷⁶⁰ Die unausgesprochene Prämisse besteht darin, dass ein Monarch die Verfassung auch aus eigenem Recht *aufheben* könne. Zwar betont *Zimmermann* an mehreren Stellen, dass es auf die Rechtmäßigkeit der Aufhebung nicht ankomme. Damit umgeht er allerdings die Kernfrage des Hannoverschen Verfassungskonflikts, ob ein Monarch das *Recht* haben könne, eine zweifelsfrei in Geltung befindliche Verfassung *aufzuheben*. Nur wenn – wie bei *Zimmermann* geschehen – diese Frage ausgeklammert wird, kann man zu einer »glatten« dienstrechtlichen Deduktion kommen, verfehlt damit aber die historische Dimension des Staatsstreichs. Allerdings will *Zimmermann* einen »moralischen Entschuldigungsgrund« für die Professoren für den Fall gelten lassen, dass »das Aufheben der Verfassung offenbar illegal sei«.⁷⁶¹ Diese Frage verneint *Zimmermann* erwartungsgemäß und wirft den Professoren vor, sich ein Urteil über die Handlungsweise des Königs angemaßt zu haben.⁷⁶² Seine dienstrechtlichen Deduktionen führen geradewegs zu dem Ergebnis, dass die Göttinger Sieben sich dadurch widersprüchlich verhalten hätten, dass sie einerseits protestierten, andererseits aber in ihren Ämtern verbleiben wollten.

Angesichts der öffentlichen Meinung, die sich durch die Publikationen außerhalb des Königreichs herausbildete, war das »andere Wort« *Gustav Zimmermanns* in Hannover hochwillkommen. Er wurde von *Schele* nach Hannover berufen und erhielt dort eine Stelle als Archivsekretär. Im Jahr 1839 erschien in Hannover seine Schrift »Die Hannoversche Regierung und das Staatsgrundgesetz von 1833«, mit der er das Aufhebungspatent vom 1. November 1837 zu rechtfertigen versuchte.⁷⁶³

Die Göttinger Sieben nehmen seitdem in der deutschen Erinnerungskultur einen wichtigen Platz ein, weil es nicht viele Beipiele dafür gibt, dass einige wenige aufrechte und rechtstreue Männer sich gegen ein despotisches Regime auflehnten und hierfür mit ihrer wirtschaftlichen Existenz büßen mussten. Ein umstrittenes Beispiel für die Ehrung der Göttinger Sieben stellt das im Jahr 2015 auf dem Bahnhofsvorplatz in Göttingen errichtete Denkmal dar. Es besteht aus dem maßstabsgetreu nachgebildeten Sockel des Denkmals für König *Ernst August* vor dem Bahnhof in Hannover. Statt dessen Inschrift »Dem Landesvater – Sein treues Volk« findet sich in Göttingen die – ironisch gemeinte – Inschrift »Dem Landesvater – Seine Göttinger Sieben«. Auf der Rückseite sind ihre Namen eingemeißelt, ergänzt durch den der Künstlerin (*Christiane Möbus*), die sich damit in die Reihe der Göttinger Sieben einreiht. Fraglich ist, ob späteren Generatio-

---

⁷⁵⁹ Vgl. *K. v. See*, Die Göttinger Sieben, S. 64 f., der den Verf. fälschlich als *Georg Zimmermann* zitiert.
⁷⁶⁰ So *G. Zimmermann*, Ein anderes Wort, S. 33.
⁷⁶¹ So *G. Zimmermann*, Ein anderes Wort, S. 31.
⁷⁶² So *G. Zimmermann*, Ein anderes Wort, S. 32.
⁷⁶³ *B. v. Poten*, Gustav Zimmermann, ADB Bd. 45 (1900), S. 265.

IV. Die Gehaltsklage der Göttinger Sieben

nen die ironische Paraphrase des hannoverschen Denkmals und die Ergänzung um einen weiteren Namen noch verständlich sein wird.[764]

IV. Die Gehaltsklage der Göttinger Sieben

Der König selbst hatte angeordnet, dass den sieben Professoren ihr Gehalt nur bis zum Tag ihrer Entlassung auszuzahlen sei. Die Professoren erhoben daraufhin Klage bei der Justizkanzlei Hannover – dem zuständigen erstinstanzlichen Gericht –, um die Fortzahlung der Gehälter zu erwirken. Das Gericht hätte im Verfahren inzidenter prüfen müssen, ob das Staatsgrundgesetz noch in Geltung sei und der von den Professoren geleistete Eid auf die Verfassung noch bindende Wirkung entfalte. Wäre dies zu bejahen gewesen, wäre die Protestationsschrift keine Verletzung einer Dienstpflicht gewesen und hätte sich ihre Entlassung als Willkürakt dargestellt.[765] Um eine rechtliche Prüfung zu verhindern, wies der König die Justizkanzlei Hannover an, die Klage der Sieben *a limine* abzuweisen. *Huber* zufolge handelte es sich hierbei um einen beispiellosen Eingriff in die Unabhängigkeit der Justiz.[766] Allerdings hätte eine *a limine*-Abweisung der Klage die Gefahr heraufbeschworen, dass die sieben Professoren sich an die Bundesversammlung mit einer Beschwerde wegen Justizverweigerung gewandt hätten. Nach Art. 29 WSA war die Bundesversammlung verpflichtet, Beschwerden über »verweigerte oder gehemmte Rechtspflege anzunehmen« und darauf die gerichtliche Hilfe bei der Regierung, die zu der Beschwerde Anlass gegeben hatte, zu bewirken. Damit hätten die Göttinger Sieben erreicht, was dem Magistrat der Stadt Osnabrück versagt blieb, nämlich eine Befassung der Bundesversammlung mit den Vorgängen in Hannover zu erzwingen.

Um eine solche Beschwerde zu verhindern, machte die Regierung geltend, es handele sich bei der Klage der Professoren nicht um eine bürgerlich-rechtliche Streitigkeit, sodass der Rechtsweg nicht eröffnet sei. Für einen derartigen »Kompetenzkonflikt« war in § 156 Abs. 2 StGG eine Entscheidung des Geheimrats-Kollegiums – also eines von der Regierung unabhängigen Organs – vorgesehen. Nach Aufhebung des Staatsgrundgesetzes existierte dieses Kollegium nicht mehr. Erst das Landes-Verfassungsgesetz vom 6. August 1840[767] sah in § 171 eine Regelung für Kompetenzstreitigkeiten zwischen Gerichten und Verwaltungsbehörden vor. Hiernach sollte nach Anhörung beider Behörden der – neu zu bildende – »Staatsrath« entscheiden. Der Staatsrat wurde erst im Jahr 1841 einberufen und entschied, dass die Entlassung von Beamten zu den Hoheitsrechten des Königs gehöre und richterlicher Nachprüfung entzogen sei.[768] Der

---

[764] Zur Rezeption der Protestation der Göttinger Sieben vgl. unten S. 326 ff.
[765] Vgl. *E. R. Huber*, Deutsche Verfassungsgeschichte II, S. 104.
[766] So *E. R. Huber*, Deutsche Verfassungsgeschichte II, S. 104.
[767] Vgl. unten S. 295.
[768] Vgl. *E. R. Huber*, Deutsche Verfassungsgeschichte II, S. 104.

Regierung war es damit gelungen, die Entscheidung über die Gehaltsklage über mehrere Jahre hinauszuzögern.

Das Verfahren über den Gehaltsanspruch der Göttinger Sieben ist nicht zuletzt ein Beleg dafür, dass nach Aufhebung des Staatsgrundgesetzes am 1. November 1837 eine verfassungslose Zeit eintrat. § 169 StGG galt nicht mehr, sodass die Regierung sich bei Geltendmachung des Kompetenzkonflikts auf diese Vorschrift nicht berufen konnte. § 171 LVG galt noch nicht, sodass es an einer gesetzlichen Regelung für Kompetenzstreitigkeiten fehlte. Auf eine Bestimmung des Patents von 1819 konnte sich die Regierung schon deswegen nicht stützen, weil es sich hierbei nur um ein Organisationsstatut für die allgemeine Ständeversammlung handelte.[769]

---

[769] Vgl. oben S. 14.

ZWÖLFTES KAPITEL
DIE VERFASSUNGSBESCHWERDE DER STADT OSNABRÜCK

Die Protestationsschrift der Göttinger Sieben, die darauffolgende Entlassung aller Unterzeichner sowie die Vertreibung *Dahlmanns*, *Jacob Grimms* und *Gervinus'* hatten großes Aufsehen erregt und zu leidenschaftlichen Stellungnahmen herausgefordert. Sie beschäftigt die Geschichts- und Literaturwissenschaft bis in unsere Tage.[770] Eigentümlicherweise hat der Protest der Stadt Osnabrück – ebenso wie der Widerstand des Magistrats der Residenzstadt Hannover[771] – in der Gegenwartsliteratur wenig Beachtung gefunden, so er denn überhaupt erwähnt worden ist.[772] Diese Lücke in der Rezeption des Staatsstreichs ist ebenso bemerkens- wie beklagenswert, weil die Stadt Osnabrück und die Residenzstadt Hannover eine im Vergleich zu den Göttinger Professoren ungleich gefestigtere Position hatten, denn sie waren Kommunen und konnten sich im Hinblick auf das aufgehobene Staatsgrundgesetz auf eigene Rechte berufen. Beklagenswert ist der Mangel an wissenschaftlicher Aufarbeitung auch deshalb, weil die Schritte des Osnabrücker Magistrats zur Verteidigung des Staatsgrundgesetzes glänzend dokumentiert sind.[773]

I. Die Frage der Huldigungsreverse

Nachdem das Staatsgrundgesetz durch das Patent vom 1. November 1837 aufgehoben worden war, wurden Maßnahmen getroffen, um die Huldigung des Königs durch Korporationen und Städte zu erzwingen. Hierzu wurden von den Landdrosteien Huldigungsreverse an die Städte und Gemeinden versandt, verbunden mit der Aufforderung an die kommunalen Organe, diese zu unterzeichnen. Im »Bericht« des Magistrats der Stadt Osnabrück vom 4. Dezember 1837 wird begründet, warum – mit lediglich zwei Ausnahmen – die Mitglieder des Magistrats den Huldigungsrevers bislang nicht unterzeichnet hätten:

> »Daß der Diensteid, den mehrere von uns ausdrücklich auf das Staatsgrundgesetz geschworen, in Ansehung dessen die übrigen aber ohne Ausnahme auf das Staatsgrundgesetz gewiesen sind, nächst Sr. Majestät dem Könige von uns ausdrücklich der Stadt geleistet worden, deren Obrigkeit wir bilden, kann keinem Zweifel unterliegen, und höchstachtungswerthe Stimmen aus unserer Bürger-

---

[770] Zur Rezeption der Protestschrift vgl. auch unten S. 333 ff.
[771] Zu Letzterem vgl. unten S. 259 ff.
[772] Eine Ausnahme bildet die knappe Darstellung bei *E. R. Huber*, Deutsche Verfassungsgeschichte II, S. 110 f.; neuerdings *N. Dissen*, Deutscher monarchischer Konstitutionalismus und verweigerte Rechtsentscheidungen, S. 207 ff.
[773] Vgl. nur Hannoversches Portfolio, Erster Bd., 1839.

schaft äußerten sich so, daß wir uns dieses Eides von denen, die ein Recht darauf haben, nicht entbunden achten durften. Nicht zu gedenken, daß die gesetzlichen Repräsentanten der Bürgerschaft jene Erklärung theilen.«[774]

Mit gleichem Datum erklären die Mitglieder des Magistrats, sich gegenüber dem König zu »allem schuldigen Gehorsam« zu bekennen, erklären jedoch »freimüthig«,

> »daß wir uns vorbehalten müssen, an solchen Schritten theil zu nehmen, welche gesetzlich zulässig sind, um die Anerkennung des Staatsgrundgesetzes zu bewirken, weil wir uns von der Richtigkeit der Gründe, welche für die Ungültigkeit desselben angeführt worden, nicht ueberzeugen können, und uns daher des nicht nur Sr. Königl. Majestät, sondern auch dem Lande und der Stadt auf das Staatsgrundgesetz geleisteten Eides nicht enthoben achten dürfen.«[775]

Überdies fügten die Alterleute der Stadt Osnabrück – *Breusing*, *Hoberg*, *Lange* und *Schultze* – hinzu, dass sie die vom König erlassene Verordnung vom 14. November 1837[776], nicht auf sich beziehen könnten, weil diese an die *Behörden* gerichtet sei, nicht aber auf sie als Repräsentanten der Bürgerschaft. Sie erklärten sich zwar bereit, den Huldigungsrevers zu vollziehen, jedoch nur unter einem Vorbehalt, dass diejenigen Rechte gesichert seien, die durch das Staatsgrundgesetz der Stadt verliehen worden seien, »welcher Wir durch einen uns ebenso heiligen, als bindenden Eid verpflichtet sind.«[777] Damit hatte sich eine neue Front des Widerstands gebildet. Anders als die Göttinger Sieben beriefen sich Magistrat und Alterleute nicht auf den Beamteneid und das sie verpflichtende Gewissen, sondern auf die Rechte der Stadt, die zu verteidigen sie sich dieser gegenüber eidlich verpfichtet hatten.

Der Landdrost *von Wedel* übersandte der Stadt Osnabrück wenige Wochen später ein Schreiben, in dem er mitteilte, dass der König entschieden habe, dass die Mitglieder des Magistrats und die vier Alterleute unbedingt und ohne Hinzufügung eines Vorbehalts die Huldigungsreverse zu unterschreiben hätten. Dieser schlichten Mitteilung sind in Anführungszeichen gesetzte Ausführungen – ersichtlich von *Scheles* Hand – angefügt, in denen es heißt:

> »Die Verpflichtung, das Staatsgrundgesetz zu beobachten insbesondere, wurde als eine Dienstanweisung den Staatsdienern von ihrem rechtmäßigen angestammten Landesherrn, von welchem die Feststellung des Diensteides abhängt, auferlegt, sie ist jetzt auf eben diese Weise von dem rechtmäßigen, angestammten Landesherrn durch ein öffentliches Patent wieder aufgehoben und die Staatsdiener werden dahier unbeschadet ihrer Gewissenspflicht dieser höchsten Anweisung umso mehr Folge leisten müssen, da der Landesherr unter keiner Bedingung es zugeben kann, daß einer seiner Staatsdiener ihm den Gehorsam aufsage und dem öffentlichen verkündeten Willen des Ersteren entgegen handele.«[778]

Damit war ohne weitere juristische Verbrämung offenbart, worauf sich die Aufhebung des Staatsgrundgesetzes gründete. Ebenso wie der Vorgänger des Kö-

---

[774] Hann. Portfolio I, S. 34.
[775] Hann. Portfolio I, S. 35.
[776] Hann. GS, S. 117.
[777] Hann. Portfolio I, S. 36.
[778] Hann. Portfolio I, S. 37.

I. Die Frage der Huldigungsreverse 203

nigs eine Verfassung habe *geben* können – von der ständischen Einwilligung ist keine Rede mehr –, so nehme der regierende König für sich in Anspruch, dieselbe Verfassung *aufzuheben*. Die Staatsdiener schulden nach dieser Logik Gehorsam nur gegenüber dem König, der die Verfassung gewissermaßen vermittelte und deshalb auch austauschen konnte. Es gibt nicht wenige Belege von offizieller Seite dafür, dass *Ernst August* ebenso wie sein Ratgeber *Schele* von der unverrückbaren Vorstellung ausgingen, dass der König über, nicht *unter* der Verfassung stehe und damit die Grundfesten konstitutionellen Staatsdenkens verleugneten.

Als eine Art *argumentum ad absurdum* wird weiterhin ausgeführt,

> »Dagegen kann auch nicht die Behauptung der mehr erwähnten Magistratsmitglieder in Betracht kommen, ›sie vermöchten sich von der Nichtigkeit der für die Aufhebung des Staatsgrundgesetzes angeführten Gründe nicht zu ueberzeugen‹, in dem dem Staatsdiener niemals die Befugniß eingeräumt werden darf, die Gründe für eine Handlung zu beurtheilen, welcher der Regent in seiner Eigenschaft als Regent unternommen hat, wie denn auch die Behauptung der Magistratsmitglieder, daß der von ihnen auf das Staatsgrundgesetz geleistete Eid nicht nur Seiner Königlichen Majestät, sondern auch dem Lande und der Stadt geleistet sey, dadurch widerlegt wird, dass diese Behauptung zu der Annahme führen könnte, die Souverainität sey zwischen dem Landesherrn, seinem Volke und den einzelnen Corporationen getheilt, eine Annahme, welche gegen die bestimmtesten Vorschriften des Staatsrechts und namentlich gegen den Art. 57 der Wiener Schlußacte augenfällig verstößt.«[779]

Diese Sätze bedeuteten nichts anderes als einen Rückfall in den Absolutismus, in dem nicht das *Recht*, sondern der *Wille* des Monarchen galt, die Staatsdiener allein dazu berufen waren, diesen Willen durchzusetzen und sich eigener Beurteilung über die Rechts- und Verfassungslage zu enthalten hatten.

Der Magistrat richtete umgehend ein weiteres Schreiben an die Landdrostei, in dem die städtischen Rechte hervorgehoben werden, aber auch die Souveränität des Königs anerkannt wurde.[780] Da sich der Magistrat jedoch von weiterer Korrespondenz mit der Landdrostei – als »Mittelbehörde« – wenig versprechen konnte, wurde mit gleichem Datum eine Eingabe an den König selbst gerichtet, in der die besonderen Verhältnisse des früheren Fürstentums Osnabrück dargelegt wurden und die in der Bitte gipfelte:

> »daß Allerhöchst Dieselben Allergnädigst geruhen mögen, das Staatsgrundgesetz vom 26. Sept. 1833 durch Allerhöchstdero Zustimmung wiederum in völlige Kraft treten zu lassen.«[781]

Der Eingabe ist eine »Unterthänigste Denkschrift ueber die Gültigkeit des Staatsgrundgesetzes für das Königreich Hannover vom 26. September 1833« beigefügt.[782] Bei der Denkschrift handelt es sich um ein von *Stüve* verfasstes umfangreiches Rechtsgutachten,[783] in dem dieser seine umfassenden Kenntnisse des Staatsrechts und seinen juristischen Scharfsinn unter Beweis stellt. *Stüve*

---

[779] So Hann. Portfolio I, S. 38.
[780] Vgl. Hann. Portfolio I, S. 39 ff.
[781] Hann. Portfolio I, S. 50.
[782] Hann. Portfolio I, S. 52.
[783] In der Druckfassung umfasst es 60 Seiten (Hann. Portfolio I, S. 52–111).

versagt es sich nicht, eine spitze Bemerkung in die Richtung seines Intimfeindes *Schele* zu machen:

> »Niemand wird daran zweifeln, das Se. Majestät den reinen Willen hegen, das Glück des Landes zu befördern; wohl aber wird man untersuchen dürfen, ob die von Allerhöchstdero Dienern angerathenen Maaßregeln dem Rechte entsprechen.«[784]

Stüve führt den Nachweis, dass die vom König angekündigten Änderungen der Verfassung nicht das Patent von 1819 wiederherstellten, sondern »neue Abänderungen« enthielten. Abschließend enthält die Denkschrift eine Zusammenfassung der Ergebnisse:

> »Es ist nachgewiesen, was der Inhalt der also befestigten Verfassung, und welche Form der Abänderung damals begründet gewesen sey. Die Entstehung des Staatsgrundgesetzes von 1833 ist gezeigt, das Recht König Wilhelms IV, also zu verfahren, wie geschehen, die Befugniß der Stände von 1833, durch Acceptation das Gesetz zum Vertrage zu erheben, dargethan.
> Es ist hierauf vorgelegt, wie das Allerhöchste Patent vom 1. Novbr. v. J. den Satz, daß ein vertragsmäßiges Grundgesetz pactirt sey, auf nicht ganz zutreffende Thatsachen stütze, wie dessen Ansicht, als ob dem Articel 56 der Wiener Schlußacte zu nahe getreten sey, auf zweifelhafter Rechtsansicht beruhe.
> Wir haben vergeblich versucht, die Verletzung der agnatischen oder sogar der Regierungsrechte zu finden, auf welche die Nichtigkeit gebauet worden. In den Allerhöchsten Vorschlägen haben wir keine Herstellung alter Rechte, sondern nur neuer Einrichtungen zu erkennen vermogt. Dagegen aber zeigte sich, daß das Staatsgrundgesetz die Rechte der Allerhöchsten Person des Königs, sowie der der Agnaten, bedeutend besser stelle, als jene zu anderer Zeit, wo auch für die Herstellung unzureichender Mittel zu sorgen war, gestellt gewesen, daß dasselbe die Regierungsrechte in den Finanzen wie in der Gesetzgebung günstiger stelle, als in irgend einem der constitutionellen Bundesstaaten geschehen; und daß die etwaigen Zugeständnisse gegen den letzten Gebrauch kaum den Ersatz für die Befugnisse der Provincial-Stände und die Sicherung des Reichsstaatsrechts enthalten.«[785]

Die Denkschrift schließt mit den folgenden Worten:

> »Das Resultat der Untersuchung ist kein anderes, als daß Sr. Königlichen Majestät diejenigen Thatsachen, welche dem Allerhöchsten Patente vom 1. Novbr. offen zum Grunde gelegt sind, nicht vollständig vorgelegen – daß bei den Gründen, welche nur angedeutet und nicht ausgeführt worden, dasselbe dringend zu vermuthen, daß die Allergnädigst verheißenen Abänderungen keine Herstellung alten Rechts, sondern nur neue Einrichtungen enthalten und daß endlich Allerhöchstdero vorgängige agnatische Zustimmung, wie wünschenswerth solche auch gewesen seyn möchte, zum Rechtsbestande keineswegs unumgänglich nothwendig sey. Und so schließen wir mit der Hoffnung, daß dasjenige geschehen werde, was die Wahrheit und das Recht mit sich bringen.«[786]

Diese Hoffnung allerdings trog, denn statt die vorgetragenen Argumente zu erwägen, bediente sich die Regierung im Namen des Königs aller verfügbaren

---

[784] Hann. Portofolio I, S. 86.
[785] Hann. Portfolio I, S. 110 f.
[786] Hann. Portfolio I, S. 111.

Mittel, um die Verbreitung von Schriften, die das Aufhebungspatent in Frage stellten, zu verbieten.[787]

II. Die Eingabe an den Deutschen Bund

Stüve wird sich keine Illusionen darüber gemacht haben, dass die an den König gerichtete Denkschrift zu einem Umdenken des Herrschers in der Verfassungsangelegenheit würde führen können. *Schele* hatte dessen Position als über dem Gesetz und damit der Verfassung stehend so festgezurrt, dass ein Zurück zu einem Dialog mit einer – ja noch zu wählenden – Ständeversammlung über die Anerkennung des Staatsgrundgesetzes ausgeschlossen war. Der König, der seine Würde und damit seinen Willen über die Verfassung stellte, war mit rechtlichen Erwägungen nicht zu beeindrucken, so er sie überhaupt zur Kenntnis nahm. *Schele* wird die Eingaben aus Osnabrück als schiere Unbotmäßigkeit *Stüves* betrachtet und den König entsprechend beeinflusst haben. Die an den König gerichtete Denkschrift hatte insofern einen anderen Zweck, nämlich der Bundesversammlung zu bezeugen, dass der Magistrat alles ihm Mögliche versucht habe, um den König zu einem Sinneswandel zu bewegen, sämtliche Versuche – zunächst auf dem »Dienstweg«, sodann mit der an den König selbst gerichteten Denkschrift – aber erfolglos geblieben waren.

Die am 9. März 1838 über den in Frankfurt ansässigen Rechtsanwalt Dr. *Hessenberg*[788] der Bundesversammlung überreichte Eingabe des Magistrats der Stadt Osnabrück ist ein verfassungsgeschichtlich bedeutsames Dokument. Eine Korporation, die sich den Willkürakten ihres Landesherrn ausgesetzt sah, suchte hiermit um rechtlichen Schutz nach, wie ihn ehedem das Reichskammergericht gewährt hatte[789], dessen Rechtsprechungsfunktion nun aber auf den Deutschen Bund übergegangen war. Schon die einleitenden Worte offenbaren den tiefen Konflikt, dem sich *Stüve* und mit ihm der Osnabrücker Magistrat zwischen der

---

[787] Vgl. etwa die an den Magistrat der Stadt Osnabrück gerichtete Anordnung der Landdrostei, Petitionen und andere Schriften zu verhindern (Hann. Portfolio, S. 145).

[788] *Georg Wilhelm Hessenberg* (1808–1860), Jurist und Konsistorialrat in Frankfurt, vertrat die hannoverschen Gemeinden in vielen Verfahren vor der Bundesversammlung; späterhin Senator und Bürgermeister der freien Stadt Frankfurt.

[789] Das Reichskammergericht war auch für Beschwerden von Untertanen gegen ihren Landesherrn zuständig, wenngleich die Verfahren bekanntlich Jahre oder Jahrzehnte in Anspruch nahmen. Ein gut dokumentiertes Beispiel ist der sog. »Holzhäuser Abgeltungsvergleich«, der auf Beschwerde der Gemeinde Holzhausen gegen den Landesherrn der Grafschaft Pyrmont geschlossen worden ist. Die 1723 eingelegte Beschwerde wurde zwar erst nach 68 Jahren beschieden, führte dann aber zu dem bekannten Vergleich, zu dem sich der Fürst bereitfinden musste. (Vgl. *H. Rostmann*, in: H. Rostmann/M. Willeke (Hrsg.), Geschichte und Chronik des Dorfes Holzhausen in der Grafschaft Pyrmont, Bd. 1, 2002, S. 308). Schon die Beschwerdemöglichkeit hat im Alten Reich zu dem bei Ständen und Korporationen verbreiteten Bewusstsein beigetragen, der Willkür der Landesherrn jedenfalls nicht schutzlos ausgesetzt gewesen zu sein. Eine Ausnahme bildeten die Kurfürsten, denen jeweils ein Privileg *de non appellando* eingeräumt worden war (vgl. *D. Willoweit*, Deutsche Verfassungsgeschichte, S. 76).

Loyalität gegenüber dem Landesherrn und der eigenen Rechtsüberzeugung ausgesetzt sah:

> »Der Hohen Deutschen Bundesversammlung sehen wir uns gedrungen, mit bekümmerten Gemüthe eine Beschwerde wider die Regierung Sr. Königlichen Majestät, unseres Allergnädigsten Königs, vorzulegen. Die Bedeutung dieses Schrittes ist uns nur zu klar; die Folgen dunkel. – Nur das Gefühl unserer Pflicht, die Ueberzeugung, daß der, welcher bei Zeiten dem Uebel entgegen zu treten versäumt, wenn Pflicht gebietet und die Mittel gegeben sind, die Verantwortung trage, wenn später dasselbe unheilbar wird, hat uns zu diesem Schritte den Muth gegeben. Es ist ja dem Deutschen eigenthümlich, sich dem Rechte gern zu fügen, und sein großes Vorrecht, daß Deutschlands Verfassung von jeher da noch einen Rechtsspruch sicherte, wo bei andern Völkern nur die Macht entscheidet. – So dürfen denn auch wir die Bitte wagen, daß uns und dem Lande, dem wir angehören, nach den Grundgesetzen des Durchlauchtigsten Bundes Recht widerfahren möge.«[790]

In der Verfassungsbeschwerde wird – gewissermaßen schulmäßig – geprüft, ob das Staatsgrundgesetz in »anerkannter Wirksamkeit« bestanden habe. Diese Frage wird bejaht, weil die Ständeversammlung sich unter dem Staatsgrundgesetz fünfmal versammelt und fünfmal den Staatshaushalt festgestellt habe. Es könne

> »also wohl nicht bestritten werden [...], daß das Staats-Grundgesetz und die in demselben begründete ständische Verfassung in anerkannter Wirksamkeit bestanden habe und noch bestehe.«[791]

Nebenbei wird dem Argument vorgebeugt, dass das Staatsgrundgesetz aufgrund des Patents vom 1. November 1837 nicht mehr in »anerkannter Wirksamkeit« bestehe, weil es ja gerade um die Frage gehe, ob mit diesem Patent das Staatsgrundgesetz in *verfassungsmäßiger Weise* aufgehoben worden sei. Als eine Art Reverenz an den Deutschen Bund heißt es:

> »Frevelhaft aber wäre es, in jenes Grundgesetz, das als entscheidender Grundsatz des Bundes in Bezug auf die Rechte der Unterthanen aus Art. 13 der Bundesacte aufgestellt ist, eine Interpretation zu tragen, welche dasselbe zu einer Nichtigkeit herabwürdigte.«[792]

Geprüft wird auch, ob sich Art. 56 WSA in seiner Schutzwirkung auf diejenigen Verfassungen beschränke, die beim Erlass der Wiener Schlussakte – dem 15. April 1820 – in Kraft waren. Es werden eine Reihe von Verfassungen genannt, die erst nach diesem Zeitpunkt in Kraft getreten waren und somit nicht unter den Schutz der Wiener Schlussakte gefallen wären. Art. 56 WSA wird dahin interpretiert, den Rechtszustand der deutschen Untertanen ihren Regierungen gegenüber soweit zu sichern, als er sich sichern ließ, ohne in die inneren Angelegenheiten der Bundesstaaten einzugreifen: Der Bund schütze jede anerkannt bestehende Verfassung.[793]

Vorbeugend wird auch das Argument erörtert, ob Art. 56 WSA deshalb nicht einschlägig sei, weil das Grundgesetz vom Herzog von Cumberland als dem Ag-

---
[790] Hann. Portfolio I, S. 5.
[791] Hann. Portfolio I, S. 18.
[792] Hann. Portfolio I, S. 18.
[793] Hann. Portfolio I, S. 21.

naten nicht gebilligt worden sei. Schon hier wird die Problematik angesprochen, die späterhin noch vertieft werden wird, dass es sich – auch – um eine Frage des Verhältnisses von Öffentlichem Recht und Privatrecht handelt. Die agnatischen Ansprüche werden dem Privatrecht zugeordnet und könnten – so die Begründung der Verfassungsbeschwerde – »reine Staatshandlungen« nicht wieder vernichten:

> »Der Souverain steht ueber dem Volke; er allein vermag abzuwägen, was dem Ganzen frommt; er muß die gesammte Staatsgewalt besitzen, damit er in den mannigfaltig bedrängenden Verhältnissen, in denen der Staat sich befinden kann, ermächtigt sey, das zu thun, was das gemeine Wohl fordert. Der Agnat ist nicht in dieser Lage; er ist auf die Zukunft, vielleicht eine sehr entfernte, gewiesen; er ist vielleicht dem Lande, seinen Interessen, im Augenblick der Gefahr fremd, kennt solche durchaus nicht, ja er könnte – so wie die persönlichen Verhältnisse der höchsten Häuser gestaltet sind – gar wohl eben derjenige Gegner seyn, von dem die Gefahr droht und gegen den die äußersten Kräfte aufgeboten werden müssen. Die Gefahren eines solchen Rechtssatzes springen selbst dem Privatmanne zu sehr in die Augen, als daß hier irgendeine fernere Andeutung nöthig scheinen könnte.«[794]

Im Folgenden werden die Gründe des Patents vom 1. November 1837 einer genaueren Analyse unterzogen. Zunächst geht es um den Einwand, dass Art. 56 WSA ausdrücklich nur die »landständischen Verfassungen« unter seinen Schutz stelle und hieraus abgeleitet werde, dass Bestimmungen konstitutioneller Verfassungen – etwa die »Rechte der Unterthanen« – nicht umfasst würden. Es wird nachgewiesen, dass selbst die altständischen Verfassungen auf dem Gebiet des späteren Königreichs Hannover – so etwa die »immerwährende Capitulation von 1650 für Osnabrück« – stets auch Rechte der Untertanen enthielten und insofern eine Trennung zwischen der Verfassung der Ständeversammlung selbst und den Rechten der Untertanen nicht möglich sei. Dies führt zu dem Schluss:

> »Uraltes Landesrecht und Bundesrecht sprechen mithin dafür, daß der ganze Inhalt der Verfassung den Schutz in Anspruch zu nehmen habe, welchen Art. 56 der Wiener Schlußacte gewährt.«[795]

Abschließend wird zur Frage Stellung genommen, ob sich Bürgermeister und Magistrat der Stadt Osnabrück zunächst an die Ständeversammlung in Hannover hätten wenden müssen. Im Einzelnen wird dargelegt, dass die aufgrund der Proklamation vom 7. Januar 1838 gewählte und zusammengetretene Ständeversammlung gegen die Vorschriften der Verfassung von 1819 verstoße und somit nicht als Repräsentation des Landes anzusehen sei.[796]

Die schwierigste Frage war indes darzulegen, dass die Stadt Osnabrück zur Beschwerde überhaupt *legitimiert* sei. In klaren Worten wird das Dilemma beschrieben, in dem sich die am 29. Juni zunächst vertagte und am 30. Oktober 1837 aufgelöste Ständeversammlung befand. Im Gegensatz zu den alten Ständen der vorkonstitutionellen Epoche hatten die Ständeversammlungen des Konstitutionalismus kein Selbstversammlungsrecht, sondern waren nach dem ent-

---

[794] Hann. Portfolio I, S. 22 f.
[795] Hann. Portfolio I, S. 25.
[796] Hann. Portfolio I, S. 29 f.

sprechenden Reglement einzuberufen.[797] Der aufgelöste Landtag konnte sich deshalb nicht versammeln und keinen Willen bilden, ohne illegal zu handeln.[798] Ersichtlich wird hier auf die Einberufung der Generalstände durch *Ludwig XVI.* von Frankreich angespielt, die sich am 6. Juli 1789 zur Nationalversammlung erklärten und damit die Französische Revolution auslösten. Nicht ausdrücklich erwähnt wird der Gedanke, dass eine Körperschaft, die aufgelöst worden ist, zum Zwecke der Rechtsverteidigung als noch bestehend fingiert werden muss. Nur hätte eine Verfassungsbeschwerde der Ständeversammlung wiederum eine Willensbildung vorausgesetzt, die vom König unter Berufung auf die Auflösung fraglos mit Gewalt verhindert worden wäre.

Aus dem Dilemma weist der Osnabrücker Magistrat den Ausweg, dass wenn die Ständeversammlung faktisch nicht mehr existiere, die Korporationen, die die Deputierten des Landtags zu wählen hatten, zu dieser Rechtsverteidigung berechtigt sein müssten. Nicht ohne Selbstbewusstsein wird ausgeführt:

> »Bei der ständischen Vertretung und deren Befugnissen sind wir doppelt betheiligt, da unsere Städte in der städtischen Curie der aus drei Curien bestehenden Provinciallandschaft nach deren alter Verfassung die Mehrheit der Stimmen führt, und wir berechtigt sind, zur allgemeinen Ständeversammlung einen Deputirten zu erwählen. Selbst die Bestimmungen des achten Capitels über Rechte, Pflichten und Competenz der Staatsdiener berühren eine Gemeinde vielfach, deren Vorstand diesen Bestimmungen in mancher Beziehung unterliegt.
> Ein durchgehendes Interesse ist mithin vorhanden, ein ausschließliches Recht der Rechtsvertheidigung ist niemand zugestanden worden. Auch ein näheres Recht liegt nicht vor, und stände solches der Versammlung der allgemeinen Stände des Königreichs zu, so würde doch die Unmöglichkeit erwiesen seyn, von demselben Gebrauch zu machen.«[799]

Der Beschwerde wurden 14 Anlagen – unter anderem die an den König gerichtete Denkschrift des Magistrats vom 18. Januar 1838 – beigefügt.

Die Verfassungsbeschwerde wurde durch eine weitere Eingabe des Magistrats vom 18. Mai 1838 ergänzt, der als Anlage die Anweisung der Landdrostei an die Vögte zu erhöhter Wachsamkeit gegenüber regierungsfeindlichen Umtrieben in Gestalt von Petitionen und deren Verbreitung beigefügt wurde.[800]

III. Das Verfahren der Bundesversammlung

Das Verfahren über die Verfassungsbeschwerde der Stadt Osnabrück dauerte bis zum endgültigen Beschluss am 6. September 1838 sechs Monate. Die einzelnen Verfahrensschritte lassen sich anhand der Protokolle der Bundesversammlung gut nachvollziehen.[801] Das Verfahren wies Züge eines Gerichtsverfahrens auf,

---

[797] Hann. Portfolio I, S. 14.
[798] Hann. Portfolio I, S. 11.
[799] Hann. Portfolio I, S. 16.
[800] Hann. Portfolio I, S. 139.
[801] Vgl. auch die Darstellung bei *N. Dissen*, Deutscher monarchischer Konstitutionalismus, S. 207 ff.

endete allerdings mit einer politisch determinierten – und nicht weiter begründeten – Entscheidung.

Nach Eingang der Verfassungsbeschwerde wurde der hannoverschen Regierung Gelegenheit zur Stellungnahme eingeräumt, die am 25. Mai 1838 vorlag. Der Gesandte Hannovers bestritt in einem längeren Schriftsatz, dass dem Bund eine Kompetenz in der Angelegenheit zustehe und verneinte überdies die Legitimation des Magistrats der Stadt Osnabrück zur Beschwerdeführung.[802] Er beantragte die sofortige Zurückweisung der Beschwerde des Magistrats und der Alterleute der Stadt Osnabrück wegen »ermangelnder Legitimation zur Sache«.[803] Die Bundesversammlung beschloss daraufhin, die Erklärung des Gesandten der Reklamationskommission zuzustellen.[804] In gleicher Weise wurde mit den Beschwerden der dreizehn Landgemeinden des Fürstentums Osnabrück und der Stadt Esens verfahren.[805]

Zur Sitzung der Bundesversammlung am 12. Juli 1838 legte der bayerische Gesandte als Berichterstatter der Reklamationskommission ein Gutachten vor, dem eine Zusammenfassung der Verfassungsbeschwerde Osnabrücks und der Stellungnahme der hannoverschen Regierung vorangestellt war. Letztere wurde mit der Bemerkung eingeleitet:

> »Der Ausschuß war sich bei der ihm übertragenen Berichterstattung über die vorliegende Reclamation der Sorgfalt wohl bewußt, welche sowohl die entschieden an Tag gelegte wohlwollende Absicht Sr. Majestät des Königs von Hannover, einen dauernden, auf allseitige Erörterung und Anerkenntniß gegründeten Zustand der Dinge herbeizuführen, als die der Hannöverischen Verfassungsangelegenheit zugewandte Aufmerksamkeit von ganz Deutschland für die Erwägung der hier in Frage kommenden Verhältnisse und ihrer Folgen in Anspruch nahmen.«[806]

In dem Gutachten wurde betont, dass es sich bei dem Gegenstand um einen der wichtigsten, die seit längerer Zeit an die Bundesversammlung herangetragen worden seien, handele.[807] Der Ausschuss empfahl der Bundesversammlung wegen der Wichtigkeit des Falles Instruktionen der Regierungen einzuholen, dann aber dem Anwalt der Stadt Osnabrück zu eröffnen, dass die Legitimation zur Beschwerdeführung des Magistrats nicht gegeben sei.[808] Der sächsische Gesandte gab ein abweichendes Votum des Inhalts ab, dass wegen der im »Vortrage enthaltenen Zweifelsgründe« eine Zurückweisung der Beschwerde der Stadt Osnabrück noch nicht »anzutragen« sei.[809] Es folgte eine Abstimmung, bei der die Mehrheit der Ausschussmitglieder für die Einholung von Instruktionen stimm-

---

[802] Prot. B.V. 1838, 9. Sitz. v. 25. Mai, § 125, S. 333.
[803] Prot. B.V. 1838, 9. Sitz. v. 25. Mai, § 125, S. 342.
[804] Prot. B.V. 1838, 9. Sitz. v. 25. Mai, § 125, S. 342.
[805] Der Verfassungsbeschwerde Osnabrücks hatten sich insgesamt 13 Landgemeinden, u. a. Schüttorf und Fürstenau, sowie die Stadt Esens angeschlossen. Vgl. *E. R. Huber*, Deutsche Verfassungsgeschichte II, S. 111.
[806] Prot. B.V. 1838, 15. Sitz. v. 12. Juli, § 180, S. 497.
[807] Prot. B.V. 1838, 15. Sitz. v. 12. Juli, § 180, S. 504.
[808] Prot. B.V. 1838, 15. Sitz. v. 12. Juli, § 180, S. 509.
[809] Prot. B.V. 1838, 15. Sitz. v. 12. Juli, § 180, S. 510.

te.[810] Auf der Sitzung der Bundesversammlung vom 30. August 1838 berichtete der bayerische Gesandte erneut über die Verfassungsangelegenheit. Der Gesandte des Königreichs Württemberg gab eine schriftliche Erklärung gab, nach der die Zuständigkeit des Bundes zweifelsfrei zu bejahen sei und die hannoversche Regierung aufgefordert werden sollte, eine Erklärung in der Verfassungsangelegenheit abzugeben.[811] In ähnlicher Weise äußerte sich der Gesandte Badens.[812]

Am 6. September 1838 fand eine letzte Sitzung der Bundesversammlung in Sachen der Osnabrücker Verfassungsbeschwerde statt. Die Versammlung folgte dem Antrag der Reklamationskommission, die Beschwerde wegen mangelnder Legitimation zurückzuweisen, nahm jedoch keine Stellung zu der Verfassungsangelegenheit in der Sache. Wörtlich lautete der Beschluss:

> »Dem Magistrate und den Alterleuten der Stadt Osnabrück ist durch ihren Bevollmächtigten, Dr. Hessenberg dahier, zu bedeuten, daß die Bundesversammlung in dem vorliegenden Falle ihre Legitimation zur Beschwerdeführung in den Bestimmungen der deutschen Bundes- und Schluß-Acte nicht begründet finde. Die Bundesversammlung sieht übrigens der von der Königlich-Hannöverischen Gesandtschaft in der 22. Sitzung (Prot. §. 253) ausdrücklich vorbehaltenen Erwiederung auf die in den Abstimmungen mehrerer Bundesglieder vorgekommenen Bemerkungen und Anträge entgegen, und hat mit Befriedigung vernommen, daß die Königlich-Hannöversche Gesandtschaft binnen vier bis sechs Wochen deßfalls mit Instruction versehen zu seyn hoffe.«[813]

Am gleichen Tag wurde hinsichtlich der weiteren Verfassungsbeschwerden beschlossen:

> »1) Den Mandataren der Osnabrücker Landgemeinden und der Stadt Hildesheim Dr. Ohlenschlager und Dr. Hessenberg dahier, zu bedeuten, daß die Bundesversammlung die Legitimation ihrer Gewaltgeber zur Beschwerdeführung am Bunde in den Bestimmungen der deutschen Bundes- und Schluß-Acte nicht begründet finde;
> 2) der Königlich-Hannöverischen Regierung davon Nachricht zu ertheilen.«[814]

Der Beschluss der Bundesversammlung war insofern ein Kompromiss zwischen den konstitutionellen und vorkonstitutionellen Staaten, als zwar die Legitimation der Stadt Osnabrück verneint wurde, die »Hannoversche Verfassungsangelegenheit« – so der sich alsbald durchsetzende Begriff – aber nicht erledigt war. Die in diplomatischer Sprache gefasste Aufforderung an das Königreich, innerhalb von vier bis sechs Wochen eine Erklärung abzugeben, zeigte unmissverständlich, dass die bisherigen Informationen des hannoverschen Gesandten als nicht hinreichend angesehen wurden. Mit dem Beschluss hatte sich die Bundesversammlung somit auf den kleinsten gemeinsamen Nenner geeinigt. Noch konnten die grundsätzlich verschiedenen Positionen der konstitutionellen Staaten Süddeutschlands und der vorkonstitutionellen Staaten überdeckt werden; in dem wenige Monate später auf Antrag Bayerns und Badens eingeleiteten Verfahren brachen diese Gegensätze in voller Schärfe aus. Für die Regierung des

---

[810] Prot. B.V. 1838, 15. Sitz. v. 12. Juli, § 180, S. 511 f.
[811] Prot. B.V. 1838, 22. Sitz. v. 30. August, § 253, S. 785 ff.
[812] Prot. B.V. 1838, 22. Sitz. v. 30. August, § 253, S. 792.
[813] Prot. B.V. 1838, 23. Sitz. v. 6. September, § 265, S. 817.
[814] So Prot. B.V. 1838, 23. Sitz. v. 6. September, § 266, S. 818.

Königreichs Hannover mochte der Beschluss vom 6. September 1838 allerdings als Erfolg gelten, denn sie konnte einstweilen, ohne durch die Bundesversammlung behindert zu werden, mit der durch den Staatsstreich begonnenen Politik des Rückfalls in den Absolutismus fortfahren.

Festzuhalten bleibt gleichwohl, dass die Verfassungsbeschwerde der Stadt Osnabrück ein Ereignis von historischem Rang war. Mit ihr sind die Vorgänge im Königreich allen Staaten des Deutschen Bundes bekannt geworden, mögen diese auch der Haltung des hannoverschen Königs nahegestanden haben. Das hohe juristische und ethische Niveau der Eingabe mochte manchen Gesandten und die ihm nachgeordneten Beamten zum Nachdenken veranlasst haben. Ein Übriges tat die Veröffentlichung der Verfassungsbeschwerde im Hannoverschen Portfolio, das zwar erst nach Zurückweisung der Beschwerde erschien, einer breiten Öffentlichkeit in Deutschland aber vor Augen führte, wie sich eine ihrer Rechte bewusste Stadt nicht ohne weiteres der despotischen Herrschaft des Monarchen fügen wollte.

IV. Das Badische Gutachten

Im Nachlass *Scheles* findet sich ein über 100 Seiten umfassendes – in Kanzleischrift verfasstes – Gutachten, das betitelt ist: »Ueber die Beschwerde der Stadt Osnabrück, die Aufhebung des Staatsgrundgesetzes von 1833 betreffend.«[815] Der Verfasser des Gutachtens ist nicht erkennbar; im Eingang heißt es lediglich:

> »Grund dieses Verlangens ist die diesseitige Abstimmung beim Bundestage in der rubricirten Beschwerdesache vorzubereiten.«[816]

Datiert ist das Gutachten mit »Carlsruhe, im Juli 1838«; es fehlt jedoch eine Unterschrift. Aus diesen wenigen Angaben ist ersichtlich, dass mit dem Gutachten das Votum des badischen Gesandten in der Bundesversammlung vorbereitet werden sollte. Auf der Sitzung vom 12. Juli 1838 hatte der Gesandte noch keine Position bezogen, sondern auf die Notwendigkeit einer Instruktion hingewiesen.[817] Das Gutachten diente dazu, die Instruktion der Regierung für die Stimmabgabe des Gesandten auf der Sitzung am 30. August 1838 vorzubereiten.

Schon der Umstand, dass die Regierung des Großherzogtums Baden zur Vorbereitung der entscheidenden Sitzung ein derart umfassendes Gutachten in Auftrag gab, verdient jegliche Beachtung. Der Verfasser weist sich als profunder Kenner des Bundesrechts aus und hat überdies die Vorgänge im Königreich Hannover genau verfolgt. Aufgrund der Gedankenführung, der Diktion und des wiederholten Hinweises, es handele sich um *seine* – des Verfassers – Meinung, könnte man es für das Werk eines Wissenschaftlers halten. Die Heidelberger Juristenfakultät und ihre Mitglieder kommen als Verfasser nicht in Betracht, weil sie späterhin von der Stadt Osnabrück mit einem Gutachten betraut wurden,

---
[815] Staatsarchiv Hannover, Hann. 91 v. Schele I Nr. 6, S. 103 r ff.
[816] So Badisches Gutachten, Hann. 91 v. Schele I Nr. 6, S. 103 r.
[817] Prot. B. v. 1838, 15. Sitz. v. 12. Juli, § 180, S. 511.

das überdies in seinen Ergebnissen weniger prägnant war als das hier in Rede stehende Gtuachten.[818] Die äußeren Anzeichen sprechen deshalb dafür, dass Verfasser des Gutachtens ein wissenschaftlich ausgebildeter Ministerialbeamter gewesen ist, der sich mit allem Freimut hat äußern können. Das Gutachten ist für das Votum des Großherzogtums Baden entscheidend gewesen und nimmt inhaltlich den Antrag Badens auf Einschreiten des Bundes in der Hannoverschen Verfassungsangelegenheit, der im Jahr 1839 folgte, vorweg.

Das Gutachten ist in unserem Zusammenhang von so großer Bedeutung, weil es sich um eine Beurteilung der Rechtsfragen von dritter – nicht betroffener – Seite handelt. Es ist *lege artis* aufgebaut, enthält in den ersten Abschnitten die für die schließliche Empfehlung einschlägigen Obersätze und damit Anzeichen für die schließlich eingenommene Position. So wird zu Art. 13 der Deutschen Bundesakte ausgeführt:

> »Der Grund landständischer Verfassungen, welche theilweise einen Ersatz gewähren sollen für die früher durch die Reichsverfassung und die Reichsgerichte der landesfürstlichen Macht gesetzten Schranken, ist nicht erreichbar, wenn sie dem willkührlichen Umsturze preisgegeben und durch Machtgebot der legale Zustand in jedem Augenblick unterbrochen werden kann.«[819]

In zunächst abstrakter Weise wird auch das Dilemma der hannoverschen Stände in der Verfassungsfrage verdeutlicht:

> »Dem Befehl der Vertagung oder Auflösung nicht Folge leisten, oder sich eigenmächtig versammeln, oder überhaupt – ohne vorgängige landesherrliche Einberufung – als Gesammtheit ständische Rechte ausüben, sei strafbare Renitenz gegen das Staats-Oberhaupt. Diese könne durch die Behauptung, daß die Abgeordneten in ihrem verfassungsmäßigen Rechte handeln, das ihnen willkührlich nicht entzogen werden dürfe, keineswegs gerechtfertigt werden, indem sie durch die dem Souverain überall vorbehaltene Auflösung der Ständeversammlung ihren Charakter als solche verloren, und den Anordnungen des Landesherrn zur Vertheidigung vermeintlicher Rechte wenigstens kein activer Widerspruch entgegengesetzt werden dürfe; dem wohlgesinnten Unterthan bleibe daher nichts übrig, als die competente Entscheidung über beiderseits behauptete Rechte zu erwarten – trostlos zu erwarten, da sie nie erfolgen könne.«[820]

Der Verfasser hält diese – aus nicht genannter Quelle zitierten – Sätze für »vollkommen richtig«:

> »ich glaube, daß eine, nach den neuen constitutionellen Formen gebildete, durch den Landesherrn aufgelöste Ständeversammlung die Beschwerde nicht erheben darf, eine etwa neu organisirte Landschaft solche nicht wohl geltend machen wird, jedenfalls wegen deren innern Widerstreits mit ihrer eigenen legalen Existenz nicht geltend machen kann.«[821]

Allerdings sei die Bundesversammlung in bestimmten Fällen *ex officio* einzuschreiten befugt, und hieraus folge, dass der Legitimation der Beschwerdeführer kein zu großes Gewicht beizulegen sei, weil sie nicht die Voraussetzung dafür

---

[818] Vgl. unten S. 216.
[819] So Badisches Gutachten, Hann. 91 v. Schele I Nr. 6, S. 114 r.
[820] So Badisches Gutachten, Hann. 91 v. Schele I Nr. 6, S. 125 v f.
[821] So Badisches Gutachten, Hann. 91 v. Schele I Nr. 6, S. 126 v.

bilde, die »Sache selbst« zu prüfen. Werde die Beschwerde von Einzelnen oder Organisationen erhoben, so werde die Bundesversammlung erwägen,

> »ob und in wie weit sie nach den Umständen des einzelnen Falles auf den Grund ihrer in sich begründeten Zuständigkeit einzuschreiten berufen ist, und hiebei gerade in dem Umstande, daß die Beschwerdeführung den hiezu einzig befugten Organe unmöglich gemacht ist, eine besondere Veranlaßung finden, ihrer eigenen Selbstthätigkeit keine zu engen Schranken zu setzen.«[822]

Damit sind die Obersätze des Gutachtens ausgeformt und es bedarf nur noch der Anwendung auf den anhängigen Verfassungsstreit. Hier lässt es der Verfasser an deutlichen Ausführungen nicht fehlen. Zunächst setzt er sich mit dem von *Schele* schon im Pro Memoria vom 8. Januar 1836 vorgetragenen Einwand auseinander, das Staatsgrundgesetz sei ohne die erforderliche Zustimmung der Ständeversammlung zustande gekommen:

> »Da nun hinsichtlich der Legislative den Ständen von 1819. kein votum decisivum zustand, so ist wohl im Eingange des Patents von 1833. mit vollem Rechte der Satz aufgestellt, daß in allen der ständischen Zustimmung bedürfenden Puncten eine Abänderung nicht vorgenommen worden sey. Schon in dieser Rücksicht stellt sich jener Grund als hinfällig dar; er verliert aber vollends alles Gewicht durch die Erwägung, daß er, seiner Natur nach, wohl nur von den Ständen, in deren Rechte hierdurch eingegriffen wurde, nicht aber vom Könige und seinen Räthen, diesen Vertheidigern des monarchischen Prinzips, hätte geltend gemacht werden sollen, und zwar von letztern um so weniger, als jene Modificationen im landesherrlichen Interesse und zur Erleichterung des ruhigen Uebergangs aus der alten zur neuen Ordnung der Dinge vorgenommen waren.«[823]

Der Verfasser fährt fort:

> »Die Stände selbst aber haben gegen jene Abänderungen niemals reklamirt, vielmehr das Grundgesetz in seiner gesammten Verfassung stillschweigend – durch die in dessen Gemäßheit ausgeübte Thätigkeit – und zum Ueberfluß ausdruecklich, durch die an den König nach ihrem ersten Zusammentritt erlassene Adresse vom 17ten December 1833, anerkannt.«[824]

Der Gutacher vertieft diese Argumente noch dahingehend, dass wenn schon Zweifel an dem verfassungsmäßigen Zustandekommen berechtigt wären, diese gegen die Verfassung von 1819 erhoben werden müssten, weil diese ohne jede Zustimmung der Provinzialstände zustande gekommen sei.[825]

Anschließend setzt sich der Gutachter mit dem vorgeblichen Erfordernis agnatischer Zustimmung auseinander. Hier unterscheidet er diejenigen Handlungen, die der Landesherr als Organ und Repräsentant des Staates – als »Souverain« – und diejenigen, die er als Haupt des regierenden Hauses vornimmt.[826] Damit sind die Grundgedanken der »Staatsrechtlichen Bedenken« aus dem Jahr 1837[827] aufgenommen und dem »neueren Staatsrecht« – als gewissermaßen »herrschende Meinung« – zugeordnet:

---

[822] Badisches Gutachten, Hann. 91 v. Schele I Nr. 6, S. 127 v f.
[823] So Badisches Gutachten, Hann. 91 v. Schele I Nr. 6, S. 140 v f.
[824] So Badisches Gutachten, Hann. 91 v. Schele I Nr. 6, S. 141 v.
[825] So Badisches Gutachten, Hann. 91 v. Schele I Nr. 6, S. 142 r.
[826] So Badisches Gutachten, Hann. 91 v. Schele I Nr. 6, S. 145 r.
[827] Vgl. oben S. 124.

»Nach dem dermaligen Staats- und Bundesrecht soll die gesammte Staatsgewalt in dem Oberhaupt des Staats vereinigt bleiben, – ein Satz zunächst gegen die Eingriffe der Stände gerichtet, aber dem Principe nach, auch gegen unbefugte Anmaßung der Agnaten dienend. In dem durch die Bundesgrundgesetze sanktionirten monarchischen und conservativem Prinzipe wäre das Erforderniß der agnatischen Zustimmung zu einer Regentenhandlung unvereinbar; die Macht des Staats-Oberhaupts wäre getheilt; der Wechsel der Person stets ein Wechsel des Rechts.«[828]

Der Gutacher gelangt zu dem bemerkenswerten Schluss:

»Ich kann nach dieser Sachlage nicht annehmen, daß die agnatischen Rechte des Königs durch das Grundgesetz verletzt worden sind; jedenfalls halte ich ihn nicht für befugt, aus diesem Grunde auch nur die einzelne angeblich verletzende Bestimmung aufzuheben. Denn in dieser Beziehung erscheint er nicht als Regent, sondern als Agnat, als Parthey, die sich nicht selbst Recht schaffen darf.«[829]

Der Gutachter versäumt nicht, die Vorgänge bei der Konstituierung der Ständeversammlung zu erwähnen und hält die »bloße Theilnahme an einer von dem Landesherrn ausgeübte[n] Willkühr« für nicht hinreichend, die Geltung des Patentes von 1819 zu begründen. Er fasst das Resultat der »rechtlichen Erörterung« in den folgenden Sätzen zusammen:

»1. Die Beschwerdeführer sind nicht als ›Betheiligte‹ im Sinne des Art: 53. der Wiener Schlußacte anzusehen.
2. Die Bundesversammlung ist daher nicht verpflichtet, auf den Grund dieser Beschwerde in der hannoverschen Verfassungsangelegneheit einzuschreiten, wohl aber nach Art: 31.54.56.61. der Wiener Schlußacte befugt, daraus einen Anlaß zur Selbstthätigkeit zu entnehmen.
3. Nach den vorliegenden notorischen Thatsachen und den obwaltenden Umständen hat die Bundesversammlung von dieser Befugniß Gebrauch zu machen, und in Folge hievon zunächst die Königl. Hannoversche Regierung, welche sich zur Zeit hauspstächlich nur über die einschlägigen formellen Fragen ausgesprochen hat, zur umfassenden Erklärung über die Sache selbst aufzufordern. Ich unterstelle höherm Ermessen, in wie weit auf diese Sätze bei der diesseitigen in der Bundes-Versammlung abzugebenden Abstimmung Rücksicht genommen werden wolle.«[830]

Das Gutachten tat seine Wirkung. In der entscheidenden Sitzung vom 30. August 1838 schloss sich der Gesandte des Großherzogtums Baden zwar insoweit der Auffassung der Reklamationskommission an, als die Legitimation des Magistrats und der Alterleute der Stadt Osnabrück zur Beschwerdeführung verneint wurde. Allerdings heißt es sodann:

»Die Großherzogliche Regierung stimmt daher dem Commissionsantrag nur mit dem, die endliche Entscheidung in keiner Weise präjudicirenden Anhange bei: die hohe Bundesversammlung wolle zugleich, jedoch lediglich aus eigener Befugniß, die Königlich-Hannöverische Regierung, welche sich zur Zeit vorzugsweise nur über die einschlagenden formellen Fragen ausgesprochen hat, zur umfassenden, in die Sache selbst eingehenden Erklärung über die dermalige Lage der Verfassungsangelegenheit auffordern.«[831]

Die hannoversche Verfassungsangelegenheit war also nicht erledigt und das Verhältnis von Macht und Recht noch in der Schwebe.

---

[828] So Badisches Gutachten, Hann. 91 v. Schele I Nr. 6, S. 145 v f.
[829] So Badisches Gutachten, Hann. 91 v. Schele I Nr. 6, S. 151 v f.
[830] So Badisches Gutachten, Hann. 91 v. Schele I Nr. 6, S. 156 v f.
[831] So Prot. B.V. 1838, 22. Sitz. v. 30. August, § 253, S. 792.

DREIZEHNTES KAPITEL
DIE RECHTSGUTACHTEN DER JURISTEN-FAKULTÄTEN HEIDELBERG, JENA UND TÜBINGEN

I. Der Gutachtenauftrag

Stüve gab nicht auf. Der Magistrat der Stadt Osnabrück beauftragte drei juristische Fakultäten – Heidelberg, Jena und Tübingen – mit der Erstellung von Rechtsgutachten. Den Fakultäten wurden sechs Fragen vorgelegt, die in Zusammenhang mit der Aufhebung des Staatsgrundgesetzes standen, ohne diese ausdrücklich zu thematisieren. So lautete die erste Rechtsfrage:

> »Ist eine Obrigkeit im Königreiche Hannover nach dem 1. Januar 1839, falls eine Ständeversammlung nach dem Grundgesetze von 26ten September 1833 nicht berufen würde, und die Steuern bewilligte, berechtigt und verpflichtet, die in den Steuergesetzen vorgeschriebene Hülfe zur Beitreibung der directen als auch der indirecten Steuern zu leisten?«[832]

Die zweite Frage lautete, ob sich eine Obrigkeit, »welche die gedachte Hülfe, namentlich zur Beitreibung der Steuern leistet«, der Gefahr aussetze, gerichtlich in Anspruch genommen zu werden, eine dritte Frage, mit welchen Klagen die gedachte Obrigkeit zu rechnen habe und welche Schutzmittel ihr dagegen zur Verfügung stünden.

Die vierte Frage lautete:

> »Welchen rechtlichen Einfluß wird es namentlich auf eine solche Klagsache haben, daß die Obrigkeit einerseits auf die in der Anlage bezeichnete Weise ausgesprochen, andererseits aber die Beschreibungen bislang nach dem Gesetze vom 21. October 1834 vorgenommen hat?«[833]

Es schließt sich die Frage an, welchen Einfluss es auf diese Rechtsverhältnisse habe, wenn die vertagte Ständeversammlung wieder zusammenberufen würde »oder gar Abänderungen der Verfassung genehmigte?« Letztlich wird die Frage aufgeworfen, ob sich der Ortsvorsteher oder der Stellvertreter Klageansprüchen aussetze, falls er die ihm anvertrauten Funktionen ausführe und welche Verteidigungsmittel ihm zu Gebote stehen.[834]

Die Fragen waren zwar abstrakt formuliert, ließen aber das Dilemma der Stadt Osnabrück zweifelsfrei erkennen. Waren nämlich Bürgermeister, Magistrat und Alterleute der Stadt überzeugt, dass das Staatsgrundgesetz von 1833 durch einen Staatsstreich widerrechtlich aufgehoben worden war, so konnten die von der Ständeversammlung, die aufgrund der Proklamation vom 7. Januar

---

[832] Vgl. *F. C. Dahlmann* (Hrsg.), Gutachten der Juristen-Facultäten Heidelberg, Jena und Tübingen, die Hannoversche Verfassungsfrage betreffend, 1839, S. 6 f.
[833] *F. C. Dahlmann* (Hrsg.), Gutachten, S. 7.
[834] *F. C. Dahlmann* (Hrsg.), Gutachten, S. 7.

1838 zusammengesetzt war, beschlossenen Steuern und Abgaben nicht rechtmäßig erhoben werden. Andererseits war die Stadt Osnabrück auf ihrem Gebiet als »Obrigkeit« zur Erhebung – und Beitreibung – dieser Steuern verpflichtet. Insofern bot sich der Ausweg an, nach der erfolglosen Anrufung der Bundesversammlung eine rechtliche Klärung der Verfassungsfrage durch juristische Fakultäten herbeizuführen; ein Verfahren, das der deutschen Rechtstradition entsprach. Bemerkenswert ist, dass die Gutachten schon im März 1839 publiziert wurden. *Dahlmann* – einer der Göttinger Sieben – war an die Universität Jena gegangen und gab die drei Rechtsgutachten in einem Band heraus. Der Verleger *Friedrich Frommann* war *Stüve* seit Studienzeiten freundschaftlich verbunden und ging das Wagnis ein, den König von Hannover hiermit offen herauszufordern. Der Band fand in Deutschland rasche Verbreitung und erschien binnen kurzem in zweiter Auflage.

II. Das Rechtsgutachten der Juristenfakultät in Heidelberg

Verfasser des Gutachtens war der Heidelberger Professor *Karl Salomo Zachariae*.[835] Die erste dem Gutachter gestellte Frage wird in drei Fragen untergliedert, nämlich ob das Patent vom 1. November 1837, mit dem das Staatsgrundgesetz für erloschen erklärt wurde, durch »hinreichende Gründe« zu rechtfertigen sei. Als zweites wird die Frage gestellt, ob bei Verneinung der ersten Frage sich zwischenzeitlich »Begebenheiten ereignet« hätten, als deren Folge das Staatsgrundgesetz »den Rechten nach« als aufgehoben zu betrachten sei. Schließlich wird, wenn auch die zweite Frage zu verneinen wäre, erwogen, ob die Obrigkeiten des Königreichs Hannover nicht auf jeden Fall verpflichtet seien, die in den Steuergesetzen vorgeschriebene Hilfe zur Beitreibung der Steuern fortdauernd zu leisten.[836]

Vor weiterer Prüfung wird erörtert, ob die Rechtsfrage durch den Bundesbeschluss vom 6. September 1838, durch den die Verfassungsbeschwerde der Stadt Osnabrück wegen fehlender Legitimation abgewiesen worden war[837], sich erledigt habe. Diese Frage wird verneint, weil die Abweisung der Beschwerde zugleich bedeute, dass die Beschwerdeführer auf die nach den Landesgesetzen zulässigen Mittel verwiesen worden seien.[838]

Zur Prüfung der Rechtmäßigkeit des Patents vom 1. November 1837 setzt sich der Gutachter mit den Bestimmungen der Wiener Schlussakte auseinander, nach denen den Fürsten das Recht zustehe, die Verfassungsverhältnisse ihrer Staaten in Gemäßheit des Art. 13 der Bundesakte zu ordnen. Bei Auslegung des

---

[835] *Karl Salomo Zachariae* (1769–1843), Jurist; 1800 außerordentlicher, 1802 ordentlicher Professor an der Universität Wittenberg; ab 1807 Professor der Rechte an der Universität Heidelberg. Mitglied der Ersten Kammer der Badischen Ständeversammlung; das Gutachen wird im Folgenden unter dem Namen des Verfassers zitiert.
[836] Vgl. *K. S. Zachariae*, Rechtsgutachten, S. 15.
[837] Vgl. oben Seite 210.
[838] Vgl. *K. S. Zachariae*, Rechtsgutachten, S. 19.

II. Das Rechtsgutachten der Juristenfakultät in Heidelberg

Art. 56 WSA wird darauf abgestellt, ob die betreffende Verfassung von der jeweiligen Regierung anerkannt worden sei. Nicht dagegen soll es darauf ankommen, ob alle rechtlichen Voraussetzungen der Errichtung einer Verfassung erfüllt seien.[839] Damit ist das Problem der vorgeblich fehlenden agnatischen Zustimmung zum Staatsgrundgesetz von 1833 umgangen: Denn selbst, wenn diese Zustimmung erforderlich gewesen und nicht erteilt worden wäre, würde das Staatsgrundgesetz dennoch Art. 56 WSA unterfallen sein, weil die Verfassung von der damaligen Regierung anerkannt worden sei.[840]

Weiterhin wird die Frage aufgeworfen, ob Art. 56 WSA sich nur auf Verfassungen beziehe, die zum Zeitpunkt der Unterzeichnung der Schlussakte (5. Mai 1820) oder ihrer Erhebung zu einem Grundgesetz des Deutschen Bundes (8. Juni 1820) bereits in anerkannter Wirksamkeit gestanden hätten, oder ob auch solche Verfassungen geschützt seien, die – wie das Staatsgrundgesetz – erst danach erlassen worden seien. Der Wortlaut lasse auf letztere Auslegung schließen, weil anderenfalls die Mehrzahl der deutschen Verfassungen, die erst nach diesen Daten erlassen worden seien, nicht unter den Schutz des Art. 56 WSA fielen.[841] Die Folge wäre eine erhebliche Rechtsunsicherheit, die dem vom Deutschen Bund verfolgten Ziel, »*einer jeden Störung oder Beeinträchtigung des einmal begründeten Rechtszustandes vorzubeugen*«, zuwiderlaufe.[842]

Das Gutachten gelangt zu dem Ergebnis, dass das Staatsgrundgesetz bei Regierungsantritt des Königs in anerkannter Wirksamkeit bestanden habe, weil die Landstände mehrfach einberufen worden seien und Steuern bewilligt hätten. Zwar habe auch die Verfassung von 1819 unter dem Schutz des Art. 56 WSA gestanden, diese sei jedoch auf verfassungsmäßigem Wege geändert worden mit der Folge, dass Art. 56 WSA sich nur auf die jüngste Verfassung beziehe.[843] Auf die Frage, ob das Staatsgrundgesetz durch Vertrag errichtet worden sei, komme es nicht an: Der König wäre auch befugt gewesen, eine Verfassung einseitig zu erlassen; überdies habe die Ständeversammlung sie im Nachhinein angenommen. Auch im Zivilrecht gelte der Grundsatz, dass eine nachträgliche Genehmigung der ursprünglich erforderlichen Zustimmung gleichzusetzen sei; der gleiche Grundsatz müsse erst recht im Verfassungsrecht gelten.[844] Abgesehen hiervon bestünden aber auch an einem Vertragsschluss keine Zweifel. Dass die Schlussredaktion dem König vorbehalten gewesen sei, ändere nichts an der Vertragsnatur; dieser Vertrag sei als ein *Vergleich* zu klassifizieren, weil sowohl der König als auch die Stände den Anträgen der jeweils anderen Seite entsprochen hätten. Legte man andere Maßstäbe an, so gebe es im Deutschen Bund nicht eine einzige vertragsmäßig errichtete Verfassung.[845]

---

[839] Vgl. *K. S. Zachariae*, Rechtsgutachten, S. 22 f.
[840] Vgl. *K. S. Zachariae*, Rechtsgutachten, S. 23.
[841] So *K. S. Zachariae*, Rechtsgutachten, S. 25.
[842] Vgl. *K. S. Zachariae*, Rechtsgutachten, S. 26.
[843] Vgl. *K. S. Zachariae*, Rechtsgutachten, S. 37.
[844] Vgl. *K. S. Zachariae*, Rechtsgutachten, S. 38.
[845] Vgl. *K. S. Zachariae*, Rechtsgutachten, S. 39.

Im folgenden Abschnitt wird untersucht, ob das Staatsgrundgesetz wegen Verletzung agnatischer Zustimmungsrechte unwirksam sein könnte. Die Frage wird dahingehend verallgemeinert, ob Regierungshandlungen für Thronfolger verbindlich seien. Dies wird umstandslos bejaht, wobei zur Stützung dieser Auffassung eine Passage aus dem Lehrbuch von *Leist* angeführt wird[846], der in seinem Rechtsgutachten die gegenteilige Auffassung vertreten hatte.[847]

Der Gutachter gelangt zu dem Ergebnis, dass das Staatsgrundgesetz für den Regierungsnachfolger verbindlich sei, obwohl hierdurch gewisse Souveränitätsrechte eingeschränkt worden seien. Aus dem Wortlaut des Art. 6 StGG folge jedoch, dass nicht die Souveränität selbst eingeschränkt werde, sondern lediglich die Ausübung derselben, so dass von einer Überschreitung der »durch allgemeine oder particulaire Grundgesetze und Observanzen gezogenen Grenzen seiner Macht« nicht gesprochen werden könne.[848]

Eine Beschränkung der Machtausübung habe es in Deutschland – auch in Hannover – in der Vergangenheit schon immer gegeben. Auch in Bezug auf das Krongut gelange man zu keinem anderen Ergebnis. Dieses sei durch das StGG zwar zur Deckung der Staatsausgaben ingesamt bestimmt; zugleich werde aber klargestellt, dass dem König das Eigentum an dem Krongut nicht verloren gehe, sondern ihm lediglich die Verwaltung desselben entzogen werde.[849] Auch die Möglichkeit, Krongüter mit Zustimmung der Stände zu veräußern (§ 23 StGG), stelle keine Verletzung agnatischer Zustimmungsrechte dar, weil durch die Vorschriften des StGG garantiert werde, dass es zu keinem Vermögensabfluss komme und sich der Monarch einer solchen Veräußerung widersetzen könne.[850] *Zachariae* gelangt zu dem Ergebnis, dass nach dem Recht des Deutschen Bundes der Fürst selbst Inhaber aller Staatsgewalt sei und seine Regelungen für den Nachfolger verbindlich seien; alles andere lasse sich mit der Idee von der Ewigkeit des Staates nicht vereinbaren.[851]

Der Verfasser geht dann auf den 2. Teil der ersten Frage über, nämlich ob das StGG, obwohl es durch das königliche Patent vom 1. November 1837 nicht beseitigt werden konnte, durch spätere Ereignisse außer Kraft gesetzt worden sei. Als solche Ereignisse kämen die Einberufung der Stände auf der Grundlage des Patents von 1819 in Betracht, sowie die Beschlussfassung durch die Ständeversammlung; darin könne ein Anerkenntnis der Verfassung von 1819 liegen.[852] Für ein Anerkenntnis spräche vor allem, dass sich die Verfassungen von 1819 und 1833 im Hinblick auf ihren repräsentativen Charakter ähnelten, so dass die Zweite Kammer auf der Grundlage der Verfassung von 1819 einberufen worden sei und sich auch konstituiert habe.[853] Selbst wenn das Patent vom 1. November

---

[846] Vgl. *K. S. Zachariae*, Rechtsgutachten, S. 45 f.
[847] Vgl. oben S. 137 ff.
[848] So *K. S. Zachariae*, Rechtsgutachten, S. 47.
[849] Vgl. *K. S. Zachariae*, Rechtsgutachten, S. 48.
[850] Vgl. *K. S. Zachariae*, Rechtsgutachten, S. 48 f.
[851] So *K. S. Zachariae*, Rechtsgutachten, S. 52.
[852] Vgl. *K. S. Zachariae*, Rechtsgutachten, S. 57.
[853] So *K. S. Zachariae*, Rechtsgutachten, S. 58 f.

1837 nicht rechtswirksam gewesen wäre, so könne es »durch die That als gültig anerkannt« werden.[854] Der Zustimmung der Zweiten Kammer stehe auch nicht deren Erklärung entgegen, dass

> »keine Handlung der jetzt versammelten Deputierten rechtliche Gültiges zu bewirken im Stande sei, da vielmehr dazu die Zustimmung einer auf die vor dem Regierungsantritte Sr. Majestät rechtmäßig bestandenen Verfassung gegründeten und in Gemäßheit der berufenen und componirten Ständeversammlung erforderlich sey.«[855]

Der Gutachter äußert allerdings Zweifel daran, ob die Zweite Kammer zu einem solchen Beschluss befugt gewesen sei, weil die Erste Kammer diesem Beschluss nicht zugestimmt habe.[856] Für die entgegenstehende Meinung, dass aus dem Handeln der Kammer kein Anerkenntnis abgeleitet werden könne, führt der Verfasser ebenfalls Gründe an: Ein Anerkenntnis könne in der Durchführung der Wahlen nach dem Patent von 1819 nicht gesehen werden, und auch nicht leichtfertig hineininterpretiert werden. Vielmehr habe es dem Volk zum Zeitpunkt der Wahlen Anfang 1838 an einem verfassungsmäßigen Organ gefehlt. Durch die Wahlen hätte sich das Volk ein solches Organ schaffen wollen, um gegen die Aufhebung des Staatsgrundgesetzes zu protestieren.[857] Ebenso wenig wie aus den Wahlen selbst könne daher aus dem bloßen Erscheinen der Abgeordneten zu den Sitzungen der Ständeversammlung ein Anerkenntnis der neuen Verfassungslage geschlossen werden. Die Zweite Kammer habe hiernach durch ihren Beschluss ihre Kompetenzen nicht überschritten; vielmehr habe sie gerade ihren verfassungsmäßigen Auftrag erfüllt. Eine Entscheidung für eine der beiden Ansichten trifft der Verfasser nicht.[858]

Erst jetzt dringt das Gutachten zu der eigentlichen Frage vor, ob nämlich eine Verpflichtung der Obrigkeiten des Königreichs Hannover bestehe, die in den Steuergesetzen vorgeschriebene obrigkeitliche Hilfe zur Beitreibung der Steuern fortdauernd zu leisten.[859] Diese Frage sei leicht zu beantworten, wenn man von einem Anerkenntnis der Verfassung ausginge. Das solle jedoch weiter offen bleiben, so dass *Zachariae* die ihm gestellte Gutachtenfrage hypothetisch formuliert:

> »Angenommen, daß das Staatsgrundgesetz des Königreichs Hannover vom Jahre 1833 als fortdauernd verpflichtend zu betrachten wäre, – würden die Obrigkeiten dieses Königreiches verpflichtet seyn, die oben gedachte obrigkeitliche Hülfe, bewandten Umständen nach, zu leisten?«[860]

Zachariae verweist auf § 161 StGG, demzufolge alle Staatsdiener bei ihren Verfügungen darauf zu achten hätten, dass sie keine Verletzungen der Verfassung enthielten, in gehöriger Form erlassene Befehle vorgesetzter Behörden sie von

---
[854] So K. S. *Zachariae*, Rechtsgutachten, S. 59.
[855] So K. S. *Zachariae*, Rechtsgutachten, S. 59.
[856] Vgl. K. S. *Zachariae*, Rechtsgutachten, S. 60.
[857] So K. S. *Zachariae*, Rechtsgutachten, S. 60 f.
[858] So K. S. *Zachariae*, Rechtsgutachten, S. 57.
[859] Vgl. K. S. *Zachariae*, Rechtsgutachten, S. 63.
[860] So K. S. *Zachariae*, Rechtsgutachten, S. 63 f.

der Verantwortung aber befreiten. Widersetzten sich Beamte dem königlichen Befehl, Hilfe zur Steuereinziehung zu leisten, machten sie sich selbst dann einer Verletzung ihres Diensteides schuldig, wenn der Befehl materiell verfassungswidrig sei, solange er in der gehörigen Form erlassen worden sei.[861] Etwas anderes könne sich aus § 145 StGG ergeben, wonach »in dem jährlich erforderlichen Ausschreiben der Steuern und Abgaben [...] der ständischen Bewilligung besonders gedacht werden« solle. Da die Stände auf der Grundlage der Verfassung von 1833 die Steuern nicht beschlossen hätten, könne dies dazu führen, dass die »gehörige Form« nicht beachtet worden sei. Dagegen spreche jedoch, dass § 145 StGG nicht als Formvorschrift verstanden werden könne Diese Vorschrift betreffe vielmehr allein das Verhältnis der Regierung zu den Landständen, nicht aber das Verhältnis der untergeordneten Vollziehungsbeamten zu ihren Vorgesetzten.[862]

Selbst wenn man die Frage nach allgemeinen Grundsätzen beurteile und nicht nach den Vorschriften des Staatsgrundgesetzes, könne man zu keinem anderen Ergebnis gelangen. Denn aus allgemeinen Grundsätzen folge, dass der Untertan der Obrigkeit unbedingten Gehorsam schulde; auch die passive Verweigerung eines Befehls komme einer Kriegserklärung an die Regierung gleich.[863] Unter Berufung auf *Dahlmann* gelangt der Verfasser zu dem Schluss, dass ein Widerstand nur dann legitim sei, wenn er durch die Verfassung gestattet werde. Allerdings gebe es bisher keine deutsche Verfassung, die ihren Untertanen ein solches Recht gestatte; dies sei auch gar nicht möglich, weil »das Gebieth des positiven Verfassungsrechtes aufhört, wo die äußersten Fälle anfangen«.[864] Wenn also die Untertanen kein Recht zur Steuerverweigerung hätte, so könne es auch den Beamten nicht gestattet sein, ihre Hilfe bei der Beitreibung von Steuern zu versagen. Etwas anderes könne nur dann gelten, wenn der Regierung durch Richterspruch ein Inquisitorium auferlegt würde, die Einziehung der Steuern zu unterlassen.[865] Ob eine solche Klage der Untertanen bei Gericht Erfolg haben würde, lässt der Verfasser offen, da dies nicht von seinem Gutachtenauftrag umfasst gewesen sei. Das Gutachten schließt mit dem Ergebnis,

> »daß den Obrigkeiten des Königreiches Hannover die Verbindlichkeit obliege, die in den Steuergesetzen vorgeschriebene obrigkeitliche Hülfe zur Beitreibung sowohl der directen als auch der indirecten Steuern zu leisten.«[866]

Die Beantwortung der folgenden Fragen ergibt sich gewissermaßen von selbst. Unter der Prämisse, dass weder die Untertanen ein Recht zur Steuerverweigerung hätten noch die Obrigkeit die Erhebung und Beitreibung von Steuern ver-

---

[861] So *K. S. Zachariae*, Rechtsgutachten, S. 45.
[862] So *K. S. Zachariae*, Rechtsgutachten, S. 67.
[863] So *K. S. Zachariae*, Rechtsgutachten, S. 69.
[864] So *K. S. Zachariae*, Rechtsgutachten, S. 71. Eine ähnliche Formulierung findet sich späterhin bei *Meyer-Anschütz*, Lehrbuch des deutschen Staatsrechts, 7. Aufl. 1919, S. 906, im Hinblick auf die (preußische) Budgetlosigkeit: »Das Staatsrecht hört hier auf; die Frage, wie bei nicht vorhandenem Etatgesetz zu verfahren sei, ist keine Rechtsfrage.«
[865] So *K. S. Zachariae*, Rechtsgutachten, S. 72.
[866] So *K. S. Zachariae*, Rechtsgutachten, S. 72 f.

weigern könne, könne diese folgerichtig auch nicht Ansprüchen auf Schadensersatz ausgesetzt sein, die gerichtlich geltend gemacht würden.[867]

Im Gutachten wird die Doppelnatur des Osnabrücker Magistrats herausgearbeitet. Dieser sei einerseits eine Vertretungskörperschaft der Bürgerschaft, deren Interessen er wahrzunehmen habe, andererseits aber auch eine zur Vollziehung von Befehlen der Regierung eingesetzte Behörde. In der Ausübung der erstgenannten Aufgabe der Stadt Osnabrück habe diese ihre Pflicht erfüllt, indem sie alle gesetzmäßigen Schritte zur Wiederherstellung des Staatsgrundgesetzes unternommen habe.[868] In ihrer Stellung als Vollzugsbehörde habe sie jedoch die Pflicht, die verlangte Hilfe zu leisten, selbst wenn sie das Staatsgrundgesetz nach wie vor für gültig halte.[869]

Die letzte Gutachtenfrage beantwortet sich ebenfalls von selbst. Sollte die Ständeversammlung die Verfassung ändern, so hätte dies keinerlei Auswirkungen auf die Pflicht der Stadt Osnabrück, die Steuern beizutreiben. Zu einer solchen Änderung wäre die Ständeversammlung auch befugt, da sie – obschon nicht nach der Verfassung von 1833 zusammen berufen – gleichwohl das rechtmäßige Organ der Gesamtheit der Landeseinwohner sei.[870]

Das Heidelberger Gutachten entsprach naturgemäß nicht den Erwartungen der Auftraggeber. *Dahlmann* bezeichnete es als »schwach, weil charakterlos«[871]. Auch *Stüve* kritisierte an dem Gutachten, es sei inkonsequent, dem steuerverweigernden Volk vorzuwerfen, dass es den Staat vernichte, das Vorgehen des Staates hingegen, der seinen Bürgern verfassungswidrige Steuern abverlange, vorbehaltlos zu billigen. *Stüve* spitzt seine Kritik in den Worten zu:

> »Wenn unsere Universitäten zugrunde gehen, so haben sie es ihrer Knechtsgesinnung zu danken.«[872]

III. Das Rechtsgutachten der Juristenfakultät Jena

Das Rechtsgutachten der Juristenfakultät in Jena, dessen Verfasser nicht ersichtlich ist, gibt einleitend die Eingaben des Magistrats an den Deutschen Bund wieder und gelangt zu dem Ergebnis, es sei

> »kein Grund vorhanden, zu bezweifeln, dass das Staatsgrundgesetz mit vollkommenem Einverständnis zwischen dem Landesherrn und den Ständen zu Stande gebracht worden ist; und es kann nach den über diesem Punct bisher angenommenen Grundsätzen durchaus nicht bezweifelt werden, dass in den Deutschen Ländern die Stände zu Abschließung solcher, für das Land oder die Gesammtheit der Unterthanen nicht weniger als für den Landesherrn selbst verbindlicher Verträge für vollkommen legitimirt geachtet worden sind.«[873]

---

[867] Vgl. *K. S. Zachariae*, Rechtsgutachten, S. 76 f.
[868] So *K. S. Zachariae*, Rechtsgutachten, S. 77 ff.
[869] Vgl. *K. S. Zachariae*, Rechtsgutachten, S. 80 f.
[870] Vgl. *K. S. Zachariae*, Rechtsgutachten, S. 82 ff.
[871] Zitiert nach *K. Schreiner*, Ein »revolutionaires« Gutachten, S. 122.
[872] Zitiert nach *K. Schreiner*, Ein »revolutionaires« Gutachten, S. 122.
[873] So Rechtsgutachten Jena, S. 102.

Auch hinsichtlich der fehlenden Zustimmung des Agnaten zum Staatsgrundgesetz findet sich eine klare Position:

> »Daß der Consens der Agnaten zu dergleichen Landesverträgen im Allgemeinen erforderlich und ein Landesvertrag ohne diesen Consens für die Nachfolger, zumal wenn sie nicht Descendenten des Herrn sind, welcher den Vertrag geschlossen hat, unverbindlich sey, kann nicht behauptet werden.«[874]

Insofern ergibt sich die Prämisse des Gutachtens,

> »daß aus den uns mitgetheilten und öffentlich bekannten Thatsachen kein Rechtsgrund gegen die Rechtsbeständigkeit und Verbindlichkeit des Staatsgrundgesetzes zu entnehmen sey.«[875]

Allerdings gelangt das Gutachten gerade in Anwendung des Staatsgrundgesetzes – nämlich des § 161 – zum Ergebnis, dass die nachgeordneten Behörden verpflichtet seien, Anweisungen der ihnen vorgesetzten Behörden zu befolgen, wenn diese in der gehörigen Form erlassen worden seien. Eine Ausnahme könne es nur geben, wenn es sich um »schwere Verbrechen, Hochverrath und Majestätsverbrechen gegen den Landesherrn« handele, wovon aber im vorliegenden Falle nicht die Rede sein könne. Die Fakultät gelangt deshalb zu dem Ergebnis, dass die Ortsobrigkeiten im Königreich Hannover, wenn ihnen die Beitreibung von Steuern von der vorgesetzten Behörde in gehöriger Form befohlen werde, verpflichtet seien, diese beizutreiben.[876] Die folgenden Fragen haben sich damit in der Sache erledigt; ihnen werden auch nur noch wenige Ausführungen gewidmet.[877]

Obwohl beide Rechtsgutachten zu dem Ergebnis gelangten, der Magistrat der Stadt Osnabrück sei verpflichtet, weiterhin die staatlichen Steuern zu erheben und beizutreiben, erregte schon der Umstand, dass der Magistrat sich an die Juristenfakultäten gewandt hatte, den Zorn des Königs. Bevor das eigentlich »revolutionaire« Gutachten der Tübinger Juristenfakultät eintraf, erließ der König ein Reskript, in dem er den Osnabrücker Magistrat »der Verletzung der Unterthanentreue« beschuldigte und die Einholung der Gutachten als ein »mit Nichts zu entschuldigende[s] Verfahren« bezeichnete. Dem Magistrat könne niemals das Recht eingeräumt werden, »über den Umfang ihrer Dienstpflichten von unberufenen Ausländern sich Belehrung geben zu lassen.« Bei »eintretenden Zweifeln« sei allein die vorgesetzte Dienstbehörde befugt, »die Richtschnur für das zu beobachtende Verfahren« zu erteilen.[878]

IV. Das Tübinger Gutachten

Das Rechtsgutachten der »Juristen-Facultät« in Tübingen ließ eine Weile auf sich warten und wurde erst am 26. Januar 1839 abgeschlossen. Es übertrifft in seinem

---
[874] So Rechtsgutachten Jena, S. 103.
[875] So Rechtsgutachten Jena, S. 106.
[876] So Rechtsgutachten Jena, S. 126.
[877] So Rechtsgutachten Jena, S. 127 ff.
[878] Zitiert nach K. Schreiner, Ein »revolutionaires« Gutachten, S. 123.

IV. Das Tübinger Gutachten

Umfang – in dem von *Dahlmann* herausgegebenen Band immerhin 228 Seiten – die anderen Gutachten bei weitem und beeindruckt durch subtile Gedankenführung und eingehende Dokumentation. Verfasser war der Tübinger Professor *August Ludwig Reyscher*[879], wiewohl das Gutachten – was seinerzeit noch üblich war – als solches der gesamten Fakultät galt. Mit *Reyschers* Gutachten verfügen wir über die neben den »Staatsrechtlichen Bedenken« und den Schriftsätzen *Stüves* eingehendste rechtswissenschaftliche Behandlung des Verfassungskonflikts.

Nach knapper Darstellung der »Lage der Sache«[880] wird die Frage geprüft, ob das Staatsgrundgesetz vom 26. September 1833 gültig sei. *Reyscher* hält es für unbezweifelbar, dass das Staatsgrundgesetz bis zum Regierungsantritt des Königs in anerkannter Wirksamkeit bestanden habe und jetzt noch bestehe. Mit feiner Ironie heißt es sodann:

> »Dem ungeachtet glaubte Seine Majestät Gründe zu finden, aus welchen das besagte Staatsgrundgesetz nicht zu Recht bestehen könne. Diese Gründe sind zwar in dem Patent vom 5. Juli 1837 nicht näher bezeichnet, vielmehr beschränkte sich dieses auf die Erklärung, daß Seine Majestät in dem weder in formeller, noch materieller für Sie bindenden Staatsgrundgesetze eine hinreichende Gewähr für das dauernde Glück Ihrer getreuen Unterthanen, deren Wohl nach dem von der göttlichen Vorsehung Ihnen auferlegten Pflicht möglichst zu fördern Ihr unablässiges Bestreben seyn werde, nicht finden können.«[881]

Hiermit ist das Programm der folgenden Prüfung vorgegeben. Zunächst widmet sich *Reyscher* der Frage, ob das Staatsgrundgesetz formell verbindlich sei. Hierbei stellt er nicht zuletzt auf den Beschluss der Ständeversammlung vom 17. Dezember 1833 ab, mit dem das Staatsgrundgesetz »wie solches von Ew. Königlichen Majestät publicirt worden« anerkannt worden sei.[882] Dem möglichen Einwand, nicht die Ständeversammlung des Jahres 1832, sondern die neugewählte Versammlung des Jahres 1833 habe diese Erklärung abgegeben, begegnet er mit dem folgenden Argument:

> »[...] die Versammlung von 1833 konnte sich also von Rechts wegen als Nachfolgerin der constituirenden Stände in der Landes-Repräsentation betrachten und einen mangelhaften Consens derselben, wenn ein solcher vorhanden, mit Wirkung ergänzen; denn nicht auf die physischen Personen, welche die moralische Person der Ständeversammlung darstellten, kam es hiebei an, sondern darauf, daß solche dem Gesetze gemäß gerufen und zusammengesetzt ward.«[883]

Der mehrfach geäußerten Ansicht, das dem Erlass des Staatsgrundgesetzes vorangehende Verfahren habe Art. 56 WSA verletzt, hält er entgegen, dass dieser Artikel keineswegs nur ein *vertragsmäßiges* als *verfassungsmäßiges* Zustande-

---

[879] *August Ludwig Reyscher* (1802–1880) lehrte seit 1829 zunächst als Privatdozent, dann als außerordentlicher (1831) und ordentlicher Professor (1837) an der Universität Tübingen. Er war unter anderem Gründer und Herausgeber der »Zeitschrift für deutsches Recht und deutsche Rechtswissenschaft« (1837–1861). Politisch trat er als Mitglied des Vorparlaments und der Württembergischen Abgeordnetenkammer hervor.
[880] Vgl. A. L. *Reyscher*, Rechtsgutachten, S. 132–138.
[881] So A. L. *Reyscher*, Rechtsgutachten, S. 140.
[882] So A. L. *Reyscher*, Rechtsgutachten, S. 151.
[883] So A. L. *Reyscher*, Rechtsgutachten, S. 151.

kommen einer Verfassung vorschreibe und fügt als eine Art *argumentum ad absurdum* hinzu:

> »... So sieht man in der That nicht ein, wie der Art. 56 der Schlußacte zur Rechtfertigung einer Maaßregel herbeigezogen werden mochte, welche lauter als irgend eine andere diesen Articel geradezu verletzt, in dem sie eine Verfassung zerstörte, welche, in bester Form zu Stande gebracht, ihre wohlthätigen Wirkungen täglich mehr bekräftigt und, was der Prüfstein jeder öffentlichen Verbesserung, bereits im Volke selbst lebendigen Boden gewonnen hatte, der ihr nur mühsam wieder zu entziehen seyn möchte.«[884]

Bei Prüfung der »materiellen Verbindlichkeit« des Staatsgrundgesetzes widmet sich *Reyscher* eingehend der Frage, ob der Regierungsnachfolger an die Rechtsakte des Vorgängers gebunden sei. Hierbei finden sich Anklänge an die von *Albrecht* vertretene Lehre vom Staat als juristischer Person, wenngleich *Reyscher* den Begriff der »moralischen Person« wählt, deren »Vertreter« – der Begriff des *Organs* wird vermieden – der Regent sei.[885] Jeder Regent habe gewisse Schranken seiner Macht anzuerkennen. Hierzu gehörten – was *Reyscher* durch Zitate belegt – die mit den Untertanen eingegangenen Staatsverträge und die durch die Landesverfassung gegebene Form und der Landeshoheit gesetzten Grenzen.[886] Wiederum greift er zu einem *argumentum ad absurdum*, in dem er die Konsequenzen beruft, dass ein Regent stets besorgen müsste, die von ihm erlassenen Regierungsakte würden von seinem Nachfolger wieder aufgehoben bzw. seien nur gültig, wenn im Vorhinein die »Gesammtfamilie« ihren Konsens gegeben habe:

> »Letzteres würde die Monarchie geradezu in eine Oligarchie verwandeln.«[887]

Reyscher setzt sich weiterhin mit der Frage auseinander, welches das Gemeinwohl sei, das der König in seinem Aufhebungspatent durch die Verfassung nicht als gewährleistet ansehe. Die Glückseligkeit oder auch nur die Zufriedenheit aller sei kein Staat und keine Regierung zu erreichen imstande. Schon der Begriff von Glückseligkeit bringe dieses mit sich, wenn hierunter »die Befriedigung aller unserer Neigungen und Wünsche« verstanden würde. Aber auch ein gewisses Maß an Befriedigung könne, weil von subjektivem Empfinden abhängig, von der Staatsgewalt nicht erstrebt oder den Einzelnen aufgedrungen werden:

> »[...] es müßte sonst ein für Viele sehr lästiger Beglückungszwang entstehen und in dessen Folge gerade der Gegensatz von dem, was man Gefühl der Glückseligkeit oder individuelles Wohl nennt. Es wird daher der Staat jedem Einzelnen überlassen müssen, auf seine Weise glücklich zu seyn, sofern er nur durch seine Glückseligkeit plane, nicht in die Rechte Anderer oder in Einzelne für bindend gehaltene Regeln der Sittlichkeit oder des öffentlichen Anstandes eingreift.«[888]

Breite Ausführungen widmet *Reyscher* der Frage, inwieweit einzelne Bestimmungen des Staatsgrundgesetzes die Rechte des Thronfolgers hätten verletzen

---

[884] So A. L. *Reyscher*, Rechtsgutachten, S. 155.
[885] Vgl. A. L. *Reyscher*, Rechtsgutachten, S. 170.
[886] So A. L. *Reyscher*, Rechtsgutachten, S. 173.
[887] So A. L. *Reyscher*, Rechtsgutachten, S. 176.
[888] So A. L. *Reyscher*, Rechtsgutachten, S. 180 f.

können. Dem wird entgegengehalten, dass die Thronfolge nach dem Prinzip der Legitimität nur ein Recht auf die »gesetzmäßige Succession in der Regierung« darstelle, nicht aber eine bestimmte Form von deren Ausübung, die von der jeweiligen Gesetzgebung und Verfassung des Staates abhängig sei.[889] Ebenfalls eingehend wird die Frage der Zusammenlegung der bis dahin getrennten Kassen behandelt, die einen weiteren Grund für die Aufhebung des Staatsgrundgesetzes bildete. Auch hier holt *Reyscher* weit aus und gelangt unter Rückgriff auf ältere Autoren zu dem Ergebnis:

> »Wird aber der Regent als Landesherr (dominus terrae) und wenn schon nicht in privat- doch in staatsrechtlichem Sinne angenommen, und wir ihm namentlich, wie in obiger Stelle von Grotius das Recht zur Veräußerung des Landes selbst beigelegt, so kann es wohl keinem Zweifel unterworfen seyn, daß er auch Eigenthümer des Cammerguts und als solcher hierüber zu verfügen, befugt sey.«[890]

Im Folgenden wird im Einzelnen dargelegt, dass die finanzielle Situation des Königshauses sich durch die Bestimmungen des Staatsgrundgesetzes keineswegs verschlechtert habe; mit den Einkünften aus Domänen und Regalien vielmehr die Bedürfnisse der Familie gedeckt werden könnten und Abführungen an den Staatshaushalt ermöglichten. Mit feiner Ironie quittiert *Reyscher* die im Aufhebungspatent angekündigten Steuererleichterungen:

> »Auch haben Höchstdieselben die Bereitwilligkeit, Ihre Unterthanen künftig noch mehr zu erleichtern, dadurch bestätigt, daß schon in dem Patente vom 1. November 1837 ein Steuer-Nachlaß von 100,000 Thlrn. verkündigt wurde, wozu freilich nach altem wie nach neuem Staatsrechte in Hannover ständische Einwilligung erforderlich gewesen wäre.«[891]

In einem weiteren Abschnitt widmet sich *Reyscher* der hypothetischen Frage, was gelten würde, wenn die Einwände des Königs gegen das Staatsgrundgesetz begründet wären, wobei er einleitend feststellt, dass weder die formellen noch die materiellen Einwendungen gegen die »rechtliche Gültigkeit« der Verfassung begründet seien. Er fährt fort:

> »Gesetzt also auch den äußersten Fall, daß das Staatsgrundgesetz wegen formeller Fehler nichtig und wirkungslos wäre, so waren es nicht minder die Handlungen Seiner Majestät, in denen Sie Sich gleichzeitig mit der von Ihnen aufgehobenen und der von Ihnen wieder hergestellten öffentlichen Rechtsgrundlage in Widerspruch gesetzt und die Verabschiedung einer neuen Verfassungs-Urkunde eingeleitet haben, bei welcher eben so wenig auf den Consens der (competenten) Stände als auf den – der Agnaten Rücksicht genommen worden, deren Umgehung doch Höchstdieselben kaum dem Grundgesetze zum Vorwurf gemacht hatten.«[892]

Reyscher führt aus, dass die Organisation der Staatsverwaltung, wie sie durch das Edikt vom 12. Oktober 1822 geschaffen wurde, »willkührlich verlassen« worden sei, indem das Kabinettsministerium – gemeint ist der Kabinettsminister – vom Staatsministerium – gemeint sind die Departementminister – getrennt worden

---

[889] So So *A. L. Reyscher*, Rechtsgutachten, S. 203.
[890] So *A. L. Reyscher*, Rechtsgutachten, S. 220.
[891] So *A. L. Reyscher*, Rechtsgutachten, S. 264.
[892] So *A. L. Reyscher*, Rechtsgutachten, S. 270.

sei. Überdies widerspreche es der früheren Verfassung, dass weder das alte »Geheimraths-Collegium« als höchste Aufsichtsbehörde noch das »Schatz-Collegium« wieder eingerichtet worden seien.[893]

Mit der folgenden Deduktion trifft *Reyscher* dann ins Schwarze. Die Einwände, die der König gegen die Geltung des Staatsgrundgesetzes erhoben habe, ließen sich in gleicher Weise der Verfassung von 1819 entgegensetzen:

> »[...] denn auch jene ist nicht mit vollem Consense der damaligen Stände, noch unter Mitwirkung der Agnaten eingeführt worden.«[894]

Zu ergänzen wäre, was *Reyscher* nicht bekannt sein konnte, dass der Herzog von Cumberland als nach dem Herzog von Clarence – und späteren König *Wilhelm IV.* – nächster Agnat ausdrücklich gegen das Patent von 1819 protestiert hatte.[895]

Reyscher gelangt zu dem überraschenden Schluss, dass selbst wenn das Staatsgrundgesetz und das Patent aus dem Jahr 1819

> »als rechtliche Thatsachen dürften negirt werden, gleichwohl kein verfassungsloser oder gar rechtloser Zustand in Hannover angenommen werden darf, vielmehr ein System von Provincial-Verfassungen, das freilich noch sehr des Ordnens und Läuterns und wahrscheinlich wieder alle derjenigen Durchgangspuncte bedürfte, welche vom Jahre 1815 bis zum Staatsgrundgesetze gefunden worden sind.«[896]

Alsdann widmet sich *Reyscher* der Frage, welche rechtlichen Mittel dem König zu Gebote stünden, um seine Einwendungen gegen das Staatsgrundgesetz, so sie begründet wären, durchzusetzen. Hierbei bedient er sich einer bemerkenswerten Deduktion. *Reyscher* setzt voraus, dass wohlerworbene Rechte nur dann Gegenstand gerichtlicher Verfahren sein könnten, wenn sie durch die Verwaltung verletzt worden seien. Sei demgegenüber die Verletzung durch einen Staatsvertrag oder ein verfassungsmäßig erlassenes Gesetz bewirkt, sei dies kein tauglicher Anspruchsgegenstand gegen den Staat. Deshalb könne ein Staatsangehöriger – auf welcher Stufe er auch immer stehe – das Gesetz nicht »beugen«, sich an die Stelle des Gesetzgebers und Richters zugleich setzen, wenn nicht die Ordnung im Staat und der Wert öffentlicher Einrichtungen beeinträchtigt werden solle. Aus dieser Prämisse folgert er:

> »Auch das Verhältniß Seiner Majestät als Regierungs-Nachfolger begründet hierin keinen Unterschied; denn agnatische Rechte, welche in Ihrer Person verletzt worden seyn sollen, sind nicht mehr wohlerworbene Rechte als andere Rechte und, so gewiß die gesetzgebende Gewalt für jene Rechte zu verfahren hat, so wenig können doch solche von der Gesetzgebung ueberall ausgenommen seyn. Vielmehr ist es gerade das Gesetz (Princip der Legitimität), welchem Seine Majestät das Recht zur Succession verdanken, welche Sie daher, in dem Sie succediren und zur Theilnahme an der Gesetzgebung Sich berufen fühlen, um so aufrecht halten und anerkennen, nicht aber seinem Wesen nach vernichten oder in Abrede stellen werden.«[897]

---

[893] So *A. L. Reyscher*, Rechtsgutachten, S. 270.
[894] So A. L. Reyscher, Rechtsgutachten, S. 271.
[895] Vgl. oben S. 130; 165.
[896] So *A. L. Reyscher*, Rechtsgutachten, S. 285.
[897] So *A. L. Reyscher*, Rechtsgutachten, S. 290 f.

IV. Das Tübinger Gutachten

Reyscher wirft die Frage auf, ob aus dem Umstand, dass *Ernst August* seinen Protest gegen das Staatsgrundgesetz öffentlich erst erhoben habe, als er bereits König war, zu folgern sei, dass die Konstruktion wohlerworbener Rechte hinfällig wäre. Hierzu führt er lapidar aus:

> »Zwar haben Seine Majestät Ihren Widerspruch gegen das Staatsgrundgesetz nicht schon als Agnat, sondern erst öffentlich erhoben, nachdem Sie die Regierung angetreten hatten. Allein da Dieselben aus Ihrer agnatischen Eigenschaft das Recht zum Widerspruche herleiten und Sie in dieser Eigenschaft dem Gesetze Gehorsam schuldig waren, so folgt aus jenem Umstand für den Erfolg jenes Widerspruchs lediglich nichts.«[898]

Das ist in der Tat ein scharfsinniger Gedanke, weil bei *Reyscher* der rechtlichen Beurteilung des – tatsächlich ja bereits früher eingelegten – Protestes gegen das Staatsgrundgesetz den König wieder auf seine Agnatenstellung zurückführt und mit anderen »Staats-Angehörigen« gleichsetzt. Allerdings ist diese Deduktion nur ein Zwischenschritt zu dem sodann ausgeformten Grundsatz, der zugleich als Bekenntnis des Verfassers gelten darf:

> »Will man aber auch hiervon absehen und eben so davon, daß der Regierungs-Antritt Sr. Majestät als nicht in der verfassungsmäßigen Form (unter Anerkennung des Grundgesetzes) erfolgt, streng genommen keine rechtliche Wirkung äußern konnte, so steht nichts desto weniger auch das monarchische Staats-Oberhaupt in der constitutionellen Monarchie unter dem Gesetze; denn er ist nur einer der Factoren der Gesetzgebung und hat als Inhaber der Vollziehungsgewalt jedem Gesetze, solange es ist, durch die verfassungsmäßigen Behörden, namentlich durch die Gerichte, Achtung zu verschaffen.«[899]

Ein anderes Prinzip, wonach der Regent jeden Augenblick ein Gesetz ändern oder sich an die Stelle des Richters setzen würde, wäre nach *Reyscher* für das Ansehen und die Wirksamkeit des Monarchen selbst nicht »wünschenswert«. Nicht ohne ironischen Unterton fährt *Reyscher* fort:

> »Am wenigsten aber werden Seine Majestät König Ernst August ein solches despotisches Princip anzurufen geruhen, da Sie ja eben über eine vermeintliche Willkühr Höchst Ihres Vorgängers in der Regierung Klage führen, welche durch eine neue willkührliche Handlung nicht gut gemacht werden könnte.
> Es bleibt also für Seine Majestät nichts Anderes übrig, als den verfassungsmäßigen Weg einzuschlagen, um die behauptete Verletzung Ihrer agnatischen und Regierungs-Rechte geltend zu machen; d.h. eine Ständeversammlung nach den Bestimmungen des Grundgesetzes einzurufen, welche, wie wir nicht zweifeln, den vorgebrachten Beschwerden alle schuldige Aufmerksamkeit zuwenden wird.«[900]

Damit hatte *Reyscher* den Hannoverschen Verfassungskonflikt auf seinen Kern zurückgeführt, nämlich die Frage, ob der König *unter* oder über der Verfassung stehe. Alle Deduktionen im Pro Memoria *Scheles* und in dem *Leist'*schen Gutachten konnten nicht verbergen, dass es nur um das Ziel ging, die dem König lästige Verfassung zu beseitigen, womit dem Monarchen eine Stellung über der Verfassung zugeordnet wurde. Stand aber eine gegebene und allseits anerkannte

---
[898] So A. L. Reyscher, Rechtsgutachten, S. 291.
[899] So A. L. Reyscher, Rechtsgutachten, S. 291.
[900] So A. L. Reyscher, Rechtsgutachten, S. 292.

Verfassung zur Disposition des Monarchen, so konnte dieser folgerichtig auch eine *andere* Verfassung einführen, ohne an die Mitwirkung der Stände gebunden zu sein. Dass ein *ipso iure* Wiederaufleben des Patents von 1819 ebenso wenig rechtlich begründet werden konnte wie die Aufhebung des Staatsgrundgesetzes von 1833, legt *Reyscher* in aller Klarheit dar. Mehrere im Patent von 1819 vorgesehene Institutionen gab es nicht mehr und wurden nicht wieder errichtet, hingegen ein monokratisches statt eines kollegialen Regierungsorgans eingerichtet, das allein auf dem Willen des Königs beruhte. Abgesehen von dem aparten Gedanken, dass an die Stelle der Verfassung für das ganze Königreich nunmehr die Provinzialverfassungen wieder Wirkung entfalten würden, blieb es doch bei dem offensichtlichen Befund, dass von der Verkündung des Aufhebungspatents bis zu der des Landesverfassungsgesetzes an die Stelle einer *Verfassung* nichts anderes getreten war als der *königliche Wille*, das Königreich also einen Rückfall in die Despotie erlitten hatte. Dies mit allem Freimut ausgesprochen und überdies die Widersprüche im Verhalten *Ernst Augusts* festgestellt zu haben, bleibt das historische Verdienst *August Ludwigs Reyschers*.

Die ebenso scharfsinnige wie faktenreiche Analyse des Verfassungskonflikts und die aus ihr abgeleiteten Grundsätze bildeten die Voraussetzungen für die im dritten Abschnitt des Gutachtens zu beantwortende Frage:

> »Was hat eine Obrigkeit im Königreiche Hannover zu thun, um sich hinsichtlich ihrer Amtshandlungen bei der fortdauernden Gültigkeit des Grundgesetzes vom Jahre 1833 keiner Verantwortung auszusetzen?«[901]

Dieser Abschnitt ist wahrhaft revolutionär, weil *Reyscher* hierin das Recht zum Widerstand begründet. Gewissermaßen als Ertrag der ersten beiden Abschnitte fasst er zusammen:

> »Der gegenwärtige öffentliche Rechtszustand im Königreiche Hannover ist somit, soweit er auf Maaßregeln Sr. Majestät gegen das Grundgesetz beruht, ein rein willkührlicher, und es ist nicht mehr die Frage: Ob derselbe auf rechtlichen Werth Anspruch zu machen habe? Welche Frage nach dem Obigen nur verneint werden kann, sondern: Was eine dem Könige untergeordnete Obrigkeit im Königreiche Hannover zu thun habe, um ihre Pflichten gegen das Land und die Unterthanen mit der Verbindlichkeit des Gehorsams gegen die vorgesetzten Behörden in Einklang zu bringen und sich gegen Regreßansprüche, welche die Amtsuntergebenen, namentlich im Falle einer auf höheres Geheiß bewirkten Erhebung nicht verfassungsmäßig bewilligter Steuern, etwa geltend machen möchten, zu schützen?«[902]

Reyscher hält die Staatsdiener zum Schutz der Bürger für verpflichtet, weil sie selbstbewusst handelnde Mandatare der Staatsgewalt und nicht bloß »blinde Werkzeuge des Regenten« seien, verantwortlich dafür, dass die Verfassung eingehalten werde.[903] Der hierfür angeführte Beleg aus dem Staatsgrundgesetz – nämlich § 161 – stand freilich unter der Prämisse, dass das Staatsgrundgesetz seine Geltung »an sich« durch das Aufhebungspatent nicht eingebüßt hatte. *Reyschers* Argumentation beruht deshalb auch nicht auf der geschriebenen Ver-

---

[901] So A. L. *Reyscher*, Rechtsgutachten, S. 296.
[902] So A. L. *Reyscher*, Rechtsgutachten, S. 298.
[903] So A. L. *Reyscher*, Rechtsgutachten, S. 299.

fassung, sondern auf allgemeinen Grundsätzen. Der staatsbürgerliche Gehorsam – so führt er aus – sei keine unbedingte, sondern eine bedingte Pflicht, nämlich ein »verfassungsmäßiger Gehorsam«. Andere Auffassungen würden zu dem von *Hobbes* »gelehrten Despotismus« führen, wonach der Unterthan selbst den unbefugten Mord der nächsten Angehörigen still zu dulden habe, sofern er von oben geboten werde.[904] *Reyscher* räumt ein, dass nicht jede gesetzwidrige Handlung der Obrigkeit zum Widerstand berechtige, weil hierdurch Ruhe und Ordnung gefährdet würden und die Gefahr bestünde, dass vollkommen gesetzmäßige Handlungen der Staatsgewalt am Widerstand Einzelner scheiterten:

> »Das Recht des Widerstandes kann also schon aus diesem Grunde nicht unbedingt zugegeben werden.«[905]

Reyscher will das Recht des Widerstands deshalb auf folgende Weise beschränken:

> »(1) Dasselbe findet nur Statt im Falle einer Verletzung der Verfassung oder sonstigen offenbaren Gesetzes-Übertretung von Seite der Staats-Gewalt oder einer in ihrem Auftrage handelnden Behörde; aber auch in diesem Falle nur dann, wenn dadurch
> (2) ein unersetzliches oder doch wahrscheinlich unwiederbringliches Recht für den Widerstehenden bedrohet oder angegriffen wird. Dies ist auch der Fall, wenn dem Unterthanen eine rechtlich oder moralisch unerlaubte Handlung zur Pflicht gemacht wird. Endlich wird vorausgesetzt
> (3) daß der Bedrohete oder Angegriffene durch ein anderes Mittel, z. B. Beschwerde bei der höheren Behörde, sich in seinem Rechte nicht zu schützen vermag.«[906]

Im folgenden Paragraphen wendet *Reyscher* die von ihm entwickelten Obersätze auf die »gegenwärtigen Verhältnisse in Hannover« an. Wiederum geht er nach Art einer juristischen Relation vor und bildet die Hypothese, dass Untertanen das Recht zum Widerspruch gegen Steuererhebungen hätten mit der Folge, dass die Obrigkeit dann nicht das Recht habe, sie den Maßnahmen zu unterwerfen. Umgekehrt aber, wenn die Untertanen das Recht des Widerspruchs nicht hätten, dürfe die »subalterne Obrigkeit zu Osnabrück« jedenfalls keine Veranlassung »zur Ausübung desselben« geben.[907] Das ist geschickt argumentiert, denn *Reyscher* begründet hiermit nur ein vom Untertanen abgeleitetes Recht der Obrigkeit zum Widerstand, hält dieses allerdings für gegeben, weil es sich im Falle Hannovers um eine »offenbare[…] Verfassungs-Verletzung« handele.[908]

Erneut wird die Frage aufgeworfen, ob der König durch Verweigerung des Verfassungseides sein Amt nicht rechtmäßig angetreten habe und seine Handlungen schon deshalb als nicht zu Recht bestehend angesehen werden könnten, »weil sie nicht von dem rechtmäßigen Oberhaupte« ausgegangen seien.[909] Der Widerstand gegen den König würde als Notwehr gegen einen rechtswidrigen

---

[904] So *A. L. Reyscher*, Rechtsgutachten, S. 301.
[905] So *A. L. Reyscher*, Rechtsgutachten, S. 302.
[906] So *A. L. Reyscher*, Rechtsgutachten, S. 307.
[907] So *A. L. Reyscher*, Rechtsgutachten, S. 310.
[908] So *A. L. Reyscher*, Rechtsgutachten, S. 311.
[909] So *A. L. Reyscher*, Rechtsgutachten, S. 312.

Zwischenherrscher und nicht gegen die Obrigkeit im Königreich Hannover erscheinen. Vielmehr würde nach den »angeführten Schriftstellern«

> »die Weigerung Seiner Majestät, die gedachte Erklärung zu geben, als Verzicht auf den Thron und folgeweise als unbefugte Regierungs-Anmaaßung und Hochverrath erklärt werden.«[910]

Reyscher bezeichnet diese »Vertrags-Theorie« allerdings als umstritten und führt weitere Belege dafür an, dass die erbmonarchische Regierung *ipso iure*, also unabhängig von einem förmlichen Regierungsantritt erworben werde.[911] Er gründet das Widerstandsrecht deshalb nicht auf die »Formalität des Regierungs-Antritts«, sondern auf das Wesen der Verfassung als wechselseitiger Rechte- und Pflichtenordnung:

> »Jeder Staat nämlich, sey er nun Patrimonial-Staat, Freistaat oder hierarchischer Staat, wird gebildet (constituiret) durch seine Verfassung d. h. durch die Summe von Rechten und Pflichten, welche von Regierung und Volk gegenseitig übernommen werden, wobei es übrigens nicht darauf ankommt, ob diese Verfassung nur herkömmlich anerkannt oder in einer schriftlichen Urkunde niedergeschrieben ist.«[912]

Reyscher fährt fort:

> »Wird nun aber diese Verfassung von dem einen oder anderen Theile aufgehoben, so ist eben damit der Staat selbst vernichtet und es kann dem andern Theile nicht zugemuthet werden, seinerseits allein verpflichtet zu bleiben oder zu erfüllen, während der andere Theil nicht nur in seiner Erfüllung säumig ist, sondern geradezu die Quelle jeder gegenseitigen Verpflichtung in Abrede zieht.«[913]

Unter Berufung auf *Robert von Mohl* hält *Reyscher* den Widerstand sogar für eine Rechtspflicht, wenn die gesetzlichen Mittel gegen das Unrecht erschöpft seien, schränkt aber ein, dass er hoffe, diese Grundsätze würden in Hannover niemals zur Anwendung gelangen.[914] Allerdings sei Unterstützung des Deutschen Bundes »für einen tätigen Widerstand gegen die verfassungswidrigen Maaßregeln Seiner Majestät« nicht zu erwarten[915], sodass auch die dritte Voraussetzung für ein Widerstandsrecht der Untertanen gegeben sei:

> »Aber es handelt sich auch in dem jetzigen Augenblicke so wenig als seither von positiver Gegenwehr zum Schutze der gefährdeten Verfassung, sondern blos von einem passiven Widerstande, von einem Weigerungsrechte, welches selbst diejenigen zugeben müssen, die sonst ein Recht des Widerstandes gegen die Obrigkeit nicht einräumen.«[916]

Reyscher gelangt zu dem zusammenfassenden Ergebnis:

> »Sind nun aber die Unterthanen des Königreichs Hannovers unseres Erachtens nicht verpflichtet, eine ohne die verfassungsmäßigen Requisite von der Regierung verlangte Steuer zu leisten, so kann anderseits eine Obrigkeit jenes Königreichs nicht für berechtigt gehalten werden, eine dergleichen verfassungswid-

---

[910] So *A. L. Reyscher*, Rechtsgutachten, S. 313.
[911] So *A. L. Reyscher*, Rechtsgutachten, S. 313.
[912] So *A. L. Reyscher*, Rechtsgutachten, S. 314.
[913] So *A. L. Reyscher*, Rechtsgutachten, S. 314.
[914] So *A. L. Reyscher*, Rechtsgutachten, S. 315.
[915] So *A. L. Reyscher*, Rechtsgutachten, S. 317.
[916] So *A. L. Reyscher*, Rechtsgutachten, S. 317.

rige Leistung den Unterthanen anzusinnen oder die in den Steuergesetzen für rechtmäßige Steuern vorgeschriebene Hülfe zur Beitreibung derselben zu leisten, ohne daß es einen Unterschied machte, ob diese Handlung von dem Königlichen Ministerium oder von Seiner Majestät dem König befohlen worden; denn die Staatsregierung kann auf die untergeordneten Beamten und Magistrate nicht mehr Rechte übertragen als sie selbst hat, und die Befehle Seiner Majestät, welche von einem verantwortlichen Departements-Chef gegenzuzeichnen sind (G.G. §. 151), machen in jener Beziehung keine Ausnahme.«[917]

Im Folgenden führt *Reyscher* den Nachweis, dass es für die Steuererhebung im Jahr 1838 keine gesetzliche Grundlage gab, weil der König das Grundgesetz insgesamt aufgehoben habe und weil

»die verkündigte Steuer-Verlängerung keine ständische im grundgesetzlichen Sinne, sondern nur durch sogenannte Stände vorgenommen war, welcher aber weder nach der alten, angeblich wiederhergestellten, noch nach der neuen, tatsächlich vernichteten, Verfassung hiefür zuständig erscheinen konnten.«[918]

Es verwundert nicht, dass *Reyscher* zu dem Ergebnis gelangt, dass der Magistrat der Stadt Osnabrück nicht dazu verpflichtet sei, »Hülfe« zur Beitreibung der Steuern zu leisten, sofern diese verweigert würden.

V. Reaktionen auf das Tübinger Gutachten

Der mit einem Vorwort von *Dahlmann*, das das Datum vom 21. März 1839 trägt, versehene Band mit den drei Fakultätsgutachten erschien in Jena um die Mitte des Jahres 1839 und löste sowohl im Königreich wie in anderen Staaten des Deutschen Bundes ein ungeheures Echo aus. Erstmals war eine Publikation erschienen, in der die Vorgänge des Hannoverschen Verfassungskonflikts ohne Rücksicht auf eine mögliche Zensur beim Namen genannt wurden und den König als den darstellten, der er war, nämlich als Despoten, dem rechtliche Begründungen lediglich zur Tarnung verfassungswidrigen Handelns dienten. Es ist dem Tübinger Historiker *Klaus Schreiner* zu verdanken, dass die Reaktionen auf das Rechtsgutachten *Reyschers* im Einzelnen erforscht sind.[919] Seine Untersuchung wird der folgenden Darstellung zugrunde gelegt, wobei die Bemerkung vorausgeschickt sei, dass das Tübinger Gutachten in der sonstigen Literatur – auch der Gegenwart – nicht die gebührende Beachtung gefunden hat.

Schon der Eingang der Gutachten aus Heidelberg und Jena hatte in Hannover eine harsche Reaktion ausgelöst. In einem Reskript vom 15. Januar 1839 beschuldigte *Ernst August* den Osnabrücker Magistrat der »Verletzung der Unterthanentreue«, weil er die Rechtsgutachten bei Juristen-Fakultäten in Auftrag gegeben habe. Das nicht zu entschuldigende Verfahren erscheine umso pflichtwidriger, als Mitglieder des Magistrats, wenn sie mit dem Einzug von Steuern befasst sei-

---

[917] So A. L. Reyscher, Rechtsgutachten, S. 326,
[918] So A. L. Reyscher, Rechtsgutachten, S. 333.
[919] K. Schreiner, Ein »revolutionaires« Gutachten, S. 117; zu diesem Gegenstand ebenfalls – wenn auch knapper – K. E. Born, Die Tübinger Juristenfakultät und Bürgermeister Stüve: Das Tübinger Gutachten zum Hannoverschen Verfassungskonflikt, 1966.

en, in ihrer »Eigenschaft als Staatsdiener« und nicht als Vertreter des »städtischen Gemeinwesens« handelten und ihnen deshalb nicht das Recht eingeräumt werden könne, »über den Umfang ihrer Dienstpflichten von unberufenen Ausländern sich Belehrung geben zu lassen.«[920] Der Osnabrücker Magistrat wurde gezwungen, das königliche Reskript in den »Osnabrückische[n] Öffentliche[n] Anzeigen« wenige Tage später zu veröffentlichen.[921]

Schele wurde von seinem Sohn *Ludwig*, der als ritterschaftlicher Landrat in Osnabrück amtierte, über alle Vorgänge in Osnabrück auf dem Laufenden gehalten und war deshalb in der Lage, rasch zu reagieren. Das Echo in der Osnabrücker Bürgerschaft auf die vom Magistrat veranlassten Gutachten scheint gespalten gewesen zu sein. *Ludwig von Schele* berichtete seinem Vater:

> »Die Königl. Gesinnten freuen sich der wohlverdienten Ahndung, die doch der Frechheit der demagogischen Parthei Schrancken gesetzt hat. Die theuren Universitäts-Gutachten fangen an, vielen Bürgern nicht mehr zu behagen; denn Steuern sollen sie doch darnach bezahlen und das Geld, was die Deduction gekostet, das St. G.G. sei als nicht gültig aufgehoben zu betrachten, finden Sie, hätte doch auch wohl besser verwandt werden können.«[922]

Das Tübinger Gutachten, das mit einem Begleitbrief *Reyschers*[923] übersandt wurde, ist auf den 27. Januar 1839 datiert und dürfte etwa eine Woche später in Osnabrück eingegangen sein. Schon am 15. Februar richtete der Landdrost *Graf von Wedel* an den Osnabrücker Magistrat die Aufforderung, ihm das Gutachten auszuhändigen. Der Magistrat kam dieser Aufforderung nach und übergab dem Landdrosten zwei Tage später eine Abschrift des Gutachtens. Am 31. März 1839 erging ein an den Osnabrücker Magistrat gerichtetes Verbot des Kabinetts – also *Scheles* –, das Tübinger Gutachten zu verbreiten. Auf die Frage *Wedels*, ob Abschriften des Gutachtens vorlägen, antwortete der Magistrat, dass er dasselbe »bisher nicht bekannt gemacht« habe. Er könne jedoch nicht dafür einstehen, dass während der Fertigung der Abschriften sein Inhalt bekannt geworden sei.[924] Die Veröffentlichung aller drei Fakultätsgutachten war allerdings längst beschlossene Sache. Die ersten beiden Gutachten wurden schon Anfang März gedruckt. Das Vorwort *Dahlmanns* datiert vom 21. März, sodass anzunehmen ist, dass nach vollständigem Druck und Bindung der fertige Band Anfang April 1839 erschienen ist.

Es folgte eine ganze Reihe von Maßnahmen der hannoverschen Regierung, die erkennen lassen, für wie gefährlich man die Publikation der Gutachten hielt, wobei sich der ganze Zorn des Königs und seines Kabinettsministers auf das Tü-

---

[920] Zitiert nach K. *Schreiner*, Ein »revolutionaires« Gutachten, S. 123.
[921] Osnabrückische Öffentliche Anzeigen vom 23. Januar 1839, S. 65–67 (vgl. Staatsarchiv Osnabrück, Dep. 3 b IV Fach 22, 18).
[922] Staatsarchiv Osnabrück, Dep. 38 b Nr. 1289. Das Heidelberger Gutachten war angesichts seines Umfangs und Ertrags mit 400 Gulden – dem Jahresgehalt eines Heidelberger Professors – exorbitant teuer, während für das Tübinger Gutachten 200 Gulden berechnet wurden und der Osnabrücker Magistrat aus eigenem Antrieb 300 Gulden zahlte (vgl. K. *Schreiner*, Ein »revolutionaires« Gutachten, Anm. 60).
[923] Zitiert bei K. *Schreiner*, Ein »revolutionaires« Gutachten, S. 123.
[924] Vgl. K. *Schreiner*, Ein »revolutionaires« Gutachten, S. 123.

binger Gutachten richtete. Zunächst erging der Befehl an die Landgendarmen, Jagd auf die von *Dahlmann* in das Königreich eingeschmuggelten Exemplare zu machen. Sowie man seiner habhaft werde, sollte er sofort verhaftet werden. Auf den Einwand, *Dahlmann* sei preußischer Untertan, wurde der Befehl dahingehend geändert, er sei sofort des Landes zu verweisen.[925] Schon am 20. April 1839 teilte *Schele* dem hannoverschen Gesandten in Frankfurt mit, dass die Regierung alle erforderlichen Maßnahmen ergriffen habe, um die Verbreitung der Druckschrift zu verhindern.

Am 19. April 1839 wandte sich *Schele* in seiner Eigenschaft als Außenminister des Königreichs an das württembergische Außenministerium und erhob Beschwerde gegen das von der Universität Tübingen erstellte Gutachten, weil es »große Verunglimpfungen der Allerhöchsten Person Sr. Majestät des Königs von Hannover« enthalte, mit den »aller staatsgefährlichsten Grundsätzen und Ausführungen angefüllt« sei und eine »förmliche und speciöse Theorie der Vertheidigung des Aufruhrs und der Verschwörung« entwickele.[926] Man habe überdies in Erfahrung gebracht, dass beabsichtigt sei,

> »[...] das revolutionäre Gutachten in dem Königreiche Württemberg durch den Druck zu vervielfältigen und von dort aus zwar nicht durch den Buchhandel, aber auf geheimem Wege in die Hände der diesseitigen Unterthanen gelangen zu lassen.«[927]

Schele verband diese Mitteilung mit der Aufforderung, die Polizei zu einem Einschreiten gegen das »strafbare Unternehmen« zu veranlassen.

Abschriften der Note erhielten die Gesandten Hannovers in Wien und Berlin. Der preußische Außenminister drückte erwartungsgemäß die »höchste Mißbilligung« aus.[928] Auch die Wiener Regierung sagte Unterstützung im Bundestag zu, wobei *Metternich* ein an die Juristenfakultäten gerichtetes Verbot erwog, überhaupt noch in Streitigkeiten zwischen Landesherren und Ständen Gutachten abzugeben.[929] König *Ernst August* konnte sich in dieser Angelegenheit also der Unterstützung Österreichs und Preußens sicher sein.

Belegt ist durch mehrere Zeugnisse, dass die Regierung des Königreichs Württemberg aufgefordert wurde, die Mitglieder der Tübinger Juristenfakultät – dem Muster der Göttinger Sieben folgend – aus ihren Ämtern zu entlassen und wegen der im Gutachten enthaltenen Verbrechen zu bestrafen. Die Rede ist davon, dass wenn man ihrer in Hannover habhaft würde, ihnen wegen Majestätsbeleidigung, Aufregung zur Revolution und anderen Arten von Staatsverbrechen eine »Kettenstrafe« von sechs Jahren bis lebenslänglich drohen würde.[930] Nachdem diese Forderung an die Öffentlichkeit gelangte, wurde sie von der hannoverschen Regierung geleugnet.[931]

---

[925] Vgl. *K. Schreiner*, Ein »revolutionaires« Gutachten, S. 126 m.w.N.
[926] Zitiert nach *K. Schreiner*, Ein »revolutionaires« Gutachten, S. 126.
[927] Zitiert nach *K. Schreiner*, Ein »revolutionaires« Gutachten, S. 126 m.N.
[928] Zitiert nach *K. Schreiner*, Ein »revolutionaires« Gutachten, S. 126.
[929] Vgl. nach *K. Schreiner*, Ein »revolutionaires« Gutachten, S. 126 f.
[930] Vgl. *K. Schreiner*, Ein »revolutionaires« Gutachten, S. 127.
[931] Vgl. die Nachweise bei *K. Schreiner*, Ein »revolutionaires« Gutachten, S. 127.

In Württemberg dachte man nicht daran, dem Beispiel Hannovers zu folgen und Professoren wegen ihrer in einem Gutachten vertretenen Rechtsansicht aus dem Dienst zu entlassen. Der Kanzler der Universität Tübingen *Wächter* betonte in einem Schreiben an den preußischen Justizminister *von Kamptz*, dass er in dem Gutachten »nichts Ahndungswürdiges« gefunden habe und versäumt in diesem Schreiben nicht, die hannoversche Angelegenheit als »Unglück für Deutschland« zu bezeichnen.[932] Dieses Schreiben, das zugleich die Haltung der württembergischen Regierung wiedergibt, erhält seine besondere Note dadurch, dass *Kamptz* in dem Tübinger Gutachten mehrfach mit einer eigenen Publikation zitiert und als Beleg für die dort vertretene Rechtsauffassung angeführt worden ist. *Kamptz* hat sich gegen diese Inanspruchnahme wortreich zur Wehr gesetzt und erklärt, er habe das Gutachten »mit Schauder und Trauer« gelesen.[933]

Die Tübinger Fakultät wurde von der württembergischen Regierung aufgefordert, zu den Anschuldigungen Hannovers Stellung zu nehmen. In einem Antwortschreiben sahen sich die Professoren nicht in der Lage, für »*einfache Wahrheit*« Abbitte zu leisten, da diese zum anerkannten Gemeingut des konstitutionellen Staatsrechts gehörten. Sie seien sich deshalb auch »keiner Übertreibung« bewusst, die sie zu einem Widerruf der ergangenen Rechtsbelehrung bewegen könne.[934]

Der württembergische Innenminister *Schlayer* sah ebenfalls in dem Tübinger Gutachten keine »Verbreitung staatsgefährlicher Lehren«, die eine Entlassung der Professoren hätte rechtfertigen können; diese hätten vielmehr »innerhalb der Befugniß und Verpflichtung eines akademischen Spruchcollegiums« gehandelt. In dem Schreiben, das das Außenministerium nach Hannover sandte, hieß es zwar, dass das Gutachten an einzelnen Stellen »die gebührende Bedachtnahme« vermissen lasse, habe sich aber im Übrigen »durchweg […] an den rein rechtlichen Gesichtspunct und vom politischen Standpunct fern gehalten«.[935]

Nachdem *Schele* mit seiner Demarche bei der württembergischen Regierung erfolglos geblieben war, richtete er seine Hoffnung auf die Bundesversammlung. Bereits am 26. April 1839 – also wenige Tage nach Erscheinen des Gutachtenbandes – beantragte der hannoversche Gesandte in Frankfurt *von Stralenheim*[936] ein Verbot des Tübinger Gutachtens, das eine »völlige Theorie des Rechtes der Revolution« enthalte und dessen »Gemeinschädlichkeit offen zu Tage« liege.[937] Die Bundesversammlung überwies die Sache an eine aus den Gesandten Badens, Bayerns und Sachsens bestehende Kommission, die in ihrem Bericht vom 6. Juni 1839 zwar die Auffassung vertrat, das Gutachten enthalte Grundsätze, die »auf die gefährlichste Weise die Begriffe von Recht verwirren und den Glauben an die Wirksamkeit der Normen, die zu seiner Enthaltung in Deutschland bestehen, erschüttern« könnten; die Bundesversammlung sei gleichwohl zu einem

---

[932] Vgl. *K. Schreiner*, Ein »revolutionaires« Gutachten, S. 128.
[933] Vgl. *K. Schreiner*, Ein »revolutionaires« Gutachten, S. 126.
[934] Zitiert nach *K. Schreiner*, Ein »revolutionaires« Gutachten, S. 128, dort m. N.
[935] Zitiert nach *K. Schreiner*, Ein »revolutionaires« Gutachten, S. 129.
[936] Biographische Angaben vgl. unten Fn. 1093.
[937] Zitiert nach *K. Schreiner*, Ein »revolutionaires« Gutachten, S. 129.

Verbot nicht legitimiert, weil nach dem Bundes-Preßgesetz vom 20. September 1819 nur Druckschriften in die Kompetenz des Bundes fielen, die nicht über 20 Druckbögen stark seien. Das Gutachten umfasse jedoch 23 Bogen im Druck. Die Kommission stellte deshalb den Antrag, die Maßnahmen gegen das Tübinger Gutachten den Einzelstaaten zu überlassen.[938]

Das Verfahren der Bundesversammlung zog sich einige Monate hin, wobei bemerkenswert ist, dass der badische Gesandte stets darauf beharrte, dass eine Zuständigkeit des Deutschen Bundes nach dem Press-Gesetz nicht gegeben sei.[939] Dem wurde vom preußischen und vom österreichischen Gesandten entgegengehalten, dass das Tübinger Gutachten für sich genommen weniger als 20 Druckbogen umfasse und nur durch die gemeinsame Veröffentlichung mit den Gutachten aus Heidelberg und Jena dieser Umfang überschritten worden sei. Gegen das Votum Badens und Württembergs erklärte sich die Bundesversammlung für zuständig und verbot mit Beschluss vom 30. September 1839 die Verbreitung des Gutachtenbandes. Erwähnung verdient, dass der württembergische Gesandte eine Verwahrung seiner Regierung zu Protokoll gab, »[...] daß man an einen derartigen Beschluß der Mehrheit als einen zur Vollziehung verbindenden nicht anzusehen vermöchte.«[940]

Der Beschluss der Bundesversammlung war nicht ohne politische Konsequenz, weil sie am 5. September 1839 gegen die Stimmen Badens, Bayerns, Württembergs, Sachsens, des Großherzogtums Hessens und der Freien Städte beschlossen hatte, den Anträgen auf ein Einschreiten des Bundes in der hannoverschen Verfassungsfrage keine Folge zu leisten.[941] Die Verbreitung des Tübinger Gutachtens ließ sich jedoch nicht verhindern.[942] *Reyscher* selbst veröffentlichte im gleichen Jahr einen umfassenden Beitrag über »Hannöversche Verfassungsfragen«, in der von ihm herausgegebenen »Zeitschrift für deutsches Recht und deutsche Rechtswissenschaft«, der das Gutachten nahezu unverändert wiedergab.[943]

---

[938] Vgl. *K. Schreiner*, Ein »revolutionaires« Gutachten, S. 129 m. N.
[939] Vgl. *K. Schreiner*, Ein »revolutionaires« Gutachten, S. 131.
[940] Zitiert nach *K. Schreiner*, Ein »revolutionaires« Gutachten, S. 132 m. N.
[941] Vgl. unten S. 290 f.
[942] Das vom Verf. (J. I.) benutzte Bibliotheksexemplar trägt auf dem Vorblatt den von alter Hand geschriebenen Vermerk »verboten«, ohne dass hierdurch die weitere Benutzung verhindert worden wäre.
[943] *A. L. Reyscher*, Hannöversche Verfassungsfragen, in: ZDR 2 (1839), S. 1 ff.

VIERZEHNTES KAPITEL
VERFASSUNGSLOSE ZEIT UND VERFASSUNGS-KAMPF

I. Eine verfassungsrechtliche Aporie

Wie oben dargestellt, hatte *Scheles* seit dem Pro Memoria vom 8. Januar 1836 vertretene These von der Nichtigkeit des Staatsgrundgesetzes vordergründig eine gewisse Plausibilität für sich. Betrachtete man die Wirksamkeit eines Gesetzes als eine Art physischer Existenz, so würde es auch dem juristisch Gebildeten einleuchten, dass ein solches Gesetz wegen formeller oder materieller Mängel niemals zu existieren begonnen hätte.[944] Die damit verbundene Nichtigkeit *ex tunc* würde – so *Scheles* stets wiederholte Folgerung – auch bewirkt haben, dass das Patent von 1819 niemals außer Kraft getreten wäre und somit weiter gegolten hätte.[945] In diesem Zusammenhang ist ebenfalls dargelegt worden, dass eine solche Rechtsbehauptung schier unlösbare Folgeprobleme aufwarf, weil eine *ex tunc* postulierte Nichtigkeit des Staatsgrundgesetzes zugleich bedeutet haben würde, dass die seit seinem Inkrafttreten erlassenen Rechtsakte – insbesondere die jährlich beschlossenen Budgets – ebenfalls unwirksam gewesen wären.[946] Diese Konsequenz ist bereits im Gutachten von *Leist* erkannt worden, der zugleich Lösungsvorschläge gemacht hat.[947]

Der König ist dem von *Schele* vorgeschlagenen Weg, das Staatsgrundgesetz für *nichtig* zu erklären, nicht gefolgt, sondern hat – unter Gegenzeichnung *Scheles* – im Patent vom 1. November 1837 erklärt,

> »daß die verbindliche Kraft des Staats-Grundgesetzes vom 26sten September 1833 von jetzt an **erloschen** sei.«[948]

Wie oben ausgeführt[949], handelte es sich hierbei gerade nicht um eine Erklärung der Nichtigkeit – *ex tunc* –, sondern um die Aufhebung der Verfassung *ex nunc*. War aber das Staatsgrundgesetz »von jetzt an *erloschen*«, so hatte es folgerichtig bis zu diesem Zeitpunkt *gegolten*. Dem Aufhebungspatent zufolge war das Staatsgrundgesetz vom 9. Oktober 1833 – dem Tag der Publikation – bis zum 4. November 1837 – dem Tag der Verkündung des Patents – in Wirksamkeit gewesen. Entgegen der Auffassung *Hubers*[950] wurde das Staatsgrundgesetz durch das Patent vom 1. November gerade nicht »mit Wirkung von Anfang an« für un-

---

[944] Vgl. oben S. 184.
[945] Vgl. oben S. 60, 73.
[946] Vgl. oben S. 184.
[947] Vgl. oben S. 159 ff.
[948] Hann. GS 1837, S. 105.
[949] Vgl. oben S. 184.
[950] Vgl. *E. R. Huber*, Deutsche Verfassungsgeschichte II, S. 95.

gültig, sondern für »*von jetzt an* **erloschen**« erklärt. Deshalb steht der folgende Satz:

> »Von dem Aufhören des gedachten Staats-Grundgesetzes ist eine natürliche Folge, daß die, bis zu dessen Verkündung gegoltene, Landes- und landständische Verfassung in Wirksamkeit trete.«

in evidentem Widerspruch zu dem vorangegangenen. In den Schlussbestimmungen des Staatsgrundgesetzes war bestimmt worden, dass »Alle dem gegenwärtigen Staats-Grundgesetze entgegenstehenden Gesetze« hiermit aufgehoben und außer Kraft gesetzt würden.[951] Unter diese Bestimmung fiel in erster Linie das Patent vom 18. Dezember 1819[952], sodass dessen Wirksamkeit mit Inkrafttreten des Staatsgrundgesetzes beendet war. Nach den Gesetzen juristischer Logik hätte der König nicht beides zugleich haben können: Einerseits das Außerkrafttreten des Staatsgrundgesetzes *ex nunc*, andererseits das Wiederinkrafttreten des Patents von 1819.

Dass mit dem Patent vom 1. November 1837 das Staatsgrundgesetz mit Wirkung *ex nunc* aufgehoben werden sollte, wird durch die anschließende Bestimmung bestätigt,

> »daß die Aufhebung des Staats-Grundgesetzes ohne allen Einfluss auf die Rechtsbeständigkeit der, seit dessen Publication verkündigten, Gesetze und erlassenen Verordnungen sein soll.«[953]

Wie bereits oben ausgeführt[954], beanspruchte der König mit dem Patent vom 1. November das Recht, eine zweifelsfrei in Geltung befindliche Verfassung aufzuheben und eine ebenso unstreitig nicht mehr geltende Verfassung wieder in Kraft zu setzen. Die in der Rhetorik jener Tage vielfach berufenen »Stände von 1819« waren also nichts anderes als eine juristische Chimäre, die durch keine Rabulistik *Scheles* oder *Leists* an Überzeugungskraft gewinnen konnte. Es bleibt deshalb der Befund, dass mit Wirksamwerden des Aufhebungspatents im Königreich Hannover eine verfassungslose Zeit eintrat.

Dieser Umstand war kritischen Zeitgenossen durchaus bewusst. In der »Vorrede« der bei *Adolf Krabbe* in Stuttgart 1839 erschienenen »Verhandlungen der sogenannten Zweiten Kammer der allgemeinen Ständeversammlung des Königreichs Hannover« heißt es wörtlich:

> »Die Kammer war von anfang an ohne alle feste Grundlage berufen, weder nach der sogenannten ›Verfassung‹ von 1819, welche v. Schele anerkannt wissen wollte, noch nach dem Grundgesetze; v. Schele hatte vielmehr von diesen beiden Gegensätzen diejenigen Bestandtheile und Kräfte ausgesucht, welche ihm zu seinem Zwecke die tauglichsten schienen. Seit dem 1. Nov. 1837 hatte er nach der Natur der Dinge kein Gesetz mehr, keine Verfassung; denn dadurch, dass er die sogenannte alte Verfassung als die allein gültige anzuerkennen vorgab, war diese dennoch in der Wirklichkeit noch nicht wieder da, auch lag ihm die wahre und reine Wiederherstellung des Alten (allerdings schon an sich eine Unmöglichkeit) im Grunde nicht am Herzen; er hatte nur noch seinen Zweck. So berief er in

---

[951] Hann. GS 1833, S. 330.
[952] Hann. GS 1819, S. 135; vgl. oben S. 10.
[953] Hann. GS 1837, S. 105.
[954] Vgl. oben S. 184.

die Ständeversammlung, welche auf 1819 gebaut seyn sollte, doch nicht die auf Lebenszeit ernannten Schatzräthe, den eigentlichen Nerv des Patents von 1819; denn dann hätte er Herrn Stüve den Eintritt in die Kammer nicht verwehren können, dessen Kenntnisse er eben so fürchtete als seine Redlichkeit.«[955]

In der Folgezeit sind von den Wahlkorporationen und von Deputierten der Zweiten Kammer stets Vorbehalte dahingehend gemacht worden, dass die Aufhebung des Staatsgrundgesetzes nicht anerkannt würde.[956] Mehrfach hat *Schele* den Kammern angedroht, der König könne bei Renitenz auf der Grundlage des Patents von 1819 auch eine Verfassung oktroyieren.[957] Beide Positionen verkennen, dass bei realistischer Betrachtung ab dem 4. November 1837 bis zum Inkrafttreten des Landesverfassungsgesetzes vom 6. August 1840 im Königreich ein verfassungsloser Zustand herrschte. Zwar wurden nach wie vor Kammern gewählt – bezeichnenderweise nach der Wahlverordnung vom 2. Februar 1832[958], auf deren Grundlage auch die »Stände von 1833« gewählt worden waren. Die Sammlung der Gesetze für das Königreich Hannover aus diesen Jahren vermittelt zudem den Eindruck eines geordneten Staatswesens, in dem Gesetze und Verordnungen ordnungsgemäß publiziert wurden. Dies alles ändert aber nichts daran, dass es eine gültige Verfassungsurkunde nicht (mehr) gab, vielmehr ein verfassungsloser Übergangszustand herrschte, der durch den Staatsstreich verursacht worden war und in dem der König fortan aus eigener Machtvollkommenheit regierte.

II. Einberufung und Zusammensetzung der Stände

Mit der »Proclamation, die Zusammenberufung der Allgemeinen Stände betreffend« vom 7. Januar 1838[959] wurde die Ständeversammlung für den 20. Februar einberufen. Einleitend heißt es in der Proklamation:

> »Nachdem Wir die durch das Staats-Grundgesetz vom 26sten September 1833 hervorgerufene allgemeine Stände-Versammlung durch Unsere Proclamation vom 30sten October 1837 aufgelöst hatten, erklärten Wir in Unserem Patente vom 1sten November 1837, daß die verbindliche Kraft des gedachten Staats-Grundgesetzes erloschen sey und Wir die, im Königlichen Patente vom 7ten December 1819 angeordneten, bis zum Jahre 1833 in voller Wirksamkeit gewesenen, allgemeinen Stände unverzüglich zusammenrufen würden, um Unsere Verfassungs-Anträge ihnen zur Berathung und Annahme vorzulegen.«[960]

Im Folgenden wurde in der Zusammensetzung der Kammern eine Reihe von Änderungen vorgenommen. Die durch die Proklamation vom 13. Januar 1832[961]

---

[955] So *An.*, Die Verhandlungen der sogenannten Zweiten Kammer der allgemeinen Ständeversammlung des Königreichs Hannover, S. 6 ff.
[956] Vgl. *H. A. Oppermann*, Zur Geschichte des Königreichs Hannover I, S. 184 ff.
[957] Vgl. unten S. 242.
[958] Hann. GS 1832, S. 13.
[959] Hann. GS 1838, S. 9.
[960] Hann. GS 1838, S. 9.
[961] Hann. GS 1832, S. 9.

bestimmte Vertretung des Bauernstandes in der Zweiten Kammer wurde beibehalten und die Zahl der Deputierten für die einzelnen Fürstentümer des Königreichs festgesetzt. Nach Abschaffung des Schatzkollegiums fiel die Mitgliedschaft von dessen Mitgliedern in der Ersten und Zweiten Kammer fort. Bestimmt wurde weiterhin, dass die Wahlen der Deputierten nach den Bestimmungen der Verordnung vom 2. Februar 1832[962] erfolgen sollte. Da die Zusammensetzung der beiden Kammern *grosso modo* unverändert geblieben war und überdies zu vermuten stand, dass von den Magistraten der Städte die bisherigen Deputierten wiedergewählt werden würden, gab es in beiden Kammern eine weitgehende Kontinuität.

Die von *Schele* erwogenen Änderungen in der Zusammensetzung der Zweiten Kammer mit dem Ziel, diese seinen Plänen gefügig zu machen, sind nicht umgesetzt worden. Dass der König in der Proklamation bekräftigte, sich »streng« an das Patent vom 7. Dezember 1819 gehalten zu haben, bedeutete allerdings nicht, dass diese Verfassung – gewissermaßen *ipso iure* – wieder in Kraft getreten wäre. Vielmehr hat der König aus eigenem – vorgeblichen – Recht die Bestimmungen über die Zusammensetzung der Kammern übernommen und keineswegs die Verfassung *in toto* wieder in Kraft gesetzt. Nach § 6 des Patents von 1819 hatten die Stände bei der Gesetzgebung – auch der Verfassungsgebung – bekanntlich nur das Recht der »Zuratheziehung«,[963] während der König in seiner Proklamation die Verfassung zur »Berathung und Annahme« vorlegen wollte.

III. Das Königliche Schreiben vom 18. Februar 1838

Mit dem »Entwurf einer Verfassungsurkunde für das Königreich« erging am 18. Februar 1838 ein Königliches Schreiben an die allgemeine Ständeversammlung.[964] In diesem – von *Schele* gegengezeichneten – Schreiben ließ der König jenseits aller juristischen Konstruktionen erkennen, welches die wahren Gründe für die Aufhebung des Staatsgrundgesetzes waren und wie er sich eine künftige Verfassung vorstellte. Eingangs finden sich allgemeine Ausführungen zum Wesen von Verfassungen, die freilich zielgerichtet auf den Entwurf hinführen. So heißt es:

> »Jede Verfassung muß, wenn die Unterthanen mit wahrer, treuer Liebe ihr anhängen sollen, eine feste historische Grundlage haben; sie muß im Laufe der Jahrhunderte aus dem Volke selbst hervorgegangen seyn und in demselben tiefe Wurzeln geschlagen haben.
> Wir ueberlassen Uns der angenehmen und gewissen Hoffnung, daß die von Uns der Berathung Unserer getreuen Stände übergebene Verfassungsurkunde, weit entfernt, der Abdruck neumodischer Verfassungsideen zu seyn, dem vorgedachten Erfordernisse vollkommen entspreche, und nur die aechten, von allen

---

[962] Vgl. oben Fn. 239.
[963] Vgl. oben S. 13 f.
[964] Abgedr. in: Archiv für die neueste Gesetzgebung aller deutschen Staaten; hrsg. v. *A. Müller*, Bd. IX, 1839, S. 14 ff.

II. Einberufung und Zusammensetzung der Stände

fremdartigen Zusätzen gereinigten, staatsrechtlichen Grundsätze, bei welchen die Hannoveraner während Jahrhunderte sich so glücklich befanden, enthalte. Der Entwurf der Verfassungsurkunde verwandelt in der That nur das alte, nicht selten schwankende, öffentliche Recht in geschriebenes Recht, um dasselbe gegen Mißdeutungen und Angriffe vollkommen sicher zu stellen.«[965]

Damit waren die wahren Gründe für die Aufhebung des Staatsgrundgesetzes offenbar geworden. Das Staatsgrundgesetz musste erst von »allen fremdartigen Zusätzen« gereinigt werden, um eine Rückkehr zu den Zuständen der Vergangenheit zu ermöglichen. Schon im Antrittspatent vom 5. Juli 1837 hatte *Ernst August* die alten Zeiten beschworen, in denen das hannoversche Volk glücklich gewesen sei.[966]

Was den vorgelegten Verfassungsentwurf angeht, so erscheint er unverhohlen als Rückkehr zum alten Recht:

»Nur wenige wirklich neue Grundsätze wird die getreue allgemeine Ständeversammlung in der ihr übergebenen Verfassungsurkunde antreffen, und diese wenigen Grundsätze wurden durch die dringenden Bedürfnisse Unserer vielgeliebten Unterthanen gebieterisch empfohlen.«[967]

Der König versichert die Übereinstimmung des Verfassungsentwurfs mit den Beschlüssen der Deutschen Bundesversammlung, womit freilich der Beschluss vom 5. September 1839 vorweggenommen wurde. Alsdann drückt er die Hoffnung aus, dass die Ständeversammlung den Entwurf annehmen werde:

»Wir übergeben Unserer getreuen allgemeinen Ständeversammlung die Verfassungsurkunde zu völlig freien Berathung und hoffen, im Voraus versichert seyn zu können, daß in allen wesentlichen Puncten eine Verschiedenheit der Meinungen nicht Statt finden werde.«[968]

Dies mochte als väterlicher Appell an die Kompromissbereitschaft der Stände hingehen, wäre nicht im folgenden Absatz eine unverhohlene Drohung ausgestoßen worden:

»Sollte indeß wider Unser Erwarten, eine vertragsmäßige Uebereinkunft zwischen Uns und Unsern getreuen Ständen ueber die Verfassungsurkunde nicht zu Stande kommen, so würden Wir Uns genöthigt sehen, die von der göttlichen Vorsehung Uns anvertrauten Unterthanen nach der im Jahre 1819 bestandenen Verfassung zu regieren, wobei indeß Unsere geliebten Unterthanen zum Voraus sich ueberzeugt halten können, daß Wir stets bemüht seyn werden, die ihnen vortheilhaften Grundsätze der Verfassungsurkunde zur Anwendung zu bringen, wenngleich dieselben von der allgemeinen Ständeversammlung nicht angenommen worden sind.«[969]

Mit diesen Zeilen fielen sämtliche von *Schele* und *Leist* bemühten juristischen Deduktionen in sich zusammen. *Schele* und ihm folgend *Leist* hatten die Nichtigkeit des Staatsgrundgesetzes stets mit der fehlenden Zustimmung der Ständeversammlung zu den von *Wilhelm IV.* vorgenommenen Änderungen begründet, eine Zustimmung, die vorgeblich auch von der Wiener Schlussakte gefordert

---
[965] Archiv für die neueste Gesetzgebung, Bd. IX, 1839, S. 15.
[966] Vgl. oben S. 102.
[967] Archiv für die neueste Gesetzgebung, Bd. IX, 1839, S. 15.
[968] Archiv für die neueste Gesetzgebung, Bd. IX, 1839, S. 15.
[969] So Archiv für die neueste Gesetzgebung, Bd. IX, 1839, S. 15 f.

wurde.⁹⁷⁰ Es musste den Deputierten geradezu als Hohn erscheinen, wenn sie nunmehr vor die Wahl gestellt wurden, entweder dem ihnen vorgelegten Verfassungsentwurf zuzustimmen oder die Verantwortung dafür zu tragen, dass der König ohne Verfassung regierte. Das Patent von 1819 war – selbst wenn der König sich hieran gehalten hätte – im eigentlichen Sinne keine *Verfassung*, sondern ein Organisationsstatut für die allgemeine Ständeversammlung.⁹⁷¹ Es folgt ein Absatz, mit dem auch die letzte juristische Maskierung fiel:

> »Auf diesen unverhofften Fall müssen Wir aber ausdrücklich hiemit bevorworten, daß Wir von dem im §. 8 des Königlichen Patentes vom 7. Dezember 1819 enthaltenen Vorbehalte Gebrauch machen, somit in der Organisation der allgemeinen Ständeversammlung diejenigen Modifikationen eintreten lassen werden, welche Wir für nothwendig oder nützlich erachten könnten.«⁹⁷²

Auf jenen Abschnitt des Patents hatte sich *Wilhelm IV.* stützen können, als er die Änderungen bzw. Ergänzungen zu dem ihm vorgelegten Entwurf der Kommission von Regierung und Ständen vornahm.⁹⁷³ *Schele* und *Leist* hatten jeweils ein Zustimmungsrecht konstruiert, das wechselnd auf eine – niemals getroffene – vertragliche Vereinbarung und auf Art. 56 WSA gegründet wurde. Von all dem war jetzt keine Rede mehr, einer unbotmäßigen Ständeversammlung wurde vielmehr in Aussicht gestellt, der König werde auch ohne Verfassung – eben weil er *König* war – regieren können. Der patriarchalische Grundton des königlichen Schreibens vermag nicht zu überdecken, dass der König selbst zu bestimmen gedachte, was *Recht* sei und damit die *Macht* stets über dem Recht stand.

IV. Der Entwurf der Verfassungs-Urkunde für das Königreich Hannover vom 18. Februar 1838

Mit dem Schreiben legte der König der Ständeversammlung einen Entwurf der Verfassungs-Urkunde für das Königreich Hannover⁹⁷⁴ vor. Der Entwurf folgte in seiner Gliederung in Kapitel und in seinem Umfang dem Staatsgrundgesetz von 1833, wies aber im Vergleich zu diesem wesentliche Änderungen auf. Die Erblindung des Thronfolgers wurde zum Anlass genommen, eine Regentschaft – außer wegen der Minderjährigkeit des Königs – nur für den Fall zu bestimmen, dass dieser »in einem solchen geistigen Zustande sich befindet, welcher ihn zur Führung der Regierung unfähig macht« (§ 12 des Entwurfs). Damit sollte eine

---

⁹⁷⁰ Vgl. oben S. 141 ff.
⁹⁷¹ Vgl. oben S. 14.
⁹⁷² Archiv für neueste Gesetzgebung, Bd. IX, 1839, S. 16.
⁹⁷³ Vgl. oben S. 39.
⁹⁷⁴ Der »Entwurf der Verfassungs-Urkunde für das Königreich Hannover« vom 18. Februar 1838 ist im Archiv für die neueste Gesetzgebung aller deutschen Staaten, Bd. IX, Stuttgart 1839, S. 17 ff. abgedruckt. Der Entwurf findet sich ebenfalls bei *Karl-Heinrich Ludwig Pölitz*, Die europäischen Verfassungen seit dem Jahre 1789 bis auf die neueste Zeit, 2. Aufl., Bd. IV (hrsg. von Friedrich Bülau, 1847, S. 103 ff.).

IV. Der Entwurf der Verfassungs-Urkunde für das Königreich Hannover

Debatte über eine mögliche Regierungsunfähigkeit des Thronfolgers von Verfassungs wegen verhindert werden.

Im Zweiten Kapitel blieb es bei den schon im Staatsgrundgesetz enthaltenen »Rechten und Verbindlichkeiten der Unterthanen im Allgemeinen«. Die Bestimmungen über die Kammern wurden dagegen grundlegend geändert. Der Landtag – also die Wahlperiode der Allgemeinen Ständeversammlung – sollte zwar nach wie vor sechs Jahre dauern, wobei dem König das Recht zukam, die Ständeversammlung zu jeder Zeit aufzulösen (§ 83 des Entwurfs). Die Stände sollten alle drei Jahre zu Verhandlungen – »Diäten« – zusammentreten, sodass auf einen Landtag nur zwei Diäten entfielen (§ 84 des Entwurfs). Die Einberufung erfolgte durch den König; ausdrücklich wurde ein Selbstversammlungsrecht der Kammern ausgeschlossen (§ 88 des Entwurfs).

Einschneidende Änderungen gegenüber der bisherigen Verfassungslage waren hinsichtlich der Mitwirkungsrechte der Ständeversammlung vorgesehen. § 91 des Entwurfs lautete:

> »Zum Wirkungskreise der Allgemeinen Stände-Versammlung gehören nur solche Gesetze, welche die Steuern des Königreichs und solche Gegenstände betreffen, die, in Gemäßheit der Entscheidung des Königs, allgemeiner gesetzlicher Bestimmungen bedürfen und daher der Gesetzgebung der einzelnen Provinzial-Landschaften nicht können überlassen werden.«

§ 92 des Entwurfs hatte folgenden Wortlaut:

> »Mit Ausnahme derjenigen Gesetze, welche die zur Bestreitung der Bedürfnisse des Staates erforderlichen Steuern des Königreichs betreffen [...] haben die Stände in Hinsicht aller übrigen zu erlassenden Gesetze nur ein Recht auf Zuratheziehung, welches sich auf den wesentlichen Inhalt der ihnen mitgetheilten Gesetz-Entwürfe bezieht.
> Ist ein Gesetz mit Beirath der Allgemeinen Stände erlassen worden, so muß auch dessen Aufhebung, Änderung und authentische Interpretation den Allgemeinen Ständen zur Berathung mitgetheilt werden.
> Dagegen kann der König solche Gesetze, welche ohne Beirath der Allgemeinen Stände erlassen worden sind, allein aufheben und authentisch interpretieren.«

Im mit dem Entwurf vorgelegten »Reglement« wurde ausdrücklich bestimmt, dass die Mitglieder der »Landtags-Versammlung« aus der Landeskasse weder Diäten noch Vergütung der Reisekosten erhielten (§ 53 des Reglements).

In den Bestimmungen über die Domänen wurde die Zusammenlegung der Kassen rückgängig gemacht und deren Einkünfte vorweg zur Bestreitung der Bedürfnisse des Königs und der königlichen Familie bestimmt, während sie im Übrigen einer »königlichen General-Casse« zufließen sollten, aus denen die gesamten Staatsausgaben zu bestreiten waren (§§ 106, 107 des Entwurfs). In den Schlussbestimmungen sollte der Verfassung eine besondere Bestandskraft verliehen werden. Ausgeschlossen war hiernach eine Änderung der Verfassungsurkunde während der ersten drei Jahre nach ihrem Inkrafttreten (§ 140 Abs. 1 des Entwurfs). Danach waren Änderungen zulässig, wenn der König und die Stände übereinstimmten (§ 140 Abs. 2 des Entwurfs). Bei den Kammern bedurfte es zu einem solchen Beschluss jeweils einer Mehrheit von zwei Dritteln bei Anwesenheit von drei Vierteln der Mitglieder (§ 140 Abs. 3 des Entwurfs).

Mit dem Verfassungsentwurf traten die mit dem Staatsstreich verfolgten Absichten ganz unverhüllt zutage. Das schon oben erwähnte verfassungsrechtliche – und verfassungshistorische – Paradoxon bestand darin, dass die Aufhebung der Verfassung mit der Beeinträchtigung ständischer Zustimmungsrechte begründet worden war[975], die durch den Staatsstreich geschaffene verfassungsrechtliche *tabula rasa* aber nur dazu dienen sollte, die ständischen Rechte auf Dauer einzuschränken und die des Königs zu stärken. Schon die Einberufung der Ständeversammlung in jedem dritten Jahr – zweimal in einer Wahlperiode – stand einer kontinuierlichen Mitwirkung an den Staatsgeschäften entgegen. Ein Zustimmungsrecht wurde den Ständen nur für die Steuergesetzgebung zugestanden; im Übrigen blieb es bei der »Zurathziehung«. Damit war – um ein Bild zu wählen – das Rad der Geschichte um fast zwei Jahrzehnte zurückgedreht worden, denn das Recht der Zustimmung zu Steuergesetzen und das der »Zurathziehung« bei anderen Gesetzen stand der Allgemeinen Ständeversammlung bereits nach dem Patent von 1819 zu. Bringt man den Entwurf vom 18. Februar 1838 auf eine kurze Formel, so hätte seine Annahme durch die Ständeversammlung die Konsequenz gehabt, dass diese sich selbst entmachtet hätte. Selbst die Andauer des verfassungslosen Zustandes wäre für die Stände keine ernst zu nehmende Gefahr gewesen, weil der König sich an die Bestimmungen des Patents von 1819 für gebunden erklärte und somit die Ständeversammlung nicht gänzlich von der Gesetzgebung hätte ausschließen können.

Wilhelm von Hassell fasst die Beurteilung des Regierungsentwurfs wie folgt zusammen:

> »Daß die Regierung den Ständen keine weitgehenden Befugnisse einräumen würde, ließ sich voraussehen, aber der Entwurf, den sie vorlegte, übertraf die schlimmsten Erwartungen. Sämtliche Einschränkungen der ständischen Gerechtsame, die Schele schon seit Jahren für notwendig erklärt hatte, fanden sich darin aufgeführt. Es war der wahre Hohn auf eine Repräsentativ-Verfassung. Von einer Oeffentlichkeit der Verhandlungen war nun ebenso wenig die Rede mehr, wie von einer Zahlung von Diäten. Dabei sollten die Stände nur alle drei Jahre berufen werden, und ihre Rechte waren auf ein bloßes Gutachten beschränkt. Selbst darüber, ob ein zu erlassendes Gesetz der ständischen Begutachtung unterliege, hatte die Regierung allein zu entscheiden. Sie allein hatte das Ausgabe-Budget festzustellen, und das Steuer-Bewilligungsrecht sank zu einer bloßen Formalität herab; denn die Abgaben, welche zur Deckung der von der Regierung allein zu ermessenden Staatsbedürfnisse erforderlich waren, durften nicht verweigert werden. In der Verwaltung der Domänen trat genau das umgekehrte Verhältnis ein, wie es das Staatsgrundgesetz bestimmt hatte. Sie war der ständischen Mitwirkung gänzlich entgegen und von den Ueberschüssen sollte ein jährliches Fixum zur Deckung der Bedürfnisse des Landes ausgesetzt werden. Sogar das Recht der ständischen Zustimmung zu Anleihen wurde beschränkt. Die Regierung hatte die Befugnis, bis zu einer Million Thaler auf den Kredit der Domänen und ebensoviel auf den der General-Casse zu entlehnen. Von einer Verantwortlichkeit der Minister war natürlich keine Rede mehr.«[976]

---

[975] Vgl. oben S. 180.
[976] So *W. v. Hassell*, Geschichte des Königreichs Hannover, S. 410.

V. Die Ablehnung des Verfassungsentwurfs durch die Zweite Kammer

Die Wahlkorporationen zur Zweiten Kammer befanden sich, sofern sie die Aufhebung des Staatsgrundgesetzes für rechtswidrig hielten, in einem unübersehbaren Dilemma. Wählten sie die Deputierten für die Ständeversammlung, so konnte der Wahlakt als Anerkennung der vom König vorgenommenen Aufhebung des Staatsgrundgesetzes und des Wiederinkrafttretens des Patents von 1819 gewertet werden. Versagten sie sich einer Wahl überhaupt, so beraubten sie sich jeglicher Einflussnahme auf das Verfahren der Verfassungsgebung. Mitglieder der Wahlkorporationen und der von ihnen gewählten Wahlmänner gaben deshalb ihre Stimme unter dem Vorbehalt ab, dass sie hiermit nicht die Aufhebung des Staatsgrundgesetzes und die in ihm verbürgten wohlerworbenen Rechte anerkennten.[977] Die unter Vorbehalt erfolgten Wahlen wurden von der Regierung als »verfassungswidrig und damit unwirksam behandelt«[978], sodass diese Wahlkorporationen in der Ständeversammlung nicht vertreten waren. Am 20. Februar 1838 traten nur 54 Deputierte – von der gesetzlichen Mitgliederzahl von 73 – zusammen, was freilich die Beschlussfähigkeit der Zweiten Kammer nicht beeinträchtigte. Allerdings hatte sich *Schele* in der Erwartung getäuscht, dass die Verfassungsfrage nach Zusammentritt der Ständeversammlung erledigt sei. Am 16. März 1838 richtete die »Versammlung der allgemeinen Stände des Königreichs« einen »Vortrag« an das Kabinett, in dem Bezug auf eine Petition *Stüves* genommen wurde und Bedenken gegen die Rechtswirksamkeit der Aufhebung des Staatsgrundgesetzes geäußert wurden. Wörtlich heißt es in dem Vortrag:

> »Es konnte nicht fehlen, daß die durch das Patent vom 1. Novbr. v. J. geschehene Beseitigung des Staatsgrundgesetzes verschiedenartigen Beurtheilungen unterlag, wie sich dies denn nicht bloß im Volke überhaupt, sondern vorzugsweise unter den gebildeten Classen desselben vielfältig ausgesprochen hat.
> Eben daher mußte sich aber der Zweifel, ob das Staatsgrundgesetz auf gültige Weise aufgehoben sey, – auch unter den Ständen, welche aus der Wahl des Volks hervorgingen, wiederfinden, zumal da derselbe eine Stütze durch einige im Streben für dessen Wiederherstellung begriffene Wahl-Corporationen und durch die Schwierigkeiten erhielt, in welche man sich, nach der von Sr. Majestät Allerhöchst beliebten Wiederherstellung der Verfassung von **1819**, nothwendig ganz in dem Maaße verwickelt fühlt, wie dies bei der Rückkehr zu einem frühern Zustande unvermeidlich ist.
> Namentlich können Stände nicht verkennen, daß ihre gegenwärtige Composition mit den Vorschriften der Verfassung von **1819** nicht völlig übereinstimmen, da derselben im Schatz-Collegio und dessen Mitgliedern, – welche freilich nach Lage der Verhältnisse zu den Berathungen nicht berufen werden konnten – ein Organ fehlt, – ein Umstand, auf welchen Stände nicht ohne Besorgniß blicken können, in sofern sich daraus Zweifel über ihre repräsentativen Befugnisse jemals herleiten ließen.«[979]

Die Ständeversammlung fährt in dem Vortrag fort:

---

[977] Vgl. *E. R. Huber*, Deutsche Verfassungsgeschichte II, S. 108 f.; ein dokumentiertes Beispiel bieten die Vorbehaltserklärungen der Wähler der Stadt Osnabrück, Hann. Portfolio I, S. 122 ff.
[978] Vgl. *E. R. Huber*, Deutsche Verfassungsgeschichte II, S. 108 f.
[979] So Hann. Portfolio I, S. 156.

Vierzehntes Kapitel: Verfassungslose Zeit und Verfassungskampf

»Wie dringend daher auch Stände darauf hingewiesen werden, ihre rechtliche Zuständigkeit in ihrer gegenwärtigen Composition einer nähern Prüfung zu unterwerfen, so haben sie doch, von den obwaltenden Verhältnissen unwiderstehlich gezwungen geglaubt, im öffentlichen Interesse diese Frage ihres Streits auf sich beruhen lassen, und ihre Hand zu einer Vereinbarung bieten zu müssen, welche dazu geeignet ist, die Zweifel eines großen Theils der Unterthanen zu zerstreuen, in dem sie es versuchen, durch ihre Verhandlungen Resultate zu erzielen, die den Allerhöchsten Erwartungen Sr. Königlichen Majestät und zugleich den Unterthanen genügen.«[980]

In der Folgezeit kam es zu Nachwahlen, bei denen für die Stadt Fürstenau der Osnabrücker Bürgermeister *Stüve* gewählt worden war, dessen Vollmacht die Regierung aber nicht bearbeitete und der deshalb der Kammer nicht angehörte. Eine diesbezügliche Intervention des Deputierten *Meyer* in der Zweiten Kammer, blieb folgenlos.[981]

In der Sitzung vom 12. Juni 1838 stellte der Deputierte *Conradi* einen Antrag, dessen Text vor der Behandlung des Verfassungsentwurfs beschlossen werden sollte:

»Stände wollen die Verfassung, welche ihnen von Sr. Majestät dem Könige vorgelegt, berathen, müssen indeß der Ansicht sein, daß dadurch diejenige Verfassung, welche vor Antritt der Regierung Sr. Majestät rechtlich bestanden, nicht anders aufgehoben oder abgeändert werden könne, als wenn die in dieser Verfassung begründeten Repräsentationen ihre Zustimmung dazu ertheilen.«[982]

Der »Regierungscommissarius« – nämlich *Leist* –, der das Recht hatte, den Verhandlungen der Zweiten Kammer beizuwohnen, erhob Einwände gegen den Antrag,

»da das Staatsgrundgesetz gar nicht mehr existire, dagegen die Verfassung von 1819 in anerkannter Wirksamkeit bestehe und diese Versammlung einer Verfassung, welcher sie selbst ihre ganze Existenz danke, nicht wohl in Zweifel ziehen könne.«[983]

Allerdings musste *Leist* später einräumen, er habe mit dieser Intervention seine Befugnisse als Vertreter der Regierung überschritten.[984] Nach kontroverser Beratung – auch über die Zulässigkeit des Antrags – wurde eine geänderte Fassung folgenden Inhalts zur Abstimmung gestellt:

»Stände wollen die Verfassung, welche ihnen von Sr. Majestät vorgelegt ist, berathen, sie müssen indeß der Ansicht sein, daß dadurch diejenige Verfassung, welche vor dem Antritte Sr. Majestät rechtmäßig bestanden, nicht anders befriedigend aufgehoben oder abgeändert werden könne, als wenn die nach dem Staats-Grundgesetze begründete (mit den Anträgen der Stände zu dem neuen Verfassungsentwurfe übereinstimmende) Repräsentation, sowie die Provinzialstände dazu ihre Zustimmung ertheilen.«[985]

---

[980] Hann. Portfolio I, S. 156 f.
[981] Vgl. *H. A. Oppermann*, Zur Geschichte des Königreichs Hannover I, S. 159.
[982] Zitiert nach *H. A. Oppermann*, Geschichte des Königreichs Hannover I, S. 161.
[983] So *H. A. Oppermann*, Geschichte des Königreichs Hannover I, S. 161.
[984] Vgl. *H. A. Oppermann*, Geschichte des Königreichs Hannover I, S. 162.
[985] Zitiert nach *H. A. Oppermann*, Geschichte des Königreichs Hannover I, S. 162.

Der Antrag wurde bei namentlicher Abstimmung mit 34:24 Stimmen angenommen.[986] Angesichts der Stimmung in der Zweiten Kammer und der Mehrheit der seinerzeit schon so bezeichneten »Oppositionspartei« hatte sich die Regierung bemüßigt gesehen, für den Fall, dass eine Vereinbarung mit den Ständen nicht zustande käme, die Oktroyierung der Verfassung anzudrohen.[987]

In der Zweiten Kammer wurde als Reaktion hierauf der Antrag gestellt:

> »Stände wollen beschließen, der Königlichen Regierung zu bezeugen, da das ihrer Ueberzeugung nach unbestreitbar richtige Princip, eine Verfassungsurkunde könne gültig nur auf den Grund einer vollständigen Vereinbarung mit den competenten Ständen erlassen werden, die zu ihrer Beruhigung erforderliche volle Anerkennung anscheinend nicht finde, daß sie sich jeder ferneren Berathung des ihnen vorgelegten Verfassungsentwurfs bis dahin enthalten müßen, daß ihnen eine bündige Zusicherung über die Anerkennung dieses Princips zugegangen ist.«[988]

Schele hatte sich mit dem Schreiben an die Ständeversammlung einmal mehr dekuvriert. Hatte er seit dem Pro Memoria vom 8. Januar 1836 in allen Schriften und sonstigen Verlautbarungen den vorgeblichen Nichtigkeitsgrund in der fehlenden Zustimmung der Stände zu den Änderungen des Staatsgrundgesetzes gesehen und die Befugnis des Königs zum einseitigen Erlass der Verfassung bestritten, so wurde eine solche Befugnis gegenüber den Ständen nunmehr als unverhohlenes Druckmittel eingesetzt. Dass das Regierungsschreiben bei den Liberalen »gewaltigste Aufregung« hervorrief[989], und die Aussichten auf eine Annahme des Verfassungsentwurfs deutlich minderte, versteht sich von selbst.

Der Verfassungsentwurf insgesamt wurde – auch mit den beschlossenen Modifikationen – mit 35 gegen 22 Stimmen abgelehnt.[990] Der Antrag hinsichtlich der Oktroyierung der Verfassung wurde vertagt. Allerdings war ein weiterer Antrag gestellt worden, die Beratung des Verfassungsentwurfs zu vertagen bis die Erste Kammer dem sog. »Vorbeschluss« – nämlich den mit 34:24 Stimmen gefassten Beschluss über die Aufhebung des Staatsgrundgesetzes – beraten und beschlossen haben würde.[991] Dieser Antrag wurde angenommen und damit die Aussetzung der Beratungen beschlossen. Noch bevor der König am 29. Juni 1838 die Zweite Kammer vertagen konnte, stimmte sie über einen Antrag ab, die Bundesversammlung in der Verfassungsangelegenheit anzurufen. Die Regierung hatte am 22. März 1838 der Bundesversammlung gegenüber erklärt, dass durch den Zusammentritt der Stände die Verfassung von 1819 wieder in anerkannte Wirksamkeit getreten sei.[992] Hiergegen wandten sich 28 Mitglieder in

---

[986] Vgl. *H. A. Oppermann*, Geschichte des Königreichs Hannover I, S. 163 f.
[987] Vgl. *H. A. Oppermann*, Geschichte des Königreichs Hannover I, S. 164; *W. v. Hassell*, Geschichte des Königreichs Hannover, S. 413; Wortlaut des Schreibens an die Kammern schon oben S. 242.
[988] Zitiert nach *H. A. Oppermann*, Geschichte des Königreichs Hannover I, S. 164.
[989] So *W. v. Hassell*, Geschichte des Königreichs Hannover, S. 413.
[990] Vgl. *H. A. Oppermann*, Geschichte des Königreichs Hannover I, S. 164.
[991] Vgl. *H. A. Oppermann*, Geschichte des Königreichs Hannover I, S. 164.
[992] Vgl. *E. R. Huber*, Deutsche Verfassungsgeschichte II, S. 109.

Gestalt einer »Ehrerbietigen Vorstellung« an die »Durchlauchtigste Deutsche Bundes-Versammlung«.⁹⁹³

In der »Vorstellung« heißt es:

> »Durch das Allerhöchste Patent vom 1. November 1837 hat Seine Majestät unser allergnädigster König das, vier Jahr lang in anerkannter Wirksamkeit bestandene Grundgesetz des Königreichs vom 26. Sept. 1833 für erloschen zu erklären beliebt. Zwei Tage vorher gefiel es Seiner Majestät, die bei Allerhöchst Ihrer Ankunft zu Hannover versammelten, unterm 29. Juni v.J. vertagten, allgemeinen Stände aufzulösen, und dadurch das Organ zu vernichten, welches nach §. 83. des Staats-Grundgesetzes die grundgesetzlichen Rechte des Landes zu vertreten berufen war.«⁹⁹⁴

Im Folgenden wird ausgeführt:

> »Die durch die Allerhöchste Proclamation vom 7. Jan. d.J. von Seiner Majestät berufene Versammlung ist weder nach der Vorschrift des Staatsgrundgesetzes vom 26. September 1833, noch nach der des Königlichen Patents vom 7. Dec. 1819. componirt, und kann schon aus diesem Grunde weder als verfassungsmäßige Stände-Versammlung, noch als gehörig legitimirtes Organ zur Vertretung der grundgesetzlichen Rechte des Landes betrachtet werden.«⁹⁹⁵

Unter Berufung auf die zwischenzeitlich erhobene Beschwerdeschrift der Stadt Osnabrück wird der Hergang der Verfassungsangelegenheit seit der Einberufung der Kammern dargestellt, insbesondere erwähnt, dass die unter Vorbehalt erfolgten Wahlen der Deputierten von der Regierung »cassirt« worden seien. Auch wird bemängelt, dass die von der Kammer an die Regierung gesandten Bitten nicht beantwortet worden seien. Der Wortlaut des Schreibens der Ständeversammlung ist der Vorstellung ebenso beigefügt wie der von der Zweiten Kammer am 25. Juni gefasste Beschluss.⁹⁹⁶

Die Vorstellung gipfelt darin, dass die Unterzeichneten es als eine »heilige Pflicht« betrachten, vor der »Durchlauchtigsten Versammlung« auszusprechen:

> »daß keine Handlung der jetzt versammelten Deputirten rechtlich Gültiges zu bewirken im Stande sey, daß vielmehr dazu die Zustimmung einer, auf die vor dem Regierungs-Antritte Seiner Königlichen Majestät rechtmäßig bestandenen Verfassung gegründeten und in Gemäßheit derselben berufenen componirten Stände-Versammlung unumgänglich erforderlich sey.«⁹⁹⁷

Der »Vorstellung« lag kein Beschluss der Zweiten Kammer zugrunde, noch hatte sie eine Mehrheit gefunden. Sie war deshalb als Eingabe einer Gruppe von Deputierten an die Bundesversammlung zu bewerten⁹⁹⁸, die lebendiges Zeugnis für die Verfahrensweise der Regierung und die Gewissensnot einer Vielzahl von Deputierten ablegt. Ihre weitere Bedeutung erlangte die Eingabe dadurch, dass sie die von *Leist* verfasste Denkschrift an die Bundesversammlung, in der die

---

⁹⁹³ Hann. Portfolio I, S. 149 ff.
⁹⁹⁴ So Hann. Portfolio I, S. 149.
⁹⁹⁵ Hann. Portfolio I, S. 149.
⁹⁹⁶ Hann. Portfolio I, S. 156 ff.
⁹⁹⁷ Hann. Portfolio I, S. 153 f.
⁹⁹⁸ *E. R. Huber*, Deutsche Verfassungsgeschichte II, S. 110, hält die Eingabe für eine nach bisherigen Grundsätzen unzulässige Beschwerde.

Verfassungsfrage als erledigt erklärt worden war[999], als unzutreffend darstellte. Die Kammern wurden durch ein am 27. Juni 1838 erlassenes Reskript, das ihnen zwei Tage später eröffnet wurde, vertagt.

VI. Die »Proclamation, betreffend die Verfassungs-Angelegenheit des Königreiches« vom 15. Februar 1839

Schele nutzte die Zeit, in der die Kammern vertagt waren, um eine »Proclamation, betreffend die Verfassungs-Angelegenheit des Königreiches« zu erarbeiten, die in der Gesetzessammlung am 16. Februar 1839 verkündet wurde.[1000] In der Sache handelte es sich um eine Kurzfassung seiner bereits im Pro Memoria vom 8. Januar 1836 ausgeführten Thesen – also um eine Art Rechtsgutachten –, deren Publikation in einer Gesetzessammlung ungewöhnlich war. Die Proklamation enthielt eine unverhohlene Kampfansage an die Kammern, deren Wiederberufung für Ende Februar vorgesehen war. Die Tonlage hatte sich merklich verschärft und zeigt unverkennbar die Feder *Scheles*, möge auch *Leist* ihm wiederum zu Diensten gewesen sein. Wie schon im Pro Memoria wurde die Nichtigkeit des Staatsgrundgesetzes mit den folgenden Sätzen begründet:

> »Die Zustimmung der früheren, damals nicht mehr vorhandenen Versammlung, allein, konnte geeignet seyn, dem Verfassungswerke rechtlichen Halt zu geben. So lange es an dieser Zustimmung ermangelte, fehlte dem neuen Entwurfe in seinem ganzen Umfange für Herrn und Stände die rechtsverbindliche Geltung. Die selbständige Befugniß einseitiger Loszählung ist von dem Begriffe absoluter Nichtigkeit nicht zu trennen.«[1001]

Es folgen die bekannten Ausführungen zu der Verletzung agnatischer Rechte. Hinzugefügt werden einzelne vorgebliche Mängel des Staatsgrundgesetzes, die bis zu diesem Zeitpunkt keine Rolle gespielt hatten, u. a. der Verstoß gegen das monarchische Prinzip, der im Erfordernis der Gegenzeichnung und der Verantwortlichkeit der Minister gegenüber den Ständen liegen sollte.[1002]

Im Weiteren wird die Möglichkeit einer Teilnichtigkeit des Staatsgrundgesetzes ausgeschlossen:

> »Hätte die Nichtigkeit der Form nicht schon den ganzen Inbegriff der Verfassung vom 26sten September 1833 umgestoßen; so würde auch in jeder anderen Beziehung die Geschichte der Entstehung jenes Werkes die rechtliche Möglichkeit einer theilweisen Beibehaltung ausgeschlossen haben.«[1003]

Weiterhin heißt es in der Proklamation:

> »Regierungshandlungen, die in sich nichtig sind, verbinden keinen Nachfolger in der Herrschaft. Persönlich übernommene Verpflichtung allein mag das Recht der Abhülfe zu beschränken. Ein Accessionsact zu der Verfassung Unsers Königreiches vom 26sten September 1833 ist aber jederzeit von uns abgelehnt worden.

---
[999] Vgl. *W. v. Hassell*, Geschichte des Königreichs Hannover, S. 416.
[1000] Hann. GS 1839, S. 25.
[1001] So Hann. GS 1839, S. 27.
[1002] So Hann. GS 1839, S. 29. Zur Ministerverantwortlichkeit nach § 151 StGG vgl. oben S. 55.
[1003] So Hann. GS 1839, S. 29.

> Von dieser Seite in der Aufrechterhaltung des älteren Rechtes gegen dessen Verletzung, die Wir als nichtig anerkannt, durch Nichts gehemmt, konnte der Weg hiezu Gegenstand Unserer landesväterlichen Erwägung seyn.
> Unzulässig war jeder Versuch, die in der ungültigen Verfassung vorgeschriebene Form dazu zu benutzen, den wahren Rechtszustand herzustellen.
> Denn durch Nichtiges kann etwas Gültiges und zu Recht Beständiges nicht erzielt werden.«[1004]

Die Proklamation gipfelt in dem im Original gesperrt geschriebenen Satz:

> »Wir haben demnach in Folge reifer Erwägung keinen Anstand nehmen dürfen, die nach Unserer gewissenhaften Ueberzeugung unerläßliche Maßregel vermöge Eigener Allerhöchster Machtvollkommenheit zu ergreifen.
> Dieß sind die Thatsachen und Rechtsansichten, die der Erlaßung Unseres Patentes vom 1sten November 1837. zum Grunde gelegen haben.«[1005]

Mit den Mitteln juristischer Logik war einer solchen Proklamation nicht beizukommen, denn das Staatsgrundgesetz war aus königlicher Machtvollkommenheit erst mit Wirkung *ex nunc* aufgehoben und gerade nicht mit Wirkung *ex tunc* für nichtig erklärt worden.[1006] Auch wäre angesichts der apodiktischen Sätze der Proklamation kaum zu begründen gewesen, warum die während der Geltung des Staatsgrundgesetzes erlassenen Gesetze und Verfügungen in Kraft bleiben sollten.[1007] Der König nahm vielmehr – nun ausdrücklich – »*vermöge Eigener Allerhöchster Machtvollkommenheit*« die Befugnis in Anspruch, eine Verfassung aufzuheben und durch eine andere zu ersetzen. Dass hierbei ständische Mitwirkungsrechte – auch ein solches der »Zuratheziehung« – unbeachtet blieben, verstand sich gewissermaßen von selbst.

Die Proklamation vom 15. Februar 1839 war eine Kampfansage an die Zweite Kammer, in der seit ihrem Zusammentreten die »Verfassungsangelegenheit« immer wieder thematisiert worden war. *Schele* mochte es insgeheim als späten Sieg empfunden haben, dass nunmehr die von ihm seit jeher vertretene Nichtigkeitsthese mit allem Nachdruck bekräftigt wurde und folgerichtig ein Zweifel am Fortbestand des Patents von 1819 seinerseits als Verfassungsbruch und – wie sich zeigen wird – auch als Majestätsbeleidigung gewertet werden konnte.

VII. »Wahlquälereien« und Repressalien der Regierung

Nach der Proklamation vom 15. Februar 1839 war jegliche Aussicht auf Verständigung zwischen Regierung und Zweiter Kammer entschwunden. Es begann die Phase des Verfassungskampfes, freilich mit ungleichen Waffen. *Schele* setzte das ganze Arsenal von Drohung und Einschüchterung ein, um eine Mehrheit, die hätte Beschlüsse fassen können, in der Zweiten Kammer zustande zu bringen. Will man bei der militärischen Metapher bleiben, so fehlte es den Städten und Korporationen – vor allem den einzelnen Wählern und Wahlmännern – an ei-

---
[1004] So Hann. GS 1839, S. 30.
[1005] So Hann. GS 1839, S. 31.
[1006] Vgl. oben S. 184.
[1007] Vgl. oben S. 183 f.

ner geschlossenen Formation, vor allem an einer gemeinsamen Willensbildung. Die einzelnen Akte des Widerstands waren nur von der gemeinsamen Überzeugung getragen, dass die Aufhebung des Staatsgrundgesetzes ein rechtswidriger Gewaltakt gewesen und dieses deshalb nach wie vor in Geltung sei. Die Vertreter dieser Auffassung wurden seinerzeit schon als »Widerstandspartei« bezeichnet.[1008]

Schele verfolgte sein Ziel mit eiserner Konsequenz und setzte hierfür alle Chargen der staatlichen Verwaltung ein. Zunächst kam es darauf an, die Zweite Kammer von jenen Deputierten zu säubern, die den Inkompetenzbeschluss gefasst hatten. Nachdem diese aus der Kammer ausgeschlossen worden waren, musste Ersatz geschaffen werden. Als Voraussetzung für die Wählbarkeit – sowohl der Wahlmänner wie der Deputierten – wurde die Anerkennung der »Verfassung von 1819« verlangt. Den sich hiergegen erhebenden Widerstand suchte die Regierung mit einer ganzen Skala repressiver Maßnahmen zu brechen. Sie reichte von der offenen Drohung, die Verfassung ggf. ohne Mitwirkung der Zweiten Kammer zu erlassen[1009] bis zur Andeutung, die bewaffnete Macht einzusetzen. Urwähler wie Wahlmänner wurden mit den unterschiedlichsten Ankündigungen entweder verlockt oder bedrängt. Gewerbetreibenden wurde der Entzug von Aufträgen angedroht, Urwählern und Wahlmännern der Eindruck vermittelt, es bestehe eine Wahlpflicht und sie begingen Ungehorsam gegenüber dem König, wenn sie dieser Pflicht nicht genügten. Sofern die Wahlen von Deputierten auf unliebsame Kandidaten fielen, wurden sie entweder kassiert oder hinausgezögert. Noch in den Wahllokalen wurden Wahlmänner von den Wahlkommissaren unter Drohungen oder Verlockungen zur Abgabe ihrer Stimme veranlasst. In mehreren Fällen kam es zu sog. »Minoritätswahlen«, bei denen die Wahl eines Deputierten ohne die in der Wahlordnung vorgeschriebene absolute Mehrheit als rechtmäßig angesehen wurde.[1010] Die Regierung ließ es zur Anerkennung der Deputiertenwahlen genügen, dass sämtliche Mitglieder des Wahlkollegiums zu der Wahlversammlung ordnungsgemäß geladen waren und der Deputierte die Mehrheit der anwesenden Stimmen erhielt. Bei den vorangegangenen Depuiertenwahlen war die Bestimmung dahin ausgelegt worden, dass es der Mehrheit sämtlicher Mitglieder der Versammlung – also der »absoluten« Mehrheit – bedurfte.[1011]

[1008] *H. A. Oppermann*, Geschichte des Königreichs Hannover I, S. 188.
[1009] Vgl. oben S. 242.
[1010] § 9 der »Verordnung, die Wahl der Deputirten der Städte zur Allgemeinen Stände-Versammlung betreffend« vom 2. Februar 1832 (Hann. GS, S. 13) hatte folgenden Wortlaut: »Das solcher Gestalt zusammengesetzte Wahl-Collegium hat gemeinschaftlich den Deputirten zur allgemeinen Stände-Versammlung nach absoluter Stimmen-Mehrheit zu erwählen, und nachdem es sich ueberzeugt, daß derselbe wie nach dem Königlichen Patente vom 7ten December 1819 erforderlichen Qualifikationen besitze, die Vollmacht für den Deputirten auszufertigen.«
[1011] Vgl. *C. Stüve*, Actenmäßige Darlegung der Ergebnisse des Wider den Magistrat der Haupt- und Residenzstadt Hannover wegen Beleidigung der Regierung des Königreichs Hannover durch verschiedene an die Hohe Deutsche Bundesversammlung gerichtete Eingaben eingeleiteten Untersuchungs-Verfahrens, 1840, S. 41 f.

Diese Liste ließe sich endlos fortsetzen. *Oppermann*[1012] und *Hassell*[1013] führen eine Vielzahl von Beispielen derartiger »Wahlquälereien« an. Die ergiebigste Quelle ist die Verteidigungsschrift von *Stüve*[1014], der für die in der Protestation des hannoverschen Magistrats vom 15. Juni bzw. 13. Juli 1839 enthaltenen Tatsachenbehauptungen[1015] den Wahrheitsbeweis antrat und damit den gegen die Mitglieder des Magistrats erhobenen Vorwurf der Beleidigung zu entkräften suchte.[1016] Die Repressalien und Verlockungen der Regierung fügen sich zu einem Bild zusammen, nach dem im Königreich eine Atmosphäre der Angst vor ständig erneuerter Repression entstand, die freie Wahlen ausschloss. Die Zwangsmaßnahmen folgten dabei einer Art inneren Logik, die ihren Ursprung in der Aufhebung des Staatsgrundgesetzes am 1. November 1837 hatte. War hier bereits die Ebene des Rechts verlassen und an seine Stelle der Machtspruch getreten, so waren weitere rechtswidrige Schritte erforderlich, um die fehlende Anerkennung durch Zwang zu ersetzen. Wurde nämlich die durch den König verfügte Wiederinkraftsetzung des Patents von 1819 von den Wählern nicht anerkannt, so musste diese Anerkennung erzwungen werden. Sträubten sich die Deputierten gegen einen solchen Zwang, mussten sie aus der Kammer entfernt werden. Wurden sie wiederum gewählt, musste ihre Wählbarkeit ausgeschlossen werden. Weigerten sich Urwähler und Wahlmänner, erneute Deputiertenwahlen vorzunehmen, mussten sie hierzu gezwungen werden. Wählten sie unliebsame Kandidaten, musste die Anerkennung dieser Wahlen entweder verzögert oder verweigert werden. Wurde auf diese Weise eine Zahl von Deputierten gewählt, die knapp die Grenze der Beschlussfähigkeit überstieg, so musste deren Vollmacht ohne große Umstände anerkannt werden, sollte der Erfolg der gesamten Aktion nicht in Frage gestellt sein.

VIII. Obstruktion der Zweiten Kammer und Gegenmaßnahmen der Regierung

Beim Zusammentritt der Ständeversammlung am 15. Februar 1839 erschienen von 73 Deputierten der Zweiten Kammer nur 28. Auch an den folgenden Tagen kamen jeweils nur 30 oder 31 Deputierte zusammen, woraufhin täglich die Beschlussunfähigkeit festgestellt wurde.[1017]

Schele erließ mit Datum vom 21. Februar 1838 ein Reskript, demzufolge Deputierte ihres Mandats für verlustig erklärt würden, falls sie nicht bis zum 1. März in der Kammer erschienen oder ihren Rücktritt anzeigten. In dem in der »Hannoverschen Zeitung« veröffentlichten Reskript wurden die Deputierten namentlich aufgeführt, die nach der Einberufung der Stände

---

[1012] H. A. Oppermann, Geschichte des Königreichs Hannover I, S. 188 ff.
[1013] W. v. Hassell, Geschichte des Königreichs Hannover, S. 427.
[1014] Vgl. unten S. 275 ff.
[1015] Vgl. unten S. 279.
[1016] Vgl. C. Stüve, Actenmäßige Darlegung, S. 71–170.
[1017] Darstellung nach W. v. Hassell, Geschichte des Königreichs Hannover, S. 426.

VIII. Obstruktion der Zweiten Kammer und Gegenmaßnahmen der Regierung   253

> »weder der Aufforderung selbst Genüge geleistet, noch bei dem Erblandmarschall, noch bei dem Präsidenten der zweiten Cammer ihr bisheriges Ausbleiben entschuldigt, noch endlich eine Resignation auf ihre Deputirtenstelle angezeigt«

hätten.[1018]

Am Ende des Reskripts heißt es:

> »Die vorbenannten Deputirten der Zweiten Cammer der Allgemeinen Ständeversammlung des Königreichs werden nun hiemit abermals aufgefordert, ihrer Obliegenheit baldigst zu genügen, und entweder zu erscheinen oder ihre Resignation anzuzeigen.
> Sollte das Eine oder das Andere bis zum 1sten. k.M. nicht geschehen, so wird die Resignation des einzelnen Deputirten reglementsmäßig angenommen, und sodann weiter verfügt werden, was Ordnung und Recht erfordern.«[1019]

Die mit diesem Reskript verbundene Drohung verfing nicht, weil die Deputierten zwar in der Kammer erschienen, ihre Anwesenheit feststellen ließen, die Sitzung aber dann wieder verließen. *Hassell* berichtet darüber:

> »Fortwährend verließen zahlreiche Volksvertreter unter Protest die Versammlung. Und damit diesen ernsten Vorgängen der komische Beigeschmack nicht fehle, wurden die beiden Abgeordneten Christiani und Detmold, von denen man wußte, daß sie sich in Hannover befanden, vor den Ober-Polizei-Inspector gefordert, der ihnen befahl, an den Sitzungen der Zweiten Cammer theilzunehmen. Sie gehorchten unweigerlich und erschienen noch denselben Tag im Ständesaal – aber nur, um den Präsidenten zu ersuchen, über ihre Anwesenheit ein Protokoll aufzunehmen und dem Polizei-Direktor eine Abschrift zuzustellen, weil sie sonst befürchten müßten, durch Gendarmen in die Cammer getrieben zu werden.«[1020]

29 Mitglieder der Zweiten Kammer wandten sich am 27. Februar 1839 in einer ausführlichen Stellungnahme an die Allgemeine Ständeversammlung und setzten sich hierin mit der Proklamation des Königs vom 15. Februar auseinander.[1021] Die gegen das Staatsgrundgesetz erhobenen Einwände wurden im Einzelnen referiert und anhand von Aktenbelegen widerlegt. Insbesondere wurde nachgewiesen, dass das im Staatsgrundgesetz (§ 151) enthaltene Erfordernis der Gegenzeichnung und die hierdurch begründete Verantwortlichkeit der Minister bereits auf dem Wiener Kongress allgemeiner Meinung entsprach.[1022] Die Eingabe schloss mit den Worten:

> »So wie jetzt einmal die Sachen stehen, ist allein von der Vermittelung des Durchlauchtigsten Deutschen Bundes Rettung zu hoffen. Im Vertrauen auf dessen hohe Weisheit und Unpartheilichkeit, erklären daher die Unterzeichneten nunmehr feierlich:
> daß sie die gegenwärtig in Gemäßheit der Proclamation vom 7ten Januar zusammengetretene Versammlung von Deputirten als eine rechtsgültige Stände-Versammlung nicht anerkennen,
> daß sie mithin eine rechtliche Wirksamkeit der Verfassung nach dem Patente vom 7. Dec. 1819. eben so wenig anerkennen

---

[1018] Zitiert nach *H. A. Oppermann*, Geschichte des Königreichs Hannover I, S. 181.
[1019] Zitiert nach H. A. Oppermann, Geschichte des Königreichs Hannover I, S. 182 f.
[1020] So *W. v. Hasssell*, Geschichte des Königreichs Hannover, S. 426.
[1021] Eingabe »An die mittelst Allerhöchsten Patents vom 7ten Januar v.J. berufene Allgemeine Stände-Versammlung«, Hann. Portfolio I, S. 165.
[1022] Hann. Portfolio I, S. 178.

daß sie demzufolge gegen jede verbindliche Kraft der durch diese Versammlung zu fassenden Beschlüsse zu protestiren, und

daß sie aus diesem Grunde sich aller Theilnahme an deren Verhandlungen gänzlich enthalten müssen.«[1023]

In einem ersten Nachtrag wurde anhand des Protokolls vom 26. Februar 1839 nachgewiesen, dass von den für die Regierung abstimmenden – mit Einschluss des Präsidenten – 23 Deputierten 22 »königliche Diener« seien:

»Hieraus wird evident, welch einen kleinen Theil des Landes diese für die Regierung stimmenden 23 Deputirte zweiter Cammer repräsentiren, und die in nebengehender Vorstellung enthaltene, Eingangs dieses angezogene Aeußerung dürfte als vollkommen gerechtfertigt erscheinen.«[1024]

Die an die Ständeversammlung gerichtete Eingabe wurde zusammen mit einem Anschreiben und dem Nachtrag am 22. März 1839 durch den beauftragten Konsistorialrat Dr. *Hessenberg*[1025] der Bundesversammlung übermittelt.

Die Reaktion *Scheles* erfolgte unmittelbar nach bekanntwerden der Eingabe. Nach Anhörung des zu diesem Zweck einberufenen Staatsrats wurde am 2. März 1839 erneut ein Vertagungsreskript erlassen, in dem bestimmt wurde,

»1) daß diejenigen Deputirten, welche ohne Entschuldigung 14 Tage lang nicht in den Sitzungen der (nicht zur Existenz gelangten) zweiten Cammer erschienen waren, aufhören sollten, Deputirte zu sein.

2) daß auch diejenigen Deputirten, welche zwar in zweiter Cammer erschienen waren, aber an der Erklärung vom 27. Februar Theil genommen, als resignirend zu betrachten seien [...].

3) daß für alle die auf diese Weise und durch wirkliche Resignation ausfallenden Deputirten neue Wahlen vorgenommen werden sollten.«[1026]

Die folgenden Monate des Verfassungskampfes im Königreich Hannover verdienten eine gesonderte Darstellung, die den Werken *Oppermanns* und *Hassells* nur bruchstückweise zu entnehmen ist. *Oppermann* und – ihn zitierend – *Hassell* sprechen von den »schweren Tage[n] der Wahlquälereien«, die von Mitte März bis Mitte Juni folgten.[1027] Die Regierung setzte alles daran, durch Anordnung erneuter Wahlen die Zahl kooperationswilliger Deputierter auf 37 oder 38 zu erhöhen, die zur Beschlussfähigkeit der Zweiten Kammer ausgereicht hätten.[1028]

Mit der Proklamation vom 3. Mai 1839 wurde die am 2. März vertagte Ständeversammlung für den 28. Mai wieder einberufen.[1029] Die Einberufung war erforderlich gewesen, weil Steuern zu bewilligen waren und die Beratung für das Budget des folgenden Jahres anstand. Die Proklamation beschränkte sich

---

[1023] Hann. Portfolio I, S. 181 f.
[1024] Hann. Portfolio I, S. 184.
[1025] Biographische Angaben vgl. oben Fn. 788.
[1026] Zitiert nach *H. A. Oppermann*, Geschichte des Königreichs Hannover I, S. 185. Die von Oppermann angegebene Fundstelle im Hann. Portfolio I, S. 78, ist unzutreffend. Das Vertagungsreskript ist nach damaliger Übung nicht in der Gesetzsammlung veröffentlicht worden.
[1027] So *H. A. Oppermann*, Geschichte des Königreichs Hannover I, S. 188; *W. v. Hassell*, Geschichte des Königreichs Hannover, S. 427.
[1028] Vgl. *H. A. Oppermann*, Geschichte des Königreichs Hannover I, S. 188.
[1029] Proclamation, die Wiederberufung der Allgemeinen Stände-Versammlung betreffend, Hann. GS 1839, S. 111.

indes nicht auf die Einberufung. Vielmehr finden sich auch Ausführungen über einen »hochwichtigen Gegenstand«, der mit den Budgetberatungen »im engsten Zusammenhange« stehe:

> »Es ist Uns nämlich nicht unbekannt geblieben, daß von einem großen Theile Unserer getreuen Unterthanen die in dem Königlichen Patente vom 7ten December 1819. enthaltenen Bestimmungen für ausreichend nicht gehalten werden, und es ist Uns die Rathsamkeit einer weitern Ausführung und Ergänzung der in jenem Patente enthaltenen Verfassungs-Grundsätze wiederholt vorgetragen.
> Unsere hierauf schon früher gerichtete Absicht wurde verkannt, und die in Unserm Erlasse vom 15ten Februar dieses Jahres enthaltenen Gründe mußten Uns zu dem Entschluße bewegen, von ihrer Verfolgung einstweilen zurückzutreten. Nachdem nun der Wunsch nach solcher weitern Ausführung und Ergänzung der in dem Königlichen Patente vom 7ten December 1819. enthaltenen Bestimmungen in neuerer Zeit von mehreren Seiten wiederholt worden ist, so kann Uns dies freilich nur in Unserer Ueberzeugung von der Richtigkeit Unserer ursprünglichen Absicht bestärken, allein doch keineswegs die Gründe Unseres am 15ten Februar dieses Jahres ausgesprochenen Entschlusses beseitigen. Sollte aber die Allgemeine Stände-Versammlung diesen Wunsch als den Unserer vielgeliebten Unterthanen aussprechen und Anträge an Uns richten, welche Uns die Hoffnung geben, daß der ernste Wille in beiden Cammern der Allgemeinen Stände-Versammlung herrsche, durch besonnene ordnungsmäßige Berathung zu einer Vereinbarung in solcher Beziehung zum Heile Unseres Landes mitzuwirken, so werden Wir eine desfallige Erklärung gern berücksichtigen.«[1030]

Obwohl der König nach dem Wortlaut der Proklamation an den am 15. Februar 1839 verkündeten Grundsätzen festhalten wollte, ist der Tonfall doch verbindlicher und lässt Ansätze eines Entgegenkommens erkennen. Bei nüchterner Betrachtungsweise wird man der Proklamation allerdings das Eingeständnis entnehmen müssen, dass seit dem 1. November 1837 ein verfassungsloser Zustand herrschte und, selbst wenn man die Wiederinkraftsetzung des Patents von 1819 für rechtmäßig hielt, deren rudimentäre Bestimmungen nicht die an eine konstitutionelle Verfassung zu stellenden Forderungen erfüllten. Wie schon wiederholt angemerkt, ist auch diese Proklamation von dem Paradoxon gekennzeichnet, dass der König das Staatsgrundgesetz wegen vorgeblich mangelnder Genehmigung durch die Stände aufhob, sich selbst aber unmissverständlich als Verfassungsgeber darstellt, an den »Anträge« zu richten seien, die ggf. zu »berücksichtigen« wären.

Die Verbindlichkeit im Ton hinderte *Schele* keineswegs daran, die missliebigen Deputierten aus der Zweiten Kammer auszuschließen. Mit Reskript vom 24. Mai 1839 wird dem Deputierten der Stadt Münden – dem Advokaten *Detmold* – bestätigt, dass er ordnungsgemäß gewählt, vereidigt und zur Zweiten Kammer »zugelassen« worden sei. Ihm wird indes vorgeworfen, an der an die Zweite Kammer am 27. Februar 1839 gerichteten Eingabe beteiligt gewesen zu sein. Diese Erklärung sei unvereinbar mit dem Mandat eines Deputierten der nach dem »Königlichen Patente vom 7ten Dec. 1819. berufenen Stände-Versammlung«.[1031] Die von *Detmold* hiergegen verfasste Protestation vom 30. Mai 1839 zeigt noch

---

[1030] Hann. GS 1839, S. 111 f.
[1031] Hann. Portfolio II, S. 42.

einmal das ganze Ausmaß der von *Schele* initiierten Repression gegenüber der Zweiten Kammer.[1032]

Am 28. Mai 1839 – dem nach der Wiedereinberufung vorgesehenen Tag des Zusammentritts – war die Zweite Kammer noch nicht beschlussfähig. Erst am 7. Juni war die nötige Zahl von 37 Mitgliedern versammelt.[1033] *Oppermann* zweifelt daran, dass die Vollmachten fehlerfrei gewesen seien; gleichwohl sei der Antrag gestellt worden, sie als genügend anzusehen.[1034] Die so zusammengesetzten Kammern beschränkten sich darauf, das Budget zu verlängern und einige Beschlüsse über Finanzangelegenheiten zu fassen.[1035] Am 20. Juni 1839 wurden die Stände wiederum vertagt, ohne dass die Verfassungsangelegenheit beraten worden wäre.

Im Königreich Hannover herrschte, nachdem die Brücken möglicher Verständigung abgebrochen waren, nicht nur ein verfassungsloser, sondern auch ein rechtloser Zustand, in dem statt des Rechts nur der Wille des Königs galt, der von *Schele* geformt und durchgesetzt wurde. Sämtliche Maßnahmen, die ergriffen wurden, um in der Zweiten Kammer eine beschlussfähige Mehrheit zustande zu bringen, entbehrten der rechtlichen Grundlage. Weder gab es für Urwähler und Wahlmänner eine gesetzlich vorgeschriebene Wahlpflicht, noch einen in der Verfassung begründeten Zwang für Deputierte, an den Beratungen der Zweiten Kammer teilzunehmen. Ihre Obstruktion war vielmehr das einzige Mittel, die Regierung – und damit den König – zu einem Kompromiss in der Verfassungsangelegenheit zu veranlassen. Bezeichnend ist, dass die »Wahlquälereien« und die gegen gewählte Deputierte ergriffenen Maßnahmen auf *Reskripte* der Regierung gestützt wurden und deshalb offenkundig einer gesetzlichen Grundlage entbehrten. Die stete Berufung auf das »Patent von 1819« war in höchstem Grade irreführend. Selbst wenn dessen – erneute – Geltung begründbar gewesen wäre, bot das Patent für die nämlichen Maßnahmen ebenfalls keine Grundlage, weil es sich – wie dargestellt[1036] – um ein reines Organisationsstatut handelte. Die zur Durchsetzung des königlichen Willens getroffenen Maßnahmen waren deshalb sämtlich keine Rechtsakte, sondern rechtswidrige Zwangsmaßnahmen.

Schon an dieser Stelle ist das Urteil unabweisbar, dass im Königreich Hannover seit dem Staatsstreich vom 1. November 1837 ein despotisches Regime entstanden war, in dem der Wille des Herrschers – und damit die Macht – mit dem Recht gleichgesetzt wurde und zu dessen Durchsetzung eine Art Spirale des Zwangs entstand. Die Phase der Despotie in der Geschichte des Königreichs ist bislang nicht hinreichend aufgearbeitet worden. Die Fokussierung der historischen Forschung auf die Göttinger Sieben hat vergessen lassen, dass es einen verbreiteten Widerstand der Städte und Korporationen gegen den Staatsstreich und die ihm folgenden Zwangsmaßnahmen gab und das Regime sich zu ständig

---

[1032] Protestation von Seiten des Advocaten *Detmold* zu Hannover, als Deputirten der Stadt Münden in zweiter Kammer der allgemeinen Ständeversammlung, Hann. Portfolio II, S. 35.
[1033] Vgl. H. A. Oppermann, Geschichte des Königreichs Hannover I, S. 193.
[1034] So H. A. Oppermann, Geschichte des Königreichs Hannover I, S. 193.
[1035] Vgl. H. A. Oppermann, Geschichte des Königreichs Hannover I, S. 194 f.
[1036] Vgl. oben S. 188.

sich steigernden Repressalien veranlasst sah. Es ist *Stüve* zu verdanken, dass er die Akte des Widerstands nicht nur im Einzelnen aufgelistet und aktenkundig gemacht hat, sondern durch die zeitnahe Veröffentlichung der Verteidigungsschrift der historischen Forschung eine – bislang freilich unzureichend genutzte – Grundlage vermittelt hat. Bemerkenswert ist, dass die in der neueren Literatur unternommenen Versuche, das Handeln des Königs zu rechtfertigen[1037], sämtlich darunter leiden, dass sie weder die Vorgeschichte des Staatsstreichs, noch das ihm folgende despotische Regime in den Blick nehmen.

IX. Der zweite Entwurf eines Landesverfassungsgesetzes

Dass in dem von *Schele* erzeugten Klima der Angst und angesichts der Repressionen, die die Regierung sich einfallen ließ, eine gleichberechtigte Beratung zwischen Regierung und Kammern über den Verfassungsentwurf nicht möglich war, liegt auf der Hand. Die Opposition innerhalb der Zweiten Kammer war nicht nur geschwächt, sondern im Wesentlichen beseitigt worden. Auch fehlte es an einer Führungspersönlichkeit für die Opposition. Der Lüneburger Deputierte Dr. *Lang* beging eine vielfach kritisierte »Fahnenflucht«, in dem er aus der Kammer ausschied und den Posten eines Schatzrats annahm.[1038] Von der Bundesversammlung war keine Hilfe zu erwarten, nachdem die Beschwerden und Eingaben der hannoverschen Städte und Landgemeinden, die von so viel Leidenschaft und juristischem Scharfsinn gekennzeichnet waren, entweder verworfen[1039] oder überhaupt nicht angenommen worden waren.[1040] Der entscheidende Rückschlag für die Verfassungsbewegung im Königreich Hannover erfolgte indes durch den Bundesbeschluss vom 5. September 1839, mit dem die Anträge Bayerns und Badens mit lapidaren Sätzen abgewiesen wurden.[1041] Von diesem Zeitpunkt an war klar, dass die so sehnsüchtig erhoffte Hilfe des Deutschen Bundes ausbleiben würde. *Schele* konnte triumphieren, denn seine Bemühungen um Absicherung des Staatsstreichs bei den Hegemonialmächten Österreich und Preußen[1042] schlugen sich im Abstimmungsergebnis der Bundesversammlung nieder.[1043]

Der zweite Entwurf eines Landesverfassungsgesetzes, den die Regierung den Ständen zur Beratung und Beschlussfassung vorlegte[1044], unterschied sich denn auch nicht wesentlich von dem ersten. Allerdings sollten neben den Steuergesetzen auch solche gesetzlichen Bestimmungen zustimmungsbedürftig sein, »welche einen directen Eingriff in das Privateigenthum« enthielten (§ 106 b des

---

[1037] Vgl. unten S. 333 ff.
[1038] Vgl. *W. v. Hassell*, Geschichte des Königreichs Hannover, S. 431.
[1039] Vgl. oben S. 209 f.
[1040] Vgl. unten S. 259 ff.
[1041] Vgl. unten S. 268.
[1042] Vgl. oben S. 163 ff.
[1043] Vgl. unten S. 292 ff.
[1044] S. folgende Anmerkung.

2. Entwurfs). Dieses Zugeständnis machte die Regierung, weil nach dem Wortlaut des ersten Entwurfs Gesetze über Enteignungen – weil keine Steuergesetze – ohne Zustimmung der Stände hätten erlassen werden können.

Im März 1840 wurde der »Entwurf einer Verfassungs-Urkunde für das Königreich Hannover« publiziert[1045], der die Grundlage der ständischen Beratungen bildete. Vom 28. Juli 1840 datiert die »Erwiederung an das Königliche Cabinet« der Allgemeinen Ständeversammlung, der eine Synopse des Regierungsentwurfs und der Änderungsvorschläge der Ständeversammlung beigefügt ist.[1046] Die von der Ständeversammlung beantragten Änderungen des Regierungsentwurfs zeigen aufs Deutlichste die Wirkung von *Scheles* Repressionsmaßnahmen. Abgesehen von einer Reihe redaktioneller Änderungen blieb der Regierungsentwurf in seinen Grundsätzen und seinem Wortlaut unangetastet. Einen Erfolg konnten die Stände hinsichtlich der Mitwirkung im Gesetzgebungsverfahren verbuchen. Statt der von der Regierung allein konzedierten »rathsamen Gutachten« forderten sie bei nicht zustimmungsbedürftigen Gesetzen eine Mitwirkung, die schließlich auf eine Art Veto nach gescheitertem Einigungsverfahren hinauslief.[1047] Ein uneingeschränktes Zustimmungsrecht – wie es das Staatsgrundgesetz vorgesehen hatte – wurde nicht einmal mehr gefordert. Das »Landesverfassungs-Gesetz für das Königreich Hannover« wurde vom König am 6. August 1840 in der Gesetzessammlung verkündet und trat am folgenden Tag in Kraft.[1048]

[1045] Entwurf einer Verfassungs-Urkunde für das Königreich Hannover, wie solcher der Allgemeinen Stände-Versammlung im März 1840 zur freien Berathung vorgelegt worden ist, Hannover 1840.
[1046] Acten-Stücke der sechsten allgemeinen Stände-Versammlung des Königreichs Hannover, 1840, S. 447 ff.
[1047] Vgl. unten S. 298 f.
[1048] Hann. GS 1840, S. 141.

FÜNFZEHNTES KAPITEL
DER WIDERSTAND DES MAGISTRATS DER RESIDENZSTADT HANNOVER

I. Das Dilemma der Wahlkorporationen

Der Verfassungsbeschwerde Osnabrücks vergleichbar hat der Widerstand der Residenzstadt Hannover – und dies im Gegensatz zur Protestationsschrift der Göttinger Sieben – in der späteren Literatur nur geringe Beachtung gefunden.[1049] Die Fokussierung auf die Göttinger Sieben hat den Blick dafür verstellt, dass der Widerstand gegen die Aufhebung des Staatsgrundgesetzes keineswegs auf Einzelne beschränkt war, die sich allein auf ihr Gewissen berufen konnten, ohne dass ihnen Rechtsbehelfe zur Seite gestanden hätten. Der Widerstand der Kommunen – als wahlberechtigter Korporationen – war nicht von vornherein zum Scheitern verurteilt, weil sie – wenn auch im Ergebnis erfolglos – die Bundesversammlung anrufen konnten. In der Verfassungsbeschwerde der Stadt Osnabrück und den Eingaben der Residenzstadt Hannover ist jenes Dilemma offensichtlich, in das die Städte durch den Staatsstreich des Königs geraten waren. Sie waren einerseits selbst »Obrigkeit« gegenüber den Bürgern, hatten die Gesetze – namentlich die Steuergesetze – durchzusetzen, waren andererseits aber davon überzeugt, dass die Aufhebung des Staatsgrundgesetzes durch den König und die fernerhin erlassenen Regierungsakte dem geltenden Recht widersprachen. Neben der Verfassungsbeschwerde der Stadt Osnabrück, die bereits behandelt worden ist[1050], verdienen die Eingaben der Residenzstadt Hannover besonderes Augenmerk, weil der Magistrat in räumlicher Nähe zur Regierung amtierte und deren verschärfter Beobachtung ausgesetzt war.

II. Die Eingabe der Residenzstadt Hannover vom 15. Juni 1839

In der an »die Hohe Deutsche Bundes-Versammlung« gerichteten »Ehrerbietigste[n] Vorstellung des allgemeinen Magistrats der Königl. Residenzstadt Hannover« vom 15. Juni 1839[1051] wird eingangs festgestellt,

> »daß er sich stets für die Gültigkeit der, durch das Staats-Grundgesetz von 1833 begründeten landständischen Verfassung ausgesprochen, von dieser Ansicht nie abgewichen, und seine desfallsigen Protestationen seiner Zeit in die Protocolle der versammelten Stände zweiter Kammer niedergelegt, auch es, aus eben

---
[1049] Eine Ausnahme bildet allein die Darstellung *H. A. Oppermanns*, Geschichte des Königreichs Hannover I, S. 188 ff., dessen Darstellung die eines Zeitgenossen ist.
[1050] Vgl. oben S. 205.
[1051] Hann. Portfolio II, S. 43 ff.

diesem Grunde verschmäht hat, an den ständischen Verhandlungen neuerer Zeit durch einen städtischen Deputirten Theil zu nehmen.«[1052]

Sein Dilemma bedeutet der Magistrat mit den folgenden Worten:

»Seine Unterthanen-Pflicht erkennend, und die Eigenthümlichkeit seiner Stellung zum Lande, als Obrigkeit der Residenzstadt beherzigend, musste er es dem allgemeinen Interesse angemessen erachten, durch möglichste Bewahrung der gesetzlichen Ordnung, dem ganzen Lande das Beispiel ruhiger Besonnenheit und eines bescheidenen und gemäßigten Widerstandes zu geben.«[1053]

Weiterhin wird in ungewöhnlich offener Wortwahl die Lage der Zweiten Kammer beschrieben und Zweifel an deren rechtmäßiger Zusammensetzung geäußert:

»[...] gegenwärtig ist es jedoch dem Cabinette Sr. Majestät endlich gelungen, die zur Fassung von Beschlüssen erforderliche Anzahl von Personen – aber auch kaum einige mehr – in zweiter Kammer zu versammeln. Fast alle frühere Deputirte dieser Kammer, welche der Opposition angehörten, sind – so weit sie nicht schon selbst auf ihren Sitz in einer nicht gesetzlichen Kammer verzichtet hatten – durch eine Verfügung excludirt, welche als eine gesetzmäßige nicht angesehen werden kann, da kein Gesetz vorschreibt, daß nur solche Personen zu ständischen Deputirten gewählt werden können, welche diejenige Verfassung, in Gemäßeit deren die Stände berufen werden, als gültig anerkennen.«[1054]

Im Folgenden findet sich eine Art Auflistung der Repressionsmaßnahmen der Regierung, verborgen allerdings in einer rhetorischen Figur:

»Auf welche Weise außerdem durch wahre moralische Gewalt, durch Verheißungen aller Art, durch Drohungen, durch erweckte Sorge für die eigene Existenz und die Familien der Wählenden, auf die Wahlen eingewirkt ist, wollen wir nicht erwähnen, obwohl dies Alles landeskundig ist. Man hat aber – und das dürfen wir als eine fernere, klar vorliegende Rechtsverletzung hervorheben – sogar Wahlen der Minorität – bei denen die Majorität der Wählenden die Wahl ablehnte – für gültig anerkannt, man hat sämmtliche Deputirte ohne Weiteres beeidigt, ihnen, ohne vorgängige Prüfung der Vollmachten, sofort ein Stimmrecht eingeräumt, ihre Mitstände durch Vorenthaltung oder mangelhafte Vorlegung der Legitimationen und Wahlprotokolle gezwungen, solche Individuen zuzulassen, und somit eine Versammlung costituirt, deren Mitglieder – betrachten sie sich mit unbefangener Besonnenheit – sich selbst wohl nur für passive Instrumente eines fremden Willens halten, und die eigene Nichtigkeit entweder mitleidig belächeln, oder von tiefster Wehmuth sich durchdrungen fühlen können.«[1055]

Der Magistrat fährt fort:

»Auf solche Weise ist Alles verleugnet, und mit Füßen getreten, was Recht, was Gesetz, was Observanz – selbst nach derjenigen Verfassung, auf welche die Regierung Sr. Majestät sich stützt – bisher geheiliget und als unerläßliche Vorschrift sanctionirt hatten. So nur hat es gelingen können, eine Versammlung zu ergänzen, die des Namens einer ständischen Repräsentation unwürdig, als solche jedes Vertrauens ledig und bloß, aller öffentlichen Achtung entbehrend, vom Lande nicht anerkannt wird, und sich dennoch ermächtigt hält, Beschlüsse zu fassen, die das Land binden sollen.«[1056]

[1052] Hann. Portfolio II, S. 45.
[1053] Hann. Portfolio II, S. 45.
[1054] Hann. Portfolio II, S. 46.
[1055] Hann. Portfolio II, S. 46.
[1056] Hann. Portfolio II, S. 46.

II. Die Eingabe der Residenzstadt Hannover vom 15. Juni 1839   261

Der Magistrat steigert sich zu der folgenden Annahme:

> »Hätte das Cabinet Sr. Majestät den Corporationen des Landes und den Städten den freien Willen ungehindert gelassen, sie in der unumwundenen und freimüthigen Aeußerung ihrer wahren Gesinnung nicht beschränkt, und durch Mittel jeder Art nicht verlockt und bestrickt, nun und nimmer würde das Land Deputirte in genügender Zahl gesandt haben, der Widerstand des ganzen Landes würde offenbar vorliegen, und jedes Mittel verschwunden sein, der Hohen Bundes-Versammlung gegenüber, die durchaus unbegründete Behauptung aufzustellen, es sei die Verfassung – oder richtiger – das Reglement von 1819 in anerkannter Wirksamkeit, und in friedlicher Einigkeit beriethen König und Stände die Angelegenheiten des Landes.«[1057]

Im Ferneren verwahrt sich der Magistrat gegenüber dem von der Regierung bei der Bundesversammlung erweckten Eindruck, der Verfassungskonflikt sei beigelegt:

> »Diesem irrigen, auswärts mit so großer Dreistigkeit verbreiteten Vorgeben, und allen solchen, aus dem Zusammentreten der jetzt versammelten zweiten Kammer gegebenen Folgerungen entgegen zu treten, der Wirksamkeit jener, den Charakter einer verfassungsmäßigen Ständeversammlung völlig entbehrenden Kammer zu widersprechen, ist der Zweck der gegenwärtigen ehrerbietigsten Eingabe.«[1058]

Das an die Bundesversammlung gerichtete Gesuch wird wie folgt formuliert:

> »die heiligen, so vielfach und so gewaltsam verletzten Rechte des Landes unter Hochdero sichern Schutz kräftigst nehmen, und für Herstellung des einseitig und unbefugt aufgehobenen Rechtszustandes hochgewogentlichst Sorge tragen zu wollen.«[1059]

Anschließend wird nochmals die gegenwärtige Lage des Königreichs dargestellt:

> »In der That, wenn die Hohe Bundesversammlung die unglückliche Lage des Landes beherzigt, und einer geneigten Berücksichtigung unterzieht, – die dringende Nothwendigkeit, dem augenblicklich rechtlosen Zustande ein recht baldiges Ziel zu setzen, kann der Weisheit der Hohen Bundes-Versammlung nicht entgehen.
> Alle Verhältnisse des Landes sind gestört, die Administration ohne Kraft und Nachdruck, die Minister ohne Einfluß und Vertrauen, die Dienerschaft durchweg mißvergnügt und schwankend, ihr alter schöner Ruf tadelloser Rechtlichkeit aufs Spiel gesetzt, der innere Friede des Landes verschwunden, Intrigue und Mißtrauen und geheimes Spähen an die Stelle getreten, die Familienbande zerrissen durch den Zwiespalt politischer Gesinnung, und die allgemeine Aufregung – was man auch sagen und was der Schein äußerer Ruhe überreden mag – steigend, und sich bedrohlicher mehrend von Tage zu Tage; – und das Alles in einem Lande, bekannt, ja man darf sagen berühmt, wegen seiner unerschütterlichen Anhänglichkeit und Treue an seinen angestammten Fürsten! Wahrlich, dieses Land ist eines bessern Schicksals werth, als ihm gegenwärtig zu Theil geworden!«[1060]

Abschließend wagt der Magistrat noch eine Art Balanceakt, mit dem einerseits der König von der Urheberschaft der Repressionsmaßnahmen freigesprochen wird, diese aber der Regierung vorgeworfen werden:

[1057] Hann. Portfolio II, S. 47.
[1058] Hann. Portfolio II, S. 47.
[1059] Hann. Portfolio II, S. 47.
[1060] Hann. Portfolio II, S. 47 f.

»Nicht weil das Land die erhabenen Eigenschaften seines Königs verkennt, die jedem Regenten zur schönsten Zierde gereichen würden; nicht weil das Land zweifelt an dem wahrhaften Willen Sr. Majestät, Seine Unterthanen möglichst beglücken zu wollen – denn wer könnte etwas anderes ahnen von einem Sohne König Georg III. – aber die Regierungs-Maaßregeln, welche von dem Cabinet Sr. Majestät empfohlen sind und mit starrer Consequenz verfolgt werden, lockern alle Bande des Vertrauens und verhindern eine Einigung zwischen König und Volk, die doch der sehnlichste, der heißeste Wunsch des Landes ist! Diesen Wunsch aber zu erreichen, wird, unserer Ueberzeugung nach, nur unter der einen Bedingung möglich sein, wenn ein Mann an der Spitze des Cabinets steht, der nicht geleitet wird von einseitigen und engherzigen Ansichten, nicht hingegeben ist, den Interessen nur eines Standes, nicht den Bürger und die Masse des Volkes geringschätzt, und das Vertrauen des Landes wahrhaft verdient und besitzt. Das Land begehrt nur Schonung und Beachtung seiner Rechte, und würde gern und bereitwilligst allen Ansprüchen und Wünschen des Regenten gerechte Anerkennung widerfahren lassen, selbst mit den schwersten Opfern von seiner Seite.«[1061]

Der Magistrat versäumt nicht, der Bundesversammlung eine Art alternativer Verfahrensweise zu unterbreiten:

»Könnte Se. Majestät sich Allerhöchst entschließen, unter Vorbehalt selbst aller der durch das Patent vom 1. November 1837 gegen die Gültigkeit des Staatsgrundgesetzes erhobenen Einwendungen, und lediglich von dem landesväterlichen Wunsch geleitet, dem Vaterlande den Frieden wieder zu geben, und die verlorene Ruhe – die Stände des Landes nach dem Gesetze von 1833 zusammen zu berufen und mit ihnen die Aenderungen zu berathen, welche das Grundgesetz erleiden kann, um die Königliche Sanction zu erlangen – die kurze Zeit weniger Monate würde genügen, jeden Zwiespalt zu schlichten und den Frieden heimzuführen. Lauter Jubel würde das Land erfüllen und den Thron Sr. Majestät mit heißen Segnungen umgeben; und ist es für einen Regenten, der den Abend seines Lebens nahen sieht, nicht etwas werth, sich von der Liebe seines Volkes gehoben und getragen zu sehen, und dieses schöne Erbtheil seinem einzigen Sohne und Thronfolger dereinst überliefern zu können? –«[1062]

Das war nun in der Tat starker Tobak. Zwar hatten schon die Göttinger Sieben dagegen protestiert, dass das Staatsgrundgesetz »allein auf dem Wege der Macht zu Grunde gehe«[1063], waren im Ton aber moderat geblieben. Auch *Stüve* hatte in der Verfassungsbeschwerde der Stadt Osnabrück die Situation des Königreichs beklagt[1064], blieb im Übrigen aber bei seinen juristischen Deduktionen. Der Magistrat Hannovers schlug mit der Eingabe vom 15. Juni gänzlich andere Töne an. Um den König, dessen Person nach konstitutioneller Doktrin »heilig und unverletzlich« war[1065], zu schonen, richteten sich die Vorwürfe ausschließlich gegen die Regierung und unverhohlen gegen den Kabinettsminister *Schele*. Der Magistrat sah sich hierbei nicht allein als Vertreter der Residenzstadt Hannover, sondern als Repräsentationsorgan, das auch Belange des gesamten Königreichs zu artikulieren berechtigt war. In der Absicht, einen Keil zwischen den König und seinen Kabinettsminister zu treiben, wurde Ersterem – wohl weil die Eingabe an die Bundesversammlung adressiert war – ein Weg der Verständigung

---

[1061] Hann. Portfolio II, S. 48.
[1062] Hann. Portfolio II, S. 48 f.
[1063] Vgl. oben S. 190.
[1064] Vgl. oben S. 205 ff.
[1065] So auch der Wortlaut des § 6 StGG: »Die Person des Königs ist heilig und unverletzlich«.

aufgezeigt. Die Anerkennung des Staatsgrundgesetzes und Verhandlungen über die vom Magistrat begehrten Änderungen waren zu diesem Zeitpunkt allerdings ausgeschlossen, weil sie nicht nur einen Sinneswandel beim König, sondern auch die Entlassung *Scheles* vorausgesetzt hätten. *Schele* hatte den König – nicht zuletzt durch die Proklamation vom 15. Februar 1839 – in eine Position manövriert, die eine gütliche Einigung mit den Ständen unmöglich machte und stattdessen auf repressive Maßnahmen gesetzt. Ein innerer Widerspruch der Protestation liegt darin, dass den repressiven Maßnahmen der Regierung Erfolg bescheinigt wird, weil ohne diese der Widerstand im Lande stärker ausgefallen wäre.[1066] Nun zielten die von der Regierung getroffenen Maßnahmen gerade auf die Unterdrückung jeglichen Widerstandes ab. Man mag aus der entsprechenden Passage der Eingabe deshalb auch eine gewisse Resignation herauslesen, dass das Staatsgrundgesetz keine entschiedenere Verteidigung gefunden habe.

Die Eingabe an die Bundesversammlung wurde von sämtlichen Mitgliedern des Magistrats unterzeichnet, ging aber auf die Initiative des Stadtdirektors *Rumann* zurück.[1067] Sie stellt sich – gerade wegen des Verzichts auf weitere Ausführungen zur Rechtslage – als eine Art Hilferuf an die Bundesversammlung dar. Dass sie vom Magistrat der Residenzstadt ausging, hätte ihr politisches Gewicht gegenüber der Bundesversammlung an sich verstärken müssen, denn der Magistrat einer Residenzstadt konnte schwerlich antimonarchischer Umtriebe verdächtigt werden. Alle Hoffnung richtete sich auf die Bundesversammlung und deren Vermögen, die »Hannoversche Verfassungangelegenheit« – so der inzwischen verbreitete Begriff – unvoreingenommen zu prüfen und einer Rechtsentscheidung zuzuführen.

III. Die Eingabe des Magistrats vom 11. Juli 1839

Einen knappen Monat später beschloss der Magistrat eine weitere Eingabe an die Bundesversammlung.[1068] In Ergänzung der Protestation vom 15. Juni wurden nunmehr die Rechtsverletzungen dargelegt, die der Wahl und Berufung der Zweiten Kammer zugrunde lagen. Der Magistrat beharrte auf seiner Auffassung, dass

> »das Staatsgrundgesetz vom 26. Sept. 1833 und mit demselben die durch dasselbe begründete, bis zum Zeitpunkt der Aufhebung in anerkannter Wirksamkeit gewesene landständische Verfassung einseitig aufgehoben [ist], damit sind aber nicht nur die verfassungsmäßigen Rechte des ganzen Landes und so auch der Stadt, welche wir zu vertreten haben, sondern die speciellen Befugnisse dieser letzteren insbesondere wesentlich gekränkt, indem, so viel diese besonderen Befugnisse anlangt, daß beseitigte Staatsgrundgesetz der Stadt das Recht, zwei

---

[1066] Vgl. oben S. 261.
[1067] Vgl. oben Fn. 130.
[1068] Ehrerbietigste Vorstellung des allgemeinen Magistrats der Königl. Residenzstadt Hannover, den 11. Juli 1839, Hann. Portfolio II, S. 57.

Deputirte zur zweiten Kammer zu wählen, verliehen hat, während die frühere Verfassung nur einen Deputirten zuläßt«.[1069]

Der Magistrat fuhr fort:

»Nicht die gekränkten Rechte der allgemeinen Stände sind Vorwurf unserer Beschwerde, diese wahrzunehmen kann jeder einzelne Unterthan, und jede Corporation des Landes den gesetzlichen Ständen selbst überlassen, allein die Vernichtung der Stände in derjenigen Maaße, wie sie in anerkannter Wirksamkeit bestanden, das ist es, worüber nun Unterhanen und wahlberechtigte Gemeinde klagen können und gerade diese verfassungswidrige Veränderung der Basis der ganzen landständischen Verfassung muß, wenn anders der Artikel 56 der Wiener Schlußacte irgend eine Bedeutung haben soll, die Berechtigung der Durchlauchtigsten Bundesversammlung zur Aufrechterhaltung der Verfassung, wenn solcher nicht Rechtsgründe entgegenstehen, begründen.«[1070]

Der Magistrat nahm bewusst nicht Stellung zur Frage, ob durch das Staatsgrundgesetz agnatische Rechte verletzt seien, vertrat aber die Auffassung, dass derartige Mängel nicht die Ungültigkeit des ganzen Grundgesetzes bewirken könnten und

»daß Sr. Majestät dem Könige Wege offen stehen, um Allerhöchstdero etwa gekränkten Rechte mit dem wirksamsten Erfolge, sei es im Wege der Gesetzgebung unter den Formen des Staatsgrundgesetzes, sei es selbst außer denselben, wenn nämlich die Rechtswidrigkeit einer einzelnen Bestimmung in Beziehung auf agnatische oder Regierungsrechte Sr. Majestät dargethan werden könnte, die gebührende Anerkennung zu verschaffen, ohne zugleich die landständische Repräsentation zu verändern, mithin das gesetzliche Organ zu vernichten, durch welches des Landes Rechte bewahrt und vertheidigt werden können.«[1071]

Im Folgenden geht der Magistrat auf mögliche formelle Mängel des Staatsgrundgesetzes ein und enthält sich auch hier – scheinbar – einer abschließenden Beurteilung, gelangt indes zu dem Schluss:

»Sollte aber wirklich ein formelles Unrecht begangen sein, so ist dasselbe längst und vollkommen durch die widerspruchslose Wahl aller Wahlberechtigten zu der grundgesetzlichen Ständeversammlung – und dieser Berechtigten waren es mehrere, als nach der alten Verfassung – durch die ausdrückliche Annahme der zusammengetretenen Ständeversammlung, und durch die stillschweigende Zustimmung des ganzen Landes – denn nicht ein Widerspruch gegen das Staatsgrundgesetz hat sich auf jenen angeblichen Formfehler gestützt – gehoben, und dass vielleicht nicht formell Rechtmäßige ist so in mehrjähriger Uebung unbestrittenes Recht geworden.«[1072]

In einem weiteren Abschnitt wird die Auffassung vertreten, dass nach Erlassung des Patents vom 1. November 1837 eine andere als die grundgesetzliche landständische Verfassung nicht in anerkannte Wirksamkeit getreten sei.[1073] Hierzu wird Art. 56 WSA dahin ausgelegt, dass mit »ankannter« Wirksamkeit nicht jede von dem Regenten zur Zeit anerkannte Verfassung gemeint sein könne, sondern dass auch die übrigen Beteiligten die Rechtmäßigkeit der Verfassung ausdrück-

---

[1069] Hann. Portfolio II, S. 59 f.
[1070] Hann. Portfolio II, S. 60.
[1071] Hann. Portfolio II, S. 60 f.
[1072] Hann. Portfolio II, S. 62.
[1073] Hann. Portfolio II, S. 63.

III. Die Eingabe des Magistrats vom 11. Juli 1839

lich oder schweigend anerkannt haben müssten.[1074] Wörtlich heißt es in der Eingabe:

> »Weiter muß die Wirksamkeit selbst in denjenigen Formen und Schranken sich gezeigt haben, welche die Verfassung selbst erfordert, sie muß nicht durch ungesetzliche, reglements- und observanzwidrige Mittel erzwungen sein. Wohl mag es ein Nothrecht geben, wohl mag der Regent auch außerordentliche, nicht in Documenten und Statuten vorgesehene, Mittel anwenden, um einen ungerechten Widerstand abzuwehren, und dem Lande unschädlich zu machen, aber er selbst muß sich dann auf dem Boden des Rechts befinden, und nimmermehr können diejenigen nicht gesetzlichen Maßregeln, welche die Wirksamkeit einer ursprünglich ungesetzlichen Ständeversammlung erzwingen sollen, einen Besitzstand, an welchen sich rechtliche Folgen knüpfen, begründen.«[1075]

Die Wirksamkeit der Zweiten Kammer sei durch eine Reihe von gesetz-, reglements- und observanzwidrigen Verfügungen erzwungen worden. Diese Maßnahmen werden im Folgenden im Einzelnen aufgezählt. Zu ihnen gehörten

- der Ausschluss der mit Vorbehalt, aber ohne Bedingung gewählten Deputierten,
- der Ausschluss von Deputierten, die nicht freiwillig verzichtet hätten,
- die willkürlich verfügte Ausschließung von Wahlmännern,
- die observanzwidrige sofortige Einführung und Beeidigung von neuen Deputierten in der Kammer, ohne dass deren Vollmachten geprüft seien und schließlich
- die gesetzwidrige Zulassung von durch die Minorität der Wahlmänner gewählten Deputierten.[1076]

Wörtlich heißt es:

> »Solchen Maßregeln verdankt es das Cabinet Sr. Majestät, auch jetzt noch dem Könige Allerhöchst selbst, der Hohen Bundes-Versammlung und dem Lande das schwache Scheinbild einer Ständeversammlung entgegenhalten zu können; aber die Täuschung kann nicht lange dauern.«[1077]

In einem abschließenden »Blick auf die Lage des Landes« wiederholt der Magistrat die bereits in der Eingabe vom 15. Juni vorgenommene Einschätzung. Zunächst wird betont, wie groß die Freude im Königreich gewesen sei, einen »unserem Lande allein angehörenden König« zu haben. Der Magistrat fährt fort:

> »Zwei Jahre sind seitdem verflossen, und fast eben so lange dauert der rechtlose und ungewisse Zustand, in welchen das Allerhöchste Patent vom 1. November 1837 das Land gestürzt hat. Der unselige Verfassungsstreit, welcher in Folge jenes Ereignisses entbrannte, berührte und beschäftigte jedoch Anfangs seiner innern Natur nach, vorzugsweise gewisse Klassen des Volkes, die der Intelligenz und dem öffentlichen Geschäftsleben näher standen; allein gerade die Richtung, welche der Streit genommen hat und nehmen mußte, in dem eben die Vernichtung der legalen Ständeversammlung überall die Masse des Volkes nöthigte, mit der hochwichtigen Frage der Störung des öffentlichen Rechtszustandes sich zu beschäftigen, die gehässige Verläumdung, mit der man Obrigkeiten verfolgte, die nichts weiter thaten, als ihrer gewissenhaften Ueberzeugung treu zu blei-

---

[1074] Hann. Portfolio II, S. 64.
[1075] Hann. Portfolio II, S. 65.
[1076] Hann. Portfolio II, S. 66f.
[1077] Hann. Portfolio II, S. 67.

ben, die unerhörten und in den letzten Monaten in denselben Wahldistricten oft drei und viermal wiederholten Wahlquälereien, die Bemühungen, auf die Wähler durch Drohungen, durch Verheißungen, Einfluß zu gewinnen, die hierdurch hervorgerufenen eben so beklagenswerthen Bestrebungen der Freunde der entgegengesetzten Partei, haben jetzt alle Klassen des Volks im ganzen Lande in eine Gährung und Aufregung versetzt, von welcher wir kein Beispiel bisher gekannt haben.«[1078]

Der Magistrat zögert nicht, auf die zweifelhafte Rolle anzuspielen, die die früheren Kabinetts- und nunmehr Departementminister gespielt haben:

»Wie könnten auch die Bande des Vertrauens zwischen Unterthanen und Regierung bestehen, wo jeder Weg gesetzlicher Erörterung und Vertheidigung gesperrt bleibt, wo die Handlungen eines, erst kürzlich aus der Welt geschiedenen, des im Leben von seinen Unterthanen angebeteten Königs Wilhelm IV., theilweise von denselben Männern, die im Rathe des höchstseligen Königs standen, verdammt und verlästert werden, wo die Gemäßigten, welche in früheren Crisen das Werk des Friedens und der Ordnung beförderten, verachtet werden, wo man Meinungen wie Kleider gewechselt sieht? –«[1079]

Nahezu wortgleich mit der Eingabe vom 15. Juni 1839 wird die Aussicht eröffnet, dass eine auf der Grundlage des Staatsgrundgesetzes gebildete Ständeversammlung auch die Rechte des Königs würdigen und »in den Fällen des Zweifels ein weises Nachgeben der Verlängerung des qualvollen Streites vorziehen würde«.[1080] Auch wird dem König eine goldene Brücke gebaut, indem dieser eine solche Ständeversammlung unter Vorbehalt seiner Rechte zusammenrufen könnte. Letztlich bleibt der Ständeversammlung nur die »devoteste Bitte«:

»Der Durchlauchtigste Deutsche Bund wolle geruhen, bald die geeigneten Maaßregeln zu ergreifen, daß die in dem Staats-Grundgesetze des Königreichs Hannover vom 26. Sept. 1833 begründete landständische Verfassung wiederum in Wirksamkeit gesetzt, und demgemäß eine allgemeine Ständeversammlung berufen werde.«[1081]

Die Eingabe wurde der Bundesversammlung mit Schreiben des Bevollmächtigten Dr. *Georg Wilhelm Hessenberg*[1082] der Bundesversammlung überreicht. Die Hoffnung des Magistrats, die Bundesversammlung werde sich auf seine Eingabe hin mit der Verfassungsangelegenheit befassen, wurde jedoch bitter enttäuscht. Das Präsidium der Bundesversammlung – der österreichische Gesandte *von Münch-Bellinghausen* – lehnte die Entgegennahme der Eingabe ab. Damit wurde für die Korporationen des Königreichs jeglicher Rechtsschutz durch die Bundesversammlung verweigert. Zwar hatte die Bundesversammlung die Verfassungsbeschwerde der Stadt Osnabrück bereits am 6. September 1838 wegen mangelnder »Legitimation« zurückgewiesen[1083]; indes waren die Eingaben der hannoverschen Städte – u. a. Quakenbrücks und Celles – stets zu den Akten genommen worden und hatten die Hoffnung genährt, die Bundesversammlung

---

[1078] Hann. Portfolio II, S. 67 f.
[1079] Hann. Portfolio II, S. 68.
[1080] Hann. Portfolio II, S. 69.
[1081] Hann. Portfolio II, S. 69.
[1082] Vgl. oben Fn. 205.
[1083] Vgl. oben S. 210.

könne sich zu einem Tätigwerden von Amts wegen entschließen. Diese vage Aussicht war mit der Rückgabe der zweiten Eingabe der Residenzstadt Hannover vollends geschwunden; wenn Eingaben nicht einmal entgegengenommen wurden, musste jede noch so überzeugende rechtliche Argumentation ihr Ziel verfehlen, die Willensbildung des Beschlussorgans zu beeinflussen. *Hessenberg* hat sich in einem mannhaften »Pro Memoria«, das an die einzelnen Bundesgesandtschaften übermittelt wurde, gegen die neue Praxis des Präsidiums gewandt.[1084] Wörtlich führte er aus:

> »Der gehorsamst Unterzeichnete ist weit entfernt, die Befugniß des hohen Präsidiums, ganz unstatthafte Eingaben ohne Vorlegung zurückzuweisen, zu bestreiten, obgleich er sich nicht überzeugen kann, daß die Vorstellung der Residenzstadt Hannover vom 13. August in die Kategorie der unstatthaften gehöre. Allein alle Eingaben im Voraus, ohne Form und Inhalt derselben zu kennen, für unzulässig zu erklären, ohne daß ein Bundesbeschluß deßhalb vorläge, ja sogar nachdem die Versammlung selbst eine große Anzahl Eingaben für würdig erklärt hat, zu ihren Acten genommen zu werden, dazu kann dem Hohen Präsidium die Berechtigung unmöglich zustehen, weder der hohen Bundesversammlung gegenüber noch gegenüber den Betheiligten Einzelnen oder Corporationen, die sich an Hochdieselbe zu wenden beabsichtigen. Den Letzteren würde damit alle Rechtshülfe, so weit sie vom durchlauchtigsten Bunde abhängt, abgeschnitten und folglich in Beziehung auf sie die Bundesverfassung suspendirt sein.«[1085]

IV. Die Hessenberg-Episode

Der Widerstand der hannoverschen Städte gegen die Aufhebung des Staatsgrundgesetzes ist untrennbar mit dem Namen *Hessenberg* verbunden. Als in Frankfurt ansässiger Rechtsanwalt liberaler Gesinnung[1086] vertrat er mit gehöriger Vollmacht die hannoverschen Kommunen, die sich im Wege der Beschwerde an die Bundesversammlung wandten. Vorreiter war der Magistrat der Stadt Osnabrück, für den *Stüve* das juristische Meisterwerk einer Verfassungsbeschwerde erarbeitet hatte.[1087] Allerdings bedurften derartige Eingaben einer formellen Zustellung, die *Hessenberg* als Bevollmächtigter der beschwerdeführenden Städte übernahm. Er verfolgte die Angelegenheit – wie das Pro Memoria zeigt – mit juristischem Scharfsinn gepaart mit innerer Überzeugung. Es musste die hannoversche Regierung hart ankommen, dass sich einer der ungeliebten Advokaten, die sich für das Staatsgrundgesetz einsetzten, außerhalb ihrer Reichweite – nämlich in der Freien Stadt Frankfurt – residierte. *Schele* unternahm deshalb den Versuch, für die Kaltstellung *Hessenbergs* die Frankfurter Justiz einzuspannen.

[1084] Pro Memoria des Anwalts des Allgemeinen Magistrats der Königl. Residenzstadt Hannover Consistorialrath *Dr. Hessenberg* zu Frankfurt a. M. an die einzelnen Bundesgesandtschaften vom 26. August 1839, Hann. Portfolio II, S. 171.
[1085] So Pro Memoria *Hessenbergs* vom 26. August 1839, Hann. Portfolio II, S. 172 f.
[1086] Biographische Angaben vgl. oben S. 205.
[1087] Vgl. oben S. 203.

Am 27. Juni 1839 hatte *Leist* als Vertreter des Königreichs der Bundesversammlung eine Erklärung übergeben, die die Bundesversammlung befähigen sollte,

> »mit Umgehung einer commissarischen Begutachtung, die Ueberzeugung zu fassen und auszusprechen, daß um so weniger einige Veranlassung vorhanden sei, sich mit der Verfassungs-Angelegenheit des Königreichs Hannover ferner zu beschäftigen, als ueber deren bundesgesetzliche Erledigung durch Wiederherstellung der landständischen Verfassung, wie solche sich auf den Grund des Patents vom 7. December 1819 herausgebildet hatte, kein Zweifel obwalten könne.«[1088]

Hessenberg replizierte mit einer umfangreichen Denkschrift[1089], in der er die Erklärung der hannoverschen Regierung harscher Kritik unterzog. Die Begriffe des Rechts und der Politik seien verbunden und verwechselt, bei der Darstellung von Tatsachen die chronologische Reihe der Ereignisse zugunsten des beabsichtigten Effekts verlassen, große Lücken überdeckt, derselbe Rechtsgrundsatz auf der einen Seite hervorgehoben und auf der anderen dem Auge entrückt:

> »Thatsachen werden beseithigt als spitzfinding, Rechtssätze als dehnbar [...]; bannale Phrasen, z.B. Partei der Bewegung [...], der Liberalen [...], Feinde des Königs und der Ordnung [...], Ideologen und Theoretiker [...] u. dgl. geschickt auf den Gegner geschleudert. –«[1090]

Das Datum der Denkschrift ist nicht ersichtlich; sie dürfte aber in der zweiten Augusthälfte entstanden sein. *Hessenberg* hatte die Eingabe des Magistrats am 13. August überreicht und gegen ihre Rückgabe am 26. August protestiert.[1091] Da der Weg zur Bundesversammlung nunmehr versperrt war, wandte sich *Hessenberg* an die einzelnen Bundesgesandtschaften und ließ zu diesem Zweck die Denkschrift drucken. Am 5. September 1839 erging der Beschluss der Bundesversammlung, den Anträgen Bayerns und Badens auf Einschreiten gegen das Königreich Hannover »keine Folge« zu geben.[1092] Der hannoversche Gesandte *von Stralenheim*[1093] holte umgehend zu einem Schlag gegen *Hessenberg* aus, indem er das Polizeiamt Frankfurts veranlasste, in dessen Büro eine Durchsuchung vorzunehmen und die aufgefundenen 38 Exemplare der Denkschrift zu beschlagnahmen.[1094]

[1088] Erklärung der Königl. Hannoverschen Regierung über die Verfassungs-Angelegenheit vom 27. Juni 1839, Hann. Portfolio II, S. 241.
[1089] H. A. Oppermann, Geschichte des Königreichs Hannover I, S. 204, bezeichnet die Denkschrift als »meisterhaft« und vermerkt, dass die nicht beschlagnahmten Exemplare vorher bereits »zu den rechten Händen gekommen« seien.
[1090] So unterthänigste Denkschrift über die von der Königl. Hannoverschen Regierung in der 12. Sitzung der Hohen Deutschen Bundes-Versammlung vom Jahre 1839 übergebene Erklärung, Hann. Portfolio II, S. 311.
[1091] Vgl. oben S. 267.
[1092] Vgl. unten S. 290 f.
[1093] *Carl Friedrich von Stralenheim* (1782–1848) war seit 1826 Hannoverscher Gesandter beim Deutschen Bund. Er ist nicht zu verwechseln mit *Carl Wilhelm August Freiherr von Stralenheim* (1777–1847), der als Minister verschiedenen Kabinetten angehörte (vgl. oben S. 113).
[1094] Vgl. »Actum. Polizeiamt der freien Stadt Frankfurt, Samstag, den 7. September 1839« und »Continuatum. Montag, den 9. September 1839«, Hann. Portfolio II, S. 369 f.

IV. Die Hessenberg-Episode

Zwei Wochen später erhob *Stralenheim* Beschwerde gegen *Hessenberg* vor dem Oberappellationsgericht der Stadt Frankfurt mit der Anschuldigung:

> »1) sich auf unerlaubte und strafwürdige Weise Kenntniß von der könig. hannöverschen, in der 12ten Sitzung der hohen Bundesversammlung vom Jahre 1839 abgegebenen und loco dictaturae gedruckten Erklärung verschafft, somit sich persönlich eines Vergehens schuldig gemacht zu haben, in sofern er nicht durch Angabe derjenigen, welchen dieses zu Schulden komme, sich zu rechtfertigen vermöge.
> 2) Diese sich auf gesetzwidrige Weise verschafften Aktenstücke benutzt zu haben.
> 3) Autor, bzw. Veranlasser des Drucks und der Verbreitung einer, den Bundesgesetzen hinsichtlich der Veröffentlichung ihrer Verhandlungen entgegen laufenden, mit Schmähungen und Verunglimpfungen der hannöverschen Staatsregierung angefüllten Denkschrift, sodann
> 4) Verführer seiner Mandanten zum Widerstand mittelst Briefe zu seyn.«[1095]

In Frankfurt atmete man freiere Luft als im Königreich Hannover. Während dort der König in anhängigen Gerichtsverfahren ohne rechtsstaatliche Skrupel intervenierte[1096], erfuhr der hannoversche Gesandte vor dem Oberappellationsgericht Frankfurt eine bittere Niederlage. Das Gericht sprach *Hessenberg* nicht nur frei, sondern erklärte die Beschlagnahme der Druckschriften für rechtswidrig und verfügte, dass die beschlagnahmten Exemplare ihm wieder zuzustellen seien. In der Begründung des Urteils wurde bestätigt, dass *Hessenberg* lediglich seine advokatorischen Pflichten erfüllt habe, indem er die Erklärung der Hannoverschen Regierung durch eine eigene Denkschrift zu widerlegen versucht habe:

> »Auch deren Druck mußte demselben nothwendig erscheinen. Die Erklärung der königl. hannöverschen Staatsregierung, und die für diese geltend gemachten Gründe, waren durch die Bundesprotokolle zur Kenntniß sämmtlicher Allerhöchsten und Höchsten Regierungen gekommen. Den reklamirenden hannöverschen Städten und Korporationen mußte es nöthig, selbst als Pflicht erscheinen, hiergegen Dasjenige gleichfalls zur unmittelbaren Kenntniß der Regierungen zu bringen, was von ihrem Standpunkt aus hiergegen zu bemerken war.«[1097]

Einen Verstoß gegen Bundesgesetze vermochte das Gericht ebenfalls nicht zu erkennen:

> »Die Natur jedes streitigen Gegenstandes bringt es mit sich, daß die beiderseitigen Ansichten verschieden sind. Es ist daher allerdings der Fall, daß in der fraglichen Druckschrift die staatsrechtlichen Ansichten und die hieraus gezogenen Folgerungen der reklamirenden hannöverschen Städte und Korporationen jenen der Allerhöchsten Staatsregierung entgegen stehen, und eben so daß der letztern Widerlegung in mehrgedachter Druckschrift nachdrücklich versucht wird. Daß aber dieses in anständiger Fassung Vorgetragene den Bundesgesetzen entgegen laufe, und daß die Druckschrift mit den gröbsten Beleidigungen gegen die königl. hohe Regierung angefüllt sey, kann nicht angenommen werden.«[1098]

[1095] Hann. Portfolio III, S. 327 f.
[1096] Vgl. oben S. 199.
[1097] Erkenntniss des Oberappellations-Gerichts der freien Stadt Frankfurt vom 2. Dezember 1839, Hann. Portfolio III, S. 329.
[1098] Hann. Portfolio III, S. 329.

Schließlich wurde auch der Vorwurf entkräftet, *Hessenberg* habe sich der Verführung seiner Mandanten zum Widerstand schuldig gemacht. Er habe ihnen vielmehr stets geraten, den gesetzlichen Weg einzuhalten:

> »Er that hier nur seine Schuldigkeit, und sollten auch unrichtige faktische Umstände in diesen Briefen enthalten sein, so setzt dieß nur erhaltene falsche Nachrichten voraus, nicht aber die Absicht, dergleichen verbreiten zu wollen, die schon darum nicht anzunehmen ist, weil ihm daran liegen mußte, seine Partei von der wirklichen Sachlage zu unterrichten.
> Ohnehin fällt in die Augen, daß das ausdrückliche Hinweisen auf den legalen Weg – der die Basis jeder Ordnung im geselligen und Staaten-Leben ist – jede Aufreizung ausschließt.«[1099]

Hessenberg war damit auch für die Zukunft freie Hand gegeben, Städte und andere Wahlkorporationen vor der Bundesversammlung zu vertreten. Nach dem Beschluss vom 5. September 1839 allerdings war die Hoffnung auf ein Einschreiten des Deutschen Bundes enttäuscht worden. Der Versuch der hannoverschen Regierung, auch den Verfahrensbevollmächtigten der Städte und Wahlkorporationen zum Schweigen zu bringen und damit die Bundesversammlung einseitig zu beeinflussen, fügt sich indes in die lange Reihe repressiver Maßnahmen ein, von der das Jahr 1839 gekennzeichnet ist. Ein Ruhmesblatt gilt dem Oberappellationsgericht Frankfurt, das sich vom hohen Rang des Bundestagsgesandten nicht hat beeindrucken lassen und ihn mit nüchternen Worten in die Schranken verwies.

V. Der Fall Rumann

Hessenberg hatte die erste Protestation des Magistrats der Kanzlei des Deutschen Bundes am 26. Juni 1839 übergeben.[1100] Nach Bekanntwerden der Protestationsschrift fand am 13. Juli 1839 ein Ministerrat unter Vorsitz des Königs statt.[1101] Die Minister waren sämtlich der Auffassung, dass die Eingabe des Magistrats »peinlich zu bestrafende Vergehen« enthalte und dem zuständigen Strafrichter übergeben werden müsse. Meinungsverschiedenheiten bestanden lediglich in der Frage, gegen wen und welche Disziplinarmaßnahmen zu ergreifen waren. Der Justizminister *von Stralenheim* schlug vor, nur den Stadtdirektor *Rumann* zu suspendieren, während der Kriegsminister *von Alten* vorschlug, gegen sämtliche Magistratsmitglieder vorzugehen:

[1099] Hann. Portfolio III, S. 330.

[1100] So W. v. *Hassell*, Geschichte des Königreichs Hannover, S. 436. Nach *Hassells* Darstellung wurde die Entgegennahme des Schriftstücks verweigert, woraufhin *Hessenberg* den Druck der »Denkschrift« veranlasste und sie an sämtliche Bundestagsgesandten verschickte. Offenbar ist *Hassell* hier einem Irrtum erlegen, denn von einem Druck der Protestation vom 11. Juli 1839 ist nichts bekannt. Offenbar verwechselt *Hassell* diese Protestation mit der *Denkschrift*, deren Druck *Hessenberg* veranlasste und die er an die Bundestagsgesandten versandte. In seinem Pro Memoria vom 26. August 1839 nimmt *Hessenberg* nur auf die am 13. August überreichte zweite Eingabe des Magistrats Bezug, die am 15. Juli beschlossen worden ist.

[1101] Darstellung nach W. v. *Hassell*, Geschichte des Königreichs Hannover, S. 437 f.

»Es sei endlich an der Zeit, ein abschreckendes Beispiel zu geben, um den Uebermuth mancher Magistrate in den Städten in die gehörigen Schranken zu weisen.«[1102]

Die Minister *von der Wisch* und *Schele* stimmten der »strengeren Maßregel« zu, für die sich auch der König aussprach.[1103]

Im Auftrag des Königs erschien am nächsten Tag der Landdrost von Dachenhausen in der Sitzung des Magistrats und forderte dessen Mitglieder zu einer Erklärung auf, ob sie die Protestation unterschrieben hätten, was von allen bejaht wurde. Daraufhin eröffnete er ihnen, dass gegen sie auf Anordnung des Königs eine Untersuchung eingeleitet würde.[1104] Gegenüber dem Kabinett erhob der Landdrost gegen die Suspendierung sämtlicher Magistratsmitglieder »pflichtgemäß« Einspruch, weil er einen »völlige[n] Stillstand in den Verwaltungsgeschäften« voraussagte und überdies befürchtete, die Maßnahme könne »Unruhstiftern und Uebelgesinnten« neue Nahrung geben.[1105]

Im Kabinett trat daraufhin ein Sinneswandel dergestalt ein, dass nur der Stadtdirektor *Rumann* suspendiert werden sollte und die Sache im Übrigen der Strafjustiz zu übergeben sei. Die Vertretung *Rumanns* wurde Stadtgerichtsdirektor *Heiliger* übertragen, der aber – weil ortsabwesend – durch den Amtmann *Hagemann* vertreten werden sollte.[1106] Letztere Entscheidung führte in den folgenden Tagen zu öffentlichen Protesten.

Am 16. Juli 1839 erließ der König ein öffentlich bekanntgegebenes Reskript, in dem zu der Protestation vom 15. Juni Position bezogen wurde:

> »Es enthält diese Vorstellung, ohne daß Wir jedoch durch Unsern Ausspruch dem Erkenntnisse der zuständigen Gerichtshöfe irgend vorzugreifen gemeint sind – folgende peinlich zu strafende Verbrechen:
> 1) Das Verbrechen der Verletzung der Unserer Königlichen Majestät schuldigen Ehrerbietung;
> 2) Calumnien gegen Unsere Regierung;
> 3) Oeffentliche Iniurien gegen Unsere Regierung im Allgemeinen, insbesondere gegen Unsere sämmtlichen Minister und außerdem gegen die Mitglieder der allgemeinen Ständeversammlung, namentlich diejenigen, welche der zweiten Cammer angehören.
> Es enthält daneben diese Vorstellung den Versuch, Uns von Unserm Cabinet zu trennen, um die irrige Ansicht zu begründen, daß die von Unserm Cabinet getroffenen Verfügungen Unserer Allerhöchsten Genehmigung ermangelten, während doch schon Unsere Cabinetsverordnung vom 14. November 1837 zur Genüge ergibt, daß die Entscheidung der an Unser Cabinet gelangenden Angelegenheiten von Uns ausgeht. Auch erklären Wir hiemit noch ausdrücklich, daß Wir eine solche Trennung Unseres Cabinets von Uns niemals gestatten werden. Wir sind nicht gemeint, den begangenen Frevel ungeahndet zu lassen.

[1102] Zitiert nach *W. v. Hassell*, Geschichte des Königreichs Hannover, S. 437.
[1103] Vgl. *W. v. Hassell*, Geschichte des Königreichs Hannover, S. 437.
[1104] Die Darstellungen von *Oppermann* und *Hassell* stimmen im Wesentlichen überein, unterscheiden sich allerdings in den Daten. Während nach *Hassell* der Landdrost in der Magistratssitzung am 14. Juli erschien, datiert *Oppermann* das Erscheinen auf den 15. Juli. Da an diesem Tag eine weitere Kabinettssitzung stattfand, ist der Darstellung *Hassells* der Vorzug zu geben.
[1105] So *W. v. Hassell*, Geschichte des Königreichs Hannover, S. 438.
[1106] Vgl. *W. v. Hassell*, Geschichte des Königreichs Hannover, S. 438.

> Wir haben die Frage, welche Maßregeln desfalls zu ergreifen seien, in die sorgfältigste und reiflichste Erwägung gezogen. Unsere hierauf gefaßte Entschließung hat auf zwei Maßregeln für jetzt sich beschränkt:
> Erstens haben wir Uns veranlaßt gesehen, die Sache an die zuständigen Gerichte zu verweisen, damit von diesen dasjenige erkannt werde, was Gesetz und Recht erheischen, und die Schuldigen die verdiente Strafe treffe.
> Wir haben aber auch zweitens im allgemeinen oeffentlichen Interesse es für nothwendig gehalten, unter Vorbehalt weiterer Verfügung, die einstweilige Suspension des Stadtdirectors Rumann von dem wichtigen ihm anvertrauten Amte anzuordnen, weil er nicht allein die obige Vorstellung mitunterzeichnet, sondern auch die ihm als Director des allgemeinen Magistratscollegii obliegenden Verpflichtungen gänzlich hintangesetzt hat.«[1107]

Es folgte ein Appell an das »getreue Volk«, in dem sich der König über die Unbotmäßigkeit des Magistrats beklagte, die strikte Beachtung des Rechts bekräftigte, wobei die beschlossenen Regierungsmaßregeln

> »auf die unehrbietigste, ja frevelhafteste Weise von den Vertretern der Stadt entstellt und verdächtigt«

worden seien.[1108]

Das Reskript ist in mehrfacher Hinsicht bezeichnend. Der König dekuvrierte sich als Despot, der die Verurteilung der Magistratsmitglieder wegen vorgeblich schwerer Vergehen vorwegnahm und nur formell der Entscheidung des zuständigen Gerichts überließ. Als unumschränkter Herrscher, als der sich *Ernst August* sah, konnte er überdies nicht dulden, dass die Verantwortung für die vom Magistrat beklagten Maßnahmen der Regierung – insbesondere dem Kabinettsminister *Schele* – zugeordnet wurden und damit ein Keil zwischen ihn und das Kabinett getrieben wurde. Also übernahm er ausdrücklich die Verantwortung für alle Maßnahmen und stellte das Kabinett nur als ausführendes Organ dar. Bemerkenswert ist auch das Werben um das Vertrauen des Volkes und die Beteuerung eigener Rechtlichkeit. Hieraus wird ersichtlich, dass selbst in einer Despotie die öffentliche Meinung eine nicht unerhebliche Rolle spielte, wie an anderer Stelle[1109] bereits festgestellt worden ist. Allerdings war der Versuch, die öffentliche Meinung für sich zu gewinnen, ein höchst einseitiges Unternehmen. Veröffentlichungen der Opposition wurden mit dem ganzen Arsenal von Repressalien administrativer und strafrechtlicher Art verhindert.

Der König konnte sich freilich nicht in jedem Fall darauf verlassen, dass das Volk seine Maßnahmen billige. Nach Verkündung des Reskripts verbreitete sich das Gerücht, dass der Oberamtmann *Hagemann* die Stelle des Stadtdirektors einnehmen sollte. Hiergegen erhob sich im Magistrat und in der Bevölkerung Widerstand, worauf der König sich bereit erklärte, eine Deputation im Schloss Monbrillant zu empfangen. Der Landdrost wollte die Vereidigung *Hagemanns* jedoch nicht hinausschieben. Bei *Oppermann* findet sich dazu folgender Bericht:

[1107] Zitiert nach *H. A. Oppermann*, Geschichte des Königreichs Hannover I, S. 196 f. Das Reskript ist nicht in der Hannoverschen Gesetzessammlung veröffentlicht, muss also auf andere Weise publiziert worden sein.
[1108] Zitiert nach *H. A. Oppermann*, Geschichte des Königreichs Hannover I, S. 197.
[1109] Vgl. oben S. 17.

> »Eine Deputation des Magistrats suchte unterdeß bei dem Landdrosten einen Aufschub der Beeidigung Hagemann's zu erwirken, aber vergeblich. Als aber der Landdrost und Hagemann zum Zweck der Beeidigung sich auf dem Rathhause einfanden, drängte die Menge tobend in den Saal, furchtbarer Lärm erfüllte das ganze Rathhaus von oben bis unten, man schreit: ›Werft ihn zum Fenster hinaus‹ und drängt sich an Hagemann. Dieser macht den Versuch, die Bürger anzureden und steigt auf einen Stuhl, wird aber heruntergerissen und durch die äußersten Anstrengungen der Bürgervorsteher Hausmann, Ahlers u.A. vor Mißhandlungen geschützt.
> Nun zog die Deputation der Bürgervorsteher, begleitet von mehren tausend Bürgern, zum Palais des Königs, und erwirkte die Zurücknahme der Bestallung des Oberamtmanns Hagemann. Der König hatte die Loyalität der Bürger wie gewöhnlich gelobt und erwiedert, es habe nie in seiner Absicht gelegen, die Rechte der Stadt zu kränken, und sei ihm namentlich der §5 der Stadtverfassung, nach welcher kein Staatsdiener Mitglied des Magistrats sein kann, unbekannt gewesen. Der Stadtsyndicus Evers wurde interimistisch mit der Verwaltung betraut, welche dem abwesenden Stadtgerichtsdirector Heiliger zuertheilt war, abermals in Unkenntniß des §77 der Verfassungsurkunde, welche ausdrücklich den Syndicus als Vertreter des Stadtdirectors in der Verwaltung benannte. Die Ruhe wurde nicht weiter gestört, als daß die Bürger von dem Palais vor das Haus Rumanns zogen, um demselben ein ›Vivat‹ zu bringen.«[1110]

Am 19. Juni überreichte der Magistrat dem König eine Petition, in der um Aufhebung der Amtsenthebung *Rumanns* gebeten wurde. Zur Begründung wurde ausgeführt, dass nach der Verfassung der Stadt der Bürgerschaft das Recht zustehe, ihre »Obrigkeit« selbst zu wählen und es deshalb »keinem Zweifel« unterliege, dass die

> »Mitglieder des Magistrats auf keine andere Weise als durch Urtheil und Recht, d. h. durch ein Urtheil ihres competenten Gerichts, von ihrem Dienste, sei es für immer, sei es nur temporair, entfernt werden könnten.«[1111]

Eine von mehreren hundert Bürgern unterschriebene Petition vom 21. Juni 1839 hatte folgenden Wortlaut:

> »Die unterzeichneten Bürger der Residenzstadt Hannover erklären hiermit auf Veranlassung der geschehenen Suspendirung des Stadtdirectors Rumann und Versetzung des allgemeinen Magistrats in den Anklagestand wegen der bekannten, an die durchlauchtigste Bundesversammlung gerichteten Beschwerdevorstellung, aus freiem Antriebe, lediglich ihrem Gefühle für Wahrheit und Recht folgend, daß ihre erwählten Vertreter, das hiesige Magistratsbürgervorstehercollegium, ihr volles Vertrauen besitzen, daß sie mithin alle und jede Schritte zur Aufrechterhaltung des dem Lande von Sr. Höchst Seligen Majestät Wilhelm IV, glorwürdigsten Andenkens, verliehenen Staatsgrundgesetzes von 1833 nicht allein billigen, sondern auch als solche betrachten, die ihre heiligste Pflicht geboten. Ferner bekennen sie damit, daß sie niemals wanken werden in der schuldigen Treue für ihren König und Landesherrn und daß sie die gegenwärtige Erklärung nur deshalb ausstellen, weil sie Gründe zu haben glauben, daß Se. Maj. der König von der Allgemeinheit der ausgesprochenen Gesinnungen der Bürgerschaft Allerhöchstihrer Residenz keine Kenntniß haben, und weil sie wünschen,

---

[1110] So *H. A. Oppermann*, Geschichte des Königreichs Hannover I, S.198; übereinstimmende, wenngleich weniger ausführliche Darstellung bei *W. v. Hassell*, Geschichte des Königreichs Hannover, S.439.
[1111] Zitiert nach *H. A. Oppermann*, Geschichte des Königreichs Hannover I, S.198.

auf jede zulässige Art die Uebereinstimmung in den Gesinnungen des Magistrats und der Bürgerschaft zu bethätigen.«[1112]

VI. Die »Königliche Erklärung, die unmangelhafte Befolgung der Gesetze und Verordnungen betreffend« vom 17. Januar 1840

Nachdem durch den Beschluss der Bundesversammlung vom 5. September 1839 die Gefahr einer Intervention des Bundes gebannt war und der Streit um das Staatsgrundgesetz als innere Angelegenheit bezeichnet worden war[1113], witterte *Schele* Morgenluft und drehte die Repressionsspirale weiter nach oben. Angesichts des bei der Justizkanzlei Hannover anhängigen Strafverfahrens gegen die Mitglieder des Magistrats der Residenzstadt war nicht auszuschließen, dass auf dem Umweg über die angeklagten Straftatbestände auch die Fortgeltung des Staatsgrundgesetzes, die den Kern der Protestationsschrift bildete, zum Gegenstand des Verfahrens gemacht würde. In einem abermaligen – für den Konstitutionalismus beispiellosen[1114] – Eingriff in die Unabhängigkeit der Justiz verfügte der König, dass die Landesgerichte nicht befugt seien, die Rechtmäßigkeit der vom Landesherrn und dessen nachgeordneten Behörden verkündeten Gesetze, Verordnungen und Erlasse zu überprüfen. Wörtlich heißt es in der »Königliche[n] Erklärung, die unmangelhafte Befolgung der Gesetze und Verordnungen betreffend« vom 17. Januar 1840,[1115]

> »daß die verfassungsmäßige Entstehung der Gesetze, Verordnungen und Erlasse der Prüfung und Entscheidung der Landesgerichte niemals anheim fallen könne, sondern daß alle Richter und öffentliche Diener, sowie die sämmtlichen Unterthanen Unseres Königreichs lediglich durch die von Uns oder in Unserem Auftrage von Unseren nachgesetzten Behörden ausgehende Verkündigung jener Gesetze und Verordnungen zu deren unmangelhaften Befolgung verpflichtet werden.«[1116]

An sich war hiermit eine Selbstverständlichkeit ausgedrückt, weil die Befolgung ordnungsgemäß verkündeter Gesetze sowohl zu den Amtspflichten der Staatsdiener wie zu den Bürgerpflichten der »Unterthanen« gehörte. Voraussetzung für eine solche Befolgungspflicht war indessen, dass es sich hierbei um Rechtsakte und nicht um Willkürakte handelte. Der König hatte ja selbst für sich in Anspruch genommen, sogar das Staatsgrundgesetz, dessen ordnungsgemäße Verkündung ganz unzweifelhaft war, auf sein ordnungsgemäßes Zustandekommen und auf die Übereinstimmung mit apokryphen Grundsätzen des Reichsstaatsrechts zu überprüfen. Der Erklärung folgte indessen eine un-

---

[1112] Zitiert nach *H. A. Oppermann*, Geschichte des Königreichs Hannover I, S. 199.
[1113] Vgl. unten S. 291.
[1114] Vgl. *E. R. Huber*, Deutsche Verfassungsgeschichte II, S. 104, zur Gehaltsklage der Göttinger Sieben.
[1115] Hann. GS 1840, S. 3.
[1116] Hann. GS 1840, S. 3.

missverständliche Androhung für den Fall, dass Gerichte sich ein Prüfungsrecht anmaßten:

> »Wie hienach niemals von Uns zugegeben werden kann, daß ein Landesgericht eine Entscheidung über die Gültigkeit des von Uns unter dem 1sten November 1837 erlaßenen, das vormalige Staats-Grundgesetz vom 26sten September 1833 für erloschen erklärenden Patents sich anmaße, so erklären und befehlen Wir hiemit ausdrücklich, daß in so fern wider Erwarten, dennoch Richter oder andere öffentliche Diener auf die derzeitige Rechtsgültigkeit des vormaligen Staats-Grundgesetzes erkennen, mithin gegen die rechtlich bestehende Landes-Verfassung sich auflehnen würden, derartige Übertretungen im justiz- oder administrativen Wege gebührend geahndet werden sollen.«[1117]

Die Richter der Justizkanzlei Hannover, die über die Anklage gegen die Mitglieder des Magistrats zu befinden hatten, sahen sich angesichts dieser »Erklärung« der Drohung ausgesetzt, ihrerseits strafrechtlich verfolgt zu werden, wenn sie – wie der Magistrat – von einer Fortgeltung des Staatsgrundgesetzes ausgingen. Gegen welche Strafvorschrift die Inanspruchnahme des richterlichen Prüfungsrechts verstoßen sollte, blieb ungeklärt.[1118] Die Erklärung vom 17. Januar 1840 darf als weiterer Beleg dafür dienen, dass, wenn der Pfad des Rechts einmal verlassen ist, es ständig neuer Drohungen – auch gegenüber den zur Entscheidung berufenen Richtern – bedarf, um despotische Akte durchzusetzen. Damit hatte *Schele* der Spirale des Zwanges eine weitere Umdrehung gegeben.

VII. Die Verteidigungsschrift Stüves

Die Regierung des Königreichs erhob vor der Justizkanzlei Hannover Anklage gegen sämtliche Mitglieder des Magistrats[1119] wegen der bereits im Reskript vom 16. Juli 1839 aufgeführten Straftaten.[1120] Die Suspendierung blieb auf *Rumann* beschränkt. Die Magistratsmitglieder bestimmten *Stüve*, der als Rechtsanwalt in Osnabrück niedergelassen war, als Verteidiger. Nachdem die Anklage zugelassen worden war, erstellte *Stüve* eine »Pro avertenda inquisitione speciali verstattete Vertheidigung«, die sich auf die Protestationsschrift an den Deutschen Bund vom 15. Juni 1839 beschränkte. Am 18. April 1840 wurde *Stüve* durch Beschluss der Justizkanzlei aufgegeben, binnen vier Wochen eine »Hauptvertheidigungsschrift« einzureichen. Diese Frist ist mehrfach verlängert und die Verteidigungsschrift schließlich im Herbst 1840 eingereicht worden. Zeitgleich hat *Stüve* beide Verteidigungsschriften bei *Friedrich Frommann* in Jena in Druck gegeben. Das Vorwort des Verlegers datiert vom 30. Oktober 1840, sodass insoweit auf die Abgabe der Verteidigungsschrift rückgeschlossen werden kann. Im-

---

[1117] Hann. GS 1840, S. 4.
[1118] Vgl. oben S. 271.
[1119] Dem Magistrat gehörten außer dem Stadtdirektor *Rumann Evers, Kern, Oelzen, Meyer, G. H. Deicke, F. Mithoff, H. C. Habenicht, G. Fr. Roese, Baldenius, D. Winter, E. S. Tänzel* und *C. L. Blum* an.
[1120] Vgl. oben S. 271.

merhin dürfte nach den inkriminierten Protestationen des Magistrats ein gutes Jahr vergangen sein.

Während die erste Verteidigungsschrift einen Umfang von 60 (Druck-)Seiten hat, ist die zweite Verteidigungschrift erheblich umfangreicher. Mit Anlagen umfasst sie exakt 290 Seiten.[1121] Sie ist als erster Band des von *Johann Karl Immanuel Buddäus* (1730–1844) herausgegebenen »Deutsche[n] Staatsarchiv[s]« des Verlags Friedrich Frommann erschienen und bildet neben den in Stuttgart von *Adolph Krabbe* verlegten ersten beiden Bänden des Hannoverschen Portfolios die ergiebigste Quelle für den Verfassungskampf im Königreich. Obwohl es sich um das Werk eines »Defensors« handelte, der als Ziel den Freispruch der Angeschuldigten verfolgte, konnte *Stüve* den Wissenschaftler, der er *auch* war, nicht verleugnen. Die Verteidigungsschrift stellt insofern ein bedeutendes historisches Dokument dar, als *Stüve* die Vorgänge, die zu den Protestationsschriften geführt hatten, im Einzelnen darstellte und entsprechende Beweismittel – namentlich Zeugenaussagen – anbot. *Stüve* lieferte damit eine belastbare Darstellung des Verfassungskampfes in der ersten Hälfte des Jahres 1839 und vermittelte zugleich einen tiefen Einblick in die Praktiken, mit denen *Schele* und die ihm nachgeordneten Staatsbediensteten die Wahlen zur Zweiten Kammer erzwingen wollten.[1122]

Die Situation der Verteidigung war nicht einfach, weil der König im Reskript vom 16. Juli 1839 bereits ein Urteil gefällt hatte und die endgültige Entscheidung damit nur formal dem zuständigen Gericht überließ. Überdies hatte der König durch die Erklärung vom 17. Januar 1840[1123] den Gerichten bei Strafe verboten, vom König erlassene »Gesetze, Verordnungen und Erlasse« hinsichtlich ihrer Rechtmäßigkeit in Frage zu stellen.[1124] Angesichts dieser Eingriffe in die Unabhängigkeit der Justiz blieb dem angerufenen Gericht im Grunde nichts anderes übrig, als die Angeklagten antragsgemäß zu verurteilen. *Stüves* Position als Verteidiger war deshalb eine überaus schwierige. Man konnte es drehen und wenden wie man wollte: Der Magistrat hatte in seinen Protestationen die Repressionsmaßnahmen der Regierung verurteilt und um Hilfe der Bundesversammlung angetragen, weil er von der fortlaufenden Geltung des Staatsgrundgesetzes ausging. War nun aber dem Richter bei Strafe verboten, die vom König selber oder in seinem Namen ergangenen Maßnahmen einer rechtlichen Prüfung zu unterziehen, so waren diese nichts anderes als Werkzeuge der Despotie. *Stüve* sah das Dilemma, in dem das angerufene Gericht stand und führte hierzu aus:

> »Soll aber in irgend einem Rechtsverfahren, ohne die Gefahr wegen Injurien bestraft zu werden, nicht mehr gesagt werden dürfen: die Schritte des Gegners seyen nicht gesetzmäßig, sie verlassen alle und jede Gesetze, der Gegner uebe

---

[1121] *C. Stüve*, Actenmäßige Darlegung der Ergebnisse des wider den Magistrat der Haupt- und Residenzstadt Hannover wegen Beleidigung der Regierung des Königreichs Hannover durch verschiedene an die Hohe Deutsche Bundesversammlung gerichtete Eingaben eingeleiteten Untersuchungs-Verfahrens, Jena 1840, S. 1–290.

[1122] Vgl. oben S. 251 f.

[1123] Hann. GS 1840, S. 3; vgl. oben S. 274.

[1124] Vgl. oben S. 274 f.

VII. Die Verteidigungsschrift Stüves

Willkühr, seine Handlungen seyen widerrechtlich und nichtig; soll eine aus 73 Mitgliedern ursprünglich bestehende, nun aber auf 28 gebrachte Versammlung nicht eine verstümmelte genannt werden dürfen: dann kann man auch alle Rechtsvertheidigung verbieten. Denn sie ist schlechterdings unmöglich, wenn man die Dinge nicht mehr bei ihrem rechten Namen, das Rechts- und Gesetzwidrige nicht mehr gesetzwidrig, das Nichtige und Willkührliche nicht willkührlich und nichtig nennen soll.«[1125]

Die Regierung hatte in ihrer Anklageschrift in der Tat ausgeführt:

»Der Stellung der Regierung ist es nicht angemessen, sich hier über die Legalität der getadelten Handlungen zu äußern, die richterliche Competenz wird sich auf die Beurtheilung jener Fragen nicht erstrecken können.«[1126]

Mit anderen Worten sah sich die Regierung der Notwendigkeit enthoben, die von ihr selbst oder in ihrem Namen getroffenen Maßnahmen zu rechtfertigen und bestritt dem angerufenen Gericht die Befugnis, diese auf ihre Rechtmäßigkeit zu überprüfen. *Stüve* bemerkte hierzu lakonisch:

»Dem Richter bliebe bloß die Entscheidung darüber, ob der Vorwurf den sittlichen Werth, die Ehre des Gegentheils *[scil. der Gegenpartei, also der Regierung]* an und für sich beeinträchtige.«[1127]

Stüve ließ sich nicht davon abhalten, in seiner Verteidigungsschrift sämtliche von der Regierung getroffenen und vom Magistrat kritisierten Maßnahmen aufzuführen, unter Beweis zu stellen und auf ihre Rechtmäßigkeit zu untersuchen. Zunächst aber musste er dem schon im Reskript vom 16. Juli 1839 erhobenen und in der Anklageschrift wiederholten Vorwurf der Majestätsbeleidigung entgegentreten, weil dieser das größte Gewicht hatte. Der König hatte in seinem Reskript den Versuch des Magistrats, ihn von jeder Verantwortung freizustellen und diese der Regierung anzulasten, vehement widersprochen mit der Folge, dass hiernach jede kritische Äußerung gegenüber der Regierung sogleich eine Kritik an der Person des Königs und damit als Majestätsbeleidigung einzustufen wäre. *Stüve* wich dieser Folgerung auf geschickte Weise aus, indem er darlegte, dass der König aufgrund seiner Überlastung nicht von allen Vorgängen Kenntnis gehabt haben könne:

»Dies dürfte um so eher angenommen werden, als in der That die Masse der Geschäfte, welche dieser Hohen Behörde zugewiesen, so groß ist, und dieselbe so mancherlei minder bedeutende Functionen befaßt, daß schon Grund genug vorhanden seyn würde, über die Thätigkeit Sr. K.M. zu erstaunen, wenn Allerhöchstdieselben auch nur die wichtigsten Verfügungen eigner Prüfung unterzögen.«[1128]

Mit feiner Ironie weist *Stüve* auf die Schwierigkeiten hin, »welche die Sprache in den Weg legt, eine sehr sorgfältige und genaue Prüfung nöthig machen«.[1129] Damit spielt er auf die mangelnde Beherrschung der deutschen Sprache durch den König an, dem es deshalb unmöglich sei, die in seinem Namen erlassenen Regierungsakte sämtlich eigener Prüfung zu unterziehen. *Stüve* nimmt in der Ver-

---

[1125] So *C. Stüve*, Actenmäßige Darlegung, S. 34 f.
[1126] Zitiert nach *C. Stüve*, Actenmäßige Darlegung, S. 35.
[1127] So *C. Stüve*, Actenmäßige Darlegung, S. 35.
[1128] So *C. Stüve*, Actenmäßige Darlegung, S. 16.
[1129] So *C. Stüve*, Actenmäßige Darlegung, S. 16.

teidigungsschrift zudem keine Rücksicht darauf, ob der richterlichen Prüfung von Regierungsmaßnahmen Beschränkungen entgegenstünden, sondern führt sämtliche vom Magistrat in seinen Protestationen aufgeführten Vorkommnisse in aller Breite aus. Der um sich greifenden Despotie des Königs setzt er die folgenden Ausführungen entgegen:

> »Es ist sowohl nach der Verfassung des Staatsgrundgesetzes als nach derjenigen von 1819 unmöglich, daß durch Gesetze oder Verordnungen den Unterthanen Rechte gegeben oder genommen werden, wenn über solche Gesetze eine Berathung mit Ständen nicht Statt gefunden hat. Den gewöhnlichen Behörden kann nach beiden allerdings die Möglichkeit, das Recht zu handhaben, durch Verordnungen entzogen werden; allein daraus folgt keineswegs, dass den Unterthanen die im Uebrigen vorwurfsfreie Behauptung eines solchen Rechtes zum Verbrechen gezogen werden könne.«[1130]

Die angeklagten Magistratsmitglieder stellt er insoweit den »Unterthanen« gleich, als sie im Dienstverhältnis zu der Stadt Hannover stehen. Die Erklärung des Königs vom 17. Januar 1840 – im Text nennt *Stüve* sie »Verordnung« – sei auf den Fall nicht anwendbar, weil ihr keine Rückwirkung zukomme.[1131] Im Übrigen weist er nach, dass der Satz, ein Fürst könne kein Unrecht tun, nach deutschem Staatsrecht nicht anerkannt sei.[1132] Der Vorwurf rechtswidrigen Handelns könne deshalb, auch wenn er gegen den König erhoben würde, nicht gleichzeitig als Majestätsbeleidigung gewertet werden.

Der umfassendste Teil der Verteidigungsschrift ist der Frage gewidmet, ob die gegen die Regierung in den Protestationen erhobenen Vorwürfe als strafbare Beleidigungen bzw. Verleumdungen zu werten seien. *Stüve* stellt die in Bezug genommenen Vorgänge und Maßnahmen der Regierung und ihrer Beamten – Landdrosten, Wahlkommissare und andere Amtsträger – akribisch dar und tritt jeweils hierfür den Beweis an. Der schon im Patent vom 1. November 1837 angedrohten »ganze[n] Strenge des Gesetzes« – in den »Wahlquälereien« eine Art *cantus firmus* – begegnet *Stüve* mit dem Satz:

> »Allein wo war ein Gesetz, wo ein Gericht, die es als strafbar erkennen konnten, wenn der Unterthan nur von dem ihm dargebotenen Wahlrechte keinen Gebrauch machen wollte? [...]
> Die Drohungen, auf die man sich beschränkt sah, soweit von Strafen die Rede, waren bloße Ungehorsamstrafen; und diese suchte man theils in Rechtsnachtheilen, theils in pecuniairen Strafandrohungen.«[1133]

Stüve steigert sich zu rhetorischen Figuren der folgenden Art:

> »Wenn hohe Hofbeamte, Generäle, Landdrosten u.s.w. sich damit befassen, eine große Zahl der angesehenen Bürger der Residenz so zu bedrängen oder bedrängen zu lassen, wie die Acten nur zu deutlich erweisen; wenn dabei der Name des Königs so leichtsinnig gebraucht wird, wie dies hier offenbar geschehen ist; wenn Aufregung, Besorgniß, Unwillen sich weit, wie hier verbreiten; wenn redliche Bürger bis zum Entschlusse der Auswanderung getrieben werden: kann es da Verwunderung erregen, wenn die Wohldienerei, die jederzeit trauriges Er-

---

[1130] So C. *Stüve*, Actenmäßige Darlegung, S. 17.
[1131] So C. *Stüve*, Actenmäßige Darlegung, S. 17.
[1132] So C. *Stüve*, Actenmäßige Darlegung, S. 21 ff.
[1133] So C. *Stüve*, Actenmäßige Darlegung, S. 230.

zeugniß solcher Verhältnisse ist, sich dieses gefährlichen Mittels ohne Scheu und ohne Schranken bemächtigt?«[1134]

Auch auf die Widersprüche in der Argumentation der Regierung weist *Stüve* hin. So sei einerseits die absolute Nichtigkeit des Staatsgrundgesetzes und die hieraus folgende Fortgeltung der Verfassung von 1819 behauptet, andererseits aber die Geltung des Patents von 1819 mit der Anerkennung durch Stände und Untertanen begründet worden.[1135] Naheliegend wäre der weitere Gedanke gewesen, dass die Aufhebung des Staatsgrundgesetzes durch das Patent vom 1. November 1837 *ex nunc* erfolgte und damit gerade nicht dessen – notwendigerweise *ex tunc* wirkende – »absolute Nichtigkeit« voraussetzte. Wie oben dargelegt, hatte der König mit dem Patent vom 1. November die Geltung des Staatsgrundgesetzes bis zu diesem Zeitpunkt bestätigt und sich – weil über der Verfassung stehend – die Befugnis angemaßt, das Staatsgrundgesetz aufzuheben und das längst außer Kraft getretene Patent wieder in Kraft zu setzen.[1136]

VIII. Das Urteil der Justizkanzlei Hannover vom 21. August 1841

Das Urteil der Justizkanzlei Hannover erging am 21. August 1841 und damit mehr als zwei Jahre nach den inkriminierten Eingaben des Magistrats der Residenzstadt. Vergleicht man die im Reskript des Königs vom 16. Juli 1839[1137] erhobenen Vorwürfe gegen die Mitglieder des Magistrats und die an das Gericht gerichtete Erwartung, diese wegen der genannten Verbrechen »peinlich« zu bestrafen, mit dem Urteil der Justizkanzlei, so wird man das geflügelte Wort »*Il y a des juges à Berlin*«[1138] auch auf die Richter in Hannover anwenden können. Das Gericht sprach die Angeklagten vom Vorwurf der Majestätsbeleidigung frei, weil in der Eingabe an die Bundesversammlung keinerlei den König beleidigende Äußerungen getan seien, vielmehr der König ausdrücklich von den dem Kabinett gemachten Vorwürfen ausgenommen worden sei.[1139] Auch hinsichtlich der »Calumnien« – also der vorgeblichen Verleumdungen – erfolgte ein Freispruch, weil der Wahrheitsbeweis für die in der Protestschrift angeführten Vorgänge

---

[1134] So *C. Stüve*, Actenmäßige Darlegung, S. 234.
[1135] So *C. Stüve*, Actenmäßige Darlegung, S. 249.
[1136] Vgl. oben S. 184.
[1137] Vgl. oben S. 271.
[1138] Das geflügelte Wort geht auf die Legende des »Müllers von Sanssoucis« zurück, der sich vorgeblich gegen eine von König *Friedrich II.* angedrohte Enteignung seiner Mühle mit den Worten wendete »Ja, wenn das Kammergericht in Berlin nicht wäre«. Diese Legende ist Gegenstand eines französischen Poems (»Le Meunier de Sans-Souci«). Historisch belegt sind dagegen die Prozesse des Müllers *Arnold*, in die Friedrich der Große eingriff und die Richter des Kammergerichts, die sich seinem Diktum nicht beugten, festsetzen ließ. Das geflügelte Wort wäre deshalb eher auf den Widerstand der Richter des Kammergerichts zu beziehen.
[1139] So Urteil der Justizkanzlei vom 21. August 1841, Staatsarchiv Osnabrück, Erw. A 16. Nr. 202.

habe geführt werden können.[1140] Die ebenfalls angeklagte Beleidigung der Ständeversammlung wurde mangels Vorliegens eines Strafantrags nicht behandelt. Hier wandte die Justizkanzlei Art. 147 des am 1. November 1840 in Kraft getretenen »Criminalgesetzbuch[es] für das Königreich Hannover« vom 8. August 1840[1141], der einen Strafantrag der Ständeversammlung vorschrieb, als *lex mitior* an, denn ein Antrag war nach dem bisherigen – gemeinen – Strafrecht nicht vorgesehen.[1142] Übrig blieb allein der Vorwurf der Beleidigung gegen das »Cabinet«, womit – ohne den Namen zu nennen – der Kabinettsminister *Schele* gemeint war. Diesen Tatbestand hielt das Gericht für erfüllt, nahm jedoch hinsichtlich des Verschuldens zwischen den einzelnen Magistratsmitgliedern Abstufungen vor. *Rumann* als Initiator und für den Inhalt der Protestschrift Hauptverantwortlicher wurde bei der Strafzumessung – acht Wochen Gefängnis oder 400 Taler Geldstrafe – die größte Schuld zugewiesen; es folgten die übrigen Mitglieder mit je stufenweise abgemildertem Schuldvorwurf und geringerer Strafe.[1143]

Bemerkenswert ist, dass im Falle der Verurteilung *Rumanns* die nach Gemeinem Recht mögliche Verurteilung zu einer Freiheitsstrafe und ersatzweisen Geldstrafe angewandt wurde, die nach dem geltenden Strafgesetzbuch nicht mehr vorgesehen war. Es stand deshalb von vornherein außer Zweifel, dass *Rumann* die ihm auferlegte Geldstrafe von 400 Talern würde begleichen können und damit von einer Gefängnisstrafe verschont blieb. In der Urteilsbegründung vermied das Gericht sorgfältig, auf die Frage einzugehen, ob das Staatsgrundgesetz weiterhin in Geltung sei bzw. wie seine Aufhebung durch den König rechtlich zu bewerten sei. Mit einer solchen – inzidenten – Prüfung hätte sich das Gericht in offenbaren Widerspruch zu der Erklärung des Königs vom 17. Januar 1840 gesetzt[1144], die ersichtlich auf anhängige Gerichtsverfahren abzielte.

Obwohl nach dem Bericht *Hassells* die Mitglieder des Magistrats »bitter enttäuscht« waren, weil sie auf einen völligen Freispruch gehofft hätten[1145], ist das Urteil angesichts der von der Anklage erhobenen Vorwürfe als milde anzusehen. In der Sache verweigerten sich die Richter den Erwartungen des Königs und seines Kabinettsministers *Schele* und stellten ihre Unabhängigkeit unter Beweis.

[1140] Vgl. Urteil vom 21. August 1841, Staatsarchiv Osnabrück, Erw. A 16. Nr. 202.
[1141] Hann. GS, S. 195.
[1142] Vgl. Urteil vom 21. August 1841, Staatsarchiv Osnabrück, Erw. A 16. Nr. 202.
[1143] *Evers* und *Meyer* wurden zu fünf Wochen Gefängnis oder 250 Talern Geldstrafe, *Kern* zu viereinhalb Wochen, *Baldenius* und *Oeltzen* zu vier Wochen und die übrigen Mitglieder des Magistrats zu drei Wochen oder der entsprechenden Geldstrafe verurteilt (vgl. H.A. Oppermann, Geschichte des Königreichs Hannover I, S. 253.)
[1144] Vgl. oben S. 274 f.
[1145] So W. v. Hassell, Geschichte des Königreichs Hannover, S. 461.

IX. Das Berufungsurteil des Oberappellationsgerichts vom 4. Mai 1843

Das Berufungsurteil des Oberappellationsgerichts in Celle vom 4. Mai 1843 dürfte ebenfalls nicht den Erwartungen *Scheles* entsprochen haben, weil das erstinstanzliche Urteil gegen *Rumann* in vollem Umfang bestätigt wurde.[1146] Ebenso wie die Justizkanzlei Hannover vermied das Oberappellationsgericht sorgfältig, auf die eigentlichen Rechtsfragen – nämlich auf die Fortgeltung des Staatsgrundgesetzes – einzugehen und sich damit in Widerspruch zur Proklamation des Königs vom 15. Februar 1839 zu setzen. Das Gericht prüfte vielmehr nach Art eines Revisionsgerichts das erstinstanzliche Urteil auf Rechtsfehler. Die Zulässigkeit der Revision wurde unter Berufung auf Art. 6 des »Gesetz[es] über die Einführung einer weitern Instanz für Fälle der Beeinträchtigung des öffentlichen Interesses durch Beschlüsse oder Entscheidungen der Criminalgerichte« vom 16. Februar 1841[1147] bejaht. Hiernach konnte der »öffentliche Anwalt« eine Revision des Prozesses beantragen,

> »wenn durch die Entscheidung eines Criminalgerichts ein Angeschuldigter
> 1) entweder ohne genügende Gründe freigesprochen, oder von der Instanz entbunden,
> 2) oder im Widerspruche mit bestimmten gesetzlichen Vorschriften in eine zu gelinde Strafe verurtheilt ist [...]«

Da das Gesetz vor dem Urteil der Justizkanzlei – nämlich am 22. Februar 1841 – in Kraft getreten war, hielt es das Oberappellationsgericht in dem vorliegenden Fall für anwendbar.[1148] Den Entscheidungsgründen ist nicht zu entnehmen, welche Strafe der »öffentliche Anwalt« bei Begründung seiner Revision beantragt hat. Nach der Darstellung *Hassells* hat das »höchste Tribunal das Erkenntniß der Justizkanzlei« bestätigt und die »furchtbaren Schärfungs-Anträge des Fiskals auf 10 Jahre Zuchthaus« zurückgewiesen.[1149] Da *Hassells* »Geschichte des Königreichs Hannover« sich hinsichtlich ihrer Quellenverwertung stets als zuverlässig erweist, dürfte nicht daran zu zweifeln sein, dass auch die Höhe des Strafantrags belegt werden konnte.[1150] Auch das Gesetz vom 16. Februar 1841 spricht eine deutliche Sprache, weil die Revision nur darauf gestützt werden

---

[1146] Urteil des Oberappellations-Gerichts Celle vom 5. Mai 1843, Staatsarchiv Osnabrück, Erw. A 16. Nr. 202.
[1147] Hann. GS 1841, S. 99.
[1148] Urteil des Oberappellationsgerichts vom 5. Mai 1843, S. 1.
[1149] So W. v. *Hassell*, Geschichte des Königreichs Hannover, S. 475 f.
[1150] Die Akten des Oberappellationsgerichts sind nach Mitteilung des Präsidenten des Oberlandesgerichts Celle zunächst dem Landesarchiv Hannover übergeben worden und dann bis auf wenige Restbestände Bombenangriffen im Zweiten Weltkrieg zum Opfer gefallen. Aus diesem Grund ist auch nicht feststellbar, ob *Leist,* der im Mai 1839 zum Vizepräsidenten des Gerichts ernannt worden war, an dem Urteil mitgewirkt hat. *Leist* dürfte allerdings der Initiator der Ergebenheitsadresse gewesen sein, die das Oberapellationsgericht anfang 1841 an den König gesandt hatte. Darin wurden alle Schritte des Königs hinsichtlich der Verfassung für gut geheißen und ihm der »Unterthänigste Dank« dafür abgestattet (so H. A. *Oppermann,* Geschichte des Königreichs Hannover I, S. 240).

konnte, dass in erster Instanz entweder ein Freispruch oder eine »zu gelinde Strafe« verhängt worden war. Dieses Gesetz gehört zu den Repressionsmaßnahmen, von denen die Regierung *Ernst Augusts* seit dem Staatsstreich und dem Verfassungskampf mit der Zweiten Kammer gekennzeichnet ist.[1151] Das Gericht hat sich durch solche Tendenzen nicht beeinflussen oder beeindrucken lassen; vielmehr wurde das erstinstanzliche Urteil akribisch auf mögliche Rechtsfehler untersucht, wobei – im Ergebnis übereinstimmend mit dem erstinstanzlichen Urteil – nur der Straftatbestand der Beleidigung des Kabinettsministeriums – der Name *Schele* bleibt unerwähnt – als erfüllt angesehen wurde. Auch hinsichtlich des Strafausspruchs – acht Wochen Gefängnis *oder* 400 Thaler Geldstrafe – wurde das erstinstanzliche Urteil bestätigt. Hierbei ist bemerkenswert, dass das Kriminalgesetzbuch des Königreichs die nach Gemeinem Recht dem Verurteilten zustehende Wahlmöglichkeit zwischen Geld- und Gefängnisstrafe nicht mehr kannte, diese jedoch als *lex mitior* angewandt wurde.[1152] Auch diese Entscheidung wurde bestätigt.

Der Versuch *Scheles*, gegen die Mitglieder des Magistrats die ganze Schärfe des Gesetzes zur Anwendung zu bringen, war damit gescheitert. Zwar wurden auch die übrigen Mitglieder des Magistrats – zu allerdings geringeren Strafen – verurteilt; im Unterschied zu *Rumann* waren sie aber von ihren Ämtern nicht suspendiert worden und blieben auch nach dem Urteil des Oberappellationsgerichts im Amt. *Rumann* bat dagegen um seine Entlassung, die ihm auch gewährt wurde. Von den Apologeten *Ernst Augusts* wird gern berichtet, dass der König das Ruhegehalt *Rumanns* in Höhe von 3000 Talern im Jahr auf seine eigene Schatulle übernahm.[1153] Im Abstand von 180 Jahren wird man der Handlungsweise des Königs und seines Ratgebers *Schele* eine so milde Beurteilung allerdings nicht zuteil werden lassen. Der Fall *Rumann* ist vielmehr ein zusätzlicher Beleg dafür, dass nach dem offensichtlichen Rechtsbruch des Jahres 1837 alle verfügbaren staatlichen Zwangsmittel eingesetzt wurden, um weiterhin die Macht gegen das Recht durchzusetzen. Wenn auch die Richter in Hannover und Celle sich dem vom König bereits in seinem Reskript vom 16. Juli 1839 bekundeten Willen zu strenger Bestrafung der Mitglieder des Magistrats[1154] nicht gebeugt haben, so zeigen doch der Strafantrag, die zwischenzeitlich eingeführte Möglichkeit der Strafverschärfung im Revisionsverfahren und schließlich der maßlose Strafverschärfungsantrag alle Anzeichen eines despotischen Regimes. Wenn ein Despot – auch aus Rücksicht auf die öffentliche Meinung – letztlich Milde walten lässt, so ändert dies nichts an seiner despotischen Grundhaltung. Nicht zu unterschätzen ist überdies, dass mit den gegen Repräsentanten der »Obrigkeit« eingeleiteten und abgeschlossenen Strafverfahren ein Klima der

---

[1151] Vgl. oben S. 250 ff.
[1152] Vgl. oben S. 280.
[1153] Vgl. W. v. *Hassell*, Geschichte des Königreichs Hannover, S. 476. In einem Artikel der Bayerischen National-Zeitung (hrsg. v. J. H. Wolf, 6. Jg. 1. Hälfte), vom 11. August 1839, S. 527 ist gar die Rede von 4000 Talern, ebenso in einem Artikel des Fränkischen Merkur vom 12. August 1839.
[1154] Vgl. oben S. 281.

Angst entstand, dass nämlich freimütige und den Tatsachen entsprechende Äußerungen strafrechtliche Folgen haben könnten. Schritt für Schritt wurde damit die öffentliche Diskussion abgewürgt, zumal nach der Entscheidung der Bundesversammlung vom 6. September 1839 ein Eingriff des Bundes nicht mehr zu besorgen war und *Schele* damit *plein pouvoir* für weitere Maßnahmen der Repression zu haben glaubte.

X. Nachspiel für Stüve

Für *Stüve* hatte die Verteidigung der Magistratsmitglieder noch ein unangenehmes Nachspiel. Nach Erscheinen der Verteidigungsschrift in Jena[1155] erging an ihn eine Aufforderung des Landdrosten *von Wedel*, zu erklären, ob er deren Druck veranlasst habe. Für die Erwiderung wurde ihm eine Frist von drei Tagen eingeräumt.[1156] *Stüve* antwortete umgehend und räumte ein, den Druck der Verteidigungsschrift auf Bitten seiner Mandanten veranlasst zu haben. Er erklärte jedoch, ein Imprimatur sei nach deutschem Recht nicht erforderlich gewesen, weil Prozessschriften drucken zu lassen jedem freistehe.[1157] Postwendend wurde *Stüve* zu einer Geldstrafe von 50 Talern wegen Verstoßes gegen das Zensuredikt verurteilt und hatte diese innerhalb von acht Tagen bei der Landdrostei zu entrichten.[1158]

[1155] Vgl. oben S. 276.
[1156] Strafverfahren wegen des Druckes der Vertheidigungsschrift für *Rumann* 1840, 18 t Decbr. 40, Staatsarchiv Osnabrück, Erw. A 16. Nr. 205, S. 1.
[1157] So Strafverfahren wegen des Druckes der Vertheidigungsschrift für *Rumann* 1840, Erw. A 16. Nr. 205, S. 1.
[1158] So Strafverfahren wegen des Druckes der Vertheidigungsschrift für *Rumann* 1840, Staatsarchiv Osnabrück, Erw. A 16. Nr. 205 S. 3.

SECHZEHNTES KAPITEL
DAS VERFAHREN DER SÜDDEUTSCHEN STAATEN VOR DER BUNDESVERSAMMLUNG

I. Die Mitteilung der hannoverschen Regierung an die Bundesgesandtschaften

Die Erklärung der hannoverschen Regierung, die der Bundesversammlung binnen vier bis sechs Wochen zugehen sollte, ließ auf sich warten. Am 29. November 1838 wurde den Bundesgesandtschaften eine »Mittheilung« der Königlich-Hannoverschen Bundestagsgesandtschaft zugeleitet.[1159] Adressat war nicht die Bundesversammlung als Organ des Deutschen Bundes, die Mitteilung war vielmehr an die einzelnen Gesandtschaften der Mitgliedstaaten gerichtet. Die Regierung des Königreichs Hannover gab hierdurch zu erkennen, dass sie – wie im Verfassungsbeschwerdeverfahren der Stadt Osnabrück geschehen – eine Zuständigkeit des Deutschen Bundes nicht anerkannte und konnte sich überdies darauf berufen, dass ein förmliches Verfahren in der Verfassungsangelegenheit (noch) nicht eingeleitet worden war. Das Datum der »Mittheilung« an die Gesandtschaften fiel mit der 34. Sitzung der Bundesversammlung am 29. November 1838 zusammen, in der sich der Gesandte Hannovers auf die Erklärung beschränkte, er sei dem Wunsch nach umfassenden Aufklärungen gefolgt, aus denen sich überzeugend ergeben werde,

> »daß Seine Majestät der König, nach Maaßgabe des Art. 55 der Wiener Schlußacte, den Art. 13 der Bundesacte in Allerhöchstihren Staaten ein völliges Genüge geleistet haben.«[1160]

Die »Mittheilung« an die Bundesgesandtschaften entspricht in der Tonlage nicht den diplomatischen Usancen, sondern lässt erkennen, dass sich der König jegliche Einmischung in die inneren Angelegenheiten des Königreiches verbat. Eingangs heißt es:

> »Der König, von den, seinem Königl. Hause und dem Lande nachtheiligen Verletzungen seiner agnatischen und Regierungsrechte durchdrungen, die in dem auch formell unverbindlichen Grundgesetze vom Jahre 1833 sich befunden, haben dasselbe für null und nichtig erklärt. Durch die Aufforderung der, nach der Verfassung des Jahrs 1819 zur Vertretung befugten Corporationen, zur Wahl von Deputirten kam Se. Majestät die Meinung des Landes in den zu einer Mitwirkung rechtlich berufenen Unterthanen geprüft, und das Resultat dieser Prüfung ist auf unzweideutige Weise günstig für die Maaßregeln des Königs ausgefallen.«[1161]

Die folgende Wiedergabe des Patents vom 1. November 1837 steht hierzu in unübersehbarem Gegensatz – die Aufhebung erfolgte bekanntlich *ex nunc* –, lässt

---
[1159] Hann. Portfolio II, S. 279.
[1160] Prot. B.V. 1838, 34. Sitz. v. 29. Nov., §373, S. 1032.
[1161] Hann. Portfolio II, S. 279.

indes *Scheles* bei jeder Gelegenheit wiederholten Standpunkt erkennen, das Staatsgrundgesetz sei »null und nichtig«. Des Weiteren werden längere Ausführungen zur Einberufung und Zusammensetzung der Ständeversammlung gemacht und begründet, warum ihre Zusammensetzung mit der der Ständeversammlung von 1819 nicht übereinstimmte.[1162] Im Übrigen werden die Proklamationen und Reskripte des Königs wörtlich wiederholt und der Eindruck erweckt, als hätten die Stände die Geltung des Patents von 1819 anerkannt. Die Mitteilung schließt mit dem Absatz:

> »Es darf diesem Allem nach mit Recht die am 25 Mai d.J. ausgesprochene Ueberzeugung von Neuem zu erkennen gegeben werden, daß der legitime Rechtsstand des Königreichs Hannover in landständischer Beziehung in der Maaße, wie solcher vor der Erlassung des Staatsgrundgesetzes vom 26. September 1833 existent gewesen, durch eine vollkomme Uebereinstimmung zwischen dem Landesherrn und der berufenen und befugten Ständeversammlung in allen wesentlichen Puncten wiederum hergestellt, mithin diese innere Angelegenheit von des Königs Majestät vermöge des Allerhöchst Ihnen nach dem 55sten Artikel der Wiener Schlußacte vollgültig zustehenden Rechts geregelt worden ist. –«[1163]

II. Die Anträge Bayerns und Badens

Mit der »Mittheilung« des Gesandten Hannovers vom 29. November 1838 gaben sich eine Reihe von Bundesstaaten nicht zufrieden. Die hannoversche Verfassungsangelegenheit wurde auf der 5. Sitzung der Bundesversammlung vom 26. April 1839 behandelt, auf der bayerische Gesandte eine umfangreiche Erklärung abgab. In ihr bemängelte er, dass die hannoversche Regierung auf die Rechtsfragen – insbesondere auf die Frage, ob das Staatsgrundgesetz seinerzeit »in anerkannter Wirksamkeit« gestanden habe – nicht eingegangen sei. Der Gesandte stellte den Antrag an die Bundesversammlung, diese möge der Regierung Hannovers erklären, dass sie

> »in dem Verfahren bei Aufhebung des Staats-Grundgesetzes vom 26. September 1833 die Beobachtung des Art. 56 der Wiener Schlußacte, dessen Handhabung die Mitglieder des Bundes sich wechselseitig zugesichert haben, vermisse, und in den Angriffsmitteln, welche aus fortdauernden formellen Rechtsirrungen in Hannover den Gegnern des monarchischen Princips bereitet werden, einen um so dringendern Beweggrund erblicke, demal der Königlich-Hannöverischen Regierung die Aufrechterhaltung des formellen Rechtszustandes, sonach die Herbeiführung etwa für nöthig erachteter Abänderungen ausschließlich auf dem diesem Rechtszustande entsprechenden Wege angelegenst zu empfehlen.«[1164]

Bayern sah also die Gefahr, die von dem Hannoverschen Staatsstreich für das monarchische Prinzip schlechthin ausging, enthielt sich zunächst aber jeglicher Bewertung der materiellen Rechtslage, insbesondere der Frage, ob agnatische Rechte verletzt worden seien. Die Gesandtschaften Sachsens, Württembergs und des Großherzogtums Hessen schlossen sich dem Antrag Bayerns an. Der

---
[1162] Vgl. Hann. Portfolio II, S. 280 f.
[1163] Hann. Portfolio II S. 286.
[1164] Prot. B.V. 1839, 5. Sitz. v. 26. April, § 69, S. 174 f.

Gesandte Badens beantragte, sich zunächst auf den folgenden Antrag zu beschränken:

> »daß ein besonderer Ausschuß ernannt und beauftragt werden möge, mit Rücksicht auf alle vorliegenden Actenstücke, sowie auf die von der Königlich-Hannöverischen Regierung den einzelnen Bundesregierungen ertheilten Aufklärungen und die neueren notorischen Vorgänge sofort umfassenden Vortrag darüber zu erstatten, in welchem Verhältnisse die Sr. Majestät dem König von Hannover in der Verfassungs-Angelegenheit eingehaltene Verfahrensweise mit der Vorschrift des Art. 56 der Schlußacte stehe, und welche Maaßnahme demzufolge zu ergreifen, die Bundesversammlung eben so berechtigt als verpflichtet seyn dürfte.«[1165]

Die Gesandten Bayerns, Sachsens, Württembergs, Badens, des Großherzogtums Hessen und der Freien Städte votierten dafür, sofort eine derartige Kommission zu wählen, befanden sich jedoch in der Minderheit. Beschlossen wurde, die Regierung Hannovers zu ersuchen, spätestens in vier Wochen der Bundesversammlung eine Stellungnahme vorzulegen.[1166]

Als ironische Fußnote der Verfassungsgeschichte wurde in der gleichen Sitzung der Antrag Hannovers behandelt, das Tübinger Gutachten in allen deutschen Bundesstaaten zu verbieten.[1167] Das Gutachten enthalte eine »völlige Theorie des Rechts der Revolution [...] und dessen Gemeinschädlichkeit [liege] daher zu Tage«.[1168] Die Bundesversammlung wählte daraufhin die Gesandten Bayerns, Sachsens und Badens zu Mitgliedern einer Kommission, die über den Antrag Hannovers ein Gutachten zu erstatten habe. Damit waren zwei Verfahren bei der Bundesversammlung anhängig, die die »Hannoversche Verfassungsangelegenheit« betrafen, wobei es sich schon aufgrund des bisherigen Verlaufs der Beratungen abzeichnete, wie die Bundesversammlung später entscheiden würde. Das Tübinger Gutachten bot für *Schele* die Gelegenheit, den Spieß umzudrehen. War das Königreich nach den Voten der konstitutionellen Staaten in eine Verteidigungsposition gedrängt worden, ging der Gesandte nunmehr zum Angriff über, indem er das von der Stadt Osnabrück in Auftrag gegebene Rechtsgutachten revolutionärer Tendenzen zieh und ein generelles Verbot beantragte.[1169]

III. Die Erklärung der Regierung Hannovers vom 27. Juni 1839

In der Sitzung der Bundesversammlung von 27. Juni 1839 überreichte *Leist*, der das Königreich in dieser Angelegenheit vertrat, eine umfangreiche Stellungnahme, die im Wesentlichen auf seinem der Regierung im September 1837 erstatteten Gutachten beruhte.[1170]

[1165] Prot. B.V. 1839, 5. Sitz. v. 26. April, § 69, S. 178.
[1166] Prot. B.V. 1839, 5. Sitz. v. 26. April, § 69, S. 179.
[1167] Vgl. oben S. 234 f.
[1168] Prot. B.V. 1839, 5. Sitz. v. 26. April, § 71, S. 179 f.
[1169] Vgl. oben S. 234.
[1170] Prot. B.V. 1839, 12. Sitz. v. 27. Juni, § 161, S. 386 ff.

Vorangestellt ist der Erklärung das Ergebnis der »sorgsamen Prüfung« des
Königs aus dem Jahr 1837, das in vier Punkten zusammengefasst wurde:

> »Er fand in dem vormaligen Grundgesetze unverkennbar Spuren des ohne Noth,
> aber nicht ohne Gefahr an dem Bestehenden rüttelnden Geistes der Zeit.
> Er bemerkte in ihr Bestimmungen, welche die Integrität der monarchischen Regierungsgewalt zu untergraben geeignet waren.
> Er stieß auf Verletzungen unstreitiger angeerbter agnatischer Rechte des Hauses.
> Er konnte Sich endlich nicht verhehlen, daß die Form der Errichtung der neuen Verfassung mit den Vorschriften der Grundgesetze des Deutschen Bundes nicht im Einklang gestanden habe.«[1171]

Bemerkenswert ist, dass in der Erklärung die Verletzung agnatischer Rechte und
das Zustandekommen des Staatsgrundgesetzes erst an dritter und vierter Stelle
erwähnt werden, während die politischen Gründe in den Vordergrund rücken.
So ist der erste Abschnitt des § 3 der Erklärung überschrieben:

> »Bestimmungen, die der allgemeinen politischen Ansicht Sr. Majestät nicht entsprechen.«[1172]

Insofern ist ein Übergang von rein *legalistischer* zu *politischer* Argumentation
zu beobachten, womit die eigentlichen Gründe des Staatsstreichs zunehmend
offenbar wurden.[1173] Es konnte nicht verborgen bleiben, dass das monarchische
Prinzip, wie es in Art. 57 der Wiener Schlußakte niedergelegt war, aus seinem
Zusammenhang herausgelöst und im Sinne einer ungebundenen Herrschaftsgewalt des Monarchen interpretiert wurde. Die Gewährleistung der bestehenden
Verfassung, wie sie in Art. 56 WSA niedergelegt war, trat demgegenüber vollständig zurück, so dass im Ergebnis die »institutionelle Garantie des deutschen
Konstitutionalismus«[1174] in Frage gestellt wurde. Eben dies war die Sorge der
antragstellenden Bundesstaaten, dass mit dem im Königreich Hannover praktizierten Rückfall in den Absolutismus revolutionäre Bewegungen – wir befinden
uns im Vormärz – gestärkt werden könnten.

Abermals erlitten die süddeutschen Staaten bei der Abstimmung eine Niederlage. Entgegen dem Antrag Badens auf Einsetzung einer Kommission war auf
der 5. Sitzung beschlossen worden, das Königreich Hannover um eine Erklärung
zu ersuchen.[1175] Diese Erklärung lag nunmehr vor, sodass die Angelegenheit an
eine Kommission hätte überwiesen werden müssen. Das Präsidium – der österreichische Gesandte Graf *Münch-Bellinghausen* – stellte demgegenüber den
Antrag auf Instruktionseinholung und begründete diesen mit der Erwägung,

> »daß die heutige Hannöverische Erklärung mehrere wichtige, theils noch gar
> nicht, theils nicht in diesem Umfang bekannte factische und rechtliche Momente«

[1171] Prot. B.V. 1839, 12. Sitz. v. 27. Juni, § 161, S. 391.
[1172] Die Abschnittsüberschriften finden sich nicht in den Protokollen der Bundesversammlung, sind aber der am 27. Juni 1839 überreichten Erklärung jeweils vorangestellt; vgl. Hann. Portfolio II, 1839, S. 184.
[1173] Vgl. Hann. Portfolio II, S. 184.
[1174] So E. R. *Huber*, Deutsche Verfassungsgeschichte III, S. 7.
[1175] Vgl. oben S. 286.

IV. Das Gutachten der Reklamationskommission zu den Eingaben ...

enthalte.[1176] Die Gesandten Bayerns und Sachsens beantragten demgegenüber, die Angelegenheit an eine sofort zu wählende Kommission zu überweisen.

In der folgenden Abstimmung zeichnete sich bereits der schließliche Beschluss der Bundesversammlung ab. Für den Präsidialantrag votierten Österreich, Preußen, Kurhessen, Dänemark (wegen Schleswig-Holstein und Lauenburg), die Niederlande (wegen des Großherzogtums Luxemburg), Braunschweig, Mecklenburg-Schwerin und Mecklenburg-Strelitz, sowie Oldenburg, Anhalt und Schwarzburg.[1177] Letzterer Gesandte behielt sich eine weitere Äußerung nach Einholung der Instruktion vor. Für die sofortige Wahl einer Kommission und die Überweisung der Angelegenheit an diese stimmten Bayern, das Königreich Sachsen, Württemberg, Baden, das Großherzogtum Hessen, die Großherzoglich- und Herzoglich-Sächsischen Häuser sowie die Freien Städte. Mit neun zu sieben Stimmen war das Ergebnis denkbar knapp. Der Beschluss ging dahin,

> »Über die Königlich-Hannöverische Erklärung Instructionen einzuholen, und die weitere Berathung über diese Angelegenheit in sechs Wochen wieder zu eröffnen.«[1178]

IV. Das Gutachten der Reklamationskommission zu den Eingaben der hannoverschen Deputierten

In der gleichen Sitzung der Bundesversammlung wurde das Gutachten vorgelegt, das die Reklamationskommission über die Eingabe der Mitglieder der Zweiten Kammer am 22. März 1839 erstellt hatte. Der Antrag der Reklamationskommission ging dahin, die Eingabe zu den Akten zu nehmen, weil »dem Bunde in einer Angelegenheit solcher Art keine zur Aufklärung der Verhältnisse dienende Notiz bedeutungslos seyn dürfen«.[1179] Entsprechend beschloss die Bundesversammlung.

Die ebenfalls durch *Hessenberg* eingereichten Eingaben von Wahlkorporationen und Wahlmännern aus unterschiedlichen Fürstentümern des Königreichs wurden ebenfalls zu den Akten genommen, den Beschwerdeführern aber – wie im Falle der Verfassungsbeschwerde der Stadt Osnabrück – eröffnet,

> »daß die Bundesversammlung im vorliegenden Falle ihre Legitimation zur Beschwerdeführung in den Bestimmungen der Deutschen Bundes- und Schlußacte nicht begründet finde.«[1180]

[1176] Prot. B.V. 1839, 12. Sitz. v. 27. Juni, § 161, S. 431.
[1177] Zur Stimmverteilung in der Bundesversammlung vgl. unten S. 292.
[1178] Prot. B.V. 1839, 12. Sitz. v. 27. Juni, § 161, S. 432.
[1179] So Prot. B.V. 1839, 12. Sitz. v. 27. Juni, § 165, S. 442.
[1180] So Prot. B.V. 1839, 12. Sitz. v. 27. Juni, § 166, S. 454 f.

V. Beratung und Beschluss der Bundesversammlung

Aufgrund des Vertagungsbeschlusses trat die Bundesversammlung am 22. August 1839 wieder zusammen, um die Anträge Bayerns und Badens unter Berücksichtigung der Erklärung Hannovers zu beraten. Ein vorbereitendes Gutachten durch eine gewählte Kommission lag nach der Beschlussfassung nicht vor. Diese Aufgabe übernahm der österreichische Gesandte von *Münch-Bellinghausen*[1181] und erstattete seinerseits ein längeres Gutachten, das sich im Wesentlichen auf die von *Leist* erstellte Erklärung des Königreichs stützte. Im Zentrum der Argumentation stand nicht die Frage, ob sich das Staatsgrundgesetz vom 26. September 1837 in anerkannter Wirksamkeit befunden habe; erörtert wurde vielmehr, ob sich das Patent vom 7. Dezember 1819 in anerkannter Wirksamkeit befinde. Diese Frage wurde bejaht, weil vorgeblich Monarch und Ständeversammlung das Patent übereinstimmend anerkannt hätten. Die Anerkennung durch die Zweite Kammer, deren Beschlussfähigkeit ausdrücklich betont wurde, ergebe sich bereits aus dem Umstand, dass sie nach der Verfassung von 1819 einberufen und zusammengetreten sei.[1182]

Die Kernfrage, ob ein Monarch aufgrund des Bundesrechts berechtigt sei, eine geltende Verfassung aufzuheben und eine andere an deren Stelle zu setzen, wurde umgangen. Die Ausführungen des österreichischen Gesandten sind ein bemerkenswertes Beispiel juristischer Rabulistik, aber auch ein Beleg dafür, dass noch so sorgfältig begründete Rechtsausführungen nichts zu bewirken vermögen, wenn ihnen der politische Wille – und damit die Macht – entgegensteht. Schon der Verstoß gegen die in der Bundesversammlung üblichen Verfahrensregeln, einen Antrag zunächst einer gewählten Kommission zu überweisen, um deren Gutachten zu beraten, weist in diese Richtung. *Münch-Bellinghausen* nutzte seine Position als Präsidialgesandter dazu aus, unter dem Deckmantel der Instruktionseinholung die Berichterstattung selbst zu übernehmen und damit die Beratung in die gewünschte Richtung zu lenken. Der preußische Gesandte konnte sich in seiner Stellungnahme deshalb kurz fassen[1183], da aufgrund des vorangegangenen Beschlusses das Abstimmungsergebnis absehbar war. Der bayerische Gesandte warf sich noch einmal in die Bresche[1184] und wurde von den Gesandten Sachsens[1185] und Württembergs[1186] unterstützt; auch gaben mehrere Gesandte ihrer Hoffnung Ausdruck, dass die Hannoversche Verfassungsangelegenheit durch Zusammenwirken von König und Ständen beigelegt werden würde. Dies alles änderte jedoch nichts daran, dass auf der Sitzung der Bundesversammlung am 5. September 1839 der folgende Beschluss gefasst wurde:

»daß den in der 5. Sitzung vom 26. April d.J. gestellten Anträgen auf ein Einschreiten des Bundes in der Hannöverischen Verfassungsfrage keine Folge gegeben

---

[1181] Vgl. oben Fn. 641.
[1182] Prot. B.V. 1839, 17. Sitz. v. 22. August, § 227, S. 595.
[1183] Prot. B.V. 1839, 17. Sitz. v. 22. August, § 227, S. 602 f.
[1184] Prot. B.V. 1839, 17. Sitz. v. 22. August, § 227, S. 604.
[1185] Prot. B.V. 1839, 17. Sitz. v. 22. August, § 227, S. 607.
[1186] Prot. B.V. 1839, 17. Sitz. v. 22. August, § 227, S. 608.

werden könne, da bei obwaltender Sachlage eine bundesgesetzlich begründete Veranlassung zur Einwirkung in diese innere Landesangelegenheit nicht bestehe. Dagegen hege die Bundesversammlung die vertrauensvolle Erwartung, daß Se. Majestät der König von Hannover Allerhöchstihren landesväterlichen Absichten gemäß, geneigt seyn werden, baldmöglichst mit den dermaligen Ständen über das Verfassungswerk eine den Rechten der Krone und der Stände entsprechende Vereinbarung zu treffen.«[1187]

Diesem Beschluss stimmten außer Österreich und Preußen die Gesandten Hannovers, Kurhessens, Dänemarks (wegen Holstein und Lauenburg), der Niederlande (wegen des Großherzogtums Luxemburg), Mecklenburgs (Schwerin und Strelitz), Oldenburgs, Anhalt und Schwarzburg sowie Hohenzollerns (Lichtenstein, Reuß, Schaumburg-Lippe, Lippe und Waldeck) zu. Für ein Einschreiten sprachen sich die Gesandten Bayerns, Badens, Sachsens, Württembergs und der Freien Städte aus. Der Gesandte der Großherzoglich- und Herzoglich-Sächsischen Häuser votierte dafür, die Erklärung Hannovers einem zu wählenden Ausschuss zu überweisen. Der Gesandte des Großherzogtums Hessen plädierte in einer auf der Sitzung vom 29. August 1839 abgegebenen Erklärung für ein weiteres Abwarten in der Verfassungsangelegenheit; für den Fall, dass die Bundesversammlung sich diesem Vorschlag nicht anschließen würde, sollte eine Begutachtungskommission gewählt werden.[1188] Endlich wurde in der 19. Sitzung vom 5. September 1839 auch die Stimme Braunschweigs abgegeben, dessen Gesandter sich instruktionsgemäß dem österreichischen Votum anschloss.[1189]

Im Ergebnis votierten folglich zehn Bundesstaaten gegen ein Einschreiten des Bundes, fünf dafür, während zwei Staaten für ein Gutachten eintraten und sich damit faktisch der Stimme enthielten.

VI. Die »Proclamation, die hiesige Verfassungs-Angelegenheit betreffend« vom 10. September 1839

Schele konnte triumphieren. Ein Einschreiten des Deutschen Bundes war ein für allemal ausgeschlossen, sodass die Regierung fernerhin freie Hand hatte. Der König erließ am 10. September 1839 eine »Proclamation, die hiesige Verfassungs-Angelegenheit betreffend«[1190], in der er den Wortlaut des Beschlusses der Bundesversammlung wiedergab und ergänzend bemerkte:

> »Es hat hiemit diejenige Grundlage des in Unserem Königreiche bestehenden öffentlichen Rechts eine Anerkennung gefunden, welche von Uns stets für die allein gültige erklärt worden ist. Zugleich sehen Wir Uns zu erklären bewogen, daß Wir in der von der Bundes-Versammlung ausgesprochenen vertrauensvollen Erwartung nur Unsere lebhaftesten, stets von Uns gehegten Wünsche berührt finden.«[1191]

[1187] Prot. B.V. 1839, 19. Sitz. v. 5. September, § 256, S. 640.
[1188] Prot. B.V. 1839, 18. Sitz. v. 29. August, § 243, S. 629 f.
[1189] Prot. B.V. 1839, 19. Sitz. v. 5. September, § 256, S. 640.
[1190] Hann. GS 1839, S. 195.
[1191] Hann. GS 1839, S. 196.

292   Sechzehntes Kapitel: Das Verfahren der süddeutschen Staaten

Schele versäumte nicht, die Konsequenzen anzudeuten, die sich ergeben würden, falls die Ständeversammlung einer zu vereinbarenden Verfassung nicht zustimmen sollte:

> »Damit jedoch bei Unseren getreuen Unterthanen über dasjenige, was bis zu einer Vereinbarung mit der allgemeinen Stände-Versammlung oder, wenn eine solche – wider Verhoffen – nicht zu erreichen seyn sollte, in den öffentlichen Verhältnissen unseres Königreichs Rechtens sey, kein Zweifel obwalte, so erklären Wir, wiederholt hiemit diejenige Verfassung, welche bis zur Erlassung des von Uns für erloschen erklärten Staats-Grundgesetzes bestanden, und in so weit sie die allgemeinen Stände betrifft, auf dem Grund des Patents vom 7ten December 1819 sich herausgebildet hat, für die gültige Grundlage des öffentlichen Rechts in Unseren Landen.«[1192]

Wie schon in früheren Proklamationen fehlte es nicht an der Ankündigung »gegen verfassungs- und ordnungswidrige Bestrebungen, insbesondere gegen die vielfältig vorgekommenen Umtriebe mit aller Strenge einzuschreiten.«[1193]

Das Rad der Verfassungsgeschichte des Königreichs Hannover war damit fast auf den Tag genau um zwei Jahrzehnte zurückgedreht worden.

VII. Macht versus Recht in der Bundesversammlung

Nach Art. 4 der Deutschen Bundesakte wurden die Angelegenheiten des Bundes durch eine Bundesversammlung besorgt, in der alle Mitgliedstaaten durch ihre Bevollmächtigten vertreten waren. Österreich (1), Preußen (2), Bayern (3), Sachsen (4), Hannover (5), Württemberg (6), Baden (7), Kurhessen (8) und das Großherzogtum Hessen (9) führten jeweils eine Stimme; desgleichen Dänemark wegen Holstein und Lauenburg (10) und die Niederlande wegen des Großherzogtums Luxemburg (11). Die Großherzoglich- und Herzoglich-Sächsischen Häuser (12), Braunschweig und Nassau (13), Mecklenburg-Schwerin und Mecklenburg-Strelitz (14), Holstein-Oldenburg, Anhalt und Schwarzburg (15), Hohenzollern, Lichtenstein, Reuß, Schaumburg-Lippe, Lippe und Waldeck (16) und die freien Städte Lübeck, Frankfurt, Bremen und Hamburg (17) führten jeweils eine Gesamtstimme, sodass in der Bundesversammlung 17 Stimmen abgegeben wurden.

Von den größeren Bundesstaaten hatten außer Hannover Bayern (1818), Baden (1818), Württemberg (1819), das Großherzogtum Hessen (1820), Kurhessen (1831) und Sachsen (1831) Verfassungen, die als »Süddeutscher Konstitutionalismus« zusammengefasst wurden.[1194] Die Freien Städte hatten seit jeher als Stadtrepubliken eigene Verfassungen. Die Hegemonialmächte Österreich und Preußen verblieben in einem vorkonstitutionellen Zustand. Bemerkenswert ist hierbei, dass König *Friedrich Wilhelm III.* von Preußen am 22. Mai 1815 eine »Verordnung über die zu bildende Repräsentation des Volks« erlassen hatte[1195], dieses Verfas-

---

[1192] Hann. GS 1839, S. 197.
[1193] Hann. GS 1839, S. 197.
[1194] Vgl. *E.R. Huber*, Deutsche Verfassungsgeschichte I, S. 314 ff.
[1195] Pr. GS 1815, S. 103.

sungsversprechen aber niemals einlöste. Die kleineren und kleinsten Mitgliedstaaten des Deutschen Bundes richteten ihr Abstimmungsverhalten üblicherweise nach dem der Hegemonialstaaten. Die Abstimmung in der hannoverschen Verfassungsangelegenheit verlief somit exakt zwischen den konstitutionellen und vorkonstitutionellen Staaten bzw. den Staaten, die unter dem Einfluss Letzterer standen. Es war von vornherein nicht zu erwarten, dass die vorkonstitutionellen Monarchien Österreich und Preußen sich gegen den König von Hannover wenden würden, zumal *Schele* im Vorfeld des Staatsstreichs bereits Kontakt mit beiden Regierungen aufgenommen hatte.[1196] Ein Übriges dürfte die verwandtschaftliche Beziehung König *Ernst Augusts* mit der preußischen Königsfamilie und sein langjähriger Aufenthalt in Berlin getan haben.[1197]

Die Trennlinie zwischen konstitutionellen und vorkonstitutionellen Staaten geht jedoch tiefer, als dass sie nur mit den handelnden Persönlichkeiten zu erklären wäre. In den vorkonstitutionellen – oder besser: spätabsolutistischen – Staaten galt der Wille des Monarchen als Rechtsquelle, mögen auch die Stände einen gewissen Einfluss auf die Staatsgeschäfte – insbesondere in Gestalt der Zustimmung zum Budget – gehabt haben. Da der Monarch selbst Gesetzgeber war, stand er über dem Gesetz. Der entscheidende Unterschied zu den konstitutionellen Staaten lag in eben dieser Stellung des Monarchen, der an die Verfassung gebunden war und somit *unter* dem Gesetz stand. Es ist nur zu begreiflich, dass Monarchen diese Position so lange zu verteidigen geneigt waren, wie es irgend ging. Der preußische König ist ein unrühmliches Beispiel dafür, dass er nach dem Sieg über *Napoleon* ein formelles Verfassungsversprechen – überdies zum zweiten Male[1198] – abgab, sich an dieses Versprechen aber unter dem Einfluss hochkonservativer Adelskreise nicht gebunden sah. Die ständige Betonung des monarchischen Prinzips in den Schriftsätzen der hannoverschen Regierung mag wie Musik in den Ohren der Gesandten vorkonstitutioneller Staaten geklungen haben. Unter diesen Voraussetzungen war ein Abstimmungserfolg der konstitutionellen Staaten nicht nur unwahrscheinlich, sondern von vornherein ausgeschlossen. Allerdings wahrte die Bundesversammlung noch den Schein eines rechtsförmigen Verfahrens, indem die Anträge Bayerns und Badens auf die Tagesordnung mehrerer Sitzungen gesetzt und beraten wurden. Die herkömmliche Verfahrensregel, die Entscheidung der Bundesversammlung durch das Gutachten einer Kommission vorbereiten zu lassen, wurde durch den österreichischen Präsidialgesandten verletzt. Dadurch war den konstitutionellen Staaten die Möglichkeit genommen, ihre Auffassung in ein Gutachten einzubringen. Die an der Stelle eines Kommissionsgutachtens vom österreichischen Gesandten abgegebene »Erklärung« war nur eine Art rechtlicher Camouflage der von Österreich längst getroffenen Entscheidung, den König von Hannover in seinem

---

[1196] Vgl. oben S. 163 ff.
[1197] Vgl. unten S. 171.
[1198] Ein erstes Verfassungsversprechen war in dem »Edikt über die Finanzen des Staats und die neuen Einrichtungen wegen der Abgaben« vom 27. Oktober 1810 (Pr. GS 1810 S. 125) enthalten, fand jedoch wegen der Vielzahl der in dem Edikt vorhandenen Bestimmungen geringere Beachtung.

Vorgehen nicht zu behindern. Der Bundesversammlung hätte ohne Weiteres der Weg offen gestanden, unter Anerkennung der Fortgeltung des Staatsgrundgesetzes den König zu ermahnen, die von ihm gewünschten Änderungen auf verfassungsmäßigem Wege durchzusetzen. Indem der Gesandte Österreichs der rabulistischen Argumentation *Leists* – und damit *Scheles* – folgte, das Patent von 1819 auf Grund des königlichen Machtspruchs als geltendes Recht anzuerkennen, ergab sich in der Bundesversammlung derselbe Gegensatz von Macht und Recht, wie er den Staatsstreich und den ihm folgenden Verfassungskampf kennzeichnete.

Der Beschluss der Bundesversammlung vom 5. September 1839 darf als Paradigma im Spannungsverhältnis von *Recht* und *Macht* gewertet werden. Nicht die zahlreichen Gutachten leiteten die Entscheidung, sondern die von der Mehrheit der Mitgliedstaaten unter Führung Österreichs und Preußens getroffene Dezision, dem beiden Herrscherhäusern nahestehenden Monarchen nicht ins Handwerk zu pfuschen. Wie *Leist* in seiner Erklärung – im Gegensatz zu seinem eigenen Gutachten – die rechtlichen Argumente nurmehr hilfsweise vorgetragen und die politischen Aspekte in den Vordergrund gerückt hat, so sind auch letztere für die Mehrheit der abstimmenden Staaten entscheidend gewesen. Trotz aller rechtlichen Verbrämung – insbesondere des österreichischen Votums – entsprang der Beschluss der Bundesversammlung vom 5. September 1839 nicht dem Recht, sondern machtpolitischem Kalkül. Das auf Rechtsförmlichkeit angelegte Verfahren mit seinen Anträgen, Voten und Beratungen endete ebenso, wie es ohne diese Verfahrensschritte geendet haben würde: Die Mehrheit der Mitgliedstaaten votierte für die *Macht* und gegen das *Recht*.[1199] Die Macht hatte auch in der Bundesversammlung über das Recht gesiegt.

[1199] In diese Richtung zielt auch die jüngst vorgelegte Dissertation M. *Dissen*, Deutscher monarchischer Konstitutionalismus und verweigerte Rechtsentscheidungen, *passim*.

SIEBZEHNTES KAPITEL
DIE HANNOVERSCHE VERFASSUNG VON 1840

Am 6. August 1840 erließ der König das »Landes-Verfassungsgesetz für das Königreich Hannover«[1200], das am folgenden Tag in Kraft trat. Nach nahezu drei Jahren der verfassungslosen Zeit[1201] verfügte das Königreich nunmehr wieder über eine echte Verfassung, deren Bezeichnung als »Landesverfassungs-Gesetz« den Unterschied zu dem am 26. September 1833 erlassenen »Grundgesetz des Königreichs«[1202] verdeutlichen sollte. Äußerlich waren die Unterschiede zwischen dem Staatsgrundgesetz und der schließlich erreichten Fassung des Landesverfassungs-Gesetzes weniger gravierend, als man nach dem Gewaltakt des Staatsstreichs und den quälenden Verhandlungen mit den Ständen hätte annehmen sollen.[1203] Im Folgenden wird die neue Verfassung des Königreichs in ihren Grundzügen dargestellt, wobei auf die Unterschiede zum Staatsgrundgesetz von 1833 hinzuweisen ist. Vorweg sei bemerkt, dass beide Verfassungen in ihrem Aufbau nahezu identisch sind und einen vergleichbaren Umfang aufweisen.[1204]

I. Das monarchische Prinzip

Nahezu übereinstimmend mit §1 StGG wird das Königreich Hannover in §1 LVG als unteilbarer Staat bezeichnet, der als Teil des Deutschen Bundes Rechte und Pflichten habe, wobei die Beschlüsse der Bundesversammlung für das Königreich verbindlich seien (§2 LVG; §2 StGG). §3 LVG bestimmt übereinstimmend mit §3 StGG, dass die »Regierungsform des Königreichs [...] die erblich monarchische« sei. Hier allerdings ergibt sich ein wesentlicher Unterschied zwischen den beiden Verfassungen. Während nach §3 Abs.2 StGG der Inhalt des Antrittspatents mit seinen zahlreichen Zusicherungen »nach Maßgabe des gegenwärtigen Grundgesetzes« sich unmittelbar an die Kennzeichnung der Regierungsform anschloss[1205], folgen im Landesverfassungsgesetz Bestimmungen über die Ausübung der Staatsgewalt. Nach §5 LVG vereinigt der König als »Souverain die gesammte Staatsgewalt ungetheilt in sich« und wird durch die landständische Verfassung nur in der Ausübung bestimmter Rechte an die Mitwirkung der Stände gebunden. Damit wird vordergründig nur der Wortlaut des

---
[1200] Hann. GS 1840, S.141.
[1201] Vgl. oben S.237ff.
[1202] Vgl. oben S.41.
[1203] Vgl. E. R. Huber, Deutsche Verfassungsgeschichte II, S.114.
[1204] Das Staatsgrundgesetz umfasste 165 Paragraphen (Hann. GS 1833, S.286–330), das Landesverfassungs-Gesetz 182 Paragraphen (Hann. GS 1840, S.141–185).
[1205] Vgl. oben S.49.

Art. 57 der Wiener Schlußakte wiederholt.[1206] Die folgende Bestimmung – § 6 Abs. 1 LVG –, nach der Regierungsgewalt allein vom Könige ausgeht, zeigt indes eine deutliche Akzentverschiebung gegenüber § 6 Abs. 1 StGG. Hiernach vereinigte der König als Oberhaupt des *Staats* die gesamte *Staatsgewalt* in sich, und übte sie auf verfassungsmäßige Weise aus. Die Bindung an die Verfassung ist nunmehr weggefallen. Übereinstimmung zeigen beide Verfassungen in den Reservatrechten des Königs im Hinblick auf die bewaffnete Macht (§ 8 Abs. 4 LVG, § 8 StGG). Auch die Bestimmungen über die Gerichtsbarkeit, denen zufolge der König den Lauf der Rechtspflege nicht hemmen kann bzw. nicht zu hemmen verspricht (§ 9 Abs. 3 LVG, § 9 Satz 2 StGG), stimmen mit geringen Unterschieden im Wortlaut überein. Hinzugefügt ist aber das Recht des Königs, in »ganz außerordentlichen Fällen« nach Anhörung des Staatsrats »Moratorien« zu erteilen (§ 9 Abs. 4 LVG), mit anderen Worten in die Rechtspflege einzugreifen.

Beide Verfassungen (§ 12 LVG, § 11 StGG) enthalten Vorschriften über die Thronfolge, ferner die Bestimmung, dass der König mit der Vollendung des 18. Lebensjahres volljährig ist (§ 13 LVG, § 12 StGG). Ersichtlich im Hinblick auf die Vorgänge bei dem Regierungsantritt *Ernst Augusts* bestimmt § 14 Abs. 1 LVG:

> »Nach erledigtem Throne tritt der Thronfolger die Regierung des Königreichs unmittelbar an, ohne daß es dazu irgend einer weiteren Handlung bedarf.«

In § 13 StGG war demgegenüber bestimmt, dass der König im Antrittspatent die »unverbrüchliche Festhaltung der Landesverfassung« versicherte und erst danach die Huldigung des ganzen Landes erfolgte (§ 13 StGG).[1207] Zwar war auch im Landesverfassungsgesetz ein Antrittspatent vorgesehen, in dem der König die unverbrüchliche Festhaltung der Verfassung zu versprechen hatte (§ 14 Abs. 3 LVG); § 14 Abs. 1 LVG sollte indes der seinerzeit von *Stüve* vertretenen Auffassung den Boden entziehen, der König sei erst nach seinem Verfassungsversprechen zu Regierungshandlungen ermächtigt.[1208]

§ 14 StGG bestimmte, dass eine Regentschaft eintrete, wenn der König »entweder minderjährig oder sonst an der eignen Ausübung der Regierung verhindert« sei. Da der einzige Sohn *Ernst Augusts*, *Georg*, bereits mit 14 Jahren vollständig erblindet war, hätte sich dieser Vorschrift zufolge nach dem Tode *Ernst Augusts* die Frage der Regierungsfähigkeit gestellt.[1209] § 17 des Landesverfassungs-Gesetzes hatte nunmehr folgenden Wortlaut:

> »Eine Regentschaft (Regierungsverwesung) tritt ein, wenn der König minderjährig ist, oder in einem solchen geistigen Zustande sich befindet, welcher Ihn zu Führung der Regierung unfähig macht.«

Die Frage einer möglichen Regentschaft für den erblindeten Thronfolger war damit auf Verfassungsebene entschieden, weil ein körperliches Gebrechen – und sei es die Blindheit – nicht unter den Wortlaut der Vorschrift zu subsumieren

---

[1206] Vgl. oben S. 24.
[1207] Vgl. oben S. 50.
[1208] Vgl. oben S. 93.
[1209] Zur Position *Scheles* in dieser Frage vor dem Regierungsantritt *Ernst Augusts* vgl. oben S. 62.

war. Im Übrigen stimmten die – sehr ausführlichen – Vorschriften der beiden Verfassungen (§§ 18 bis 25 LVG; §§ 15 bis 25 StGG) überein.

Eine bemerkenswerte Übereinstimmung lässt sich auch im Hinblick auf das Hausgesetz feststellen. In § 26 StGG war bestimmt, dass das vom König zu erlassende Hausgesetz den Ständen mitzuteilen war, aber nicht ohne ihre Zustimmung geändert werden durfte, soweit die Erbfolge betroffen war. In § 26 LVG wird diese Bestimmung im Wortlaut aufgegriffen, enthält hinsichtlich des Hausgesetzes allerdings die Einschränkung, dass hierdurch »die Rechte der Regierungs-Nachfolger nicht gekränkt werden« dürften. Hiermit ist die von *Ernst August* in den von ihm erlassenen Patenten verwandte Formulierung aufgegriffen worden. Eine Zustimmung der Stände ist nicht vorgesehen, es wird aber bestimmt, dass durch die Hausgesetze »die Vorschriften der gegenwärtigen Verfassungs-Urkunde nicht abgeändert werden« dürften (§ 26 Abs. 2 LVG).

II. Von den Rechten und Pflichten der Untertanen

Das Staatsgrundgesetz handelte im Dritten Kapitel – den §§ 27 bis 41 – »Von den Rechten und Pflichten der Unterthanen im Allgemeinen«. Das Zweite Kapitel des Landesverfassungsgesetzes mit nahezu identischer Paragraphenfolge ist überschrieben »Von den Rechten und Verbindlichkeiten der Unterthanen im Allgemeinen«.

Bemerkenswert ist die fast wortgleiche Formulierung der Vorschrift über das hannoversche Indignat, die in § 27 Abs. 1 StGG lautete:

> »Den vollen Genuß aller politischen und bürgerlichen Rechte im Königreiche kann nur ein Hannoverscher Unterthan haben.«

§ 27 Abs. 2 LVG lautet:

> »Nur die Landes-Unterthanenschaft befähigt zu dem vollen Genusse der bürgerlichen und politischen Rechte.«

Übereinstimmend gewährleisteten beide Verfassungen die Freiheit der Person und das Eigentum, wobei die in § 33 Abs. 1 StGG verwandte Formulierung in § 28 LVG nahezu wörtlich übernommen wurde:

> »Die Freiheit der Personen und des Eigenthums ist keiner andern Einschränkung unterworfen, als welche Gesetze und Recht bestimmen.«

Wortgleich ist auch das Verbot einer allgemeinen Konfiskation des Vermögens (§ 29 LVG; § 33 Abs. 2 StGG). Vorbildern des *habeas corpus* folgend enthalten beide Verfassungen Bestimmungen über Rechte bei Verhaftungen (§ 30 LVG; § 34 Abs. 1 und 2 StGG) und das Verbot, dem gesetzlichen – dem »ordentlichen« – Richter entzogen zu werden (§ 31 LVG; § 34 Abs. 3 StGG).

Die Gewährleistung der Glaubens- und Gewissensfreiheit wird von beiden Verfassungen ebenfalls in wörtlicher Übereinstimmung gewährleistet (§ 32 Abs. 1 LVG; § 30 Abs. 1 StGG). In beiden Verfassungen wird zwischen den Rechten der evangelischen und römisch-katholischen Christen einerseits und den Anhängern anderer christlicher Konfessionen und Sekten andererseits unterschieden. Ersteren steht das Recht zur öffentlichen Religionsausübung zu, während letzteren nur Privatgottesdienste gestattet sind, es sei denn, dass der König ihnen weitere Rechte eingeräumt hat (§ 32 LVG; § 30 StGG). Die im StGG enthaltene Bestimmung, dass die »Rechtsverhältnisse der im Königreiche wohnhaften jüdischen Glaubensgenossen […] durch ein besonderes Gesetz bestimmt werden« sollen (§ 30 Abs. 4 StGG), ist in das Landes-Verfassungsgesetz nicht übernommen worden.

III. Die Ständeversammlung

Das Staatsgrundgesetz unterschied in seinem Sechsten Kapitel »Von den Landständen«[1210] zwischen den »Provinziallandschaften« (§§ 73 bis 82) und der »Allgemeinen Stände-Versammlung« (§§ 83 bis 121). In einer Reihe von Bestimmungen wurden die Rechtsverhältnisse der Provinziallandschaften geregelt, von denen es im Königreich sieben geben sollte (§ 73 StGG). Bestimmt wurde, dass Anträge und Beschlüsse der Provinziallandschaften die Ausführung der für das ganze Königreich bestehenden Gesetze niemals hindern durften (§ 80 StGG). Alle drei Jahre sollte ein »Provinzial-Landtag« in jeder Provinz stattfinden (§ 82 StGG). Die mit dem Patent von 1819 eingerichtete »Allgemeine Stände-Versammlung«[1211] war berufen, die »grundgesetzlichen Rechte« des Landes zu vertreten und dessen dauerndes Wohl möglichst zu befördern (§ 83 StGG). Zentrale Bedeutung hatte § 85 StGG, demzufolge

> »Gesetze, welche das ganze Königreich oder den Bezirk mehrerer Provinzial-Landschaften betreffen, ohne sich lediglich auf specielle Verhältnisse der Provinzen zu beschränken, […] nur mit Zustimmung der allgemeinen Stände-Versammlung erlassen, aufgehoben, abgeändert oder authentisch interpretirt werden«

konnten.

Im Eingang jedes Gesetzes war die erfolgte verfassungsmäßige Zustimmung der Stände zu erwähnen (§ 85 Abs. 4 StGG). Bestimmte Gegenstände – insbesondere Militärgesetze – waren von der Zustimmung der Ständeversammlung ausgenommen (§ 86 StGG). Das Initiativrecht lag bei der Regierung; die Stände hatten jedoch ebenfalls das Recht »auf Erlassung neuer oder abändernder Gesetze sowohl überhaupt anzutragen, als zu dem Ende Gesetzentwürfe vorzulegen« (§ 88 StGG). Die Ständeversammlung hatte überdies das Recht, sich wegen Mängeln oder Missbräuchen in der Verwaltung oder der Rechtspflege an den König oder das Ministerium zu wenden (§ 90 StGG).

Die Allgemeine Ständeversammlung bestand aus zwei Kammern, die gleiche Rechte und Befugnisse hatten (§ 93 StGG). Die Zusammensetzung der Kammern und die Modalitäten ihrer Wahl wurden in einer Reihe von Vorschriften geregelt (§§ 94 bis 106). § 107 StGG begründete das Repräsentationsprinzip:

[1210] Vgl. oben S. 51.
[1211] Vgl. oben S. 12.

> »Sämmtliche Mitglieder der Stände-Versammlung haben sich als Repräsentanten des ganzen Königreichs anzusehen, und dürfen sich nicht durch eine bestimmte Instruction des Standes oder der Gemeinde, von denen sie gewählt sind, binden lassen.«

Die als »Landtag« bezeichnete Amtsperiode der Stände wurde auf sechs Jahre festgesetzt (§ 116 Satz 1 StGG). Dem König stand das Recht zu, die Ständeversammlung »auch früher zu jeder Zeit« aufzulösen und neue Wahlen von Deputierten auszuschreiben (§ 116 Satz 2 StGG). Eine Versammlung der allgemeinen Stände sollte in jedem Jahr abgehalten werden (§ 118 StGG). Der König war aber berechtigt, die Ständeversammlung zu jeder Zeit zu vertagen (§ 119 Satz 1 StGG).

Die Bestimmungen über die Provinziallandschaften (§§ 81, 82 LVG) blieben im Landesverfassungsgesetz nahezu unberührt. Auch die Zusammensetzung der beiden Kammern hatte sich im Vergleich zum Staatsgrundgesetz nur unwesentlich geändert. Der Landtag sollte – wie vorher – sechs Jahre dauern, sofern er nicht vorher aufgelöst wurde (§ 105 Satz 1 LVG). Das Auflösungsrecht durch den König wurde mit leicht verändertem Wortlaut beibehalten (§ 105 Abs. 2 LVG). Die Stände waren – im Unterschied zum Staatsgrundgesetz – alle *zwei* Jahre zusammenzuberufen, sodass während der Dauer eines Landtags »drei ordentliche Diäten« stattfinden sollten (§ 106 Abs. 1 LVG). § 109 LVG beugte einem »Ballhausschwur« der Kammern vor:

> »Eigenmächtig dürfen die Cammern sich nicht versammeln, auch nach der Vertagung, dem Schlusse oder der gänzlichen Auflösung der Versammlung nicht ferner versammelt bleiben.«

Ein wesentlicher Unterschied zum Staatsgrundgesetz bestand in der Mitwirkung der Stände im Gesetzgebungsverfahren. Statt der Zustimmung der Stände zu allen Gesetzen war nunmehr eine im Einzelnen geregelte Mitwirkung vorgesehen. Bei Landesgesetzen über Steuern oder neue Lasten blieb es allerdings bei dem »völlige[n] Recht der Zustimmung« (§ 114 LVG). Die Mitwirkung der Kammern bei den übrigen Gesetzen bestand darin, dass sie ihnen zur Beratung und Erklärung vorzulegen waren (§ 115 Abs. 1 LVG). Sofern die Stände die ihnen vorgelegten Gesetzentwürfe ablehnten oder Abänderungen beantragten, die der König zu genehmigen nicht bereit war, durften die Gesetze vor erneuter Vorlage und erfolgter Annahme nicht erlassen werden (§ 115 Abs. 2 LVG). § 115 Abs. 3 LVG hatte folgenden Wortlaut:

> »Findet sich der König nach solcher Behandlung mit der allgemeinen Stände-Versammlung bewogen, den fraglichen Gesetz-Entwurf entweder unverändert, oder unter Berücksichtigung genehmigter ständischer Anträge, vollständig redigirt, anderweit an die Stände gelangen zu lassen; so sind die letzteren verpflichtet, das Gesetz nach zweimaliger Berathung bei der letzten Abstimmung im Ganzen anzunehmen oder abzulehnen. Anträge auf Abänderungen und Zusätze oder Bedingungen können alsdann von den Ständen nicht mehr vorgebracht werden.«

Die Regelung des ständischen Mitwirkungsrechts bei dem Erlass von Gesetzen war somit eine Art Kompromiss zwischen dem Patent von 1819, das den Ständen nur das Recht der »Zuratziehung« einräumte,[1212] und der vom Staatsgrundgesetz für sämtliche Landesgesetze vorgeschriebenen Zustimmung (§ 85 Abs. 1 StGG). Ein eigenes Initiativrecht kam den Ständen nach dem Landesverfassungsgesetz – im Gegensatz zum Staatsgrundgesetz – nicht zu. Nach § 119 Abs. 1 LVG konnten Gesetzentwürfe nur vom König an die Allgemeinen Stände, nicht aber von diesen an den König gebracht werden. In § 119 Abs. 2 LVG allerdings hieß es:

> »Gleichwohl sind die Stände berechtigt, auf die Erlassung neuer, so wie auf die Abänderung und Aufhebung bestehender Gesetze anzutragen.«

Der scheinbare Widerspruch zwischen den beiden Absätzen des § 119 LVG dürfte dahin aufzulösen gewesen sein, dass die Ständeversammlung lediglich Anregungen zum Erlass, der Abänderung oder Aufhebung bestehender Gesetze zu geben berechtigt war, während eine förmliche Gesetzesinitiative – durch einen ausgearbeiteten Gesetzentwurf – ausgeschlossen wurde. Beschlüsse der Stände konnten nur von beiden Kammern gemeinschaftlich ausgehen (§ 120 Abs. 2 LVG).

Die verfassungsmäßige Mitwirkung der Stände war zwingend bei der Verkündung der Gesetze zu erwähnen (§ 113 Abs. 2 LVG). Nach § 122 LVG kam dem König ein Notverordnungsrecht zu, das jedoch keine Änderung der Verfassung enthalten durfte und bei dessen Ausübung die Ausnahme von der ständischen Mitwirkung zu erwähnen war (§ 122 LVG). Das Notverordnungsrecht unterschied sich im Wortlaut nur unerheblich von der entsprechenden Regelung in § 87 StGG.

IV. Von den Finanzen

Das Staatsgrundgesetz enthielt in seinem Siebten Kapitel »Von den Finanzen« eine Vielzahl von Vorschriften über die Haushaltswirtschaft des Königreichs (§ 122 bis § 149). Die entscheidende Änderung gegenüber dem bisherigen Rechtszustand lag in der Zusammenlegung der Kassen. Die Trennung der Einkünfte aus den königlichen Domänen von den Einkünften des Staates wurde aufgehoben und diese in einem gemeinsamen Budget zusammengeführt.[1213] Dem König waren jährlich von Verfassungs wegen Dotationen zuzusprechen, die den bis dahin erzielten Einkünften gleichkamen.[1214] Die Zusammenlegung der Kassen und die damit verbundene »Kränkung agnatischer Rechte« war ein wesentlicher Beweggrund des Herzogs von Cumberland als Thronfolger gewesen, gegen das Staatsgrundgesetz zu protestieren, und wurde in der Folge von *Schele* und *Leist* zur Begründung von dessen Nichtigkeit herangezogen.[1215]

[1212] Vgl. oben S. 14.
[1213] Vgl. oben S. 56.
[1214] Vgl. oben S. 54.
[1215] Vgl. oben S. 145 ff.

Das Landesverfassungsgesetz enthielt im Sechsten Kapitel –unter dem Titel »Von den Finanzen« (§ 129 bis § 167) – ebenfalls ausführliche Vorschriften über das Haushaltswesen. Der entscheidende Unterschied zum Staatsgrundgesetz bestand in der Wiedereinführung einer Kassentrennung, wiewohl die beiden Kassen keineswegs unverbunden nebeneinander standen und der Ständeversammlung Einblick in die königliche Kasse gewährt wurde. Bei genauem Hinsehen stimmen die Vorschriften des Landesverfassungsgesetzes und des Staatsgrundgesetzes vielfach bis in den Wortlaut überein.

V. Von der »Königlichen Dienerschaft«

Das folgende – im Staatsgrundgesetz Achte, im Landesverfassungsgesetz Siebte – Kapitel weist im Titel eine nicht zu übersehende Akzentverschiebung auf. Im Staatsgrundgesetz war es überschrieben »Von den oberen Landesbehörden und der Staatsdienerschaft«, während es im Landesverfassungsgesetz die Überschrift »Von den oberen Landes-Behörden und der Königlichen Dienerschaft« trug. Der Unterschied im Titel des Kapitels ist im Zusammenhang mit dem schon im Ersten Kapitel betonten monarchischen Prinzip zu betrachten und verstärkt dieses im Hinblick auf den Verwaltungsapparat. Eine Übereinstimmung gibt es lediglich in der Ernennung der Minister und ihrer Entlassung, die der König »nach Gefallen« vornehmen kann (§ 168 Abs. 2 LVG; § 150 Abs. 1 StGG).

Ein Bruch mit der Vorgängerverfassung besteht darin, dass die Minister

> »jeder in Hinsicht des ihm angewiesenen Wirkungskreises, allein dem Könige für die Vollziehung der Gesetze und Verordnungen und der Königlichen Befehle verantwortlich«

sind (§ 168 Abs. 1 LVG).

Nach § 151 StGG war demgegenüber jeder Minister dem König und dem *Lande* dafür verantwortlich,

> »daß keine von ihm contrasignirte, ausgegangene oder unterschriebene Verfügung eine Verletzung des Staats-Grundgesetzes enthalte.«

§ 151 Abs. 1 StGG hatte bestimmt, dass alle vom König oder dessen Stellvertreter ausgehenden Verfügungen zu ihrer Gültigkeit der Kontrasignatur des Ministers oder Vorstandes des Ministerialdepartements bedurften. Eine vergleichbare Vorschrift sucht man im Landesverfassungsgesetz vergeblich, was *stricto sensu* bedeuten würde, dass der König von der Gegenzeichnung eines Ministers bei seinen Regierungshandlungen nicht abhängig war. Allerdings sind – auch in der verfassungslosen Zeit – sämtliche vom König erlassenen Gesetze und anderen Regierungsakte vom Kabinettsminister *Schele* gegengezeichnet worden, wie auch die vor Erlass des Patents von 1819 erlassenen Rechtsakte stets kontrasigniert waren. Dem Fehlen einer entsprechenden Regelung im Landesverfassungsgesetz kam allerdings eine Signalwirkung insofern zu, als der König nunmehr unabhängig von der Gegenzeichnung des Ministers war. Hierin lag eine Verstärkung des monarchischen Prinzips, aber auch ein Bruch mit der die konstitutionellen Verfassungen kennzeichnenden Konstruktion, über das Institut der Gegenzeichnung eine mittelbare Verantwortlichkeit gegenüber den Ständen zu bewirken.[1216]

Nach § 151 Abs. 2 StGG war jeder Minister dem König und dem Lande dafür verantwortlich, dass die von ihm gegengezeichneten Rechtsakte keine Verletzung des Staatsgrundgesetzes enthielten. Die Verantwortlichkeit der Minister gegenüber dem *Lande* war eine solche gegenüber der Ständeversammlung und begründete eine Kontrollfunktion der Kammern. Diese nämlich waren befugt, die Verantwortlichkeit durch Beschwerde oder durch förmliche Anklage gegen den Minister geltend zu machen (§ 151 Abs. 3 StGG). Für die Anklage war das Oberappellationsgericht zuständig (§ 152 Abs. 1 StGG), gegen dessen Entscheidungen eine Abolition oder Begnadigung durch den König ausgeschlossen war (§ 152 Abs. 4 StGG).[1217]

Durch das Landesverfassungsgesetz wurde die Verantwortlichkeit der Minister gegenüber der Ständeversammlung, das Institut der Gegenzeichnung und das Recht der Ministeranklage abgeschafft. Die Stände waren auf eine formlose Rüge von Missbräuchen oder Mängeln in der Rechtspflege und Verwaltung beschränkt (§ 126 LVG). Dies bedeutete einen erheblichen Rückschritt ständischer Rechte und einen Rückschlag für die konstitutionelle Bewegung. Man mag zum Vergleich die Verfassungen anderer Staaten des Deutschen Bundes heranziehen, die die Ministerverantwortlichkeit gegenüber den Ständen bestimmten und eine Ministeranklage vorsahen.[1218]

VI. Der Verfassungskampf und seine Ergebnisse

Das Königreich Hannover hatte Anfang August 1840 – nach fast dreijährigem verfassungslosem Zustand – wieder eine Verfassung; aber um welchen Preis! In der Literatur wird die Frage gestellt und regelmäßig verneint, ob sich der Verfassungskampf für *Ernst August* »gelohnt« habe.[1219] Vergleicht man das Staatsgrundgesetz von 1833 mit dem Landesverfassungsgesetz von 1840, so mögen wegen der zahlreichen textlichen Übereinstimmungen und dem gleichen Aufbau die Unterschiede als nicht sehr gravierend erscheinen.[1220] Die Fragestellung ist indes den historischen Vorgängen unangemessen, weil sie von der Prämisse ausgeht, dass sich der Einsatz der Macht gegen das Recht im Ergebnis »lohnen« könnte, wofür der Budgetkonflikt *Bismarcks* mit dem Preußischen Landtag ein sprechendes Beispiel sein mag. Unter dieser Voraussetzung hat sich der Staatsstreich und die ihm folgenden Jahre des Verfassungskampfes nicht »gelohnt«,

---

[1216] Vgl. hierzu *E. R. Huber*, Deutsche Verfassungsgeschichte III, S. 55 f.
[1217] Vgl. auch oben S. 55.
[1218] Vgl. *E. R. Huber*, Deutsche Verfassungsgeschichte II, S. 30.
[1219] Vgl. *E. R. Huber*, Deutsche Verfassungsgeschichte II, S. 114; *E. Schubert*, Verfassung und Verfassungskämpfe im frühen 19. Jahrhundert, in: Hucker/Schubert/Weisbrod (Hrsg.), Niedersächsische Geschichte, S. 419 (459).
[1220] So insbesondere *E. R. Huber*, Deutsche Verfassungsgeschichte II, S. 114.

weil auf beiden Seiten Kräfte gebunden wurden, die für andere politische Ziele hätten nutzbar gemacht werden können. In einem anderen Sinne hat sich der Staatsstreich jedoch für den König und seinen Einflüsterer *Schele* fraglos »gelohnt«, denn es gelang beiden, das Rad der Geschichte um Jahrzehnte zurückzudrehen und ein überwundenes Regime der Despotie zu errichten. War das Staatsgrundgesetz zwar *formell* eine »oktroyierte« Verfassung gewesen[1221], so war es doch inhaltlich auf der Höhe der Zeit und mit nahezu einhelliger Zustimmung der Kammern zustande gekommen. Die Dankadresse der Ständeversammlung nach Inkrafttreten des Staatsgrundgesetzes spricht ihre eigene Sprache. Das Landesverfassungsgesetz war demgegenüber eine *materiell* oktroyierte Verfassung. Den Kammern – bei der Gefügigkeit der vom Adel beherrschten Ersten Kammer steht hierfür stets die Zweite Kammer – war ein Entwurf vorgesetzt worden, der ihre Mitwirkung auf den Stand von 1819 zurückführte. Die Verantwortlichkeit der Minister ausschließlich dem Monarchen gegenüber und das Fehlen einer Ministeranklage bedeutete nichts anderes als einen Rückfall in den Spätabsolutismus. Dass ein Kabinett, das vom Monarchen berufen war, *diesem* für seine Amtsführung verantwortlich war, bedurfte keiner Festlegung durch die Verfassung. Entscheidend war vielmehr, dass die Minister für ihre Amtsführung nicht mehr den Ständen gegenüber verantwortlich waren und diese deshalb die Regierungshandlungen nicht kontrollieren konnten. Die wenigen Zugeständnisse, die die Regierung schließlich machte – Mitwirkung der Kammern im Gesetzgebungsverfahren –, wogen gering gegenüber dem primären Ziel, das *Schele* und der König verfolgt und erreicht hatten: Der Widerstand gegen den Staatsstreich war gebrochen und die liberale Strömung auf breiter Front besiegt worden. Der König hatte – ob mit oder ohne Verfassung – ein despotisches Regime etabliert, in dem nur sein Wort galt, die bürgerlichen Kräfte entmutigt aufgaben und der Untertanengeist sich breitmachte. Dass einige Städte des Königreichs – an der Spitze Osnabrück und Hannover – sich diesem Machtanspruch noch späterhin zu entziehen versuchten und weiterhin auf die Kraft des *Rechts* setzten, gehört zu den wenigen positiven Erscheinungen des Verfassungskampfes.

Angesichts des Verlaufs und der Bilanz des Verfassungskampfes ist es nur schwer verständlich, dass spätere Autoren den Versuch unternommen haben, die Aufhebung des Staatsgrundgesetzes zu rechtfertigen.[1222] Die Vorgeschichte des Patents vom 1. November 1837 und die Jahre des Verfassungskampfes lassen allein den Schluss zu, dass es *Ernst August* und seinem Gehilfen *Schele* allein darum ging, die Rechte der Ständeversammlung zu verringern und die Macht des Monarchen – und damit seiner Regierung – zu stärken. Wie an früherer Stelle erwähnt[1223], ergibt sich das historische Paradoxon, dass die fehlende Zustimmung der Stände zu den von König *Wilhelm IV.* vorgenommenen Änderungen des Verfassungsentwurfs zum Vorwand für die Aufhebung der Verfassung

---

[1221] Vgl. oben S. 38 f.
[1222] Vgl. unten S. 335 ff.
[1223] Vgl. oben S. 183.

diente und unter Zwang eine solche an ihre Stelle trat, die die Mitwirkungsbefugnisse der Stände an den staatlichen Angelegenheiten drastisch reduzierte und die Fortführung einer despotischen Herrschaft ermöglichte. Man mag dies von Seiten der vorkonstitutionellen Staaten als Stärkung des monarchischen Prinzips angesehen haben[1224]; es bleibt die Tatsache, dass die Errungenschaften der Verfassungsbewegung im Königreich Hannover mit fadenscheiniger Begründung zunichte gemacht wurden, um sie in stark verminderter Form wieder aufzunehmen. Das Klima der Angst und des Zwangs, das in den Jahren des Verfassungskampfes entstanden war, blieb weiterhin erhalten, bis sich im März 1848 erneut die liberale Bewegung Gehör verschaffte.

[1224] Vgl. oben S. 301.

ACHTZEHNTES KAPITEL
JAHRE DER OBSTRUKTION UND REPRESSION

I. Die Obstruktion der Zweiten Kammer unter der neuen Verfassung

Man ginge fehl in der Annahme, dass mit der Verkündung des Landesverfassungsgesetzes am 6. August 1840 der Verfassungskampf beendet gewesen wäre. Zwar hatte sich der König gegenüber den Ständen als freundlich erwiesen und bekannt: »Ich fühle als einen Stein vom Herzen zu hören das was Sie mir sagen.«[1225], was *Treitschke* mit der Bemerkung kommentiert: »Wenn man ihm nur seinen Willen that, war er ja kein Bösewicht.«[1226]

Allerdings hatten sich der König und sein Stichwortgeber *Schele* in der Erwartung getäuscht, die neugewählte Zweite Kammer würde nun dem Vorbild der Ersten Kammer folgen und sich als gefügiges Instrument des königlichen Willens erweisen. Die »Oppositionspartei«[1227] war nicht bereit, die neue Verfassung aufgrund ihrer Entstehung anzuerkennen und beharrte darauf, dass das Staatsgrundgesetz von 1833 noch in Geltung sei.[1228] *Stüve* verfasste noch einmal ein umfangreiches Memorandum, in dem er darlegte, dass das Landes-Verfassungsgesetz nicht mit dem Bundesrecht vereinbar sei und dem Beschluss vom 6. September 1839 nicht entspreche.[1229] Die Denkschrift wurde als Anlage mit zahlreichen weiteren Anlagen als »Submissiste fernere Ueberreichung und Erklärung von seiten des Magistrats und der Alterleute der Stadt Osnabrück« der Bundesversammlung am 21. August 1840 durch den Advokaten Dr. *Binding* überreicht, nachdem *Hessenberg* durch Beschluss der Bundesversammlung untersagt worden war, eine Vertretung in der hannoverschen Verfassungsangelegenheit zu übernehmen.[1230] Wie die früheren Eingaben an den Deutschen Bund war auch diese Eingabe fruchtlos, weil die Verfassungsangelegenheit mit dem Beschluss des Vorjahres als erledigt angesehen wurde.

Im Grunde bedienten sich die Anhänger des Staatsgrundgesetzes der gleichen Argumentation wie seinerzeit *Schele*. Auch dieser hatte die Geltung des Staatsgrundgesetzes schlicht geleugnet und den Versuch unternommen, die Fortgeltung des Patents von 1819 zu beweisen. Wenn nunmehr die Geltung des Landesverfassungsgesetzes in Frage gestellt wurde, um die Fortgeltung des

---
[1225] Zitiert nach *H. v. Treitschke*, Deutsche Geschichte IV, S. 681.
[1226] So *H. v. Treitschke*, Deutsche Geschichte IV, S. 681.
[1227] So durchgehend der Begriff bei *H. A. Oppermann*, Geschichte des Königreichs Hannover I, S. 240 ff.; *H. v. Treitschke*, Deutsche Geschichte IV, S. 681.
[1228] Vgl. *H. A. Oppermann*, Geschichte des Königreichs Hannover I, S. 235 f.
[1229] Hann. Portfolio IV, S. 50 bis 94.
[1230] Vgl. *H. A. Oppermann*, Geschichte des Königreichs Hannover I, S. 236.

Staatsgrundgesetzes zu konstruieren, konnte dieses nur unter der Prämisse gelingen, dass der neuen Verfassung die rechtliche Geltung bestritten wurde. Die zahlreichen Maßnahmen der Repression, der Zwang, dem die Wahlorgane ausgesetzt waren und die schließlich kümmerliche Mehrheit – bei eben erreichter Beschlussfähigkeit –, mit der das Landesverfassungsgesetz beschlossen worden war, hatten freilich ungleich höheres Gewicht als die fadenscheinigen Begründungen, mit denen seinerzeit *Schele* die Geltung des Staatsgrundgesetzes bestritten hatte. Nachdem die Bundesversammlung ein Einschreiten von Amts wegen abgelehnt und die Verfassungsfrage zur inneren Angelegenheit des Königreichs erklärt hatte[1231], fehlte es jedoch an einer Instanz, die trotz der *faktischen* Geltung des Landes-Verfassungsgesetzes einen Verstoß gegen das Bundesrecht oder anerkannte Verfahrensgrundsätze hätte feststellen können. *Stüve* war sich der mangelnden Erfolgsaussicht seiner Eingabe bewusst, unternahm aber gleichwohl einen letzten Versuch, die Bundesversammlung mit rechtlicher Argumentation zu überzeugen:

> »Tief ueberzeugt von der Rechtswidrigkeit der gegenwärtigen Zustände, und von der Gefahr, welche sie, dafern nicht dem Rechte in Kurzem seine Kraft wiedergegeben wird, in sich tragen, haben wir es für unsere Pflicht gehalten, auf jeder Stufe des Streits das Zeugniß dieser unserer Ueberzeugung niederzulegen, niemals das rein Faktische als rechtlich anzuerkennen, und jede Gelegenheit zu benutzen, um die Sache in die Bahn des Rechtes – soweit unsere geringen Kräfte solches vermögen – zurückzuführen. Ein faktischer Widerstand kann und darf in unsern Absichten nicht liegen; er ist es eben, den wir durch den rechtlichen Widerstand abzukehren wünschen. Eben deshalb haben wir – zumal in unserer Stellung als Obrigkeit – uns wiederholt Anordnungen und Befehlen gefügt, die wir für verfassungswidrig halten und werden ferner so verfahren müssen.«[1232]

Die Bundesversammlung – vor allem die Hegemonialstaaten Preußen und Österreich – war mit anderen Dingen beschäftigt und nahm die Eingabe nicht einmal entgegen.[1233]

Dem späteren Budgetkonflikt in Preußen vergleichbar verfügte die »Oppositionspartei« über die Mehrheit in der Zweiten Kammer und war deshalb in der Lage, Beschlüsse der Ständeversammlung zu verhindern. Hier zeigte sich die Kehrseite des Zweikammersystems, das eingeführt worden war, um die Position der Regierung zu stärken, nun aber dazu führte, dass die Loyalität der Ersten Kammer nicht ausreichte, um die Regierungspläne durchzusetzen. *Oppermann*, der in seiner Darstellung des Verfassungskampfes die Position der Staatsgrundgesetzpartei teilte, kritisiert die Obstruktion der Zweiten Kammer in den Folgejahren nachdrücklich. Dadurch seien wichtige Vorhaben – etwa der Ausbau der Eisenbahnlinien – verzögert und der technische Fortschritt behindert worden.[1234]

[1231] Vgl. oben S. 290 f.
[1232] Hann. Portfolio IV, S. 35 f.
[1233] England, Rußland, Österreich und Preußen hatten am 15. Juli 1840 eine Quadrupelallianz beschlossen, die der Türkei im Krieg gegen Ägypten Hilfe leisten sollte. Vgl. *H. A. Oppermann*, Geschichte des Königreichs Hannover I, S. 236.
[1234] So *H. A. Oppermann*, Geschichte des Königreichs Hannover I, S. 231.

II. Repressionsmaßnahmen der hannoverschen Regierung

Schele beharrte auf der Politik der Repression gegenüber der Oppositionspartei und ihren Anhängern. Gegen namhafte Vertreter der Opposition ergingen sog. »Confinationen«, also hoheitliche Verbote, einen bestimmten räumlichen Bereich zu verlassen. Diese Maßnahmen wurden mit einer Störung der öffentlichen Sicherheit und Ordnung begründet. Betroffen waren u.a. *Stüve*, *Böse*, *Wehner* und *Detmold*.[1235] Beredtes Zeugnis von den Maßnahmen der Regierung legt eine Eingabe ab, die 42 Mitglieder der Zweiten Kammer unter notarieller Beurkundung an die Bundesversammlung richteten und in der Klage über die Regierung geführt wurde.[1236] Die Eingabe wurde am 24. Juli 1841 überreicht und am selben Tage – ohne Begründung – zurückgewiesen.

Am 14. Juli 1841 wurde die Ständeversammlung durch königliche Proklamation aufgelöst.[1237] Die Proklamation ist insofern eine wesentliche Quelle, als nicht nur die Auflösung der Ständeversammlung begründet wird, sondern auf den folgenden Seiten der Gesetzessammlung auch die gegen einzelne Mitglieder der Zweiten Kammer getroffenen Maßnahmen gerechtfertigt werden.[1238]

Durch § 4 des Wahlgesetzes vom 6. November 1840[1239] war eine Wahlpflicht zur Ständeversammlung bestimmt worden.

> »Alle diejenigen, welchen behuf Vorbereitung oder Vollendung einer Deputirtenwahl ein Geschäft oder Stimmrecht irgend einer Art in Gemäßheit dieses Gesetzes zusteht oder übertragen wird, dürfen sich der Ausübung desselben nicht entziehen, cf. §. 92. des Landesverfassungs-Gesetzes, und können, so weit sie Kraft ihres Amts oder vermöge übernommenen Auftrages zu handeln hatten, erforderlichenfalls zur Erfüllung ihrer Verpflichtung, so wie zur Erstattung der durch ihren Ungehorsam etwa veranlaßten vergeblichen Kosten im Verwaltungswege angehalten werden.«

Mit der Wahlpflicht zu den Deputiertenwahlen sollte verhindert werden, dass – wie im Jahr 1838 geschehen – die Zweite Kammer nach den Wahlen nicht beschlussfähig wäre. Am 5. November 1841 erging eine »Verordnung, die Form der Erklärung über Annahme der Wahl eines Deputirten zur Allgemeinen Stände-Versammlung des Königreichs betreffend«.[1240] Hierin wurde nochmals auf die Wahlpflicht hingewiesen, aber auch die Annahmeerklärung von Deputiertenwahlen mit folgendem Wortlaut vorgeschrieben:

> »Erklärung
> Nachdem ich von der Wahlversammlung zum Deputirten zur zweiten Cammer der Allgemeinen Stände-Versammlung des Königreichs Hannover auf den Grund des Landesverfassungs-Gesetzes vom 6ten August 1840 erwählt worden bin, so nehme ich diese Wahl hiemit an und erkläre auf Ehre und Gewissen, daß ich auch für meine Handlungen als Deputirter das Landesverfassungs-Gesetz vom 6ten August 1840, nach welchem die Allgemeine Stände-Versammlung des Kö-

---

[1235] Vgl. *H. A. Oppermann*, Geschichte des Königreichs Hannover I, S. 237 f.
[1236] Hann. Portfolio IV, S. 412.
[1237] Hann. GS 1841, S. 205.
[1238] Hann. GS 1841, S. 209–216.
[1239] Hann. GS 1841, S. 450.
[1240] Hann. GS 1841, S. 262 f.

nigreichs berufen ist und auf dem sie einzig und allein beruhet, als unbedingt verbindliche Vorschrift anerkenne, und daß ich demnach jeden Versuch, welcher dahin gerichtet würde, die in dem Landesverfassungs-Gesetze vom 6ten August 1840 vorgezeichnete Wirksamkeit der einen oder beider Cammern dieser Stände-Versammlung zu hemmen oder fruchtlos zu machen, als verfassungs- und pflichtwidrig betrachte, mithin einem derartigen Versuche mich niemals anschließen werde.«

Die Ständeversammlung wurde am 2. Juni 1841 eröffnet. In der Zweiten Kammer waren nur 66 Deputierte anwesend, weil 14 Deputierten der Opposition, die zum Teil in Hannover anwesend waren, ohne Angabe von Gründen der Zutritt zur Versammlung verweigert worden war.[1241] Gleichwohl setzte der Vertreter des Erblandmarschalls durch, dass von den anwesenden Mitgliedern ein Präsident der Zweiten Kammer gewählt wurde.[1242]

III. Zeichen der Versöhnung – Scheles Tod

Das Oberappellationsgericht in Celle hatte im Berufungsverfahren das erstinstanzliche Urteil gegen die Mitglieder des Magistrats bestätigt[1243] und damit den Weg zu einer Beilegung des Konflikts mit der Residenzstadt Hannover eröffnet. *Rumann* wurde eine jährliche Pension von 3000 Thalern für den Fall angeboten, dass er seinen Abschied nehmen würde. Der Magistrat wollte ihm den Abschied allerdings nicht gewähren, woraufhin die Regierung den Mitgliedern ein Disziplinarverfahren androhte.[1244] Schließlich erhielt *Rumann* seinen Abschied und seine Pension, die der König »auf seine Kasse allein übernahm«[1245], was in der Öffentlichkeit als herrscherliche Milde dargestellt und begriffen wurde. Die übrigen Mitglieder des Senats, die im Unterschied zu *Rumann* nicht suspendiert, aber ebenfalls zu Geld- oder Freiheitsstrafen verurteilt worden waren, wurden vom König begnadigt.[1246]

Die Änderung der Stimmung sowohl in der Zweiten Kammer als auch in der Bevölkerung mag dadurch begünstigt worden sein, dass der König sich gegenüber der Forderung Preußens, dem Zollverein beizutreten, unzugänglich zeigte und die Verhandlungen abbrach. Der Zollverein war im Königreich überaus unpopulär und der Abbruch der Verhandlungen veranlasste die Ständeversammlung am 31. Mai 1844 zu einer Adresse, in der sie dem König ihren Dank für die Wahrung und Vertretung der Interessen des Landes ausdrückte.[1247]

Begünstigt wurde die Annäherung zwischen König und Ständeversammlung nicht zuletzt dadurch, dass *Schele* sich zunehmend aus den Regierungsgeschäften zurückzog. Bereits mit Schreiben vom 23. Februar 1844 hatte *Schele* um seine

---

[1241] Vgl. *H. A. Oppermann*, Geschichte des Königreichs Hannover I, S. 256.
[1242] Vgl. *H. A. Oppermann*, Geschichte des Königreichs Hannover I, S. 257 f.
[1243] Vgl. oben S. 281.
[1244] Vgl. *W. v. Hassell*, Geschichte des Königreichs Hannover, S. 486.
[1245] Vgl. *W. v. Hassell*, Geschichte des Königreichs Hannovers, S. 476.
[1246] Vgl. *W. v. Hassell*, Geschichte des Königreichs Hannover, S. 476.
[1247] Vgl. *W. v. Hassell*, Geschichte des Königreichs Hannover, S. 486.

Entlassung nachgesucht, »da sein Gesundheitszustand dauernd von der Art geworden war, daß er seinen Dienst nicht mehr der früheren Anstrengung fortsetzen könnte.«[1248] Der König entsprach dem Gesuch nicht, gewährte *Schele* aber einen Erholungsurlaub, in dessen Verlauf die Krankheit vollständig zum Ausbruch gelangte, zu geistiger Verwirrung und schließlich – am 5. September 1844 – zu seinem Tod führte. An seine Stelle trat der Kabinettsrat *von Falcke*[1249], der seinerzeit das Kabinettsgutachten zur Geltung des Staatsgrundgesetzes verfasst hatte[1250], aber stets im Dienst des Königs geblieben war. Er versprach eine gewisse Geschmeidigkeit im Umgang mit der Zweiten Kammer, die einem Doktrinär wie *Schele* völlig abging. Der atmosphärische Wandel in der Ständeversammlung und der Öffentlichkeit, der 1844 eintrat, darf als Beleg dafür dienen, dass der Verfassungskampf und die Jahre der Obstruktion und Repression untrennbar mit dem Namen *Schele* verbunden sind. Er war eben nicht nur willfähriger Gehilfe des Königs, sondern unbeugsamer Exekutor der von ihm selbst initiierten und sich ständig steigernden Repressionspolitik.[1251]

IV. Scheles Vermächtnis

Im Nachlass *Georg von Scheles* findet sich ein Manuskript mit der Überschrift »Hannover von 1813 bis 1843«, das *Schele* offenbar zu Beginn des Jahres 1844 gefertigt hat und das eine Art politisches Vermächtnis darstellt. Eingangs heißt es:

> »Für Louis zur Bewahrung für ihn, und meine Enkel., Ich habe ein Recht zu wünschen, daß man wisse, wie und weshalb ich so handelte in öffentl. Angelegenheiten.«[1252]

Mit *Louis* ist *Ludwig von Schele*, der erstgeborene Sohn *Scheles* gemeint, der verfügte, das Manuskript seinem Sohn *Babod* an seinem 20. Geburtstag uneröffnet zu übergeben.

Das Manuskript ist in mehrfacher Hinsicht aufschlussreich, weil *Schele* in einem zeitlichen Abstand von mehreren Jahren die Entstehungsgeschichte des Staatsgrundgesetzes und die Gründe für seine Aufhebung darstellt. Wir verfügen mit dem Manuskript über ein Dokument, dem für die Bewertung der Rolle *Scheles* im Staatsstreich und in den folgenden Jahren hohe Bedeutung zukommt, weil es einen Einblick in *Scheles* politische Überzeugungen und seine Handlungsweise vermittelt.

Schele beginnt nicht zufällig mit den quasi-revolutionären Ereignissen in Göttingen, die er als Ausgangspunkt für die weitere verhängnisvolle Entwicklung betrachtet. Dem Herzog von Cambridge als Generalgouverneur und den Mitgliedern der Regierung wirft er Ängstlichkeit und Tatenlosigkeit vor und

---

[1248] Zitiert nach *W. v. Hassell*, Geschichte des Königreichs Hannover, S. 485.
[1249] Vgl. die biographischen Angaben oben Fn. 102.
[1250] Vgl. oben S. 108.
[1251] Vgl. unten S. 369.
[1252] Staatsarchiv Osnabrück, Dep. 38 b Nr. 1220.

rechnet es sich selbst zum Ruhm an, als Mitglied des Geheimratskollegiums zu schneidigeren Entscheidungen beigetragen zu haben.[1253] Bemerkenswert ist, dass *Schele* die Initiative zum Erlass einer Verfassung dem Vizekönig in seiner Thronrede vom 7. März 1831 zuschreibt, wo doch die Stände »noch nie darum gebeten hatten, eine neue geschriebene Verfassung zu beraten«.[1254] Er selbst macht aus seiner Abneigung gegen das Staatsgrundgesetz keinen Hehl und erwähnt nebenbei, an der Abstimmung wegen der Taufe seiner Enkel nicht teilgenommen zu haben.[1255]

Schele versäumt nicht zu erwähnen, dass König *Wilhelm IV.* die Verfassung als eine Gegebene ansah. Er zitiert ausdrücklich das königliche Schreiben, in dem die Verfassung »as a grant« bezeichnet wird, und fügt die französische Übersetzung »octroy« hinzu, fährt aber fort:

> »ohne jene streitig gebliebenen Puncte zuvor mit den Ständen zu erledigen.«[1256]

Den Zeitraum zwischen dem 26. September 1833 – dem Zeitpunkt der Ausfertigung des Staatsgrundgesetzes – und dem Antrittspatent vom 5. Juli 1837, zu dem nach *Scheles* Darstellung das Staatsgrundgesetz zu bestehen aufgehört hatte, überspringt er. Seine Kontakte zum Herzog von Cumberland seit Dezember 1835 und die Vorbereitung des Staatsstreichs in den Jahren 1836 und 1837 bleiben unerwähnt. Allerdings überschüttet er den verstorbenen König mit Schmähungen:

> »Alles was dem Thronfolger zuwider war, geschah; ein königlicher, kinderloser Greis, wandte die letzten Lebenszeichen dazu an, alles Angestaute im Lande umzustürzen, seinem Nachfolger die Regierungsrechte zu schmälern, das Erbguth des Hauses, gewissermaßen seinen Händen entwinden zu lassen.«[1257]

Die Reaktion des Herzogs von Cumberland wird mit den Worten skizziert:

> »[...] Man muß wohl beachten, daß Er als König, nicht eine alte angeerbte Landesverfassung anuliert hat, sondern eine neue Ihm aufgedrungene, und daß Er nicht Willkührliches an die Stelle setzte, sondern die alte Verfassung herstellte.«[1258]

Seine eigene Position gegenüber dem Staatsgrundgesetz beschreibt *Schele* mit den folgenden Worten:

> »Aber meine Verachtung der Entstehungsart des Grundgesetzes, und mein Unwillen über die Ungerechtigkeiten der Radicalen, waren zu groß, meine Ueberzeugung von der Schädlichkeit des Grundgesetzes in dessen fernerer Entwicklung, war zu fest begründet, als daß ich es nicht eben so gerecht als nützlich halten sollte, es zu beseithigen. Ich ergriff diese Gelegenheit, con amore, als sie durch das Entgegenkommen des Königs Ernst August, mir geboten wurde. Zu jener meiner Ueberzeugung kam hinzu, daß mich damals der König, und schon in den letzten 2 Jahren als Herzog von Cumberland, durch seine Persönlichkeit hingerissen hatte.«[1259]

Schele hat aufgrund der Willenskraft des Königs die sichere Hoffnung,

---

[1253] Vgl. Manuskript *Scheles*, Dep. 38 b, Nr. 1220, S. 27 f.
[1254] So Manuskript *Scheles*, S. 33.
[1255] So Manuskript *Scheles*, S. 34.
[1256] So Manuskript *Scheles*, S. 35.
[1257] So Manuskript *Scheles*, S. 40.
[1258] So Manuskript *Scheles*, S. 40.
[1259] So Manuskript *Scheles*, S. 43.

»endlich einen Regenten gefunden zu haben, der mit dauernder Consequenz ein Regierungssystem durchzuführen im Stande seyn werde«

und fährt fort:

»Gestützt auf solche Eigenschaften des Herrschers, und von Ihm ausgerüstet mit der Vereinigung aller administrativer Gewalt, in meiner Hand, achtete ich des Widerstandes der liberalen Parthey, den ich erwartete, nicht. Ich war der That, dem Wesen nach, einem Staatskanzler oder Premier-Minister gleichgestellt. Aber auch nur so, und dann, [...] vertrauend auf des Herrn Consequenz und darauf, daß Er mich handeln lassen werde, konnte ich ein Werk unternehmen, von so schwieriger Art, bey dem die Ruhe der Regierung des Königs, das Wohl des Landes, und meine persönliche Stellung und Ehre, in Frage kam.«[1260]

Schele schildert die Ereignisse nach Ankunft des Königs am 24. Juni 1837 und seine Ernennung zum Kabinettsminister unter Ausstreichung der Verantwortlichkeit gegenüber den Ständen und fährt fort:

»Jetzt war die Hauptfrage zu entscheiden: Wie, und auf welchem Wege soll das Grundgesetz von 1833. beseithigt werden?
Diese Frage ist einzig und allein zwischen dem König und mir, verhandelt worden. Dem König konnten die deutschen bundes- und gemeinrechtlichen Verhältnisse unmöglich bekannt sein. Der König hatte nur den entschiedenen Willen, das Grundgesetz zu beseithigen, und die feste Meinung, das hinge völlig von ihm ab. Die Wahl des Weges, der ergriffen worden ist, nehme ich auf mich; dies ist mein alleiniges Verdienst, oder Schuld, wie man will.«[1261]

Schele versäumt nicht, zum wiederholten Male darauf hinzuweisen, er habe dem König geraten, die Kammern sofort aufzulösen und es sei ein Fehler gewesen, dass die Kammern nur vertagt worden seien. Als Jurist, den *Schele* nie verleugnen konnte, und mit einem Anflug von Zynismus fügt er hinzu:

»Die Vertagung, statt Auflösung war nicht ganz gleichgültig: Denn sie ließ in suspenso, ob das Grundgesetz als gültig zu betrachten, oder nicht, und ich wundere mich, daß diese spitzfindig alles ergreifende Opposition, dieses nicht benutzt hat, obgleich es nicht durchschlagend gewesen wäre.«[1262]

Im Folgenden stellt *Schele* die eigene Willensbildung dar:

»Ich prüfte: Hat der König einen höheren Richter über Sich, wie ehemals im Deutschen Reiche? – Dann muß diese Sache, demselben zur Entscheidung vorgelegt werden. Ein solcher Richter war nicht vorhanden. Die Bundesversammlung ist es nicht, nach den Bundesgesetzen, wie der Erfolg auch gezeigt hat, und sie ist gar nicht geneigt zu solcher Einmischung. Sie schreitet ein nach Art. 26. der Bundesacte, wenn ein Aufstand ausbricht, den der Landesherr nicht unterdrücken kann. – Sie schreitet ferner ein, wenn sie will, im Fall der Artikel 56. verletzt wäre. Der König konnte nicht selbst sagen, daß Er ihn verletze, da Er vielmehr behauptete, das Grundgesetz sey nicht in anerkannter rechtlicher Wirksamkeit gewesen; eine Behauptung die nachmals der Bund selber angenommen, und diese bayerische Behauptung des Gegentheils verworfen hat; vielmehr habe König Wilhelm diesen Artikel verletzt.
In der That ist ihre Organisation auch von der Art, daß sich kein Fürst, und kein Land ihr als einen ordentlich bestellten Gerichtshofe, unterwerfen kann. Der König war also in dem Fall eines selbständigen Souverains.«[1263]

[1260] So Manuskript *Scheles*, S. 44 f.
[1261] So Manuskript *Scheles*, S. 45 f.
[1262] So Manuskript *Scheles*, S. 48.
[1263] So Manuskript *Scheles*, S. 53 f.

Es folgen theoretische Erwägungen, wie ein Souverän zu handeln habe, wenn er in einen Streit mit den Ständen gerät:

> »Beyde Theile prüfen ihren Willen, und ihre Kräfte. Der Souverain erklärt: ›Jene Bestimmungen verletzen meine Rechte, ich erkenne sie nicht an.‹ Dieses führt Er durch, wenn Er die Kraft dazu hat. Und dazu hat Er auch das Recht. Wie könnte Er sonst zu Seinem Rechte gelangen? Wie gelangen Souverainen unter sich, zu Ihrem Rechte, als durch Gewalt, in letzter Instanz. Das ist staatsrechtlich, recht, weil kein anderer Codex da ist, noch da seyn kann, wo kein höherer Richter vorhanden ist.«[1264]

An späterer Stelle wiederholt *Schele*:

> »[...] Es ist ein politischer Kampf – weil kein höherer Richter da ist – gerade wie zwischen verschiedenen Staaten.«[1265]

Selten ist der monarchische Absolutismus auf eine einprägsamere Formel gebracht worden als die *Scheles*: Hat der Souverän die Macht, seinen Willen durchzusetzen, so ist dies – weil kein höherer Richter existiert – gleichzeitig sein *Recht*. Man möchte hinzufügen, dass alle juristischen Konstruktionen und Deduktionen – von welcher Seite auch immer – sich aus der Sicht *Scheles* als überflüssig erweisen, wenn der Herrscher über die Machtmittel verfügt, seinen Willen durchzusetzen. *Schele* hat mit seinem Vermächtnis den Nachgeborenen nicht nur einen Einblick in seine Denkweise vermittelt, sondern sich als Verfasser des Pro Memoria, der zahlreichen Schreiben an den Herzog von Cumberland und schließlich der Begründungen der Patente vom 5. Juli und 1. November 1837 selbst desavouiert: Sie waren nur juristisches Beiwerk und Camouflage für den vorgeformten Willen des Königs, das ihm lästige Staatsgrundgesetz zu beseitigen.

[1264] So Manuskript *Scheles*, S. 55.
[1265] So *Scheles* Manuskript, S. 55.

NEUNZEHNTES KAPITEL
HANNOVER IN DEN WIRREN DER REVOLUTION

I. Die Proklamation vom 14. März 1848

In den ersten Märztagen des Jahres 1848 war zunächst nichts von einer revolutionären Stimmung im Königreich zu spüren. Der König berief am 7. März die Ständeversammlung für den 28. des Monats ein[1266], und so schienen die Dinge ihren gewohnten Gang zu nehmen. Allerdings war eine Art von Gärung im Volke spürbar, die sich in einer vermehrten Zahl von Petitionen an den König äußerte. Nach den revolutionären Erhebungen in einer Reihe von Staaten des Deutschen Bundes war es den Bewohnern Hannovers »ein unerträglicher Gedanke, daß sie die allerletzten sein sollten, welche die Fesseln der Tyrannei brachen.«[1267] Der König reagierte auf diese Bewegung mit einer Proklamation, die erstmals nicht an die »geliebten Unterthanen«, sondern an die »Hannoveraner« gerichtet war.[1268] Diesem neuen Stil sind auch die ersten Worte der Proklamation gewidmet:

> »Diese Anrede erregt in Mir nur die Gefühle von Liebe und Vertrauen, welche durch die stärksten Beweise der Anhänglichkeit an den angestammten König und das Vaterland in der unglücklichen Zeit von 1803 bis 1813 von Euch ohne Ausnahme bewiesen, auch seit dem bethätigt sind.«[1269]

Der Appell an den Patriotismus des Volkes wird ergänzt durch die vorsichtige Bereitschaft zu Zugeständnissen, wobei allerdings Schuldzuweisungen nicht fehlen:

> »Die meisten dieser Petitionen beweisen Mir noch immer die alte Liebe und das Zutrauen Meiner geliebten Unterthanen. Wo andere Wünsche darin laut werden, kommen sie – davon bin Ich ueberzeugt – nicht von den Hannoveranern selbst, sondern sind durch Fremde eingeflößt, die ueberall Unordnungen und Verwirrungen anzuregen bemüht sind. Ich bin fest ueberzeugt von der Treue und dem gesunden Sinn Meiner Unterthanen, daß sie sich nicht ihre eigene Ruhe und ihren Wohlstand, den jeder Fremde, welcher in das Land kommt, beneidet, vernichten werden.«[1270]

Der König beteuert:

> »Die Begründung und Erhaltung Eures Glücks und Eures Wohlstandes, welche stets Meine unablässige Sorge gewesen ist, wird nicht aus Meinen Augen gelassen und liegt Mir jetzt mehr am Herzen als jemals; Ich bestrebe Mich: Alles zu thun, was in Meinen Kräften steht, um Eure Wünsche zu erfüllen, ohne Euer wah-

---

[1266] Königl. Cabinets-Ausschreiben, den Zeitpunct der Eröffnung der neunten Allgemeinen Stände-Versammlung betreffend vom 7. März 1848, Hann. GS 1848, S. 65.
[1267] So *W. v. Hassell*, Geschichte des Königreichs Hannover, S. 526.
[1268] Proclamation Seiner Majestät des Königs vom 14. März 1848, Hann. GS 1848, S. 71.
[1269] Hann. GS 1848, S. 71.
[1270] So Hann. GS 1848, S. 71.

314 Neunzehntes Kapitel: Hannover in den Wirren der Revolution

> res Glück zu zerstören; das Ergebniß Meiner Erwägungen ueber die Zulässigkeit der Gewährung eines Theils dieser Wünsche und die Maßregeln, welche Ich im verfassungsmäßigen Wege dieserhalb vorbereiten lasse, werden Euch dies beweisen. Diese Versicherung wird jeder Hannoveraner verstehen und glauben, da Jeder weiß: Daß sein König nie das sagt, was Er nicht wirklich meint, und Nichts verspricht, was Er nicht ehrlich halten wird. So sage Ich Euch denn auch: Daß Ich zwar Meine Zustimmung nicht geben kann zu dem Antrage auf Volksvertretung bei dem Deutschen Bunde, daß Ich aber alle Meine Kräfte aufbieten werde – wie Ich dies schon gethan habe, seit Ich Euer König bin – damit die hohe Deutsche Bundesversammlung mit mehr Fleiß und größerer Energie in den deutschen Angelegenheiten handle, als dies bisher geschehen ist.«[1271]

Die Proklamation schließt mit den Worten:

> »Bedenket, Hannoveraner, daß die Zeit kommen kann, wo Ich Eure Kräfte anstrengen muß. Wie Ich ueberzeugt bin, daß auf Meinen Aufruf Keiner zurückbleiben wird; da Jeder weiß, daß Ich Mich an die Spitze Meines Volks stellen werde; so ermahne Ich Euch: Bereitet Euch vor auf das, was die Zukunft bringen kann, durch Festhalten an der gesetzlichen Ordnung und durch Erhaltung des Vertrauens auf Euren König. Ich werde dieses Vertrauen nicht täuschen; sondern gern Meinen letzten Tropfen Blut zum Wohle Meines Volkes opfern.«[1272]

Die von *Falcke* verfasste und gegengezeichnete Proklamation vom 14. März zeigt noch einmal das Pathos, mit dem der König seit seinem Regierungsantritt das Volk beeindrucken und zu ruhigem Verhalten bewegen wollte. Diesmal allerdings verfing die patriarchalische Attitüde und der Appell an das Vertrauen in die Obrigkeit nicht mehr. Insbesondere die Vermutung, dass fremde Unruhestifter für das Aufbegehren des Volkes verantwortlich waren, stieß auf Unverständnis. Am Erscheinungstag der Proklamation wurde eine Bürgerversammlung einberufen, die eine Petition an den König beschloss, die durch einen bis dahin nicht bekannten Tonfall geprägt war. Nach Aufzählung einer Vielzahl von Forderungen, die auf die Rückkehr zum Staatsgrundgesetz hinausliefen[1273], schloss die Petition mit den Worten:

> »Uns treibt nur unser Pflichtgefühl, mit Freimuth zu reden, umsomehr, als wir nicht glauben können, daß es Se. Majestät durch Seine Räte und Umgebung von der öffentlichen Meinung, den Wünschen und Bedürfnissen seiner Unterthanen vollständig unterrichtet ist. Und wenn unsere ungeduldigen südlichen Landsleute, des langen Bittens müde jetzt stürmisch fordern, wer wird uns da einen Vorwurf machen können, wenn wir, unserer Rechte wohl bewußt, uns bittend dem Throne nahen, um durch Gewährung unserer heißesten Wünsche das geschwächte Vertrauen wieder hergestellt zu sehen!«[1274]

Angesichts dieses erwachenden Selbstbewusstseins der Bürger war mit Liebesbeteuerungen und patriarchalischer Attitüde nichts mehr auszurichten. Nur drei Tage vorher war *Metternich* – die Personifizierung der Unterdrückung im Deutschen Bund – gestürzt worden und befand sich auf der Flucht nach England, bei der er das Königreich Hannover durchquerte, ohne allerdings vom

---

[1271] Hann. GS 1848, S. 71 f.
[1272] Hann. GS 1848, S. 72.
[1273] Aufgeführt bei H. A. *Oppermann*, Geschichte des Königreichs Hannover II, S. 19.
[1274] Zitiert nach W. v. *Hassell*, Geschichte des Königreichs Hannover, S. 528.

König empfangen zu werden.[1275] In Berlin braute sich ein Sturm ganz anderer Art zusammen und forderte bei den Barrikadenkämpfen Hunderte von Toten. Im Königreich Hannover wurde kein Tropfen Blut vergossen – weder das der Soldaten des Königs noch das seiner Untertanen. Nachdem in Wien und Berlin die Regierungen des *ancien régime* gestürzt worden und damit die bewährten Bundesgenossen *Ernst Augusts* beim Deutschen Bund weggefallen waren, war es eine Frage der Selbsterhaltung, durch Konzessionen der auch in Hannover sich ausbreitenden Bewegung die Spitze zu nehmen. Begünstigt wurde der weitere friedliche Verlauf der Dinge im Königreich durch die Entlassung *Falckes* und die Berufung eines Nachfolgers.[1276]

II. Die Regierung als Garant der Ordnung

Die Berufung des Kabinetts *Bennigsen* war ein ebenso geschickter wie unvermeidlicher Schachzug. Längst ließ sich die Bevölkerung nicht mehr durch das übliche patriarchalische Pathos des Königs beruhigen, mit dem er stets seine Aufrichtigkeit und Rechtlichkeit beteuert hatte. Die Nachrichten aus Wien, Berlin und anderen deutschen Staaten ließen eine Götterdämmerung erkennen, von der die Monarchen selbst noch verschont blieben. In dieser Lage erwies sich das Kabinett *Bennigsen* als Garant der Ordnung. Am 2. April 1848 wurde eine »Warnung« veröffentlicht[1277], mit der die Bevölkerung zur Beachtung des Rechts aufgefordert wurde. Widersetzlichkeit gegen die Obrigkeit – so heißt es in der Warnung –, Auflauf und Aufruhr, Gewalttätigkeit und Erpressung seien durch die Gesetze mit schweren Strafen bedroht und würden von der Obrigkeit verfolgt. Wörtlich heißt es:

> »Die durch unerlaubte Täthlichkeiten und Drohungen abgenöthigten Zugeständnisse sind für diejenigen, welche dadurch einen Vortheil zu erlangen vermeinen, ohne Werth, in dem sie der rechtsverbindlichen Kraft völlig entbehren. Dies mögen diejenigen, welche durch derartige Abpressungen zu gewinnen hoffen, wohl bedenken, und sie mögen es sich zugleich vor Augen stellen, daß bei hergestellter Ruhe die Gerichte nicht bloß die erreichten Zugeständnisse für nichtig erklären werden, sondern daß ihrer unvermeidlich die schweren Strafen warten, mit welchen das Gesetz das Verbrechen der Erpressung bedroht hat.«[1278]

Die Regierung erklärt, zur Herstellung der öffentlichen Ordnung Militärabteilungen in Bereitschaft zu halten, vertraue aber darauf, dass »ein Jeder jetzt gern zur Ordnung und seinen Berufsgeschäften zurückkehren« werde. Wörtlich heißt es weiterhin:

[1275] W. v. *Hassell* berichtet in seiner Geschichte des Königreichs Hannover (S. 528, Anm.), dass der Landdrost *von Lütcken Metternich* zur Flucht nach Holland über Osnabrück und Fürstenau verholfen habe.
[1276] Eine detaillierte Darstellung der hannoverschen Ereignisse im März 1848 findet sich bei H. A. *Oppermann*, Geschichte des Königreichs Hannover II, S. 16 ff.
[1277] Warnung des Königlichen Gesammt-Ministeriums, die in einzelnen Landestheilen stattgehabten Ruhestörungen betreffend vom 2. April 1848, Hann. GS, S. 91.
[1278] Hann. GS 1848, S. 91.

»Die verfassungsmäßigen Vertreter sind gegenwärtig versammelt und haben Gelegenheit, die Wünsche des Landes zur Kenntniß der Königlichen Regierung zu bringen. Wichtigen Wünschen des Landes, deren Gewährung thunlich erschien, ist die Königliche Regierung schon jetzt bereitwilligst entgegen gekommen. Auch ferner wird dieselbe eifrigst bemüht sein, gerechten Beschwerden Abhülfe zu gewähren und billigen Wünschen zu entsprechen, wenn sie auf ordnungsmäßigem Wege vorgetragen werden. Eben so fest aber steht der Wille der Königlichen Regierung, allen Störungen der öffentlichen Ruhe und sonstigen Gesetzwidrigkeiten kräftigst entgegen zu treten.«[1279]

Die von der Regierung ausgesprochene »Warnung« markiert einen neuen Abschnitt in der Geschichte des Königreichs. Zwei Wochen vorher noch hatte der König selbst versucht, in der gewohnten Tonlage an seine »Hannoveraner« zu appellieren, ohne freilich den gewünschten Erfolg zu erzielen. Die Wiederholung eines solchen Aufrufs hätte in den Tagen einer um sich greifenden Revolution vermutlich vermehrt zu öffentlichen Aufläufen und Kundgebungen mit nicht vorhersehbarem Verlauf geführt. Statt des Königs ergriff nun die Regierung die Initiative und rief die Bevölkerung einerseits zu Ruhe und Ordnung auf, versprach andererseits aber die notwendigen Reformen. Da einige Maßnahmen schon auf den Weg gebracht waren und *Stüve* als Innenminister mit seinem Namen für weitere Reformen stand, dürfte von der veröffentlichten Warnung die erhoffte Wirkung ausgegangen sein. Es war also das Bürgertum, dessen Repräsentanten *Stüve* und andere Mitglieder des Kabinetts waren, das die Monarchie vor weiteren Erschütterungen bewahrte.

III. Das »März-Ministerium«

Die versprochenen Reformen blieben nicht aus. Nach *Falckes* Rücktritt ergab sich die Notwendigkeit, einen neuen Kabinettsminister zu ernennen, der durch das despotische Regime der vergangenen Jahre nicht kompromittiert war. Die Wahl fiel auf *Alexander Graf von Bennigsen*[1280], der im Königreich unterschiedliche – wenngleich keine leitenden – Positionen innegehabt hatte und sich im Königreich allgemeiner Wertschätzung erfreute.[1281] *Bennigsen* legte dem König am 20. März eine Kabinettsliste vor, in der *Stüve* das Innenministerium zugedacht war. In dieser *Be-* und nachfolgenden *Er*nennung lag die eigentliche Pointe der Kabinettsbildung, weil damit der führende Kopf des Widerstands gegen den Staatsstreich mit einem hohen Amt betraut wurde. *Stüve* war der entschlossenste Gegenspieler *Scheles* und damit des despotischen Regimes des Königs gewesen. *Schele* hatte ihn unter unterschiedlichen Vorwänden von der Zweiten

---

[1279] Hann. GS 1848, S. 92. Bezeichnend ist, dass die adeligen Mitglieder des Kabinetts (*Bennigsen*, *Düring*) die Proklamation ohne Erwähnung ihres Adelstitels unterzeichnet haben.
[1280] *Alexander Graf von Bennigsen* (1809–1893), Jurist, stand von 1830 bis 1840 im hannoverschen Staatsdienst. Seit 1841 war er Mitglied der Ersten Kammer, 1848 bis 1850 Ministerpräsident und Außenminister. Von 1851 bis 1857 amtierte B. als Präsident der Ersten Kammer, von 1864 bis 1866 als Präsident der Zweiten Kammer.
[1281] Vgl. W. v. *Hassell*, Geschichte des Königreichs Hannover, S. 538.

Kammer, in die er mehrfach gewählt worden war, ferngehalten und sie damit in ihrer Wirksamkeit erheblich geschwächt.[1282] Es war ein Akt der Selbstüberwindung und zugleich eine patriotische Tat, wenn sich *Stüve* nach einigem Zögern entschloss, in die Regierung einzutreten.[1283] Ob auch der König große Anerkennung dafür verdient, *Stüve* in das Kabinett berufen zu haben[1284], mag in den Wirren der Märztage, in denen Throne wackelten und Monarchen die eigene Haut retten mussten, zweifelhaft sein. Im Grunde dürfte die Berufung *Stüves* einem gesunden Pragmatismus des Königs entsprochen haben, zu dem er fähig war, wenn ihm kein *Schele* im Nacken saß und er im Grunde keinen anderen Ausweg wusste.

Schon am Tag des Regierungsantritts *Bennigsens* erging eine »Verordnung, betreffend die Aufhebung des Kabinetts und die Führung der obersten Verwaltung des Königreichs.«[1285] Mit dieser Verordnung wurde jene vom 14. November 1837[1286], die *Scheles* Stellung als Kabinettsminister begründete und durch die die bisherigen Mitglieder der Regierung zu Departementministern degradiert wurden[1287], aufgehoben. Zwar blieben die bisherigen »Ministerial-Departements« bestehen (Art. 2 der Verordnung), doch führten sie das Ministerium in eigener Verantwortung und hatten ein unmittelbares Vortragsrecht beim König (Art. 3 der Verordnung). In besonders wichtigen Angelegenheiten konnten die Minister zu einem »Gesammt-Ministerium« zusammentreten, »wichtige Regierungsgeschäfte« gemeinschaftlich erörtern und beschließen (Art. 4 der Verordnung). Auf diese Weise wurde das Ressortprinzip mit dem Kollegialprinzip verbunden. In Art. 6 der Verordnung wird das Ressortprinzip mit den Worten bekräftigt:

> »Die Vorstände der Departements-Ministerien führen die ihnen von Uns anvertrauten Verwaltungsgeschäfte selbständig unter unmittelbarer Verantwortlichkeit gegen Uns Allerhöchst selbst.«

Ihnen oblag damit auch das Recht der Gegenzeichnung.

Noch vor Ernennung des »März-Ministeriums« war die Zensur, die in den Jahren der Despotie den freien Meinungsaustausch so nachhaltig behindert hatte, aufgehoben worden.[1288] Schritt für Schritt folgten weitere Gesetze, die dem erwachenden Freiheitssinn im Königreich Rechnung trugen und gleichzeitig dokumentierten, unter welchen Repressionsmaßnahmen das Volk zu leiden gehabt hatte. Am 10. April wurde ein Gesetz »die Aufhebung des §. 180 des Landesverfassungs-Gesetzes«[1289] verkündet und damit der Weg für Verfassungsänderungen frei gemacht. Nach § 180 Abs. 3 LVG war ein ständischer Beschluss, durch den die Verfassung abgeändert werden sollte, nur gültig, wenn er ent-

---

[1282] Vgl. oben S. 246.
[1283] Vgl. *W. v. Hassell*, Geschichte des Königreichs Hannover, S. 542.
[1284] So *W. v. Hassell*, Geschichte des Königreichs Hannover, S. 541.
[1285] Hann. GS 1848, S. 79.
[1286] Hann. GS 1837, S. 109.
[1287] Vgl. oben S. 187.
[1288] Bekanntmachung des Königlichen Ministeriums des Innern, die Aufhebung der Censur betreffend, vom 18. März 1848, Hann. GS, S. 77.
[1289] Hann. GS 1848, S. 99.

weder einstimmig – »einhellig« – gefasst oder in zwei aufeinanderfolgenden Landtagen jedes Mal von wenigstens zwei Dritteln der Anwesenden jeder Kammer genehmigt wurde. Nunmehr gab die Ständeversammlung »einhellig« die Zustimmung zu der vom König verordneten Änderung des §. 180 LVG und es will mehr als bemerkenswert erscheinen, dass das Gesetz von dem seit wenigen Tagen amtierenden Innenminister *Stüve* gegengezeichnet wurde.[1290]

Ein nächster Schritt auf dem Wege zu größerer Freiheit im Königreich war das am 27. April 1848 verkündete »Preßgesetz«.[1291] In § 1 des Gesetzes wurde die bereits durch Administrativakt verfügte Aufhebung der Zensur gesetzeskräftig aufgehoben. Es folgten Bestimmungen über Verantwortlichkeit (§ 3), Strafbarkeit (§ 5), Gegendarstellung (§ 8) und Impressum (§ 9). Das Königreich hatte damit ein Pressegesetz, das freiheitliche Gesinnung atmete und überdies in seiner Kürze vorbildlich war.

IV. Das Staatsgrundgesetz redivivus

Am 5. September 1848 erließ der König »unter Zustimmung der getreuen allgemeinen Stände des Königreichs« das »Gesetz, verschiedene Änderungen des Landes-Verfassungsgeseztes betreffend«.[1292] Da § 180 LVG bereits durch das Gesetz vom 12. April 1848 aufgehoben worden war[1293], und nach diesem Gesetz Änderungen der Verfassungsurkunde in den »für andere Gesetze bestehenden Formen, jedoch nur unter Zustimmung der allgemeinen Ständeversammlung« getroffen werden konnten[1294], erforderten Verfassungsänderungen nur die Übereinstimmung von König und Ständen und unterlagen nicht mehr den erhöhten Anforderungen des Landesverfassungsgesetzes.[1295] Damit war der Weg frei für grundlegende Änderungen der Verfassung, die als solche aber bestehen blieb und nicht etwa durch einen Federstrich, dem auch der König kaum zugestimmt hätte, durch das Staatsgrundgesetz von 1833 ersetzt wurde. Die vom König konzedierten und von den Ständen beschlossenen Änderungen waren gleichwohl fundamental und bedeuteten eine Rückkehr zu den Grundsätzen, die bis zur Aufhebung des Staatsgrundgesetzes gegolten hatten, klärten aber zugleich Rechtsfragen, die sich im Zusammenhang mit dem Staatsstreich gestellt hatten.

Nach Ankunft *Ernst Augusts* in Hannover und Vertagung der Ständeversammlung hatte *Stüve* die Frage aufgeworfen, ob der König überhaupt zu Regierungshandlungen berechtigt sei, ohne vorher den durch § 13 StGG vorgeschriebenen Eid abgelegt zu haben.[1296] Diese Rechtsfrage war durch § 14 Abs. 1 LVG dahingehend beantwortet worden, dass der Thronfolger die Regierung des Kö-

---

[1290] Hann. GS 1848, S. 100.
[1291] Hann. GS 1848, S. 136.
[1292] Hann. GS 1848, S. 261.
[1293] Hann. GS 1848, S. 99.
[1294] Hann. GS 1848, S. 99.
[1295] § 180 LVG.
[1296] Vgl. oben S. 93.

nigreichs *unmittelbar* antrete, ohne dass es dazu irgendeiner weiteren Handlung bedürfe.[1297] Nach der Änderung lautete § 14 Abs. 1 nunmehr:

> »Nach Erledigung des Thrones tritt der Thronfolger die Regierung des Königreichs mittelst eines Patents an, durch welches er bei seinem Königlichen Worte die unverbrüchliche Festhaltung der Landesverfassung verspricht.«[1298]

Regierungsantritt und Eid auf die Verfassung erfolgten hiernach *uno actu*, sodass ein Thronfolger nicht – wie 1837 geschehen – Regierungshandlungen vornehmen konnte, ohne zuvor den Eid auf die Verfassung abgelegt zu haben.

Durch besondere Bestimmungen wurden die Pressefreiheit (§ 3), das Vereinigungs- und Versammlungsrecht (§ 4) und das Recht auf den gesetzlichen Richter (§ 5) gewährleistet. Der schon durch § 32 Abs. 1 LVG gewährten Glaubens- und Gewissensfreiheit wurde der Satz hinzugefügt, dass die Ausübung der politischen und bürgerlichen Rechte vom Glaubensbekenntnis unabhängig sei und sich niemand durch Berufung auf Glaubenssätze seinen staatsbürgerlichen Pflichten entziehen könne (§ 6 Abs. 3). Hiermit wurden gleichlautende Bestimmungen der Paulskirchenverfassung (§ 146), der Preußischen Verfassungsurkunde (Art. 12) und der Weimarer Verfassung (Art. 136) vorweggenommen.

Den Gehaltsklagen der Göttinger Professoren war die Regierung seinerzeit durch den Einwand fehlender Kompetenz entgegengetreten[1299] mit der Folge, dass der zu diesem Zeitpunkt noch nicht existierende Staatsrat zu entscheiden hatte. Nachdem er eingesetzt worden war, verneinte er die Zuständigkeit der Gerichte erwartungsgemäß.[1300] Vor diesem Hintergrund ist die Änderung des § 40 LVG zu sehen, nach dessen erstem Absatz die Gerichte befugt waren, über die Grenzen ihrer Zuständigkeit selbst zu entscheiden (§ 10 Abs. 1). Allerdings sollten »Verwaltungsmaßregeln«, die von Behörden innerhalb ihrer Zuständigkeit getroffen wurden, von Gerichten nicht aufgehoben werden können. In einem solchen Fall konnte aber ein Anspruch auf Entschädigung bei den Gerichten geltend gemacht werden (§ 10 Abs. 2).

Die Bestimmungen über die Ständeversammlung wurden vollständig neu gefasst. Die Erste Kammer bestand nicht mehr allein aus Adeligen oder dem König nahestehenden Amtsträgern. Wahlberechtigt waren vielmehr die Grundeigentümer, deren 33 Abgeordnete auf die verschiedenen Provinzen zu verteilen waren. Auch die früher der Zweiten Kammer angehörigen Deputierten der Korporationen – etwa der Universität Göttingen – wurden nunmehr der Ersten Kammer zugeordnet. Bemerkenswert ist, dass auch vier Abgeordnete »des Standes der Rechtsgelehrten«, die von den Richterkollegien und Rechtsbeiständen zu wählen waren, der Ersten Kammer angehörten. Zehn Abgeordnete mussten dem Handel und Gewerbe entstammen (§ 36 Nr. 8). Die Erste Kammer hatte damit ihre Stellung als reine Adelsvertretung jedenfalls formell eingebüßt, zeigte aber immer noch eine ständische Ausprägung, zumal die wahlberechtigten

---

[1297] Vgl. oben S. 296.
[1298] Hann. GS 1848, S. 262.
[1299] Vgl. oben S. 199.
[1300] Vgl. oben S. 199.

Grundeigentümer (§ 36 Nr. 7) überwiegend dem Adel angehörten und somit auch Vertreter ihres Standes wählten. Die Ritterschaften als wahlberechtigte Kollegien (§ 84 Nr. 15 LVG) fanden in der neuen Bestimmung keine Erwähnung mehr. Die Wahlperiode betrug sechs Jahre, allerdings sollte nach drei Jahren jeweils die Hälfte der gewählten Abgeordneten ausscheiden und durch neue ersetzt werden (§ 39 Abs. 1).

Die Zweite Kammer war eine aus 79 Abgeordneten bestehende Volksvertretung. 38 Abgeordnete entfielen auf die Städte des Königreichs, 41 auf die jeweils aus den Fürstentümern, Grafschaften und anderen Teilen des Königreichs gelegenen Landgemeinden (§ 41 Nr. 2). Der König hatte das Recht, zwei Minister in die Zweite Kammer zu entsenden (§ 41 Nr. 1).

Wahlberechtigt zur Zweiten Kammer waren alle Einwohner der Gemeinde über 25 Jahre, freilich mit Ausnahme derjenigen, die »in Kost und Lohn eines andern« standen oder wegen eines »nach der öffentlichen Meinung entehrenden Verbrechens bestraft worden oder in Untersuchung gewesen sind, ohne völlig freigesprochen zu sein« (§ 42). Da zur Zweiten Kammer alle wahlberechtigten Landeseinwohner wählbar waren (§ 43), beugte man mit letzterer Bestimmung der in den Konfliktjahren erprobten Methode vor, durch Eröffnung einer »Kriminaluntersuchung« den Eintritt gewählter Deputierter in die Zweite Kammer zu verhindern. Durch das Gesetz wurde das freie Mandat gewährleistet (§ 50) und die Indemnität (§ 54) und Immunität (§ 55) der Abgeordneten bestimmt. Insofern waren erste Schritte zu einem zeitgemäßen Parlamentarismus getan.

Nach § 65 Abs. 1 des Gesetzes wurden Landesgesetze »vom Könige nur unter Zustimmung der allgemeinen Ständeversammlung erlassen, wieder aufgehoben, abgeändert und authentisch interpretiert«. Damit war die Rechtslage nach § 85 Abs. 1 StGG wiederhergestellt. Zwar wurde für den Fall, dass zwischen König und Ständen Meinungsverschiedenheiten über Gesetzentwürfe auftraten, ein Einigungsverfahren nach dem Muster des § 115 LVG vorgesehen (§ 66); dies änderte freilich nichts daran, dass die Ständeversammlung einem jeden Gesetz ihre Zustimmung erteilen musste. Wieder eingeführt wurde auch das bereits in § 88 StGG vorgesehene Initiativrecht der Stände (§ 69), das die Einbringung eigener Gesetzentwürfe einschloss und das durch § 119 Abs. 1 LVG abgeschafft worden war.[1301]

Eine entscheidende Änderung des Landesverfassungsgesetzes brachten die Bestimmungen über das Krongut und die Finanzierung des Hofes mit sich. Zwar wurde bestätigt, dass dem König und seinen Nachfolgern alle Rechte verblieben, die dem Landesherrn bisher zugestanden hatten (§ 78 Abs. 2), freilich »unter den folgenden Bestimmungen«. Eine grundlegende Änderung trat dadurch ein, dass dem König eine Krondotation zustand (§ 81) und die Ständeversammlung die Verpflichtung hatte, für die Deckung der notwendigen Ausgaben insoweit zu sorgen, als sie aus den Einkünften des Krongutes und der Regalien nicht bestritten werden konnten (§ 91 Abs. 1). Entscheidend war indes, dass der Ständeversammlung das Recht zukam, das königliche Budget zu prüfen und zu bewilligen

---

[1301] Vgl. oben S. 53.

(§ 90 Abs. 2), wobei Ausgaben, die auf gesetzlichen oder privatrechtlichen Verpflichtungen beruhten, nicht verweigert werden durften (§ 91 Abs. 3). Allerdings stand den Ständen keine Kontrolle über die Verwendung der zur Krondotation oder zu Apanagen der königlichen Familie vorgesehenen Einnahmen zu (§ 88). Die »Schatull-Casse« blieb von der »Staats-Casse« getrennt (§ 89 Abs. 1), sodass insoweit keine Rückkehr zum Staatsgrundgesetz erfolgte.

Bemerkenswert ist die Schlussbestimmung des Gesetzes (§ 109), mit der § 181 LVG ergänzt wurde. Im Falle eines Thronwechsels wurde der König verpflichtet, die Ständeversammlung spätestens binnen 14 Tagen einzuberufen, allerdings auch Vorkehr dafür getroffen, falls er dies unterließ:

> »Sollte dieses unterlassen werden, so sind die zuletzt zusammen berufen gewesenen Stände berechtigt und verpflichtet, sich selbst zu versammeln und die Rechte des Landes wahrzunehmen.«[1302]

Auch einer sofortigen Vertagung der Stände, wie sie den Staatsstreich eingeleitet hatte[1303], wurde dadurch vorgebeugt, dass sie im Falle der Selbstversammlung innerhalb der nächsten Wochen ohne ihren Antrag weder aufgelöst noch vertagt werden durften (§ 109 Abs. 3). Eine zusätzliche Sicherung bot der folgende Absatz des § 109:

> »Sollten die Stände zu Zeit eines Thronwechsels versammelt sein, so können sie gleichfalls innerhalb der nächsten vier Wochen nur auf ihren Antrag aufgelöset oder vertagt werden.«

Das »Gesetz, verschiedene Änderungen des Landesverfassungs-Gesetzes betreffend« wurde am 5. September 1848 unter Gegenzeichnung des gesamten Kabinettsministeriums vom König verkündet und trat zwei Tage später in Kraft. Das Königreich Hannover hatte damit knapp elf Jahre nach dem Staatsstreich zu seiner alten Verfassung zurückgefunden.

V. Epilog

Mit der Änderung des Landesverfassungsgesetzes hatte das Königreich eine Verfassung erhalten, in der das monarchische Prinzip unangetastet blieb, die seit dem Vormärz erhobenen liberalen Forderungen aber berücksichtigt worden waren. Die aufgrund der revolutionären Ereignisse des Jahres nachgiebige Haltung des Königs einerseits und die umsichtige Politik der Regierung andererseits waren entscheidend dafür, dass die auch auf Hannover überschwappende Bewegung des Volkes in ein ruhiges Fahrwasser gelenkt wurde und Schritt für Schritt Reformen durchgeführt wurden. Nicht allein die vom Innenminister *Stüve* veranlassten Gesetze verdienen in diesem Zusammenhang Erwähnung, auch die Justizreform, die unter Verantwortung des Ministers *Düring*[1304] zustande kam,

---

[1302] § 109 Abs. 2, Hann. GS 1848, S. 286.
[1303] Vgl. oben S. 93.
[1304] *Otto Albrecht von Düring* (1807–1875), Jurist, 1832 bis 1847 Richter bei der Justizkanzlei Stade, 1847 Mitglied des Oberappellationsgerichts Celle; 1848 bis 1850 Justizminister, danach

stellte einen großen Fortschritt dar und bildete gleichzeitig die Vorstufe für die Reichsjustizgesetze des Jahres 1877.[1305] Dem »März-Ministerium« war mit seiner Reformarbeit allerdings keine lange Dauer beschieden. Am 28. Oktober 1850 entließ der König sämtliche Minister und ersetzte sie durch ein konservatives Ministerium mit dem Minister *Münchhausen*[1306] an der Spitze. Erwartungsgemäß schloss sich das neue Ministerium der reaktionären Politik des Deutschen Bundes an.[1307]

König *Ernst August* überlebte den Politikwechsel kaum mehr als ein Jahr und starb am 18. November 1851. Sein Sohn und Nachfolger *Georg V.*[1308] gelobte den Bestimmungen des Landesverfassungsgesetzes entsprechend bei Amtsantritt die »unverbrüchliche Festhaltung der Landesverfassung«.[1309] Er entließ das Kabinett *Münchhausen* und ernannte zum leitenden Minister *Eduard von Schele*[1310], den sein Vater schon früher für höchste Staatsämter empfohlen hatte und der bis zu seiner Berufung in das Ministerium Gesandter des Königreichs bei der Bundesversammlung war. Zum Justizminister wurde *Ludwig Windthorst*[1311] ernannt.[1312]

Seit September 1851 war bei der Bundesversammlung eine Beschwerde der Ritterschaft des Fürstentums Osnabrück und der Landschaft des Fürstentums Lüneburg anhängig, mit der diese geltend machten, dass ihre Vertretung in der Ersten Kammer abgeschafft worden sei und das Gesetz über die Reorganisation der Provinzialstände vom 1. August 1851[1313] ihre verfassungsmäßigen Rechte verletze. Die Ironie der hannoverschen Verfassungsgeschichte will, dass die Bundesversammlung *diese* Korporationen für zur Beschwerde legitimiert hielt und sich ein jahrelanges Verfahren ergab. Hinzu kam, dass nach dem Scheitern einer Verfassungsrevision unter *Schele*[1314], dessen Nachfolger *Lütcken*[1315] als Beteilig-

---

wieder Richter am Oberappellationsgericht, dessen Präsident er ab 1859 war.

[1305] Vgl. E. R. Huber, Deutsche Verfassungsgeschichte III, S. 209; zu erwähnen sind neben anderen das Gerichtsverfassungsgesetz vom 8. November 1850 (Hann. GS, S. 207), die Strafprozessordnung vom 8. November 1850 (Hann. GS, S. 227) und die Zivilprozessordnung vom 8. November 1850 (Hann. GS, S. 341).

[1306] *Alexander Freiherr von Münchhausen* (1813-1886), Jurist im hannoverschen Staatsdienst, ab 1844 Kammerrat, ab 1841 Mitglied der Ersten Kammer der Ständeversammlung; 1847 Kabinettsrat. Nach seiner Entlassung als Minister trat er 1856 in die Zweite Kammer ein.

[1307] Vgl. E. R. Huber, Deutsche Verfassungsgeschichte III, S. 210.

[1308] *Georg V.* von Hannover (1819–1878) regierte von 1851 bis 1866 und lebte nach der Annektion Preußens durch Hannover in Österreich und Frankreich.

[1309] Königliches Patent vom 18. November 1851 (Hann. GS, S. 191).

[1310] Vgl. oben Fn. 177.

[1311] *Ludwig Windthorst* (1812–1891), Jurist und Rechtsanwalt, ab 1849 Mitglied der Zweiten Kammer, ab 1851 deren Präsident. Von 1851 bis 1853 und von 1862 bis 1865 hannoverscher Justizminister.

[1312] Zu den weiteren Mitgliedern des Kabinetts vgl. E. R. Huber, Deutsche Verfassungsgeschichte III, S. 211.

[1313] Hann. GS, S. 167.

[1314] Vgl. E. R. Huber, Deutsche Verfassungsgeschichte III, S. 211.

[1315] *Eduard Christian von Lütcken* (1800–1865), Jurist, Landdrost, Abgeordneter der Ersten Kammer der Allgemeinen Ständeversammlung, 1853–1855 Ministerpräsident, Haus- Finanz- und Handelsminister.

ter des Verfahrens und als stimmberechtigtes Mitglied der Bundesversammlung das im Königreich geltende Landesverfassungsgesetz für unvereinbar mit Bundesrecht erklärte und entsprechende Beschlüsse der Bundesversammlung bewirkte. Insbesondere wurde bemängelt, dass § 180 LVG in seiner ursprünglichen Fassung geändert worden sei und damit Verfassungsänderungen im Wege der einfachen Gesetzgebung ermögliche.[1316] Nachdem die Bundesversammlung in dem Verfahren der süddeutschen Staaten noch erklärt hatte, es handele sich um eine innere Angelegenheit des Königreichs, bemühte sie diesmal bundesrechtliche Grundsätze, um die Rechtswidrigkeit des Landesverfassungsgesetzes in seiner revidierten Fassung darzutun.[1317] Damit war zum zweiten Mal eine Verfassung gescheitert, die einen Kompromiss zwischen dem monarchischen Prinzip und den liberalen Forderungen der Zeit darstellte. Elf Jahre später annektierte Preußen das Königreich, wodurch sich die hannoversche Verfassungsfrage ein für allemal erledigt hatte.[1318]

[1316] Vgl. *E. R. Huber*, Deutsche Verfassungsgeschichte III, S. 214.
[1317] Bundesbeschluss vom 19. April 1855, Prot. B.V. 1855, 13. Sitz. v. 19. April, § 154, S. 401 ff.
[1318] Vgl. Besitznahme-Patent vom 3. Oktober 1866, (Hann. GS 1866, S. 591).

ZWANZIGSTES KAPITEL
DIE REZEPTION DES VERFASSUNGSKONFLIKTS IN DER GESCHICHTSWISSENSCHAFT

Wenige Ereignisse des konstitutionellen Zeitalters haben die Geschichtswissenschaft so intensiv beschäftigt und zu so leidenschaftlichen Stellungnahmen Anlass gegeben, wie der Hannoversche Verfassungskonflikt. Eine Darstellung des Staatsstreichs und seiner Vorgeschichte muss deshalb notwendig durch eine solche der Rezeptionsgeschichte ergänzt werden. Hierbei können die zeitnahen Darstellungen aus dem 19. Jahrhundert von denen der ersten Hälfte des 20. Jahrhunderts unterschieden werden. Die in den 90er Jahren erneut geführte Diskussion um den Verfassungskonflikt als Hintergrund für die Protestation der Göttinger Sieben wird in einem dritten Abschnitt dargestellt.

I. Historische Darstellungen des Verfassungskonflikts im 19. Jahrhundert

Die Darstellungen des Hannoverschen Verfassungskonflikts in der Literatur des 19. Jahrhunderts stimmen im Wesentlichen überein. Unterschiede ergeben sich daraus, dass den Autoren nicht alle Quellen – insbesondere die Nachlässe *Falckes* und *Scheles* – zur Verfügung standen. Auch in der rechtlichen Bewertung ist Übereinstimmung festzustellen, wenngleich *Treitschke* mit seinen Schmähungen gegen *Ernst August* die Grenzen der Subjektivität, die jeder historischen Darstellung eigen sind, überschritt und seine Darstellung damit an Überzeugungskraft einbüßte. Die Zurückhaltung, die die anderen hier aufgeführten Autoren bei der Bewertung des Staatsstreichs übten, ergibt sich schon aus dem Umstand, dass die dargestellten Tatsachen für sich sprachen und einer verstärkenden Stellungnahme nicht bedurften. Es kann deshalb festgehalten werden, dass die Geschichtsschreibung des 19. Jahrhunderts die schon in den zeitgenössischen Darstellungen nahezu einhellig vertretene These bestätigt hat, dass es sich bei den Maßnahmen *Ernst Augusts* um einen *Staatsstreich*, also einen gegen die Verfassung gerichteten Gewaltakt handelte, der mit keinem – wie auch immer gearteten – Recht begründet werden konnte. Die vorliegende Untersuchung hat erwiesen, dass die Autoren – wenn auch die Quellenlage zu ihrer Zeit erst spärlich war – eine zutreffende Einschätzung des Staatsstreichs vorgenommen haben.

1. Heinrich Albert Oppermann

Heinrich Albert Oppermann[1319] widmet in seinem 1860 erschienenen Werk »Zur Geschichte des Königreichs Hannover von 1832–1860«[1320] dem Staatsstreich ein längeres Kapitel, in dem er die Ereignisse aus der Sicht des Zeitgenossen darstellt. Sein Werk beeindruckt durch eine Vielzahl von – insgesamt 26 – Anlagen, in denen sich unter anderem das Königliche Reskript vom 11. Mai 1832 (Anlage IV), die Adresse der Stände an den Vizekönig (Anlage III) und das Erwiderungsschreiben des Kabinettsministeriums vom 18. März 1833 (Anlage V) sowie ein vollständiger Abdruck des Publikationspatents (Anlage VI) und des Staatsgrundgesetzes (Anlage VII) finden. *Oppermann* hat auf diese Weise seinen Lesern nicht nur seine Auffassung zum Staatsgrundgesetz vermittelt, sondern ihnen die Möglichkeit eröffnet, sich anhand schwer zugänglicher Dokumente eine Meinung zu bilden. Seine eigene Beurteilung des Staatsstreichs äußerte er allerdings mit allem Freimut, wobei berücksichtigt werden will, dass im Jahr des Erscheinens seines Werkes – 1860 und bezeichnenderweise in Leipzig – das Königreich Hannover noch existierte.

Oppermann führt aus:

> »Nicht blos die gesetzliche Ordnung, die Möglichkeit sogar irgend eine andere auf gesetzlichem Wege wiederaufzubauen, war mit einem Schlage vernichtet. Die öffentliche Meinung ganz Deutschlands, die sich noch nie so einmüthig über eine Frage ausgesprochen, war mit Füßen getreten, der Glaube auch des Hoffnungsseligsten dahin auf immer. Und die Gründe zu einem solchen Königlichen Machtspruche? Sie waren die dürftigsten und schwächsten. Zunächst sollte das Staatsgrundgesetz nicht verfassungsmäßig zu Stande gekommen sein, in dem Wilhelm IV. an dem Entwurfe, wie aus den ständischen Berathungen hervorgegangen, einseitig Aenderungen gemacht habe. Allein hatte nicht das Volk nach dem Staatsgrundgesetze wie es publicirt war, gewählt, hatten nicht die Stände das Staatsgrundgesetz mit diesen Aenderungen ausdrücklich dankbarst acceptirt, war die später gegebene Zustimmung der ursprünglichen Genehmigung nicht gleich? Waren die Gründe, welche das Publikationspatent Wilhelm IV. für diese Aenderungen angab, aus der Luft gegriffen, oder hatten die Stände in der That nach dem Patent von 1819 ein so unbedingtes Zustimmungsrecht zu allen Gesetzen besessen, daß jede einseitige Aenderung bei Publication des Staatsgrundgesetzes ein Verfassungsbruch gewesen wäre? Bestand das Staatsgrundgesetz nicht seit October 1833 bereits in anerkannter Wirksamkeit und mußte es sich auf Grund dieses in den Wiener Schlußacten so sehr bevorzugten Besitzstandes nicht des Schutzes des deutschen Bundes und der deutschen Fürsten erfreuen? Weiter sollten durch das Staatsgrundgesetz agnatische Rechte verletzt sein. Aber seitdem es kein Privatfürstenrecht mehr gab, seitdem Hannover Staat geworden war, gab es auch kein auf lehnsherrliche Anschauungen gebautes Mitregierungsrecht des Agnaten. Die Agnaten waren Unterthanen des Königs, wenn auch die ersten Unterthanen, und der Staatshoheit und Staatsgerichtsbarkeit unterworfen wie jeder andere Unterthan.«[1321]

[1319] *Heinrich Albert Oppermann* (1812–1870), Jurist, ab 1842 Rechtsanwalt; 1852 Obergerichtsanwalt. Von 1849 bis 1857 und von 1862 bis 1866 Deputierter in der Zweiten Kammer der Ständeversammlung. 1867–1870 Mitglied des Preußischen Landtags.

[1320] H. A. *Oppermann*, Geschichte des Königreichs Hannover von 1832–1860, Erster Bd. 1832–1848, 1860.

[1321] So H. A. *Oppermann*, Geschichte des Königreichs Hannover I, S. 133 f.

I. Historische Darstellungen des Verfassungskonflikts im 19. Jahrhundert

Oppermann ist auch der Abdruck der Protestationsschrift der Göttinger Sieben vom 18. November 1837 zu verdanken[1322], über deren Wirkung er als Zeitzeuge wie folgt berichtet:

> »Diese Protestation schlug aber in die Herzen und Gemüther der Menschen ein, wie ich selten von einem Schriftstücke es erlebt habe und lebhaft dabei an die Luthersche That in Wittenberg und ihre Folgen erinnert wurde. Je näher man die Feigheit und das Schweigen verdammte, das sich in den höchsten Kreisen der Staatsdienerschaft bei dieser Gelegenheit gezeigt hatte, mit umso ungetheilterem Beifall nahm man die That der Professoren auf, ja auch die Feiglinge und Schwachen freuten sich, daß Andere den Muth gehabt, der ihnen selbst fehlte. Dahlmann wurde am 21. November in seinem ueberfüllten Colleg als dem Manne des Worts und der That ein enthusiastischer Zuruf entgegengejauchzt. Am Abend dieses und des folgenden Tages wurden ihm und seinen Commilitonen Vivats gebracht, obgleich die Polizei dies auf alle Weise zu verhindern suchte.«[1323]

2. Heinrich von Treitschke

In *Heinrich von Treitschkes*[1324] »Deutsche[r] Geschichte im Neunzehnten Jahrhundert«[1325] findet sich die leidenschaftlichste Darstellung und Verurteilung des »welfische[n] Staatsstreich[s].«[1326] *Treitschkes* Darstellung unterscheidet sich von der *Oppermanns* durch eine unverhüllte Subjektivität in Wortwahl und Stil, die den langjährigen Parlamentarier verrät. Breiten Raum nehmen in seiner Darstellung biographische Angaben ein, wobei er – freilich ohne Beleg – ein radikales englisches Blatt zitiert, nach dem mit der einzigen Ausnahme des Selbstmords der Herzog von Cumberland schon jedes erdenkliche Verbrechen begangen habe.[1327]

Treitschke belegt seine Darstellung mit einer Vielzahl von Quellen, blendet allerdings die Vorgeschichte des Staatsstreichs vollständig aus, sodass der Leser den Eindruck gewinnen muss, dies sei im wahrsten Sinne ein *Coup d'état* gewesen, der aufgrund eines momentanen Entschlusses ausgeführt worden ist.

Das Antrittspatent wird zutreffend dahin ausgelegt, aus den »gewundenen Sätzen« gehe klar hervor,

> »daß der König, ohne irgend einen Grund anzugeben, die Verfassungsgesetze seiner Vorfahren kurzerhand für unverbindlich erklärte. Ward ihm dies gestattet, dann stand keine deutsche Verfassung mehr fest. Daher erhob sich sofort ein Sturm in der gesamten deutschen Presse. Mit der einzigen Ausnahme der von Schele beeinflußten unsauberen Hannoverschen Landesblätter war alle Welt derselben Meinung. Die Nation empfand es wie einen Faustschlag ins Angesicht,

---

[1322] So *H. A. Oppermann*, Geschichte des Königreichs Hannover I, S. 137.
[1323] So *H. A. Oppermann*, Zur Geschichte des Königreichs Hannover I, S. 138.
[1324] *Heinrich v. Treitschke* (1834–1896), Historiker und Publizist; von 1871–1884 Mitglied des Reichstags.
[1325] *H. v. Treitschke*, Deutsche Geschichte im Neunzehnten Jahrhundert, Vierter Teil, 1889 (6. Aufl. 1913).
[1326] *H. v. Treitschke*, Deutsche Geschichte IV, S. 643 ff.
[1327] So *H. v. Treitschke*, Deutsche Geschichte IV, S. 645. Dieses Zitat haben auch *O. v. Heinemann*, Geschichte von Braunschweig und Hannover III, S. 433, und auf diesen verweisend *E. R. Huber*, Deutsche Verfassungsgeschichte II, S. 92, übernommen.

daß dieser Fremdling sich erdreisten wollte, nach seinem Gutdünken zu entscheiden, ob in einem gesetzlich geordneten deutschen Lande die gegenwärtige Verfassung bestehen sollte, oder die ältere oder vielleicht auch eine dritte.«[1328]

Die durchweg in Wortwahl und Stil polemische Darstellung *Treitschkes* lässt eine juristische Analyse, wie sie *Eduard Albrecht* geliefert hatte[1329], nahezu vollständig vermissen. Offenbar hat aber gerade die Radikalität in der Wortwahl und die Leidenschaftlichkeit der Darstellung die spätere Wahrnehmung des Staatsstreichs entschieden beeinflusst. *Treitschke* ist in jedem Fall zu verdanken, dass die außenpolitische Absicherung des Staatsstreichs durch *Schele* durch entsprechende Quellen belegt ist.[1330]

3. Otto von Heinemann

Otto von Heinemann[1331] widmet in seiner dreibändigen »Geschichte von Braunschweig und Hannover«[1332] dem Staatsstreich nur wenige Seiten, lässt es aber an Deutlichkeit seiner Beurteilung nicht fehlen:

»Diese Maßregeln des Königs wirkten in Hannover wie ein betäubender Schlag und regten weit über die Grenzen desselben hinaus, im übrigen Deutschland und selbst in den außerdeutschen Ländern, das peinlichste und gerechteste Aufsehen. In England waren sogar die politischen Freunde des Königs darüber entrüstet. Indessen war der Widerstand, welchem der Verfassungsumsturz in Hannover begegnete, nur schwach und vereinzelt. Zuerst erhob er sich in den von dem Könige so tief verachteten Kreisen der Professoren in Göttingen. [...]
Wenn die That der sieben Göttinger Professoren mehr aus ethischen als aus politischen Erwägungen hervorgegangen war, so wäre es Sache des ganzen Volkes, vor allem aber der Ständeversammlung gewesen, mit allen erlaubten Mitteln für die unzweifelhaft zu Recht bestehende und nun in so einseitiger und gewaltsamer Weise beseitigte Verfassung einzutreten. Indeß geschah dies doch nur in sehr beschränktem Umfange und, wo es geschah, mit so ausgesprochener Schwäche, daß es der Regierung nicht schwer ward, diesen Widerstand im Lande zu bewältigen. Sie war auch keineswegs wählerisch in ihren Mitteln und setzte nach dem Wahlspruch ihres Herrn und Königs (suspicere et finire) alle Hebel in Bewegung, um ihren Zweck zu erreichen. Das einst so allmächtige Beamtentum in Hannover erwies sich in dieser Krise als wenig widerstandsfähig gegen den energisch und rücksichtslos ausgeübten Druck von oben.«[1333]

[1328] So *H. v. Treitschke*, Deutsche Geschichte IV, S. 652.

[1329] Vgl. oben S. 119.

[1330] Im Anhang des Bandes IV der »Deutschen Geschichte« werden überdies die Handschreiben des Königs vom 17. Juli und vom 28. November 1837 wiedergegeben (S. 752).

[1331] *Otto v. Heinemann* (1824–1904), Bibliothekar und Historiker; von 1868 bis 1904 Leiter der Herzog-August-Bibliothek Wolfenbüttel.

[1332] *O. v. Heinemann*, Geschichte von Braunschweig und Hannover Bd. 1, 1882; Bd. 2, 1886; Bd. 3, 1892 (Nachdr. 1975).

[1333] So *O. v. Heinemann*, Geschichte von Braunschweig und Hannover III, S. 435 ff.

4. Wilhelm von Hassell

Wilhelm von Hassell[1334] widmet dem »Verfassungskonflikt« in seiner »Geschichte des Königreichs Hannover«[1335] ein umfangreiches Kapitel und behandelt – wenngleich knapp – auch die Vorgeschichte des Staatsstreichs. *Hassell* publiziert als erster – und einziger – Autor das Pro Memoria *Scheles* vom 8. Januar 1836 und lässt damit dessen maßgeblichen Einfluss auf den später ausgeführten Staatsstreich deutlich werden. Der Untertitel seines Werkes »Unter Benutzung bisher unbekannter Aktenstücke« ist fraglos zutreffend, weil weder das Pro Memoria noch andere Aufzeichnungen *Scheles* bis zu diesem Zeitpunkt bekannt waren.

Hassell enthält sich jeglicher Polemik, wie sie die Darstellung *Treitschkes* kennzeichnet, und gelangt dadurch zu einer ausgewogenen Darstellung der Ereignisse des Jahres 1837. Zu der Beauftragung *Leists* mit dem Gutachten heißt es, *Schele* habe gewusst, dass sich *Leist* stets der Macht beuge, dass er seine bessere Überzeugung völlig dem persönlichen Vorteil zum Opfer bringe und nichts schreiben würde, was ihm – *Schele* – missfiele.[1336] Bei *Hassell* findet sich ein bezeichnender Satz, den der König am 15. November 1837 an einen nicht genannten Empfänger in England geschrieben hat:

»I have cut the wings to the democracy".[1337]

In dem Bemühen um Ausgewogenheit, die gelegentlich im Kontrast zu den zitierten Stellen steht, gelangt *von Hassell* zu folgender zusammenfassender Beurteilung:

> »Ueber die rechtliche Zulässigkeit dieses Gewaltstreichs läßt sich streiten; aber es ist unzweifelhaft, daß er im höchsten Grade unzweckmäßig war. Freilich, der König war fest ueberzeugt, daß, wenn sein Vorgänger das Recht gehabt hatte, ohne ihn, den Thronfolger zu fragen, eine neue Verfassung einzuführen, er dasselbe Recht besäße, sie wieder aufzuheben, und das Fortbestehen der eidlichen Verpflichtung der Angestellten auf eine Konstitution, die er für ungültig erklärt hatte, ein Unding wäre. Die Bevölkerung dagegen hatte für die staatsrechtlichen Deduktionen Leists kein Verständnis. Das Land erstarrte förmlich unter dieser nicht geahnten Gewaltmaßregel. Es wollte dem strengen Rechtssinne der Unterthanen nicht einleuchten, daß die monarchische Gewalt so weit reichte, um ein Gesetz, daß auf vertragsmäßiger Vereinbarung zu Fürst und Volk beruhte, das seit vier Jahren in anerkannter Wirksamkeit bestanden hatte, durch einen einzigen Federstreich für erloschen zu erklären – und nun wie der Papst in der römischen Kirche seine Beamten eines nicht ihm geleisteten Eides zu entbinden. In allen Kreisen verbreitete sich daher eine Aufregung und Entrüstung, von der man sich heutzutage keinen Begriff machen kann.«[1338]

Liest man diese Sätze genau, so wird man darin kaum eine nachträgliche Billigung des Staatsstreichs sehen können, zumal von *Hassell* auch die »Staatsrechtli-

---

[1334] *Wilhelm (William) von Hassell* (1833–1915) war Offizier und Historiker.
[1335] W. v. *Hassell*, Geschichte des Königreichs Hannover. Erster Teil: Von 1813–1848, 1898.
[1336] So W. v. *Hassell*, Geschichte des Königreichs Hannover, S. 379.
[1337] So W. v. *Hassell*, Geschichte des Königreichs Hannover, S. 381 (Anm.).
[1338] So W. v. *Hassell*, Geschichte des Königreichs Hannover, S. 383.

chen Bedenken«[1339] bei Abfassung seines Werkes hinzugezogen hatte.[1340] *Hassell* fügt sich deshalb in die Reihe der bisher genannten Autoren ein, unterscheidet sich von diesen aber durch vertiefte Quellenkenntnis und – dies im Gegensatz zu *Treitschke*, den er häufig zitiert – durch das Fehlen jeglicher Polemik. So stellt sich die – insgesamt 30 Seiten umfassende – Darstellung des Staatsstreichs auch heute noch als höchst beachtliche Sekundärquelle dar.

II. Darstellungen der Gegenwart

1. Rudolf Smend

Rudolf Smend hat seinen Vortrag auf der Immatrikulationsfeier der Universität Göttingen am 24. Mai 1950 »Die Göttinger Sieben« betitelt, aber auch einen wesentlichen Beitrag zur Beurteilung des Staatsstreichs geleistet, in dem er die dem Staatsgrundgesetz zugrunde liegenden Vorstellungen denjenigen des Königs gegenüberstellte. Wörtlich führt er aus:

> »Die Einführung des Verfassungsstaats hatte für die Zeitgenossen eine für uns beinahe unvorstellbare Erweiterung ihres geistigen und sittlichen Lebensraums gebracht. Im absoluten oder, wie in Hannover, im ständisch-feudalen Staat hatte der, der nicht zur sehr begrenzten herrschenden Schicht gehörte, das, was von Staat und Obrigkeit kam, als Privatmann in leidendem Gehorsam hinzunehmen, wie Sonne, Regen und Gewitter vom physischen Himmel, froh, wenn es ihm vergönnt war, nach dem Bibelwort ein geruhiges und stilles Leben zu führen. Nun gewann der Einzelne ein Recht auf Einsicht in die öffentlichen Zustände und auf ihre Mitbestimmung – die deutsche klassische Philosophie hatte das vom Westen gekommene konstitutionelle Denken durch die Einsicht vertieft, dass hier ein sittlich notwendiger Zuwachs an menschlichem Lebensgehalt gewonnen sei – auf der sittlichen Notwendigkeit dieses Zuwachses beruhte das tiefe innere Recht des Verlangens nach Verfassungen, beruhte die sittliche Unmöglichkeit ihrer Zurücknahme, beruhte der sittliche Makel, der gerade in Deutschland auf gebrochenen Verfassungsversprechen und zerrissenen Verfassungsurkunden liegt.«[1341]

Dem König seien derartige Gedanken fremd gewesen oder er habe sie – soweit er sie kannte – als verächtlich abgetan. Seine Ablehnung des Staatsgrundgesetzes habe auf feudalen Vorstellungen beruht:

> »Der Staatsbesitz ist nicht Staatseigentum, sondern noch immer Familieneigentum an dem Familienfideikommiß von 1688, seine Behandlung als Staatsgut also Rechtsbruch, insbesondere Unrecht gegen Ernst August als mitberechtigten Agnaten, der nicht durch Zustimmung zum Finanzkapitel des Staatsgrundgesetzes auf dies Agnatenrecht verzichtet hatte. Und ebenso war für ihn die Staatsgewalt unveräußerliches Alleinrecht des Herrscherhauses, die Veräußerung eines Anteils daran durch das Zugeständnis der Mitwirkung der Ständeversammlung an der Gesetzgebung also ebenfalls nichtig – und er hatte hier wohl sogar den berüchtigten Artikel 57 der Wiener Schlußakte von 1820 vom monarchischen

---

[1339] Vgl. oben S. 117.
[1340] Vgl. W. v. *Hassell*, Geschichte des Königreichs Hannover, S. 373.
[1341] So R. *Smend*, Die Göttinger Sieben, in: R. Smend, Staatsrechtliche Abhandlungen, S. 399 f.

II. Darstellungen der Gegenwart   331

Prinzip für sich, der besagte, dass die gesamte Staatsgewalt im Oberhaupte des Staates vereinigt bleiben müsse und der Souverän nur in der Ausübung (nicht der Innehabung) bestimmter Rechte an die Mitwirkung der Stände gebunden werden könne.«[1342]

Damit hatte *Smend* – in gewissermaßen klassischer Formulierung – die Staatstheorien des Konstitutionalismus und des Absolutismus – auch in seiner feudalistischen Ausprägung – einander gegenüber gestellt. In einem Punkt allerdings ist *Smend* einem Irrtum erlegen, indem er meinte, der Herzog von Cumberland habe dem Entwurf des Staatsgrundgesetzes im Ganzen zugestimmt.[1343] Wie oben dargestellt,[1344] hatte der Herzog aus seiner Ablehnung des Staatsgrundgesetzes keinen Hehl gemacht, war aber in dieser ablehnenden Haltung übergangen worden, weil es der Zustimmung der Agnaten nicht bedurfte.[1345]

2. Ernst Rudolf Huber

Ernst Rudolf Huber nimmt schon durch den Titel des entsprechenden Abschnitts im zweiten Band seiner Verfassungsgeschichte »Der Staatsstreich in Hannover« eine Wertung vor, enthält sich aber im Gegensatz zu *Treitschke* jeglicher Polemik und bedient sich – wie vielfach in dieser Untersuchung zitiert – einer streng juristischen Argumentation. Auch er sieht in der von *Ernst August* vertretenen Position alte feudalrechtliche Vorstellungen, nach denen die staatlichen Herrschaftsrechte als ein der Verfügungsgewalt des einzelnen Herrschers entrücktes Fideikommiss galten. *Huber* fährt fort:

»Mit dem monarchischen Prinzip, wie es im Deutschen Bund Geltung erlangt hatte, und insbesondere mit dem Grundsatz der monarchischen Souveränität, wie sie sonst gerade die deutschen Königreiche so lebhaft betonten, war diese Rechtsauffassung allerdings unvereinbar. Denn nach monarchischem Recht stand die volle Verfassungsgewalt jeweils dem regierenden Herrscher ohne Mitbeteiligung der Agnaten zu. Es war vorabsolutistischer Feudalismus, der sich in der juristischen Argumentation des Königs äußerte.«[1346]

Hinsichtlich des von *Ernst August* verweigerten Eides vertritt *Huber* die Auffassung, dieser sei nicht Voraussetzung für die Vornahme von Regierungshandlungen gewesen. Er verweist allerdings auf den Braunschweiger Staatsstreich, mit dem der Herzog seine Regierungsunfähigkeit bewiesen habe:

»Es lag nahe, das Gleiche im Fall der Verweigerung des Verfassungseids anzunehmen. Dazu aber hätte es, wie der braunschweigische Konflikt gezeigt hatte, des aktiven Widerstands der Kammern bedurft. In Hannover jedoch fügten die Stände sich der angeordneten Vertagung ohne Widerspruch. Damit hatten sie, wie sich zeigen sollte, die Verfassung bereits preisgegeben.«[1347]

[1342] So R. *Smend*, Die Göttinger Sieben, S. 400.
[1343] So R. *Smend*, Die Göttinger Sieben, S. 399.
[1344] Vgl. oben S. 226.
[1345] Vgl. oben S. 33.
[1346] So E. R. *Huber*, Deutsche Verfassungsgeschichte II, S. 93.
[1347] So E. R. *Huber*, Deutsche Verfassungsgeschichte II, S. 94.

Auch auf den Widerspruch, der in der »Aufhebung« des Staatsgrundgesetzes am
1. November 1837 lag, weist *Huber* hin:

> »Es war in diesem Fall inkonsequent, daß das Patent vom 1. November 1837 die
> ›Aufhebung‹ der Verfassung von 1833 und die ›Wiederinkraftsetzung‹ der Ver-
> fassung von 1819 anordnete; denn unter der erwähnten Annahme war die Ver-
> fassung von 1833 niemals in Kraft, die von 1819 niemals außer Kraft getreten.
> Offenbar wagte das Patent jedoch nicht, diese aus seinem Hauptargument not-
> wendig folgende absolute Unwirksamkeit der Verfassung von 1833 anzunehmen.
> Es begnügte sich mit der Annahme einer relativen Unwirksamkeit, also mit der
> Folgerung, die sich ergab, wenn man als einzigen Rechtsmangel der Verfassung
> von 1833 die Außerachtlassung der agnatischen Rechte ansah.«[1348]

Huber beschränkt sich in seiner überaus konzisen Darstellung auf die beiden Patente, die den Staatsstreich ins Werk setzten und vollendeten. Die Vorgeschichte
des Staatsstreichs – das konspirative Zusammenwirken des Herzogs von Cumberland mit *Schele* – bleibt unerörtert, obwohl an anderer Stelle das Werk *v.
Hassells*, in dem das Pro Memoria *Scheles* vom 8. Januar 1836 wiedergegeben
wird[1349], zitiert wird.[1350]

3. Ernst Schubert

Ernst Schubert betitelt den entsprechenden Abschnitt ähnlich wie *Huber* in der
von ihm mitherausgegebenen »Niedersächsische(n) Geschichte« mit den Worten »König Ernst August und sein Streich gegen den Staat«, widmet diesem Ereignis allerdings nur die folgenden Zeilen:

> »Was Ernst August im Feldzug 1813 auf Geheiß seines Bruders verwehrt worden
> war, holte er jetzt im übertragenen Sinne nach: den entschlossenen Reiterangriff
> zur persönlichen Einnahme Hannovers. Alle zwischen Juli und September 1837
> angeforderten Gutachten zur Rechtslage bedeuten nur, militärisch gesprochen,
> eine Rekognoszierung des Terrains. Der Entschluss zum Angriff stand fest. Was
> kümmerte bei einem solchen Husarenstreich das Recht? Wir übertreiben nicht
> mit dem Bild des Reiterangriffs. Weder alte noch neue ein Königtum legitimie-
> rende Akte interessierten Ernst August. Die alte legitimierende Form der Krö-
> nung wurde 1837 schlicht vergessen [...].
> Wodurch wurde ein Königtum, wenn nicht durch eine Krönung, denn legitimiert?
> In Hannover war die Sachlage eindeutig: Durch das Beschwören der Verfassung
> wäre Ernst August erst wahrer König geworden. Aber genau das schob er bei sei-
> nem Streich gegen den Staat beiseite.«[1351]

Die Bundesversammlung erfährt bei *Schubert* eine milde Beurteilung. Der
Deutsche Bund sei in Verlegenheit gewesen, weil er das Staatsgrundgesetz zunächst gebilligt habe. Die politische Isolation des Königreichs sei darin sicht-
bar gewesen, dass der Bundestag sich fast zwei Jahre Zeit ließ, »ehe er sich zu

---

[1348] So E. R. Huber, Deutsche Verfassungsgeschichte II, S. 96.
[1349] Vgl. oben S. 59.
[1350] Vgl. E. R. Huber, Deutsche Verfassungsgeschichte II, S. 84.
[1351] So E. Schubert, Verfassung und Verfassungskämpfe im frühen 19. Jahrhundert, in: Hu-
cker/Schubert/Weisbrod (Hrsg.), Niedersächsische Geschichte, S. 454 f.

einer faktischen Anerkennung des 1837 geschaffenen Zustandes herabließ«.[1352] Von einer Hinauszögerung des Verfahrens kann indes keine Rede sein. Die Verfassungsbeschwerde der Stadt Osnabrück ist am 9. März 1838 eingereicht und durch Beschluss der Bundesversammlung vom 6. September 1838 zurückgewiesen worden.[1353] Die Anträge Bayerns und Badens auf Einschreiten des Bundes sind am 26. April 1839 gestellt und am 5. September desselben Jahres beschieden worden.[1354] Die Bundesversammlung hat also in beiden Fällen innerhalb eines knappen halben Jahres entschieden. Zuzustimmen ist *Schubert* freilich in der Vermutung, die Bundesversammlung habe einen Präzedenzfall befürchtet, den die Verurteilung Hannovers bedeutet hätte, nämlich die Einmischung in die inneren Angelegenheiten eines Staates.[1355] Ein solches Einschreiten hatte die Bundesversammlung allerdings im braunschweigischen Verfassungskonflikt nicht gescheut.

III. Die Rezeption der Protestationsschrift der Göttinger Sieben

Zur Rezeptionsgeschichte der Protestation der Göttinger Sieben und ihrer Folgen hat *Miriam Saage-Maaß* eine umfangreiche Untersuchung vorgelegt, in der sie das »Verhältnis von Geschichtsschreibung und Erinnerungskultur in der Rezeption des Hannoverschen Verfassungskonflikts« behandelt.[1356] *Saage-Maaß* stellt in bemerkenswerter Detailliertheit und mit stupender Quellenkenntnis dar, wie sich das Bild der Göttinger Sieben im Laufe der Jahrzehnte verändert hat und damit geschichtliche und gesellschaftliche Entwicklungen Deutschlands widerspiegelt. Bemerkenswert ist, dass die Göttinger Sieben zum 100. Jahrestag der Protestation auch von spezifisch nationalsozialistisch orientierten Autoren vereinnahmt worden sind.[1357] Der 150. Jahrestag der Protestation im Jahr 1987 bot naturgemäß auch Anlass zu Festreden[1358] und anderen Publikationen.[1359]

Die Untersuchung von *Saage-Maaß* macht es einerseits entbehrlich, sämtliche Stimmen, die sich bei unterschiedlichen Anlässen zur Protestation geäußert haben, auch in diesem Rahmen zu Worte kommen zu lassen.[1360] Gleichzeitig darf

---

[1352] So *E. Schubert*, in: Hucker/Schubert/Weisbrod (Hrsg.), Niedersächsische Geschichte, S. 455.
[1353] Vgl. oben S. 210.
[1354] Vgl. oben S. 290 f.
[1355] Vgl. *E. Schubert*, in: Hucker/Schubert/Weisbrod (Hrsg.), Niedersächsische Geschichte, S. 455.
[1356] *M. Saage-Maaß*, Die Göttinger Sieben – Demokratische Vorkämpfer oder nationale Helden?, 2007.
[1357] Vgl. *M. Saage-Maaß*, Die Göttinger Sieben, S. 103 ff.
[1358] Vgl. etwa *E. Blanke* u. a., Die Göttinger Sieben. Ansprachen und Reden anläßlich der 150. Wiederkehr ihrer Protestation, 1988.
[1359] *R. von Thadden*, Die Göttinger Sieben, ihre Universität und der Verfassungskonflikt von 1837, 1987.
[1360] Grundlegend ist nach wie vor die Dissertation von *Hans Kück*, Die »Göttinger Sieben« – Ihre Protestation und ihre Entlassung im Jahre 1837«, 1934.

sie als Beleg dafür angesehen werden, dass der Verfassungskonflikt in Gestalt der Göttinger Sieben personalisiert und damit notwendig verengt worden ist. Der Staatsstreich und seine nur selten erwähnte Vorgeschichte bilden dabei nur den Hintergrund individueller und regelmäßig beklagter Gelehrtenschicksale. So anerkennenswert der für die Geschichte Hannovers so untypische Widerstand Einzelner gegen den Despotismus *Ernst Augusts* war, so birgt die Fokussierung auf die Protestation die Gefahr, dass die Vorgeschichte des Staatsstreichs und die weitere Entwicklung des Verfassungskonflikts außer Betracht bleiben. Hat sich einmal eine »herrschende Meinung« in der Wahrnehmung historischer Ereignisse gebildet und diese sich gewissermaßen in Personen materialisiert, mögen vertiefende Untersuchungen entbehrlich erscheinen. Die folgenden Ausführungen sind deshalb vorzugsweise den Autoren gewidmet, die sich der im Gefolge *Treitschkes* gebildeten »herrschenden Meinung« entziehen zu können glaubten und eine Art – freilich später – Gegenposition entwickelt haben.

1. Die Dilcher/Link-Kontroverse

Der Frankfurter Rechtshistoriker *Gerhard Dilcher* veröffentliche im Jahr 1977 in der Ausbildungszeitschrift »Juristische Schulung« einen mehrteiligen Beitrag über den »Grundlagenschein in der Rechtsgeschichte«.[1361] Als Aufgabe für eine Hausarbeit wurde die Protestation der Göttinger Sieben vom 18. November 1837 und das Reskript über ihre Entlassung vom 11. Dezember 1837, verbunden mit vier Fragen gestellt.[1362] *Dilcher* gab methodische Hinweise für die Bearbeitung derartiger Quellen und publizierte in einem der folgenden Hefte die Lösung der von ihm gestellten Aufgabe. Nach einem Abschnitt über den Verlauf des Verfassungskonflikts – *Dilcher* vermied durchgehend den Begriff »Staatsstreich« – gelangte er zu einer rechtlichen Beurteilung. Hierbei wurde wie üblich zwischen oktroyierten und paktierten Verfassungen unterschieden und festgestellt, dass letztere die Ausnahme im deutschen Konstitutionalismus bildeten. *Dilcher* ließ keinen Zweifel daran, dass nach zeitgenössischer Lehre das Staatsgrundgesetz eine »in anerkannter Wirksamkeit bestehende landständische Verfassung« gewesen sei und deshalb unter dem Schutz der Wiener Schlussakte gestanden habe.[1363]

Einen weiteren Abschnitt widmet *Dilcher* der Frage der agnatischen Zustimmung, die er freilich nicht hinsichtlich der Regierungsrechte, sondern allenfalls im Hinblick auf die Domänen für problematisch hält. Hier schließt er sich der Auffassung *Reyschers* an, dass nach dem Staatsgrundgesetz dem König das *Throngut* verblieben sei und somit die bisherigen Einkünfte aus den Domänen lediglich eine andere Bezeichnung erhalten hätten.[1364]

[1361] G. *Dilcher*, Der Grundlagenschein in der Rechtsgeschichte, JuS 1977, 241 ff., 386 ff., 524 ff.
[1362] Vgl. G. *Dilcher*, JuS 1977, 386 f.
[1363] So G. *Dilcher*, JuS 1977, 526.
[1364] Vgl. G. *Dilcher*, JuS 1977, 527.

Eingehend befasst sich *Dilcher* mit der Protestation der Göttinger Sieben und deren Entlassung. Nach *Dilchers* Auffassung habe sich das Entlassungsreskript auf eine Fehlinterpretation nicht nur des Eides, sondern der Verfassungsbindung der Beamten im Konstitutionalismus gestützt und sei deshalb willkürlich gewesen. Das Prinzip des Gottesgnadentums habe nur insoweit als geltender Rechtsgrundsatz angesehen werden können, als es das Thronfolgerecht, die Wahrung der obersten Gewalt des Fürsten und seinen Schutz bewirkte. Keineswegs konnten aufgrund dieses Prinzips die Verfassung und die auf sie begründeten Eides- und Dienstpflichten der Beamten und Untertanenrechte außer Kraft gesetzt werden. Letztere gehörten in gleicher Weise wie die Rechte des Monarchen zu den Grundlagen des Staates und wurden von den Göttinger Sieben verteidigt, nicht angegriffen.[1365]

Es war kaum zu erwarten, dass der in die Lösung einer Hausarbeitsaufgabe gekleidete Beitrag *Dilchers* eine wissenschaftliche Kontroverse auslösen würde. Im März 1979 und damit anderthalb Jahre nach Erscheinen des Beitrags brachte dieselbe »Juristische Schulung« eine Entgegnung *Christoph Links* unter dem Titel »Noch einmal: Der Hannoversche Verfassungskonflikt und die ›Göttinger Sieben‹.«[1366] *Link* will seinen Beitrag als Beispiel dafür verstanden wissen, dass historische Vorgänge unterschiedlicher Interpretation zugänglich seien und man den Verfassungskonflikt auch anders sehen und bewerten könne, »ohne den Boden des Rechts zu verlassen«.[1367] Nach einem mit der Darstellung *Dilchers* im Wesentlichen übereinstimmenden Aufriss des Verfassungskonflikts nimmt *Link* eine »staatsrechtliche Würdigung des Verfassungsstreits« vor.[1368] Zunächst wirft er die Frage auf, ob der König nach hannoverschem Staatsrecht zur Aufhebung des Staatsgrundgesetzes berechtigt gewesen sei. Unter Hinweis auf das Reichsstaatsrecht hält *Link* Thronfolger nur dann an »Regierungshandlungen« des Vorgängers für gebunden, wenn diese auf vertraglicher Grundlage beruhten oder der Widerruf in wohlerworbene Rechte der Untertanen eingegriffen hätte. Sei demgegenüber eine Verfassung als »einseitiges Geschenk« des Monarchen zu verstehen (gewesen), so habe er ein solches Geschenk durch *actus contrarius* wieder zurücknehmen können.[1369] Die Versuche, den Verfassungen, die mit den Ständeversammlungen vereinbart worden seien, als »paktierte[n] Grundgesetze[n]« eine verstärkte Bestandsgarantie zu verleihen, hätten sich angesichts der Realitäten nicht durchzusetzen vermocht.[1370]

Link erwägt – gewissermaßen mit einem Seitenblick –, ob die Lehre von der juristischen Person des Staates, wie sie von *Albrecht* begründet worden war[1371], zu einem anderen Ergebnis führen würde. Er sieht, dass eine rechtliche Organ-

---

[1365] So G. *Dilcher*, JuS 1977, 530.
[1366] C. *Link*, Noch einmal: Der Hannoversche Verfassungskonflikt und die Göttinger Sieben, JuS 1979, 191.
[1367] So C. *Link*, JuS 1979, 191.
[1368] Vgl. C. *Link*, JuS 1979, 193 ff.
[1369] So C. *Link*, JuS 1979, 193.
[1370] So C. *Link*, JuS 1979, 193 f.
[1371] Vgl. oben S. 131.

stellung des Königs ihn gehindert haben würde, die Verfassung aufzuheben, hält der Lehre *Albrechts* aber die »patrimonialstaatliche« Richtung entgegen und meint, dass diese weder durch die Deutsche Bundesakte noch durch die Wiener Schlussakte zum Nachteil der regierenden Fürsten geändert worden sei.[1372] Gewissermaßen als Zwischenergebnis hält *Link* fest:

> »Nach dem i. S. der überkommenen Herrschersouveränität interpretierten monarchischen Prinzip war der Erlaß des Staatsgrundgesetzes 1833 grundsätzlich als Regentenhandlung anzusehen, durch die sich der regierende Monarch einseitig bestimmten Schranken in der Ausübung der Staatsgewalt unterwarf. Nach reichsrechtlicher Tradition wäre hierzu nicht die Zustimmung des Thronfolgers erforderlich gewesen. Eine derartige konstitutionelle Begrenzung der Regierungsgewalt konnte zumindest in den größeren Staaten nicht als eine Substanzminderung des agnatischen Patrimoniums aufgefasst werden, die ohne Einwilligung der Agnaten an einem rechtserheblichen Mangel gelitten hätte. Wohl aber bedurfte nach den welfischen Hausgesetzen die Veräußerung des sog. Domanial- oder Kammerguts der agnatischen Einwilligung.«[1373]

Mit dem letzten Satz leitet *Link* über zu der im Staatsgrundgesetz vorgeschriebenen Kassenvereinigung und warnt davor, diese Frage aufgrund erst später entwickelter Vorstellungen des Budgetrechts zu beurteilen. Im Unterschied zu *Dilcher* hält *Link* die fehlende Zustimmung des Agnaten zur Vereinigung der Kassen für so gravierend, dass der Grundsatz der Teilnichtigkeit nicht anwendbar sei und im Ergebnis

> »der Widerruf der übrigen Teile der Verfassung [...] daher jedenfalls nicht als fundamentaler Rechtsbruch gewertet werden«[1374]

konnte. Link widmet sich weiterhin der Rechtslage nach dem Verfassungsrecht des Deutschen Bundes und wirft die Frage auf, ob es sich bei dem Staatsgrundgesetz um eine in »anerkannter Wirksamkeit gestandene Verfassung« gehandelt habe. Die Meinungen hierüber seien geteilt gewesen; deshalb fehle es an der Evidenz eines Verstoßes gegen das Bundesrecht. Zur Stützung seiner Auffassung beruft sich Link auf Ausführungen, die im Verfahren vor der Bundesversammlung vorgetragen worden sind.[1375]

Aufgrund der hier skizzierten rechtlichen Prämissen ist es nicht weiter erstaunlich, dass *Link* die Protestationsschrift der Göttinger Sieben nicht zu rechtfertigen vermag. Unter Berufung auf *Gerber* sieht er die Professoren – weil Beamte – als »Diener und Gehilfen des Monarchen«, die die Motive ihres Handelns aus seinem – des Monarchen – Willen entlehnten.[1376] Selbst wenn man diese erst später entwickelte Lehre nicht zugrunde lege, müsse man feststellen, dass das königliche Aufhebungspatent ordnungsgemäß publiziert worden sei und die ausschließliche Kompetenz, die Verfassungswidrigkeit von Rechtsnormen geltend zu machen, nach dem Staatsgrundgesetz den *Ständen* zugestanden habe.[1377]

[1372] So C. *Link*, JuS 1979, 194.
[1373] So C. *Link*, JuS 1979, 194.
[1374] So C. *Link*, JuS 1979, 195.
[1375] Vgl. *Link*, JuS 1979, 195.
[1376] So C. *Link*, JuS 1979, 196.
[1377] So C. *Link*, JuS 1979, 196.

III. Die Rezeption der Protestationsschrift der Göttinger Sieben

Auch die von den Göttinger Sieben geltend gemachte Bindung an den Eid, will *Link* nicht gelten lassen. Zwar sieht er, dass durch das Publikationspatent der auf das Patent von 1819 geleistete Eid auf das Staatsgrundgesetz ausgedehnt worden sei,[1378] hält dieses Verfahren aber für »problematisch«:

> »Nr. 13 des Publikationspatentes gehörte zu den einseitig von König Wilhelm IV. oktroyierten Regelungen. Die Stände hatten eine Neuvereidigung gefordert. Dieses einseitige Vorgehen widersprach indes sowohl der bis dahin geltenden Verfassung von 1819 wie Art. 56 der Wiener Schlussakte. Wie immer man die Gültigkeit des Staatsgrundgesetzes 1833 im Ganzen beurteilt – gewichtige Gründe sprechen zumindest für eine Teilnichtigkeit dieser einseitig eingeführten Bestimmungen.«[1379]

In keinem Fall aber seien die Protestierenden aufgrund ihres Verfassungseides zur materiellen Nachprüfung des Aufhebungspatents und zur Verweigerung der angeordneten Unterzeichnung des Huldigungsreverses positiv rechtlich befugt gewesen. Indem die Göttinger Sieben den Huldigungsrevers ablehnten, hätten sie den Diensteid verweigert und angedroht, ihre Dienstpflichten nicht mehr »entsprechend der neuen Verfassungslage« erfüllen zu wollen.[1380]

Nachdem *Link* auch ein Widerstandsrecht der Göttinger Professoren verneint hatte, gelangt er zu folgender Zusammenfassung:

> »Das mindert in keiner Weise das Verdienst der mutigen ›Göttinger Sieben‹: Indem sie protestierten, setzten sie ein politisches Zeichen [...]. Daß jede Seite sich auf das ›höhere Recht‹ berief, weist den Konflikt als das aus, was er war: ein politischer, der mit dem Rechtsinstrumentarium der Zeit nicht befriedigend zu lösen war. Allerdings blieb das Beamtenrecht stärker den konservativen Linien verhaftet. Im Kampf zweier widerstreitender Staatsauffassungen, die beide im geltenden Staatsrecht ihre Stütze fanden, schlugen sich die Professoren auf die Seite des modernen Staates. Ernst August hatte bei ihrer Entlassung das Recht, die Göttinger Sieben hatten die Zukunft für sich.«[1381]

Im selben Heft der »Juristischen Schulung« folgte eine Entgegnung von *Dilcher*[1382], der *Link* vorwarf, dass er einerseits zu hoch – nämlich bei der allgemeinen Staatstheorie –, andererseits zu positivistisch – nämlich bei der Domänenfrage – ansetze und damit die Mittellage des positiven Verfassungsrechts verfehle.[1383]

Dilcher widmete sich zunächst den Bestimmungen der Deutschen Bundesakte (Art. 13) und der Wiener Schlussakte (Art. 56), die gleichermaßen Schutz vor einem revolutionären Umbruch, aber auch vor einem Staatsstreich bieten sollten und damit den Rechtsschutz ersetzt hätten, den im Alten Reich das Reichskammergericht und der Reichshofrat gewährt hätten.[1384] Er geht zunächst auf die Frage ein, ob das Staatsgrundgesetz im Sinne des Art. 56 WSA in »anerkannter

---
[1378] Vgl. oben S. 45.
[1379] So C. *Link*, JuS 1979, 196.
[1380] So C. *Link*, JuS 1979, 196 f. In einer Fußnote (69) fügt der Verfasser hinzu: *»Die darüberhinausgehende Ausweisung soll hier nicht auf ihre Rechtmäßigkeit untersucht werden.«*
[1381] So C. *Link*, JuS 1979, 197.
[1382] G. *Dilcher*, JuS 1979, 197.
[1383] So G. *Dilcher*, JuS 1979, 198.
[1384] So G. *Dilcher*, JuS 1979, 198.

Wirksamkeit« gestanden habe. Zweifel hieran konnten *Dilcher* zufolge nur deshalb bestehen, weil *Ernst August* als Thronfolger gegen das Staatsgrundgesetz protestiert habe und es ohne seine Zustimmung nicht hätte erlassen werden dürfen. *Dilcher* setzt hierbei voraus, dass eine Zustimmung des Agnaten nach hannoverschem Hausrecht nur für die Domänenfrage, nicht aber für die Verfassungsgebung als solche in Betracht gekommen sei.[1385] Er sieht in der Zusammenlegung der bis dahin getrennten Kassen keine »Veräußerung« der Domänen, zu denen allein eine Zustimmung der Agnaten notwendig gewesen wäre. Mit dem Staatsgrundgesetz sei keine wirkliche Änderung der Zweckbestimmung verbunden gewesen, sodass die Einkünfte aus den Domänen weiterhin dem König zugeflossen wären. Selbst wenn man eine agnatische Zustimmung für erforderlich hielte, hätte ihr Fehlen gleichwohl nicht die Nichtigkeit des ganzen Staatsgrundgesetzes zur Folge gehabt.[1386]

In diesem Zusammenhang weist *Dilcher* auf die Besonderheit des Staatsgrundgesetzes als einer Verfassungskodifikation hin, die das gesamte staatliche Leben auf eine neue Rechtsgrundlage stellte. Dies sei ein deutlicher Unterschied zu altständischen Verfassungen – wie des Patents von 1819 –, die nur ein Gefüge von Gewohnheitsrecht, Überlieferung und Einzelsatzungen darstellen wollten. Die Verfassung vermittle ein Immediatverhältnis von Staat und Untertan und habe damit das aristokratisch-altständische Gefüge der Zwischengewalten durchbrochen. Dies werde dadurch deutlich, dass das Staatsgrundgesetz jedem einzelnen Landeseinwohner Rechtsschutz und Grundrechte gewährt habe und ihm mit der Lösung der hörigen Bauern aus dem System der Grundherrschaft »den Status eines freien Standes« gegeben habe.[1387] Die Verfassung habe eine Vertretung des Volkes als Repräsentation »neuständischer Art« geschaffen, also einen Landtag, der weder nach geburtsständischen, noch nach egalitär demokratischen Prinzipien aufgestellt sei. Der so formierte Landtag habe als Zweite Kammer im Zusammenwirken mit der Ersten Kammer und dem Monarchen das Gesetzgebungs- und das Budgetrecht gehabt, das die Bürger vor willkürlichen Eingriffen in den Bereich von Freiheit und Eigentum geschützt habe.[1388] Erst innerhalb der Beschlussrechte der Ständeversammlung über das Budget sei die Domänenfrage einzuordnen. *Dilcher* verkennt nicht, dass der König und das Fürstenhaus durch die Verfassung ihrer alten absoluten Rechte entkleidet worden seien, vertritt aber mit der »einhelligen zeitgenössischen Meinung« die Ansicht, dass aus einem agnatischen Zustimmungsrecht die Unwirksamkeit der Gesamtverfassung als eines »Staatsgrundgesetzes«, das den hannoverschen Staat in den moderneren Zustand des Verfassungsstaates erheben sollte, nicht geschlossen werden könne. Schließlich habe der König in diesem einzelnen Punkt die Möglichkeit gehabt, erneut in Verhandlungen mit den Ständen

---

[1385] So G. *Dilcher*, JuS 1979, 198.
[1386] So G. *Dilcher*, JuS 1979, 199.
[1387] So G. *Dilcher*, JuS 1979, 199.
[1388] So G. *Dilcher*, JuS 1979, 199.

einzutreten oder die Bundesschiedskommission anzurufen.[1389] *Dilcher* fügt das Staatsgrundgesetz in die Verfassungsbewegung des Vormärz ein, die »Kompromissformeln« des Rechts – eingespannt zwischen den restaurativen monarchischen Kräften und den vorwärtsdrängenden liberalen und radikalen Bestrebungen aus dem Bereich der Gesellschaft – gewesen seien:

> »Sie sollten Revolution einerseits wie Staatsstreich und fürstlichen Machtspruch andererseits ausschließen. Die Hannoversche Verfassung von 1833 war als solche Kompromißformel, nach bürgerlichen Unruhen im Gefolge der französischen Juli-Revolution von 1830 erlassen worden. Wenn Ernst August die Rechtsgrundlage des Zusammenlebens von Fürst und Volk, von Staat und Gesellschaft durch einseitigen Akt für nichtig erklärte, so verließ er in einem tieferen Sinne die Rechtsgrundlage, indem er sich einseitig zum Beurteiler von Recht und Verfassung machte. Er stand in seiner Vorgehensweise nicht mehr auf dem Boden des Rechts, sondern er erweiterte eine allenfalls partielle Zweifelsfrage zu einem generellen Konflikt und löste diesen einseitig durch entschiedenes und vorher abgewogenes Ausspielen seiner Machtposition.«[1390]

Dilcher fasst zusammen:

> »Ernst August sah vielleicht deutlicher als andere, daß mit dem Staatsgrundgesetz von 1833 ein entscheidender Schritt in einen neuen Rechtszustand des Staates getan war, auch wenn im weitgehend agrarischen Königreich Hannover der gesellschaftlich-politische Zustand wenig verändert war. Nach Einführung des konstitutionellen Systems, konnte aber auf dem Wege Rechtens nicht mehr die Staatsform eines milden patriarchalischen Absolutismus eingeführt werden – so könnte man das Staatsbild Ernst Augusts wohl am besten umschreiben. Ein Absolutismus hatte auch zuvor in den eher altständischen, vom fernen England regierten hannoverschen Landen nie bestanden.«[1391]

Abschließend merkt *Dilcher* an, dass der König – respektive seine Regierung – zur Interpretation der Verfassung in Zweifelsfragen befugt gewesen sei; etwas qualitativ völlig anderes sei aber die Aufhebung des Staatsgrundgesetzes als solche gewesen, die die Göttinger Professoren zu einem Widerstand in Gestalt der Protestation berechtigt habe.[1392]

2. Wolfgang Sellert

Am 18. November 1987 – also am 150. Jahrestag der Protestation der Göttinger Sieben – veranstaltete die Universität Göttingen gemeinsam mit dem Niedersächsischen Landtag einen Festakt, auf dem der Göttinger Rechtshistoriker *Wolfgang Sellert* den Festvortrag hielt.[1393] *Sellert* erinnerte an die Ansprache von *Rudolf Smend*, die dieser am 24. Mai 1950 bei der Immatrikulationsfeier gehalten hat-

---

[1389] So G. *Dilcher*, JuS 1979, 199.
[1390] So G. *Dilcher*, JuS 1979, 199.
[1391] So G. *Dilcher*, JuS 1979, 199.
[1392] So G. *Dilcher*, JuS 1979, 200.
[1393] W. *Sellert*, Die Aufhebung des Staatsgrundgesetzes und die Entlassung der Göttinger Sieben, in: E. Blanke u. a., Die Göttinger Sieben, Ansprachen und Reden anlässlich der 150. Wiederkehr ihrer Protestation, Göttingen 1988, S. 23 ff.

te.[1394] *Sellert* ließ es allerdings nicht an einer kritischen Anmerkung über *Smends* Rede fehlen, weil dieser »die starken und beziehungsreichen Worte« besser 1937 gesagt hätte, als *Smend* aus Anlass der 100-jährigen Wiederkehr der Protestation einen Beitrag in der Zeitschrift der »Akademie für Deutsches Recht« veröffentlicht hatte.[1395] *Sellert* zitiert dann eine Vielzahl von Stellen aus *Treitschkes* »Deutsche[r] Geschichte« und stellt diesen die Namen *Leist* und *Zimmermann* gegenüber,[1396] um im Folgenden eine Art vermittelnder Position zu entwickeln.

Sellert skizziert die unterschiedlichen staatsrechtlichen und staatstheoretischen Positionen und greift – wie vor ihm *Link* – auf Vertreter des Reichsstaatsrechts zurück, denen zufolge der Staat nur das »Object der dem Fürsten zustehenden Souveränität« gewesen sei.[1397] Unter Berufung auf *Reyscher* hält *Sellert* die Vereinigung der Kassen für eine Veräußerung des Hausgutes und damit der Zustimmung des Agnaten bedürftig. Hiergegen allerdings führt er an, dass schon vor 1833 nicht alle Domanialeinkünfte zur unbeschränkten Disposition des Landesherrn gestanden hätten.[1398] Die Eidesfrage hält *Sellert* übereinstimmend mit *Ebel* für den »juristischen Nerv der Protestation«. Allerdings schränkt er ein, dass nur *Gervinus* einen ausdrücklichen Eid auf das Staatsgrundgesetz abgelegt habe, während die Diensteide der sechs anderen Professoren nur »im Wege der Fiktion« auf die Beachtung des Staatsgrundgesetzes ausgedehnt worden sei. *Sellert* zweifelt, »ob die sechs Professoren unter diesen Umständen wirklich einer eidlichen Selbstbindung aus freier Willensentscheidung unterlagen.«[1399]

Auch die Berufung auf das Widerstandsrecht hält *Sellert* für zweifelhaft, weil die Göttinger Sieben – setzt man die Eidesbindung auf das Staatsgrundgesetz voraus – zwar zu dessen Beachtung, nicht aber zur Verteidigung der Verfassung berufen gewesen seien. Auch hätte für die Anerkennung ein »für jedermann sichtbarer und unzweifelhafter Rechtsbruch« vorliegen müssen, den *Sellert* aufgrund der von ihm angeführten widersprüchlichen Stellungnahmen in der Literatur verneint.[1400] Letztlich fällt für *Sellert* ins Gewicht, dass so angesehene Professoren wie *Carl Friedrich Gauß* und *Carl Otfried Müller* die Protestation nicht unterzeichnet hätten, obwohl sie in der Sache den Sieben zustimmten. Auch unter den übrigen Kollegen der *Georgia Augusta* habe es andere Auffassungen gegeben, sodass die Göttinger Sieben keineswegs für die Professorenschaft schlechthin gesprochen hätten:

> »Ohne Zweifel haben nicht alle, die der Protestation ihre Unterschrift versagten, aus Furcht, Servilität oder Gewissenlosigkeit gehandelt, sondern weil sie eine andere Güterabwägung als die Sieben vorgenommen hatten, oder von der Eindeutigkeit und Evidenz des Rechtsbruchs nicht überzeugt waren.«[1401]

[1394] R. Smend, Die Göttinger Sieben, in: R. Smend, Staatsrechtliche Abhandlungen, 1955, S. 391.
[1395] Vgl. hierzu M. Saage-Maaß, Die Göttinger Sieben, S. 108 f.
[1396] Vgl. W. Sellert, in: E. Blanke u. a., Die Göttinger Sieben, S. 24 ff.
[1397] So W. Sellert, in: E. Blanke u. a., Die Göttinger Sieben, S. 31 f.
[1398] So W. Sellert, in: E. Blanke u. a., Die Göttinger Sieben, S. 32 f.
[1399] So W. Sellert, in: E. Blanke u. a., Die Göttinger Sieben, S. 35.
[1400] So W. Sellert, in: E. Blanke u. a., Die Göttinger Sieben, S. 37.
[1401] So W. Sellert, in: E. Blanke, u. a., Die Göttinger Sieben, S. 37.

III. Die Rezeption der Protestationsschrift der Göttinger Sieben   341

Sellert nimmt schließlich eine Art ambivalentes Resümée vor:

> »Insgesamt war sowohl die Aufhebung des Staatsgrundgesetzes von 1833 als auch der Protest der Göttinger Sieben eine rechtlich zweischneidige Angelegenheit. Das hing, wie gezeigt, vor allem damit zusammen, daß man sich in einer Phase des Umbruchs befand, nämlich vom fürstlich-patriarchalischen Staatswesen zum konstitutionellen Verfassungsstaat. Die Meinungen bewegten sich daher im Spektrum von restaurativer Beharrung und progressivem Engagement. Dabei besteht kein Zweifel daran, daß das Staatsverständnis Ernst Augusts und seiner Berater durch und durch konservativ-patriarchalisch war, während das der Göttinger Sieben und ihrer Anhänger dem werdenden konstitutionellen Verfassungsstaat zuneigte. Je nachdem, welche politische Anschauung und Gesinnung man einer Beurteilung zugrunde legte, konnte die Bewertung des Verfassungskonflikts entweder zugunsten oder zu Lasten der jeweils Betroffenen ausfallen.«[1402]

Sellert räumt ein, dass die Sieben den Zeitgeist für sich gehabt hätten und aufgrund der Entwicklung des Verfassungskonflikts in den folgenden Jahren, ohne dass sie es beabsichtigt hätten, zwangsläufig zu mutigen Vorkämpfern des freiheitlichen konstitutionellen Liberalismus geworden seien:

> »Gerade diese über die juristische Beurteilung hinausgehende anthropologische Einschätzung des Verfassungskonflikts ermutigt uns zu dieser Gedenkstunde, ohne daß wir die Rechtsfrage entscheiden oder in Jubiläumsrhetorik die Sieben zu Helden und Ernst August zum Rechtsbrecher erklären müssten.«[1403]

In seinem Beitrag »Göttinger Sieben« im Handwörterbuch zur Deutschen Rechtsgeschichte wiederholt *Sellert* seine ambivalente Haltung und erklärt wiederum die Rechtslage für nicht eindeutig.[1404]

3. Klaus von See

Der Frankfurter Literaturwissenschaftler *Klaus von See* hielt 1996 auf einer Germanistentagung der Universität Frankfurt am Main einen Vortrag über die Göttinger Sieben, den er mit dem Untertitel »Zur Kritik einer Heiligenlegende der Deutschen Germanistik« versah. Eine erweiterte Fassung des Vortrags erschien als selbständige Schrift im Jahr 1997, eine zweite Auflage ebenfalls 1997 und eine dritte Auflage im Jahr 2000.[1405] *See* ist in seiner engagierten und teilweise polemischen Art der Darstellung als Antipode von *Treitschke* angesehen worden.[1406] Ihm ging es ersichtlich darum, die Protestation der Göttinger Sieben als Legende zu entlarven. Zu diesem Zweck legte er eine Streitschrift vor, in der er sich mit den Autoren kritisch auseinandersetzte, die nach seiner Auffassung an dieser Legende gewoben haben. Der Darstellung des Verfassungskonflikts widmet er nur wenige Seiten, die allein die Sicht des Königs darstellen. So heißt es zur Vertagung der Kammern:

[1402] So W. Sellert, in: E. Blanke, u. a., Die Göttinger Sieben, S. 38.
[1403] So W. Sellert, in: E. Blanke, u. a., Die Göttinger Sieben, S. 40.
[1404] Vgl. W. Sellert, »Göttinger Sieben«, in: Handwörterbuch zur Deutschen Rechtsgeschichte, S. 496.
[1405] K. v. See, Die Göttinger Sieben. Kritik einer Legende, 3. Aufl. 2000.
[1406] Vgl. W. Sellert, HRG, S. 497.

»Und mit seinem ersten Patent vom 5. Juli 1837 verkündete er dann die Absicht, den aufgrund der Verfassung von 1833 bestehenden Landtag beizubehalten, ohne die Verfassung selbst anzuerkennen. Treitschke in seiner Voreingenommenheit nennt dies nicht ganz zu Unrecht ›eine staatsrechtliche Ungeheuerlichkeit‹ [...], aber man sollte doch bedenken, daß dahinter das Bemühen des Königs steckt, möglichst auf gütlichem Wege, schrittweise und nicht überstürzt seine Änderungswünsche durchzusetzen. Und man sollte ihm auch – um dies gleich noch hinzuzufügen – zugute halten, daß er ein weit größeres Interesse haben mußte, seine monarchischen Rechte abzusichern, als zu Zeiten der Personalunion die fernab in London residierenden Könige [...]«.[1407]

Der Verfasser fährt fort:

»Aber der Weg des Kompromisses erwies sich als nicht gangbar – und zwar schon deshalb nicht, weil man in das Gesetz von 1833 wohlweislich die Bestimmung aufgenommen hatte, daß der künftige König erst dann die Huldigung des Landes empfangen könne, wenn er zuvor den Eid auf das Staatsgrundgesetz abgelegt habe [...]. Im Übrigen war die Gegenseite alles andere als kompromissbereit. Vielmehr ließ sich Dahlmann – wohl in der Absicht, das Weiterbestehen des Grundgesetzes von 1833 noch einmal gründlich abzusichern – sogar zu einer bewußten Provokation hinreißen, in der er die Philosophische Fakultät seiner Universität veranlaßte, dem Osnabrücker Bürgermeister Stüve, einem der Verfasser des Gesetzes, den Titel eines Ehrendoktors zu verleihen – und dies aus Anlaß des Besuches, den der neue König der Stadt und Universität Göttingen – abstattete [...].«[1408]

Weiterhin heißt es:

»So wie die Dinge lagen, hatte Ernst August mittlerweile nur noch die Möglichkeit gesehen, mit seinem zweiten Patent vom 1. November 1837 – also immerhin erst nach vier Monaten des ständigen Zauderns – das Staatsgrundgesetz in toto aufzuheben, die Beamtenschaft von ihrem auf das Staatsgrundgesetz geleisteten oder auch nur ausgedehnten Eid zu entbinden und die landständische Verfassung von 1819 wieder ›in Wirksamkeit treten‹ zu lassen [...].«[1409]

See bezeichnet den im Aufhebungspatent vom 1. November 1837 angekündigten Steuererlass von 100.000 Reichstalern als Bezeugung des »Versöhnungswillens Ernst Augusts«. Überhaupt sei man bestrebt gewesen, den Hannoverschen Verfassungskonflikt nicht zum Modell für antikonstitutionelle Aktionen in anderen Ländern werden zu lassen. *Schele* habe den Gesandten in Wien ausdrücklich angewiesen, auf die spezielle Situation des Königreichs Hannover hinzuweisen und zu erklären, dies könne kein Anlass zu Nachahmungen sein.[1410]

See fasst seine Ausführungen zur verfassungsrechtlichen Problematik wie folgt zusammen:

»Daß König Ernst August juristisch einwandfrei handelte, ist kaum zu bezweifeln (vgl. etwa Link, 1979, 194ff., Sellert, 1988, 31ff., Ziekow, 1988, 243ff.). Wesentlicher ist etwas anderes, und die Gegenseite wird es gewußt haben: Der König war es geradezu seiner Selbstachtung schuldig, ein Gesetz nicht widerspruchslos zu akzeptieren, von dessen Ausarbeitung er als Hauptbetroffener bewußt ausgeschaltet worden war. Gleichwohl verdient es erwähnt zu werden, daß das Staatsgrundgesetz von 1833 wohl kaum, wie die Sympathisanten der ›Protesta-

---

[1407] K. v. See, Die Göttinger Sieben, S. 17.
[1408] So K. v. See, Die Göttinger Sieben, S. 19.
[1409] So K. v. See, Die Göttinger Sieben, S. 19.
[1410] So K. v. See, Die Göttinger Sieben, S. 19 f.

tion‹ bis heute gern behaupten, unter dem Schutz der ›Wiener Schlußakte‹ von 1820 stand [...]. Denn deren Art. 56 verlangt nur im Falle der ›in anerkannter Wirksamkeit bestehenden landständigen Verfassungen‹[1411], daß sie auf vertraglichem Wege und nicht durch monarchisches Diktat verändert werden dürfen. Die Formulierung läßt erkennen, daß man den Schutz bewußt nicht von der Art des – möglicherweise nicht einwandfreien – Zustandekommens abhängig machen wollte, sondern allein von deren mittlerweile eingetretenen Akzeptanz. Dagegen bezieht sich der Satz nicht auf die künftig, also nach 1820, zu beschließenden Verfassungen, also auch nicht auf die von 1833, da man deren verfassungsgemäßes Zustandekommen offenbar voraussetzt. Aus der Sicht des Königs allerdings griff der Art. 56 der ›Schlußakte‹ ohnehin nicht, da ja ebendieses verfassungsgemäße Zustandekommen des Gesetzes aus den schon genannten Gründen bestritten wurde. Im Übrigen schien gerade die ›Schlußakte‹ das Vorgehen Ernst Augusts zu legitimieren, da deren Art. 57 erklärt, daß die Staatsgewalt im Monarchen vereinigt bleiben müsse und dieser nur in der Ausübung, nicht aber in der Innehabung bestimmter Rechte an die Mitwirkung der Stände gebunden werden könne. [...]. Dieses monarchische Prinzip war auf der geheimen Wiener Ministerialkonferenz 1834 noch einmal bestätigt worden [...].«[1412]

Die Schrift *Klaus von Sees* ist in ihrer polemischen Grundtendenz in der Tat eine Art Gegenstück zu *Treitschkes* Darstellung, im Gegensatz zu letzterer aber als Beitrag zur historischen Erforschung des Verfassungskonflikts unbrauchbar. Wenn ein Autor sich bei nur oberflächlicher Kenntnis der Sekundärliteratur und ohne Hinzuziehung der Quellen – im Übrigen auch der einschlägigen Gesetze – dazu versteigt, das Handeln *Ernst Augusts* als »juristisch einwandfrei« zu bezeichnen[1413], ist dies kein ernst zu nehmender Beitrag zur Untersuchung des Verfassungskonflikts. Bezeichnend ist auch, dass *See* dem Umstand, dass nur einer der sieben Professoren – nämlich *Gervinus* – auf das Staatsgrundgesetz vereidigt worden ist, besondere Bedeutung beimisst. Offenkundig war ihm das Publikationspatent, nach dessen Ziffer 13 der bereits geleistete Diensteid so anzusehen sei, als seien die Staatsdiener ausdrücklich auf »neue Beachtung des Staatsgrundgeseztes eidlich verpflichtet« worden, nicht bekannt.

4. Friedrich E. Schnapp

Schnapp nimmt den 170. Jahrestag der Protestation der Göttinger Sieben und ihrer Entlassung zum Anlass für einen kurzen Beitrag, in dem er sich gegen das vor allem von *Heinrich von Treitschke* beeinflusste Urteil der »Nachwelt« über den Staatsstreich *Ernst Augusts* und die folgende Protestation der Göttinger Sieben wendet.[1414] *Schnapp* gelangt nach einem kurzen Aufriss der Vorgeschichte zu der Einsicht, es liege im Charakter vieler Menschen, Vorgänge vergangener Zeiten mit ihren jeweiligen Maßstäben zu messen, Einstellung und Handlungsweisen der Akteure gelegentlich gar mit moralisierendem Hochmut abzuwerten und – auf das Juristische fokussiert – »konstitutionelle Verfassungslagen mit

---

[1411] Verf. meint ersichtlich die in Art. 56 WSV in Bezug genommenen »landständischen« Verfassungen.
[1412] So *K. v. See*, Die Göttinger Sieben, S. 20 f.
[1413] So *K. v. See*, Die Göttinger Sieben, S. 20.
[1414] *F. E. Schnapp*, 170 Jahre Protestation der Göttinger Sieben, Jura 2007, 823.

einem heutigen Demokratie- und Rechtsstaatsverständnis abzurasten.«[1415] Bei einem solchen Zugang würde in der Tat nach Art einer Festtagsrhetorik *Ernst August* als der ruchlose Gesetzesbrecher und würden die Göttinger Sieben als Helden und Verteidiger einer freihheitlichen Demokratie dastehen. So könne man den damaligen Ereignissen nicht gerecht werden. Hebe man auf die seinerzeitige Rechtslage ab, werde man schnell gewahr, dass man damit einer »voreiligen Simplifizierung« zum Opfer fallen würde.[1416]

Wörtlich heißt es in dem Beitrag weiterhin:

> »Schließlich hatte der König nicht aus einer Laune heraus gehandelt, sondern die Rechtslage prüfen und sich von dem Göttinger Staatsrechtler Justus Christoph Leist, einem Pütter-Schüler, ein Rechtsgutachten erstatten lassen. Er konnte mithin offenbar rechtliche Argumente ins Feld führen. Wie also war der – unstreitige – Sachverhalt rechtlich zu beurteilen? Ganz im Mittelpunkt stand natürlich die Frage, ob die Aufhebung des Staatsgrundgesetzes von 1833 rechtmäßig erfolgt war. Daneben kann man noch der Frage nachgehen, ob das Verhalten der Sieben und die darauf erfolgte Entlassung aus dem Staatsdienst rechtens waren.«[1417]

Schnapp geht auf die Eidesfrage ein und versäumt nicht zu erwähnen, dass allein *Gervinus* auf das Staatsgrundgesetz vereidigt worden sei, während für die anderen sechs Professoren nur die Eidesleistung aufgrund des Publikationspatents fingiert worden sei. Überdies habe der Eid keinen konstitutiven Charakter gehabt und konnte deshalb keine Befugnisse begründen.[1418] Auch ein Widerstandsrecht habe den »Protestierern« nicht zur Seite gestanden, weil im positiven Recht des Konstitutionalismus keine zum Widerstand berechtigende Norm existiert habe.[1419] *Schnapp* zieht das »Fazit«, dass die Rechtslage damals nicht eindeutig gewesen und auch heute nicht zweifelsfrei entscheidbar sei, schließt aber mit dem überraschenden Satz:

> »Die Geschichte hat den Göttinger Sieben, die ›im Zug der Zeit‹ lagen, in einem höheren Sinne Recht gegeben.«[1420]

Schnapps Beitrag ist – bei allem guten Willen des Verfassers, ein ausgewogenes Urteil zu fällen – ein Beispiel dafür, wie verfehlt es ist, die Protestation der Göttinger Sieben als das zentrale historische Ereignis darzustellen und darüber den Staatsstreich und seine Vorgeschichte auszublenden. Es sind nicht die Maßstäbe der »Gegenwart noch gar moralisierender Hochmut«, der das Urteil über den Staatsstreich *Ernst Augusts* trägt; vielmehr müssen sich seine Apologeten vorwerfen lassen, *ihr* Urteil ohne Kenntnis der Vorgeschichte des Staatsstreichs zu treffen. *Schnapp* scheinen die Gutachten des Kabinetts und der vom König eingesetzten Kommission unbekannt zu sein, auch dürfte er das *Leist*'sche Gutachten nur dem Namen nach kennen.

[1415] So F. E. *Schnapp*, Jura 2007, 824.
[1416] So F. E. *Schnapp*, Jura 2007, 824.
[1417] So F. E. *Schnapp*, Jura 2007, 824.
[1418] So F. E. *Schnapp*, Jura 2007, 825.
[1419] So F. E. *Schnapp*, Jura 2007, 826.
[1420] So F. E. *Schnapp*, Jura 2007, 826.

Wenn man auch die Anforderungen an die Dokumentation eines Beitrags in einer Ausbildungszeitschrift nicht zu hoch ansetzen darf, erfordern Bewertungen komplexer historischer Vorgänge – gerade der Nachgeborenen – mehr als nur die oberflächliche Kenntnis späterer Autoren. Anders als bei Rechtsfragen der Gegenwart, bei denen von der »herrschenden Meinung« abweichende Positionen bei entsprechender Begründung als »vertretbar« erscheinen, kann dies für einen historischen Vorgang wie den des Hannoverschen Staatsstreichs nicht in Anspruch genommen werden. Immerhin ist *Schnapps* letztem Satz zuzustimmen, dass die Geschichte den Göttinger Sieben in einem »höheren Sinne« Recht gegeben hat.[1421]

[1421] So *F. E. Schnapp*, Jura 2007, 826.

ZUSAMMENFASSUNG UND SCHLUSSBETRACHTUNG

DER HANNOVERSCHE STAATSSTREICH ALS PARADIGMA VON MACHT UND RECHT

I. Der Staatsstreich und seine Folgen

Die eingangs aufgeworfene Frage, ob die Untersuchung eines 180 Jahre zurückliegenden Vorgangs zu rechtfertigen ist, kann am Ende nur bejaht werden. Als ihr Ertrag mag zunächst festgehalten werden, dass der Staatsstreich von 1837 von langer Hand her geplant, strategisch durchgeführt und außenpolitisch abgesichert worden ist. Während der verfassungslosen Zeit und des Verfassungskampfes bediente sich die Regierung eines ganzen Arsenals von Repressalien, um den aufkeimenden Widerstand zu ersticken. Hierbei sahen sich der König und sein Kabinettsminister *Schele* alsbald vor jeder Einmischung des Deutschen Bundes sicher, auf dessen Hilfe Städte und Landgemeinden des Königreichs gehofft und gedrängt hatten. Die Entscheidung der Bundesversammlung, die Aufhebung des Staatsgrundgesetzes trotz der zahlreichen Denkschriften nicht als Frage des Bundesrechts zu behandeln und sie stattdessen als »innere Angelegenheit« des Königreichs zu betrachten, war nicht nur eine Rechtsverweigerung, sondern legitimierte den Weg der Machtausübung. Konnten der König und sein Kabinettsminister vor einem Eingreifen des Deutschen Bundes sicher sein, brauchten sie allein die einer monarchischen Herrschaft zu Gebote stehenden Instrumente zu benutzen, um ihre Ziele durchzusetzen. Die wiederholte Beschwörung der Ehrenhaftigkeit und Rechtlichkeit des Königs vermag nicht zu verdecken, dass es sich hierbei nicht um die Anwendung anerkannten *Rechts*, sondern um die Ausübung von *Macht* handelte. Insofern ist die Geschichte des Hannoverschen Staatsstreichs ein Paradigma für das Verhältnis von Macht und Recht.

Für den Staatsstreich darf als sicher angenommen werden, dass der König ihn ohne die vorherige Konspiration mit *Schele* nicht gewagt haben würde. *Ernst August* war mit den inneren Verhältnissen des Königreichs wenig vertraut, der deutschen Sprache nur begrenzt mächtig und hätte nach dem Regierungsantritt aller Wahrscheinlichkeit nach das durch die Verfassung vorgesehene Patent erlassen und damit den Eid auf das Staatsgrundgesetz abgelegt. Zu vermuten ist ebenfalls, dass er mit Hilfe seines Ministeriums eine Revision der Verfassung – insbesondere der Zusammenlegung der Kassen – angestrebt hätte. Vieles spricht dafür, dass sich die Kammern einer solchen Änderung der Verfassung auf Dauer nicht versagt hätten, wobei dem König die Auflösung der Ständeversammlung –

freilich mit ungewissem Ausgang – stets zu Gebote gestanden hätte. Möglicherweise wäre auch die öffentliche Meinung auf seiner Seite gewesen, denn die zutiefst monarchisch gesonnene Bevölkerung hatte den Thronwechsel begeistert aufgenommen, wurde das Königreich doch nunmehr von einem in Hannover residierenden Monarchen regiert.

Geistiger Urheber und faktischer Vollstrecker des Staatsstreichs war *Georg von Schele*, der mit seinem Pro Memoria vom 8. Januar 1836 den Anfangspunkt setzte und bei seinem ersten Zusammentreffen mit dem Herzog von Cumberland Anfang Dezember 1835 bereits die Grundzüge des Vorgehens erläutert hatte. Zwischen *Ernst August* und *Schele* ergab sich in der Folgezeit eine Art Symbiose – vergleichbar dem Verhältnis von König *Wilhelm I.* von Preußen und *Bismarck* –, die für die weitere Entwicklung entscheidend war und ohne die die folgenden Ereignisse nicht denkbar gewesen wären.

Die Aufhebung des Staatsgrundgesetzes war – so darf mit dem gebührenden Nachdruck festgestellt werden – ein *Staatsstreich*, also ein gegen geltendes Verfassungsrecht und Bundesrecht verstoßender Gewaltakt des Königs und seines ihm ergebenen Kabinettsministers. Vorgeschichte und Durchführung der Aufhebung des Staatsgrundgesetzes lassen keinen Zweifel daran, dass es sich um ein konspiratives Unternehmen handelte, das den strafrechtlichen Tatbestand des Hochverrats erfüllte. Alle früheren und späteren Rechtfertigungsversuche sind zum Scheitern verurteilt, weil sie den unbeugsamen Willen der beiden Protagonisten vernachlässigen, das lästige Staatsgrundgesetz – auf welchem Wege auch immer – zu »beseithigen«. Die Macht konnte sich gegen das Recht durchsetzen, weil die Verfassung ihrer kurzen Geltungsdauer wegen noch nicht im Bewusstsein der Bevölkerung so tief verankert war, dass die Gewaltaktion einen breiteren Widerstand ausgelöst hätte. Hierbei erwies sich *Ernst August* im Vergleich zu *Schele* als der gewieftere Taktiker, weil er mit seinem Antrittspatent einerseits die Rechtswirksamkeit und damit Bindungswirkung des Staatsgrundgesetzes verneinte, andererseits aber die Hoffnung nährte, der Verfassungskonflikt könne sich – »nach sorgfältigster Prüfung« – noch durch Verhandlungen mit den Ständen beilegen lassen. Der Umstand, dass diese lediglich vertagt, aber noch nicht aufgelöst worden waren, trug zur momentanen Besänftigung der Zweiten Kammer bei. Dass die Monate der »sorgfältigsten Prüfung« – abgesehen von dem pseudo-wissenschaftlichen Gutachten *Leists* – vor allem der Beobachtung der innenpolitischen Lage und zur außenpolitischen Absicherung des Staatsstreichs genutzt wurden, entsprach der obwaltenden Planung. Letztlich konnte *Ernst August* sicher sein, mit der Aufhebung des Staatsgrundgesetzes im Königreich auf keinen nennenswerten Widerstand zu stoßen, wobei die angekündigte Steuersenkung um 100.000 Taler ein Übriges getan haben dürfte.

Ein Ruhmesblatt gilt der Stadt Osnabrück und ihrem Deputierten *Stüve*, der in der letzten Sitzung der Zweiten Kammer als einziger die Befugnis des Königs in Frage stellte, vor Leistung des durch die Verfassung vorgeschriebenen Eides Regierungshandlungen vorzunehmen. Dass *Stüve* der Überzeugungskraft rechtlicher Argumentation vertraute und den Kampf gegen den Staatsstreich nicht aufgab, ist von der Nachwelt, die allzu sehr auf das Schicksal der Göttinger Sieben fokussiert war, nicht hinreichend gewürdigt worden. Wie das Abstimmungsergebnis in der Bundesversammlung gezeigt hat, war die Osnabrücker Verfassungsbeschwerde nicht von vornherein aussichtslos, wenngleich sich letztlich auch hier machtpolitische Erwägungen gegen das Recht durchgesetzt haben. *Stüves* trotz aller Repressionsmaßnahmen fortgesetzter Kampf für das Staatsgrundgesetz und damit für die Macht des *Rechts* verdient auch heute noch höchste Anerkennung. In gleicher Weise anerkennenswert ist der Widerstand des Magistrats der Residenzstadt Hannover. Er stellte einen Hilferuf an den Deutschen Bund dar, nachdem die »Wahlquälereien« in ihrem ganzen Ausmaß bekannt geworden waren und offensichtlich war, welche Methoden *Schele* anwandte, um den von ihm verfassten Entwurf einer Verfassung des Köngreichs durchzusetzen. Dass die vom Magistrat erhobenen Vorwürfe gegen die Regierung den Tatsachen entsprachen, wurde in dem folgenden Strafverfahren gegen *Rumann* offenbar, weil die Wahlmanipulationen sämtlich bewiesen werden konnten.

Der Deutsche Bund hat in der »Hannoverschen Verfassungsangelegenheit« in mehrfacher Hinsicht versagt. Schon die schnöde Abweisung der Verfassungsbeschwerde der Stadt Osnabrück wegen mangelnder »Legitimation« entbehrt der juristischen Substanz. Ist das antragsberechtigte Organ – die Ständeversammlung – wegen der Vertagung und schließlichen Auflösung außerstande, sich zu versammeln und einen Antrag zu stellen, so muss den wahlberechtigten Korporationen ein Recht der Prozessstandschaft zukommen, wie dies nach Gemeinem Recht anerkannt war. Hierüber ist die Bundesversammlung hinweggegangen und hat sich damit als Rechtsprechungsorgan disqualifiziert. Dass auf die Klage der süddeutschen Verfassungsstaaten ebenfalls nur eine vage Erwartung ausgesprochen worden ist, zeigt ebenfalls die Schwäche des Deutschen Bundes, der gegen aufrührerische Aktionen sofort zur Tat schritt, den offenkundigen Rechtsbruch in Hannover aber hinnahm. *Schele* erntete damit die Früchte seiner frühzeitigen außenpolitischen Absicherung des Staatsstreichs.

Die Protestation der Göttinger Sieben soll damit nicht gering geschätzt werden, weil sie ihre wirtschaftliche Existenz aufs Spiel gesetzt und jedenfalls vorübergehend geopfert haben. Ihre historische Leistung besteht darin, als einzige Staatsdiener gegen den Gewaltakt Widerstand geleistet und – wenn auch unbeabsichtigt – dazu beigetragen zu haben, dass die despotischen Neigungen des Königs der Öffentlichkeit in Deutschland und darüber hinaus in Europa offenkundig wurden.

Der Hannoversche Staatsstreich hat in der zeitgenössischen wie späteren Literatur ein lebhaftes Echo gefunden. Als »herrschend« stellt sich die Auffassung dar, dass es sich um einen Bruch geltenden Rechts gehandelt hat, der – den Rechtfertigungsbemühungen *Leists* zum Trotz – nicht gerechtfertigt werden konnte. Wenngleich die *Be-* bzw. *Ver*urteilung mit unterschiedlicher Emphase vorgenommen wurde – als Beispiele mögen einerseits *Treitschke* und andererseits *Oppermann* dienen –, so lässt sich doch eine in den historischen Darstellungen übereinstimmende Auffassung feststellen. Bemerkenswert ist deshalb, dass sich im Schrifttum der Gegenwart abweichende Stellungnahmen finden, die freilich die Vorgeschichte des Staatsstreichs – mangels Hinzuziehung der

Archivalien – vollständig ausblenden. Hierbei zeigt sich, dass es verfehlt ist, den Staatsstreich allein aus der Perspektive der Göttinger Sieben zu beurteilen und ihre Protestation daraufhin zu untersuchen, ob sie mit ihren Beamtenpflichten vereinbar gewesen ist. Als gänzlich abwegig darf das Argument gelten, nur einer der sieben Professoren sei auf das Staatsgrundgeetz vereidigt worden, während die anderen ihren Eid auf die Verfassung von 1819 geleistet hätten. So sehr der Widerstand Einzelner und die Berufung auf das Gewissen auch im Nachhinein Anerkennung verdienen, erschließt sich der Staatsstreich in seiner historischen Dimension doch nur, wenn seine Vorgeschichte als von langer Hand geplantes und in allen Einzelheiten vorbereitetes hochverräterisches Unternehmen berücksichtigt wird.

Der Hannoversche Staatsstreich erweist sich ebenso wie seine Widerspiegelung in der Literatur als spezifisch deutsches Paradigma. Wie *Stüve* in seiner Antragsschrift an den Deutschen Bund zutreffend bemerkt hat, war das deutsche Volk in seiner Geschichte stets von einem ausgeprägten Vertrauen in das Recht gekennzeichnet. Der in nahezu allen Epochen feststellbare Gehorsam gegenüber der Obrigkeit war nicht nur auf Zwang und Repression gegründet, sondern fand seinen Grund in einer tiefen Rechtsgläubigkeit. Das Vertrauen darein, dass auch der Herrscher an das Recht gebunden sei und gleichsam dessen Verkörperung darstelle, ist mit dem Hannoverschen Staatsstreich nachhaltig erschüttert worden. Das deutschlandweite und nahezu europaweite publizistische Echo auf den Staatsstreich spricht hier für sich. Nicht nur wurde das Vertrauen in das Recht enttäuscht; der Staatsstreich bildete zudem ein Beispiel dafür, dass sich die mehr oder weniger unverhüllte Macht gegen das Recht durchsetzen konnte. Anders verliefen die Ereignisse in Braunschweig, wo Herzog *Karl II.* nach einem versuchten Staatsstreich aus dem Lande verjagt wurde und – trotz seines nie aufgegebenen dynastischen Anspruchs – nicht wieder zur Regierung gelangte. Der Staatsstreich in Hannover bewirkte dagegen nicht nur eine verfassungslose Zeit und eine unter Zwangsmaßnahmen erlassene rückschrittliche Landesverfassung, sondern zeitigte das für eine Despotie typische Ergebnis, dass letztlich doch die Obrigkeit die Oberhand behalten würde. Mit dem preußischen Verfassungskonflikt und dem von *Bismarck* ins Werk gesetzten Staatsstreich ist dieses Grunddatum deutscher Geschichte später bekräftigt worden.

Angesichts der Erschütterung des Rechtsbewusstseins, die weit über das Königreich und den engeren Zeitraum hinauswirkte, stellt sich die Frage, was der Staatsstreich dem König für Vorteile gebracht hat. Das »cui bono?« stellt eine nicht leicht zu beantwortende Frage dar und ist in ihrer Beantwortung von dem jeweiligen Standpunkt des Betrachters abhängig. So mag es *Ernst August* selbst und – selbstverständlich – *Schele* als großer Vorteil erschienen sein, dass dem als verhängnisvoll angesehenen Liberalismus Einhalt geboten wurde und vorübergehend das Rad der Geschichte zurückgedreht werden konnte. Die Frage ist allerdings, welcher Preis dafür zu zahlen war. Die Wahlen zur Zweiten Kammer waren von allen Spielarten der Repression gekennzeichnet und erbrachten nur eine knapp beschlussfähige Mehrheit. Bezeichnend ist, dass der König selbst den Kammern androhte, auf der Grundlage des Patents von 1819 weiter zu regieren, wenn sie seinem – *Scheles* – Verfassungsentwurf nicht zustimmten. Hiermit wäre der Staatsstreich gewissermaßen auf die Spitze getrieben worden, war er doch im Wesentlichen damit begründet worden, dass die Kammern der letzten Fassung des Staatsgrundgesetzes nicht zugestimmt hätten.

Das schließlich erzwungene Landesverfassungsgesetz von 1840 unterschied sich zwar in grundlegenden Bestimmungen vom Staatsgrundgesetz, bedeutete aber doch kein Zurück zu einer altständisch-patriarchalischen Verfassung, wie sie *Schele* zunächst im Sinn hatte. Insofern ist mit wesentlichen Stimmen in der Literatur zu fragen, ob sich dieser Änderungen wegen der kräftezehrenden Auseinandersetzungen der Jahre 1838 bis 1840 und darüber hinaus gelohnt haben. Auch unter dem Staatsgrundgesetz hätte der König seinen autoritär-patriarchalischen Stil pflegen können, der nach mehr als einem Jahrhundert der Personalunion den Bedürfnissen des hannoverschen Volkes entgegenkam. Der von *Schele* so heftig kritisierte Einfluss der Kabinettsräte und anderen höheren Beamten – die »Secretariokratie« – war nicht zuletzt eine Folgeerscheinung des Umstandes, dass die letzten Entscheidungen stets im fernen London getroffen wurden und sich in Hannover kein eigentlich höfisches Leben entwickelte. Ein machtbewusster Herrscher, wie es *Ernst August* war, hätte die Bürokratie auch ohne Verfassungsumsturz in ihre Schranken verweisen können. Dass sich die Kabinettsminister 1837 dem Machtwillen des Königs gebeugt haben und im Amt geblieben sind, ist hierfür ein ebenso bezeichnendes wie unrühmliches Beispiel.

Schwerwiegende Auswirkungen hatten der Staatsstreich und die Entlassung der Göttinger Sieben für die *Georgia Augusta*. Dass der König selbst – trotz oder wegen seines Studiums in Göttingen – die Wissenschaft und ihre Vertreter herzlich verachtete, war schon seinerzeit kein Geheimnis.[1422] Die *Georgia Augusta* verlor ihren hervorragenden Ruf als Stätte der Forschung auf den Gebieten der Geistes- und Naturwissenschaften und konnte diesen auch in der Folgezeit nicht wieder gewinnen. Ein Ruf an die Universität Göttingen war fernerhin mit dem Makel behaftet, einem despotischen Landesherrn untertan zu sein. Als bezeichnend will auch scheinen, dass die sieben Göttinger Professoren ihre Forschungstätigkeit in anderen Staaten fortsetzen konnten und die Versuche *Ernst Augusts*, derartige Berufungen zu verhindern, scheiterten.

Letztlich fällt mit dem Staatsstreich ein Schatten auf die Geschichte Hannovers. Man mag – wie manche Autoren dies tun – gewissermaßen achselzuckend feststellen, dass ein solcher Staatsstreich seinerzeit möglich war, ohne dass sich das Volk hiergegen erhoben hätte. Es bleibt gleichwohl – auch in einen größeren Zusammenhang gestellt – das Ergebnis, dass der Staatsstreich ein Rechtsbruch war, der im kollektiven Bewusstsein fortwirkte und einen Makel der Herrschaft des Königs darstellte. Wenn – gewissermaßen zugunsten des Königs – festgehal-

---

[1422] C. E. von *Malortie*, der Oberhofmarschall des Königs, berichtet in seiner 1861 erschienenen Biographie »König *Ernst August*« von einem Dinner, das der König am 5. April 1842 dem König von Preußen in seinem Palais unter den Linden gab. In Gegenwart *Alexanders von Humboldts* äußerte er: »*Professoren haben gar kein Vaterland; Professoren, Huren* (der Deutlichkeit wegen setzte er hinzu: ›*des putains*‹) *und Tänzerinnen kann man überall für Geld haben; sie gehen dahin, wo man ihnen einige Thaler mehr bietet:*« (S. 119 f.).

ten wird, er habe im Jahr 1848 den von ihm bekämpften *Stüve* in das »März-Ministerium« berufen, so trug er damit nur den äußeren Umständen Rechnung, wie er vermutlich auch 1837 bei anhaltendem Widerstand der Bevölkerung das Staatsgrundgesetz in seiner Rechtswirksamkeit anerkannt haben dürfte.

Letztlich bleibt die Erkenntnis, dass *Stüve* und seine Mitstreiter, der Magistrat der Stadt Hannover ebenso wie die Göttinger Sieben nicht nur im Recht *waren*, sondern ihnen die Geschichte Recht *gegeben* hat. Die konstitutionelle Bewegung war nicht aufzuhalten, wofür in Hannover nicht zuletzt der Umstand spricht, dass zweieinhalb Jahre nach Vollendung des Staatsstreichs eine neue Verfassung – freilich unter den oben dargestellten Bedingungen – in Kraft trat. Auch die beiden Hegemonialmächte des Deutschen Bundes konnten sich der Verfassungsbewegung auf Dauer nicht entziehen und haben in den Wirren der 48er Revolution Verfassungen erlassen. In der Verfassungsbewegung des 19. Jahrhunderts stellt der Hannoversche Staatsstreich deshalb nur einen kurzfristigen Rückschritt dar, ist in der Deutschen Verfassungsgeschichte aber mehr als eine bloße Fußnote, weil sich hiermit die Macht gegen das Recht durchgesetzt hat.

II. Recht als Tarnung der Macht – Widersprüche

Wenn unsere Ausführungen ergeben haben, dass im Widerstreit von Recht und Macht die Macht über weite Strecken hin gesiegt und das Recht – und das Rechts*bewusstsein* – schweren Schaden genommen hat, so wäre dieses Ergebnis doch nicht vollständig. Des Königs und *Scheles* unbeugsamer Wille, das Staatsgrundgesetz von 1833 zu beseitigen, konnte sich nicht als solcher durchsetzen, sondern bedurfte der rechtlichen Tarnung. Antritts- und Aufhebungspatent beschränkten sich nicht auf den reinen Machtspruch – sprich: Willensakt – und seine Ankündigung; beide wurden rechtlich begründet. Im Vorigen konnte vielfach der Nachweis geführt werden, dass die rechtlichen Begründungen vorgeschoben waren und das eigentliche Motiv des Handelns – die Beseitigung des Staatsgrundgesetzes – nur notdürftig verdecken konnten. Gleichwohl war die juristische Bemäntelung angesichts einer sich entwickelnden öffentlichen Meinung erforderlich, weil eine schroffe Ankündigung des Monarchen, nicht an die Verfassung gebunden zu sein, Unruhen hätte auslösen können – wie die braunschweiger Vorgänge gezeigt hatten.

Erforderlich war die rechtliche Camouflage allerdings noch aus einem anderen Grund, der größeres Gewicht hatte. Das Königreich war Mitgliedstaat des Deutschen Bundes und dessen Jurisdiktion unterlegen. Mögen *Ernst August* und *Schele* auch alles daran gesetzt haben, um ihren Staatsstreich außenpolitisch abzusichern, so blieben hier doch rechtliche Risiken, die nicht vollständig kalkulierbar waren. In der entscheidenden Beratung des Deutschen Bundes traten gewichtige Stimmen für ein Einschreiten des Bundes in der hannoverschen Verfassungsangelegenheit ein, sodass die letztliche Entscheidung keineswegs nur ein juristischer Sieg war, für den sie im Königreich verkauft wurde. Im

Grunde enthielt der Spruch der Bundesversammlung auch die nachdrückliche Mahnung an den König, wieder auf den Weg des Rechts zurückzukehren.

Ist die Macht nur durch das vorgebliche Recht getarnt, so unterwirft sich der Handelnde doch den Regeln des juristischen Diskurses mit der Folge, dass er entlarvt werden kann, wenn er diese Regeln verletzt. Zu diesen Regeln gehört die innere Widerspruchsfreiheit einer rechtlichen Begründung – wie jedes juristischen Vortrags – mit der Folge, dass der Diskursteilnehmer sich gewissermaßen selbst widerlegt, wenn ihm Widersprüche nachgewiesen werden. Misst man das Vorgehen des Königs und seines Stichwortgebers *Schele* an diesem Maßstab, so ergeben sich von vornherein eine Vielzahl innerer Widersprüche, die schon in den zeitgenössischen Stellungnahmen aufgedeckt wurden, aber auch in der Rückschau nachzuzeichnen sind.

Als erstes fällt der fundamentale Widerspruch auf, dass die Nichtbeachtung ständischer Rechte – nämlich deren vorgeblich fehlende Zustimmung zu den von König *Wilhelm IV.* vorgenommenen Änderungen – als Vorwand dazu diente, die Ständeversammlung zunächst außer Gefecht zu setzen, um ihre Rechte dann auf Dauer einzuschränken. Hierzu ist im Vorigen so viel ausgeführt worden, dass an dieser Stelle nur auf das verfassungsgeschichtlich einzigartige Paradoxon hinzuweisen bleibt, dass eine konstitutionelle Verfassung mit der Begründung aufgehoben wird, sie sei unter Verletzung ständischer Rechte zustande gekommen, um eine Verfassung durchzusetzen, die eine erhebliche Einschränkung ständischer Rechte enthält.

Für sich genommen scheint die zweite Begründung, das Staatsgrundgesetz habe agnatische Rechte verletzt, in sich konsistent, wenn man die Prämisse teilt, das Staatsgrundgesetz habe der Zustimmung des Thronfolgers bedurft. Indes offenbaren sich auch an dieser Stelle schwerlich zu übersehende Widersprüche in den von *Schele* und seinem Erfüllungsgehilfen *Leist* vertretenen Begründungen. Zum einen war selbst unter der Prämisse der Zustimmungsbedürftigkeit schwerlich einsehbar, warum die gesamte Verfassung unter der fehlenden Zustimmung sollte leiden können, wo doch nur die Vereinigung der Kassen ein wohlerworbenes Recht des Agnaten hätte betreffen können. Auch hierzu ist an früherer Stelle das Nötige ausgeführt worden.

Ein weiterer Widerspruch lag darin, dass sich der König zur Vermeidung eines verfassungslosen Zustands stets auf das Patent von 1819 berief und dessen Fortgeltung gewissermaßen *ipso iure* postuliert wurde. Bekannt ist allerdings, dass der Herzog von Cumberland als einer der Agnaten auch gegen diese Verfassung protestiert hatte, sodass sie bei folgerichtiger Anwendung der Zustimmungsbedürftigkeit ebenfalls nicht hätte in Kraft treten können. Der nämliche Widerspruch ergab sich hinsichtlich des Landesverfassungs-Gesetzes von 1840, dem die Herzöge von Cambridge und Sussex als Agnaten ihre Zustimmung versagten. Dies hat den König nicht daran gehindert, die nunmehr seinen Vorstellungen entsprechende Verfassung in Kraft zu setzen.

Ein gravierender Widerspruch liegt auch in der zunächst von *Schele* und sodann von *Leist* mit großem argumentativen Aufwand betonten Nichtigkeit des Staatsgrundgesetzes und dessen sodann unbestrittener Geltung über den Regierungsantritt hinaus bis zu seiner Aufhebung am 1. November 1837. Hierüber wird noch aus rechtstheoretischer Perspektive zu handeln sein; an dieser Stelle ist auf den offensichtlichen Widerspruch hinzuweisen, dass der König für sich das *Recht* in Anspruch nahm, eine ihm missliebige Verfassung *aufzuheben*. Solange – wie in *Scheles* Pro Memoria geschehen – die *Nichtigkeit* des Staatsgrundgesetzes aufgrund seiner formellen und materiellen Mängel behauptet wurde, wäre dieses nach den Gesetzen juristischer Logik niemals in Kraft getreten und hätte folgerichtig den König nicht zu binden vermocht. Die Folge wäre gewesen, dass alle unter der Verfassung und demnach nach ihren Vorgaben ergangenen Rechtsakte hätten rückabgewickelt werden müssen, weil ihnen der Rechtsgrund fehlte. Abgesehen von den unüberwindlichen praktischen Schwierigkeiten einer solchen Rückabwicklung wäre aber die Begründung, das Staatsgrundgesetz sei nichtig und damit unwirksam gewesen, in sich konsistent gewesen. Mit der *Aufhebung* des Staatsgrundgesetzes bewegte sich der König jedoch außerhalb jeglichen rechtlichen Diskurses, denn hierdurch nahm er ein *Recht* in Anspruch, das keinerlei rechtlicher Begründung zugänglich war.

Nach dem Patent von 1819 hatten die Stände bei der Gesetzgebung das Recht der »Zuratheziehung«, das – weil Gesetz – auch für eine neue Verfassung gelten musste. Die Aufhebung des Staatsgrundgesetzes war formell ein *Rechtsakt* und ist in der Gesetzessammlung verkündet worden. Einer *rechtlichen* Begründung ermangelte die Aufhebung jedoch schon deshalb, weil die Stände durch ihre Auflösung ausgeschaltet waren und deshalb nicht einmal »zu Rathe« gezogen werden konnten, eine neue Ständeversammlung aber noch nicht gewählt war. Der König nahm folglich für sich in Anspruch, über der Verfassung zu stehen und kraft seines Erstgeburtsrechts über die Verfassung verfügen zu können. Damit aber war der Boden des Rechts verlassen und es kam allein darauf an, ob er sich mit diesem Gewaltakt würde durchsetzen können.

III. Nichtigkeit als Fragestellung der Rechtstheorie

Obwohl die Rechtstheorie eine neuere Disziplin ist, sind ihre Grundlagen in der überkommenen Rechtsphilosophie behandelt worden und haben die juristische Literatur seit jeher beschäftigt. Zu den Grundannahmen der Rechtstheorie gehört, dass Rechtsakte durch ein gesetzesförmiges Verfahren entstehen und mit höherrangigem Recht in Übereinstimmung stehen müssen. Ist dies nicht der Fall, so ermangelt es einem Rechtsakt an seinen rechtlichen Voraussetzungen mit der Folge, dass er nichtig ist. Nichtigkeit bedeutet, dass ein Rechtsakt unwirksam ist und niemanden zu binden vermag. Das ist nun leichter gesagt als getan und bekanntlich hat es in der neueren Verfassungstheorie einen heftigen Streit darüber gegeben, was die »Nichtigkeit« verfassungswidriger Gesetze bedeutet.[1423]

[1423] Hierzu grundlegend *J. Ipsen*, Rechtsfolgen der Verfassungswidrigkeit von Norm und Einzelakt, 1980.

Wie so häufig bei rechtswissenschaftlichen und – insbesondere – rechtstheoretischen Kontroversen war die Dichotomie eines »Entweder – Oder« wenig fruchtbar. Die Kontroverse litt unter einem gedanklichen Fehlschluss, der bis in unsere Tage hineinwirkt. Während die – jedenfalls faktische – Geltung eines Rechtsaktes eine Erfahrungstatsache und dem Beweis zugänglich ist, weil ein Gesetz verkündet, in Kraft getreten und regelmäßig befolgt worden ist, verhält es sich mit der Nichtigkeit anders. Sie kann mit Sinnesorganen nicht wahrgenommen, sondern nur *behauptet* werden. Mit anderen Worten ist die – faktische – Wirksamkeit eines Gesetzes ohne weiteres erkennbar und für jedermann offensichtlich. Die *Un*wirksamkeit des Rechtsaktes kann indessen nur behauptet und muss eigens begründet werden, weil sie im Gegensatz zu dem steht, was den sinnlich wahrnehmbaren Tatsachen entspricht. Hier hat es vielfach Irrtümer gegeben, die nicht zuletzt darauf beruhten, dass die rechtliche Wirksamkeit mit physischem Sein gleichgesetzt worden und die Unwirksamkeit folgerichtig als physisches Nichtsein – also als Nichtexistenz – begriffen worden ist. Insofern ist der Nachweis leicht zu führen, dass Gesetze während ihrer Geltungsdauer »existiert« haben und in ihrer »physischen« Existenz nicht im Nachhinein bestritten werden können.

Bemerkenswert ist, dass in den Publikationen nach dem Antrittspatent diese Problematik erkannt und gedanklich durchdrungen worden ist. Die Geltung des Staatsgrundgesetzes war in keiner Hinsicht zu bestreiten, denn es war ordnungsgemäß verkündet und von seinem Inkrafttreten an durch den Monarchen, die Regierung und die Stände befolgt worden. Wenn der König nach seinem Amtsantritt die Rechtsgeltung bestritt, so handelte es sich um eine Meinung oder Überzeugung, die nicht nur im Gegensatz zu den sinnlich wahrnehmbaren Tatsachen, sondern auch im Gegensatz zu der Überzeugung der Regierung und der Stände stand. Stehen sich aber zwei Rechtsansichten, von denen für die eine jedenfalls die faktische Wirksamkeit streitet, einander gegenüber, so stellt sich die Frage des »*Quis iudicabit?*«. Diese Frage ist von *Schele* und *Leist* durchaus erkannt und die Möglichkeit der Anrufung der Bundesversammlung mit dem Antrag, sie möge die Ungültigkeit des Staatsgrundgesetzes feststellen, erwogen worden. Dieses Risiko wollte der König allerdings nicht eingehen und spätere Schriftsätze an die Bundesversammlung zeigen, dass er es mit seiner »Würde« für unvereinbar hielt, sich überhaupt einem rechtsförmlichen Verfahren zu stellen. Mit dem Patent vom 1. November 1837 stellte er – entgegen den früheren Vorstellungen *Scheles* – gerade nicht fest, das Staatsgrundgesetz sei von vornherein »null und nichtig« gewesen, sondern erkannte dessen weitere Geltung bis zum Zeitpunkt seiner Aufhebung an. Damit nahm er eine über allem Recht und insbesondere der Verfassung stehende Machtbefugnis in Anspruch, die nicht einmal der rechtlichen Tarnung – nämlich der durch materielle und formelle Mängel begründeten Nichtigkeit – bedurfte und mit der Aufhebung *ex nunc* auch gleich alle Folgeprobleme – insbesondere die Entbindung der Staatsdiener von ihrem Eid – regelte. Man kann es drehen und wenden wie man will: das Patent vom 1. November 1837 war ein *Machtspruch*, kein *Rechtsakt*. Gewissermaßen zur Bestätigung dieses Ergebnisses sei die Hypothese aufgestellt, dass die Aufhebung des Staatsgrundgesetzes zwar im Gesetzblatt veröffentlicht worden wäre, ihr jedoch eine Begründung gefehlt hätte. Möglicherweise hätte sich dann stärkerer Widerstand formiert, wäre aber – so steht zu vermuten – mit den dem König zur Verfügung stehenden Machtmitteln erstickt worden. Im Übrigen wäre die Geschichte des Staatsstreichs ebenso verlaufen, wie sie verlaufen ist – mit oder ohne Tarnung des Staatsstreichs durch das Recht.

IV. Das Königreich Hannover – eine Despotie?

Unsere Untersuchung hat eine Fülle von Rechtsverstößen belegen können, für die der König und sein Kabinettsminister verantwortlich waren. Allerdings fehlt noch ein zusammenfassendes Urteil, wie das Königreich nach dem Regierungsantritt *Ernst Augusts* staatstheoretisch einzuordnen ist. Oben ist dargestellt worden, dass mit der Verkündung des Aufhebungspatents in Hannover über nahezu drei Jahre ein verfassungsloser Zustand herrschte. Das im gleichen Patent verkündete Wiederinkrafttreten der Verfassung von 1819 war schon deshalb rechtlich nicht möglich, weil es durch das Staatsgrundgesetz außer Kraft gesetzt worden war. Das Patent von 1819 wurde aber auch tatsächlich nicht wieder in Kraft gesetzt, weil die hierin vorgesehenen Organe – Schatzkollegium, Staatsrat – nicht erneut eingerichtet wurden, insbesondere aber das durch das Edikt vom 12. Oktober 1822 vorgeschriebene Kabinettssystem – als Kollegialorgan – abgeschafft worden war und an seine Stelle ein alleinverantwortlicher Minister trat. Zwar wurde – nach zunächst vergeblichen Versuchen – eine Ständeversammlung berufen; die damit zusammenhängenden Vorgänge begründen aber Zweifel an ihrer Legitimation. Werden Wahlen nur unter Zwang und unter Ausschaltung missliebiger Kandidaten durchgeführt und erreichen diese nur knapp die zur Beschlussfähigkeit notwendige Zahl von Deputierten, die überdies zu einem größeren Teil Staatsdiener sind, so kann von einer verfassungsmäßigen Legitimation keine Rede sein. Man wird deshalb nicht um die Feststellung herumkommen, dass seit dem Regierungsantritt *Ernst Augusts* nicht das *Recht* – insbesondere das Verfassungsrecht –, sondern der *Wille* des Königs das Regierungshandeln bestimmte. Stand geschriebenes Recht dem Herrscherwillen im Wege, so wurde es mit Hilfe seines Stichwortgebers *Schele* schlicht hinweggeskamotiert.

Gegenüber dem Deutschen Bund wurde stets ein Schein des Rechts gewahrt, der die wahre Begründung des Regierungshandelns nur unzureichend zu verdecken vermochte. Dass sich hierdurch nicht einmal vorkonstitutionelle Regierungen – wie die Preußens und Österreichs – täuschen ließen, ist im Vorigen ausgeführt worden. Das erste Wesensmerkmal einer despotischen Herrschaft, dass an die Stelle des Rechts der Wille des Herrschers – die *Macht* – tritt und ersteres zurücktreten muss, wenn es letzterem widerspricht, ist schwerlich zu übersehen. Auch wenn spätere Autoren einzelne Maßnahmen – etwa die Entlassung der Göttinger Sieben – glaubten rechtfertigen zu können, so liegt diesen

Versuchen ein doppelter Fehlschluss zugrunde. Zum einen ließen sich Entlassung und Vertreibung nicht mit der Verfassung – nämlich dem Staatsgrundgesetz – rechtfertigen, weil eben diese außer Kraft gesetzt geworden war und ein verfassungsloser Zustand herrschte. Schon aus diesem Grund handelte es sich um Akte der Willkür. Wer die Berichte aus dem Schloss Rotenkirchen zur Kenntnis nimmt, wird schwerlich bestreiten können, dass es dem König nicht auf rechtliche Grundlagen der Entlassung ankam, sondern dass er jede Kritik an seinen Maßnahmen als Widersetzlichkeit und damit Majestätsbeleidigung betrachtete. Der zweite Fehlschluss liegt darin, dass die Entlassung der Göttinger Sieben als isolierte Maßnahme begriffen und gewissermaßen juristisch »geprüft« wird. In der Tat stellt sich die Entlassung der Göttinger Sieben und die Landesverweisung *Dahlmanns*, *Albrechts* und *Jacob Grimms* nur als erste einer ganzen Reihe von Maßnahmen dar, mit denen jede Kritik an dem Aufhebungspatent unterbunden werden sollte.

Die fortdauernde Unterdrückung öffentlicher Kritik durch das ganze Arsenal staatlicher Repression kennzeichnet das Regime *Ernst Augusts* auch in den folgenden Jahren. Hierfür mögen die Demarchen der hannoverschen Regierung in Frankfurt – im Fall *Hessenbergs* – und in Stuttgart – im Falle der Tübinger Professoren – in Erinnerung gerufen sein. Im eigenen Land konnte das scharfe Schwert des Strafrechts unmittelbar eingesetzt werden, wie der Fall *Rumann* belegt. Dass sich auch sein Verteidiger *Stüve* obrigkeitlicher Verfolgung ausgesetzt sah, mag angesichts der geringen Strafe als Marginalie erscheinen, fügt sich indes zu einem Muster staatlicher Repression.

Nicht nur Willkür im Sinne rechtlicher Ungebundenheit kennzeichnete die Regierungsjahre *Ernst Augusts* und seines Hausmeiers *von Schele*; von Willkür im Sinne völliger Unverhältnismäßigkeit waren auch die Strafvorstellungen *Scheles* geprägt. Im Königreich Württemberg erregte die der Regierung übermittelte Forderung, die Tübinger Professoren nach dem Muster der Göttinger Sieben zu entlassen, nur höfliche Teilnahmslosigkeit. Von Gewicht war indessen, dass mit diesem Ansinnen die Mitteilung verbunden war, die Verfasser des Rechtsgutachtens würden von einem hannoverschen Gericht eine »Kettenstrafe« von mindestens sechs Jahren zu erwarten haben. Ein solcher Strafrahmen für ein rechtswissenschaftliches Gutachten, das das von *Schele* und *Leist* mühsam aufgebaute Gedankengebäude zum Einsturz brachte, weist alle Anzeichen despotischer Willkür auf.

Als letztes Beispiel sei das Verfahren gegen *Rumann* erwähnt. Das Urteil der Justizkanzlei vom 21. August 1841 entsprach den Erwartungen der Regierung nicht im Mindesten, sodass in der Berufungsinstanz eine Strafverschärfung in Höhe von zehn Jahren Zuchthaus beantragt wurde.[1424] Die Regierung bewegte sich damit außerhalb jeglichen rechtlichen Rahmens, wobei der Strafantrag sich in ein Muster der Despotie einfügt, weil er die Anfälligkeit des Regimes gegenüber dem freien und verbreiteten Wort bezeugt.

[1424] Vgl. oben S. 281.

Im Vormärz gab es trotz der in allen Staaten bestehenden, aber doch unterschiedlich intensiv ausgeübten Zensur eine »öffentliche Meinung«, die durch Zeitungen und andere Druckschriften Inhalt und Prägung erfuhr. Während die Regierung die »Hannoversche Zeitung« aufgrund der Zensur fest im Griff hatte, stellten außerhalb des Königreichs erschienene Druckschriften eine nicht geringe Gefährdung für das Regime dar, weil sie die regierungsoffiziell verkündeten – auch Rechts- – Auffassungen und damit die Würde des Herrschers in Frage stellten. Insofern war es folgerichtig, eine von der Regierungsauffassung – und damit derjenigen des Herrschers – abweichende Meinung sogleich als Majestätsbeleidigung anzusehen und strafrechtlicher Verfolgung auszusetzen. Bezeichnend ist, dass das *Leist*'sche Gutachten nicht publiziert worden ist, weil es dann dem Forum der öffentlichen Meinung übergeben und seine scheinjuristischen Deduktionen offenbar geworden wären. Überdies wäre der Öffentlichkeit bekannt geworden, dass es sich bei der vorgeblichen »Nullität« des Staatsgrundgesetzes keineswegs um eine gleichsam naturwissenschaftlich nachweisbare Erscheinung, sondern um eine Rechtsansicht handelte, neben der eine Reihe von Handlungsalternativen offenstanden.

Der König – stets getrieben von *Schele* – versagte sich indes jedem Diskurs und bedrohte dissentierende Korporationen und Personen zunächst mit seiner Ungnade, um dann den Staatsapparat gegen sie in Bewegung zu setzen. Dass die der Regierung unmittelbar nachgeordneten Behörden – die Landdrosteien – die ihnen anbefohlenen Maßnahmen umsetzten und in vorauseilendem Gehorsam auch solche trafen, die nicht ausdrücklich angeordnet waren, ist vielfach belegt. Nachdem die Departementminister sich dem königlichen Willen ohne jeden Widerspruch gebeugt hatten, galt dies umso mehr für nachgeordnete Staatsdiener, die bezeichnenderweise im Landesverfassungsgesetz als »königliche Diener« bezeichnet wurden. Das Urteil der Hannoverschen Justizkanzlei vom 21. August 1841 darf freilich als Beleg dafür gelten, dass die Justiz nicht ohne weiteres bereit war, den Erwartungen des Königs hinsichtlich der Rechtsprechung zu genügen. Es steht zu vermuten, dass dieses Urteil mit unüberhörbarem Grollen aufgenommen wurde und *Schele* sich eilfertig bereit gefunden hat, in der Berufungsinstanz ein hartes – aus der Sicht des Königs angemessenes – Urteil zu erwirken. Dass das Oberappellationsgericht in Celle das erstinstanzliche Urteil bestätigte, darf angesichts des unmäßigen Strafverschärfungsantrags als Akt richterlicher Unabhängigkeit gelten, sollte aber nicht vergessen lassen, dass dieses Gericht – unter dem Einfluss seines neuen Vizepräsidenten *Leist* – schon Anfang des Jahres 1841 eine Ergebenheitsadresse an den König sandte, in der die Rechtmäßigkeit des Aufhebungspatents vom 1. November 1837 bestätigt wurde.[1425]

Lässt sich somit das Königreich Hannover mit Beginn des Staatsstreichs als despotische Herrschaft begreifen, stellt sich als nächstes die Frage, ob der König nach dem Erlass des Landesverfassungsgesetzes rechtsstaatliche Grundsätze beachtet hat. In der Literatur wird nicht versäumt, die Erleichterung *Ernst Augusts*

[1425] Vgl. *H. A. Oppermann*, Geschichte Hannovers I, S. 240.

nach Annahme der Verfassung durch die Stände zu vermerken und in der Tat besteht eine Tendenz, die folgenden Regierungsjahre in einem günstigeren Licht zu sehen. Der König wird – nicht nur in der apologetischen Biographie von *Willis* – als leutseliger Landesherr dargestellt, der stets die Nähe des Volkes suchte, bis ins hohe Alter beachtliche reiterliche Leistungen vollbrachte und Hof und Residenzstadt einigen Glanz verlieh. *Treitschke* hat mit der ihm eigenen Süffisanz bemerkt »wenn man ihm nur seinen Willen that, war er ja kein Bösewicht.«[1426] Die Kategorien der Despotie und des Despoten sind indes unabhängig von ethischer oder moralischer Verurteilung. *Ernst August* mag aufgrund der Einflüsse des Berliner Hofes nach seiner Übersiedlung im Jahr 1819 Rechtsvorstellungen entwickelt haben, die den Monarchen als über der Verfassung stehend ansahen. Preußen hatte bekanntlich trotz des Verfassungsversprechens seines Königs aus dem Jahr 1815[1427] keine Staatsverfassung und eine solche war wegen des Widerstands hochkonservativer Kreise auch nicht in Sicht. Da der preußische König auch ohne geschriebene Verfassung regieren und Gesetze – »Verordnungen« – erlassen konnte, hatte *Ernst August* für die Zeit nach seiner Thronbesteigung ein Vorbild, nach dem auch ohne die lästige Mitwirkung einer für den Gesamtstaat zuständigen Ständeversammlung eine funktionierende Regierung und Verwaltung möglich war. Die zermürbenden Streitigkeiten im englischen Parlament über unterschiedliche »Bills«, an denen er als Führer der Tories im Oberhaus beteiligt war, werden ihr Übriges getan haben.

Größere Verantwortung und damit historische Vorwerfbarkeit trifft *Schele*, der als Mitglied der Ersten Kammer an der Entstehung des Staatsgrundgesetzes mitgewirkt hatte, auf die Verfassung vereidigt wurde und mehrere Jahre unter ihrer Geltung seine Ämter versehen hat. Als Jurist war *Schele* auf der Höhe des konstitutionellen Staatsrechts und Staatsdenkens und musste sich der Unhaltbarkeit seiner Rechtskonstruktionen bewusst sein. Er ist der eigentliche Architekt der Despotie, denn alle Patente, Reskripte und Erklärungen des Königs wurden von ihm nicht nur gegengezeichnet, sondern tragen seine Handschrift. Die Rückkehr zu einer ständisch-patriarchalischen Verfassung, wie sie ihm vorschwebte und vom Herzog von Cumberland begeistert aufgenommen worden war, war nicht nur aufgrund der inzwischen eingetretenen gesellschaftlichen Veränderungen ausgeschlossen. Die idyllischen Verhältnisse früherer Zeit mit ihrem Partikularismus konnten schon deshalb nicht wiederbelebt werden, weil es nunmehr einen in Hannover residierenden König gab, fest entschlossen, seine Herrschaft bis ins Detail auszuüben. Insofern führte die Aufhebung des Staatsgrundgesetzes nicht etwa zu alten Verfassungszuständen zurück, sondern auf direktem Wege in die Despotie.

Der Regierungsstil änderte sich auch nach Erlass des Landesverfassungsgesetzes nicht und gegen eine unbotmäßige Zweite Kammer wurden die gleichen Maßnahmen angewandt, wie sie dem herkömmlichen Repressionsarsenal ent-

---

[1426] So *H. v. Treitschke*, Deutsche Geschichte IV, S. 681.
[1427] Verordnung über die zu bildende Repräsentation des Volks vom 22sten Mai 1815 (Pr.GS S. 103).

sprachen. Die liberale Strömung hatte an Kraft eingebüßt, zumal ihre geistigen Repräsentanten von Hannover ferngehalten wurden. Nachdem sich während der Geltung des Staatsgrundgesetzes ein selbstbewusstes Bürgertum herauszubilden begonnen hatte, das an den öffentlichen Angelegenheiten lebhaft Anteil nahm, fiel die Bevölkerung nunmehr in Lethargie zurück, so sie nicht dem Monarchen huldigte. Ein Ende fand die Phase der Despotie im Königreich Hannover erst im März 1848. Die Einsetzung des März-Ministeriums durch den König und die fruchtbaren Jahre seines Wirkens sind ein Beleg dafür, dass der Weg in die Despotie nicht unumkehrbar war und den Errungenschaften des Staatsgrundgesetzes – wenn auch nur für wenige Jahre – wieder Geltung verschafft werden konnte.

DRAMATIS PERSONAE

Im klassischen Drama werden die Personen der Handlung regelmäßig dem Text vorangestellt – nicht selten unter der lateinischen Überschrift »*Dramatis Personae*«. Wenn diese Wendung als Kapitelüberschrift gewählt wird, so hat dies seinen Grund darin, dass es sich bei dem Hannoverschen Staatsstreich um ein veritables Drama handelte, dessen Protagonisten König *Ernst August*, Kabinettsminister *Schele* und Bürgermeister *Stüve* waren. Neben diesen Hauptrollen gab es – wie unsere Darstellung gezeigt hat – eine Vielzahl von Nebenrollen, unter denen *Leist* ebenso zu nennen ist wie die Kabinettsminister und Kabinettsräte. Jene sind aber für den Handlungsablauf nicht bestimmend und dürfen deshalb in diesem Kapitel vernachlässigt werden. Die Handlung vollzog sich von 1837 bis 1840 in dem Dreieck *Ernst August*, *Schele* und *Stüve*, denen jeweils ein Abschnitt dieses Kapitels gewidmet werden soll.

Bewusst wird – dies im Gegensatz zum klassischen Drama – die Vorstellung der Personen an das Ende der Untersuchung gestellt. Vieles an Charakterzügen hat sich durch die Darstellung des Staatsstreichs und seiner Folgen selbst herausgestellt. Insofern sprechen die hier zitierten Dokumente für sich. Es bedarf indes der biographischen Vertiefung und Abrundung, weil *Ernst August*, *Schele* und *Stüve* nicht nur die Protagonisten eines verfassungshistorischen Dramas waren, sondern jeweils einen Typus ihrer Zeit verkörperten. Dass ihre Charakterisierung an das Ende gestellt wird, folgt aus dem mit der Untersuchung verfolgten Anspruch, den Staatsstreich aufgrund der und durch die Quellen darzustellen und diese Darstellung nicht mit der – notwendig wertenden – Charakterisierung der handelnden Personen zu vermischen.

I. Ernst August, König von Hannover (1771 bis 1851)

Ernst August wurde am 5. Juni 1771 als achtes Kind und fünfter Sohn des Königs *Georgs III.* von Großbritannien und seiner Ehefrau *Sophie Charlotte*, Prinzessin von Mecklenburg-Strelitz, geboren. Nach der Erziehung auf Schloss Kew, bei der der Prinz Französisch lernte, begann er gemeinsam mit seinen Brüdern *August Friedrich* und *Adolf Friedrich*[1428] das Studium an der Universität Göttingen und hörte Vorlesungen in unterschiedlichen Fächern, die in französischer und englischer Sprache gehalten wurden. In dieser Zeit machte er die Bekanntschaft des Grafen *Ernst Friedrich Herbert zu Münster*[1429] und des Freiherrn *Georg von*

[1428] Vgl. oben S. 8.
[1429] Vgl. oben S. 7.

Schele[1430], die ebenfalls an der *Georgia Augusta* studierten.[1431] *Ernst August* blieb in Göttingen bis zum Beginn des Jahres 1791, trat aber bereits im Vorjahr in den Militärdienst ein und wurde im Range eines Rittmeisters in ein Kavallerieregiment eingestellt. Er avancierte in den Koalitionskriegen zum Generalmajor, später zum Generalleutnant. 1799 wurde er zum Herzog von Cumberland und Earl of Armagh ernannt und war damit Peer von Großbritannien und Irland. Als Mitglied des Oberhauses legte er im Zusammenhang mit den Petitionen der Katholiken eine Art Glaubensbekenntnis folgenden Inhalts ab:

> »Das Haus Braunschweig ist auf den englischen Thron berufen, um die Religion und die Freiheiten dieser Reiche zu schützen. Alles was diesen Principien nur im entferntesten widerstreitet, bin ich als Mitglied der königlichen Familie und des Oberhauses heilig verpflichtet zu bekämpfen. Es sei fern von mir, irgendeinen der ehrwürdigen Pfeiler der Verfassung in rascher Neuerung niederzureißen; ich bin bereit alles zu geben, was mit Vernunft und Gewissen vereinbar ist, the Constitution I cannot, dare not, will not give. Ich muß mit aller meiner Kraft die Grundeinrichtungen in Kirche und Staat aufrecht erhalten und unterstützen, denn sie sind die Staffel, darauf das Haus Braunschweig auf den Thron gestiegen ist.«[1432]

1807 beteiligte er sich am Sturz der von *Georg III.* eingesetzten Regierung der Whigs. Am 31. Mai 1810 wurde er Opfer eines Attentats, dessen Hintergründe zu vielerlei Gerüchten Anlass gaben, gegen die der Herzog gerichtlich vorging. Auch späterhin verhinderte *Ernst August* mit Unterstützung anderer Tories, dass ein Whig-Ministerium gebildet wurde.

Parallel zu seinen politischen Aktivitäten verfolgte er weiterhin seine militärische Laufbahn und wurde 1813 zum Feldmarschall der britischen Armee ernannt. Nach der Völkerschlacht bei Leipzig soll er sich bei einem Besuch Hannovers als Befreier von der Fremdherrschaft bezeichnet haben, was nach *Frensdorff* jedoch dem tatsächlichen Verlauf der Ereignisse nicht entsprach.[1433] Zu *Ernst Augusts* großer Enttäuschung wurde sein jüngerer Bruder *Adolf Friedrich*, Herzog von Cambridge[1434], zum Generalgouverneur des (noch) Kurfürstentums ernannt. Vor dessen bejubeltem Einzug in die Stadt in Begleitung des Grafen *Münster* am 19. Dezember 1813 verließ *Ernst August* die Stadt. *Frensdorff* führt die Wahl *Adolf Friedrichs* zum Generalgouverneur auf den Einfluss *Münsters* zurück, der von Letzterem ein besseres Einvernehmen zwischen der Deutschen Kanzlei und dem Kurfürstentum erwartete.[1435]

Am 29. Mai 1815 heiratete *Ernst August* Prinzessin *Friederike*, Tochter des Herzogs *Karl II.* von Mecklenburg, die vorher bereits zwei Ehen geschlossen hatte. Sie war die Schwester der Prinzessin *Luise* zu Mecklenburg, die 1793 den preußischen Kronprinzen *Friedrich Wilhelm* geheiratet hatte und schon im Jahr 1810 verstarb. Ihre Schwester *Friederike* – mit ihr dargestellt in der berühmten »Prinzessinnengruppe« von *Gottfried Schadow* – wurde in dritter Ehe mit Ge-

---

[1430] Vgl. oben Fn. 128.
[1431] Vgl. *F. Frensdorff*, Ernst August, König v. Hannover, ADB Bd. 6, 1877, S. 264.
[1432] Zitiert nach *F. Frensdorff*, ADB, S. 267.
[1433] So *F. Frensdorff*, ADB, S. 269.
[1434] Vgl. oben S. 8.
[1435] So *F. Frensdorff*, ADB, S. 269.

nehmigung des Britischen Parlaments die Frau *Ernst Augusts*. Die in den folgenden Jahren im Unterhaus geführten Debatten über die Apanagen des Herzogs lassen erkennen, dass *Ernst August* in England einen denkbar schlechten Ruf hatte.

1819 verlegte der Herzog seinen Wohnsitz nach Berlin, wo seine Frau als preußische Prinzessin eine Apanage erhielt. Die neue Residenz des Herzogs führte zu einer engen Beziehung zum preußischen Königshof und der Partei der preußischen Ultras. *Frensdorff* stellt fest, der Toryismus habe hier die militärisch-absolutistische Richtung gewonnen, die seiner herrischen Individualität entsprechen mochte, vom englischen Wesen aber nichts an sich gehabt habe.[1436]

Am 27. Mai 1819 wurde in Berlin ein Sohn – der Prinz *Georg* und nachmalige König *Georg V.* von Hannover – geboren, dem vom Unterhaus unter bestimmten Bedingungen ein Erziehungszuschuss gewährt wurde. Der Herzog besuchte von 1828 an während der Parlamentssessionen regelmäßig wieder England und stand in politischen Grundsatzfragen in schroffem Gegensatz zu seinen Brüdern, den Herzögen von Clarence und Sussex. Widerstand leistete er vor allem gegen den »Catholic Relief Act«, der mit überwältigender Mehrheit im Oberhaus angenommen wurde. Der Herzog von Cumberland berief sich stets auf die englische Verfassung und lehnte das Gesetz auch in der letzten Lesung mit den Worten ab

> »Ich will nicht eine Maßregel sanctioniren, in der ich einen Bruch der Verfassung erblicke.«[1437],

wie er sich auch in den vorangegangenen Debatten stets als Hüter der Verfassung dargestellt hatte.

Ernst August hatte nach dem Tod seines Bruders, des Herzogs von York, im Jahr 1827 die Großmeisterschaft der Orangelogen von England und Irland übernommen, einer freimaurerartigen Organisation zur Stützung der konservativen Parteipolitik.[1438] Zu der Orangeloge gehörten auch zahlreiche Militärs, die vom Herzog als Großmeister des Ordens aufgenommen worden waren. In Unterhauskreisen vermutete man, der Herzog habe sich hier eine Machtbasis schaffen wollen, um die Thronfolge, in der er nach seiner Nichte *Victoria* an zweiter Stelle stand, zu seinen Gunsten zu ändern. Der Herzog war gezwungen, die Auflösung des Ordens anzuordnen und zeigte dies dem Oberhaus an, bekannte sich aber zu den Grundsätzen des Ordens mit den Worten »Fürchte Gott und ehre den König«.[1439]

In der Beurteilung des Charakters *Ernst Augusts* ergeben sich in den historischen Darstellungen wesentliche Übereinstimmungen. Er wird als herrisch, zynisch, aber auch intrigant dargestellt, obwohl er in seinen Auftritten im Britischen Oberhaus stets seine Treue zur Verfassung bekundete. Überliefert ist die Äußerung des Königs *Georg IV.* über seinen Bruder:

[1436] So *F. Frensdorff*, ADB, S. 270.
[1437] Zitiert nach *F. Frensdorff*, ADB, S. 272.
[1438] Vgl. *F. Frensdorff*, ADB, S. 274.
[1439] So *F. Frensdorff*, ADB, S. 274.

»There never was a father well with his son, or husband with his wife, or lover with his mistress, or a friend with his friend that he did not tried to make mischief between them.«[1440]

Überliefert ist auch seine Charakterisierung als »most unpopular prince of modern times«.[1441] Bei *Huber* finden wir die folgende Charakterisierung:

»König Ernst August hatte in England der hochkonservativen Richtung angehört; im englischen Oberhaus war er als Führer der Torys im Kampf gegen die Whigs hervorgetreten. Sein betont aristokratischer Lebensstil, sein autokratischer Geist, seine sarkastische Schlagfertigkeit verbanden sich mit eifervoller Wahrnehmung der königlichen Rechte. Feindselig trat ihm der Liberalismus seiner englischen Heimat entgegen; auch die bürgerliche Bewegung Hannovers war beim Regierungsantritt des neuen Herrschers mit Sorge erfüllt. Ohne Zweifel zeichneten Klugheit und herrscherliche Überlegenheit den neuen Landesherrn aus; doch war er zugleich selbstherrlich bis zur offenen Menschenverachtung. Durch Herkunft, Tradition und Lebensführung fühlte er sich der hannoverschen Adelspartei verbunden. Doch benutzte er den Feudalismus nur als Werkzeug, um die königliche Machtvollkommenheit, die seinem Haus in England so gänzlich fehlte, in Hannover herzustellen. Auf diesem Weg sah er sich durch die Verfassung gehemmt, die sein Bruder dem Land 1833 gewährt hatte. So war sein Ziel vom Tag des Regierungsantritts an der Sturz des Staatsgrundgesetzes, mit dem Hannover sich in die Reihe der deutschen konstitutionellen Länder eingefügt hatte. Es gehört zu den Paradoxien der europäischen Verfassungsgeschichte, dass ein Fürst aus der Dynastie des Landes, das als Modell des modernen Konstitutionalismus gilt, in seinem deutschen Herrschaftsbereich einen Gewaltakt durchführte, der der krasseste Fall eines vollendeten antikonstitutionellen Staatsstreichs in Deutschland im 19. Jahrhundert bleiben sollte.«[1442]

II. Georg Freiherr von Schele (1771 bis 1844)

Schele, geboren am 8. November 1771, gehörte einer Familie des Osnabrückischen Landadels an. Nach dem Besuch der Ritterakademie zu Lüneburg studierte er von 1789 bis 1792 die Rechte an der Universität Göttingen und war unter anderem Hörer von *Pütter*. Nach einigen Jahren im Justizdienst lebte er auf dem Gut *Schelenburg* und war nur als Mitglied der Osnabrücker Ritterschaft an öffentlichen Angelegenheiten beteiligt. 1807 war er Mitglied einer Osnabrücker Deputation, die nach Paris reiste, um dem neuen König *Jérôme* zu huldigen, den *Napoleon* im neugebildeten Königreich Westfalen eingesetzt hatte. Mit Datum vom 1. Oktober 1807 erhielt er die Anstellung als Kammerherr der Königin und erbat seinen Abschied aus der gleichen Position am Hof in Hannover.[1443] *Schele* avancierte zum Ersten Kammerherrn der Königin und wurde am 11. Dezember 1807 zum Mitglied des Staatsrats ernannt. Ein weiteres Mitglied des Staatsrats war *Justus Christoph Leist*.[1444] *Scheles* Familie zog ebenfalls nach Kassel.

[1440] Zitiert nach *F. Frensdorff*, ADB, S. 274.
[1441] So schon *F. Frensdorff*, ADB, S. 274; *B. Mühlhan*, »Ernst August«, in: Neue deutsche Biographie 4, 1959, S. 611.
[1442] So *E. R. Huber*, Deutsche Verfassungsgeschichte II, S. 92.
[1443] Vgl. die Darstellung bei *H.-J. Behr*, Georg von Schele, S. 28 f.
[1444] Vgl. oben S. 137.

Seine Frau bekleidete den Rang einer Hofdame der Königin.[1445] Eine geplante Ernennung zum außerordentlichen Gesandten und bevollmächtigten Minister am Hof von St. Petersburg zerschlug sich. Im August 1808 wurde er dagegen Gesandter am Münchner Hof, kehrte aber zwei Jahre später nach Kassel zurück. Nach Darstellung *Behrs* suchte *Schele* den König *Jérôme* zu einer gegen *Napoleon* gerichteten Haltung zu veranlassen, insbesondere nachdem dieser weite Teile des Königreichs Westfalen – auch das frühere Hochstift Osnabrück – dem Kaiserreich einverleibt hatte.[1446] *Schele* war damit Untertan *Napoleons* geworden, blieb aber zunächst in seinen Ämtern und suchte um eine Genehmigung zum Aufenthalt außerhalb der Grenzen Frankreichs und zum Dienst für fremde Souveräne nach.[1447] Am 2. Januar 1812 reichte *Schele* sein Entlassungsgesuch ein, nicht ohne *Jérôme* der Ehrlichkeit seiner Gesinnung versichert zu haben. Hierzu findet sich in den *Memoirs* der Königin die folgende Bemerkung:

> »Herr und Frau. Schele haben ihre Demission eingereicht. Ich bin nicht böse darüber. Er war ein arglistiger Mensch, sie der Pantin des Hofes, obwohl sie über Geist und Wissen verfügt.«[1448]

Eine nach Entlassung aus dem Dienst *Jérômes* eigenartige Episode bedeutete die Verhaftung *Scheles* und seine Verbringung auf die Festung Wesel. *Schele* stand offenbar im Verdacht, mit dem Gegner – nämlich Russland – zu sympatisieren und musste sich nach seiner Freilassung vorübergehend in Paris aufhalten.[1449] Erst am 4. Juli 1813 kehrte er nach Osnabrück zurück und bewarb sich um eine neue Verbindung im Staatsdienst. *H.-J. Behr* führt zu dieser Episode in *Scheles* Leben aus:

> »Georg von Schele [...] bewahrte seine Gefangenschaft unter dem französischen Kaiserreich nach der Rückkehr der alten Gewalten nicht vor Verdächtigungen und Anfeidungen. Unerwartet sah er sich in die Situation versetzt, daß er sich wegen seiner Haltung zu Jérôme rechtfertigen musste.
> Dabei war er persönlich immer der Ansicht gewesen, von der er auch später niemals abwich, daß er sich nichts Ehrenrühriges habe zuschulden kommen lassen und auch dem rechtmäßigen Herrn gegenüber das nach den Umständen mögliche Maß an Loyalität bewahrt habe. Er bewarb sich deshalb bereits unter dem 4. Dezember 1813 bei dem Leiter der provisorischen Regierungskommission für das Fürstentum Osnabrück von Stralenheim unter Hinweis auf das Patent der bischöflichen Regierung und die durch den Tod des Mindener Domdechanten von Vincke freigewordene Drostei Grönenberg. Noch früher scheint er seinem einflussreichen Onkel, dem Minister Graf Münster, in ähnlichem Sinn geschrieben, auch seine Dienste in der Landwehr angeboten zu haben.
> [...] Schele, der wie es scheint, allen Ernstes glaubte, er habe sich den Dank seiner Mitbürger verdient, weil er in vielen Fällen Schlimmeres verhütet und mäßigend auf die Entschlüsse der westfälischen Regierung eingewirkt habe, war bestürzt.«[1450]

[1445] Vgl. *H.-J. Behr*, Georg von Schele, S. 33 f.
[1446] Vgl. *H.-J. Behr*, Georg von Schele, S. 40 ff.
[1447] Nach *H.-J. Behr*, Georg von Schele, S. 43, ist nicht zu ermitteln, ob diese Eingabe abgeschickt wurde bzw. überhaupt eine Antwort erfolgte.
[1448] Zitiert nach *H.-J. Behr*, Georg von Schele, S. 44.
[1449] Vgl. *H.-J. Behr*, Georg von Schele, S. 47 f.
[1450] So *H.-J. Behr*, Georg von Schele, S. 48 f.

Schele kämpfte monatelang für seine Rehabilitierung, die die Voraussetzung dafür war, dass er seine gesellschaftliche Stellung am Hofe einnehmen konnte. In einer Rechtfertigungsschrift vom 3. Januar 1814 legte er dem Staats- und Kabinettsministerium seine Position dar:

> »Wenn jetzt der gerechte Hass gegen das fremde Joch eine Abneigung gegen alles, was daran erinnert, einzuflößen scheint, so dürfte es die Billigkeit erfordern, daß man erwäge, diese Sklaverei habe, so gern man ihr Andenken vertilgen möchte, wirklich existiert, mithin notwendig in ihrem Gefolge die Resultate von Unglück und Demütigung gehabt, die mit einer Unterjochung verbunden sind. Wer da übel minderte, indem er wagte, sich den Unterdrückern mit Freimütigkeit und mit eigener Gefahr zu nähern, der trug keine schimpflicheren Fesseln als die ganze übrige Nation, als jeder der unter dem Schutze solcher, die sich aufopferten, unverfolgt und unbemerkt blieb. In anderen Staaten Deutschlands diente die Nation mit ihren Fürsten dem Tyrannen, hier ohne den im Ausland frei und groß gebliebenen Landesherrn. Ich vermag nicht einzusehen, daß Preußen, Sachsen, Bayern und andere Deutsche während dieser unseligen Epoche ein schimpflicheres Joch getragen hätten, indem sie auf Befehl ihrer mit ihnen unterdrückten Fürsten das Schwert zur Befestigung ihrer eigenen Ketten zogen, als der Hannoveraner, der unmittelbar zum Dienst eines Usurpators gezwungen wurde [...].«[1451]

Schele fährt fort:

> »Ganz Deutschland wird und muß sich bis zu den spätesten Zeiten dieser Unterjochungsperiode zur Warnung und Lehre erinnern, aber wohl nicht, damit Deutsche sich einander ihr Elend, ihre unvermeidliche Schande vorwerfen, die nur die wenigen in Absicht ihrer Moralität treffen kann, welche in dieser Lage dem Feinde wirklich ergeben waren oder die fremde Unterdrückung zur Begünstigung strafbarer Eingriffe in die rechtmäßigen Gesetze benutzten. Wer stets redlich handelte, wer im Augenblick der Befreiung sich als tätiger Patriot zeigt, verdient den Namen eines zur Ehre und Nationalruhm wiedergeborenen Deutschen ebenso sehr, als diejenigen, die nur als Ausnahme sich ihrer individuellen Lage nach im Auslande dem Joch entziehen konnten.«[1452]

Weiterhin heißt es in der Rechtfertigungsschrift:

> »Im Allgemeinen dürfte es mithin wohl nicht zu erwarten sein, daß ein Schatten auf diejenigen geworfen werde, die dem Usurpator dienten, die übrigen schützten und dadurch ihre Nichtteilnahme möglich machten. Wie ich insbesondere nach meiner Handlungsweise zu jener Dienstzeit verurteilt zu werden verdiene, darüber muß ich mich auf das Zeugnis derer, die mich zu Kassel, zu München und zu Osnabrück kannten und handeln sahen, berufen [...]. Manches, was ich erreichte, ist im Staatsrat bekannt geworden. Mehreres war die Folge von Privatunterredungen mit Jérôme, wofür ich freilich keine Beweise habe.«[1453]

Ein halbes Jahr später erreichte ihn die Nachricht seines Onkels, dass die Sache »beigelegt« sei und sein Neffe wiederum für ein staatliches Amt vorgeschlagen werden könne. *Schele* musste allerdings zwei Jahre warten, bis er einen Posten in der hannoverschen Verwaltung erhielt.[1454]

Der larmoyante Ton der Rechtfertigungsschrift vermag nicht zu verbergen, dass *Schele* aus freiem Willen in den Dienst *Jérômes* getreten ist. Die Teilnahme

---

[1451] Zitiert nach *H.-J. Behr*, Georg von Schele, S. 51.
[1452] Zitiert nach *H.-J. Behr*, Georg von Schele, S. 51.
[1453] Zitiert nach *H.-J. Behr*, Georg von Schele, S. 51.
[1454] So *H.-J. Behr*, Georg von Schele, S. 53.

an der Delegation Osnabrücks im August 1807 mag noch als Dienst an seiner Heimat hingehen, zumal auch andere Vertreter des Osnabrücker Adels der Deputation angehörten. Sie alle mögen die Erwartung gehegt haben, günstige Bedingungen für das frühere Hochstift herauszuhandeln, wurden hierin aber enttäuscht, weil ihre Rolle nur die einer Staffage bei der Gründung des Königreichs Westfalen war.[1455] Der Eintritt in den Dienst des neugeschaffenen Königreichs und sein Aufstieg innerhalb weniger Monate zum Staatsrat und Ersten Kammerherrn der Königin kann dagegen nicht mit dem Zwang des »Ursurpators« – also *Napoleons* – begründet werden. Ausgeschlossen werden kann überdies im Herrschaftsbereich des Kaisers, dass ein deutscher Adeliger am Hofe seines Bruders eine Art geheimer Opposition ausübte. *Schele* mag durch die Beratung des – ja noch unerfahrenen – Königs einzelne Gesetze – so die versprochene Bauernbefreiung – verhindert oder verzögert haben. Damit allerdings folgte er nur seinen Prinzipien als hochkonservativer Vertreter des Grundadels und leistete keineswegs eine Art Widerstand gegen die Fremdherrschaft.

Behr gibt seiner Biographie *Scheles* den Untertitel »Staatsmann oder Doktrinär?«, ohne die hiermit gestellte Frage letztlich zu beantworten. Wie stets sind solche Alternativen eher rhetorischer Natur, weil beide Begriffe einander nicht vollständig ausschließen und es – vor allem – darauf ankommt, welche Bedeutung ihnen unterlegt wird. Versteht man unter einem »Staatsmann« lediglich den Inhaber hoher Staatsämter, so ist diese Bezeichnung für *Schele* eine Selbstverständlichkeit, denn er hat das Amt des Kabinettsministers fast sieben Jahre lang bekleidet. Indes ist dieser Begriffsinhalt von *Behr* ersichtlich nicht gemeint. Begreift man als »Staatsmann« einen führenden Politiker mit ausgeprägter Fähigkeit zur Analyse und weitblickenden Entscheidungen, so wird man *Schele* nicht als solchen bezeichnen können. Sein Blick war ausschließlich rückwärts gerichtet; als Exponent des Osnabrücker Grundadels hatte er für die Strömungen der Zeit kein Verständnis. Stattdessen schwebte ihm – insoweit übereinstimmend mit dem späteren König – eine Rückkehr zu einer patriarchalisch-feudalistischen Verfassung vor. Das aufstrebende Bürgertum und die von ihm vertretenen liberalen Grundanschauungen verfolgte er mit Verachtung, wie sich schon der Begriff des »Liberalismus« in seinen zahlreichen Schriften als Unwort darstellt. Wenn aber ein leitender Minister so eng an seinen eigenen Stand gebunden und von dessen Vorurteilen bestimmt wird, seine Politik ausschließlich rückwärtsgewandt ist, wird man ihm kaum den Ehrentitel eines »Staatsmannes« zukommen lassen.

»Doktrinär« war *Schele* zweifellos, denn an den von ihm einmal gefundenen Grundsätzen hielt er mit großer Verbissenheit fest. Bezeichnend ist, dass er *seinen* Staatsstreichplan – nämlich die Aufhebung des Staatsgrundgesetzes – unmittelbar nach *Ernst Augusts* Regierungsantritt – noch rechtfertigte, als die Zeit hierüber längst hinweggegangen war. *Scheles* Doktrinarismus darf freilich nicht darüber hinwegtäuschen, dass er in seiner beruflichen Laufbahn Ämter bekleidete, die mit einer im Kurfürstentum geprägten monarchischen Gesinnung

---

[1455] Vgl. die Darstellung bei *H.-J. Behr*, Georg von Schele, S. 25 ff.

schwerlich vereinbar waren. Die Jahre im Dienst des Königs von Westfalen – wie vorher der Dienst als Kammerherr des Kurfürsten und später als Kabinettsminister des Königs – lassen sich dahin deuten, dass *Schele* stets die Nähe der Macht suchte und seine fraglos hohen analytischen Fähigkeiten in ihren Dienst stellte. Er war zwar Doktrinär, aber eben auch Opportunist, bereit, sich in den Dienst ganz unterschiedlicher Regimes zu stellen.

III. Johann Carl Bertram Stüve (1798 bis 1872)

Stüve stammte aus einer angesehenen Osnabrücker Juristenfamilie. Sein Vater *Heinrich David Stüve* (1757–1813) war Mitglied des Stadtrats und von 1804–1812 erster Bürgermeister der Stadt gewesen. Sein Großvater *Johann Eberhard Stüve* (1715–1798) war Advokat in seiner Heimatstadt, ab 1762 Mitglied im Rat der Stadt Osnabrück und ab 1768 ihr Syndikus.

Stüve begann nach seinem Abitur im Jahr 1817 das Studium der Rechte in Berlin, wo er unter anderem Vorlesungen von *Savigny* und *Schleiermacher* hörte. In Berlin schloss er Freundschaft mit *Johann Friedrich Frommann* aus Jena, mit dem er bis zu seinem Tod verbunden blieb und der sein Verleger wurde. *Stüve* wechselte an die Universität Göttingen und gehörte zu den Schülern *Eichhorns*, unter dessen Betreuung er 1820 promoviert wurde. Aufgrund familiärer Umstände verzichtete *Stüve* auf die von ihm angestrebte wissenschaftliche Laufbahn und ließ sich in Osnabrück als Advokat nieder. In seiner Heimatstadt begann *Stüve* mit historischen Studien. Noch im Jahr 1823 schloss er die Herausgabe des dritten Bandes der »Osnabrückischen Geschichte Justus Mösers« ab, der 1824 erschien. Das Jahr 1824 bedeutete in *Stüves* Werdegang insofern eine Zäsur, als er zum Deputierten Osnabrücks in der Zweiten Kammer des Königsreichs gewählt wurde. Sein theoretisches Rüstzeug erwarb er durch die Lektüre politischer Schriftsteller. Vergeblich bewarb er sich 1827 um die Stelle eines Stadtrichters in Osnabrück und widmete sich daraufhin vermehrt der Politik. In der Zweiten Kammer brachte er 1829 einen Antrag ein, der auf »Befreiung des Grundeigenthums durch Ablösung von Zehnten Diensten, Gutsherrlichen und Meyer Gefällen, durch Aufhebung der aus dem Leibeigenthum herrührenden Lasten« gerichtet war. Dieser Antrag wurde von der Ersten Kammer abgewiesen, was *Stüve* dazu veranlasste, ein Buch »Ueber die Lasten des Grundeigenthums« zu verfassen, das Anfang 1830 erschien. Im Herbst 1830 wählte die Osnabrücker Provinziallandschaft *Stüve* zum Schatzrat, womit er seine Stellung in der Kammer festigte. Er verfasste – veranlasst durch die Aufstände in Göttingen und Osterode – eine Schrift »Ueber die gegenwärtige Lage des Königsreichs Hannover«, mit der er eine brillante Analyse des Staates vorlegte. Nach *Münsters* Entlassung verstärkte sich der Einfluss der Zweiten Kammer, so dass schließlich ein von *Stüve* wesentlich mitbestimmtes Ablösungsgesetz erlassen wurde. Gegenüber dem Entwurf des Staatsgrundgesetzes hatte Stüve durchaus Einwendungen, trug aber durch seinen Einfluss dazu bei, dass der Entwurf schließlich

III. Johann Carl Bertram Stüve (1798 bis 1872)

von der Zweiten Kammer angenommen wurde. *Stüve* wurde 1835 zum Bürgermeister Osnabrücks gewählt und entfaltete hier eine fruchtbare Tätigkeit für seine Vaterstadt. Nach dem Staatsstreich vom 1. November 1837 fand das Staatsgrundgesetz in *Stüve* – wie dargestellt – seinen entschlossensten Verteidiger. Auch die Verteidigung des Magistrats der Residenzstadt Hannover weist ihn als brillanten forensischen Juristen aus. *Stüve* widmete sich in der Folgezeit stärker der Stadtverfassung Osnabrücks und nahm seine historischen Studien zur Geschichte des Hochstifts wieder auf. Der Eintritt in die Zweite Kammer wurde ihm mit unterschiedlichen Begründungen verwehrt. Reisen nach Hannover hätten der vorherigen Erlaubnis des Landdrosten bedurft, die zu beantragen *Stüve* sich nicht bereitfand.

Eine Wende bedeutete in *Stüves* politischem Werdegang die Ernennung zum Innenminister im Kabinett *Bennigsen*. In den zweieinhalb Jahren seiner Ministertätigkeit war *Stüve* für grundlegende Änderungen des Landes-Verfassungsgesetzes verantwortlich und entfaltete eine umfangreiche Reformtätigkeit. Nach dem Rücktritt des März-Ministeriums im Oktober 1850 kehrte *Stüve* nach Osnabrück zurück und wurde 1852 erneut zum Bürgermeister gewählt. Dieses Amt hatte er bis zum Jahr 1864 inne. Nach seinem Rücktritt in Folge politischer Auseinandersetzungen widmete er sich wieder der Geschichte des Hochstifts Osnabrück, die schließlich drei Bände umfasste und bis zum Jahr 1647 reicht.

Johann Carl Bertram Stüve vereinigte den untrüglichen Blick für die Notwendigkeit einer staatlichen Ordnung mit einem ausgeprägten Freiheitssinn. Zu dem praktisch tätigen Juristen und Politiker gesellte sich der Historiker und Rechtswissenschaftler von hohen Graden. Aufgrund seiner umfassenden Bildung und seinem nie erlahmenden Fleiß hätte *Stüve* einer der großen Staatsrechtslehrer des 19. Jahrhunderts werden können. Dass sein Leben frühzeitig eine andere Wendung nahm und in *Stüve* die Anhänger des Staatsgrundgesetzes eine geistige Führungspersönlichkeit fanden, kann im Nachhinein nur als historischer Glücksfall bezeichnet werden.

Stüve ist in seiner politischen Grundhaltung nicht leicht einzuordnen. Vermutlich würde er sich die Bezeichnung als »Liberaler« verbeten haben, weil das Sendungsbewusstsein und der Fortschrittsglaube des Liberalismus jener Zeit ihm fremd waren. Allerdings kennzeichnete ihn ein tiefes Vertrauen in das Recht und die Skepsis gegenüber politischer Machtausübung, auch wenn sie mit Rechtsgründen bemäntelt wurde. Vielleicht wird man *Stüve* am ehesten gerecht, wenn man ihn als gemäßigten Konservativen bezeichnet, der als persönlichen Wahlspruch den Aphorismus *Lampedusas* gewählt haben könnte, dass man alles ändern müsse, damit es bleibt, wie es ist.[1456]

[1456] Vgl. *Giuseppe Tomasi di Lampedusa*, Der Leopard, 1959, S. 32.

QUELLEN- UND LITERATURVERZEICHNIS

Gedruckte Quellen

Anonymus — Die Verhandlungen der sogenannten Zweiten Kammer der allgemeinen Ständeversammlung des Königreichs Hannover, Stuttgart 1839.

Anonymus (Johann Hermann Detmold) — Hannoversches Portfolio – Sammlung von Actenstücken zur Geschichte des hannoverschen Verfassungskampfes, Erster Bd., Stuttgart 1839; Zweiter Bd. 1839; Dritter Bd. 1840; Vierter Bd. 1841.

Dahlmann, Friedrich Christoph (Hrsg.) — Gutachten der Juristen-Facultäten Heidelberg, Jena und Tübingen: die Hannoversche Verfassungsfrage betreffend, Jena 1839.

Gans, Salomon Philipp (Hrsg.) — Verhandlungen über die öffentlichen Angelegenheiten des Königreichs Hannover und des Herzogthums Braunschweig, Braunschweig 1831.

Hagemann, Theodor (Hrsg.) — Sammlung der hannöverschen Landesverordnungen und Ausschreiben des Jahres 1814, II. Stück, Hannover 1814.

Huber, Ernst Rudolf — Dokumente zur deutschen Verfassungsgeschichte, Band 1, 3. Auflage, Stuttgart 1978.

Klüber, Johann Ludwig (Hrsg.) — Wichtige Urkunden für den Rechtszustand der deutschen Nation, Mannheim 1844.

Müller, Alexander (Hrsg.) — Archiv für die neueste Gesetzgebung aller deutschen Staaten, Bd. IX, 1839.

Münster, Ernst Herbert Graf zu — Erklärung des Ministers Grafen von Münster über einige in der Schmähschrift »Anklage des Ministeriums Münster« ihm persönlich gemachte Vorwürfe, so wie über seinen Austritt aus dem Königlichen-Hannöverschen Staatsdienst, Hannover 1831.

Pölitz, Carl Heinrich Ludwig — Die europäischen Verfassungen seit dem Jahre 1789 bis auf die neueste Zeit (hrsg. v. Friedrich Bülau), 2. Aufl., Bd. IV, Leipzig 1847.

Schroeder, Friedrich-Christian (Hrsg.) — Texte zur Theorie des politischen Strafrechts Ende des 18. Jh./ Mitte des 19. Jh., Darmstadt 1974.

Stüve, Johann Carl Bertram — Actenmäßige Darlegung der Ergebnisse des Wider den Magistrat der Haupt- und Residenzstadt Hannover wegen Beleidigung der Regierung des Königreichs Hannover durch verschiedene an die Hohe Deutsche Bundesversammlung gerichtete Eingaben eingeleiteten Untersuchungs-Verfahrens, in: Deutsches Staatsarchiv, Bd. 1, Jena 1840.

Entwurf eines Staats-Grundgesetzes für das Königreich Hannover, wie solcher der niedergesetzten Kommission von Seiten der landesherrlichen Commissarien zu vorläufiger Berathung vorgelegt worden ist, Hannover 1831.

Actenstücke der provisorischen oder ersten allgemeinen
Ständeversammlung des Königreichs Hannover, Bd. 1, 1822.

Actenstücke der vierten Allgemeinen Ständeversammlung, Erste Diät, II. Theil, Hannover
1832.

Actenstücke der fünften allgemeinen Ständeversammlung des Königreichs Hannover, Erste
Diät, Hann. 1834.

Actenstücke der sechsten allgemeinen Ständeversammlung des
Königreichs Hannover, 1840.

Archivquellen

Staatsarchiv Hannover	Hann. 91 v. Schele I Nr. 6
	Hann. 91 v. Schele I Nr. 27
	Hann. 91 v. Schele I Nr. 30
	Hann. 92 Nr. 22
	Hann. 92 Nr. 23
	Hann. 92 Nr. 24
	Hann. 108 Nr. 669/5
	Hann. 108 Nr. 670/4
	Hann. Dep. 103 VII Nr. 5
	Hann. Dep. 103 VII Nr. 6
	Hann. Dep. 103 VII Nr. 8
	Hann. Dep. 103 VII Nr. 9
	Hann. Dep. 103 VII Nr. 12
	Hann. Dep. 103 VII Nr. 13
	Hann. Dep. 103 VII Nr. 19
Staatsarchiv Osnabrück	Dep. 3 b IV Fach 22
	Dep. 38 b Nr. 1220
	Dep. 38 b Nr. 1289
	Dep. 38 b Nr. 1334
	Erw. A 16. Nr. 202
	Erw. A 16. Nr. 205
Stadtarchiv Hannover	AAA 461
	AAA 473
	AAA 478

Literatur

Albrecht, Wilhelm Eduard	Rezension: Romeo Maurenbrecher, Grundzüge des heutigen deutschen Staatsrechts, Göttingische gelehrte Anzeigen, Göttingen 1837, S. 1489 ff.
Anonymus	Staatsrechtliche Bedenken über das Patent Sr. Maj. des Königs vom 5. Julius 1837, 2. Aufl., Stuttgart und Tübingen 1837.

Literatur

Anonymus (Georg Friedrich König)	Anklage des Ministeriums Münster vor der öffentlichen Meinung, 1831.
Bauer, Hartmut	Geschichtliche Grundlagen der Lehre vom subjektiv öffentlichen Recht, Berlin 1986.
Baumeister, August	Thiersch, Friedrich von (seit 1848), in: ADB, Bd. 38, München und Leipzig 1894, S. 7 ff.
Behr, Hans Joachim	Georg von Schele 1771–1844. Staatsmann oder Doktrinär?, Osnabrück 1973.
ders.	Georg von Schele, in: Neue Deutsche Biografie (NDB), Bd. 22, Berlin 2005.
Bertram, Mijndert	Staatseinheit und Landesvertretung. Die erste oder provisorische Allgemeine Ständeversammlung des Königreiches Hannover und ihre definitive Organisation 1814–1819, Hannover 1986.
Bingmann, Karl	Das rechtliche Verhältnis zwischen Großbritannien und Hannover von 1714 bis 1837, Celle 1925.
Blanke, Edzard/Kamp, Norbert/ Schöne, Albrecht/Sellert, Wolfgang/v. Thadden, Rudolf/ Wellenreuther, Hermann	Die Göttinger Sieben. Ansprachen und Reden anläßlich der 150. Wiederkehr ihrer Protestation, Göttingen 1988.
Bleek, Wilhelm	Friedrich Christoph Dahlmann. Eine Biographie, München 2010.
Bönnemann, Claus	Die Beilegung von Verfassungskonflikten vor der Zeit des Grundgesetzes. Die Entwicklung verfassungsgerichtlicher Strukturen in Deutschland, ausgehend vom Frühkonstitutionalismus bis zum Ende der Weimarer Republik, Berlin 2007.
Born, Karl Erich	Die Tübinger Juristenfakultät und Bürgermeister Stüve: Das Tübinger Gutachten zum Hannoverschen Verfassungskonflikt, Osnabrück 1966.
Brater, Karl	Der politische Eid, in: Johann Caspar Bluntschli/Karl Brater (Hrsg.), Deutsches Staats-Wörterbuch, 3. Bd., Stuttgart und Leipzig 1858, S. 290 ff.
Brügmann, Otto Georg	Die Verdienste Dahlmanns um das Hannoversche Staatsgrundgesetz von 1833, Diss., Jena 1902.
Conze, Werner	Die liberalen Agrarreformen Hannovers im 19. Jahrhundert, in: Agrarwissenschaftliche Vortragsreihe, Heft 2, Hannover 1947.
Czech, Philip	Der Kaiser ist ein Lump und Spitzbub: Majestätsbeleidigung unter Kaiser Franz Josef, Wien 2010.
Dahlmann, Friedrich Christoph	Die Politik, auf den Grund und das Maß der gegebenen Zustände zurückgeführt, 1. Bd., Göttingen 1835.
ders.	Zur Verständigung, Basel 1838.

Dilcher, Gerhard	Der Grundlagenschein in der Rechtsgeschichte, in: Juristische Schulung 1977, 241 ff., 386 ff., 524 ff.
Dissen, Nicola	Deutscher monarchischer Konstitutionalismus und verweigerte Rechtsentscheidungen – Das Beispiel der Verfassungskonflikte von 1830 und 1837 im Bereich des heutigen Niedersachsen, Baden-Baden 2015.
Feder, Heinrich von	Das Staatsverbrechen des Hochverraths nach Rechtsbegriffen der Vorzeit und der Gegenwart: ein Handbüchlein für den deutschen Bürger und Rechtsgelehrten, insbesondere auch für Geschworene, Stuttgart 1850.
Feuerbach, Paul Johann Anselm von	Lehrbuch des Criminalrechts, 1. Aufl. 1801.
ders.	Philosophisch-juridische Untersuchung über das Verbrechen des Hochverraths, Erfurt 1798.
Frensdorff, Ferdinand	Leist, Justus Christoph, in: ADB, Bd. 18, München und Leipzig 1883.
ders.	Ernst August, König v. Hannover, in: ADB, Bd. 6, München und Leipzig 1877.
Friesenhahn, Ernst	Der politische Eid, Bonn 1979 (unveränderter Nachdruck der Ausgabe 1928).
Gans, Salomon Philipp	Kritische Beleuchtung des Entwurfs eines Strafgesetzbuches für das Königreich Hannover: nebst dem Entwurfe selbst, in dessen zuletzt bekannt gewordener Redaction, von einem practischen Rechtsgelehrten, Bd. 1, Celle 1827.
ders.	Ueber die Verarmung der Städte und den Verfall der städtischen Gewerbe im nördlichen Deutschland, insbesondere im Königreich Hannover. Versuch einer Darstellung der Hauptursachen dieser unglücklichen Erscheinungen und der Mittel zur Abhülfe derselben, Braunschweig 1831.
Graf, Christa Volk	The Hanoverian Reformer Johann Carl Bertram Stüve 1798–1872, Ann Arbor (Michigan) 1971.
Grieser, Rudolf	Die Deutsche Kanzlei in London, ihre Entstehung und Anfänge: Eine behördengeschichtliche Studie, in: Blätter für deutsche Landesgeschichte, Bd. 89, Berlin 1952, S. 153 ff.
Grimm, Jacob	Jacob Grimm über seine Entlassung. War sint die eide komen?, Basel 1838.
Grotefend, Georg August	Geschichte der Allgemeinen landständischen Verfassung des Königreichs Hannover in den Jahren 1814 bis 1848 staatsrechtliche Versuche, Hannover 1857.

Häberlin, Carl Friedrich	Handbuch des Teutschen Staatsrechts nach dem System des Herrn Geheimen Justizrath Pütter: Zum gemeinnützigen Gebrauch der gebildeten Stände in Teutschland mit Rücksicht auf die neuesten merkwürdigsten Ereignisse bearbeitet, Frankfurt und Leipzig 1794.
Harding, Nick	Hanover and the British Empire 1700–1837, Suffolk 2007.
Hartmann, Andrea	Majestätsbeleidigung und Verunglimpfung des Staatsoberhaupts (§§ 94 ff. RStGB, 90 StGB): Reformdiskussion und Gesetzgebung seit dem 19. Jahrhundert, Berlin 2006.
Hassell, William (Wilhelm) von	Geschichte des Königreichs Hannover. Unter Benutzung bisher unbekannter Aktenstücke, 1. Teil, Bremen 1898.
Heinemann, Otto von	Geschichte von Braunschweig und Hannover, Bd. 1–3, Gotha 1884; 1886; 1892.
Heusinger, C.	Das Patent Sr. Majestät des Königs Ernst August und die Hannöverschen Landstände, Gotha 1838.
Hindersmann, Ulrike	Der ritterschaftliche Adel im Königreich Hannover 1814–1866, Hannover 2001.
Huber, Ernst Rudolf	Deutsche Verfassungsgeschichte seit 1789, Bd. 1, 2. Aufl., Stuttgart 1967; Bd. 2, 3. Aufl., Stuttgart 1988; Bd. 3, 3. Aufl., Stuttgart 1988.
Ipsen, Jörn	Rechtsfolgen der Verfassungswidrigkeit von Norm und Einzelakt, Baden-Baden 1980.
ders.	Hannoverscher Staatsstreich und Osnabrücker Verfassungsbeschwerde, Nds.VBl. 2012, S. 109.
ders.	Grundzüge einer Grundrechtsdogmatik. Zugleich Erwiderung auf Robert Alexy, »Jörn Ipsens Konstruktion der Grundrechte«, in: Der Staat 52 (2013), S. 266 ff.
Janicke, Karl	Dahlmanns Anteil am hannoverschen Staatsgrundgesetz von 1833, in: Zeitschrift des Historischen Vereins für Niedersachsen, Hannover 1890, S. 224 ff.; 1891, S. 235 ff.
Kellner, Otto	Das Majestätsverbrechen im Deutschen Reich bis zur Mitte des 14. Jahrhunderts, Diss., Halle a. S. 1911.
Kleinschrodt, Gallus Aloys	Ueber den Begriff und die Strafbarkeit des Hochverraths, nach allgemeinen Grundsätzen, in: Friedrich-Christian Schroeder (Hrsg.), Texte zur Theorie des politischen Strafrechts Ende des 18. Jh./Mitte des 19. Jh., Darmstadt 1974, S. 97 ff.
Kolb, Karlheinz/Teiwes, Jürgen	Beiträge zur politischen Sozial- und Rechtsgeschichte der Hannoverschen Ständeversammlung von 1814–1833 und 1837–1849, Hildesheim 1977.
König, Georg Friedrich	Ueber die politischen und bürgerlichen Reformen und den Entwurf eines Staatsgrundgesetzes für Hannover, Wiesbaden 1832.

Kück, Hans	Die Göttinger Sieben - Ihre Protestation und ihre Entlassung im Jahre 1837, Berlin 1934.
Lampe, Jörg H.	Freyheit und Ordnung: Die Januarereignisse von 1831 und der Durchbruch zum Verfassungsstaat im Königreich Hannover, Hannover 2009.
Leist, Justus Christoph	Lehrbuch des teutschen Staatsrechts, 2. Aufl., Göttingen 1805.
Leonhardt, Gerhard Adolf Wilhelm	Commentar ueber das Criminalgesetzbuch für das Königreich Hannover, Bd. 2, Hannover 1851.
Link, Christoph	Noch einmal: Der Hannoversche Verfassungskonflikt und die Göttinger Sieben, in: Juristische Schulung, München und Frankfurt 1979, S. 191.
Luden, Heinrich (Hrsg.)	Das Königreich Hannover nach seinen öffentlichen Verhältnissen: besonders die Verhandlungen der allgemeinen Stände-Versammlung in den Jahren 1814, 1815 und 1816, Nordhausen 1818.
Malortie, Carl Ernst von	König Ernst August, Hannover 1861.
Meier, Ernst von	Hannoversche Verfassungs- und Verwaltungsgeschichte: 1680-1866, Berlin 1899.
Meyer, Georg/Anschütz, Gerhard	Lehrbuch des deutschen Staatsrechts, 8. Aufl., Berlin 2005 (Nachdruck der 7. Aufl. von 1919).
Mittermaier, Carl Joseph Anton	Ueber den neuesten Zustand der Criminalgesetzgebung in Deutschland. Mit Prüfung der neuen Entwürfe für die Königreiche Hannover und Sachsen, Heidelberg 1825.
Mohl, Robert von	Das Staatsrecht des Königreichs Württemberg, Bd. 1, 2. Aufl., Tübingen 1840.
Mühlhan, Bernhard	»Ernst August«, in: Neue deutsche Biographie, Bd. 4, Berlin 1959.
Münster, Ernst von	Projectirter Theil des Präsidial-Vortrags, der sich auf den 13. Art. der Bundesakte (die Landständische Verfassung) beziehen würde, in: Johan Ludwig Klüber/Karl Theodor Welcker (Hrsg.), Wichtige Urkunden für den Rechtszustand der deutschen Nation, 2. unveränderte Auflage, Mannheim 1845.
Nolte, Georg	Bemerkungen über die Repräsentativ-Verfassung im Königreiche Hannover, Diepholz 1831.
Oberschelp, Reinhard	Politische Geschichte Niedersachsens 1803–1866, Hildesheim 1988.
Oppermann, Heinrich Albert	Zur Geschichte des Königreichs Hannover von 1832–1860, Bd. 1, Leipzig 1860; Bd. 2, Leipzig 1862.
Petri, Moritz	Lebensbilder, geschichtliche und kulturgeschichtliche: aus den Erinnerungen und der Mappe eines Greises, Hannover 1868.

Pölitz, Carl Heinrich Ludwig	Beleuchtung des Entwurfes des Staatsgrundgesetzes für das Königreich Hannover, wie solcher der niedergesetzten Commission von Seiten der landesherrlichen Commissarien im November 1831 vorgelegt worden ist, Leipzig 1831.
Poten, Bernhard von	Gustav Zimmermann, in: ADB Bd. 45, München und Leipzig 1900.
Rehberg, August Wilhelm	Zur Geschichte des Königreichs Hannover in den ersten Jahren nach der Befreiung von der westphälischen und französischen Herrschaft, Göttingen 1826.
Reinicke, Wolf-Rüdiger	Landstände im Verfassungsstaat: Verfassungsgeschichte und gegenwärtige Rechtstellung der Landschaften und Ritterschaften in Niedersachsen, Göttingen 1975.
Reyscher, August Ludwig	Rechtsgutachten der Juristenfakultät in Tübingen, in: Friedrich Christoph Dahlmann (Hrsg.), Gutachten der Juristen-Facultäten Heidelberg, Jena und Tübingen: die hannoversche Verfassungsfrage betreffend, Jena 1839.
ders.	Hannöversche Verfassungsfragen beantwortet von Reyscher, in: Zeitschrift für deutsches Recht und deutsche Rechtswissenschaft, Bd. 2, Leipzig 1839, 1 ff.
Röhrbein, Waldemar R.	Hamburg und der hannoversche Verfassungskonflikt 1837–1840, Hildesheim 1965.
Roßhirt, Conrad Franz	Geschichte und System des deutschen Strafrechts, Bd. 2, Stuttgart 1839.
Rostmann, Heinrich/Willeke, Manfred (Hrsg.)	Geschichte und Chronik des Dorfes Holzhausen in der Grafschaft Pyrmont, Bd. 1, Springe 2002.
Saage-Maaß, Miriam	Die Göttinger Sieben – Demokratische Vorkämpfer oder nationale Helden? Zum Verhältnis von Geschichtsschreibung und Erinnerungskultur in der Rezeption des Hannoverschen Verfassungskonfliktes, Göttingen 2007.
Sarwey, Otto von	Das Staatsrecht des Königreichs Württemberg, Deutsches Territorialrecht des 19 Jahrhunderts, Bd. 1, Tübingen 1883.
Schnabel, Franz	Deutsche Geschichte im 19. Jahrhundert, Bd. 1–4, Freiburg im Breisgau 1929–1937, Nachdruck München 1987.
Schnapp, Friedrich Eberhard	170 Jahre Protestation der Göttinger Sieben, in: Jura 2007, 823 ff.
Schreiner, Klaus	Ein »revolutionaires« Gutachten der Tübinger Juristen-Facultät zur Hannoverschen Verfassungsfrage. Kontroversen über Grundfragen des Rechtsstaates im württembergischen und deutschen Vormärz, in: Attempto – Nachrichten für die Freunde der Universität Tübingen, Heft 55/56, Tübingen 1975, 119 ff.

Schubert, Ernst	Verfassung und Verfassungskämpfe im frühen 19. Jahrhundert, in: Bernd Ulrich Hucker/Ernst Schubert/Bernd Weisbrod, Niedersächsische Geschichte, Göttingen 1997.
See, Klaus von	Die Göttinger Sieben. Kritik einer Legende, 3. Aufl., Heidelberg 2000.
Sellert, Wolfgang	»Göttinger Sieben«, in: Handwörterbuch zur deutschen Rechtsgeschichte, Bd. 2, 2. Aufl., Berlin 2012.
ders.	Die Aufhebung des Staatsgrundgesetzes und die Entlassung der Göttinger Sieben, in: Edzard Blanke/Norbert Kamp/Albrecht Schöne/Wolfgang Sellert/Rudolf von Thadden/Hermann Wellenreuther (Hrsg.), Die Göttinger Sieben, Ansprachen und Reden anlässlich der 150. Wiederkehr ihrer Protestation, Göttinger Universitätsreden, Band 85, Göttingen 1988, S. 23 ff.
Smend, Rudolf	Die Göttinger Sieben, in: ders., Staatsrechtliche Abhandlungen und andere Aufsätze, Berlin 1955.
Springer, Anton	Friedrich Christoph Dahlmann, 1. Theil, Leipzig 1870.
Stolleis, Michael	Geschichte des öffentlichen Rechts in Deutschland, Bd. 2, München 1992.
Struve, Gustav Karl	Commentar zu dem Entwurfe eines Staatsgrundgesetzes für das Königreich Hannover, Rinteln 1832.
Stüve, Johann Carl Bertram	Ueber die gegenwärtige Lage des Königreichs Hannover – Ein Versuch Ansichten aufzuklären, Jena 1832.
ders.	Ueber die Lasten des Grundeigentums und Verminderung derselben in Rücksicht auf das Königreich Hannover, Hannover 1830.
Thadden, Rudolf von	Die Göttinger Sieben, ihre Universität und der Verfassungskonflikt von 1837, Hannover 1987.
Tittmann, Karl August	Handbuch der Strafrechtswissenschaft und der deutschen Strafrechtskunde, Bd. 2, Halle 1807 (unveränderter Nachdruck Frankfurt/Main 1986).
Treitschke, Heinrich von	Deutsche Geschichte im 19. Jahrhundert, Vierter Teil, Leipzig 1889.
Uhlenbrock, Henning	Der Staat als juristische Person. Dogmengeschichtliche Untersuchung zu einem Grundbegriff der deutschen Staatsrechtslehre, Berlin 2000.
Ventker, August Friedrich	Stüve und die hannoversche Bauernbefreiung, Oldenburg 1935.
Vogtherr, Thomas	Von ständischer Partizipation zur demokratischen Volksvertretung. Stationen des niedersächsischen Parlamentarismus 1814–2014, in: 200 Jahre Erste Allgemeine Ständeversammlung. Von Landschaften und Landschaftsverbänden, hg. vom Präsidenten des Niedersächsischen Landtages und von den Hannoverschen Landschaften, Hannover 2014, S. 9 ff.

ders.	Von ständischer Partizipation zur demokratischen Volksvertretung: Stationen des niedersächsischen Parlamentarismus 1814–2014, in: Niedersächsische Verwaltungsblätter, NdsVBl. 2015, S. 181 ff.
Weber, Hellmuth von	Die Verbrechen gegen den Staat bei Anselm von Feuerbach, in: v. Oestmann, Peter/Rückert, Joachim/Haferkamp, Hans-Peter (Hrsg.), Festschrift für Rudolf Hübner zum siebzigsten Geburtstag, Jena 1935, S. 110 ff. (Neudruck 1981).
Weiske, Julius (Hrsg.)	Rechtslexikon für Juristen aller teutschen Staaten enthaltend die gesammte Rechtswissenschaft, Bd. 5, Leipzig 1844.
Werner, Georg	Versuch einer rechtlichen Beurtheilung der Hannöverschen Verfassungsfrage, Hamburg 1838.
Wigand, Otto	Zur Geschichte der Entwicklung und Thätigkeit der allgemeinen Stände des Königreichs Hannover: Erste Hälfte. 1803–1832, Leipzig 1842.
Willis, Geoffrey Malden	Ernst August König von Hannover, Hannover 1961.
Willoweit, Dietmar	Deutsche Verfassungsgeschichte, 6. Aufl., München 2009.
Wolf, Joseph Heinrich (Hrsg.)	Bayerische Nationalzeitung. 6. Jahrgang, 1. Hälfte, München 1839.
Wurm, Christian Friedrich	Das k. hannoversche Patent, die deutschen Stände und der Bundestag. Publicistische Skizze – und Nachtrag: Die Gründe des Patents vom 1. November 1837, Leipzig 1837.
Zachariae, Heinrich Albert	Deutsches Staats- und Bundesrecht, Bd. 1, 3. Aufl., Göttingen 1865.
Zachariae, Karl Salomo	Rechtsgutachten über die Ansprüche August's von Este, ehelichen Sohnes Sr.K.H. des Herzogs von Sussex, auf den Titel, die Würden und Rechte eines Prinzen des Hauses Hannover, Heidelberg 1834.
Zimmermann, Gustav	Ein anderes Wort zur Protestation und Entlassung der sieben Göttinger Professoren, Gotha 1838.
ders.	Die hannöversche Regierung und das Staatsgrundgesetz von 1833, Hannover 1839.
Zöpfl, Heinrich	Das alte Bamberger Recht als Quelle der Carolina: nach bisher ungedruckten Urkunden und Handschriften, Heidelberg 1839.

Personenverzeichnis

Adolf Friedrich, Herzog von Cambridge 3, 8, 16, 21 f., 27, 68, 122, 145, 160, 309, 353, 363
Ahrens, Heinrich 18
Albrecht, Wilhelm Eduard 117 ff., 124 f., 127, 130 ff., 138, 189 f., 194 ff., 224, 328, 335 f., 357
Alten, Carl August Graf von 64, 92, 107, 113, 176 ff., 270
Anne, Königin von Großbritannien 7
Arnswaldt, Carl Friedrich Alexander Freiherr von 190 ff.
Behr, Hans-Joachim 84, 92, 95, 367, 369
Bennigsen, Alexander Graf von 62, 315 f., 372
Bismarck, Otto von 302, 348, 350
Bluntschli, Johann Caspar 98
Bodenhausen, Carl Freiherr von 166 ff., 175
Bothmer, Carl von 64, 114
Brater, Carl 98
Bremer, Friedrich Hans Dietrich von 10, 14
Burckardt, Jacob 182
Canitz, Carl Ernst Wilhelm von 171
Dachenhausen, Friedrich Wilhelm von 271
Dahlmann, Friedrich Christoph 26 ff., 35, 145, 153, 189 f., 195, 201, 216, 220 f., 223, 231 ff., 327, 342, 357
Decken, Friedrich von der 59
Dilcher, Gerhard 334 ff.
Düring, Otto Albrecht von 316, 321
Edward, Herzog von Kent 91
Ernst August, König von Hannover 1 ff., 7, 34, 61, 64 ff., 75, 82, 85, 89, 91 ff., 98, 101, 103 ff., 107 f., 112 ff., 117, 119, 121, 129, 136 ff., 145, 156, 158, 160, 167 ff., 182, 184 f., 192, 194 f., 198, 203, 227 f., 231, 233, 241 f., 272, 282, 293, 296 f., 302 f., 310, 315, 318, 322, 325, 330 ff., 332, 337 ff., 341 ff., 347 ff., 356 ff., 361 ff., 369
Ernst August, Kurfürst von Hannover 7
Ewald, Heinrich 189, 195
Falcke, Georg Friedrich von 29, 31 f., 35, 67, 71, 107, 113, 309, 314 ff., 325
Feder, Heinrich von 88
Feuerbach, Paul Johann Anselm von 86 f.
Freitag, August 18
Friedrich Wilhelm III., König von Preußen 171, 292, 363
Friesenhahn, Ernst 96, 99
Frommann, Friedrich 216, 275 f., 370
Gauß, Carl Friedrich 340
Gentz, Friedrich von 10 f.
Georg I., König von Großbritannien 7, 64
Georg III., König von Großbritannien und Kurfürst von Hannover 262, 363

Georg IV., König von Großbritannien und Hannover 8, 16, 21
Georg V., König von Hannover 65, 322, 364
Georg Ludwig, Herzog von Braunschweig-Lüneburg 7
Gerber, Carl Friedrich Wilhelm von 336
Gervinus, Georg Gottfried 189, 195, 201, 340, 343 f.
Grimm, Jacob 189, 195, 201, 357
Grimm, Wilhelm 189, 195
Hassell, Wilhelm von 93, 244, 252 ff., 270, 280 ff., 329 f., 332
Heinemann, Otto von 328
Hessenberg, Georg Wilhelm 205, 210, 254, 266 ff., 289, 305, 357
Hobbes, Thomas 229
Hoppenstedt, Georg Ernst Friedrich 31
Huber, Ernst Rudolf 8, 10, 14, 18, 94, 96, 159, 193 f., 199, 237, 331 f., 365
Jacobi, Friedrich 114
James I., König von England 7
Jérôme, König von Westfalen 34, 70, 100, 137, 365, 367 f.
Kamptz, Carl Albert von 234
Kleinschrodt, Gallus Aloys 87
Klüber, Johann Ludwig 157
König, Georg Friedrich 17 ff., 34
Krabbe, Adolph 238, 276
Kuefstein, Franz Seraphim Graf von 163
Leist, Justus Christoph 2 ff., 83, 114 f., 122, 129, 157 ff., 163, 165, 168, 173, 182 f., 185, 218, 237 f., 241 f., 246, 248 f., 268, 281, 287, 290, 294, 300, 329, 340, 344, 348 f., 353, 355, 357 f., 361, 365
Link, Christoph 334 ff., 340
Linsingen, Ernst von 65
Louis Philippe, König von Frankreich 18
Lütcken, Eduard Christian von 315, 322
Maurenbrecher, Romeo 117, 119, 125, 131, 134
Metternich, Klemens Wenzel Lothar Fürst von 10 f., 18, 78, 163 ff., 175 f., 184, 187, 233, 314 f.
Meyer, Johann Georg Wilhelm 29, 71, 246, 275, 280
Mohl, Robert von 97 f., 230
Müller, Carl Otfried 340
Münch-Bellinghausen, Joachim Eduard Graf von 167, 266, 288, 290
Münchhausen, Alexander Freiherr von 322
Münster, Ernst Friedrich Herbert Graf zu 7 f., 10 f., 14 ff., 21 f., 32, 59, 62, 361, 363, 367, 370

Napoléon Bonaparte, Kaiser der Franzosen 293, 365, 367, 369
Ompteda, Ludwig von 19, 22, 32, 48, 66 f., 137, 164
Oppermann, Heinrich Albert 37, 252, 254, 256, 271 f., 306, 326 f., 349
Otto, König von Griechenland 118
Pölitz, Carl Heinrich Ludwig 33
Pütter, Johann Stephan 128, 137, 344, 365
Rauschenplatt, Ernst Johann Hermann von 18
Reyscher, August Ludwig 84 f., 223 ff., 235, 334, 340
Rose, Just Philipp 24, 29 ff., 35, 67, 107
Roßhirt, Franz Carl Friedrich Eugen 87 f.
Rudloff, Wilhelm August (von) 65
Rumann, Wilhelm 5, 34, 93 f., 263, 270 ff., 280 ff., 308, 349, 357
Saage-Maaß, Miriam 333
Saalfeld, Friedrich 38
Sarwey, Otto von 97
Schele, Eduard, Freiherr von 64, 167, 322
Schele, Georg, Freiherr von 1 f., 4, 34, 37, 57 ff., 61 ff., 89, 92, 94 f., 99 ff., 107 f., 112 ff., 117, 120, 124, 127, 129, 136 ff., 141 f., 145, 148 ff., 152, 157 f., 160 ff., 163 ff., 173 ff., 181, 183 ff., 192 ff., 198, 202 ff., 211 ff., 227, 232 ff., 237 ff., 247, 249 ff., 254 ff., 262 f., 267, 271 f., 274 ff., 280 ff., 286 f., 291 ff., 296, 300 f., 303, 305 ff., 316 ff., 322, 325, 327 ff., 332, 342, 347 ff., 361, 363, 365.
Schele, Ludwig, Freiherr von 232, 309
Schlayer, Johannes von 234
Schreiner, Klaus 231
Schubert, Ernst 332 f.
Schulte, Caspar Detlev von 35, 63 f., 92 f., 95, 101, 107 ff., 113, 166, 176 f., 178
Schuster, Theodor 18
See, Klaus von 341 ff.
Sellert, Wolfgang 339 ff.

Smend, Rudolf 330 f., 339 f.
Sophie von der Pfalz 7
Spörcken, General von 65
Stralenheim, Carl Friedrich Freiherr von 234, 268 f.
Stralenheim, Carl Wilhelm August Freiherr von 21, 63 f., 92, 107, 113, 176 f., 170, 367
Struve, Gustav von 34
Stüve, Johann Carl Bertram 5, 15, 17, 22, 34, 93 f., 98, 179, 203 ff., 215 f., 221, 223, 239, 245 f., 252, 257, 262, 267, 275 ff., 283, 196, 305 ff., 316 ff., 321, 342, 348 ff., 352, 357, 361, 370 ff.
Thiersch, Friedrich Wilhelm von 118
Treitschke, Heinrich von 305, 325, 327 ff., 334, 340 ff., 349, 359
Ubbelohde, Johann Wilhelm 29 ff., 35
Victoria, Königin von Großbritannien 91, 364
Wächter, Carl Georg von 234
Weber, Wilhelm 189, 195
Wedel, Carl Graf von 64, 114, 202, 232, 283
Welcker, Friedrich Gottlieb 118
Werner, Georg 194 ff.
Werther, Heinrich Wilhelm von 164, 168, 171
Wilhelm I., König von Preußen 348
Wilhelm IV., König von Großbritannien und Hannover 1 f., 18 f., 21, 24, 33, 36, 48, 65, 76, 89, 91, 114, 122, 125, 141, 143, 145, 158 f., 176, 183, 226, 241 f., 266, 273, 303, 310, 326, 337, 353
William III., König von Großbritannien 7
Willis, Geoffrey Malden 59, 84, 91 ff., 95, 105, 129, 359
Windthorst, Ludwig 322
Wisch, Johann Caspar von der 35, 63 f., 67, 92, 107, 113, 176 f., 273
Wurm, Christian Friedrich 134 ff.
Zachariae, Karl Salomo 216 ff.
Zimmermann, Gustav 195 ff., 340